갑골문자

갑골 문자

Oracle Bones:
A Journey Through Time in China

중국의 시간을 찾아서

— 甲骨文字 —

글항아리

피터 헤슬러 Peter Hessler 지음 | 조성환·조재희 옮김

갑자기 목소리가 들려왔다
머리 위 황량한 나뭇가지 사이로
가슴 깊은 곳에서 울려나오는
무한한 기쁨의 저녁 기도 소리가,
한 마리 늙은 지빠귀, 약하고, 여위고, 작은,
세찬 바람에 휘날린 깃털로,
짙어져가는 어둠 속으로
그의 영혼을 그렇게 내던지기로 했네
— 토머스 하디, 「어둠 속의 지빠귀」(1901)

'자유 무역'이라는 개념은
그것이 경제학 원칙이 되기도 전에 도덕 원칙으로 떠오른다.
다른 이들이 귀하게 여기는 것을 만들 수 있다면,
그것을 그들에게 팔 수도 있어야 한다. 다른 이들이 귀한 것을 만들어내면,
그것을 살 수 있어야 한다. 이것이 진정한 자유이며,
사람이나 국가가 생계를 유지할 수 있는 자유다.
— 미 백악관, 「미국의 국가안보 전략」(2002)

나의 누이들
에이미
앤절라
버지타에게

차례

3부

4부

이 책은 논픽션이다. 본문에 언급되는 이름은 폴라트 한 사람만 빼고 모두 실명이다. 폴라트는 중국에서 정치적으로 민감한 인물이라 그의 요청에 따라 가명을 썼다.

이 책은 여기 실린 사건들이 여전히 반향을 불러일으키던 1999~2004년 사이에 집필되었다. 이 사건들에 대해서는 미래에 알게 되는 게 더 많이 있을 것이기에 의미를 한정 짓거나 종합해서 서술하지는 않았다. 나는 그 기간의 몇몇 개인적인 사건을 추적하고, 그것이 변화하는 세계 속에서 형성되어가는 모습을 서술하고자 했다.

내가 만난 이들은 나를 다양한 곳으로 이끌었다. 중국이었다가 미국이기도 했으며, 때로는 신장웨이우얼자치구나 타이완처럼 분쟁이 있는 곳이기도 했다. 모든 경계와 정의가 때로 유동적이듯이 시간 자체도 그러했다. 책에 실린 글들은 연대순으로 배열되었지만, 짧은 글로 다룬 '유물'은 그렇지 않다. 그것들엔 더 깊은 시간적 의미가 반영돼 있다. 과거 속으로 더 멀어짐으로써 역사적 의미를 만드는 방법이다.

'폴라트'는 위구르어로 '강철'을 의미하는데, 그는 집을 떠나 먼 곳으로 간 사람이라면 누구든 강철이 필요하다고 여겨 이 이름을 선택했다.

러시아

몽골

헤이룽장성

지린성

창춘

네이멍구

고비사막

우웨이

시퉈구

베이징

단둥

백두산

라오닝성

허베이성

타이위안

산시성
山西省

안양

산둥성

황하강

대한민국

황해

란저우

산시성
陝西省

허난성

안후이성

난징

상하이

동중국해

싼싱두이

후베이성

양쯔강

저장성

충칭

푸링

후난성

장시성

원저우

위환

구이저우성

푸저우

타이베이

쿤밍

주장강

선주

푸젠성

광둥성

타이완

광시성

선전

마카오

홍콩

베트남

라오스

하이난성

남중국해

✕항공기 충돌 지점

1부

지하 도시

베이징에서 안양까지, 즉 지금의 수도에서 옛 중국 문명의 요람으로 알려진 도시까지는 기차로 여섯 시간이 걸린다. 창가에 앉았노라니 때로 무감각해지는 느낌이 든다. 흡사 문양이 반복되는 벽지처럼 농민, 밭, 길, 마을, 다시 농민, 밭, 길, 마을로 되풀이되는 창밖 풍경은 그다지 신기하지 않다. 1981년 미국 역사학 교수인 데이비드 N. 키틀리도 그 기차를 타고 안양에 갔다. 그 뒤 그는 가족에게 다음과 같이 편지를 썼다. "이곳의 토지는 대부분 평탄하고 단조로워 모든 마을이 서로 비슷하지. (…) 상류층의 저택, 맨션, 유럽식 가옥은 보이지 않아. 이 사회는 도대체 어찌 된 걸까? 왜 문명화된 귀족생활을 기념할 수 있는 건축물을 만들지 않았을까?" 시간을 지금으로 돌려봐도 풍경은 똑같다. 농민, 밭, 길, 마을.

1930년대에 중국에 거주하던 외국인 리처드 돕슨은 "허난엔 역사가 없다"라고 썼다. 이제 이러한 견해는 통하지 않는다. 왜냐하면 이곳은 누구나 알다시피 상대商代 유적지이기 때문이다. 상나라 때에는 동아시아 지역 최초의 서사 문자가 출현했다. 그 문자는 거북 등과 뼈에 새겨졌는데, 이것이 바로 갑골문이다. 우리가 역사를 서사의 기록이라 정의한다면, 허난의 이곳은 중국의 기원이다.

그러나 방문객들은 대개 기원보다는 다른 데 흥미를 느낀다. 다시 시간을 거슬러 1880년대로 돌아가보자. 미국인 제임스 해리슨 윌슨은 "중세기 이래로 중국은 지식 추구 방면에서 완전히 정지 상태였다"라고 쓰면서 덧붙였다. "그들 역사의 기원은 몇 장의 짧은 내용으로 말할 수 있다."

이러한 관점은 궤적과 진전을 중시하는 서구적 시각과 관련 있다. 서구인의 전통적 입장에서 보면 중국의 과거는 로마의 멸망, 문예부흥, 계몽 시대와는 같이 논할 수 없다. 중국에선 한 황제가 다른 황제를 밀어내고 한 조대가 다른 조대를 계승할 뿐이다. 역사는 벽지와 같다. 서구인의 중국 여행 보도를 분석한 『중국에 대한 진실한 인상A Truthful Impression of the Country』에서 니컬러스 R. 클리퍼드는 19세기 외국인의 관점을 다음과 같이 묘사했다. "중국의 과거는 서구보다 훨씬 더 길다. 이는 어느 누구도 부인할 수 없다. 그러나 과거와 역사는 다르다. 중국의 과거에는 고사만 있을 뿐 역사 서술은 없다."

✦

안양의 환베이라 불리는 고고 유적지에서 작업자 한 무리가 지하 도시의 형상을 그려가면서 작업을 한다. 이 도시의 역사는 기원전 14세기 전후로 거슬러 올라갈 수 있다. 당시 상나라 문자는 절정에 달했다. 지금 상나라는 깊이가 1.5~2.5미터 되는 두꺼운 흙 속에 자리해 있다. 농민들은 이 흙에서 몇 세기 동안 경작했어도 그 아래 한 도시가 자리를 잡고 발굴을 기다리는지는 전혀 알지 못했다.

지층은 시간이 흐르면서 쌓였다. 이 유적지는 환허洹河강(안양강으로 도 불림)을 경계로 삼았기에 주기적인 수재가 있을 때마다 진흙이 유적지에 퇴적되었다. 고비사막과 다른 서북쪽에 위치한 사막에서 날아온 건조하고 미세한 황사도 한몫했다. 바람에 쉽게 날리는 황토는 몇 세기 동안 바람을 따라 남쪽으로 날아와 안양 등지에 쌓였다. 중국 북부에서는 180여 미터 높이까지 쌓이기도 했다.

세계 여타 지역에서 고고학자들은 산등성이와 흙더미를 찾아다니며 이미 묻혀버린 유적지에서 볼 수 있는 각종 흔적을 찾고 있다. 그러나 안양에서는 육안만으론 충분하지 않았다. 2차원으로 안양을 보면 그곳은 평평한 땅에 불과하다. 현장 인부들은 징즈춘이란 젊은 고고학자의 감독 아래 작업한다. 징즈춘은 이와 같은 장소에서 겪게 되는 연구의 어려움에 대해서 이렇게 설명한다.

"입체적으로 이 풍경을 봐야 합니다. 풍경이 어떻게 진화했는지 관찰해야 해요. 3000년 전과는 완전히 다를 겁니다. 3차원으로 인류 사회를 봐야지, 표면만 봐서는 안 됩니다. 시간이라는 또 다른 관점을 추가해야 하죠. 주변을 둘러봐도 아무것도 보이지 않지만, 사실 이곳은 이 지역 최초의 도시가 있었던 곳입니다. 시간의 차원을 추가하지 않으면 아무것도 찾지 못할 거예요."

이곳의 노동자는 모두 현지 농민이다. 그들은 뤄양 삽으로 발굴을 한다. 이 삽은 중국 고고학계의 특유한 발굴 도구다. 뤄양은 중국의 많은 옛 수도 가운데 한 곳으로, 역대 도굴범들은 이곳에서 그들의 기량을 뽐낼 만큼 기술적 혁신을 이루어냈다. 관 모양의 날을 국자처럼 반으로 잘랐고, 거기에 긴 막대를 댔다. 그 삽을 똑바로 세워서 흙 속에 넣어 가볍게 돌리면 깊이 15센티미터, 너비 5센티미터 정도의 구멍을 뚫어 진흙을 퍼낼 수 있다. 한 번, 두 번 거듭해서 열 번을 파내어 흙더미가 약 2미터에 달하는 갱도로 변하면 더 깊게 진흙을 파낼 수 있다. 갱도가 깊어졌을 때 파낸 흙에서 자기나 뼈, 구리 조각이나 전통적으로 건축에 사용되었던 단단히 다진 두꺼운 흙덩이土塊가 나올 수도 있다.

뤄양 삽은 도굴범들이 발명했지만, 20세기 전반에 중국 고고학자들은 그 도구를 자기들의 목적에 맞게 개조했다. 경험이 많은 고고학자는 깊은 흙에서 파낸 토양의 성분을 분석하여 자기가 서 있는 곳이 매장된 옛 담장인지 아니면 무덤 혹은 폐허가 된 갱인지를 판단할 수 있다. 그 진흙은 지하에 묻혀 있는 것이 무엇인지를 알 수 있게 해준다는 점에서 한눈에 읽을 수 있는 문자나 마찬가지다.

징즈춘과 다른 고고학자들은 안양 환베이 유역에서 여러 해 동안 진흙을 분석해왔다. 그들은 먼저 체계적인 조사 작업에 착수해 넓은 밭에서 흙을 파내어 묻혀 있는 건축물의 흔적을 찾았다. 임의로 흙을 파내는 일련의 과정에서 한 물체가 나타났다. 토층 아래 대략 60센티미터 깊이에 매장된 약 6미터 너비의 흙덩이였다. 그들은 탐사를 계속해가면서 이 흙덩이가 화살처럼 앞으로 뻗어나간다는 사실을 알게 되었다. 그들은 많은 구덩이와 퇴적 흙더미를 뒤로하며 콩밭을 가로질러 토층을 따라가보았다. 300미터, 1000미터 나아갈수록 더 많은 구덩이와 흙더미가 나왔다. 그러나 갑자기 다져진 토층이 끊어졌고, 90도로 굽은 모퉁이가 발견되었다. 순간 그들은 그것이 정주지의 담장이 틀림없다는 걸 알아차렸다. 그때부터 그 경계와 다른 내부 구조를 지속적으로 추적했다. 그들은 현대인이 보지 못한 도시의 형상을 그려내기 시작했다.

이것은 고고 발굴의 초기 단계일 뿐이다. 토양 표본을 채취한 뒤 그들은 더 큰 규모의 발굴을 전개할 수 있을 것이다. 그러나 징즈춘은 조금도 서두르지 않는다. 그는 천천히, 신중하게 행동한다. 37세의 징즈춘은 다정하고 생기 있는 미소의 소유자다. 평범한 외모로 둥근 머리, 동그스름한 볼에 테가 둥근 안경을 썼다. 그는 난징에서 성장하여 미네소타대학에서 고고학을 공부했다. 다방면에 걸친 그의 문화적 견해는 때로 나를 깜짝 놀라게 한다. 지하 도시 위를 걸으면서 그는 내게 상 왕조를 정치적 관점에서의 왕조로는 보지 말아달라고 말한다.

"많은 사람이 상 왕조를 큰 왕조인 것처럼 얘기합니다. 옛 왕조를 현대 국가처럼 간주하기 때문이죠. 많은 지역에서 은상 유물이 발견되었기 때문에 사람들은 그곳도 틀림없이 상조의 일부일 거라고 여겨버립니다. 그러나 문화적 통치와 정치적 통치는 분리해야 합니다. 정치 실체를 얘기하자면 상 왕조는 사실 매우 소규모였다고 말할 수 있습니다. 아마 세 하천 유역(황허강, 펀수이강, 웨이수이강)을 벗어나지 못할 겁니다. 그렇지만 문화적 영향력은 그보다 훨씬 더 광범위했어요. 이곳에서 맥도널드 메뉴를 사 먹는다고 해서 제가 미국에 있다고 말할 수 없는 것과 같은 이치입니다. 여기까지 전해진 건 그 문화이기 때문이죠."

＊

농민들은 가을 햇볕 아래 구슬땀을 흘리며 작업한다. 그들의 대나무 장
대가 땅에 파묻힌 보이지 않는 담장 길을 따라 들쑥날쑥한 모양으로 이
동한다. 그들은 땅에 구덩이 하나를 파고 몇 보 걸어가 또 구덩이 하나
를 판다. 지하 도시란 개념 없이 멀리서 본다면, 이 작업은 무의미한 의
식으로 보일 것이다. 대나무 장대를 든 일군의 농민이 마른 땅 위를 가
로질러 행진할 따름이다. 구덩이, 몇 걸음, 다시 구덩이. 농민, 밭, 길, 마
을. 구덩이, 몇 걸음, 다시 구덩이.

1
부

중국 고대사 개요 일람도

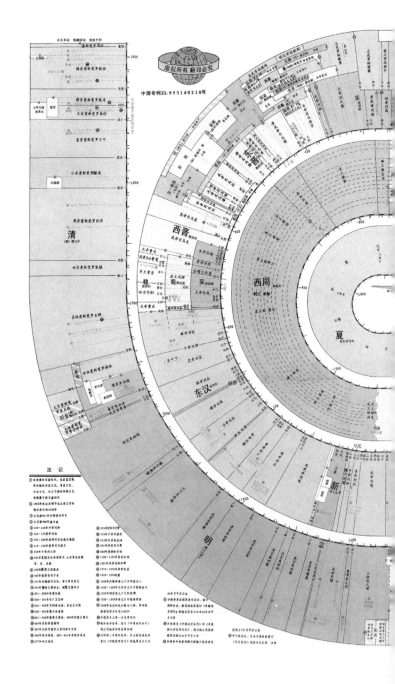

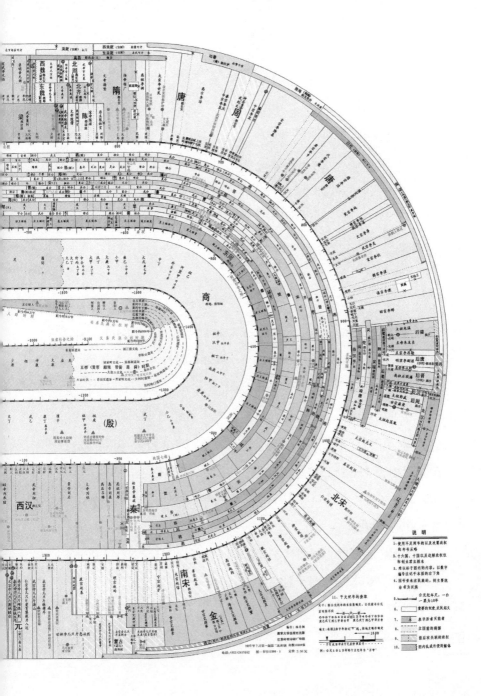

중개인

나는 『월스트리트저널』 베이징 지사의 마지막 스크랩 인력이었다. 지사 사무실은 매우 비좁아서 방 두 칸에 개조된 주방이 고작이었다. 직원이 라곤 외국 특파원 두 명, 비서 한 명, 기사 한 명과 나뿐이었다. 기사와 나는 주방을 함께 사용했다. 내가 쓰는 물품은 커터 세트, 쇠자, 유리가 덮인 책상이었다. 매일 오후 내 책상에는 외국 신문이 가득 쌓였다. 중국 관련 보도 가운데 스크랩해둘 만한 것이 있으면 신문지를 유리에 펼쳐놓고 그 기사를 오린 다음 사무실 뒤쪽 캐비닛에 넣어두었다. 내 월급은 500달러였다.

사무실은 톈안먼 광장에서 3~4킬로미터 떨어진 시 중심가의 대사관 구역에 있었다. 나는 사무실에서 가까운 북쪽 동네에 싸구려 아파트를 임대했다. 낡은 벽돌의 노동자 주택, 전통적 후통 골목과 더불어 호화스러운 호텔이 혼재된 구역이었다. 길모퉁이 인도 옆에는 투광조명이

밝게 비추는 큼지막한 펩시콜라 간판이 서 있었다. 이 일대는 생활비가 무척이나 저렴했다. 1달러가 안 되는 돈으로 식당에서 점심을 사 먹을 수 있었다. 게다가 어디를 가든 자전거를 탈 수 있었다. 봄날 저녁 기온이 따스해질 무렵이면 젊은 커플들이 펩시콜라 간판의 조명을 받으며 배드민턴을 치기도 했다.

모든 작업이 전산 시스템으로 바뀌자 대다수의 베이징 주재 외국 지사에서 스크랩 인력은 무용지물이 되었다. 과거엔 신문을 분류하여 보존하는 작업이 필요했고 젊은 사람도 이 작업을 언론계로 진입하기 위한 입문으로 여겼다. 때로 스크랩 인력은 연구에 도움도 주었으며, 중대한 사건이 발생하면 기사를 쓰기도 했다. 대개 일주일에 몇 시간 투자하면 마칠 수 있는 작업들이라 남는 시간에는 여행을 하거나 원고를 쓰기도 했다. 스크랩 인력은 신문업계의 규칙이나 보도문 쓰기를 배울 수 있었고, 나중에는 정식 중국 특파원이 될 수도 있었다. 이전에 나는 중국에서 영어를 가르치고 중국어를 배운 경험은 있지만, 신문기자로 일한 적은 없었다. 나는 짐 가방 세 개, 두툼한 여행자 수표, 돌아올 날짜가 적히지 않은 세인트루이스발 왕복 티켓을 가지고 베이징에 도착했다. 그때 나이 29세였다.

작은 사무실의 분위기는 좋았다. 새로 나온 신문의 잉크 냄새, 낡은 타일 바닥에 메아리치는 알 수 없는 언어. 이곳의 외국 직원과 비서는 중국어와 영어로 말했고, 운전기사는 강한 베이징 억양의 몸집이 큰 남자였다. 신문을 오리고 정리할 때, 나는 표제를 언젠가 배우게 될 또 다른 언어라고 생각했다. 문서는 주제별로 해서 알파벳순으로 정렬했다.

DEMOCRACY(민주주의)

DEMOCRACY PARTY(민주당)

DEMONSTRATIONS(시위)

DISABLED(장애인)

DISASTERS(재난)

DISSIDENTS(반체제 인사)

복잡한 주제는 세분화했다.

US-CHINA — EXCHANGES(미·중 교역)

US-CHINA — RELATIONS(미·중 관계)

US-CHINA — SCANDAL(미·중 추문)

US-CHINA — SUMMIT(미·중 정상회담)

US-CHINA — TRADE(미·중 무역)

작업 초반에는 내가 이 파일에서 유용한 것을 배우리라 희망했다. 나는 종종 누렇게 바랜 문서철을 꺼내 같은 주제를 둘러싼 기사 수십 편을 읽었다. 그러나 어쩔 수 없이 표제만 훑어보기 시작했고 나중엔 표제 읽는 것조차 지겨웠다. 이럴 땐 재미 삼아 문서철 라벨을 알파벳 순서에 따라 읽고는 이를 있음직한 스토리와 연결 지어 상상해보았다.

SCIENCE & TECHNOLOGY(과학 & 기술)

SECRETS & SPIES(비밀 & 간첩)

SECURITY(안보)

SEX(성)

'P'로 시작되는 여섯 단어는 거만함으로만 완벽하게 갖춰진 비극처럼 읽힌다.

PARTY(정당)

PATRIOTISM(애국심)

POLITICAL REFORM(정치 개혁)

POPULATION(인구)

POVERTY(빈곤)

또 다른 조합은 뒤섞여서 이해가 안 되는 듯했다.

STUDENTS(학생)

STYLE(양식)

SUPERPOWER—'NEW THREAT'(초강대국—'새로운 위협')

SUPERSTITION(미신)

TEA(차)

한번은 내가 지사장에게 위의 순서를 언급했더니, 그는 중국 특파원은 누구든 언젠가 차와 관련된 기사를 쓸 것이라고 여겼다. 1999년 5월 미주리주 화이트먼 공군기지에서 이륙한 미군 B2 폭격기가 베오그라드로 날아가 중국 대사관 상공에서 합동직격탄^{JDAM}을 여러 발 떨어트려 중국 신문기자 세 명을 폭사시켰다. 『월스트리트저널』은 'US-CHINA — EMBASSY BOMBING(미·중 대사관 폭격)'이라는 새로운 문서철을 만들어 'US-CHINA — EXCHANGES' 옆에 끼워넣었다.

✦

그 폭격 사건이 발생했을 당시 나는 마침 난징에 있었다. 내 첫 취재 여행이었다. 나는 난징의 역사로 신문에 여행 기사를 쓸 계획이었다. 난징은 여러 시대에 걸쳐 중국의 수도였다. 그곳은 중요한 사건이 다른 목적지로 가는 길에 항상 거쳐 가는 곳이었다. 수세기에 걸쳐 다양한 군대가 난징을 점령했고, 위대한 지도자들이 드나들었지만 능묘와 침묵하는 기념비 외엔 아무것도 남지 않았다. '남방의 수도'라는 그 이름조차도 일종의 추억이었다.

옛 문화재는 도시 사방에 널렸다. 명나라 성조 영락제는 명령을 내려 성 밖에 세상에서 가장 큰 무덤 명효릉^{明孝陵}을 만들어 그의 아버지인 개국 황제 주원장을 기리고자 했다. 1421년, 지금까지도 이유가 밝혀지지 않았지만 영락제가 베이징으로 천도하자 기술자들은 능묘를 미완성으로 남겨놓았다. 그들은 아마도 이처럼 거대한 능묘를 이전시키는 방법을 생각해내지 못했을 것이다.

내가 명효릉을 참관하던 날에는 관광객이 거의 없었다. 노천의 능원에는 초목이 무성하게 자랐고 구불구불한 언덕도 잡목과 풀로 뒤덮인 채였다. 방치된 석비는 넓은 비석 받침돌, 아치형의 머리 부분, 비석 몸체 세 부분으로 구성되어 있었다. 그 석회암 물체는 어느 방심한 거인이 내려놓고 정처없이 떠나버린 것처럼 옆으로 누워 있었다. 석비는 길이 가 대략 45미터에 달했고 누워 있는데도 꼭대기 가장자리는 3층 누각 만 한 높이였다. 몇 세기 동안 떨어진 빗물이 비신에 흔적을 남겼는데 어린아이의 글자 연습 공책에서 볼 수 있는 선 모양 같았다. 빗물 찌끼 외에 석비 표면은 완전한 공백이었다. 아무도 그 위에 기념하는 글자를 새기지 않았다. 석비 주변으로는 난간이 설치돼 있지 않아 여행객들은 마음대로 그 위를 걸어다닐 수 있었다.

양쥐이라는 젊은 여성은 매표소에서 근무했다. 시골에서 살던 그녀 는 스무살에 난징으로 왔다. 그녀 또래의 젊은이들이 전국 각지에서 도 시로 몰려들었다. 1억 명이 넘는 중국인이 타향으로 이주했는데, 대다 수가 공장이 밀집한 동남 연해 도시로 갔다. 사회학자들은 이러한 현상 을 유사 이래 최대 규모의 평화적 이주라 부른다. 이는 중국의 공업 혁 명이다. 이 세대가 장차 중국의 미래를 결정할 것이다.

이러한 역사적 순간에 양쥐은 세상에서 가장 크고 내용 없이 텅 빈 석비에서 자신의 직업을 찾았다. 내가 이런 화제로 그녀에게 물었을 때 그녀는 내 질문이 지루하다는 표정을 짓더니 의례적인 수치를 나열하 기 시작했다. 묘역의 전체 공사에 투입된 인원은 10만 명, 사용된 돌의 무게는 2만6000톤이라는 등. 내가 관광객이 많냐고 물었더니 그녀는 날 바보인 양 노려보며 말했다. "관광객들은 모두 중산릉中山陵으로 갔어 요." 그 말투가 꼭 '그런데 넌 왜 여기 있니?'라며 나를 나무라는 듯했다.

나는 다른 질문을 던졌다. "비석 꼭대기에서 떨어진 사람은 없나요?"

그녀의 눈에 깜빡이며 불이 켜졌다. "재작년에 두 사람이 추락했어요. 한 사람은 뛰어내렸고 한 사람은 추락했죠. 여자 친구에게 이별 통보를 받은 사람이 뛰어내렸는데 죽지 않았고, 오히려 넘어져 떨어진 사람이 죽었어요."

우리는 한동안 잡담했다. 그녀는 끊임없이 상세하고 흥미진진하게 얘기를 이어갔다. 무심코 넘어진 사람은 죽었고, 본래 자살하려던 사람은 도리어 살아났다고. 내가 떠날 때 양췬의 기분은 훨씬 나아진 것 같았다. 그녀 말에 따르면 실연한 그 남성은 석비에서 떨어지면서 얼굴이 영영 망가졌다고 한다.

✦

난징에서 나는 모든 것을 내 수첩에 담았다. 담화 내용, 박물관의 설명 문구, 임의로 관찰한 내용. 중산릉 꼭대기에 세워진 표지판 속 영문 설명이 내 눈길을 끌었다.

능묘의 평면도는 알람 벨[종을 영어로 옮긴 것으로 보인다-옮긴이] 모양인데, 쑨중산 선생의 끝없는 투쟁 정신과 '민중을 일깨워 민국을 건립하자'는 대의를 위한 헌신을 상징한다.

쑨중산, 그러니까 쑨원은 1911년까지 중국을 통치한 만청 제국을 전복시킨 지도자다. 이곳에서 소매상인들은 중국 인민이 20세기 위대한 세 지도자로 여기는 쑨원, 마오쩌둥, 덩샤오핑을 경의를 담아 기리는 기념 배지를 판매했다. 세 영수의 사진엔 각각이 남긴 가장 유명한 구호가 적혀 있었다.

세계대동世界大同

해방인민解放人民

실사구시實事求是

이 열두 글자는 20세기 이상주의의 변화 궤적을 개괄했다. 현대 문물은 늘 이러한 방식으로 과거의 분란을 간략화한다. 난징의 한 박물관에서 『중국 고대사 개요 일람도中國古代史槪要一覽圖』 포스터를 구입했는데, 이는 나선형의 연대사였다. 모든 사건이 정중앙의 '위안머우 원인元謀原人'이라 불리는 하나의 점에서 시작한다. 원안머우 원인(약 170만 년 전) 이후 연대표는 베이징 원인을 거쳐 급전하여 하나라 때에 이르러 한 바퀴를 돈다. 상나라와 주나라는 두 바퀴째에 위치해 있다. 나선형은 속도를 올리는 듯 회전할수록 더 커진다. 어느 왕조나 전란이 끝날 때는 상면에 직선이나 X 표시가 되어 있고 새로운 조대가 시작된다. 갈림길이나 막다른 길이 없으며 위안머우 원인에서 1911년 신해국민혁명까지 나선은 모두 세 바퀴를 돈다. 여기에서 연대표는 순환을 멈추고 직선으로 뺄고선 아래위로 활짝 퍼졌다. (22~23쪽 도판 참조)

◆

그날 저녁 거리에서 갑작스레 함성이 들려왔을 때는 친구와 식사를 하는 중이었다. 계산을 마칠 무렵에는 이미 시위대가 지나가버렸다. 다른 거리에서 그들의 함성이 어둠 속으로 울려 퍼졌다.

외국인 한 무리가 놀란 얼굴로 인도에 서 있었다. 난징 같은 대도시의 주요 도로에서 시위대가 출현하다니 금시초문이었다. 그중 한 사람이 내게 소식을 알려줬다. 어젯밤에 북대서양조약기구(나토NATO)가 유고슬라비아 주재 중국 대사관을 폭격했으며 나토에서는 우발적 사건이라 선언했지만, 몇몇 중국인이 폭격을 맞아 희생되어 그 뉴스가 전 중국에 퍼졌다는 것이다.

시위대의 여파로 거리는 텅 비었다. 자동차도 자전거도 보이지 않았다. 나는 시위대 뒤를 쫓아가 상황을 먼저 알아보고 나서 지사에 전화를 걸 생각이었다. 내가 가까이 다가갔을 때 소리가 분명하게 들렸다.

미제를 타도하자!
미제를 타도하자!

나는 인도를 따라 정돈되지 않은 시위 대열을 지나쳤다. 수천 명이었을 것이다. 그들은 피켓과 중국 국기를 들고 구호를 외친 다음, 국가를 부르기 시작했다. 그런데 그 군중이 갑자기 빨리 뛰기 시작하더니 신제커우 네거리 원형 교차로 정중앙에 세워진 쑨원 동상 앞에서 속도를 늦췄다.

나는 행진하는 인파 속으로 들어가 잠시 관찰한 다음, 인터뷰할 사람을 찾길 기대했다. 젊은 청년들이 나를 주시했지만 그들의 관심은 다시 시위 대오와 구호로 쏠렸다. 앞에 선 학생이 구호를 선창하면 다른 사람들이 따라서 외쳤다.

나토를 타도하자!

나토를 타도하자!

이는 1년 전 내가 가르친 중국 학생들을 생각나게 했다. 수업 시작 전에 함께 소리를 내서 암송하는 방식으로 본문을 외우던 모습을. 그리고 시위자들 외모도 이전의 내 학생들과 흡사하게 대다수가 야위고 안경을 쓰고 셔츠를 걸친 남성들이었다.

전진, 전진!

전진, 전진!

함께 몇 바퀴를 돌고서 나는 길을 잃어버렸다. 밤 시간 거리 풍경은 모두 똑같았다. 시위자들이 다시 달리기 시작했기에 나는 그들이 또다른 목적지에 접근했을 것이라 생각했다. 그러나 잠시 뒤에 사람들의 발걸음이 느려졌다. 또 몇 번 커브를 돈 뒤 나는 마침내 한 표지물을 인식하게 되었다. 쑨원 동상이었다. 우리는 다시 신제커우로 돌아왔다.

나는 내 왼쪽에 있던 학생에게 우리가 어디로 가고 있는지 물었다. 그의 다정한 얼굴에 걸쳐진 금속 테 안경 아래로 땀이 흐르고 있었다. 그는 멍하니 전방을 가리키더니 내 쪽으로 고개를 돌렸다.

"어디 사람이세요?"

나는 미국 기자라고 대답했다.

나토를 타도하자!

나토를 타도하자!

"베오그라드 사건에 대해 어떻게 생각해요?" 그 학생이 물었다.

"전 이 일에 대해 전혀 몰라요. 여기서 집단 시위를 보도할 뿐입니다."

미제를 타도하자!

미제를 타도하자!

"당신네 정부는 반드시 유고슬라비아에서의 전쟁을 멈추어야 합니다. 왜 미국은 세계의 경찰 역할을 하려고 하나요?"

나는 이 말에 말문이 막혀 미안하기라도 하다는 듯 어깨를 으쓱했다. 난징에서 유고슬라비아 문제를 얘기할 줄은 미처 몰랐다. 3월에 나토는 일련의 폭격 행동을 개시해, 코소보의 자치를 추진하다 공격받은 알바니아계 이슬람교도를 지지했다. 일찍이 대사관 폭격 사건 이전에 중국 관영 매체에서는 나토의 공격 행위를 강력하게 반대하며 슬로보단 밀로셰비치 대통령을 '미국 패권'의 희생자라며 변호했다. 중국 정부가 관심을 갖는 것은 주로 유고슬라비아의 의제가 타이완을 비롯해 티베트와 신장의 독립 문제에 영향을 미칠 수 있다는 점이다.

우리가 행진하자 학생들은 차례차례 내 쪽으로 왔다. 처음엔 그들모두 정중했고, 이 일은 개인과 무관하며 내가 미국인임을 탓하지 않는다고 말했다. 그들은 대체로 이 사건에 대한 내 반응에 호기심을 보였지만, 주로는 자신의 의견을 제시하고 싶어했다. 그들은 이 폭격이 의도적이라고 확신했다. 폭탄이 세 발이었고, 게다가 각기 다른 세 방향에서 발사됐기 때문이다. 그들이 정보를 어디에서 들었는지는 모르지만 모두가 똑같이 말했다. 세 발의 폭탄, 세 방향. 우발적일 수가 없다. 미국의 과학기술은 전 세계에서 가장 선진적인데, 어떻게 이러한 착오를 범할수 있겠는가?

미제를 타도하자!
미제를 타도하자!

한 청년이 내게 자신은 우밍吳明이며 난징항쿵항텐대학 학생이라고 소개했다. 이름은 가짜일 것이다. 수많은 학생이 진짜 이름을 밝히길 꺼린다. 우밍은 중국 언론에서 자주 보이는 필명인데, '우밍無名'과 발음이 같다. 하지만 이 학생은 진지해 보였고, 자신의 의견을 글로 발표할 수 있는지 물었다. 나는 흔쾌히 그에게 볼펜과 종이를 건네줬다. 끊임없는 외침과 행진 속에서 기록을 하느라 머리가 어질해지던 참이었다.

따스한 봄밤이었다. 날씨는 아직 덥지 않았지만 나무가 무성해져 잎이 가로 위로 늘어졌다. 난징에는 옛 성벽이 여전히 남아 있어서 이따금 저 멀리 어두운 윤곽이 보일락 말락 했다. 도처에 사람들이 인도를 따라 늘어서 있었다. 공안은 네거리에 서서 일정한 운율에 맞춰 조금씩 움직이는 시위대를 지켜보았다. 리더의 구호, 짧은 정적, 따라 고함치는 군중 소리. 구호, 정적, 군중 소리. 우리는 걷다가 갑자기 빨리 뛰고 또 다시 걸었다. 뛸 때마다 우밍은 글쓰기를 멈췄다. 어느 틈에 새로운 구호가 나왔다.

켄터키를 먹지 말자!

켄터키를 먹지 말자!

잘못 들었나 싶어 우밍에게 그들이 뭐라 외치는지 물었다. 그가 "켄터키를 먹지 말자!"라고 말해주었다. 우리가 KFC 가맹점(중국어 이름은 켄터키를 단순히 음차한 '컨더지肯德基'다) 앞에서 걸음이 느려졌을 때 군중이 다시 밀려들었다. 얼마 지나지 않아 난징대학 정문이 보였고, 뒤이어 맥도널드의 금빛 'M'자 로고가 나타났다.

맥도널드를 먹지 말자!

맥도널드를 먹지 말자!

나중에 안 사실이지만 당시 난징뿐 아니라 중국 도처에서 항의 시위가 벌어졌으며, 이는 1966~1976년의 문화대혁명 이래 가장 격렬했던 항의였다. 베이징에서 중국공산주의청년단(공청단)은 버스에 대학생들을 태워 외국 대사관 구역으로 실어 날라 미국 대사관과 영국 대사관을 압박하는 시위를 시작했다. 국영방송국에서 베이징 항거에 대한 뉴스를 보도한 뒤로 전국 각지에서 학생들이 신속하게 조직되기 시작했다. 쓰촨성 성도인 청두에서는 시위대가 방화하여 미국 영사관의 사택을 불태우고 철로 만든 자전거 보관대를 공성 망치로 삼아 사택의 방탄 대문을 뚫으려고 들었다. 베이징에서는 학생들이 미국 대사관과 영국 대사관 안으로 벽돌과 페인트를 던졌다. 파괴 행위는 알바니아를 포함한 다른 국가의 대사관으로까지 번졌다. 들자 하니 시위 군중이 분노한 이유는 알바니아 종족의 역경이 빌미가 되어 나토의 폭격 행동이 촉발되었기 때문이다.

그러나 난징이 정치 중심지이던 시절은 오래전에 지나, 거기엔 외국 영사관이나 사무소가 없었다. 몇 시간 동안 군중은 시 중심가를 돌아 화풀이 대상을 찾았다. 우리는 때로는 걷다가 때로는 뛰고 때로는 금빛 'M'자 앞에 멈춰 서서 구호를 외쳤다. 우밍이 수첩을 돌려주자 나는 받아서 호주머니에 넣었다. 기록할 거리가 없었다. 똑같은 일이 계속 반복되었기 때문이다. 커브를 돌고 뛰고 다시 돌아 쑨원 동상 앞에 도착했다. 또 다른 학생이 내 곁에 와서 외쳐댔다. 미국의 과학기술, 세 발의 폭탄, 세 방향. 미제를 타도하자, 나토를 타도하자. 세 방향, 세 발의 폭탄. 켄터키를 먹지 말자, 켄터키를 먹지 말자. 우리는 행진했고, 달렸으며, 다시 쑨원 동상 앞에 도달했다.

✦

밤이 깊어질수록 분노도 깊어졌다. 대화는 점점 짧아지고 뜸해졌다. 내 의견을 묻는 사람도 줄었다. 결국 나는 무리를 벗어나 인도에 서서 관찰하기로 결정했다.

켄터키를 먹지 말자!
켄터키를 먹지 말자!

자정 무렵 시위대 한 무리가 KFC 매장의 유리창을 깼다. 내가 현장에 도착했을 땐 공안이 이미 식당을 경계선으로 둘러버렸다. 조명이 꺼지고 유리창이 크게 파손돼 있었다. 구경하던 사람들 말로는, 그 식당이 사실은 중국인의 소유라는 공안의 설명에 공격하던 무리가 해산했다고 한다.

맥도널드를 먹지 말자!
맥도널드를 먹지 말자!

또 다른 무리는 난징대학 부근 맥도널드 매장 밖 벤치에 조용히 앉아 있는 맥도널드의 마스코트 도널드 상(맥도널드 아저씨)을 부숴버렸다. 이튿날 아침 맥도널드 점원은 내게 그들이 몽둥이와 장대로 맥도널드 아저씨 상을 부쉈다고 말해주었다. 그는 무척 긴장한 것처럼 보였는데, 더 심한 폭력에 대비해 저녁엔 문을 닫을 거라고 했다. 바깥 벤치에는 샛노란 섬유유리 파편이 여전히 붙어 있었다. 맥도널드 아저씨가 남긴 최후의 엉덩이 파편이었다.

미제를 타도하자!

그 주가 지나서 나는 『월스트리트저널』의 중국인 수습기자에게 우밍이 수첩에 휘갈겨 쓴 글자를 읽어달라 요청했으나, 그녀는 한 구절도 알아보지 못했다.

✦

시위 이튿날에는 더 이상 사람들에게 어떤 질문도 던질 필요가 없었다. 내가 혼자 길에 서 있노라면 시위자들이 내 앞에 다가와선 늘 같은 방식으로 대화를 시작했다. "어디서 왔어요?" 보통 그들의 설교는 내가 어깨를 으쓱 들어올리며 떠난 뒤에라야 끝이 났다. 내 입장에서 말하자면 첫 번째 밤의 흥분은 사그라들었다. 뉴스를 찾는 것과 뉴스감이 되는 것은 완전히 별개의 문제였다. 사람들에게 나는 스크랩하는 사람이지, 진짜 기자가 아니라고 말해주고 싶었다. 중국인들이 내게 쏟아붓는 분노의 말들을 출판할 방법이 없다고.

하룻밤 사이에 오성홍기가 식당, 상점 앞에 휘날렸다. 학생들의 단체 시위는 난징 시내 도처에서 온종일 벌어졌다. 텔레비전에서는 폭탄 맞은 대사관 영상, 죽은 중국 기자 세 명의 사진을 쉴 새 없이 방송했다. 국영 매체에서는 폭격 사건을 고의적이고 '미국이 주도한 나토'의 행위라고 말했다. 나토와 미국이 폭격은 우발적 사고라고 주장하는 성명을 발표했지만 중국 매체는 이를 전혀 보도하지 않았다. 중국 정부가 이 공격에 대해 어떠한 반응을 취할지 알 수 없었다.

그날 오후 머리를 식힐 겸 나는 난징 역사에 대한 조사를 계속하고자 했다. 나는 1937~1938년에 도시를 휩쓸었던 그 폭행을 추념하는 '난징 대학살 기념관'을 참관했다. 그해 겨울 중국을 침략한 일본군이 난징을 점령하자 국민당 정부는 반격을 포기하고 수도를 내륙으로 옮겼다. 그 뒤 일본 사병들은 도시를 약탈하며 시민들을 살육하고 강간했다.

60여 년이 지난 뒤 역사학자들 간에 이 사건의 진상을 두고 논쟁이 끊어지지 않았는데, 사망자 수도 민감한 사안이었다. 중국 학자들은 사망자가 30만 명 이상이라 주장했고 일부 외국 역사학자는 그 숫자가 너무 과장되었다고 여겼다. 일본의 일부 우익 단체는 학살 자체를 아예 부정했다(비교적 진보적인 일본 역사 교과서에서조차도 그것을 '사건'으로 취급할 따름이다). 중국인에게 이는 과거의 가장 침통한 상처 가운데 하나로 남아 있다. 그들은 외부인 그 누구에게도 당시 무슨 일이 발생했고 발생하지 않았는가를 알려주는 것조차 싫어했다.

기념비에는 중국어, 영어, 일본어로 이렇게 쓰여 있었다.

역사를 잊지 말자.
과거를 잊지 않는 것이 미래의 길잡이다.

몇몇 거대한 조형물에는 아무 말 없이 이렇게만 적혀 있었다.

300,000

기념관 홀 안 유리관 안에는 희생자의 유골을 전시했다. 또 다른 구역에는 흑백사진을 전시하여 일본 사병이 가장 악랄한 순간을 어떻게 즐겼는가를 세상 사람들에게 보여주었다. 많은 일본군이 어리석게도 사진을 찍은 뒤에 필름을 상하이 사진관에 가지고 가서 인화했다. 중국인 사진사들이 외국 기자에게 넘겨준 사본을 통해 바깥 사람들은 난징 대학살의 증거를 처음으로 보게 되었다.

나는 조용한 사진 전시실을 지나갔다. 어느 구역에서, 한 중국인이 참수당하는 세 장의 사진을 응시하는 나 자신을 발견했다. 무릎을 꿇은 사람, 높이 쳐든 무사도, 털 난 공처럼 먼지 속에 뒹구는 머리. 그러고 선 차마 더 이상 난징을 조사할 수 없음을 깨달았다.

나는 밖으로 나와 기념관의 넓은 뜰에 앉았다. 난징을 떠나고 싶었다. 낯선 도시에 있기엔 시기도 좋지 않았으며, 여행 기사는 쓰고 싶지 않은 분야였다. 그러나 베이징으로 가는 야간열차를 타기가 두려웠다. 피할 수 없는 대화가 동반될 테니까. 나는 혼자 의자에 앉아서 시내로 돌아가자고 스스로를 다잡았다.

비둘기 떼가 햇볕을 받으며 정원을 거닐었다. 비둘기도 기념관의 일원이라 한 직원이 책임지고 돌봤다. 그 직원이 합판 조각에 대충 글자를 쓴 임시 팻말을 세웠다.

비둘기를 쫓거나 잡거나 놀라게 하지 마시오. 비둘기에게 고함치지 마시오.

나는 다가가서 그 팻말의 문구를 읽고는 비둘기 관리인과 얘기를 나누었다. 그의 이름은 궁방싱이고 60세였다. 현지 유리 공장에서 퇴직한 뒤 이 일을 시작했다. 월급은 한 달에 80달러가 넘었다. 그는 입담이 좋았는데, 화제는 온통 비둘기였다. 나는 여태까지 이처럼 즐겁게 '새 이야기'를 나눠본 적이 없었다.

궁 선생의 설명으로는 비둘기가 기념관의 중요한 일원인데, 기실 대학살의 전람이란 사람의 기분을 침울하게 만들기 때문이란다. 그래서 비둘기들이 필요하다. 비둘기 한 마리가 병이 나면 다른 비둘기도 감염되기 때문에 그는 많은 시간을 들여 깃털과 똥을 치운다고 했다. 일이

쉽진 않지만 그는 그 속에서 즐거움을 찾았다. 나는 기념관에 비둘기가 몇 마리나 있는지 물어보았다.

"100마리가 넘어요. 하지만 정확히 몇 마린지는 저도 몰라요. 감히 세어볼 수가 없어요. 할 만한 일이 아니죠. 세어봤다가 숫자가 맞지 않으면 전 종일 상심해 있을 겁니다."

그는 내 수첩에 자신의 연락처를 적어주며 다음에 난징에 내려오면 자기에게 전화하라고 말했다. 그는 큼지막한 검은 장화를 신고 카키색 모자를 썼다. 모자엔 하얀 비둘기 똥이 묻어 있었다. 그는 내가 그날 보았던 사람 가운데 나토 폭격을 언급하지 않은 유일한 사람이었다.

◆

베이징에 돌아온 뒤 나는 한시름 놓았다. 내가 없는 동안 사무실에 신문이 한 무더기 쌓여 있었다. 나는 헤드라인을 읽어가면서 외국의 기사를 오렸다.

「프로파간다―중국의 유산은 여전히 얼마나 큰가, 격렬한 시위」

「외침의 배후, 중국의 비뚤어진 세계관」

「미국에 대한 분노, 중국 각 지방으로 번지다: 긴장 속의 대사관 공격」

사무실에선 중국공산당의 영자 신문 『차이나데일리』를 구독하고 있었다. 나는 아래 기사도 스크랩했다.

「범죄 행위로 고통받는 사람들」

「필패하는 패권주의」

「조사: 대사관 폭격 의도」

　매일 저녁 7시에 특파원과 나는 중국 뉴스를 시청했다. 외국 방송도 지켜보았고 정보가 조각조각 전달되는 전보도 확인했다. 나토 측에선 폭격하려 한 곳은 유고슬라비아의 군수 보급 기지였지만 구식 지도로 인해 착오가 있었다고 성명을 발표했다. 시위 이튿날이 되도록 중국 고위층 간부 중 누구 하나 나서거나 성명을 발표하지 않았다. 주중 미국 대사 제임스 새서와 직원들은 시위자들이 문밖에서 벽돌과 페인트를 던지는 바람에 대사관에 갇혀서 군량으로 끼니를 때웠다. 중국 공안은 대사관 밖에서 소극적으로 경비하며 알 수 없는 명령을 기다렸다.

◆

5월 9일 중국 고위층 인사가 처음으로 공개 담화를 발표했다. 그는 흑발에 검은 양복을 입고 짙은 색 넥타이를 맨 후진타오라는 무명의 부총리였다. 긴장한 눈빛이었다. 때는 정오로 전국에 특별 뉴스로 보도되었다. 짧은 연설에서 후진타오는 시위대를 한 차례 언급했다.

　우리는 믿습니다. 수많은 인민 군중은 틀림없이 국가의 근본적인 이

익에서 출발하여 전체 상황을 고려하고 법에 따라 질서 있게 이러한 활동을 진행할 것입니다.

그날 늦은 저녁 인민무장경찰이 미국 대사관과 영국 대사관에 파견되어 호위하면서 최악의 상황은 분명 일단락되었다. 이튿날 클린턴 대통령은 백악관에서 텔레비전 연설을 발표하며, 처음 공개적으로 '사과'라는 단어를 썼다.

저는 이미 장쩌민 주석과 중국 인민에게 사과의 뜻을 전했습니다. 그러나 실수로 일어난 비극을 고의적인 인종 청소 행위와 분명히 구분하는 것이 매우 중요하다고 생각합니다.

이튿날 정오 중국 국영 방송국에서 클린턴의 연설을 방송했다. 그러나 "사과의 뜻을 전했다" 다음의 내용은 편집했으며 인종 청소도 언급되지 않았다. 12일 미국 대사는 마침내 대사관을 자유롭게 출입할 수 있었다. 이날 희생자 세 명의 유골이 베이징으로 운구되었다. 뉴스는 공항에서부터 영상을 보도했다. 장중한 음악, 슬픈 표정의 관리, 눈물을 흘리는 친척. 중국 매체의 정서는 분노에서 슬픔으로 바뀌었다. 마지막엔 모든 사건이 과거로 들어가기 시작했다. 국영 영문 뉴스 통신사 신화통신은 이렇게 보도했다.

베이징(신화통신) — 지난주 금요일 미국이 주도한 나토의 폭격으로 사망한 세 신문기자의 유골이 곧 중국혁명박물관에 안치될 것이다.

이 박물관 부관장 마쥔하이는 아래와 같이 표명했다.

"이러한 유해는 실제로 큰 교육적 의미를 담고 있습니다." (…) 이러한 유류품에는 피 묻은 솜이불, 가방, 펜, 공책과 문서가 포함되었다. 『광밍일보光明日報』 부국장 자이후이성은 죽은 두 동료의 배낭을 전시했는데, 거기에선 아직도 강렬한 화약 냄새가 났다.

✦

나는 집으로 돌아가는 게 싫어 매일 저녁 사무실에 남아 미적거리며 머리를 식힐 일을 찾아보았다. 텔레비전 뉴스를 보거나 다른 기사를 읽으며 이야깃거리를 찾았다. 진실은 내가 월급 500달러짜리 일에 이 많은 시간을 할애할 수 있다는 점이었다. 월세 200달러 아파트의 현실은 열악했다. 텔레비전도 에어컨도 없었고 주방은 너무 작아 쓸 수도 없었다. 미국에서 책도 거의 가지고 오지 않았다. 그래서 좋든 싫든 대부분의 시간을 밖에서 보냈다.

세끼 식사가 가장 번거로운 부분이었다. 중국에서 나는 줄곧 값싼 식당의 친근감이 좋아 국숫집이나 찻집에서 시간을 보내며 중국어를 배웠다. 그런데 지금은 새로운 신체 언어를 배워야 했다. 고개를 숙이고 얼굴엔 미소를 띠고 가능하면 다정하게 보이는 것. 나는 의견이나 비평에 대해 설사 황당하더라도 모두 받아들이며 고개를 끄덕였다. 때로 사람들은 타이완 문제를 언급하거나, 1839년에서 1842년에 이르는 아편전쟁 및 역사상 중국에 대한 외국 열강의 과오에 초점을 두었다. 몇몇 중국인은 내게 미국은 역사가 없는 나라여서 도덕 가치가 결핍되었다고 말하기도 했다. 그러나 어느 누가 국적을 묻더라도 나는 언제나 사실대로 알려줬다. 나는 이 일대에서 뿌리를 내릴 생각이었고, 거짓말은 무엇이 됐건 미래의 처지를 복잡하게 만들 수 있었기 때문이다.

나는 집과 사무실 중간에 있는 야바오로雅宝路에서 끼니를 때우기 시작했다. 야바오로는 러시아인 특구다. 구소련과 중앙아시아에서 온 상인들은 항상 이곳에 모여 중국 기성복 공장에서 만든 옷을 도매로 사 갔다. 집 부근에선 야바오로가 나같이 주의를 끌고 싶지 않은 백인에게 가장 적합한 곳이었지만, 나는 정말로 융화할 생각이 없었다. 러시아 사람들은 대부분 몸집도 크고 키도 크지만 인도를 걸을 때 보면 다리는 가위로 잘라낸 듯 가늘고 짧다. 그들은 강인한 얼굴을 가졌으며, 종종 코는 부러진 적이라도 있는 듯 비뚤어져 있기도 했다. 눈두덩이는 아래로 처졌는데, 아마 생업의 스트레스 때문이거나 보드카를 너무 많이 마신 탓일 것이다. 현금은 모두 두툼한 뱃가죽 아래 두른 비닐 전대에 넣어 다녔다.

러시아 상인이 야바오로 일대에서 우세를 차지하긴 했으나, 수많은 다른 종족도 활발하게 활동했다. 대부분의 식당과 상점은 한족이 경영했지만, 몇몇 집은 토착 이슬람 소수민족이 운영했다. 폭격 사건 이후 나는 이들 식당이 비교적 안전할 거라는 생각이 들었다. 이슬람교도들은 코소보에서 나토의 행동에 대해선 화를 내지 않을 것이다. 그리고 여기선 중국인이 식사를 하더라도 말썽을 덜 일으킬 것이다.

어느 날 저녁 나는 이슬람교도가 운영하는 작은 만둣집으로 갔다. 내가 들어서자 모든 손님이 하던 말을 멈추었다. 세 탁자엔 한족이 앉았고 다른 한 탁자엔 위구르족 두 명이 앉았다. 위구르족은 주로 이슬람교도이고 신장 서부 출신이었다. 나는 그 가운데 한 사람을 알아보았다. 이전에 근처 다른 식당에서 그를 본 적이 있었는데 가벼운 인사만 했을 뿐이다. 야바오로에는 수많은 위구르족이 있고, 대개 중개무역상으로 일한다. 한족의 눈에는 위구르족이 나처럼 외국 사람으로 보일 것이다.

나는 빈자리에 앉아 물만두와 맥주를 시켰다. 종업원이 술과 접시를 들고 와선 미소 지었다. 얼마 지나지 않아 한 한족 사람이 입을 열더니 물었다. "어느 나라 사람입니까?"

내가 대답하자 모두가 나를 쳐다보았다. 그는 왜 미국이 세계의 경찰처럼 행동하느냐고 물었다. 다른 손님은 아편전쟁에 대해 투덜거렸고 세 번째 사람은 피할 수 없는 기술 문제에 들러붙었다. "미국이 정말로 선진 국가라면 어째서 폭격을 예상치 못한 실수라고 말할 수 있나요? 그들이 낡은 지도를 썼다고 하는데 정말 황당합니다."

나는 이 사건을 잘 모른다고 인정한 다음 다시 만두를 먹기 시작했다. 그 사람은 반복해서 물었다. "우주에서 모든 것을 볼 수 있을 정도로 과학이 진보했다는 미국에서 어떻게 잘못된 건물에 폭탄을 던질 수 있나요?"

나는 그가 싫증내길 바라면서 접시를 응시했다. 그 사람이 또 무언가를 얘기하려는 순간, 내가 알던 위구르족 사람이 입을 열었다.

"그렇게 과학이 발전했다는데 어떻게 중국인을 세 명만 죽였을까요?"

식당이 갑자기 조용해졌다. 한족 사람이 무슨 뜻이냐고 묻자 위구르족 사람이 웃으면서 답했다.

"제 말은 미국이 그렇게 큰 나라고 그렇게 진보된 과학기술이 있는

데, 마음만 먹으면 중국인을 얼마든지 더 죽일 수 있다는 거죠."

"허튼소리!" 한족 한 명이 큰 소리로 고함질렀다. 그러나 위구르족은 말을 이어갔다.

"어리석기는. 방송 보도를 다 믿어요? 미국인이 정말로 중국인을 죽이려 했다면 당신은 일찌감치 죽었을 거요!"

다른 사람들까지 끼어들어서 10여 분간 말다툼이 벌어졌다. 나를 잊어버린 듯하여 조용히 만두를 다 먹고 계산을 마쳤다. 내가 떠나려 하자 그 위구르인이 다가와 자기를 소개했다. 그는 찢어진 종이에 이름과 휴대전화 번호를 적고는 시간 나면 함께 저녁이나 먹자며 나를 초대했다. 다른 사람들은 아무 말 않고 우리를 쳐다보았다. 내가 식당 문을 나서 밤거리로 향하자, 다시금 다투는 소리가 뒤에서 들려왔다.

✦

그해 봄 우리에겐 하나의 습관이 생겼다. 나는 그에게 전화를 걸어 야바오로에서 저녁 약속을 잡았다. 우리는 서로의 거처엔 가본 적이 없었다. 피차 보여주기엔 너무 부끄러웠다. 그는 만둣집 옆에 방 한 칸을 세냈는데 너무 누추하여 도로 맞은편의 공중화장실을 쓸 수밖에 없었다. 내거처도 형편이 좋지 않았다. 화장실이 막힐 때마다 나는 부근의 스위소텔로 갔다. 비록 대화를 많이 나누진 않았지만 둘 다 저녁에 집으로 돌아가고 싶지 않았던 까닭에 우리 우정은 더 돈독해졌다.

그의 이름은 폴라트로, 야바오로에서 수수료를 받아 생계를 꾸렸다. 여느 위구르인들과 마찬가지로 폴라트는 언어 능력이 뛰어났다. 신장 지역은 중국에서 종족이 가장 다양한 곳이다. 13개 종족 가운데 인구가 800만인 위구르족이 최대 종족이다(그 이름은 'wee-gur'로 발음하고 영어로는 'Uighur', 때때로 'Uyghur'로 표기한다). 폴라트는 위구르어, 중국어, 러시아어, 우즈베크어, 카자흐어, 키르기스어, 터키어를 할 줄 알았다. 그는 출중한 언어 능력으로 외국 상인과 중국 도매상 사이를 중개했으며 동시에 암시장에서 달러를 교역했다. 때로 그는 몇만 위안의 화폐 교역을 성사시키고 수수료로 10퍼센트를 챙겼다. 그러나 암시장의 화폐 교역은 불법이다. 그렇게 많은 현금은 운반하기에도 무척 위험했다. 1999년 야바오로에서 금전 교역을 하던 위구르족 두 명이 피살당했다. 폴라트는 유명 브랜드 의류 거래를 선호했다.

40대 중반인 그는 1990년부터 이 일에 발을 들였다. 처음에는 주로 중앙아시아에서 우즈베키스탄, 키르기스스탄, 카자흐스탄, 투르크메니스탄 등 여러 나라를 돌아다녔다. 이 시대에 일반 중국인이 여권과 비자를 받기란 상당히 어려웠지만 폴라트는 뇌물로 얻고자 하는 증서를 받을 수 있는 방법을 알았다. 그는 러시아, 루마니아, 불가리아에 간 적이 있으며, 튀르키예(터키)에서는 오랫동안 머물렀는데 그곳 언어는 위구르어와 비슷하다. 그는 파키스탄에도 가보았으나 그곳에서는 장사가 시원찮았다. 한번은 그가 신장 포도를 티베트를 경유하여 카트만두로 운송하려 했으나 네팔이 장마철이었던 탓에 과일이 전부 썩어버렸다. 이란에서도 좋지 않은 경험이 있었다. 테헤란의 미술품 브로커가 이란에서 발견된 중국 옛 그림을 판매하면 돈을 벌 수 있다고 그를 설득했지만, 결과적으로 그림은 옛것도 아니고 중국의 것도 아니었다. 그는 그 거래에서 손해를 본 뒤로 주로 옷 장사에 매진했다. 그러나 장거리 운송이 수반된 장사에는 위험이 뒤따랐다. 1993년 1만 달러를 모은 뒤 그는 중국산 의류를 카자흐스탄으로 수송하는 컨테이너 사업에 대부분의 돈을 투자했고, 옷을 넣는 포장용 나무상자가 좀먹는 바람에 투자한 돈을 전부 날려버렸다.

1997년 베이징으로 온 폴라트는 야바오로에서 중개인으로 자리 잡았다. 이 지역은 중국 동남 연해 지방 공장에서 만든 의복을 전문적으로 파는 암시장 도매업자들의 중심지가 되었다. 노스페이스, 나이키, 토미힐피거 같은 외국 브랜드가 잘 팔렸다. 딜러들이 자주 모조품과 공장 불량품을 팔았으나, 상표만 좋아 보이면 문제 될 게 없었다. 노티카, 아디다스, 팀버랜드. 값싼 버전은 러시아와 동유럽뿐 아니라 국경이 늘 불분명하고 익숙지 않은 눈으로 보면 종족을 구별하기 어려운 광활한 중앙아시아의 좁고 긴 변경 지방에서 잘 팔린다. 카자흐족, 우즈베크족, 타타르족 모두 야바오로로 왔다. 이 일대에는 여성이 많지 않은데, 가장 눈에 띄는 사람은 매춘부다. 러시아, 몽골, 중국 출신 매춘부들은 상인들이 거래를 끝낸 식당 밖에서 한가롭게 걸어다닌다.

폴라트는 무엇이든지 판매했다. 1998년에 그는 폴란드, 루마니아, 유고슬라비아에서 온 무역 협력단에 트럭 두 대 분량의 555 브랜드 신발 모조품 판매를 주선해서 2000달러를 벌었다. 또 하루는 일부 러시아인이 톈진의 지하 공장에서 노티카 모조품 옷을 한 컨테이너 구입하는 것을 도와 1000달러를 벌었다. 1998년은 순조로운 한 해였다. 그해에 그는 러시아 사람을 설득하여 피에르가르뎅이란 상표를 달아 광둥에서 생산한 모조품 브래지어 2만 장을 사게 하기도 했는데, 브래지어 한 장당 대략 25센트를 벌었다.

폴라트는 돈이 있어 보이진 않았다. 그는 간편한 차림새를 하고 다른 야바오로의 상인들처럼 거래를 성사시킨 뒤 허풍을 떨지 않았다. 그러한 상인들은 가장 전형적인 장사꾼이다. 모조품을 팔아 차액을 남긴다. 나는 그들의 얘기를 곧이곧대로 믿지 않도록 했다. 그러나 폴라트는 달랐다. 그는 흰머리가 드문드문 섞인 검은 곱슬머리였고 갈색 눈은 우울하게 보였다. 별로 웃지도 않았다. 짙은 갈색 피부에 단단한 턱, 중동 사람 특유의 도드라진 코를 가졌다. 그가 미소 지으면 얼굴에서 광채가 났다. 그가 입에 달고 사는 중국어 한마디는 '가짜'였다. 그는 자기가 파는 물건들을 극도로 경멸했다. 그는 모조품 옷이 쓰레기, 폐물, 똥과 다를 바 없는 '가짜'라고 말했다. 우리가 안 지 얼마 되지 않아 그는 원래 신장의 한 고등학교에서 위구르어와 문학을 가르쳤다고 말해주었다. 자신이 하고 있는 거래 얘기를 할 때면 말투가 극도의 멸시로 가득했는데, 그가 왜 교직을 떠났는지는 모르겠다. 그는 다부지게 잘생겼지만 뺨엔 이음새처럼 보일 정도로 깊은 주름이 있었다. 약간 뚱뚱한 체구에, 줄담배를 피웠으며 자주 피곤해 보였다. 그가 돈을 벌어 무엇을 하는지 난 알 수가 없었다.

✦

5월 말 어느 날 저녁, 폴라트는 나와 한 상인을 저녁 식사에 초대했다. 르탄베이로에 있는 작은 위구르 식당에서 만났는데, 내가 가장 좋아하는 장소였다. 우리는 식당 앞의 넓은 발코니에 앉아 주문한 음식을 먹으면서 무역상들과 매춘부들이 지나가는 모습을 보았다. 보통은 옌징 맥주를 마셨다. 식당 매니저는 노대에서 내려와 인도의 맨홀 뚜껑을 열어 맥주 두 병을 꺼냈다. 맨홀 안의 차가운 물은 식당 음료의 냉장고 역할을 했다. 밥값은 싼 편이었다.

그날 밤 폴라트의 친구는 아제르바이잔에서 온 상인이었다. 매우 작은 얼굴에 눈썹이 짙고 검었으며 장난감 같은 짧은 수염이 입술 위에 붙어서 나풀거렸고 저가의 회색 양복을 입고 있었다. 그가 야바오로에 온 이유는 기성복을 도매로 구입하기 위해서다. 폴라트는 그를 중국 업자와 연결해주었다.

"제 친구가 영어나 중국어를 못해 미안하네요." 모두가 서로 악수하고 나서 폴라트가 말했다. "그리고 오늘 밤에는 맥주 말고 바이주를 마실 수 있을지 알고 싶어하네요."

바이주는 곡물로 빚은 중국 술이지만 어느 누구도 바이주를 맛으로 마시지는 않는다. 내가 마지못해 동의하자 식당 주인이 바이주 한 병을 가져왔다. 나는 이 젊은 친구가 이슬람교도인지 추측해봤으나 대부분의 중앙아시아 상인들은 여하를 막론하고 술을 잘 마신다. 그들이 외국에 나가 장사를 할 때엔 그들의 종교를 집에 두고 온 것 같았다. 몇 가지 언어가 식탁에서 오갔으며 폴라트가 중개자 역할을 맡았다. 그는 아제르바이잔 사람과 튀르키예어로 말하고 내게는 중국어를 써서 대사관 폭격 사건을 얘기했다. 폴라트는 이 화제를 특히 좋아했다. 항의 시위는 2주가 안 되어 물러갔지만, 그는 끊임없이 낯선 사람 앞에서 이 사건을 끄집어냈다. 일찍이 만둣집에서 발생한 엉뚱한 그의 발언은 결코 우연이 아니다. 그는 한족에게 도발하길 좋아한다.

"그들은 머리에 문제가 있어요." 우리에게 두 잔째 바이주를 따르면서 그가 말했다. "그 학생들 너무 멍청해요. 아무것도 모르잖아요."

"나토가 유고슬라비아에 대해 벌인 일에 찬성해요?"

"당연히 찬성하죠. 알바니아 사람들이 피살된 건 그들이 소수민족이기 때문이에요. 우린 '미국의 소리 Voice of America' 방송을 들어서 그곳에서 생긴 일을 알아요. 이것이 중요하다 생각하는데, 내가 신장 출신 위구르족이기 때문이죠. 내 말뜻 이해하시겠습니까?"

나는 고개를 끄덕였지만 그는 나를 빤히 쳐다보았다.

"밍바이 러 마明白了嗎?" 그는 다시 '이해합니까?'라고 말했다.

"압니다."

"베이징에서 공개적으로 얘기하기 어려운 일이 많습니다. 이해하시겠어요?"

"예."

그는 나를 자세히 보더니 웃으며 술잔을 들었다. 우리 셋 다 잔을 비우고는 남자들이 바이주를 마시면 하는 그 표정을 지었다. 젊은 아제르바이잔 사람이 폴라트를 통해 미국 사람들도 이런 독주를 자주 마시는지 물었다. 나는 고개를 흔들었다. 이어서 폴라트는 러시아 사람들의 음주 습관에 대해 얘기했다. 쉽게 대화에 끼어들 수 있는 국제적 한담거리다. 우린 모두 술 취한 러시아 사람과 관련된 이야기를 공유했다. 결과적으로 우리는 누구의 관점이든 간에 놀라울 정도로 이야기가 흡사함을 알게 됐다. 폴라트는 번갈아 통역했다. 젊은 상인은 보통의 아제르바이잔 사람이 보통의 러시아 사람만큼 술을 잘 마시진 못하지만, 최고의 아제르바이잔 술꾼은 최고의 러시아 술꾼을 이길 수 있다고 말했다. 그는 신중하게 이러한 결론을 내리곤 오만한 표정을 지었다. 종업원이 구운 양갈비를 가져왔다. 양갈비는 매웠지만 맛은 좋았다. 맥주에 곁들이면 더 좋았을 것이다. 나는 맥주병들을 갈망하면서 잠깐 보았다.

잠시 뒤 화제는 위구르족으로 바뀌었다. 폴라트는 위구르족이 유럽 사람과 비슷하게 생겼다고 말했다.

"내 친한 친구는 금발이에요. 당신보다 더 외국 사람 같죠. 외국인이랑 비슷하게 생겨서 가끔 중국 영화에 외국인으로 특별 출연하기도 해요. 영화 「아편전쟁」 봤어요?"

나는 고개를 끄덕였다. 관방에서 투자한 그 다큐 영화는 1997년 홍콩이 중국으로 반환되기 전에 상영되었다. 그해 국가주의는 극도로 환영받았다. 두 시간 분량의 장편 영화로서 사악한 영국 제국주의와 영웅적인 중국인의 저항을 묘사했다.

"한 외국인이 중국 사람에게 목이 잘리던 장면 기억하세요?"

"확실하게 기억나진 않지만 본 것 같아요."

그는 나도 보았을 것이라며 중국인들이 스크린 정중앙에 비친 그 친구의 목을 잘랐다고 말했다. 올해 그 친구는 마카오의 조국 반환을 경축하는 또 다른 관방 영화에도 출연한다고 한다.

"위구르족과 카자흐족은 가끔 이러한 애국 영화에 외국인으로 출연한답니다." 폴라트가 덧붙여 설명했다. "그들은 큰 역할에는 진짜 외국인을 캐스팅하지만, 작은 배역에는 위구르족과 카자흐족을 씁니다."

"보수가 높나요?"

"그렇게 높은 편은 아니에요. 제 친구는 3000위안을 벌었어요. 일은 어렵지 않아요."

인민폐 3000위안은 400달러에 못 미친다. 폴라트에게 그 영화를 좋아하느냐고 묻자 그가 웃음을 터뜨렸다.

"당연히 안 좋아하죠. 당신도 알다시피 중국의 다큐 영화가 그게 뭡니까? 몽땅 거짓말이죠. 진정한 역사는 그런 게 아니잖아요."

우리가 중국어로 얘기하는 동안 아제르바이잔 사람은 한쪽에 조용히 앉아 나를 진지하게 관찰할 뿐이었다. 폴라트가 말을 이었다.

"전 미국 영화를 좋아해요. 「대부」 시리즈를 가장 좋아하는데. 로버트 드니로가 출연한 영화는 다 좋아하죠."

그가 말하는 순간에 어렴풋이 그 배우와 닮았음을 발견했다. 풍상을 겪은 외모, 두툼한 아래턱, 아래로 처진 눈주름. 그는 위구르의 드니로였다. 아제르바이잔 사람은 여전히 내 얼굴을 읽어 내려가다가 결국 폴라트에게 입을 열었다.

"제 친구가 당신이 유대인인지 궁금해하네요."

이슬람교도 식당에 앉아서 나는 이 질문에 놀랐다. 젊은 상인은 몸을 앞쪽으로 내밀었다. 폴라트가 설명했다.

"당신이 유대인과 닮았대요."

"아닙니다. 저는 천주교도예요. 제 선조 중엔 독일 사람도 있고, 이탈리아 사람도 있어요. 드니로도 이탈리아 사람이죠."

폴라트의 통역을 들은 뒤 청년의 얼굴엔 실망한 표정이 감돌았다. 속사포를 쏘듯이 튀르키예어로 말한 것을 폴라트가 번역했다.

"이 친구가 관심을 가지는 이유는 그가 유대인이기 때문입니다."

"아, 아제르바이잔에 유대인이 있는 줄은 몰랐습니다."

"그렇게 많진 않아요." 폴라트가 말하며 다시 술잔을 들었다.

폴라트는 내게 처음으로 중국의 종족과 영토를 생각하게 해준 사람이
다. 위구르족과 한족을 비교한다면 그들은 지리, 문화, 언어, 역사, 모든
면에서 완전히 달라 보인다. 마치 둘은 한 나라의 국경 내에 있는 대척
지 같다.

　신장은 티베트 북쪽에 있는 오지이고 험하기로 이름이 높다. 중국
영토의 6분의 1을 차지하여 미국 알래스카주와 뉴욕주를 합친 것과 면
적이 같다. 지형은 세계에서 가장 높은 산맥과 가장 넓은 사막이 포함
돼 있다. 그곳의 옛 역사는 상세하진 않지만, 초기의 거주민은 기록을
남기지 않은 유목민이다. 중국 초기의 조대는 이따금 여기에 군사 요새
를 올렸지만, 신장의 지형은 중국의 농업과 극히 어울리지 않기에 제왕
들이 지속적으로 이 토지를 통치할 수는 없었다. 9세기에 이르러서야
오늘날 위구르족의 선조가 비로소 그곳에서 대거 정착하기 시작했다.
당시에 그들은 녹지를 차지하면서 광대한 산맥과 사막은 유목민에게
넘겨주었다.

　위구르족은 자주 중개자였다. 그들은 몽골 사람들에게 위구르 자모
로 글씨 쓰는 것을 가르쳤다.(위구르족은 일찍이 룬문자로 글을 썼다.) 또
한 칭기즈칸과 기타 중앙아시아 열강 간의 중개자 역할을 했다. 위구르
족의 종교는 실리적이어서 새로이 주둔하는 군대에 맞춰서 불시에 바
뀌기도 했다. 다양한 시기에 위구르족은 살만교, 마니교, 경교, 불교를
신봉했다. 10세기 때는 이슬람교로 개종하기 시작했다. 그 뒤 1000여
년 동안 그들은 스스로를 '위구르'라 부르지 않았으며 문자도 아랍어로

바꿨다.

중국인이 자랑스럽게 생각하는 연속성과는 달리, 이름이든 문자든 종교든 아니면 정치 연맹이든 위구르족의 수많은 기본 특질이 가변적이다. 그러나 그들은 늘 변방에서 생존해왔다. 이러한 특질은 오늘날에도 여전히 두드러진다. 위구르족이 중국 각 도시에서 장사하는 모습을 보기만 해도 이를 증명할 수 있다. 그들은 식당을 열거나 건포도와 멜론 등 신장의 토산품을 팔았고, 또한 화폐 암시장을 장악했다. 중국에서는 극소수의 소수민족만이 한족이 장악하고 있는 경제에서 한자리를 차지할 수 있었다. 일부 야바오로 상인들이 유행하는 위구르 우스갯소리를 내게 알려주었다. 미국 사람들이 달나라에 갔을 때 위구르족은 그곳에서의 장사법을 발견했다고.

폴라트와 나는 제2외국어로 우정을 쌓았다. 우리는 완전히 중국어로 얘기를 나눴고, 나는 그 식당에 단골로 오는 위구르 사람들 말을 알아들을 수 없었다. 하지만 그들의 신체 언어는 감명적이었다. 중국 사람보다 키가 큰 그들은 어깨를 으쓱거리며 걸어 다녔다. 악수하는 힘은 중국에서 드물 정도로 강하고 힘찼다. 여성이 식탁으로 오면 그들은 일어섰으며 돼지고기를 먹지 않았다. 술은 많이 마셨는데, 금주라는 이 특정한 이슬람 계율은 뿌리가 깊지는 않았다. 그들의 높은 코는 햇볕에 검게 그을렸고 눈매가 매서웠으며, 중국인을 긴장하게 하는 신체적 자신감이 있었다. 위구르족 식당에서 식사하는 소수 중국인은 보통 자기 일에만 신경 쓴다. 만일 폴라트가 없었다면 나도 마찬가지였을 것이다. 특히 결코 시험해보고 싶지 않은 폭력적인 위압감을 풍기는, 짙은 눈썹에 몸집이 큰 한 위구르 상인이 있었다. 한번은 그가 나에게 말하기를 자신이 큰 거래를 성사시켜 텐진제 콘돔 50만 개를 우즈베키스탄 사람에게 팔았다고 했다. 내가 듣기에 이 말은 달에서도 장사한다는 위구르족 얘기만큼이나 인상적이었다. 어느 날 저녁에는 눈썹 짙고 몸집 큰 그 남자가 식당에서 위구르족 친구와 늦게까지 보드카를 마셨다. 술이 떨어지자 두 남자는 번갈아 자기 팔뚝을 담뱃불로 지져 구멍을 냈다. 그 뒤 두 사람은 보기만 하면 힘주어 악수하고 상대의 손목에 난 담뱃불 상처를 만지면서 그날 밤 무슨 마귀가 씌어 이런 행동을 했는지 모르겠다며 웃곤 했다.

✦

현대사는 위구르족에게 힘든 시기였다. 18세기 청나라는 위구르족의 땅을 공식적으로 제국에 포함시키고자 서쪽으로 군대를 보냈다. 항거는 완강했지만 1884년에 청조는 그곳을 강제로 합병하여 '새로운 강역疆域'이라는 뜻으로 '신장新疆'이라 개명했다. 청조가 몰락한 뒤 1911년에 신장은 가장 먼저 중앙에서 벗어나고자 시도했던 성 가운데 하나였다. 1920년대 일군의 튀르키예 계통 거주민이 독립운동을 추진하기 시작하면서 스스로를 1000년 동안 사용하지 않았던 이름인 '위구르'라고 불렀다. 1944년에 일본과 중국공산당으로 인해 내우외환을 겪게 된 국민당 정부와 더불어 위구르족, 카자흐족과 백러시아 사람들은 북北신장에서 현지의 중국 수비군을 타파했다. 이때의 저항으로 '동투르키스탄 공화국'이라 불리는 다민족 국가가 기초를 다지게 되었다.

이후 5년 동안 동투르키스탄 공화국은 기본적으로 독립국가처럼 운영되어 소련과 친밀한 관계를 유지했다. 그러나 소련은 공개적으로 그들을 지지하지 않았다. 미래에 중국 정권을 잡게 될 당파와의 담판에서 그들을 협상 카드로 이용할 듯했다. 변방에서 생존하기란 이처럼 위험이 뒤따라 강대한 이웃 나라의 야심을 벗어나기 어려웠다. 1949년 공산당은 중국을 장악한 뒤 동투르키스탄 공화국의 최고 지도자들을 초청하여 회의를 열었다. 이들은 신장을 떠나 소련의 알마아타에서 비행기를 탄 후 행방불명되었다. 몇 개월 뒤 중국인민해방군이 신장을 제압하고 나서야 중국 측에서 그 비행기가 추락했다고 발표했다. 그러나 수많은 위구르인은 지도자들이 모살되었고 마오쩌둥과 스탈린 간 비밀 모의의 피해자가 되었다고 믿었다.

이후 신장은 중국의 엄격한 통제를 받게 되었다. 1980년대 이후 석유와 천연가스가 발견됐을 때 한족들이 이곳으로 대거 이주했다. 위구르족의 소요 사태 대부분은 그들이 점점 자기 고향에서 국외자가 되어간다는 두려움에서 비롯했다. 1990년대 내내 주기적으로 폭력 사태가 일어나 시내버스가 폭발하거나 기차가 탈선하는 사고가 났다. 사람들은 이러한 공격이 중국 통치에 분개한 위구르족의 소행이라 추측했지만, 어떠한 조직도 자기들이 벌인 일이라고 나서지 않았다. 이러한 폭력 사태는 신장의 수많은 다른 사건과 마찬가지로 미스터리로 남아 있다.

야바오로에서 나는 중앙아시아인, 중동인 그리고 출신지를 알아볼 수 없는 무역상들을 보고선 도대체 얼마나 많은 사람이 대국의 역사 속에 들어가고 나갔던 무명의 종족 집단에 속하는지 생각해보았다. 위구르족의 운명은 독립된 언어, 문화나 전통이 스스로 일가를 이루지 못한 데서 기인한 것이 아니다. 외국 열강의 결정권이 너무 컸다. 몽골은 이미 독립국가가 되었다. 만약 신장이 당초에 중국이 아니라 소련의 손에 들어갔다면 신장에도 그 길이 열렸을지 모른다. 중앙아시아의 쟁탈전에서 위구르족은 실패자 가운데 하나다.

폴라트와 친해진 뒤 그는 내게 집안 배경을 더 많이 얘기해주었다. 1940년대 중반에 그의 아버지는 동투르키스탄 공화국의 군대에 들어갔다. 수많은 동료 군인과 마찬가지로 아버지의 왼쪽 어깨엔 라이플총 상처가 남아 있었다. 그것은 문화대혁명 기간엔 위험의 표지였다. 문화대혁명이 끝날 무렵 그는 이미 비판 투쟁에 의해 절름발이가 되었다. 폴라트는 진정한 위구르족 역사에서 이 사실을 충분히 기록하길 바란다고 말했다. 그는 또한 1985년에 중국 통치에 저항하다가 투옥되었던 사실을 포함하여 본인의 경험을 쓰고 싶어했다. 그는 바로 이 때문에 신장에서 교직을 맡을 수 없었다고 말했다. 정치 탄압이 그를 멀리 타향으로 떠나게 만들었다. 그는 또한 4만 달러를 저축했으며, 자금과 시기가 적절할 때 자유를 찾아 미국으로 망명할 방법을 찾으리라 맹세했다고 했다.

✦

나는 난징에 관한 기사를 쓰려고 했으나 결국 포기하고 말았다. 스스로 모든 부담을 내려놓고 적절하지 못했던 시기 탓으로 돌린 다음 다른 계획으로 바꿨다. 여름이 되자 대사관 폭격 사건은 이미 요원한 기억이 돼버렸다. 이따금 사람들이 언급했지만 깊이 얘기하지는 않았다. 얘기한다 하더라도 실망이 분노를 넘어섰다. 그들의 정부가 미국의 사과와 베오그라드 대사관에 대한 손해배상을 받아들였기 때문이다. 나는 폭격 사건이 우연이라고 믿는 중국 사람을 거의 만나지 못했다.

그 후 몇 달 동안 지사에서 스크랩하면서 때때로 후속 보도를 접할 수 있었다. 7월에 미국 중앙정보국^{CIA} 국장 조지 테닛이 국회에서 증언했다. 그는 나토가 폭격 작전에서 표적으로 삼은 900군데 가운데 단 한 곳, 중국 대사관만이 CIA에서 단독으로 조사하고 지정한 곳이라고 말했다. 테닛은 지도가 낡아서 생긴 과실이었음을 강조했다.

석 달 뒤 런던의 『옵서버』는 폭격 사건이 사실상 고의라고 주장하는 긴 탐사 보도를 내보냈다. 보도는 이름을 밝히길 원하지 않은 세 명의 유럽 주재 나토 관계자들과의 인터뷰를 바탕으로 했다. 그들은 미군이 고의로 대사관을 조준한 것은 중국이 암암리에 밀로셰비치를 지지했기 때문이라고 말했다. 전에 나토가 세르비아의 라디오 송신기를 폭파한 뒤 중국이 세르비아가 그들의 전기를 백업 용도로 사용해 코소보에 군사 지령을 방송하도록 허용했다는 것이다. 나토 작전이 개시됐을 때 밀로셰비치의 군대가 스텔스 전투기인 F-117을 격추한 적이 있었다. 세르비아 스스로는 스텔스기를 추적할 능력이 없었으니, 그들은 중국과 같은 더 발전된 군대에서 장비를 얻어냈을 터였다. 기사는 중국이 밀로셰비치를 돕는 대신 정보 가치가 큰 스텔스기 잔해를 받아내려 했다고 밝혔다. 기사에 따르면 지도 오류 이야기도 너무나 억지스러웠다. 폭탄 세 발이 모두 대사관 남쪽 끝에 떨어진 것으로 알려졌는데, 그곳에는 마침 대사관부 무관의 사무실이 있었다. 대사관의 다른 부분은 조금도 손상되지 않았고 사상자도 매우 적었다. 대다수 외국 매체와 마찬가지로 『옵서버』도 사망한 중국 '신문기자' 세 명 가운데 두 사람은 정보 관리라고 주장했다. 정보 관리가 국영 언론 외국 특파원으로 위장하는 일은 흔했다.

그게 다였다. 정보의 출처도 명기되지 않았고 증거도 없다. 나토는 그들의 고발을 부인했고 소수의 미국 신문에서만 이 보도를 인용했다. 나는 그것을 오려서 분류해 보관했다.

US-CHINA ─ EMBASSY BOMBING(미·중 대사관 폭격)

US-CHINA ─ EXCHANGES(미·중 교역)

US-CHINA ─ RELATIONS(미·중 관계)

US-CHINA ─ SCANDAL(미·중 추문)

US-CHINA ─ SUMMIT(미·중 정상회담)

US-CHINA ─ TRADE(미·중 무역)

문자의 세계

진시황이 책을 불태웠다. 기원전 221년 진시황은 처음으로 '황제'를 자칭한 통치자가 되었다. 그는 화폐와 도량형을 통일했다. 도로와 운하를 넓히고 만리장성의 추형을 만들었다. 역사, 사상, 시의 고전을 파괴했다. 유생을 생매장했다. 그의 치하에 모든 중국인은 같은 서체로 문자를 쓰도록 강요받았다.

승상은 진시황에게 책뿐 아니라 책에 담긴 생각마저도 파괴할 것을 건의했다.

감히 시와 서를 말하는 자는 거리에서 사형에 처할 것이다. 옛것을 가지고 지금을 비난하는 자는 족형族刑에 처할 것이다. 관리가 이를 알고도 알리지 않으면 같은 죄에 처한다.

약 1세기 뒤 전한前漢의 역사가 사마천이 이 모든 일을 전부 기록했다. 『사기史記』는 2000년을 대대로 전해져온 걸작이다.

✦

임레 갈람보스는 35세다. 고대 중국 문화를 연구하는 학자로서는 혈통이 범상찮다. 어머니 쪽으로 보면 그는 중앙아시아 사람이다. 외조부는 타타르족이고 외조모는 카자흐족이다. 외조모는 중국 둥베이지방 하얼빈에서 태어나 성년이 되어 서쪽으로 이주했다. 유럽과 아시아 경계 지역에 있는 우랄산맥에서 갈람보스의 어머니를 낳았다. 갈람보스의 어머니는 더 서쪽으로 가 모스크바에 있는 대학에 다녔고 그곳에서 헝가리인과 사랑에 빠졌다. 그리고 또다시 서쪽으로 옮겨가 다뉴브강에서 가까운 북헝가리에서 갈람보스를 낳았다. 갈람보스는 2분의 1은 헝가리 사람이고 4분의 1은 카자흐족이고 4분의 1은 타타르족이다. 그는 키가 작지만 체격이 다부지고 검은 머리에 긴 속눈썹을 가졌다. 그는 수줍음이 많다. 통화할 때는 '예' '아니오' 등 간단한 음절로만 얘기할 뿐이어서 첫 만남은 어색할 수 있다. 하지만 일단 친해지면 그 사고의 유창함이 놀라울 정도로 뛰어나다. 그는 이미 이 분야에선 선진적인 학자로 입지를 굳혔다.

갈람보스는 캘리포니아대학 버클리캠퍼스에서 고한자 변천에 관한 논문을 썼다. 그의 주 연구 대상은 2000년 전 죽간竹簡에 새겨진 문자다. 대부분 20세기 후반에 발굴되어 출토된 것들이다. 과거에는 학자들이 이러한 1차 자료를 접할 길이 없었다. 『사기』처럼 여러 번 필사되어

오랜 시간 전승된 고전 기록을 연구했다.

죽간 문자는 진대 이후에 새겨졌지만 자체는 아직 통일되지 않았다. 같은 글자라도 자형이 달라 고대 문화처럼 분명한 준칙이 없었다. 갈람보스는 이로써 추단하여 진시황의 문자 통일은 과장이고 수수께끼이며 진시황의 기타 전설도 똑같을 것이라 주장했다. 갈람보스는 논문에서 몇 세기 동안 역사학자들이 분서 이야기에 미혹되어 "필사할 작품을 선별하는 조용하고도 지속적인 과정"을 무시했다고 지적한다.

그의 관점은 간단하다. 검열은 상상력을 약탈하지만 창조 과정은 훨씬 더 파괴적일 수 있다. 어떤 이야기를 서사하거나 어떤 사건의 의미를 창출하기 위해선 다른 해석의 가능성을 부정하게 된다. 중국의 역사는 다른 위대한 문화사와 마찬가지로 침묵을 지키고 있는 다른 이야기의 희생 위에 쓰여졌다.

갈람보스가 보기에 중국에서 가장 중요한 문학상의 통일은 한나라 때 발생했다. 그들은 역사서와 더불어 최초의 사전을 만들어냈고 문자 세계에 대한 중시가 2000년 제국의 기틀을 세웠다. 그는 이렇게 말한다. "사람들이 문학 세계의 사상에 대해 이야기하는데, 비잔티움이나 중국처럼 그들의 문화에서 쓰인 문자는 진실한 세계보다 더 의미 있는 세계를 창조합니다. 중국 고대의 관리는 고서의 암송을 통해 과거 시험에서 선발되었습니다. 그들은 비슷한 문자의 세계에 살면서 외부에서 들어온 이는 누구든 그 세계의 일원이 되었습니다. 맙소사, 문자 언어가 거의 없고 완전히 유목민이었던 몽골 부족들조차도 결국 원조元朝가 되지 않았습니까? 하지만 그들은 일단의 시간 속에서 중국인처럼 변해 자신을 동화시켰습니다. 제 생각에 이 문자의 세계는 우리가 '중국 역사'라고 부르는 것을 한데 연결시켰습니다. 이는 국가의 인구수라든가 그와 비슷한 어떤 것이 아니라, 이러한 사람들이 창조한 거대한 문자 세계입니다. 한나라 사람들이 창조한 이 세계는 이렇듯 커서 스스로를 넘어 주위의 모든 것을 전부 포괄하게 되었습니다."

✦

갈람보스는 타고난 회의주의자다. 그는 간결성, 규칙성, 이야기 구조를 의심한다. 그가 보기에 고사故事는 통상적으로 혼잡한 국면의 조작이기 때문이다. 이렇게 역사를 보는 시각은 타타르족인 그의 유전자 때문이거나 아니면 단순히 자신의 이야기가 이해되지 않기 때문일 수도 있다. 기본 배경 외에 그의 집안 역사는 분명하지 않다. 그는 카자흐족 외조모가 왜 중국 둥베이에서 살았는지, 뒤에 왜 떠났는지 모른다. 외조모가 타타르족 남자를 어떻게 만났는지도, 그들이 어떤 길로 우랄산맥으로 갔는지도 모른다.

갈람보스가 당초 중국학 연구에 헌신한 계기조차도 억지스럽다. 그는 공산당이 통치하던 헝가리에서 성장했는데, 그곳의 모든 젊은 남자는 병역에 의무적으로 복무했다. 그는 고등학교 졸업 후 입대했으나 군대는 타고난 회의주의자에게 적합한 곳이 아님을 금방 알아차렸다. 그 결과 군대는 그를 헝가리 중부의 바코니산으로 보내 6개월 동안 추가 훈련을 하는 징벌을 받게 했다. 갈람보스는 대부분을 주방에서 일했다. 한번은 그가 탈장이라고 속여 수술을 받았다. 회복 기간으로 28일간 휴가를 얻을 수 있기 때문이었다. 그 수술은 아주 거칠게 시술되어 지금까지도 불시에 장기에서 통증을 느끼곤 한다. 바코니산에서 겨울은 매우 혹독하다.

탈장 수술 뒤에는 병역을 벗어나기 위해 고등교육을 끌어들였다. 헝가리에서는 군인이 대학에 입학하면 복무 기간이 반년 단축되었다. 갈람보스가 신청했지만 중국 유학생 장학금 코스를 제외하곤 모두 마감기일을 넘겨버렸다. 그는 복무 기간을 6개월 단축하는 가치가 있다고 생각하면서 중국 유학을 받아들였다. 15년 전의 일이다. "저는 이렇게 해서 중국을 연구하는 길로 들어오게 되었습니다"라고 그가 설명한다.

어느 날 저녁 베이징에서 갈람보스를 만났다. 술을 마시자 자연스럽게 화제가 역사로 바뀐다. 그가 일반 사람들은 자연스럽게 어떤 개인이나 사건을 선택하여 그 중요성을 과장한 뒤 그것을 역사의 서사로 조작한다고 말한다.

"역사는 그들의 심중에 이렇게 형성되었습니다. 이러한 주요 인물과 사건을 통해서 말이죠. 그러나 중국사를 공부하면서 당신이 배운 것 중에는 사실 발생하지 않았거나 아주 사소한 사건들도 있습니다. 혹은 매우 중요하지만 언급되지 않은 다른 사건도 있죠. 중국인들은 500~600년마다 한 명의 철인이 출현한다고 말합니다. 그러나 역사는 더욱 다변적이고 복잡하며 수많은 일이 발생합니다. 분명한 건 그렇게는 역사를 가르칠 방법이 없다는 겁니다. 단지 '수많은 일이 발생했다'고 말할 수는 없지요. 어떤 사건을 골라내는 일은 불가피합니다."

우리는 베이징 중심에 있는 호수인 허우하이 근처 이름을 알 수 없는 바에 앉았다. 이곳은 베이징에 마지막으로 남은 옛 골목의 하나다. 바의 창문은 호수를 향해 열려 있다. 붉은색, 노란색 불빛이 어두운 호수 위를 가로지르는 아름다운 저녁이다. 갈람보스는 관점의 지각력에 대해 얘기한 뒤 나를 가리킨다.

"이것이 중국인이 당신과 같은 외국 특파원을 두려워하는 이유입니다. 서구인인 당신이 무얼 쓰든 그것이 바로 중국이 됩니다. 가령 중국 국내총생산과 관련한 몇 가지 수치가 발표되면 사람들은 이를 보고 '와, 정말 낮네'라고 말할 겁니다. 혹은 높다고 생각할 수도 있겠지요. 그러나 당신과 같은 기자들이 말을 보태서 한번 해석해주면 결과는 달라집니다. 만일 당신이 우리가 여기 허우하이에 앉아 있는 모습을 쓴다면 사람들은 이렇게 생각하겠죠. '와, 중국은 정말 멋진 곳이구나.' 그것이 사람들 마음속에 그 장소가 틀 잡히는 방식입니다. 실상과는 거리가 멀지요."

미
국
의

소
리

베이징은 내가 처음으로 전업 작가로 살았던 곳이다. 과거에 나는 학생 아니면 교사였고 이전에 중국에서는 학생이면서 교사였다. 1996년부터 1998년까지 나는 푸링이라는 작은 도시에서 평화봉사단 일원으로 영어를 가르쳤고, 중국어도 배웠다.

푸링사범전문학교에서 내가 가르친 학생 대부분은 농가 출신이었다. 그들은 졸업 후에 오지의 중학교에서 영어 교사가 되기 위해 교육받았다. 지난 세대엔 영어가 금지 과목이었다. 문화대혁명의 정치운동에서 외국어와 접촉하면 위험이 뒤따랐다. 그러나 오늘날 중국에서 6학년 이상의 학생은 모두 영어를 배워야만 하며 젊은 세대도 이 언어에 열심이다. 가르치던 첫해에 나는 이 언어가 실제로 얼마나 쓸모가 있을지 알지 못했다. 나는 푸링에 단 두 명인 외국인 교사 가운데 한 명이었고, 대다수 학생은 훨씬 더 외딴 곳에서 가르치게 될 것이었다. 그럼에도 그들은 가능한 모든 학습 자료를 찾아 진지하게 공부했다. 저녁에는 단파 라디오를 들고 캠퍼스를 돌아다니며 BBC나 '미국의 소리' 방송을 들었다.

베이징으로 온 뒤 나는 새로운 삶에서 자주 상실감을 느끼곤 했다. 혼란한 5월 시위, 자유기고가의 자질구레한 일들, 『월스트리트저널』의 문서 작업과 관련된 일들로 인해서다. 그러나 예전에 가르쳤던 학생들이 편지를 보내거나 전화를 걸었을 때 나의 상실감은 곧장 운무처럼 사라졌다. 그해 봄 어느 날 오후 나는 양쯔강 부근 마을로 발령받은 제자 지미의 전화를 받았다. 그는 즐거워 보였다. 막 여자 친구를 사귀었으며 자기 일을 좋아했다. 그에게 몇 명을 가르치는지 물었다.

"아흔네 명이요."

"몇 반인데?"

"한 반이요."

"한 반에 아흔네 명이나?"

"예. 꽉 찼어요."

전화를 끊고 나서 양쯔강의 오지 마을에서 중학생 아흔네 명에게 영어를 가르치는 정경은 어떤 모습일까 상상해보았다. 특히 지사에 있는 나의 시각에서 보면 그것은 완전히 상상할 방도가 없는 일이다.

STUDENTS(학생)

STYLE(양식)

SUPERPOWER — 'NEW THREAT'(초강대국 — '새로운 위협')

SUPERSTITION(미신)

TEA(차)

다른 날에는 D. J.의 전화를 받았다. 옛 제자들이 그랬던 것처럼 D. J.가 이 영어 이름을 고른 이유는 미스터리다. 그는 지금 쓰촨의 가장 빈 궁한 지역에서 가르치고 있으며 한 달 수입은 40달러도 되지 않는다. 그의 학급 친구가 내게 알려준 바에 의하면, D. J.가 첫 월급을 수령했을 때 엄청 신이 나서는 새 축구공을 사서 자기 혼자 반나절을 찼다고 한다.

"모든 학생에게 영어 이름을 지어줬어요. 대부분은 푸링의 학우들 영어 이름에서 따왔지만, 한 학생은 애덤, 한 학생은 피터라고 지어줬어요."

애덤 마이어는 1996년 나와 함께 푸링으로 온 평화봉사단 교사다. 나는 감동해서 D. J.에게 고맙다고 말했다. 그가 다시 입을 열면서 웃는 소리가 들려왔다.

"피터라는 학생은 아마 전체 반에서 가장 우둔한 학생일 거예요."

✦

중국의 많은 시골 사람과 마찬가지로 나의 학생들도 대부분 일찍 결혼 했다. 그해 봄날 나는 그들이 이성 교제에 대해 적은 편지를 자주 받았 다. 프리먼은 컴퓨터로 써서 출력한 편지를 보냈는데, 오지에서는 드문 일이다. 미국 잡지에서 배우 모건 프리먼의 사진을 본 뒤 자기 이름을 따라 지었다. 그의 편지들 가운데 하나는 중매를 통해 아내를 알게 된 사연을 담고 있었다.

푸링사범전문학교를 졸업하고 저희 부모님과 친척분들 모두 제게 여자 친구를 소개해주고 싶어했습니다. 두 사람을 소개받았지만 모두 스치는 만남이라 교제가 이어지진 않았습니다. 소개로 서른 명이 넘는 아가씨를 만났죠. 어떤 사람은 돼지처럼 살쪘고 어떤 사람은 말라서 낚싯대 같았습니다. 예쁜 여자들도 있었지만 그들은 곧바로 일어서면서 "두꺼비가 백조 고기를 먹으려 한다"고 했어요. 물론 저희 가족은 그 아가씨들에게 많이 공을 들였죠.

결국 지금은 여자 친구가 생겼어요. 2000년 이후에 제 아내가 될 겁니다. 예쁘지 않고 얼굴엔 검은 점이 많지만 그녀를 사랑합니다. 저보다 돈이 많으니까요. 그녀의 돈을 더 사랑하는 것 같습니다. (…)

저는 지금 중학교 2학년에게 영어를 가르칩니다. 이런 곳에선 가르치기가 어렵습니다. 빈궁한 데다가 사람들이 교육의 중요성도 알지 못해요. (…)

하고 싶은 말이 많지만 쓸 수가 없네요. 이 편지는 제 여자 친구 컴퓨터로 썼습니다. 다시 편지 드리겠습니다.

프리먼 올림

✦

과거엔 중국인이 고향을 떠나는 일이 거의 없었다. 5분의 4 정도의 인구가 고향에서 살았다. 그러나 덩샤오핑이 1978년에 자유 시장 개혁을 추진한 뒤부터 상황이 바뀌기 시작했다. 이 정책은 뒤에 '개혁 개방'으로 잘 알려졌다. 1980년대에 자본주의 스타일로의 변화는 연해 지구에서 처음으로 탄력을 받아 경제성장과 신흥 대외무역을 지원하기 위한 공장 도시들이 속속 생겨나기 시작했다. 내지에서 이주자들이 대량으로 유입되어 공장과 조립라인을 건설했다. 1990년대 말에 이르자 중국인 11명 중 1명이 유동 인구였다.

고향을 등지고 떠나는 데에는 용기가 필요했다. 보통 떠나는 사람은 마을에 남아 있는 사람보다 능력이 뛰어났다. 가장 우수한 시골 학생은 졸업한 뒤 연해 도시로 향했다. 나의 학생들에게는 떠나는 일이 더욱 힘든 결정이었다. 고향에 남으면 정부에서 안정된 교직을 제공해주었기 때문이다. 매년 봄이 되면 교실은 남쪽으로 갈지, 동쪽으로 갈지에 대한 이야기로 떠들썩해졌다. 그곳의 임금은 높긴 하지만 전통적인 '단웨이單位'의 보장이 없었다. 토론하는 학생은 많았지만 소수만이 행동으로 옮겼다. 떠나는 학생은 몇 가지 공통된 특성이 있다. 성적이 뛰어나고 성격이 외향적이며 활발하다. 영어 실력도 우수하다. 아이디어가 남달라 작문 실력이 빼어나다.

윌리엄 제퍼슨 포스터는 특출한 학생이었다. 처음에 그가 고른 영문 이름은 '윌리'였다. 그러나 졸업 전의 봄날, 그는 갑자기 '윌리엄 포스터'로 개명했다. 내가 작문 공책에 쓴 새로운 이름에 미처 적응하기도 전에 '제퍼슨'을 끼워넣었다. 그의 서명은 생동감이 넘쳐흘렀으며 큼지막한 이름이 작문 공책 가장 위쪽에 가로 걸쳐 있었다. 그는 내게 개명에 대해 전혀 조언을 구하지 않았고, 단지 빌 클린턴을 좋아한다고 말했을 뿐이었다. 클린턴도 그와 마찬가지로 빈민 지역 출신의 미국 대통령이었기 때문이다. 1998년 졸업하자마자 윌리엄 제퍼슨 포스터는 미래를 찾아 동쪽으로 떠났다. 그의 이러한 결정에 대해 나는 조금도 놀라지 않았다. 그는 당시 23세였다.

윌리엄은 반에서 가장 총명한 학생이었을 것이다. 확실히 영어 실력도 가장 출중했다. 통화할 때 다른 학생들은 중국어를 선호했지만 윌리엄은 영어를 고집했다. 이렇게 해야 영어를 잘 배울 수 있다고 결심한 것이다. 그의 행보가 가장 주목할 만한 것이었다고 확신할 수는 없다. 그저 내가 가장 잘 알게 된 이야기였다. 그는 1억 이주 붐 시대의 한 명이었다.

✦

윌리엄 제퍼슨 포스터는 1975년 8월 18일, 쌍룽공사雙龍公司 제10대대 제3생산대에서 태어났다. 이곳엔 여태까지 중요한 사건이 발생했거나 유명인이 나온 적도 없으며 고건축물이나 고적 패방도 없다. 가장 오래된 건축물은 워뉴허蝸牛河강으로 건너는 승리교勝利橋다. 이 석교는 1940년대에 세워졌는데 얼마 못 가 홍수에 파괴되었고 나중에 절반을 복구했으나 겨우 한 사람 통행할 수 있을 정도의 폭이었다. 어떠한 승리도 이 다리에서 발생한 적이 없다. 사실 '승리'는 당시 많이 유행했던 이름으로, 신중국의 건립과 관계가 깊다. 단순화하기 위해 공산당은 숫자로 마을 이름과 행정단위를 대체했다. 제10대대의 인구는 1000명도 되지 않았다.

80킬로미터 밖, 쓰촨성 동북부의 낮고 녹음 진 산언덕과 햇빛에 어른거리는 논을 가로지르면 덩샤오핑이 나고 자란 고향 광안廣安이 있다. 1975년의 광안은 오지 마을이었다. 덩샤오핑은 문화대혁명 때 두 번이나 숙청되었던 또 한 명의 전도유망한 정치인이었다. 1977년 덩샤오핑이 복권하고 영도자로 부상했으나 그는 두 번 다시 광안에 돌아오지 못했다. 아마 마오쩌둥 같은 개인 숭배를 피하고 싶었을지도 모른다. 마오쩌둥의 고향은 성자들의 메카로 변모했다. 덩샤오핑은 일부러 고향을 황폐하고 궁핍한 상태로 유지하게 함으로써, 국가를 어느 정도 보호했다.

쌍룽공사는 광안보다 더 빈궁했고 제10대대는 쌍룽공사보다 더 빈궁했다. 이곳은 공식적 역사가 없는 곳이다. 주민 대다수는 윌리엄의 부모와 마찬가지로 문맹이다. 이곳의 역사는 주민이 기억하는 일과 그들이 언급하지 않았던 일로 구성되었다. 윌리엄의 아버지는 1941년에 태어났다. 아들에게 해준 말에 따르면, 평생 가장 고통스러웠던 시기는 대약진 시기였다고 한다. 그 정치운동은 1958년부터 1961년까지 지속되었다. 마오쩌둥이 공업 생산을 미친 듯이 추진한 결과 1000만 명에 달하는 중국 농민을 아사지경으로 내몰았다. 윌리엄 아버지의 몇몇 친척과 친구가 이 시기에 굶어 죽었지만 아버지는 더 이야기하고 싶어하지 않았다. 그가 보기에 세세한 일은 잊는 것이 가장 좋았다.

그는 문화대혁명 같은, 이후의 시기에 대해서는 기꺼이 기억을 꺼냈다. 대약진과 달리 문화대혁명은 주로 도시와 지식인 계층에 영향을 미쳤다. 이 역사가 오늘날 비교적 잘 알려진 이유 중 하나다. 베이징, 상하이 등 대도시에서는 문화대혁명의 정치투쟁이 매우 처참했으나 시골에 닥쳤을 때는 그다지 격렬하지 않았다. 정치는 종종 그런 식으로 작동한다. 각종 운동은 암호처럼 먼 곳에서 조각조각 전해졌고, 촌민은 일부 조각만 붙든 채 다른 조각을 무시했다. 공산당이 권력을 장악한 뒤 제10대대의 리李씨 성을 가진 사람이 오만하게도 그의 아들들 이름을 리마오李毛, 리쩌李澤, 리둥李東으로 지었다. 그는 아들을 불러 밭에 일하러 갈 때마다 이렇게 외쳤다. "마오, 쩌, 둥, 어서 나와!" 그는 이것이 마오 주석을 열애하는 방식이라고 말했다. 말할 필요도 없이, 촌민들이 마을 확성기에서 '비투회批鬪會'를 연다는 소식을 들은 뒤 문화대혁명 동안 리 씨는 쉬운 표적이 되었다. 제10대대의 촌민은 리 씨의 두 손을 묶어놓고 위대한 마오 주석의 이름을 함부로 썼다고 비판하며 공중화장실에서 퍼온 오줌을 마시게 했다.

윌리엄의 부모는 너무나 가난하고 문맹이었기에, 문화대혁명 기간 비판 투쟁의 대상이 되지 않았다. 사실 이 시기가 부부에겐 행운이었으니, 이 몇 해 동안에 윌리엄의 어머니가 건강한 세 아들을 낳았기 때문이다. 1971년에 장남 다이젠민戴建民이, 2년 뒤엔 둘째 다이허핑戴和平이, 1975년엔 셋째가 태어났다. 이 아기는 태어났을 때 너무 작고 붉어서 이름을 '샤오훙小紅'이라 지었다. 붉은색은 중국에서 길상의 색깔이다. 아니나 다를까 아기가 태어난 해에 세상은 크게 변하여 윌리엄이 10개월도 되지 않았을 때 마오 주석이 세상을 떴다.

소식이 전해졌을 때 윌리엄의 아버지는 마침 시내 모처에서 비료 공장의 공사 작업을 돕고 있었다. 함께 일하던 세 사람은 전부 일손을 멈추고 확성기에서 흘러나오는 뉴스를 들었다. 다 듣고 난 뒤 그들은 한마디 말도 하지 않았다. 여러 해 동안 그들의 입가엔 '마오 주석 만세!'라는 구호가 걸려 있었다. 지금 그가 죽었다니 감히 믿을 수가 없었다.

저녁때 그들은 집에 돌아가지 않고 전부 작업 현장 천막에서 나무 판대기를 깔고 잠을 잤다. 윌리엄의 아버지는 밤새 잠을 이루지 못했다. 그는 그동안 왔다가 사라진 여러 정치운동과는 다르다는 것을 알았다. 장차 무슨 일이 발생할지는 전혀 예측할 수 없었지만 모든 게 바뀔 것임을 확신했다. 밤새도록 그는 그곳에 누워 조용히 눈물을 흘렸다. 나중에야 그는 그날 밤 다른 두 노동자도 자지 못하고 누워서 울었다는 사실을 알았다.

제10대대의 마오 주석 추도회는 현지 학교의 광장에서 거행되었다. 장장 7일 동안 모든 작업이 중단되었다. 그들은 흰색 종이로 추도 화환을 만들고 마오의 초상에 고개를 숙였다. 첫날 류위칭이라는 여성이 너무 큰 소리로 울어서 촌민의 주목을 받았다. 이튿날이 되자 사람들은 그녀에게 무슨 질병이 있는지 의심하기 시작했다. 그해 연말까지 그녀는 정처없이 논을 돌아다니며 들어줄 사람만 보이면 자신이 마오 주석의 비밀 애인이었다고 말했다. 그녀는 마오 주석 및 저우언라이 총리와 함께 승리교를 설계했다고 주장했다. 그녀는 종종 중요한 정치국 회의에 참석해야 한다면서 중간에 대화를 급히 끊었다. 윌리엄이 어렸을 때 류위칭은 항상 워뉴허강에 나타나 헝클어진 머리를 감고 스스로 성적인 암시가 담긴 가사를 집어넣어 마오 주석을 찬양하는 전통 가요를 흥얼거렸다. 그녀는 노골적인 현지 말로 사람들에게 마오 주석과 '잤다睡磕睡'고 말했다. 윌리엄과 다른 아이들은 항상 그녀를 놀리며 소리쳤다. "언제 다시 마오 주석과 만날 수 있겠어요? 그와 잠잘 수 있겠어요?" 류위칭의 아들이 성년이 된 뒤엔 밭에 나가기 전에 언제나 자기 어머니를 집 안에 가두었다.

◆

이제 중국이 바뀐다는 윌리엄 아버지의 추측은 정확했다. 그는 문맹이고 학교에 다닌 적도 없지만 자질은 총명했다. 경제개혁의 바람이 마을로 불자마자 그는 곧바로 반응했다. 일찍이 1980년대 초기에 그는 이미 사립 공정대를 조직하여 쌍룽공사에서 일했다. 개혁 개방이 5년째 접어들던 해에 윌리엄의 집은 이미 제3생산대에서 가장 부유한 가정의 하나가 되었다.

다른 징조도 이 세계가 과연 크게 변했음을 보여줬다. 1980년 윌리엄의 삼촌은 촌에서 처음으로 외지로 나간 사람이 되었다. 그는 서쪽의 간쑤성까지 여행하여 한 공인대工人隊에서 몇 달간 대기했다. 오래지 않아 다른 촌민들도 떠나기 시작했다. 그러나 그들은 반대 방향인 동쪽으로 향했다. 가장 일찍 떠난 또 다른 사람은 윌리엄의 이웃이다. 그는 20대 청년으로 마을에서 가장 많이 배운 사람이었다. 5년 동안 공부했기 때문에 그는 헤이룽장성의 구두 공장에서 일을 찾을 수 있었다. 마을로 돌아온 뒤 그는 자기의 우여곡절을 얘기했고 시를 썼다. 어렸던 윌리엄은 그 이웃을 숭배했고 그가 자작시 읊조리는 것을 즐겨 들었다.

현지의 첫 번째 텔레비전이 제4생산대에 출현했다. 매일 저녁 윌리엄과 그의 형들은 30분 동안 자전거를 타고 제4생산대에 갔다. 텔레비전의 주인은 2층집을 지어 저녁때가 되면 텔레비전을 2층 베란다에 높이 놓아 모든 사람이 시청할 수 있게 했다. 어느 날 저녁 윌리엄과 형들은 그 새로운 기계에 얼이 빠져 베란다를 네 시간 넘게 꼼짝 않고 올려다보았다. 그 뒤 형제가 전부 똑같은 목 통증을 겪자 아버지는 텔레비전을 사기로 결정했다.

윌리엄이 어린 시절 중 가장 선명하게 떠올리는 일은 1982년 어느 날 그들의 집이 제3생산대에서 처음으로 텔레비전을 보유한 가정이 된 일이다. 오래 전 일이지만 그는 아직도 그 정경을 기억하고 있었다.

"전 너무나 자랑스럽고 더없이 행복했어요. 텔레비전을 들였지만 켤 수 있는 사람이 없었어요. 여럿이 시도해봤으나 안 되더라고요. 아마 대 여섯 시간은 썼을 거예요. 당시 우리 집에 100명 넘게 왔었는데, 대부분 대청 같은 큰 방에서 기다렸어요. 모두 한 줄 한 줄 앉았고 일부는 밖에 앉았죠. 우리가 어떻게 하여 텔레비전을 튼 뒤에는 쓰촨방송국 한 채널 만 볼 수 있었어요. 당시 홍콩 작품이 유행했는데, 우리가 가장 자주 보 던 건 「곽원갑霍元甲」입니다. 곽원갑은 청대 말기 뛰어난 쿵푸 대협大俠인 데, 일본 무술의 명수가 많이들 중국에 와서 도전했지만 전부 곽원갑에 게 패배했죠. 전 아직도 이 영화의 주제가를 기억합니다."

혼수상태의 100년, 잠자던 사자(중국)가 점차 깨어난다.
눈을 크게 뜨자, 조심해서 살펴보자.
어느 누가 신의 포로가 되길 원하겠는가.
대대로 강도가 침입해왔지만 반드시 목숨을 잃게 된다.

「곽원갑」 이후엔 멕시코 연속극이 방영됐고, 제3생산대 주민들은 그 것도 재미있음을 발견했다. 그 드라마의 중국어 제목은 「뉘뉘(여노)女奴」 로, 극중 주인공은 불륜에 휘말리는데, 정부들은 문란하고 교활했지만 부인들은 천진하여 아무것도 모르는 상황이라 시청자들은 안타까운 심정이었다. 윌리엄의 집에서 촌민들은 언제나 부인을 동정하고 정부를 멸시하는 목소리를 함께 내질렀다. 드라마는 처음으로 제3생산대 주민 에게 외국인의 사생활을 접할 수 있게 해주었다.

쓰촨에는 비가 자주 내린다. 날씨가 좋지 않아 윌리엄의 집에 들어가지 못할 때에 관중은 창밖에서 우산을 쓰고 서 있을 수밖에 없었다. 텔레비전은 14인치짜리이고 조금 뒤엔 채널이 늘었다.

"사람들이 '채널 바꿔!'라고 소리치면 저는 '안 돼, 어느 채널을 보든 내가 결정해!'라고 말했습니다. 저는 주인처럼 행세했고 거만했죠. 어느 날 저녁 텔레비전을 시청할 때 갑자기 소리가 끊기더니 아무 소리도 나지 않았어요. 일부는 화를 내며 가버렸습니다. 제가 텔레비전 앞으로 가서 꺼버리자 어떤 사람이 '끄지 마!' 하고 외치더군요. 제가 텔레비전을 다시 켰더니 뜻밖에도 소리가 다시 나더라고요. 뒤에 똑같은 문제가 발생하면 저는 마찬가지로 껐다가 다시 켰어요. 때로는 한 번에 되지 않았어요. 저는 스무 번, 서른 번을 껐다 켰습니다. 텔레비전을 거의 망가트릴 뻔했죠. 이따금 화면 상태가 좋지 않으면 저는 안테나를 잡고 있었어요. 모두들 돌아가면서 붙잡았습니다. 이렇게 해야 다른 사람이 자리로 돌아가서 텔레비전을 볼 수 있었답니다."

✦

윌리엄은 어렸을 때 형들이 학교에 가는 모습을 매일 지켜보았다. 새벽에 다이젠민과 다이허핑은 나무 걸상을 함께 들고 흙탕길을 따라서 남쪽으로 걸어갔다. 형들은 몇 시간 동안 사라졌다가 나무 걸상을 들고 돌아왔다. 윌리엄의 눈에는 형들과 나무 걸상의 연례행사가 곧 학교였다.

마을 학교는 진흙 담장으로 둘러쳐졌다. 선생님들은 사실 교육 정도가 낮은 현지 농민이다. 그들의 본업은 농사다. 논에 할 일이 있으면 학생은 소를 몰고 나가 풀을 뜯긴다. 농번기가 되면 학교는 문을 닫고 휴교한다. 윌리엄의 형들은 5학년도 마치지 못했고 하나는 농부, 하나는 노동자가 되었다.

윌리엄이 열 살이 되었을 때 아버지는 이미 개혁 개방의 흐름을 따라가지 못하는 상황이었다. 새로운 경제는 변화가 너무 빨라서 기회의 창이 열렸다가도 금방 닫혔다. 어떤 상품이나 기술은 1~2년만 반짝하고 사라지는 상황이었다. 1980년대 초기엔 지방에서 지식이 있고 부지런한 주민은 소규모의 공사를 청부받을 수 있었는데, 윌리엄의 아버지가 바로 그때 돈을 많이 벌었다. 오래지 않아 경쟁이 많아지자 공사 입찰에 훨씬 정교한 계산이 필요해졌다. 때로 아버지는 시간이 많이 걸리는 공사를 떠맡았다가 결국은 밑지게 되었다. 그는 항상 윌리엄에게 교육을 받지 않으면 엄청 불리하다고 경고했다. "아버지는 공부하지 않으면 일하기가 어렵다고 말씀하셨어요. 공부한 사람, 지식 있는 사람에게 속을 수 있다고도 하셨고요. 공부하지 않으면 쿨리밖에 될 수 없다고요."

이 남자는 어린 아들의 교육을 더욱 성실하게 돌보았다. 그는 비싼 학비를 주고 윌리엄을 시내의 학교로 보냈는데, 그곳의 교육은 더 훌륭했다. 그러나 진정으로 윌리엄의 교육에 '기적'이라 할 중요한 순간이 있었다. 몇 년이 지난 뒤 윌리엄은 이렇게 회고했다.

"제가 초등학교 다닐 때 4학년까지의 성적은 그다지 좋지 않았어요. 제겐 모든 과목이 어려웠죠. 그런데 기적이 나타났어요. 5학년 때부터 수학 성적이 빠르게 오르기 시작했는데 저도 어쩐된 일인지는 몰랐죠. 선생님이 칠판에 수학 문제를 내놓고는 우리에게 풀어보게 했는데, 빨리 풀면 풀수록 좋았지요. 저는 언제나 맨 처음으로 다 풀었고요. 중학 입학시험에서 전 학생 70여 명 가운데 2등을 했어요."

월리엄의 부모는 아들이 다시는 농사일을 돕지 못하게 했다. 그들의 땅은 1000제곱미터 정도였다. 이러한 처사에 대해 형들은 원망을 품었지만 아버지는 막내아들이 전도유망하다고 확신했다. 월리엄은 늘 아버지 공사 일의 계산을 도왔다. 그러나 중학교에 들어갔을 때 이 아이는 더 이상 수학을 좋아하지 않는다는 사실을 발견했다. 다행스럽게도 다른 서광이 비쳤다.

"6학년 때 처음 영어 교과서를 갖게 되었어요. 저는 그게 정말 기적 같았어요. 성적은 무척 나빴습니다. 선생님은 시골 출신의 탄싱귀로 고등학교를 막 졸업해 대학 졸업장도 없었습니다. 저는 강의를 한마디도 알아듣지 못했고, 시험에도 합격하지 못했어요. 기말고사 때가 되자 스스로 학습하기로 결심했죠. 저는 분필 몇 자루를 훔쳐 집 안의 문을 칠판 삼아 단어를 쓴 다음 소리 내어 읽었습니다. 쓰고 읽는 걸 좋아해 제가 선생님이자 학생인 셈이었는데 이것이 제게 가장 적합한 방식이었어요. 기말고사 시험지를 받자마자 문제들이 무척 간단해 보여 놀랐습니다. 80점을 받았고 이때부터 자신감을 갖게 되었죠."

1995년 봄 고등학교를 마칠 무렵 월리엄은 국가고시를 통과하여 푸링사범전문학교 영어과에 입학했다. 그와 더불어 제3생산대 출신의 다른 두 남성이 처음으로 대학에 들어가게 되었다.

✦

윌리엄은 교실 맨 뒤에 앉아서 책상에 사전을 펼쳐놓았다. 그는 반에서 늘 성적이 좋은 편이었고, 내가 이름을 부르기만 하면 빠르고도 정확하게 질문에 대답했다. 그러나 모든 기회에 손을 들고 발표하는 학생은 아니었다. 수업의 진도도 그에겐 너무나 느렸다. 강의 시간에 내가 마지막 줄 쪽으로 걸어가기라도 하면 그는 재빨리 종이로 책상을 가려 자신이 사전을 읽는 것을 못 보게 했다. 그는 작은 키에 다부진 몸이었으며 피부는 까무잡잡했다. 안경을 썼으며 옷차림은 단정했다. 그러나 칼라가 해진 셔츠, 재봉점 라벨이 아직도 소매에 달려 있는 외투 등 의복은 모두 싸구려였다. 대부분의 내 학생과 마찬가지로 그의 외모는 흙 '토±' 자로 형용할 수 있다. 그는 농민처럼 보였고 농민의 거친 유머 감각을 지녔다. 한번은 수업이 끝나고 다른 학생들이 모두 복도로 나간 뒤에 윌리엄이 조심스럽게 다가와 신중한 발음으로 물었다. "조루premature ejaculation는 좀 어떠세요?"

그는 새로운 문장뿐 아니라 음란한 문장도 좋아했다. 언어는 그를 사로잡았다. 그는 '야후yahoo'라는 말을 애용했는데, 이는 『걸리버 여행기』에서 읽은, 사람 모양의 야생 짐승 이름이다. 그는 언제나 애덤 마이어의 스페인어 수업에서 배운 'tonto'(스페인어로 우둔하다, 멍청이라는 뜻)를 입에 달고 살았다. 내가 수업에서 영어로 편입된 중국어를 소개할 때마다 그는 언제나 흥미진진하게 듣곤 했는데, '쿨리coolie'도 이렇게 하여 그가 상용하는 어휘가 되었다. 그는 '이른바so-called'라는 단어의 풍자성을 좋아했다. 중국의 '이른바 애국주의', 대학의 '이른바 아침 체조'. 그는 쓰촨 방언에 특별한 애정을 가졌다. 마지막 학기에 윌리엄과 학우들은 내게 방언을 가르쳐주었다. 쓰촨에서는 사람을 비웃을 때 '과와쯔瓜娃

子'(수박의 자식)나 '구이얼쯔龜兒子'(거북의 자식)라고 한다. '푸터우斧頭'의 현지 발음은 페니스를 의미한다. '야쇄牙刷'(칫솔)는 이상하게도 형용사로 쓰이는데 분명치 않은 이유로 깎아내릴 때 갖다 붙인다. '니 헌 야쇄你很牙刷!'(넌 아주 칫솔이야) 농구 경기에서 선수가 골대 밖으로 던지거나 아주 못할 때 쓰촨 관중들은 '양웨이陽痿! 양웨이! 양웨이!'(허약하다)라고 외친다. 내가 윌리엄의 학우들과 농구를 하고 나면 그는 짐짓 진지한 척 이렇게 말하곤 했다. "제가 보기에 선생님은 발기부전이 심각한 거 같아요."

그러나 그런 조야함의 많은 부분이, 적어도 언어가 아닌 실제 생활에서는 허장성세일 뿐이었다. 2학년 때 윌리엄은 낸시라는 영어과 여학생을 주목하기 시작했다. 그녀는 귀엽고 자그마했으며 검은 눈에 얼굴은 예쁘장했다. 낸시는 부끄럼을 잘 타 남학생이 쉬는 시간에 말을 걸어오면 멍해지는 그런 사람이었다. 윌리엄도 그녀와 마찬가지로 수줍음을 타서 몇 주가 지나서야 용기를 내어 그녀에게 편지를 썼는데, 중국어로 그녀의 아름다움, 정숙함과 좋은 성품을 찬미했다. 그러고는 단둘이 만날 수 있는 기회가 있는지 물었다.

학교 관리자는 보수적인 간부들이다. 그들은 학생들의 연애가 불필요하고 마음을 분산시키는 일이라고 보았다. 젊은 남녀가 일단 교제하면 오점을 남길 것이고, 이 오점은 줄곧 그들의 정치 기록부에 남아 미래 고용주의 조사를 받을 것이라 말했다. 낸시는 윌리엄의 쪽지에 답장하지 않았다. 그러나 그 주말에 그녀는 조용히 그에게 다가와 함께 캠퍼스를 돌면서 산책했다.

"나중에 우린 영화를 보러 갔어요. 말은 한마디도 하지 않았죠. 정말 난감하더군요. 전 매우 미안하게 생각했어요. 전 지금도 그 영화가 무슨 내용인지 기억하지 못해요. 아마 미국 영화일 거예요. 저는 그녀를 학교 기숙사까지 바래다주었죠. 이렇게 몇 주 동안 지속되었지만 그녀는 거의 말을 하지 않았어요.

어느 날 저녁 우린 운동장으로 나가서 계단에 앉았죠. 날은 어두웠습니다. 즐겁게 이야기를 나누기 시작했는데, 갑자기 경비원이 나타나 여기에서 무얼 하느냐고 물었습니다. 그가 우리 이름을 적자 낸시는 매우 무서워하며 숙명이라고 말하더군요. 그 뒤 그녀는 매우 괴로워했죠. 한 달이 지나 그녀에게 나오라고 말해보았지만 거절했습니다."

윌리엄과 달리 낸시는 비관주의자였다. 그녀는 아버지의 유전자를 물려받았다. 그녀의 아버지는 쓰촨 북부, 경제개혁 속에서 자신의 자리를 찾지 못한 농민이었다. 그의 꿈은 큰돈을 벌고 새로운 것을 찾아내어 개혁 열차에 올라타는 것이었다. 1990년 중반, 쓰촨에 양돈업이 크게 일어났다. 양돈업자는 전 성에 퍼졌지만 덩샤오핑 고향 광안에서 멀지 않은 향진鄕鎭의 종돈이 특히 더 유명했다. 낸시의 아버지는 마을에서 처음으로 신품종을 사육하는 사람이 되기로 결심했다. 그는 일곱 시간 넘게 버스를 타고 가서 종돈을 사 왔다. 이어 몇 주 동안 그가 산 스무 마리의 새끼 돼지는 한 마리씩 전부 죽어나갔다. 아마 그는 속임수에 당해 가짜 품종을 샀을 것이다. 중국의 신경제에선 가짜 없는 물건이 없었다. 가짜 휴대전화, 가짜 피에르가르뎅 내의, 심지어는 가짜 종돈까지. 가장 흔한 수법으로는 돼지 사료 안에 돼지가 소화시킬 수 없는 유채 껍질을 섞는 것도 있었다.

사고가 터지는 곳엔 원인이 있었다. 그러나 외진 농촌에선 반드시 그렇진 않았다. 기적은 윌리엄을 축복했고, 운명은 낸시 아버지를 저주했다. 어느 해에 그는 짐 운반용 오토바이를 구입했으나 오래지 않아 오토바이는 부딪쳐 망가졌다. 그는 또 토끼를 사육했으나 전염병에 걸려 죽어버렸다. 하는 일마다 액운이 꼈다.

대학 마지막 해에 마침내 윌리엄은 낸시가 학교 측의 교제 반대 규정에 대해 두려움을 느끼지 않게 만들었다. 그러나 졸업 후 전망이 더 큰 위협으로 다가왔다. 그들이 정부에서 지정해준 교직을 받아들여 각자의 고향으로 돌아간다면, 수백 킬로미터를 떨어져야 했던 것이다.

그해 봄 저장성의 교장이 푸링에 와서 신임 교사를 모집했다. 해마다 있는 관례였다. 모집인은 언제나 4월에 나타나는데, 연해와 내지의 월급 차액에서 이익을 얻으려 했기 때문이다. 푸링과 같은 곳은 동부보다 임금 차이가 많이 나서 그들은 최고의 교사를 데려갈 수 있었다.

모집하러 온 왕^王 선생은 황동 단추와 빳빳한 칼라가 달린 중산복(외국 사람들은 때로 '마오 슈트^{Mao Suit}'라고 부른다)을 입었다. 왕 선생은 학생들에게 자신이 16세에 공산당에 가입하여 평생 중국 교육에 봉헌했으며 최근에는 위환섬에서 '바이런고등학교^{百人高中}'를 설립했다고 말했다. 왕 선생의 말에 따르면, 위환의 경제 발전 상황이 좋아졌고 청년들이 전국 각지에서 그곳의 공장과 무역회사로 와 일한다고 했다. 신진교사에 대해 왕 선생은 숙소를 무료로 제공하고 월급 800위안을 주겠다고 약속했다. 이는 윌리엄과 낸시가 고향으로 돌아가 가르치는 월급의 두 배가 넘었다. 그러나 그들이 그곳에 가서 가르치려면 푸링 영문과의 당 직원이 그들의 기록부를 건네주는 데 동의해야 했다.

윌리엄과 낸시는 신청서를 제출했으나 정치적 배경이 보잘것없었다.

두 사람 모두 공산당에 가입하지 않았으며 간부의 총애도 받지 못했다. 다른 사소한 규율을 위반한 것 외에 둘의 연애가 비판을 받은 적이 있었다. 졸업이 코앞에 다가왔는데도 그들은 아직 상부의 답신을 받지 못했다.

최후에 윌리엄은 행동을 취하기로 결정했다. 그는 누구에게도 조언을 구하지 않았다. 여러 해가 지난 뒤 그는 단지 자신의 '육감'을 따랐을 뿐이라고 했다. 어느 저녁 시간에 그는 낸시와 함께 당 서기의 집을 찾아갔다. 당 서기는 원래 친절하지도 않았으며 윌리엄도 그를 그다지 좋아하지 않았다. 그러나 그날 저녁 그는 웃으면서 윌리엄과 낸시를 들어오도록 맞이했다. 그는 위환이 경제 전망이 좋은 곳이라 들었다고 말했다. 그러나 저장성은 먼 곳이기에 서류를 보내는 일이 그리 간단치 않다고 말했다.

윌리엄은 자신이 무엇보다도 동쪽으로 나가서 발전하고 싶다고 그에게 설명했다. 그는 편지 봉투를 꺼내 서기 앞에 있는 낮은 차 테이블 위에 놓고선 "도와주십시오"라고 말했다.

"내가 한번 해보겠네." 당 서기는 말하고 나서 커플을 문 앞까지 배웅했다. 어느 누구도 이 편지 봉투에 관해 입 밖으로 꺼내지 않았다.

또 다른 직원은 졸업생의 근무 파견의 일을 맡았는데 윌리엄과 낸시는 그의 집에도 방문해서 같은 의식을 치렀다. 편지 봉투 안에는 각각 인민폐 500위안이 들어 있었는데, 총액은 윌리엄 아버지의 반년 수입이었다. 윌리엄이 난생 처음 직원 간부에게 준 뇌물이었다.

졸업 직전 학교에선 윌리엄과 낸시에게 기록부가 그들이 신청한 동부로 보내졌다고 통지했다.

✦

피터 헤슬러

『월스트리트저널』

7-2-63 젠궈먼와이建國門外 외교부

1999년 3월 12일

친애하는 피터 선생님께,

선생님 소식을 듣고 기뻤습니다. 태평양 건너편에도 특별한 외국인 '야쒀〔칫술〕'가 있다는 건 중국으로선 희소식일 것입니다. 제 편지를 받았을 때 선생님은 아마도 중국인 매춘부와 침대에 누워있겠죠. 여하튼 제 편지를 읽어주시길 바랍니다. 아마도 '비아그라'와 같은 얘기가 될 테니까요. (…)

학교 근무가 그다지 좋지는 않습니다. 엄청 피곤해요. 사실상 저는 학교에서 쿨리가 된 셈이죠. 저는 멸시당합니다. 월급 관리인은 늙은 매춘부이며 성격도 쌀쌀맞고 모질어서 그녀를 만족시켜주는 것은 돈밖에 없기 때문이죠. 6개월이란 시간이 지나자 이젠 기분이 좀 나아졌습니다. 아무튼 제가 저장에 온 것은 잘한 일 같습니다. 이곳에선 기회가 많은 편입니다. 저는 영어에 대한 열정 때문에 아직도 이 언어를 열심히 공부하고 있어요. 저는 자신이 있습니다. 언젠가 저는 야쒀가 아니라 VIP가 될 겁니다. 저의 수업은 여기에서 성공한 셈인데, 선생님과 애덤 선생님이 저의 교수법 멘토입니다. (…)

피터 선생님, 절 보러 위환을 방문해주시길 바랍니다. 저의 그 '야후' 학생은 선생님을 뵙길 학수고대 중입니다.

참, 몇 가지 문제를 선생님께 여쭙겠습니다.

1. 'KTV'는 무엇을 의미합니까?
2. 영어로는 다른 도시로 가서 삶을 꾸리는 사람을 어떻게 부릅니까?(특히 쓰촨에서 온 농민을?)
3. 'DVD' 'VCD'는 전체 단어가 어떻게 되나요?
4. 당신은 중국 국적의 미국인이 되고 싶습니까?
5. 당신은 아내를 몇이나 두고 싶나요?
6. 당신은 아직 발기부전입니까?(작은 새는 일어서지 않나요?)

윌리엄 올림

◆

위환에 도착한 뒤 윌리엄과 낸시는 그 섬이 실제로는 왕 선생이 묘사했던 것과 매우 다르다는 걸 알게 되었다. 우선, 다른 지방에 비해 근본적으로 개발되지 않았다. 어우장강에서 50킬로미터 밖에 위치한 원저우가 이 지역의 신흥도시였다. 둘째, 윌리엄과 낸시의 일도 문제가 있었다. 왕 선생이 말한 높은 보수의 일은 전혀 존재하지 않았다. 왕 선생은 사과하면서 그것은 오해이며 그들에게 당초에 약속한 월급의 절반 정도를 줄 수 있다고 설명했다. 그가 보증한 무료 숙소 또한 공수표일 뿐이라 윌리엄과 낸시는 자비로 빌딩의 작은 방을 세냈다. 거주 조건은 형편없어서 윌리엄은 자조적으로 그것을 "나의 이른바 아파트"라고 불렀다.

왕 선생은 매일 중산복을 입었으며 단추를 끝까지 채웠다. 60세 중반으로 짧은 백발에 얼굴은 붉었고 다리는 심하게 절었다. 그 장애는 공산당 혁명 복무와 관련 있음을 암시했다. 그의 아내는 전통적인 '해방표 신발解放鞋'을 신었으며 비단 지갑을 꽉 쥐고 다녀서 지갑이 검고 번들거렸다. 그 여성은 학교의 재무를 맡았다. 윌리엄과 낸시에게 보수를 지급할 때마다 월급에서 그들도 알지 못하는 잡비와 벌금을 공제하고 주었다. 그녀는 윌리엄이 본 사람 가운데 가장 가혹한 마녀였다.

그 바이런고등학교는 어떤 구체적인 장소에 존재하지 않았다. 학교 위치가 거의 매년 바뀌었다. 왕 선생은 절반만 완성된 2층집에서 단기간의 집세를 내거나 오래된 폐공립학교의 시설을 이용하면서 교사를 꾸려갔다. 학생들 대부분은 아주 먼 섬에서 왔다. 그들은 공립학교에 합격하지 못하고, 학부모도 다른 선택의 여지가 없어 그들을 사립학교에 보낼 수밖에 없었다. 중국의 의무교육은 9년뿐이다.

왕 선생의 경제 왕조는 일시적이었지만 다원화되었다. 그의 아들 중 하나는 교사 부근에서 경찰견을 사육했다. 왕 선생의 사무실은 학교와 마찬가지로 아직 미완공 상태였다. 책상과 책 몇 권 외엔 아무런 가구도 없었다. 가장 가치 있는 것은 각종 업계에서 성공한 인사들의 전기를 수록한 『세계 명인 전기』였다. 이 책은 왕 선생의 책상에 놓여 있었으며 그는 방문객들에게 자유롭게 그 책을 보도록 했다. 윌리엄이 한번 훑어보았더니 유일하게 아는 사람은 왕 선생뿐이었다. 이 책에서 왕 선생의 부분은 중국에 대한 그의 사랑과 휘황찬란한 공산당 업적을 상술했다. 책에서는 또 왕 선생이 여러 번 돈주머니를 풀어서 학비를 내지 못하는 가난한 학생을 도와 취학시켰다는 일을 언급했다.

2개월도 안 되어 낸시는 사직하고 쓰촨으로 돌아갔다. 그녀는 고향에서 교직을 찾았다. 이때 한 이웃이 시골 사람 특유의 인내심과 군건한 태도로 그녀에게 구애하기 시작했다.

✦

윌리엄 제퍼슨 포스터는 첫해에 비쩍 말랐다. 그는 낸시를 그리워했다. 바이런고등학교에 대한 원한은 가면 갈수록 깊어졌다. 학교는 주로 외부 교사에 의존했고 그들의 보수는 현지 교사의 3분의 1 수준이었다. 왕 선생은 외지 사람들이 새 일을 찾기가 쉽지 않음을 알고 있었다. 한편 학생들은 학교가 그들을 속였음을 알고 바로 자퇴하기도 했다. 학생들이 자퇴하면 윌리엄의 보수는 그만큼 낮아졌다. 그는 전혀 저축할 수가 없었다.

저녁에 그는 단파 라디오로 '미국의 소리' 방송을 들으며 학교와 낸시 생각에서 벗어났다. 미국 정부가 전시에 세운 방송국인데, 1942년 일본이 진주만을 폭격한 뒤 오래되지 않아 독일에서 처음으로 전파를 송출한 이후 55개 언어로 방송하는 등 크게 성장했다. 이 방송국의 특징은 신뢰할 만하고 권위 있는 뉴스를 힘써 제공하는 것이다. 비록 '미국'이라 자칭했지만 정치적 색채는 없었다. 사실상 이 방송을 듣는 미국인은 거의 없었다. 미국 정부는 자국 내의 방송을 금했는데, 외국의 어떤 정부가 돈을 댄 뉴스가 다뤄져 프로그램이 선전 도구로 흘러갈까 우려했기 때문이다. 이는 전형적인 모순으로 보인다. '소리'라고 만들어놓곤 자국민은 못 듣게 하다니.

그러나 해외에서 '미국의 소리'는 주간 청취자가 대략 9000만 명으로 추산된다. 중국에서도 '미국의 소리'는 줄곧 환영을 받았다. 1989년의 톈안먼 민주화 시위 기간에는 매주 약 6000만 명의 중국인이 고정적으로 청취했다고 방송국 측은 발표했다. 10년 뒤 대도시의 중국인은 대개 인터넷과 유선텔레비전을 보유했으나 위환 같은 작은 시골에서 '미국의 소리'는 여전히 중요한 정보 소식통이었다. 여기서는 표준어, 광둥어, 티베트어로 방송했다.

'미국의 소리'는 '스페셜 잉글리시special English(간명 영어)'라 불리는 방송 형식을 포함하여 영어 프로그램도 제공했다. '미국의 소리' 네트워크에서 간명 영어에 대한 정의를 읽을 수 있다. 이 정의도 아주 간명하다.

> 세 가지 기본 요소가 간명 영어의 특징이다. 간명 영어는 1500개의 기본 어휘로 제한돼 있는데 대부분은 사물, 행위나 정감을 묘사하는 간단한 단어다. 비교적 복잡한 어휘는 세계에서 발생한 사건을 보도하거나 의학과 과학의 참신함을 묘사하는 데 쓴다. 간명 영어의 문장은 짧고 간단하여 하나의 생각을 표현하는 데 쓰며 관용구는 결코 사용하지 않는다. 간명 영어는 비교적 천천히 말하여 속도는 대략 일반 영어의 3분의 2 수준이다.

간명 영어는 냉전의 산물이다. 1950년대 후반 소련에서 자주 '미국의 소리' 방송을 방해했을 때 방송자는 형태가 더 간단한 언어가 비교적 용이하게 전파 방해를 뚫을 수 있다고 판단했다. 이 방송은 언어 학습 도구로 기획된 건 아니었지만 빠르게 영어 학습의 도구로 변해버렸다. 전 세계 수백만 명이 이 특별 보도를 이용하여 영어를 학습했다.

푸링의 제자들도 진지하게 청취하고 리듬을 흉내 냈다. 학생들이 영어를 빨리 알아듣게 하기 위해 애덤과 나도 그 방식으로 얘기했다. 우리는 그 도시에서 유일하게 영어를 쓰는 화자였다. 몇 개월 뒤 우리는 자신도 모르게 간명 영어식으로 대화하고 있었다. 내가 평화봉사단에서 일하던 첫해에 한 친구가 뉴욕에서 날 보러 왔는데, 그는 나와 애덤이 모국어를 잃어버린 것이 아닌가 하며 답답해했다. 그는 어린애 취급하듯 그런 말투로 말하지 말라고 끊임없이 얘기했다.

때로 나는 간명 영어가 맥도널드 언어와 맞먹는 건 아닐까 생각해보았다. 느린 속도의 패스트푸드 언어. 그러나 중국어를 배우고 있는 나도 나만의 간명 중국어를 개발했음을 알게 되었다. 이는 새로운 언어를 배울 때 나올 수 있는 자연스러운 방식이다. 처음에 화가가 초상의 윤곽부터 소묘하는 것처럼, 먼저 기본적 문형과 어휘를 찾는다. 시간이 지나면서 더 복잡한 단어와 구를 습득하고 기존의 기초에다 이를 결합시킨다. 그 감각은 매일 새롭게 세부적인 선이 모습을 보이는 거친 소묘의 세계에서 생활하는 듯한 느낌이다.

위환에서 윌리엄은 거의 매일 저녁에 간명 영어 방송을 고정적으로 청취했다. 그는 각 프로그램에서 들은 단어와 구를 유선 공책에다 베꼈는데, 단어와 구는 함께 뒤섞였다.

대부분의 미국인은 토요일 아침엔 늦게 일어나길 좋아한다.

간명 영어

미국의 소리

워싱턴

대통령 코소보 중지

선물이 베오그라드로 날아갈지 모른다

회의에 달려 있다

통상적으로 그가 초록한 주제는 모두 뉴스다. 그러나 때로는 미국 문화, 정치나 역사에 관한 프로그램도 튀어나왔다.

1층: 국회도서관

벽난로 곁에: 조지 워싱턴

132개의 방, 20칸의 침실

34개의 화장실을 늘리다

사생활 = 대중을 멀리하다

역대 대통령과 그 가족의 방은 참관을 불허한다. 그러나 그들은 여태까지 이 방들을 자기 소유로 여기지 않았다. 그들은 이러한 방들을 소유할 수 없다. 백악관은 미국인에게 속한다.

월리엄이 가장 좋아하는 '미국의 소리' 프로그램은 「미국 숙어」다. 이 프로그램은 간명 영어에서 언급할 수 없는 기괴하고도 복잡한 새로운 문장을 소개했다. 월리엄은 공책에 필기했다.

turn over a new leaf(잘못을 뉘우치고 새출발하다)

see beyond one's nose(선견지명이 있다)

turn up one's nose at(누군가를 경멸하다)

on spin and needles(바늘방석에 앉다)

a queer(퀴어)

애석하게도 「미국 숙어」엔 음란하고 외설적인 말이 없었다. 윌리엄은 사방에서 보충 교재를 찾았다. 그는 중국인이 간행한 『미국 속어』를 발견했다. 하지만 그가 가장 아끼는 책은 당연히 항저우의 헌책방에서 찾은 『영어 완곡어 사전』이었다. 이 사전은 성, 배설물 관련 유머, 폭력적 어휘를 전문적으로 수록했다. 한번은 내가 윌리엄을 찾아가서 아무렇게나 사전을 펼쳤다. 처음 나온 글자는 이렇다.

Dominatrix: 명사(미국) (1) 여성 독재자 (2) 여성 학대광 (3) 성학대광으로 활동하는 여자 총사령관

✦

1999년 설날에 윌리엄 제퍼슨 포스터는 먼 길을 떠나 고향으로 돌아갔다. 제10대대에서 그의 초등학교 동창 대부분이 집을 떠나 생계를 꾸려 나갔다. 보통 남성들은 공사판에서, 여성들은 식당이나 공장에서 일했다. 그가 받은 교육으로 보면 윌리엄은 그들보다 더 발전적이어야 했다.

그러나 그는 여비조차도 가까스로 마련했다. 성내의 오지로 간 낸시의 상황은 더 말할 것도 없었다. 시골 학교에서 그녀는 한 달에 대략 25달러를 벌었다. 그녀에게 구애를 하던 농부는 대머리였다.

고향에 돌아온 뒤 낸시는 삶의 기회를 보는 시각이 180도로 바뀌었다. 그녀는 지금 고향을 떠나지 않으면 장래성 없는 직업과 죽음과도 같은 결혼생활로 삶에 비전이 없을 것이라 느꼈다. 설 기간에 그녀는 쓰촨으로 윌리엄을 찾아갔다. 문을 나서기 전 낸시의 아버지는 딸에게 설에는 집에 돌아오라고 했다. 그들은 결혼하지 않은 남녀에겐 저장성 연해 도시에서의 생활이 너무 불안하다고 여겼다.

그러나 낸시는 윌리엄과 다시 만난 뒤 그의 설득으로 동쪽으로 가는 열차에 함께 탑승했다. 그는 위환에 너무 오래 있지 않을 것이라고 약속했다. 길어봐야 바이런고등학교의 다음 학기를 마칠 때라고 했다. 윌리엄은 저장의 다른 곳은 훨씬 나은 기회를 줄 거라고 믿었다.

일주일 뒤 낸시의 부모가 진상을 알게 되었다. 그들은 '이른바 아파트'에 전화를 걸어 윌리엄에게 한바탕 욕을 퍼부었다. 낸시가 전화를 받았다면 그들은 울면서 물었을 것이다. 우리가 늙으면 누가 돌봐줄 거냐고. 오래지 않아 그들은 친척, 친구를 불러 모아놓고는 전화를 걸어 이 한 쌍의 남녀를 위협했다. 낸시의 사촌 언니는 그중에서 가장 완고하고 포기하지 않으려는 사람으로 일주일 넘게 날마다 계속 전화를 걸었다. 매번 윌리엄에게 고함을 질렀다. 그러더니 갑자기 평정을 되찾곤 "네가 책임져. 네가 한 일은 책임져야 해"라고 말했다.

✦

1999년 4월 18일

친애하는 피터 선생님께

그동안 잘 지내셨습니까?

베이징에서 외롭지 않기를 바랍니다. 많은 중국 아가씨가 선생님을 열정적으로 대할 것으로 믿어요. 조심해야 한다는 걸 잊지 마세요. 어떤 중국 여자아이는 늘 변덕이 죽 끓듯 하답니다.

이곳은 요즘 계속 비가 내리는데, 제 심정도 비 오는 날과 같습니다. (…) 사실 저는 좀 무료하게 느껴지고 또한 학교 일 때문에 무척 짜증 납니다. 오래전부터 전 가르칠 마음이 없어졌어요. 교단에 서기만 하면 저는 수업 끝내는 종이 빨리 울리길 바랍니다. 모든 학생은 야후입니다. 일부는 거칠고도 미개합니다. 많은 학생이 자퇴하길 바라지만 전 그들을 제지하려는 노력도 하지 않습니다. (…) 전 많은 학생이 이 학교를 떠날 거라 믿습니다. (…)

제가 가장 흥미를 갖는 것은 '미국의 소리'와 『미국 속어 사전』을 통해 영어를 배우는 일입니다. 저는 그것을 정확하고도 자유롭게 사용할 수 있길 바랍니다. 저의 굳센 의지가 이러한 환경 탓으로 꺾일까 봐 걱정입니다. 방법을 찾아 이곳을 떠나고 싶습니다. (…)

위환은 아주 작은 지방입니다. 바꾸어 말하면 멋진 외부 세계와는 완전히 동떨어졌지요. 이곳에 있다간 영어를 잘 써먹지 못할까 걱정입니다. 아시다시피, 저는 제 인생의 반쪽으로 여겨지는 영어에 열정이 충만합니다. (…)

참, 선생님의 호출기 번호가 6491-1166-56599인가요? 먼저 지역 번호 010을 눌러야 하나요? 선생님은 나토 군대가 유고슬라비아 연방에 대항하는 것에 대해 어떤 견해를 갖고 계신지요?

몸 조심하세요.

윌리엄 포스터 올림 〔인쇄〕

윌리엄 제퍼슨 포스터 〔사인〕

✦

5월 노동절 첫날 윌리엄은 새 공책을 사서 조심스럽게 첫 장에 표제를 썼다.

청취 일기

윌리엄 제퍼슨 포스터

배우자: 낸시 드루

1999년 5월 1일

낸시의 성은 그들이 푸링에 있던 마지막 해에 애덤이 추천했던 것이다. 사실 그 커플은 결혼하지 않았으며 혼기를 정하지도 않았다. 젊은 미혼 남녀가 함께 살면 과거엔 수많은 유언비어를 불렀을 것이다. 그들은 이따금 곤경에 빠졌다. 한번은 원저우에서 세를 얻을 때 거절당했다. 결혼 증명서를 제시하지 못했기 때문이다. 그러나 이러한 경우는 드물었다. 바이런고등학교에서도 가타부타 말하는 사람이 없었다. 이주자가

제일 먼저 배우는 것은 현지인이 그들과 많은 관계를 맺지 않는다는 점
이다.

그해 봄 윌리엄은 계속해서 매일 밤 영어를 공부했고 '미국의 소리'
를 필기했다.

나토 정상회담

(1) 밀로셰비치를, 인민을 사지로 끌어들인 히틀러로 간주한다.

(2) 일본인

티베트 문제   신장 문제

외부의 내정 간섭을 거절하다

티베트는 코소보와 같다

동성애는 유전자에 의해 만들어진 것이 아니라는 연구

빌 클린턴 콜로라도 덴버

나토의 폭격 이후 윌리엄의 필기 내용은 더 혼란스러워졌다.

1999년 5월 8일

우리는 다른 의도가 없다

군사 기지

심심한 사과를 표하다

전쟁 범죄

유고슬라비아 주재 중국 대사관의 미사일 공격으로 중·미 관계의 긴장 정도

가 심해지다

1999년 5월 9일
베오그라드에서 무기를 중국 대사관으로 운반했다고 한다
중국은 베오그라드에 정보를 제공하다 — 내통

인도주의 공동체
임무 통로 — 협력
CIA
"미제를 타도하라" "나토를 타도하라"

◆

그 주에 윌리엄은 내게 자주 전화를 걸었다. 그는 베이징에 있는 내 안위를 걱정했다. 정세가 안정된 뒤 우리는 지속적으로 통화했다. 한번은 그가 일을 찾으러 베이징에 올 수도 있다고 언급했다. 그가 온다면 나는 온 힘을 다해 그를 돕겠다고 말했다.

그러나 그는 원저우에서 다시 한번 시도해보기로 결정했다. 이 도시의 취업 박람회에 참가했지만, 양쯔강의 오지 학교에서 온 쓰촨 교사를 고용하려는 사람은 없었다. 그는 우연히 신문에서 한 사립학교가 교사를 초빙하는 광고를 봤다. 학교는 원저우 부근의 위성도시 웨칭시에 있었다. 윌리엄이 지원하러 가자 이 학교의 여성 행정 직원이 모의 수업을 해보라고 했다. 이는 윌리엄에겐 문제도 아니었다. 그의 영어 실력은 우수하여 강단에 섰을 때의 느낌도 자유자재로웠다. 모의 수업을 마치자 여성은 그에게 9월부터 출근하라고 했다.

월리엄은 그 행정 직원에 대한 인상은 좋았지만 과거의 경험 탓으로 약속을 쉽게 믿지 못했다. 하지만 이번 학교는 정말로 존재했다. 캠퍼스도 매년 같은 곳에 위치한 고정된 장소였다. 월리엄의 입장에선 좋은 징조였다. 그는 생각하면 할수록 확실하여 아무리 나빠진다 하더라도 바이런고등학교의 지경엔 이르지 않을 것이라 확신했다.

여름이 끝나갈 때 월리엄 제퍼슨 포스터와 낸시 드루는 비밀리에 짐을 쌌다. 왕 선생은 그들이 새 학기에도 수업을 계속 맡아주길 기대했다. 월리엄은 왕 선생이 급히 두 명의 대체 교사를 구해야 한다는 것이 좋았다. 월리엄과 낸시 두 사람의 것을 합친 짐은 가방 두 개, 텔레비전 한 대, 낡은 담요들, 그리고 약 200달러의 저금통장뿐이었다. 이렇게 하여 그들은 알리지도 않고 위환을 떠나버렸다.

끊
어
진
다
리

그해 여름에 톈안먼 사태 10주년 기념일이 있었다. 5월 하순 동안 외국 신문에서는 기념 기사를 실었다. 사무실에서 나는 그것들을 오려서 'T' 아래에 놓았다.

TEA(차)

THINK TANKS(싱크 탱크)

TIANANMEN SQUARE(톈안먼 광장)

TRADE FAIRS(무역 박람회)

TRANSPORTATION(교통)

이 기념일에 관한 문제 중 하나는 중국인이 공개적으로 담론할 수 없는 사건을 명명하기 곤란하다는 것이었다. 스크랩하면서 나는 외국 신문의 비공식 용어 목록을 정리했다.

톈안먼 광장 진압

톈안먼 광장 도살

톈안먼 광장 압제

톈안먼 광장의 민주화 시위를 유혈 진압하다

6·4 진압

톈안먼 광장 및 그 주위에서의 유혈 진압

1989년 6월 4일 시위자를 군사 진압하다

톈안먼 광장 부근에서 시위하던 학생을 진압하다

베이징 신문에서는 어떠한 관련 보도도 없었다. 1989년 이래, 국가가 관할하는 매체는 그 사건을 거의 언급하지 않았다. 일반 중국인은 그것을 간단하게 '6·4'라고만 부른다. 다른 지역 사람들은 이 사건에 대한 인상이 더 모호했다. 내가 푸링에 살 때 잘 아는 친구가 진지하게 물은 적이 있다. 정말로 학생들이 진압당해 죽었냐고. 수많은 시민이 몸소 가두 운동에 참여한 베이징에서는 사람들이 그해 발생했던 사건에 대해 착각하거나 의문을 품지 않는다. 사람들은 장면들을 선명하게 기억하지만 전체적인 인상은 여전히 미스터리다. 그것이 어떻게 해서 진압되었는지, 혹은 얼마나 죽었는지 아는 사람은 없다. 대부분의 외국 매체는 최소한 수백 명일 거라고 추산한다. 확정할 수 있는 것은 그 사건을 부르는 가장 일상적인 명칭이 사실과 다르다는 점이다. 대부분의 인명 사상은 톈안먼 광장 바깥, 특히 서쪽의 가두에서 발생했다. 진압 행동은 사실상 6월 3일부터 시작되었지, 4일 저녁부터가 아니다. 1989년 공권력이 베이징에 임박했을 때 한 용감한 중국 기자는 국가의 관방 영어 라디오를 통해 대외적으로 방송했다.

이곳은 베이징 국제 방송국입니다. 기억해주시기 바랍니다. 1989년 6월 3일 가장 비참한 사건이 중국 수도 베이징에서 발생했습니다. 수천 명의 대부분 무고한 인민이 완전 무장한 군대의 진압으로 사망했습니다.

10년 뒤 기념일은 점차 뒤로 옮겨졌고 장소도 톈안먼 광장에 집중되었다. 비록 자세한 사정은 흐릿해졌을지 몰라도 기본적인 기억은 이 기자의 바람대로 남았을 것이다. 보도에 따르면 그는 뒤에 베이징성 밖으로 압송되어 수년간 재교육을 받았다고 한다.

✦

4일, 『월스트리트저널』의 특파원과 나는 순서를 정해 톈안먼 광장에 가서 무슨 기념 활동이 있는지 살펴보았다. 우리는 두 시위를 스쳐 지나갔는데 각각의 행사에 참여한 사람은 한 명뿐이며 시간 또한 불과 몇 초에 그쳤다. 한 중년이 흰색의 우산을 펴자 우산에 손으로 쓴 구호가 드러났다.

학생운동을 기억하자

국산품을 인민에게 돌려달라

평상복을 입은 공안이 재빨리 그를 끌고 갔는데, AP통신사 사진기자가 그 순간을 포착했다. 잠시 뒤 남자 대학생이 공중에 전단을 뿌렸지만 곧바로 잡혀갔다. 전단에는 반정부 구호 및 문구가 쓰여 있었다.

미제를 타도하자

나는 오후에 당번을 섰다. 광장은 경계선으로 둘러쳐졌다. 이유는 다가올 중국공산당 건국 50주년을 맞이하여 보수하기 위해서란다. 그러나 톈안먼 앞은 여전히 개방되었다. 화창한 날이었고 외부에서 온 관광객들은 수다를 떨며 성문에 걸린 마오쩌둥 초상을 배경으로 사진을 찍었다.

잠시 뒤 나는 인파의 일부가 관광객 같지 않음을 주목했다. 대략 30~40대 남성들이었고 대부분 짧은 상고머리였다. 옷은 허름하니, 해진 바지에 싸구려 바람막이 재킷을 입고 있었다. 교육받은 사람들로 보이지 않았다. 그들은 즐기는 것 같지도 않았다. 웃지도, 사진을 찍지도, 기념품을 사지도 않았다. 그들은 배회하다 머물러 서 있고, 숨어서 바라보았다. 때로는 그중 한 남성이 얘기 나누는 관광객 바로 뒤에 도청하듯 서 있었다. 주기적으로 상고머리 남성 중 하나가 다른 상고머리 남성에게 어슬렁어슬렁 다가가서 무슨 말을 하고는 어슬렁어슬렁 멀어졌다. 몇몇은 손에 둥글게 만 신문지를 들고 있었다. 나는 그중 한 남성이 신문을 올려 얼굴 옆에 들고 뭔가 말하는 것을 보았다. 궁금해져서 지나가며 슬쩍 엿보았다. 둥글게 만 신문지 안에 든 검은색 플라스틱 물체를 알아챘다. 워키토키였다.

나는 그 사복 남성들이 일하는 것을 거의 한 시간 동안 지켜보았는데, 그것이 유일하게 볼 수 있던 기념 활동인 셈이었다. 그러고 나서 일찌감치 저녁을 먹으려고 자전거를 타고 야바오로의 이슬람교 만둣집으로 갔다. 먹고 있는데 한 삼륜차부가 수레를 멈추고 들어오더니 내가 앉은 창가 자리에 합석할 수 있는지 물었다. 여기 앉으면 음식을 먹으며 삼륜차를 지켜볼 수 있었다. 그는 바이주 한 병과 땅콩 한 접시를 주문하더니 식초를 땅콩에 뿌리고는 술과 함께 먹었다. 빠르게 술을 마시고도 얼굴색 하나 바뀌지 않았다. 그의 걷어붙인 두 다리는 건장하게 보였고 종기가 있어 마치 고대의 단단한 나무에서 잘라낸 나무줄기 같았다.

저녁 시간이 아직 일러 이 식당에 손님이라곤 우리 둘뿐이었다. 주인은 베이징 사람으로 팔짱을 끼고 더러운 탁자에 엎드려 자고 있었다. 삼륜차부는 여름에는 하루에 10여 달러를 번다고 말해주었다. 그는 순수한 만주인이며 이를 자랑스럽게 생각했다. 그는 내게 만주인이 어떻게 청나라를 세웠고 중국을 근 300년간 통치했는지 알려줬다. 그들은 호전적인 민족이어서 한족은 비할 바가 못 되었다. 심지어 청나라 황제도 모두 용감한 것으로 이름이 났다. 만주인인 것을 정말 대단하게 여겼다.

땅콩을 다 먹은 뒤 삼륜차부는 주인을 깨워서 만두 한 접시를 시켰다. 그는 만두를 식초에 찍었는데 땅콩 먹는 것과 같았다. 나는 여태까지 그렇게 많이 먹는 사람을 본 적이 없었다. 호기심에서 그에게 오늘이 며칠이냐고 묻자, 그는 모른다며 고개를 돌려 주인에게 물었다.

"6월 4일." 주인은 곧바로 대답했다. 그는 두 손가락을 교차하여 십자 모양을 만들었으며, 얼굴엔 아무런 표정이 없었다. 그는 "10주년 기념일"이라 말했다.

✦

야바오로에서 나는 폴라트에게서 소식을 정탐하는 방법을 배웠다. 그는 이곳의 모든 사람을 알고 그들과의 관계도 매우 좋은 것 같았다. 7월 상순에 하이네켄 맥주가 현지 공원에서 열리는 외국 음악 페스티벌에 협찬했는데, 폴라트가 근무중 한 박스를 가져왔다. 한 재즈 보컬이 무대에서 공연할 때 우리 여섯 사람은 무대 옆에 서 있었다. 이는 베이징 유사 이래 가장 믿기 어려운 근무 인원의 조합이다. 두 중개무역상, 중국 옷장수 한 명, 궁런ㅍㅅ체육관에서 보안을 맡은 두 중국인. 폴라트가 재즈 페스티벌에 데리고 온 보안들은 다음 번 궁런체육관에서 거행되는 모 축구 경기에 우리를 공짜로 입장시켜주기로 했다.

우리 두 사람은 위구르 식당 밖 노대에서 맥주를 마시며 지나가는 행인을 바라보곤 했다. 어느 상인이 내 주의를 끌어 폴라트에게 물어보면, 대개는 그 사람을 잘 알고 있었다. 얼마나 먼 국가에서 왔는지, 어느 특이한 상품을 취급하는지도. 만일 그가 그 사람을 모른다면 그것은 보통 좋은 징조가 아니었다. 수염을 기른 아프가니스탄 사람은 미스터리였다. 그들은 보석과 아편 밀매를 한다는 유언비어가 돌았지만 폴라트는 결코 확신하지 못했다. 북한 사람들도 미스터리였다. 북한 대사관은 위구르족 식당과 같은 거리 끝에 있는데, 거대한 건물의 정문 앞엔 선전용 사진이 걸려 있었다. 기뻐하는 북한 아동이 노래를 부르고, 즐거운 북한 군대가 김정일의 열병을 받고 있는 사진이었다.

때때로 북한 외교관들이 위구르족 식당을 지나갔다. 나는 여태까지 그들의 단독 행동을 본 적이 없다. 그들은 언제나 둘씩 짝을 지어 다녔다. 검은색 양복을 입은 경직된 남자는 끊임없이 드나드는 무역상, 도매상, 매춘부 등등의 인파에 섞여 있어 전혀 어울리지 않았다. 폴라트는 언제나 그들의 접은 깃에 꽂은 김일성 휘장을 가리켰으며, 또한 차 번호의 앞 세 자리 133을 보고선 그 차가 북한 외교관의 전용차임을 알아챘다. 이러한 북한인은 중국제 아우디 승용차를 몰았으며 짙게 선팅된 차창으로는 아무것도 볼 수가 없었다. 그들의 대사관은 더욱 신비로웠다. 선전용 사진 뒤편엔 어떤 생명의 기미도 없고 대문도 언제나 굳게 닫혀 있었다.

6월 어느 날 저녁 나는 폴라트와 수백 달러를 인민폐로 환전하고자 위구르족 식당에서 만났다. 그는 맥주 세 병을 시켰는데, 조금 시간이 걸린다는 의미였다. 저녁에 그는 언제나 식당 안에서 장사 약속을 정했으며, 그와 화폐 교역을 하는 손님은 차를 점포 밖 인도에 세워뒀다. 신상에 휴대한 돈이 4만 달러보다 더 적으면, 폴라트는 차 안에서 교역해도 문제없다고 여겼다. 그러나 금액이 이보다 훨씬 크다 싶으면 그는 이 부근에 있는 친구의 사무실을 빌렸다. 그의 손을 거친 최대 환전 금액은 20만 달러다.

식당 주인은 맨홀 뚜껑을 열고 맥주를 꺼내 왔다. 우리가 두 번째 맥주병을 마실 때서야 그는 돈을 탁자 위에 놓았다. 폴라트는 그날 아침에 야바오로의 환율이 1달러에 8.86위안이었다가 오후에는 8.84위안으로 떨어졌지만 예의를 차려 8.85위안으로 쳐주겠다고 했다. 은행에서는 정부에서 지정한 8.26위안을 넘어선 환율로는 환전할 수 없다. 중국 화폐는 암시장을 빼고는 달러를 정가대로 매매하므로 환율은 큰 변화가 없었다. 일주일 전에 야바오로의 상인은 9위안을 주고서야 1달러를 바꿀 수 있었다.

"이번 주에 환율이 떨어지는 까닭은 베이징의 큰손들이 현금을 홍콩으로 보낼 수 없기 때문입니다." 폴라트가 설명했다. "그 현금은 아직 선전에 있는데 그 돈이 국경을 넘지 않는 한 환율은 오르지 않을 겁니다."

이 암시장은 모종의 권모술수, 즉 내가 알 수 없는 헛소문에 따라 움직였지만 폴라트에겐 완전한 논리로 작용했다. 그는 항상 많은 시간을 내어 내게 내막을 설명해주었다. 카자흐스탄과 같은 나라에서 감시가 해이했던 국경이 갑자기 엄격해져 베이징까지 영향을 미치게 된 경위를 길게 설명해주었다. 나는 특히 『월스트리트저널』에서 하루치 신문을 스크랩한 뒤에 이런 얘길 듣는 걸 좋아했다. 『월스트리트저널』 기자인 맷 포니는 미국 통신 회사 퀄컴이 중국에서 새로운 휴대전화 시스템을 개발하고자 한다는 기사를 다루었다. 때로 퀄컴의 주가는 전적으로 맷 포니의 보도에 근거해 하루에도 3~4포인트씩 요동쳤다. 그런 기사는 언제나 약간의 실마리에 의존해 있었다. 회사의 계약 내용이 외부로 누설되기도 하고 혹은 정부의 간접적인 성명도 있었다. 이러한 실마리는 일관성이 없어서 퀄컴의 주가는 1년 내내 미친 듯이 치솟았다. 만약 자유기고가 일이 잘되지 않는다면 나는 당초 스크랩할 때 들은 내부 소식과 야바오로 환전 유언비어 네트워크에서 얻은 소식을 합쳐 무슨 정보라도 교환해 장사할 수 있겠다고 생각했다.

우리는 두 번째 맥주병을 빠르게 비웠다. 한 백인 남성과 아시아 여성이 먼 구석 탁자에 앉았다. 그녀는 중국 사람 같지 않아 폴라트에게 물었다.

"사실 북한 사람입니다. 한국전쟁 때 부모가 고아가 되었죠." 그는 중국 관방의 표준 명칭인 '항미원조抗美援朝 전쟁'을 사용하지 않고 다소 조심스럽게 '한국전쟁Korean War'이란 표현을 썼다.

"전후에 스탈린은 일부 고아를 받아들였죠." 그가 계속 설명했다. "그는 그 가운데 많은 어린아이를 우즈베키스탄으로 입양시켰습니다. 그녀의 부모에게도 일어난 일이고, 그들은 그곳에서 성장해서 어른이 된 뒤 서로 알게 되었죠. 그녀는 우즈베키스탄에서 태어났으며 지금은 베이징에서 장사합니다."

나는 그녀가 한국어를 할 줄 아느냐고 물었다.

"그들은 모국어를 전부 잊었습니다. 지금은 우즈베키스탄인과 별 차이가 없습니다."

우리는 또 맥주 두 병을 주문했다. 검은색 아우디 승용차가 동쪽에서 접근하더니 인도에 멈췄다. 폴라트는 몸을 구부려 일어서서 가죽 전대를 들고 차 안으로 들어갔다. 차창은 어두웠고 엔진은 계속 켜져 있었다. 그가 돌아왔을 때 옷에서 차 안의 에어컨 냉기가 나오는 것을 느낄 수 있었다.

"방금 일은 야바오로에서 금액이 가장 큰 화폐 거래 중 하나였어요. 저 사람의 친구가 중국항공의 조종사인데, 가끔 그 친구를 도와 달러를 외국으로 보내죠."

황혼이 깃들자 우리는 면과 양 불고기를 주문했다. 그 한국계 우즈베키스탄 여인은 동행과 식사를 마친 뒤 계산하고 함께 떠났다. 나는 생각했다. 그녀의 부모가 우즈베키스탄으로 압송되어 간 일이 그녀에겐 좋은 일이었을까. 아마 그녀에겐 이로웠겠지만 야바오로에선 장담하기 어려운 많은 일이 있었다.

여름이 끝날 때 나는 중국의 단둥으로 조사 여행을 떠나기로 결정했다. 그 도시는 압록강을 사이에 두고 북한과 마주해 있다. 내 생각에 고립되고 격리된 국가의 국경에서는 쓸 만한 소재를 찾을 수 있을 것 같았다. 내가 폴라트에게 말을 꺼냈을 때 그는 웃으며 말했다. 북한은 중국을 진보적으로 보이게 만든 곳이라고.

✦

단둥에 도착한 지 3일째 되던 날, 호텔에 도둑이 들어 나는 새벽 2시에 깨어났다. 그곳은 하룻밤에 10달러인 중급 호텔이었고, 단둥은 중국의 중급 도시였다. 북한과 강 하나를 두고 마주한 곳이 아니라면 그다지 사람들의 관심을 끌 수 없는 곳이다. 그러나 그 이웃이, 세상과 격리되어 '은자의 왕국'이라 불리는 북한인 까닭에 모든 것이 바뀌었다. 단둥은 스스로 '중국 최대의 국경 도시'라고 선언했다. 압록강 강둑에는 여행객에게 빌려줄 용도의 망원경을 늘어놓았는데 그들 대부분은 생애 처음으로 외국 경험을 희망하는 중국인이었다. 망원경 뒤의 간판엔 "출국하는 데 단돈 1위안!"이라 쓰였다. 인민폐 10위안만 내면 쾌속정을 타고 근거리에서 북한 사람을 볼 수 있고 그들이 무더운 여름날 오후에 강 제방의 얕은 여울에서 수영하는 모습을 볼 수 있다. 경사로운 결혼식 날 신혼부부가 보트를 빌려 예복 위에 구명조끼를 걸치고 북한의 국경선까지 다가가는 일이 단둥 전통이었다.

단둥에서는 유념해야 할 일이 많다. 아마도 내가 저녁에 창문 잠그는 걸 잊어버렸을 것이다. 방이 2층이라 안전하다고 생각되어 창문 밖의 30센티미터에 달하는 창턱은 신경 쓰지 않았다. 평상시 여행할 때 늘 하던 일도 잊어버렸다. 돈을 넣은 전대와 여권을 베개 아래에 두는 것. 나는 그것들을 카메라, 가죽지갑, 기자 수첩, 반바지 한 벌과 함께 전부 옷장에 두었다. 내가 깨어났을 때 도둑은 마침 손에 이 모든 것을 들고 있었다. 순간 우리는 둘 다 움직이지 못했다.

두 언어 사이에서 살 때 그 경계선이 소실되는 순간이 있다. 중국에서 때로 한밤중에 전화벨이 울리면 나는 몇 초가 지나서야 전화기 건너편에서 나오는 미국 친구의 목소리를 알아들을 수 있다. 이따금 내가 중국어로 대화할 때 갑자기 영단어가 아무 까닭 없이 머릿속을 스쳐 지나갈 때가 있다. 두 언어가 뒤섞여 나오는 꿈은 조금도 이상하지 않다. 가장 기괴한 꿈은 미주리에서 내가 아는 사람들이 막 중국어로 얘기했던 것이다. 그 꿈에서 깨어났을 때 나는 그대로 누워서 잠재의식이 어떻게 깊은 언어와 기억층을 뚫었는지 의아해했다. 내가 어느 날 심각한 위기에 처한다면 가장 밑바닥 층에선 어느 언어가 나올지 알고 싶었다.

단둥에서 내가 침대에서 깨어나 입으로 뱉은 말은 "머더퍼커^{mother-}fucker!"였다. 도둑이 몸을 돌려 문밖으로 도망가는데, 물건은 전부 그의 손에 들려 있었다. 두 번째 고함을 치기도 전에 나는 침대에서 일어났다. 세 번째로 "머더퍼커!" 하고 고함칠 때 나는 이미 복도로 돌진했다. 복도에는 등이 켜 있지 않았고 흐릿한 여관 문은 빠르게 번쩍거렸다.

"머더퍼커!" 내 목소리가 벽에 부딪혀 울리면서 광광거렸다. 도둑은 필사적으로 도망갔으나 나는 그보다 빨리 달렸다. 우리는 모퉁이를 돌아 값싼 타일 바닥에서 미끄러졌다. 나는 맨발에 속바지만 걸쳤다. 복도가 끝나는 출구와 계단 사이에서 그를 붙잡았다.

나는 온 힘을 다해 주먹으로 그를 때렸다. 그는 반격하지 않았다. 그의 손엔 전부 내 물건이 들려 있었기 때문이다. 한 대씩 때릴 때마다 그는 하나씩 내려놓았다. 한 대 때리자 카메라가 즉각 떨어졌다("머더퍼커!"). 다시 한 대 때리자 전대가 떨어졌다("머더퍼커!"). 한 대 때리자 나의 반바지가 공중으로 날아갔다("머더퍼커!"). 가죽지갑, 수첩, 여권이 전부 땅에 떨어졌다. 난 분노에 사로잡혀서 그가 물건을 다 내려놓았는데도 끊임없이 때렸다. 이때 그는 도망갈 궁리만 했다. 그는 복도의 다른 쪽으로 달려가 문을 열려고 했으나 모두 잠겨 있었다. 나는 뒤에 꽉 달라붙어 소리치며 그를 붙잡고 때렸다. 결국 그는 잠기지 않은 문을 찾아 그곳의 열린 창으로 가서 2층에서 뛰어내렸다.

하마터면 나도 따라서 뛰어내릴 뻔했다. 창 앞까지 뛰어갔다가 몸을 주체할 수 없어 바깥까지 상체가 내밀어졌다. 그때 갑자기 정신을 차렸다. 아래를 내려다보니 그 도둑은 무척 운이 좋았다. 2층 아래엔 넓게 뻗은 처마가 있었다. 나는 고함치던 것을 멈췄다. 방은 금세 조용해졌다. 나는 그가 여관의 길모퉁이를 지나가는 발소리를 들었다. 여전히 미친 듯이 달렸다.

✦

분노가 가라앉자 통증이 느껴졌다. 싸우는 와중에 왼손 중지를 다친 것이다. 틀림없이 그를 잡을 때 탈구된 것이었다. 여관의 야간 매니저가 나를 병원에 데려갔고 우리는 당직 의사를 깨웠다. 그는 하품하며 손가락을 가져다가 엑스레이를 찍었다. 관절이 여전히 비뚤어져 보여서 의사는 손가락을 빼냈다가 다시 시도했다. 이번엔 엑스레이 기계가 고장이 나서 나는 아침 늦게 기술자가 출근한 뒤에 다시 돌아와 찍어야 했다. 우리는 경찰서에 가서 사건을 신고했다. 머리가 어질어질하고 눈이 캄캄할 정도로 질문에 대답하고 양식에 써넣었다. 내 중국어 회화 실력은 급속도로 나빠졌다. 끝내 5시가 되어서야 나는 침대로 돌아왔다. 편안하게 잠들 수가 없었다.

몇 시간 뒤 여관 주인이 직접 와서 날 데리고 병원에 갔다. 그는 잘생겼으며 두발을 헤어스프레이로 고정시켰고 남회색 머리카락 몇 올이 앞이마로 흘러내렸다. 그는 단추를 끝까지 채운 새 흰 셔츠를 입고 빳빳하게 다린 양복바지를 입었다. 그는 도난 사고에 대해 계속 사과하면서 자기 소개를 했다.

"저는 리펑이라고 합니다."

나는 감히 믿을 수가 없었다. "리 뭐라고요?"

"리펑입니다."

"전 총리와 이름이 같네요."

"예." 그는 다소 피곤한 듯 미소 지었다. 그는 이런 상황이 익숙해 보였다. 1989년 여름 리펑이 정식으로 계엄령을 선포하자, 분노한 수많은 중국인이 리펑과 진압을 한데 묶어 생각했다. 이후 홍콩 신문의 보도에 따르면 분노한 시민이 '리펑'이란 이름을 가진 스무 명의 민중에게 전화를 걸어 소동을 피웠다고 한다. 그중 최소한 한 명은 개명 신청을 했다. 10년 뒤 리펑의 에피소드는 중국 지식인들 사이에서 널리 유행했다.

"당신은 리펑을 좋아합니까?" 나는 여관 주인에게 물었다.

"노." 그는 영어로 강조하며 말했다. 분명 그는 다른 화제를 더 좋아했다. 그는 도난에 대해 물었다. 나는 이미 경찰에게 기억할 수 있는, 도둑에 관한 모든 얘기를 했다. 검은 머리에 나이는 대략 20세에서 40세 사이이며 키는 나보다 작았다. 혹여 다시 본다 하더라도 난 그를 알아보지 못할 것이다.

모호한 답변은 경찰의 의심을 사기 마련이다. 당신이 그 사람을 때리다가 자기 손가락을 부러뜨렸는데 어떻게 그의 생김새에 대해 아무것도 기억을 못합니까? 나도 마찬가지로 이해되지 않았다. 내가 그를 쫓던 상황은 분명하게 기억한다. 문을 휙 지나 어두운 복도가 있었다는 게 특히 선명하게 기억난다. 내 머릿속에서는 그 계단도, 공중으로 휙 날아가는 카메라도, 열린 창문도 볼 수 있었다. 내가 고함친 말들의 메아리도 여전히 들을 수 있었다. 무엇보다 통제 불능의 분노를 기억하고 그 기억이 나를 불안하게 했다. 그러나 도둑의 외모는 기억이 모호했다. 리펑은 미간을 찌푸렸다.

"도둑이 어린아이입니까?"

"아뇨, 어린아이가 아닙니다."

"그럼 어떻게 쉽게 붙잡았죠?"

"저도 몰라요."

"미국에도 도둑이 있어요?"

나는 리펑에게 미국에도 도둑이 있지만 총을 휴대하여 그들을 쫓아갈 수 없다고 알려줬다.

"중국에서 대부분의 도둑은 칼을 가지고 있어요." 그가 진지하게 말했다. "어느 도둑이 칼도 없이 다니겠어요? 그래서 제가 도둑이 어린아이라고 생각하는 겁니다."

"어린아이가 아니에요. 그건 확신해요."

"그런데 왜 반격하지 않았을까요? 그를 어떻게 쉽게 잡았죠?" 리펑은 듣기에 실망한 눈치였다.

"저도 모르죠."

경찰도 비슷한 방식으로 질문했고 나는 짜증이 나기 시작했다. 이 사건을 재차 복기하는 일은 몇 겹의 불안을 관통했다. 먼저 무엇보다도 사람들은 외국인이 그들의 도시에서 도난당한 일을 부끄러워했다. 하지만 그 불행한 사실을 인정한 뒤에는 그 외국인이 도둑을 잡았단 것이 더 수치스러운 듯 보였다. 가장 우둔한 도둑만이 새벽 2시에 외국인에게 맞을 수 있다며, 결론은 그 도둑에게 틀림없이 비정상적인 면이 있다는 것이다. 경찰은 각종 해석의 이유를 제시했다. 그가 취했거나 절름발이가 아니면 너무나 가난한 외지 사람일 것이 분명하다고 했다. 경찰들은 단둥이 현대적이고 질서정연하며 관광산업이 성장한 도시라고 강조했다. 외국인이 한밤중에 그의 방에 침입한 도둑으로 인해 잠을 깨도록 하는 그런 곳이 아니라고 했다.

그러면서도 그들은 도둑이 탈북자일 수 있다는 가능성은 전혀 고려하지 않았다. 경찰은 내게 이 변경에는 어떤 난민도 없다고 보증했다. 강 건너편의 신의주도 북한의 다른 곳과 마찬가지로 가난하지 않기 때문이다. 신의주에 친구를 둔 단둥 사람의 말에 따르면, 신의주 사람들은 하루에 두 끼를 먹는다고 한다. 더 동쪽으로 가면 기근과 무분별한 경제정책으로 인해 참상이 펼쳐졌다. 그곳에선 매년 7만 명의 북한인이 중국으로 도망하는 것으로 추정된다. 내 생각에 그 가운데 최소한 몇몇은 단둥으로 도망왔을 수도 있다. 이 가능성이 나를 괴롭혔다. 만일 현지인이 그 도둑이 절름발이이길 바란다면, 내 입장에선 그의 사지가 멀쩡하길 바랄 뿐이다. 나는 그가 노련하고 심지어 정상이고 발걸음이 빨라서 한번 싸워볼 만한 적수이길 바랐다. 나는 그가 북한인이 아니라 중국인이길 바랐다. 내가 아프도록 때린 사람이 곧 굶어 죽을 사람이라는 생각이 들자 나는 혼란스러웠다.

리펑과 내가 잠시 침묵하던 중 그가 다른 가능성을 생각해냈다.

"그는 아마 마약중독자일 거예요. 그러니 그렇게 허약했겠죠."

"이곳에 마약중독자가 많아요?"

"아뇨, 없어요." 리펑은 재빨리 대답했다. "단둥엔 어떤 마약중독자도 없습니다."

✦

이곳에서 가장 유명한 명승지는 일찍이 단둥과 신의주를 연결했던 압록강의 끊어진 다리다. 1950년 11월 한국전쟁 첫해에 맥아더 장군의 군대가 중국 국경으로 진격하면서 미군 폭격기가 이 다리의 절반을 끊어놓았다. 중국은 그들 쪽의 일부를 복구한 뒤 1993년부터 관광객에게 개방했다. 관광객이 다리 입구에서 강 중간의 다리 끝부분까지 걸어가면 폭격 잔해를 볼 수 있으며, 인민폐 1위안을 주면 망원경을 빌려 맞은편을 볼 수도 있다. 북한은 그들 쪽의 다리를 아직 복구하지 않았다. 길게 뻗은 충적토가 압록강을 돋보이게 했으며 다른 쪽의 제방 언덕까지 연결되었다.

어느 날 아침 중국 쪽의 다리에 서서 망원경을 빌려주는 남성에게 북한인들이 무엇을 하느냐고 물었다.

"수영하고 있어요."

나는 돈을 내고 망원경에 눈을 댔다. 먼 강가에 치마가 달린 홍백선의 구식 수영복을 입은 예쁜 북한 소녀가 서 있었다. 소녀는 물속에 들어가면서 몸서리를 쳤다. 그녀 뒤엔 아이들 한 무리가 성인 한 명을 둘러싸고 있었다. 선생님 같아 보였다. 나는 장난끼 있는 소년을 골라 렌즈를 통해 따라다녔다. 그는 다른 소년과 부딪치고, 무리 사이에서 뛰어다니고, 한 소녀에게 모래를 뿌렸다. 선생님이 그를 야단쳤다. 멀지 않은 곳에 소총을 멘 사병이 서 있었다. 모든 사람이 이 망원경의 둥근 렌즈안에 들어왔다. 이 순간 나는 이 압축된 세계에 빠졌다. 이후 망원경을 빌려주는 남성이 내게 어느 나라 사람이냐고 물었다. 나는 뒤로 물러나 대답했다.

"만일 미국과 중국이 오늘 싸운다면 누가 이길 것 같아요?" 그가 물었다.

"미국과 중국이 오늘 싸우는 일은 없을 겁니다."

"하지만 그들이 만약에 싸운다면 누가 이길까요?"

"전 정말 모르겠습니다."

나는 화제를 바꿔 그에게 장사가 어떠냐고 물었다. 그는 그런대로 괜찮다고 말했다. 그가 망원경 옆에 사진 찍을 장소를 만들어놓아 관광객들은 옷을 갈아입고 분장해 끊어진 다리를 배경으로 사진을 찍을 수 있었다. 그들은 북한 한복을 입거나 중국 군장을 입을 수도 있다. 철모와 플라스틱 총도 포함해서.

다리 위엔 다른 노점상이 카페를 열어 관광객들에게 포장지 위에 리어나도 디캐프리오와 케이트 윈즐릿의 사진이 인쇄된 '타이타닉' 아이스크림을 팔았다. 카페 사장은 설명해주길, 다리는 국가 것이지만 개인 기업은 장소를 빌려 망원경과 간식 매점을 늘어놓을 수 있다고 했다. 나는 다리에서 발걸음을 멈추고 관광객에게 사진 찍어주는 사진사와 대화를 나눴다.

"중국이 세계무역기구^{WTO}에 가입할 방법이 있을 것 같나요?"

"올 4월 주룽지가 미국을 방문했을 때 모든 매체에서 할 수 있다고 말했습니다. 그러나 유고슬라비아 폭격 이후 보아하니 그렇게 낙관적이지 않은 것 같네요."

잠시 얘기하는데도 사진사는 계속 세계무역기구를 끄집어냈다. 나는 그에게 왜 그렇게 관심을 갖느냐고 물었다.

"신문 보도에서는 우리가 세계무역기구에 가입하면 많은 외국 관광객이 온다더군요. 그리고 물론 중국 경제가 나아지면 수많은 중국 관광객이 이곳에 올 겁니다. 그럼 제게도 영향이 있겠죠."

나는 줄곧 단둥처럼 외국 관광객이 거의 없는 소도시 여행을 좋아했다. 현지 사람은 언제나 얘기하길 좋아한다. 그들의 관점에서 보면 한 미국인과 간단하게 얘기하는 것은 모종의 중요한 의미가 있다. 그들과의 담화는 항상 나로 하여금 중국과 외부 세계의 복잡한 관계를 생각나게 한다. 사람들은 어쩔 수 없이 전쟁이나 쟁의가 있는 사건을 이야기하게 되는데, 그들은 미국이나 다른 나라가 일찍이 중국을 고의로 능멸했다는 것을 전혀 의심하지 않는다. 그러나 동시에 사람들은 외국인을 친절하게 대해줬고 열정적으로 각종 국제무역상의 연계를 담론했다.

처음에는 이러한 모순이 나를 미혹했다. 언젠가는 사람들이 진정으로 믿는 게 무엇인지 이해할 것이다. 그러나 시간이 흐를수록 이러한 모순에 대한 생각이 동일한 사람의 머릿속에도 동시에 존재할 수 있음을 의식하게 되었다. 중국인이 중국어를 말할 수 있는 외국인과 이야기할 때 그 요원한 폭격 뉴스는 그가 어떤 다른 반응을 하도록 촉발할 수 있을 것이며, 당시 처한 복잡한 상황과도 큰 관계가 있을 것이라 믿었다. 미국인이 폭격한 것을 중국인이 복구하고 소상인이 '타이타닉' 아이스크림을 팔고 있는 다리를 방문한다면, 이곳 사람들이 비논리적인 방식으로 외부 세계에 반응하는 것에 의아함을 느끼지 못할 것이다.

압록강의 끊어진 다리는 '단둥 변경경제합작구'의 끝에 있다. 현지 사람들은 이곳을 '개발구'라고 자랑스럽게 말한다. 개혁 개방이 마침내 이 지구까지 도달한 뒤 과거 10년간 단둥의 발전은 매우 빨랐다고 한다. 예전엔 농민들의 초라한 천막집과 임시 선창 이외엔 불모지였다고 한다. 그러나 지금은 식당, 아이스크림 노점상, 가라오케와 '유러피언 가든'이라 불리는 호화 아파트도 있다. 개발구 동쪽에는 '향촌 수렵 공원 입구'와 열차·자동차가 드문드문 북한으로 건너가는 새로운 다리가 있다. 다리와 호화 아파트 사이엔 성병 치료소가 있으며 안마 시술소인 '핀란드식 목욕 휴식 센터'가 있다. 센터 간판엔 상반신이 나체인 외국 여인이 샤워하는 사진이 걸려 있다.

'향촌 수렵 공원 입구'에서 여행객은 '야생' 메추라기, 비둘기, 꿩, 토끼를 사냥할 수 있다. 그 새들은 모두 땅에 묶여 있고 인민폐 1위안만 내면 관광객은 22구경 총이나 활로 그것들을 쏠 수 있다. 3위안을 내면 권총으로 땅에 누운 토끼를 사격할 수 있다. 사살한 것은 모두 먹을 수 있다.

어느 날 오후 나는 광둥에서 온 두 관광객이 메추라기를 쏘는 모습을 보았다. 젊은 연인은 20대 초반에 옷을 깔끔하게 차려 입었다. 남자는 너무 만취해서 사격이 끊임없이 빗나갔다. 메추라기를 묶었던 끈이 느슨해지는 바람에 메추라기는 햇볕 아래 누워버렸다. 지금껏 내가 본 가장 지루해 보이는 메추라기였다.

"내가 너무 취했으니 네가 한번 쏴봐." 남자가 말했다. 그는 이곳에서 자랐으며 지금은 여자 친구를 데리고 놀러 왔다.

"난 안 쏠래. 총소리가 너무 커."

"자, 쏴봐. 난 너무 취해서 맞힐 수 없어."

"안 할래."

"해봐. 쉬워."

그 남자는 총을 울짱에 어떻게 놓는지 가르쳐주었다. 이렇게 하면 조준하기가 비교적 용이했다. 울짱은 약해빠져 보통은 손님에게 그러지 못하게 하지만 관리인이 여자 친구를 배려해 허용해주었다. 나는 부근에 앉아 그들의 대화를 들으며 헤밍웨이의 어느 소설 장면을 회상하려 했다. 그의 걸작에는 총, 동물, 여인과 취객이 다투는 장면이 나온다. 다른 점이라면 그의 소설에선 동물이 결코 땅에 묶여 있지 않다는 점이다.

마침내 남자는 여자를 설득하여 총을 들게 했고 관리인이 그녀를 도와 총을 울짱에 설치했다. 그녀는 세 발을 쐈다. 총을 쏜 뒤 매번 그녀는 날카롭게 소릴 지르며 귀를 막았다. 그녀가 엉망진창으로 총을 쏘는 동안 메추라기는 깊이 잠든 것 같았다.

저녁이 되자 개발구는 화려한 조명을 밝혔다. 식당, 가라오케 바, '핀란드식 목욕 휴식 센터'로부터 나오는 네온사인과 형광등 불빛이 압록강을 뚫고 지나갔다. 맞은편 북한 국경은 빛 한 점 없는 암흑천지였고, 북한 사람들도 밤에는 수영을 하지 않았다.

◆

단둥에 있을 때 나는 대부분의 시간을 압록강 가에서 보냈다. 고속 모터보트 조종사 한두 사람을 알게 되었는데, 그들은 매일같이 나를 태우고 북한 강가까지 가서 몇 바퀴 돌았다. 우리는 텅 비어 있는, 수리하지 않은 관광선을 지났고 버려진 것 같은 공장도 지났다. 기나긴 모래사장에서 북한 사람들은 수영하고 아이들은 우리에게 미소 지으며 손을 흔들었다. 완전 무장한 사병은 그들 뒤에 꼿꼿하게 서 있는데, 마치 총을 든 구조원 같았다.

중국과 북한의 관방 관계는 양호했다. 그러나 단둥 사람들은 이웃 정부의 통치가 잘못되었다고 말해주었다. 내가 상세한 사정을 물으면 중국인들은 어깨를 으쓱거리며 말했다. "재미없어요." 세계무역기구 문제를 즐겨 얘기하던 사진사마저도 내가 그에게 북한에 가고 싶냐고 물었을 때는 흥미가 없어 보였다. "내가 그들에게 무얼 배우겠어요?" 단둥 사람은 이웃나라의 빈곤과 외부와의 단절에 대해서 전혀 관심이 없는 것 같았다. 공산당이 통치한 초기 30년 동안 중국인 스스로 충분히 경험했기 때문이다.

내 입장에서 북한은 비극이었다. 이 나라가 대외적으로 반세기 동안이나 문을 닫을 수 있다는 것이 정말 신기했다. 배가 언덕을 따라 운행하자 나는 각종 세세한 일에 주의를 기울였다. 텅 빈 유람선, 무장한 사병, 수영하는 어린아이. 내 관점에서는 보는 것마다 무겁고도 모종의 의미를 띠었으며 마치 내가 단둥 현지인과 나눈 간단한 대화처럼 그들에 대해서도 그런 느낌이 생겨나는 것 같았다. 중국인과 내가 압록강 맞은편을 주시하는 이유는 달랐다. 나는 안을 봤고 그들은 밖을 봤다. 중국 관광객은 북한 강변에서 바삐 오갔는데, 이곳이 그들이 외국을 접할 수 있는 가장 가까운 곳이었기 때문이다.

돈만 있으면 그들은 강을 건널 수 있었다. 내가 머무는 여관에서도 여행 업무를 병행했다. 여비는 200달러에서 시작했고 여권은 필요 없었다. 중국인 신분증만 있으면 가능했다. 중국인 입장에서 보면 북한에 가는 것은 2년 전 귀속된 홍콩에 가는 것보다 훨씬 쉬웠다. 중국 정부의 단둥 법률은 소홀했다. 그들은 압록강을 건너간 중국인이 모두 돌아올 것이라고 확신했기 때문이다.

매일 아침 중산층이나 상류층으로 구성된 중국 여행단이 북한으로 출발하기 전에 여관 앞에 집합했다. 어느 날 나는 간략하게 소개하는 가이드를 보다가 막 중국에 도착했을 때 평화봉사단이 내게 했던 말이 떠올랐다. 가이드는 중국 여행객들에게 북한 기념관을 참관할 때는 예를 표해야 하고, 일하는 북한인을 촬영해선 안 된다고 말했다. 북한인은 긍지를 가진 민족인지라 반드시 이 점을 기억해야 한다고 말했다. 또 휴

전선 비무장지대를 참관할 때는 맞은편의 미군에게 "헬로" 하고 외치지 말라고 했다.

"여러분은 북한이 중국보다 발전하지 못했음을 발견할 겁니다. 북한 인에게 개혁 개방이 필요하다거나 중국을 배워야 한다 따위의 말을 해선 안 됩니다. 기억하세요. 그들 중에 중국어를 잘하는 가이드가 많습니다. 여러분, 말조심하세요!"

✦

한국전쟁은 미국과 중화인민공화국 사이에 유일하게 발생한 정면충돌 이었다. 전쟁은 1950년 6월 북한이 남한을 침공하면서 시작되었다. 미국과 다른 연합국 회원국은 재빨리 남한을 원조했다. 맥아더 장군의 군대가 먼저 중국 변경까지 치고 올라갔다. 그해 10월 마오쩌둥은 '지원군'을 파견하여 북한을 돕기 시작했다. 전쟁은 3년 동안 지속되었고 미군 사망자수가 5만4000명에 달했다. 외국 역사학자들은 중국 측 사망자수가 90만 명에 달한다고 추측했다. 그러나 정확한 숫자는 알 방법이 없다. 전쟁에 대한 중국인의 계산은 신뢰할 수 없기 때문이다. 단둥의 한 박물관에는 중국인 1만1000여 명이 사망했다고 적혀 있다.

압록강에서 한가롭게 거닐 때 나는 보트 조종사에게 한국전쟁에 참전했던 노병을 만나보고 싶다고 말했다. 마침 그의 친구 부친이 복무했다 하여 그가 주선하여 세 사람이 함께 만나 식사했다. 우리는 식당 밖에서 만났는데 그 노인은 나를 보자마자 눈을 크게 떴다. "미국에 사는 중국인인 줄 알았네!" 그는 큰 소리로 말하고는 머리를 돌려 가버렸다.

조종사가 쫓아가서 노인을 달랬다. 오랫동안 얘기한 뒤 그들은 돌아왔다. 나는 그 노병에게 단지 역사에 관심이 있을 뿐이며 그의 이름을 절대로 쓰지 않겠다고 설명했다. 마침내 그는 승낙하며 우리와 식당에 들어가 특별석에 앉았다.

노인은 중국 해군에서 복무했다. 당시 그의 부대는 타이완해협으로 파견되었기 때문에 직접 전투를 많이 겪어보진 못했다. 뒤에 1964년 타이완 외해의 전투에서 다리에 심한 부상을 입었다. 노인은 64세인데 40년 동안 중국공산당 당적을 갖고 있었다. 그는 길을 걸을 때 다리를 절었다. 그에게 부상을 입힌 적은 타이완 사람이었지만 무기는 미제였다. 노병은 내게 이 중요한 세부 내용을 이해했는지 확인했다.

우리가 저녁 메뉴와 현지 맥주를 주문하고 오래지 않아 노인은 느슨해졌다. 그는 붕대 감은 내 손가락을 보며 어찌된 일이냐고 묻더니 고개를 흔들었다.

"지금은 많은 일들이 제대로 돌아가지 않아요. 퇴직한 사람도 퇴직금을 받지 못하는 형편이니. 또 중국은 지금 자본주의 추세로 가고 있어요. 어떤 사람은 너무 돈이 많고 어떤 사람은 너무 가난하여 마오 주석 시대만 못하지요. 모두가 평등했던 그땐 범죄가 없었는데. 당신처럼 여관에서 도둑맞는 일은 예전엔 불가능했죠."

나는 그에게 강 건너 형편이 어떠냐고 물었다.

"김일성이 살아 있을 때는 마오쩌둥과 마찬가지로 모두 그를 숭배했어요. 위대한 사람이기 때문입니다. 하지만 김일성 아들은 그만큼 뛰어나지 않아요. 그가 너무 젊은 것도 있지만 주된 이유는 전쟁 경험이 없고 곤란을 겪지 못했기 때문이죠. 김일성은 어렸을 때 전쟁을 겪었고 그래서 위대한 사람이 될 수 있었던 것입니다."

한 시간 뒤 그와의 인터뷰는 전혀 다른 방향으로 흘러갔다. 노인은
여러 가지 질문을 직접 쏟아놓았다. 미국인의 봉급은 얼마냐? 미국인
은 중국에 대해 어떻게 생각하느냐? 그들은 나토의 폭격에 대해 무슨
생각을 갖고 있느냐?

노병의 아들은 대학 졸업 후 이상적인 직업인 공직을 마다했다고 한
다. 개인 기업이 그에게 더 많은 월급을 주지만 직위 자체가 완전히 보장
되지는 않는다고 했다. 그리고 벌써 나이가 스물여섯이지만 결혼하지
않았다! 노병은 이해할 수 없었다. 아들은 왜 이런 식으로 생각하는 거
지? 대학의 외국 선생에게서 배운 것인가? 미국인은 돈을 많이 받는 일
이 오랫동안 보장받는 직장보다 더 좋다고 여기는가?

나는 그에게 어느 면에서는 아들의 생각이 미국 젊은이들의 생각과
비슷하다고 설명해주었다. 노인은 끊임없이 이 화제로 돌아왔다. 공직
이 가장 좋고 보장받는다. 중국에는 마오 주석 같은 사람이 나와야 한
다. 그는 너무 많이 마셔서 처음엔 발음이 뚜렷하지 않다가 나중엔 신
경질을 부렸다. 그는 아들을 원망하고 식당의 서비스를 원망했다. 외국
인이 단둥에 와서 도난당할까 걱정하지 않아야 한다고 말했다. 조종사
가 그만 일어나는 것이 좋겠다고 예의 바르게 권하자, 노인이 갑자기 화
를 내기 시작하며 거칠게 말했다.

"내가 외국인과 대화하는 게 매일 있는 일은 아니라고. 난 피곤하지
않아. 화장실에 다녀오겠네."

그가 일어섰는데 의자에 다리가 걸리자 조종사가 얼른 부축해주었
다. 여종업원이 들어오자 그가 크게 소리쳤다. "계산서 가져와!"

여종업원은 그에게 내가 이미 계산했다고 말했다. "나도 돈 있어!" 노인이 고함치며 말했다. "내가 사는 거야!" 조종사가 그를 문으로 안내하려 했다. "내가 낼 수 있다니까!" 노인은 지폐 한 다발을 손에 흔들면서 다시 고함쳤다.

마침내 우리는 그를 바깥으로 데리고 나왔고, 밤공기가 그를 깨웠다. 나는 그에게 와줘서 감사하다고 말했다. 그는 나와 악수하고는 비틀거리며 귀가했다. 누구도 자신을 배웅하지 못하게 했다.

조종사는 떠나가는 노인을 바라보며 한숨을 쉬었다. 그는 33세다. "많은 노인이 지금 중국의 상황을 이해하지 못해요"라고 그가 말했다.

✦

내가 단둥에 있던 마지막 날, 강은 온통 혼례선들로 가득 찼다. 부유한 부부들은 2층짜리 크루저를 빌렸고 다른 부부들은 작은 모터보트를 빌렸다. 그들은 똑같은 노정을 따랐다. 끊어진 다리에 와서 사진을 찍고는 천천히 북한의 연안을 따라 미끄러져 나갔다. 신부는 구명조끼 안에 분홍색, 귤색, 보라색 예복을 입고 꽃다발로 장식하고선 선두에 인형처럼 서 있었다. 무더운 오후였으며, 북한 사람들은 수영을 하고 있었다.

니스차오라는 보트 조종사는 나를 데리고 나가서 혼례선 사이를 드나들었다. 니스차오는 오늘이 음력으로 길일인 6월 6일이라고 설명했다. 그러나 전체적으로 보면 금년에 결혼하는 사람은 비교적 적은 편이라고 말해주었다.

"사람들은 끝에 9가 들어가는 해는 불길하다고 여겨요. 저는 믿지 않지만 많은 사람이 믿고 있어요. 1989년에 베이징에서 동란이 발생했고, 1979년엔 사인방을 심판했고, 1969년엔 문화대혁명 기간이었고, 1959년엔 당신네 미국이 이 다리를 폭파했죠."

그는 멈추어 잠시 생각하더니 말을 꺼냈다. "아니, 1950년이죠. 어쨌든 1959년에 나쁜 일이 발생했죠."

그해는 마오쩌둥 대약진의 절정기였다. 하지만 역사 교과서는 그 재난을 미화했다. 수많은 중국인과 마찬가지로 니스차오도 그 운동에 대해 많이 알지 못했다. 그도 사인방 심판의 시점을 착각했는데, 사실은 1980년에 발생했다.

"그럼 1949년은요?" 내가 물었다.

"신중국이 그해에 세워졌지요."

우리가 끊어진 다리 그림자 밑을 저으며 지나가자 압록강이 천천히 배 아래로 흘러갔다. 그가 이어서 말했다.

"그해는 다른 해와는 다릅니다. 그해는 당연히 좋은 해였죠."

✦

단둥에서 출발하여 국경을 따라 백두산 방향으로 떠났다. 이 지역은 인가가 드물고 장거리 버스는 자작나무 숲을 통과했다. 나는 텐트와 침낭을 챙겨 백두산에서 야영했다. 이곳은 거대한 화산인데 정상은 남색의 호수로 채워져 있었다. 북·중 경계선이 호수를 반으로 나눠 마치 파손된 보석 같았다. 밤에는 남풍이 강하게 불어와 텐트 바깥에서 발소리가 나는 것 같은 환청을 느꼈다.

현지 사람이 알려준 바에 따르면, 이곳의 국경엔 경계를 세우지 않았다고 한다. 아침에 나는 천지를 둘러싸고 있는 능선을 따라 걸었다. 30분쯤 뒤 작은 흰색 경계비가 저 멀리 아래 녹지 중앙에 서 있는 것을 발견했다. 내려가기 전에 그 들판을 자세히 바라봤다. 사람도 없고, 건물도 없었다. 제일 가까운 도시는 그 험준한 지세 너머 10여 킬로미터 밖에 떨어져 있었다. 이곳은 내가 중국에서 지낸 긴 시간 동안 본 곳 중 가장 공활한 곳이었다.

돌 경계비의 한쪽은 한자로, 한쪽은 한글로 쓰여 있었다. 강이나 울타리 같은 선형의 경계에 익숙했던 나는, 이처럼 공허함에 둘러싸인 돌 하나가 이상하게 느껴졌다. 이 경계는 개념일 뿐이고 광야는 이 표지가 전혀 의미 없음을 보여줬다.

나는 배낭을 내려둔 채 몇 걸음 내딛어 북한 경내로 들어가 카메라를 돌 위에 놓고 타이머를 설정했다. 사진 속 하늘은 쪽빛이고, 흰 구름이 지평선 위에 떠 있다. 나는 웅크리고 앉았고 내 그림자가 돌 경계비 너머로 떨어진다. 나의 왼손엔 더러운 반창고가 붙어 있다. 산은 어느 나라의 산도 될 수 있었다.

그 지하 도시는 안양 일대에 퇴적된 다른 토층과 분리할 수 없다. 고대 상조의 유적지를 땅 밑에 누워 있는 성벽인 내부 구조로 상상할 수 있다. 갑골은 아마 이곳에 묻혔을 것이다. 3000년 동안 줄곧 발굴되어 자신의 전기를 강술해주길 기다렸을 것이다. 그러나 지면에는 현대식 건축물, 기관 및 토지사용권과 관련된 여러 내용물이 얽히고설킨 채로 존재할 뿐이다. 고고학자들이 발굴하고 싶다면 그 토지의 모든 사람에게 협조를 얻어야 할 것이다.

다행인 점은 이 토지의 대부분이 농지라는 것이다. 콩, 옥수수, 삼을 심은 덕에 고고학자들은 농민과 협상하기가 비교적 용이했다. 그런데 근대에는 다른 권력 기관도 안양 일대에 그들의 표식을 남겨놓았다.

1930년대 후반 일본군의 점령 기간 침입자는 이곳에 비행장을 닦았는데, 시멘트 활주로가 지금도 농토를 뚫고 지나간다. 공산당이 권력을 잡은 뒤엔 중국인민해방군이 비행장 옆에 병영을 지었다. 개혁 개방이 시작된 뒤 옛날의 활주로는 개인 비행기 조종 훈련장으로 바뀌었다. 아이러니한 것은 수많은 손님이 일본 사람이라는 점이다. 왜냐하면 훈련 비용이 일본보다 훨씬 싸기 때문이다. 그러나 일본 비행사들에게 비싸지 않다는 것이 반드시 중국 고고학자들에게도 해당되는 것은 아니다. 고고학자들은 되도록 비행장에서 집중적으로 조사하는 작업을 피했다. 왜냐하면 비행 학교는 발굴에 동의하는 대가로 받는 비용이 높기 때문이다.

안양이나 중국의 어떠한 곳에서도 '현대'적인 일은 언제나 인간의 고대에 대한 접근을 억제한다. 고고학자들이 지하 도시의 성벽을 측량하기 시작했을 때, 그것이 인민해방군의 병영 담 안으로 직선으로 뻗어 있음을 발견했다. 두 개의 담 가운데 하나는 고대, 하나는 현대의 것이며, 하나는 지하에 있고 하나는 지상에 있다. 이 교차점에서 현대의 담이 우세를 차지했다. 고고학자들이 신청서, 공문서, 지도 등 자료를 제출했을 때 탐사 작업은 중단되었다가 근 1개월이 걸려서야 군 당국의 허가를 받을 수 있었다. 고고학자들이 끝내 허락받아 그곳에 들어가 계속 인내심을 가지고 뤄양 삽으로 흙을 파내어 매몰된 상나라의 옛 담을 발견했다. 대각선 모양으로 되어 있어 화살처럼 곧게 군영으로 뚫고 지나갔다. 고고학자들은 이를 따라 군영의 다른 쪽으로 왔는데, 옛 담은 여전히 앞으로 뻗었고 조금도 방향을 바꾸지 않은 채 인민해방군의 관할지를 벗어났다.

◆

지하 도시의 담은 장방형으로 5제곱킬로미터나 되는 구역을 둘러싸고 있다. 징즈춘과 같은 고고학자들은 그 구조를 자세히 탐사한 뒤 그것이 결코 완전하지 않음을 발견했다. 담은 군데군데 세워져 있었다. 옛날의 취락은 마치 버려진 것처럼 보였는데, 아마도 거주민들이 다른 곳으로 이주했기 때문일 것이다.

징즈춘은 말한다. "최종적으로 이와 같은 정보는 우리에게 실마리를 제공해줍니다. 우리는 왜 이 도시가 이곳에 있었고 또 왜 미완성이었는지 알게 되었죠. 우린 담의 윤곽을 여섯 폭의 스케치로 그렸는데, 완전한 것을 발견하지 못했어요. 그들은 기반만 완성했을 뿐입니다. 매우 이상한 일이죠. 제가 이것이 아직 완성되지 않은 도시일 거라고 생각하는 이유입니다."

하루아침에 생겨난 도시

선전은 활력으로 충만했다. 너무나 빨리 발전하는 이곳을 사람들은 '하루아침에 생겨난 도시'라 불렀다. 새로운 건축물이 계속 세워져 우후죽순이란 말과 같았다. 베이징 같은 도시에 있는 지식인은 선전을 역사도 없고 문화도 없고 격조도 없다는 뻔한 이유로 비웃는다. 그러나 이 도시는 내륙에서 온 이주자에게는 도리어 완전히 다른 의미를 갖는다. 그들에게 이 도시는 선명한 개성을 지닌다. 실력과 결함, 잔혹과 성공을 한 몸에 모은 곳이다. 도처에서 왕성하게 발전하는 이 나라의 도시들 가운데 선전이 가장 유명하다.

선전을 방문하기 전에 나는 이미 그곳에 관한 이야기를 수십 번 들었다. 푸링에 있을 때 제자들은 선전에 대해 글쓰기를 좋아했다. 때론 그들은 선전을 허구적인 장소로 사용하거나 선전으로 이주한 쓰촨 사람들의 경험을 설명하기도 했다. 작문 수업에서 나는 대화에 관한 단원

을 가르친 적이 있는데, 학생들에게 최근에 누군가와 나눈 대화를 써보
게 했다. 에밀리라는 학생은 언니가 인생에서 가장 중대한 결정을 내리
던 날에 나눴던 대화를 썼다.

언니가 말했다.

"난 선전에 갈 거야."

"엄마가 못 가게 할 텐데."

"엄마를 설득해야지."

"난 언닐 지지하지만 분명히 생각해봤어?"

"알아. 내가 영원히 온전한 직업을 찾을 수 없을지도. 난 해고되거나
더 나빠질지도 몰라. 하지만 나처럼 생기발랄한 젊은 사람 입장에서
그게 무슨 대수겠어?"

잠시 침묵하다가 내가 말했다.

"그럼 좋아. 난 언니 말에 동의해. 변화무쌍한 도시에서 일하는 건
분명 멋진 삶일 거야." 그러고는 덧붙였다. "행운을 빌어."

"고마워. 잘 자."

"잘 자."

이제 언니가 그 번영한 도시에 간 지도 5개월이 지났다. 언니가 우리
대화를 기억하고 있는지, 그리고 여전히 활력으로 가득 차 있는지
궁금하다.

에밀리는 내가 처음 주목한 학생 중 하나였다. 그때는 아직 학생들
이 낯설던 시절이었다. 중국에 온 첫 학기에 그녀의 반에서 수업을 했

다.(이듬해에 윌리엄의 반을 가르쳤다.) 처음 가르칠 때는 과제를 내는 데 어려움을 겪었다. 나는 항상 마음 내키는 대로 칠판에 제목을 적어주고 학생들에게 10분 동안 쓸 내용을 생각하게 했다. 어느 날 내가 물었다.

"여러분은 평범한 일들을 겪으면서 한 평생을 길게 살겠습니까, 아니면 20년 뒤에 끝나는 아주 행복한 인생을 살겠습니까?"

거의 모든 학생이 전자를 선택했다. 중국 시골에서 이 문제는 사실 선택의 여지가 없었다. 몇몇 학생은 집이 너무나 가난해서 그들이 얼마나 즐거운지는 막론하고 20년 뒤에 죽을 수도 없다고 말했다. 이러한 쓰기 활동에서 가장 많이 배운 사람은 나였을 것이다. 쓰촨에서 강의할 때, 쾌락을 추구하는 미국인의 생각을 드러내는 일에 나는 더욱 신중해졌다. 그러나 나는 에밀리가 짧은 인생을 선택한 데 주목했다. 19세인 그녀는 반에서 가장 어린 학생이었다. 그녀는 이렇게 썼다.

저는 오랫동안 진정으로 행복하지 않았던 것 같아요. 때로 저는 자신의 의기소침을 환경, 특히 우리 학교의 억압된 분위기 탓으로 돌린답니다. 하지만 제가 불평할 때 다른 학우들은 즐거워할 수 있다는 걸 알았고, 그래서 저는 문제가 저 자신에게 있다고 생각합니다.

에밀리가 그해에 쓴 모든 글이 다른 사람과 내용이 달랐다. 그녀는 학우들에게 반박했고 당의 노선을 회피했으며 자신만의 주장을 갖고 있었다. 그녀는 지식인 부모를 둔 극소수 학생 중 하나였다. 아버지는 그 학교의 수학 교수였다. 그녀는 일찍이 아버지가 문화대혁명 시기 외진 탄광으로 추방되어 노동 개조에 처해진 경험을 쓴 적이 있다. 한번은 비즈니스 영어 수업에서 내가 학생들에게 미국의 기관에 공식적인 편지를 쓰게 했는데, 에밀리는 테네시주 내슈빌에 있는 컨트리음악협회를 선택했다. 그녀는 컨트리음악에 대한 호기심이 있다고 말했다. 또 한번은 필기장 끝에 내게 흑인 친구가 있는지 물었다. 텔레비전에서 본 것 말고는 여태까지 흑인을 만난 적이 없기 때문이었다. 문학 수업에서 「한여름 밤의 꿈」을 공연할 때 그녀는 황후 티타니아 역을 맡았다. 그녀는 마치 먼 곳에서 자신의 공연을 보는 것처럼 어느 역을 맡든 미소를 머금고 연기하는 경향이 있지만 아주 훌륭한 배우였다. 그녀의 얼굴은 통통하고 넓었으며 두 뺨이 길고 입술이 풍만하고 눈은 검고 초롱초롱했다. 영어 이름은 에밀리 브론테에서 따왔다.

에밀리는 졸업하자마자 집을 떠났다. 다소 미스테리한 '앤리'라는 영어 이름의 남자 친구와 함께 남쪽으로 갔다. 그는 반에서 가장 뛰어난 운동선수로 둥근 얼굴에 단발이고 강건한 검은 눈을 가졌다. 앤리의 성깔은 그리 좋지 않았다. 그의 영어 이름(Anry)은 'angry'(화내다)에서 한 글자가 빠졌을 뿐인데 우연이 아닌 것 같았다. 몇 년 뒤 에밀리는 앤리가 항상 그녀에게 비판적이었다고 말해주었다.

"다른 남자와 얘기할 때는 웃지도 말고 아무런 표정도 짓지 말래요. 언제나 저의 이런 점을 비난하면서 웃음이 너무 헤프다고 말했어요. 제가 남학생과 말하고 눈을 깜박이는 것이 적절하지 않다고 했죠. 저는 늘 거울 앞에서 들여다보며 어떤 표정을 지어야 좋을지 연습해보곤 했어요. 당시에는 그가 하는 말을 모두 믿었어요. 나중에 전 그가 한 말이 모두 틀렸다는 걸 알았죠."

그들이 집을 떠난 이유는 서로 달랐다. 앤리의 집에선 돈이 필요했다. 1년 전 그의 형이 폭약으로 물고기를 잡다가 도화선이 짧아 사고가 났다. 형은 눈이 거의 멀었고 손도 못 쓰게 되었다. 그러나 그에겐 부양해야 할 처자식이 있었다. 폭약으로 물고기 잡는 일은 중국에서 불법이지만 오지의 농촌에서 농민들은 개의치 않았다.

에밀리는 아버지가 학교에서 안정된 직업을 가지고 있어 돈은 그리 큰 문제가 아니었다. 사실 그녀는 줄곧 푸링을 떠났던 이유를 나에게 말하지 못했다.

"제 마음속엔 무엇인가 들어 있어요." 그녀는 언젠가 말한 적이 있다. "어머니는 제가 행복한 생활로 만족하지 못할 거라고 하더군요. 제가 '츠쿠吃苦', 즉 고생할 결심을 한다고 하셨어요."

여하를 막론하고 에밀리가 푸링 현지의 학교 교사로 만족한다는 것을 상상할 수 없는 일이었다.

"교직은 여성에겐 좋은 직업이며 남편감을 찾는 데에도 수월해요. 남성들이 교사인 아내감을 선호하기 때문이죠. 교직이 제게 안락한 생활을 줄 수도 있겠지만 너무 편안하면 그것은 죽음이나 다름없다고 생각해요."

에밀리와 앤리는 윈난성 성도 쿤밍으로 가서 각자 거주할 아파트에 입주한 뒤 일을 찾기 시작했다. 신경제의 고용 센터인 '인재 시장'은 왕성하게 발전해 있었고 에밀리와 앤리는 쿤밍의 거의 모든 인재 시장을 뒤졌음에도 연락 오는 곳은 없었다. 에밀리는 학급에서 영어 실력이 가장 훌륭했으나 인재 시장에서 그녀의 학력을 묻는 사람은 없었다. 대부분 내건 조건은 여성 지원자의 키가 최소한 160센티미터에 '오감五感이 정상적'이라는 것이었다. 오감이란 귀, 눈, 입술, 코, 혀인데, 결국 예쁘게 생겨야 한다는 말이다. 에밀리는 전통적 기준에서 자신의 눈이 작고 입술은 크다는 걸 알았다. 키도 153센티미터밖에 안 됐다. 몇 달을 보낸 뒤 에밀리는 쿤밍에선 저임금의 비서직보다 나은 자리를 찾을 수 없음을 깨닫고 다른 성으로 가서 시도해보기로 마음먹었다.

선전은 자연스러운 선택이었다. 쓰촨에서 자란 청년들은 모두 이 하루아침에 생겨난 도시에 관한 얘기를 들어봤을 것이다. 이러한 얘기들은 대부분 전설의 색채를 띠고 있다. 어느 이주자가 백만장자가 되었다는 둥, 어느 젊은 비서가 무역 회사의 최고 직위까지 올라섰다는 둥. 에밀리는 어렸을 때 이웃 주민들로부터 한 현지 여자아이가 선전으로 이사 간 뒤 성공해서 부모에게 자주 돈을 부쳐준다는 얘기를 듣곤 했다. 에밀리의 어머니는 그 여자아이를 독립한 자녀의 롤 모델인 양 추켜세웠다. 바로 이러한 얘기들이 에밀리의 언니를 부추겨 남방으로 떠나게 만들었다.

반면 앤리는 상하이로 가기로 결심했다. 그곳에 아는 사람이 있기 때문이었다. 커플은 심하게 다투다가 결국 각자의 길을 가기로 결정했다. 그는 동쪽으로, 그녀는 남쪽으로 갔다. 선전에서 에밀리 언니도 회사를 그만둬 두 자매는 공장들의 인사 담당자가 좌판을 세우고 직원을 면접하는 인재 시장에서 보름을 소비했다. 입장권은 하루에 인민폐 10위안, 대략 1달러였다. 그러나 두 사람의 저축액은 합쳐도 고작 200달러밖에 남지 않았다. 그래서 일주일 뒤 그들은 하루에 표 한 장만 사게 되었다. 그들은 각자의 강점을 결합했다. 에밀리는 학력이 좋았으나 언니가 더 말솜씨가 좋았기 때문에 주로 언니가 에밀리의 이력서를 들고 시장에 들어갔다. 마침내 언니는 에밀리에게 타이완 무역 회사의 2차 면접 기회를 마련해주었다. 사장은 에밀리의 영어 실력을 인상 깊게 본 듯했고 에밀리는 1997년 11월에 그 일자리를 얻었다. 첫 월급은 인민폐로 870위안, 100달러가 조금 넘었다. 그해 가을에 그녀는 내게 편지 한 통을 부쳤다.

첫 출근 후 이틀 동안 사무실에서 한 여자아이만 제게 인사를 했어요. 다른 사람은 제 존재를 의식하지 않는 듯했답니다. 외롭게 느껴졌어요. 전 선생님을 생각했어요. 선생님이 푸링에 처음 오셨을 때에도 외로우셨을 겁니다. 저는 용기를 내어 그들과 친구가 되려는 마음을 표현했죠. 노력은 성공했답니다. 저도 곧 일원이 됐어요.

우리 사무실엔 여덟 명뿐이에요. 사장님(노인)을 제외하고 나머진 전부 젊은 여성입니다. 그들은 세 군데 성에서 왔어요. 루루, 루윈, 쉬리, 리리는 장시에서 왔고 이샤오잉은 후난, 린나는 쓰촨에서 왔어요. 루루가 가장 예쁘고 귀여우며 능력이 있어 모두들 그녀를 좋아한답니다. 루윈은 성격이 가장 좋아 에어레인(푸링의 학우)을 생각나게 해요. 쉬리는 고전적 미인으로 남자들에게 걸려오는 전화는 대부분 그녈 찾는 겁니다. 저는 그녀를 좋아하지 않아요. 종종 남에게 상처 주는 말을 하기 때문이죠. 리리는 저보다 이틀 먼저 출근한 비서입니다. 그녀는 우둔한 인상을 주는 데다가 책임감도 없어서 사무실에선 환영받지 못합니다. 샤오잉은 사무실에서 가장 뚱뚱하고 다이어트에도 관심이 많습니다. 컴퓨터를 다루는 능력은 뛰어나지만 영어는 보잘것없습니다. 그래서 그녀가 제게 컴퓨터를, 저는 그녀에게 영어를 가르쳐주기로 얘기했어요. 전 린나와 쓰촨 말로 얘기할 수도 있지만 모두 다 쓰촨 말을 알아듣기 때문에 그것만으론 우리가 특별한 우월감을 갖지 못해요.

참, 우리 회사가 어떤 일을 하는 곳인지 알려드리지 않았군요. 우리 회사는 불과 몇 개월 전에 타이완에서 옮겨왔는데 옷, 화장품과 조가비 장신구를 수출해요. 제 업무는 편지나 팩스로 고객들에게 연락하고 주문서를 받고 그 주문서를 공장으로 보내며, 가장 적합한 회사를 찾아 생산품을 고객에게 운송하죠. 저는 아직 이 업무에 미숙하기 때문에 루루가 절 많이 도와줍니다.

✦

에밀리 소식은 계속 도착했다. 주로 편지를 썼으며 때로는 사장이 퇴근한 저녁에 전화를 걸기도 했다. 대부분은 직업을 자주 바꾸는 언니에 대한 이야기였다. 처음에 에밀리 언니는 플라스틱 잔디깎이 제품을 만드는 회사에서 회계를 맡았으나 나중에는 여행사로 직장을 바꿨다. 이후에는 피라미드 조직을 운영하는 회사에 고용되었다. 곧 이 회사가 속임수를 쓴다는 걸 알았다. 정부가 중국 남부에 횡행하는 피라미드 조직을 엄중히 단속할 때 드러났다. 그러나 언니는 에밀리를 데리고 회원 모집회에 참가했다.

"거기 사람들이 문화 수준은 낮았으나, 어떻게 해야 팔 수 있는지에 대해 배울 수 있었어요." 에밀리가 나중에 말해주었다. "제 생각에 그것은 돈을 버는 좋은 방법은 아니지만, 자신감을 키우는 좋은 방법은 되는 것 같아요."

내가 푸링에 있었던 마지막 해의 어느 날 저녁에 에밀리는 전화로 월급이 올라 1000위안을 받게 됐다고 말했다. 120달러가 넘는 돈이다. 나는 축하해줬다. 그러나 그녀가 좀 주저하는 것 같은 목소리여서 무슨 잘못된 일이 있는지 물었다.

"홍콩 지점에 한 대리인이 있어요." 그녀가 천천히 말했다. "그가 자주 선전에 와요. 그는 늙었지만 절 좋아해요."

침묵. 내가 다시 물었다.

"그가 왜 널 좋아해?"

"제가 뚱뚱해서요."

에밀리가 전화기 너머에서 신경질적으로 웃음을 터뜨렸다. 나는 그녀가 선전으로 이사한 뒤로 약간 살이 쪘으며 그래서 예전보다 더 아름답게 보일 거라는 걸 알았다.

"네가 뚱뚱해져서 널 좋아한다니, 그게 무슨 뜻이야?"

침묵.

"네가 여자 친구가 되길 원한다는 거야?"

"그럴 거예요."

"그는 결혼했니?"

"이혼했어요. 아이는 타이완에 있고요. 타이완 사람인데, 대부분은 홍콩에서 근무해요."

"얼마나 자주 선전에 오는데?"

"한 달에 두 번요."

"귀찮게 굴진 않아?"

"늘 온갖 핑계를 대서 제게 접근하려 하죠. 원한다면 제가 홍콩에서 일할 수 있도록 도와준대요. 선생님도 알다시피 홍콩은 월급이 많이 높잖아요. 간다면 더 많은 돈을 벌 수 있대요."

나는 조심스럽게 말을 골라 천천히 말했다. "들어보니 좋은 생각은 아닌 것 같은데. 네가 다른 일을 찾고 싶으면 그에게 부탁하지 마. 그러면 나중에 큰 문제가 생길 거야."

"알아요. 저도 절대로 그러진 않을 거예요."

"넌 그를 피해야 해."

"네. 그가 찾아오면 동료를 불러서 늘 함께 있어요."

"그 사람이 큰 골칫덩어리라는 생각은 안 드니?"

"아직까지는 그래요."

"괜히 말썽거리를 만들면 사직해야 해. 나쁜 상황이 올 거 같구나."

"알아요. 그럴 필요는 없을 거라 생각하지만요. 그런데 이 업무도 그다지 좋진 않아서요. 이직할 필요가 있으면 할 거예요."

✦

선전은 중국에서 유일하게 현대적 담장이 있는 도시였다. 담장의 높이는 대략 3미터이고 굵은 철사를 연결하여 만들었는데 어떤 곳은 철사망을 씌웠다. 전체 길이는 108킬로미터였다. 북쪽에서 도시로 진입하려면 먼저 이 담장의 검문소 중 한 곳으로 들어가 낮은 녹색 산언덕을 통과하는 현대식 고속도로를 따라갔다. 중심가에 접근할수록 새로운 건축물은 더욱더 높아졌다. 선난로와 홍링로의 교차로에는 적어도 정신적으로 이 도시의 심장을 상징하는 대형 간판이 서 있었다. 간판에 걸린 덩샤오핑의 거대한 초상은 선전시의 지평선을 배경으로 매우 돋보이며 위에는 "당의 기본 노선은 100년 동안 동요하지 않는다"라는 표어가 쓰여 있다. 현지인과 관광객들은 자주 이곳에 서서 기념사진을 찍곤 한다. 1997년 2월 덩샤오핑이 사망했을 때 수천 명의 선전 사람이 자발적으로 간판 앞에서 헌화하고 애도사와 기타 기념품을 바치며 선전의 시가 市歌「봄날 이야기 春天的故事」를 불렀다.

1979년 어느 봄날
한 노인이 중국 남쪽 해변가에서 동그라미 그렸지.
신화처럼 성이 굴기하고
기적같이 금산이 모이리라.

그 밖의 다른 중국 성들도 스스로 역사를 경축하지만, 선전의 기원은 오히려 신화적인 색채를 띤다. 이를테면 기적적인 출생이나 자비로운 신과 같은 이야기다. 1949년부터 1970년대 후반까지 정부는 일부러 이곳을 개발하지 않았다. 홍콩과 이웃해 있기 때문이었다. 공산당은 자본주의 체제의 영국 식민지가 정치와 경제 방면을 오염시킬까 두려워 선전 지구를 '정치적 방어 전선'으로 설계했다. 국영 기업의 공장 몇몇 곳이외엔 대부분의 주민은 어업과 농경에 의지해 살아갔다.

1978년 이후 개혁 개방이 시작되었을 때 덩샤오핑과 기타 지도자들은 어디서부터 시작해야 하는지에 대한 문제에 봉착했다. 그들은 베이징이나 상하이와 같은 도시에서 중대한 경제 변혁을 시험하고 싶지 않았다. 일단 잘못되기라도 한다면 정치적으로 큰 재난을 초래하기 때문이다. 따라서 덩샤오핑은 먼 곳, 아직 개발되지 않은 곳, 뒤에 '경제특구'라 불린 지방을 찾아 실험하기로 결정했다. 정부는 면세와 투자 특권을 주면 외국 회사들이 이 특구에 와서 공장을 설립하도록 유인할 수 있을 것으로 내다봤다. 1980년 중국은 선전을 최초의 특별행정구로 선포했고 포르투갈 식민지였던 마카오 맞은편에는 주하이시를 건설했다.

1980년대 정부에서는 경제특구를 5개 도시·구역으로 확장했지만 선전은 시종 그 가운데서 가장 중요한 도시였다. 관방에서는 그곳을 '개혁 실험실' '시험의 밭'으로 정하여 '외부 세계로 통하는 창'이 되도록 했다. 그들은 이 도시를 좋은 배양접시 같은 장소로 보았다. 비교해보니 과거에 오염을 겪지 않은 장점이 있었다. 중국의 다른 지구에서 저효율적인 국유 공업을 사유화하고 감원하며 공장을 재정비할 때 선전의 경제에는 백지장처럼 아무것도 없었다. 이 도시에 대한 정부의 개발 계획은 간단하고도 직접적이었다. 즉 공공시설을 세우고 외국 투자를 유치하며 이주자를 흡인하는 일이었다. 20년 만에 선전의 인구는 30만에서 400만으로 증가했다. 같은 시기에 선전의 연간 국내총생산 성장률은 30퍼센트를 넘었다. 1980년대의 첫 5년 동안 선전은 200여 차례의 경제개혁을 시도하여 신용을 얻게 되었다. 그러한 개혁 조치 중 많은 것이 중국의 다른 도시에도 적용되었다.

선전의 모든 것이 새로움을 느끼게 했다. 주민의 평균 나이는 29세도 되지 않았으며 노인도 드물었다. 선전대학에는 사학과가 없었으며 학생들은 골프장 관리를 하며 학점을 대체할 수 있었다(이 지역엔 중국에서 가장 좋은 골프 코스들이 있었다). 선전박물관에는 고대와 아편전쟁에 관한 몇몇 전시품이 중국어와 영어로 새겨진 글과 함께 말뿐인 경의를 표하며 성의 없이 전시돼 있었다.

당신이 이 '하루아침에 생겨난 도시'에 도취되어 있을 때 조국을 위해 피땀을
흘렸던 부지런하고 용감했던 선조를 생각해보셨습니까?

그러나 선전박물관의 현대사 기록은 훨씬 더 열성적이었다. 1987년
12월 1일 선전시에서는 신중국 이래 최초로 토지사용권의 공개 경매를
주관했다. 멀지 않은 곳에 중국 최초의 인재 시장을 기념한 사진이 있
었는데 선전이 발명하고 각지로 빨리 전파되었던 활동에 관한 것이었
다. 기타 문물 사진도 있었다. 1990년 중국 최초의 증권거래소가 설립
되었던 것이나, 1988년에 국유 주택이 처음으로 개인 시장으로 넘어갔
던 것에 관한 사진들이었다. 중국 최초의 월마트가 선전에서 역사적인
개장 행사를 자랑스럽게 개최한 사진도 있었다.

✦

'하루아침에 생겨난 도시'라고는 하지만 이중 어느 것도 실제로 하룻밤
사이에 일어나지 않았으며 반대가 없었던 것도 아니다. 덩샤오핑이 이
도시의 신이라면, 그것은 희랍식 의미에서다. 즉 주기적으로 다른 신비
한 힘의 저항을 받는 수호신 말이다. 덩샤오핑은 경제특구가 중국의 변
화하는 경제를 이끄는 것 외에도 정치적 용도가 있음을 믿었다. 특히
홍콩과 타이완의 투자를 유치한 다음 서서히 이들을 본토에 가까이 끌
어오길 희망했다. 그러나 보수주의자들이 걱정하는 것은 반작용이었다.

그들은 선전 같은 도시가 외국 회사에게 중국 노동자들을 염가로 착취할 기회를 줄 것이라 믿었다. 이처럼 수많은 신경제구는 때마침 종전에 외국인과 조약을 체결했던 항만에 자리하고 있었는데, 19세기 아편전쟁 이후 압박을 받아 개방되었던 도시들이었다. 덩샤오핑에 반대하는 사람은 때때로 그의 정책이 제국주의의 메가폰이라고 공격했다. 1980년 중반에 이곳에서 일련의 밀수 스캔들이 터졌을 때 비판의 목소리는 더욱 강렬해졌다.

덩샤오핑이 취한 차선책은 선전에 담장을 두르는 것으로, 이 작업은 1984년에 완성되었으며 낡은 부대에 새 술 담기의 해결 방법이었다. 선전에서 담장의 기능 가운데 하나는 모든 것을 도시 안에 가둬두는 것이었다. 관방에서는 이것이 개혁으로 인한 잠재적 위험을 단속해주길 바랐다. 담장은 확실한 통제력을 제공해주었다. 실험 도시가 시작된 곳에 물리적 경계선을 그어 보여주었던 것이다. 정당하게 선전에 출입하려면 사람들은 반드시 그의 고향 성省에서 발급하는 통행증을 휴대해야만 했다.

1989년 여름 베이징 진압으로 보수파가 정권을 잡자, 일부 사람은 선전이 특권적 지위를 잃어버릴까 봐 걱정했다. 그러나 3년 뒤 도시를 비호해온 신이 돌아왔다. 1992년 덩샤오핑은 유명한 '남순南巡'을 통해 세상 사람들에게 중국의 경제개혁이 멈추지 않을 것임을 보여주고자 했다. 남순의 중요한 순간이 선전에서 있었다. 88세의 노인 지도자는 "선전에서의 중요한 교훈은 바로 금단의 영역을 감히 뚫었다는 것이다"라고 연설했다. 이에 따라 「봄날 이야기」의 두 번째 절이 있게 되었다.

1992년 어느 봄날에

한 노인이 중국 남쪽 해안에서 시를 쓴다. (…)

아, 중국, 중국

너는 100년의 새 그림책을 펼쳐

화려한 봄날을 떠받든다.

선전에서 자신이 거대한 실험의 일부분이었음을 아는 민중은 거의 없었다. 그러나 그들은 그것이 불확정적이라는 건 느낄 수 있었다. 그들은 이 도시의 발전을 자유 시장 경제의 자연스러운 결과물이라기 보다는 세력자의 은혜로 묘사하는 경향이 있었다. 한번은 선전을 방문했을 때 한 장사꾼이 덩샤오핑 사후에 그의 간판을 세운 것은 그에게 감사를 표시하는 방식이라고 알려줬다. 그러나 그는 두려움과 미신적인 요소가 있다고도 말했다. 마치 전통 중국의 조상 숭배에서 죽은 자가 산 자의 일상생활에 여전히 영향력을 갖는 것처럼 말이다. 다른 한번은 후난에서 온 택시 기사와 함께 얘기를 나눴을 때였다.

"이곳은 예전에 가난한 시골 마을이었는데, 덩샤오핑이 왔고 건설하라고 말했죠. 중국에서는 그렇습니다. 한 사람이 무슨 일을 해야 한다고 말하면 그 일은 이루어집니다. 이것이 공산주의죠."

지도자들이 그들의 실험을 어떻게 정의하고 설명하려 했든 간에 선전의 특정 방면은 자신의 방식에 따라 발전했다. 이 지구는 노동 밀집의 경공업이 주도적이어서 공장 주인은 여성 직공을 편애하게 되었다. 비교적 낮은 임금을 지불할 수 있고 또 관리하기가 편하기 때문이었다. 지역의 믿을 만한 통계는 없지만 분명한 것은 선전에서 여성 수가 남성 수를 훨씬 뛰어넘는다는 점이다. 현지인들은 언제나 여성과 남성의 비율이 7대 1이라 말한다. 선전은 매춘으로 이름이 났고 홍콩과 타이완에 가정이 있는 공장 주인의 '현지처包二嬭'가 있는 곳으로도 유명했다.

변방 통제 시도는 뜻하지 않은 결과를 낳았다. 수많은 공장은 이 때문에 선전 담장의 다른 곳으로 옮겼다. 그곳에서는 비교적 저렴한 토지를 임대할 수 있었고 법령의 규제 또한 덜 엄격했기 때문이다. 선전은 이 때문에 두 세계로 나뉘었는데, 현지인은 그것을 '관내'와 '관외'로 불렀다. 과거 수백 년 동안 이 명칭은 장성長城 위쪽과 만주인을 가르는 산하이관 내외를 묘사하는 데 썼다. 그러나 선전에서 이 옛 단어는 새로운 뜻을 가진다. 관외에 두루 분포하는 위성도시 대다수는 지저분하고 아무런 기획도 없었다. 염가로 지은 공장과 직원 기숙사가 곳곳에 세워졌고 임금도 저렴했다. 평균 근로시간은 일주일에 5일이 아닌 6일이었다. 근로 중 사고와 공장 화재도 관내에서보다 더 빈번하게 발생했다.

에밀리가 첫 직장을 찾았던 곳이 바로 룽화라고 불리는 선전 위성도시였다. 그녀가 처음 출근한 지 얼마 안 되어 회사는 생산 라인을 늘려 작업장과 기숙사를 갖춘 전방위 공장으로 변모했다. 공장에서는 우승컵, 금관악기, 싸구려 은 장식물을 생산했으며 페인트칠하고 옻칠한 구슬을 비닐봉지에 담아서 홍콩, 남아시아, 미국으로 수출했다.

✦

에밀리와 그 홍콩 무역상의 이야기는 곧 끝났다. 통화하고 한두 주 지나 그녀가 다시 전화를 걸어왔기에 그 남자의 일을 물어보았다.

"그는 여자란 여자는 다 좋아해요." 그녀가 크게 웃으며 말했다. "그래서 큰 문제가 아니에요."

에밀리는 언니가 '고독한 마음'이라는 전화 상담 서비스 회사에서 새로운 일자리를 구했는데, 상실감에 젖은 선전 사람과 계속해서 전화 통화를 한다고 말해주었다. 버는 돈은 에밀리보다 많지 않지만 일은 부담이 없다고 한다. 그녀는 전화 통화 횟수로 이익을 분배받는데 통화하는 사람이 엄청 많다고 한다. 나는 에밀리에게 어째서 그렇게 많은 사람이 전화를 거냐고 물었다.

"선전의 모든 사람이 골칫거리를 지니고 있죠."

"어째서?"

"감정상의 문제죠. 어떤 사람들은 선전엔 진정한 사랑이 없다고 말해요. 사람들이 생존하는 데 급급하기 때문이죠."

그녀는 내가 기억하는 학생 때 모습에 비해 부쩍 성숙해진 것 같았다. 에밀리와 통화한 뒤 나는 곧 깊은 생각에 빠지곤 했다. 젊은 사람들은 어째서 선전, 혹은 갑자기 번영하는 도시에서 그들의 길을 찾으려는 걸까? 그 익명성은 불안한 것이었다. 수백만 명의 얼굴 없는 이주자가 남방으로 향했다. 에밀리와 같은 젊은 여성이 길을 잃는 것은 불가피한 일인 듯 보였다.

✦

그해 봄 주윈펑이라 불리는 남자가 장신구 공장에 와서 일했다. 그는 금형 제작 교육을 받은 기능공이었다. 이전에 근무하던 공장에서 그는 강철의 무게를 잘못 판단하여 다른 노동자 세 명과 함께 강철을 다시 들어울려야 하는 일이 있었다. 이때 강철이 손에서 미끄러졌고, 주원펑은 손을 놓았으나 다른 사람들은 놓지 않았다. 결국 그들은 손가락을 절단하게 되었다. 공장주는 부상당한 노동자에게 배상해줄 것을 약속했고 주원펑을 비난하지도 않았지만 그는 이직하기로 결정했다. 부상당한 노동자들과 함께 일하기가 불편했기 때문이다.

주원펑이 3월에 공장에 와서 일하기 시작했을 때 에밀리는 그에게 그다지 주의를 기울이지 않았다. 말수도 많지 않고 특별히 눈길을 끌 만한 외모도 아니었다. 굵고 검은 두발에 키는 보통이었고, 모형을 만드는 일로 어깨가 넓게 벌어졌다. 잘생기진 않았지만 시간이 흐르면서 에밀리는 그를 눈여겨보게 되었다. 그녀는 그의 걷는 모습을 좋아했다. 그의 걸음걸이엔 자신감이 있었기 때문이다.

두 달 뒤 그녀의 책상 서랍에 작은 선물이 들어 있곤 했다. 서양 인형 두 개와 새끼 양 조각상 한 개를 받았다. 그녀는 누가 그것들을 넣어놨는지 묻지 않았다.

6월에 에밀리와 주원펑은 동료와 함께 외출했다가 어찌된 일인지 둘이서만 공원을 걷고 있음을 깨달았다. 그녀는 동료와 어떻게 헤어졌는지도 몰랐다. 그녀는 갑자기 부끄러워졌다. 일이 너무 빨리 진전되었다. 그녀 나이 22세, 그는 26세.

그녀가 말했다. "전 당신과 걷고 싶지 않아요."

"그럼 누구랑 가려고?"

"전 누구와도 걷고 싶지 않아요."

그들은 공장으로 돌아왔다. 몇 개월 뒤 주원펑은 에밀리에게 그날의 데이트에서 성공할 수 있겠다는 걸 알았다고 말했다. 그는 그녀가 아직 마음을 결정하지 못했을 뿐이라고 생각했다.

공장엔 50명의 직공이 있었다. 타이완 사장은 자신이 중국 대륙에 온 유일한 이유가 저임금 때문이라고 노동자들에게 공개적으로 말했다. 노동자들은 사장을 좋아하지 않았다. 그들 가운데 일부는 한 시간에 인민폐 1위안을 받는데, 12센트에 해당한다. 돈을 더 벌려면 잔업까지 해야 함을 의미했다. 사장에 대해 이야기할 때 직원들은 통상적으로 두 마디 말을 사용했는데 선전에서 많은 노동자가 타이완 사장을 형용하던 말과 같았다. 인색하고 여색을 밝힌다는 점이다. 그러나 장신구 보석 공장의 사장은 다른 사장만큼 나쁘지 않았으며 공장의 환경도 다른 '관외'의 공장보다 좋았다. 그들은 일요일에 쉬었고 퇴근한 뒤에 공장 밖으로 나갈 수도 있었다. 다만 야간 통행금지 시간 이전에는 모두 기숙사로 돌아와야 했다. 야간 통행금지 시간은 밤 11시나 12시인데, 모두 사장이 결정했다.

기숙사는 6층 공장의 꼭대기 두 층을 차지했다. 방마다 네 명에서 열 명까지 묵었다. 작업장, 창고, 기숙사가 한 건물에 있는 '삼위일체'식 공장이었다. 이러한 배치가 중국에서 불법인 줄을 직공들은 모두 훤히 알고 있었다. 지하에 저장된 원료가 불타기 쉽다는 것을 아는 것처럼. 게다가 전기 기술자가 와서 검사할 때 에밀리와 다른 비서에게 건물 배선에 결함이 있음을 알려주었다. 그때부터 에밀리는 스스로 탈출구를 머릿속에 그려놓았다. 어느 날 밤에 정말로 화재가 난다면 그녀는 옥상에 올라가 6층 베란다에서 이웃 공장 옥상으로 뛸 생각이었다. 그것은 그녀만의 계획이었다. 다른 사람에게 그러한 위법에 대해 불평하는 일은 의미가 없었다. 관외에 이러한 삼위일체식 건물은 너무나 많아서 노동자들은 받아들이는 것밖엔 도리가 없었다. 그들은 모두 집에서 멀리 떨어져 생활했기 때문이다.

10월의 어느 토요일 저녁에 길을 건너다가 주원펑이 에밀리의 손을 잡았다. 그녀의 가슴은 명치까지 뛰기 시작했다. 주원펑은 더 세게 잡았다. 그들은 길을 건넜다.

"떨려." 반대편에 도착했을 때 그녀가 말했다. "이러고 싶지 않아요."

"어째서? 전에 손 잡힌 적 없어?"

"있어요. 그렇지만 두려워요."

"앞으로도 이렇게 할 거야. 점점 익숙해지겠지."

한참 뒤 에밀리가 내게 이 얘기를 해주면서 웃음을 참지 못했다. 그녀는 마치 많이 즐거워해선 안 된다는 것처럼, 중국 여성들이 늘 하던 식으로 손으로 입을 가렸다.

✦

6개월마다 나는 기차를 타고 선전으로 갔다. 중국에서 정식 신문기자 비자를 내는 데는 많은 서류가 필요했다. 한 매체의 도움이나 지지와 함께 판사처의 허가증과 기자증을 신청해야 했다. 난 이걸 갖지 못해서 매년 두 번씩 홍콩에 가야 했다. 그곳 여행사에서는 이유 불문하고 50달러만 내면 6개월간 여러 번 입국할 수 있는 상업 비자를 구해줬다. 그것이 나의 이주 경로가 되었다. 여름과 가을 사이나 겨울에서 봄으로 바뀔 때가 바로 내가 남쪽으로 내려가야 하는 시기였다.

1999년 4월 처음으로 나는 비자를 갱신하는 여행을 떠났다. 기차 여행은 언제나 즐겁다. 나는 건조한 북부 평원에서 점차 풍요로운 남부로 변해가는 풍경을 보길 좋아했다. 홍콩에서 새로운 증명서는 하루도 안 되어 발급된다. 나는 국경을 넘어 선전으로 돌아와 버스를 타고 위성도시 룽화로 갔다. 에밀리가 일하는 공장이 있는 곳이었다. 그녀는 나와 맥도널드에서 만나기로 약속했다. 이곳의 유일한 서양식 식당이었다. 내가 도착했을 때 그녀는 이미 밖에 있는 맥도널드 아저씨 상 옆에 앉아 기다리고 있었다. 공장에는 하루 휴가를 냈다.

에밀리를 마지막으로 본 지 2년이 되었지만, 그녀는 똑같은 모습이었다. 간단한 남색 비단 양장을 입고 머리는 뒤로 묶었다. 그녀는 웃으면서 미국인들이 한다고 알고 있는 방식으로 내게 악수를 청했다. 우린 대부분 중국어로 얘기했다. 그게 더 편안하다고 그녀가 말했기 때문이다. 학생 때 부끄러워하던 모습은 더 이상 없었다. 지금 그녀는 가이드 역할을 맡아 날 이끌고 빠른 속도로 시내 중심가를 지나 다른 버스 정류장까지 왔다. 우리는 거기에서 버스를 타고 경제특구의 입구에 도착했다. 제복을 입은 경위가 담장 옆에서 내 여권과 그녀의 국경 통행증을 검사했다. 그런 다음 우리는 고속도로를 타고 시내 중심가로 진입했다.

1년 전 내가 아직 평화봉사단에 있을 때 애덤이 선전에 와서 에밀리를 찾은 적이 있었다. 그는 내게 남부 여행의 백미는 부근의 해변에 위치한 아편전쟁박물관에 가보는 것이라고 말했다. 박물관에 가려면 소형 오토바이를 빌려 타야 하는데 오토바이를 빌릴 때는 오토바이를 모는 무리 전체와 가격을 흥정해야 했다. 잔인한 그들은 외국인을 그저 길에 떨어진 생고기 한 덩이로 취급했다. 오토바이 운전사 무리와 흥정하는 데 30분을 소비했고 애덤은 일련의 '살아 있는 역사' 전시로 구성된

박물관을 관람하기 전 예비 경험을 한 셈이었다. 한 전시실에 가자 군사력으로 중국의 손에서 홍콩을 빼앗으려는 밀랍 서양 귀신이 조종석에 있는 외국 군함 한 척이 등장했다. 웬일인지 애덤은 '살아 있는 역사' 전시로 들어갔고 많은 중국 관람객이 살아 있는 서양 귀신이 군함에서 튀어나오는 것을 보고 깜짝 놀랐다. 에밀리는 언제나 두 외국인 선생님의 유머 감각을 좋게 보았고 우리가 그녀에게 농담하면 대체로 즐거워했다. 그럼에도 '살아 있는 역사'에서의 애덤의 역할은 가련한 소녀의 인내심을 시험했다.

선전으로 들어가는 버스에서 에밀리는 가장 가고 싶은 곳이 어디냐고 물었다.

"아편전쟁박물관에 가고 싶군."

"전 그곳에 가고 싶지 않아요."

"애덤은 아주 좋아하던데? 나보고 꼭 가보라고 했어. 소형 오토바이도 탈 수 있다면서."

그러나 에밀리는 내가 기억하던 것보다 훨씬 고집이 셌다. 그녀는 재빨리 선택 범위를 세 개의 현지 테마 공원으로 축소시켰다. 선택지는 동물들에게 먹이를 줄 수 있는 '선전 야생동물원', 전통 복장을 입은 중국의 모든 소수민족을 볼 수 있는 '중국 민속문화촌', 그리고 전국 명승지의 미니 모형을 전시하는 '금수중화'였다. 마지막에 나는 에밀리에게 결정하도록 양보했다. 나는 무엇을 관람하든 중국 소자본 오락의 가장 열악한 면을 보게 될 것이라는 강력한 예감이 들었다.

그녀는 야생동물원을 골랐다. 관람객들은 동물에게 당근, 견과류, 미나리와 같은 각종 먹이를 주었다. 간식거리를 다 먹인 뒤 그들은 포장

봉지도 버려 동물들이 먹게 했다. 동물원 각처에서 상인이 한 봉지 1위 안에 이 먹이를 팔았다. 그들은 수수료를 내고 이 일을 받았음이 틀림 없었다. 그들은 아편전쟁박물관의 오토바이 패거리처럼 공격적이었다. 고작 1위안입니다. 그들은 물건을 사라고 외친다. 사슴 먹이 1위안! 사 슴 먹이 1위안! 그 사슴은 동물원의 모든 다른 동물과 마찬가지로 눈에 활기가 없이 흔들거리며 왔다 갔다 했다.

원숭이 구역에서 상인의 말은 협박 투로 바뀌었다. 한 남자가 원숭 이에게 먹이를 주지 않으면 원숭이가 당신을 공격할 수 있다고 말했다. 1위안짜리 봉지에 든 당근이 없으면 원숭이 구역은 위험한 장소가 된 다는 것이다. 원숭이 먹이 1위안! 이곳의 원숭이는 배가 부를 것이다.

에밀리가 당근을 사려고 할 때 내가 막았다.

"우리가 먹이를 '안 주면' 어떻게 될지 궁금하지 않아?"

그녀는 고개를 들더니 입을 벌리며 웃었다. 과연 한 원숭이가 에밀리 의 지갑을 낚아채려 했고 나는 내 야구 모자를 꼭 잡아야 했다. 떠날 때 상인들은 우리에게 득의양양한 눈빛을 보여주었다.

악어가 사는 못에 도달했을 때 먹이로 주는 오리가 한 마리밖에 없 었다. 오리는 작은 새장 속에 갇혀 있었다. 사람을 마주 보려 하지 않는 듯이 눈은 전방을 주시하고 있었는데, 내가 공항의 세관을 지날 때의 표정과 같았다. 마지막에서 두 번째 오리가 막 연못으로 던져진 참이었 고, 악어가 여전히 그 오리를 뜯어 먹고 있었다. 오리 한 마리에 인민폐 25위안이 든다. 나는 지갑을 꺼냈다.

에밀리가 말했다. "악어에게 오리를 먹이고 싶지 않아요."

"넌 줄 필요 없어. 사육사가 줄 거야. 게다가 사육사는 오리를 악어에게 던지지 않아. 그는 단지 오리를 물속에 넣을 뿐이야."

"싫어요. 전 악어에게 먹이를 주고 싶지 않아요. 선생님도 다른 동물에게는 먹이를 안 주셨잖아요."

"악어는 다정하잖아. 저길 봐, 웃고 있네."

연못에서 악어 한 마리가 마지막에서 두 번째의 오리 고기를 씹어 먹고선, 이제는 입에 오리털을 묻힌 채 연못에서 나왔다.

"악어 입이 참 길군요." 에밀리가 말했다.

나는 참을성 있게 그녀에게 합리적으로 얘기해주고 싶었다. 나는 그녀에게 오리를 새집에 가두는 짓은 아주 잔인한 일이며, 특히 야생동물을 위해 연 동물원에서는 더 말할 것도 없다고 설명했다. 야생동물은 본래 그런 거야. 그들이 위험한 상황을 만나면 생존하기도 하고 죽기도 한단다. 그 오리가 살 수 없더라도 그것 또한 우리가 실제로, 물리적으로, 개인적으로 오리를 죽인 것은 아니야. 우리는 결코 오리를 만질 수도 없어. 우린 25위안을 낼 뿐이야. 오리의 자유를 위해 3달러라는 작은 금액을 지불하는 셈이지.

에밀리는 그 오리들의 날개가 모두 찢겨나갔다고 지적했다. 그래. 하지만 오리는 언덕까지 헤엄쳐 나갈 수 있어. 오리가 정말 걷고자 한다면 걸을 수도 있지. 하물며 그들이 찢기지 않을지 누가 알겠어. 어쩌면 오리는 놀랍게도 인근의 신발 공장으로 날아가 다시 자유를 얻을지도 몰라. 시험해보지 않으면 결과를 알 수 없을 거야.

잠시 뒤에 나의 논리가 조금 궁색해졌다. 악어는 희귀종이고 멸종 위기가 닥쳤기 때문에 먹이를 주지 않으면 죽을 것이라는 내 말에 에밀리는 반박하며 이 악어들은 단시간에 굶어 죽지 않을 거라고 말했다. 나는 인정하고 싶지 않았지만 그녀의 말은 틀림이 없었다. 악어들은 마치 배불러 죽을 것 같아 보였기 때문이다. 심지어 마지막에서 두 번째 오리도 먹히기는커녕 갈기갈기 찢겨만 있었다. 오리 조각이 아직도 물 위에 떠다녔다.

결국 나는 세상에서 가장 미약한 도덕적인 주장을 내놓았다. 우리가 오리를 악어에게 던져주지 않더라도 다른 사람들이 던져줄 거야. 우리는 좋지도 않고 나쁘지도 않아. 우리는 모두 보통 사람일 뿐이야. 우리는 인간이며 연못에 가득한 악어와 날개 꺾인 오리와의 공평한 전쟁에서 즐거움을 얻는 것 또한 지극히 인간적인 일이야. 하물며 이 오리가 그렇게 대수란 말인가? 동료와 다르게 우대를 해줄 건 뭐야? 나는 끊임없이 말했다. 그러나 에밀리는 아편전쟁박물관에 가지 않겠다고 했을 때처럼 고집을 피웠다. 결국 우리는 오리를 새장 속에 다시 넣었다.

동물원 여행은 매일 무대에서 고정적으로 공연하는 '100마리 동물의 성대한 모임百獸盛會'을 구경하는 것으로 마침표를 찍었다. 행렬에는 동물도 있고 사람도 있었다. 백조 옷을 입은 젊은 여자가 훈련받은 백조를 인솔했다. 백조들은 늘어서서 무대의 진흙길로 들어가면서 똥을 갈겼다. 뒤에는 앵무새로 분장한 여성이 어깨에 앵무새를 얹은 채 따랐다. 그다음은 코끼리와 타조를 탄 남자였다. 타조가 기사를 땅에 떨어뜨리려고 하자, 그 사람은 재빨리 뛰어내렸다. 그러나 화가 난 타조가 그를 바짝 쫓아갔고 관중들이 환호했다.

마지막은 곰의 행진이었다. 연기복을 걸친 곰, 자전거를 탄 곰, 술에 취한 듯 비틀거리며 뒷다리로 걸어가는 곰의 공연이 있었다. 마지막에 곰의 결혼식이 있었다. 하객 곰들이 먼저 수레를 밀며 등장했다. 수레에는 신경제의 결혼 선물을 대표하는 냉장고, 텔레비전, 장성長城표 와인이 페인트를 칠해 만든 나무 모형으로 담겨 있었다. 기뻐하는 신랑 신부가 가장 뒤에 걸어 나왔다. 한 마리는 양복을 입고 다른 한 마리는 드레스를 입었다. 둘은 조련사와 함께 꽃수레 꼭대기에 섰다. 간단한 혼례에서 두 마리 곰은 뒷다리를 들어 맹세했다. 이어서 조련사는 그들을 꽃수레 안의 신혼 방으로 보냈다. 조련사는 손에 채찍을 들고 있었으며 강제로 결혼시키려는 듯한 분위기였다. 붉은색 대문에는 금색의 '희囍' 자가 붙어 있었다. 거의 모든 관중이 젊고 부유한 중국인이었다. 어떤 사람이 알려주길, 저녁에는 같은 무대에서 개 경주를 시킨다고 했다.

그 도시를 떠나기 전에 우리는 덩샤오핑 간판 앞에서 잠시 멈췄다. 동물원은 나를 마비시켰지만, 간판을 보니 씻어내리는 듯한 의식을 경험하는 것 같았다. 우리 관내 여행에 대한 해방과 같은. 희뿌연 오후에 나는 에밀리의 사진을 찍어주었다. 중국인의 습관대로 그녀는 웃지 않고 위대한 영도자의 배경 앞에서 엄숙한 자세를 취했다.

◆

버스를 타고 돌아가는 길이 길게만 느껴졌다. 나중에야 늘 그렇다는 걸 깨달았다. 나는 쉽게 선전의 일원이 됐고, 시내 복판에는 늘 뭔가 이상하거나 요란스러운 것이 있어 한눈을 팔게 됐다. 하지만 떠나는 행위는 갑자기 그 도시의 여러 층위를 분명하게 드러냈다. 우리가 탄 버스는 짙은 남색의 유리로 된 증권거래소, 우주선 모양의 디왕빌딩地王大廈과 같은 시내 중심가의 고층 빌딩을 천천히 벗어났다. 북쪽으로 향해 가면서 몇 킬로미터나 되는 긴 신축 아파트 단지를 지났고 곧 그 동네는 희미해지기 시작했다. 길고 야트막한 쇠사슬 담장으로 된 국경이 보이기 전까지 도로는 드넓고 푸른 언덕을 관통했다. 큰 간판이 검문소 부근에 우뚝 서 있었다.

미션 힐스 골프 클럽
중국 최초의 72홀

관외엔 아직 완공하지 못한 썰렁한 시멘트 건축물이 서 있고, 진흙 더미가 거대한 부지 옆에 쌓였다. 팻말에 '제2강제노동수용소'라 쓰여진 통제가 엉성할 것 같은 감옥을 지났다. 버스는 계속 북쪽으로 향하는데, 공장이 성진城鎭마다 하나씩 하나씩 연이어 출현했다. 울타리로 둘러싸인 기숙사, 검은 연기를 내뿜는 굴뚝. 이러한 교외의 경치는 중국에서 급속도로 발전하는 성진의 너무 이른 쇠락을 보여준다. 미완성의 인도엔 이미 잡초가 가득 자랐고, 완공되지 않은 아파트 단지는 너무 싸게 건설되어서 벽에는 이미 얼룩과 금이 보였다. 거의 아무것도 완성되지 않았고, 모든 것의 품질이 너무 떨어져서 만들자마자 형편없이 케케묵은 것처럼 보였다.

길 옆 광고 간판은 공장에서 제조한 생산품, 예를 들면 발전기, 공기 압축기, 열 펌프 등을 홍보했다. 대다수 광고는 대량으로 물건을 구입하는 도매상에게 맞추었기 때문에 그것들은 일상적으로 살 수 있는 용품도 아니고 쉽게 홍보할 것도 아니었다. 하지만 간판 디자인은 다른 모든 것과 마찬가지로 성급히 만들어졌고, 흔히 화창한 녹색 들판 맨 위에 작은 장치 같은 일부 애매한 부품 사진만 겹쳐놓은 구성이었다. 그런 목가적인 사슬 톱니 사진 아래에는 보통 어색한 영문으로 회사 이름이 쓰여 있었다. 'Professional Manufacture Various Hydraulic Machinery' 'Frendly Metal Working Lubricants' 'Good Luck Paper Products'.

그날 저녁 우리는 에밀리의 공장에서 멀지 않은 야외 식당에서 저녁을 먹었다. 차이나타운에서 저녁은 통상 하루 중에 가장 편한 때였다. 특히 관외에서 황혼은 이 지방을 더 인간적인 장소로 만드는 것 같았다. 단조로운 공업 도시는 낮에 보면 무정하게 보이며 일하는 시간 동안 길거리는 마치 사람들에게 버림받은 것 같았다. 일단 밤이 되어 작업이 끝날 때 공장의 담 밖에선 갑자기 젊은 노동자 무리가 출현했다. 그들은 쾌활하게 무리 지어 다녔는데, 하학종을 들은 초등학생 같았다. 식당에 앉아서 나는 그들이 인도를 걸어가며 말하고 웃고 남녀가 서로 놀리는 모습을 바라보았다. 근무를 제외하면 그들은 이곳에서 어떤 책임도 질 필요가 없었다. 이러한 측면에서 보면 그들은 자유로웠다.

저녁 식사 때 에밀리는 공장 사장에 관한 얘기로 나를 즐겁게 해줬다. 사장의 동료 중 한 명은 미국 국적의 중국인인데, 최근에 샌프란시스코 공장에서 이곳으로 출장 왔다. 그는 에밀리의 사무실에서 아내에게 팩스로 사랑의 편지를 보내자마자 매춘부를 찾으러 나갔다. 에밀리의 사장도 언제나 여직공들을 은근히 바라보곤 하는데, 그 친구들도 대부분 마찬가지였다. 부근 한 공장의 타이완 사장은 쓰촨 정부 두 명에게 빠져 결국 회사는 파산을 선언했다.

에밀리는 이야기를 하면서 많이 웃었다. 나는 젊은 여성이 열 명씩

사는 기숙사 방에선 이러한 이야기들이 얼마나 빨리 퍼져 나갈지 상상할 수 있었다. 선전에 오기 전까지 에밀리는 사람들이 이런 식으로 행동한다는 것을 상상할 수도 없었다. 그녀는 자신이 가장 놀란 이야기 하나를 들려줬다. 선전에서 크게 성공한 여성으로 알려진 푸링의 이웃에 관한 최신 소식이었다. 그 여인이 사실은 홍콩에서 온 공장 사장의 '현지처'였음을 에밀리의 언니가 알게 된 것이다.

에밀리는 선전에 온 장사꾼, 특히 타이완 사람들에게 어떤 경의도 표하지 않았다. 남자 친구 주원평은 최근에 장신구 공장을 떠나 새로운 직장을 찾았는데, 그의 타이완 사장은 노동자들에게 공평하게 대해주었다. 그러나 에밀리가 보기에 그 사장은 예외에 속하며, 대다수는 착취하고 색을 밝혔다. 그녀는 "다른 곳에서는 다 실패한 사람들이죠"라고 조롱하며 사장 소유의 타이완 회사는 몇 년 전에 파산했다고 설명했다.

내가 그녀에게 정치적 분위기는 어떠냐고 물었더니, 고향보다는 규제가 덜하다고 말했다. 하지만 노동 관행은 똑같이 제한적일 수 있다고 지적했다.

"이곳은 정부가 아닌 사장이 모든 것을 통제하죠. 결과적으로는 마찬가지겠지만요."

인근 도시의 타이완 사람이 연 가죽 지갑 공장을 얘기할 때 에밀리는 특별히 열변을 토했다. 대다수 관외의 공장과 마찬가지로 이 가죽 공장의 직공은 일주일에 6일을 근무한다. 그렇지만 일요일을 빼곤 사장이 공장의 모든 문을 잠가버리는 탓에 직공들은 공장 밖으로 나갈 수가 없었다.

"그게 합법일 리가 없어." 나는 말했다.

"수많은 공장이 그렇게 해요. 그들은 관과의 관계도 좋아요."

에밀리의 한 친구가 그 공장에서 일하는데, 타이완 사장은 항상 직공들에게 생산 라인에서 한밤중까지 초과 근무를 시켰으며 그들이 지치기라도 하면 큰소리로 욕설을 퍼부었다. 한 직공은 불평했다가 끝내 해고당했다. 그가 마지막 임금을 지급하라고 요구했을 때 사장은 도리어 사람을 시켜 그를 흠씬 두들겨 팼다. 에밀리는 그 사건에 너무 화가 나서 그에 대해 무언가 해야 한다고 결심했다. 나는 그녀가 경찰이나 정부 부서를 찾아가거나 혹은 기자에게 그 사실을 알렸느냐고 물었다.

"아뇨, 저는 사장에게 '내년 오늘이 당신의 기일이다'라고 편지 한 통을 썼어요. 그리고 '구거骨骼'를 그렸죠."

내가 이 단어를 알아듣지 못하자 그녀는 중국인들이 문구를 명확히 할 때 늘 그렇게 하듯이 손바닥에 그 두 글자를 썼다. 그래도 나는 몰랐다. 마지막에 그녀는 접시를 옆으로 밀치고 탁자 위에 윤곽을 그렸다.

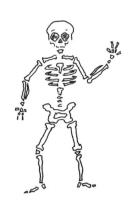

"해골?"

"네. 하지만 제 이름은 쓰지 않고 '불쾌한 노동자'라고 썼어요."

그녀는 킥킥 웃으면서 손으로 입을 가렸다. 여종업원이 탁자를 닦았다. 난 어떻게 반응해야 할지 몰랐다. 푸링에 있을 때 작문 수업에서는 학생들에게 살해 협박하는 편지 쓰기를 가르친 적이 없었다. 끝에 그녀에게 물었다.

"편지가 효과는 있었니?"

"많은 도움이 될 거예요. 공장 사람들 말로는 사장이 무척 걱정한대요. 그 뒤론 그가 직공들에게 조금 잘해줘요."

"어째서 경찰에 신고 안 했니?"

"소용없어요. 서로 연결되어 있어요. 선전에선 모든 일을 자기가 스스로 처리해야 하죠."

밥을 다 먹은 뒤 에밀리가 물었다.

"재미있는 거 보러 가지 않을래요?"

우리는 시내 중심가의 한 거리로 갔는데, 길 아래로 작은 개울이 그늘 속에서 천천히 흐르고 있었다. 거리엔 등이 없고 10여 명이 길가에 앉아 있었다. 그들의 담배에서 뿜어져 나오는 노란 불빛은 어둠 속의 반딧불 같았다. 나는 에밀리에게 뭘 하는 사람들이냐고 물었다.

"매춘부를 찾고 있는 거예요." 그녀는 조용히 말했다.

잠시 뒤 한 여성이 지나갔다. 천천히 걸으면서 주위를 둘러보았고 한 남성이 다가가 그녀에게 말을 걸었다. 그들은 몇 분 동안 얘기하더니 남자가 검은 그림자 속으로 사라졌고 여자도 따라갔다.

"보고 싶으세요? 제가 선생님 혼자 여기 놔두면 무슨 일이 생길지?"

"아니, 우리 떠나자."

✦

그날 밤을 나는 주윈펑의 단칸방 아파트에서 보냈다. 새로운 직장에서는 그가 개인적으로 방을 세내는 것을 허락했다. 이것도 그가 장신구 공장을 떠난 이유 중 하나였다. 그는 에밀리보다 수입이 더 많았지만 아주 아껴 썼다. 그래서인지 방 안이 아주 간소했다. 부근의 건물에는 개인 성병 진료소에서 붙인 조악한 광고 전단이 가득했다. 우리는 광고 전단을 따라서 4층에 있는 그의 아파트로 갔다. 석회를 칠하지 않은 벽, 벗겨진 모르타르, 설치하지 않은 수도관. 아직 온수기도 없었다. 관외의 수많은 것처럼 이 건물도 완공되지 않은 채 버려졌다. 건설할 것이 너무 많았다. 그래서 건설업자들은 최소한의 기반만 갖춰지면 다른 현장으로 옮겨갔다. 나는 이 지방에서 유일하게 완성된 것은 곧 수출되는 공장 생산품임을 깨달았다.

주윈펑의 아파트엔 등나무 자리가 깔린 간단한 나무 침대 두 개가 있었다. 벽엔 아무것도 걸려 있지 않았다. 보온병과 책 몇 권 외에는 소지품도 없었다. 그는 현재 전문적으로 외판하는 가정용 전기제품 공장에서 모형을 생산한다.

에밀리가 저녁에 돌아간 뒤 주윈펑은 자신의 새로운 일에 대해 얘기했다. 그는 여자 친구처럼 영어를 배우고 싶다고 말했다. 그는 에밀리를 동경했고, 그의 말과 행동이 그녀로 하여금 안정감을 느끼게 한다는 것을 알 수 있었다. 그녀는 일찍이 그가 잘생기지 않았다고 말했는데, 사실이었다. 얼굴은 온통 여드름투성이였다. 그러나 그 평범함이 그녀를 흡인했다. 그녀는 잘생긴 남자는 믿을 수 없다고 생각했다.

나의 두 번째 비자 수속은 10월에 배정되었다. 10월은 1년 중 가장 중요한 달이다. 10월 1일은 중화인민공화국 건국 50주년 기념일이었다. 전통적으로 중요한 기념일은 베이징에서 국가 지도자의 군대 열병식을 거행한다. 15주년에는 마오쩌둥, 35주년엔 덩샤오핑이었다. 45주년에는 경축 행사가 없었다. 1989년의 톈안먼 사건으로 베이징 사람들은 군대를 물릴 정도로 보았다. 평화의 10년을 거친 뒤 이제 장쩌민 주석의 열병 순서가 되었다.

수도에서는 여름 내내 준비했다. 톈안먼 광장에는 재정비를 위해 울타리가 둘러져 있었고, 창안가 도로변 일부 고층 건물은 외관을 개선했다. 8월 16일 밤 10시 30분, 내가 상사 이언 존슨과 저녁을 먹은 뒤 함께 택시를 타고 사무실로 돌아올 때 창안가에는 갑자기 「아베마리아」의 듣기 좋은 선율이 울려퍼졌다. 차의 흐름이 느려졌다. 운전자는 차창을 내렸고 자전거 탄 사람도 멈추었다. 모든 사람의 표정이 매우 곤혹스러워 보였다. 두 번째로 「크리스마스 캐럴: 난로 위에서 밤들이 구워지고」가 들려올 때에야 나는 마침내 이해했다. 열병식을 위해 설치한 새로운 확성기 설비를 시험하고 있었다.

이튿날 오후 긴 대열의 탱크, 군인 수송 차량, 자동 미사일 발사기가 갑자기 창안가에 출현하여 서쪽 톈안먼 광장으로 행진했다. 그전에는 아무런 조짐도 없었다. 그날 베이징의 아침 신문에 독자에게 알리는 짤막한 공지가 실렸다. 오후 4시 30분부터 이튿날 새벽 2시까지 시내 중심가의 어느 지역에서 교통을 통제한다는 것이었다. 그러나 군사 장비가 출현할 수 있다는 언급은 하지 않았다. 나는 사무실에서 스크랩하다가 쿵쿵거리는 소리를 듣고 거리로 뛰어나갔다. 사병들이 인도에 배치되었고, 호기심 넘치는 행인들을 막았다. 부모는 아이를 목마 태워서 더 잘 볼 수 있도록 했다.

다음 날 저녁 폴라트와 함께 야바오로에서 밥을 먹는데, 그가 웃으며 말했다.

"오랫동안 베이징에서 탱크를 보지 못했지."

내가 그에게 기념일을 어떻게 보내느냐고 묻자, 그 주에는 가능하면 실내에서 기다린다고 대답했다. 그가 들은 유언비어에 따르면, 일부 분리주의자들이 폭탄을 던질까 우려해 경찰이 특별히 위구르족을 감시한다고 했다.

정부는 베이징 공장들의 기계를 잠시 멈춰 오염을 줄이라는 명령을 내렸다. 경축일 전야에는 인공 강우기를 날려 보낸다. 때문에 9월 마지막 날에는 비가 가장 많이 내린다. 10월 1일 새벽하늘은 눈부시게 파랬고, 열병식은 순조롭게 진행되었다. 장쩌민은 목까지 채운 중산복을 입고 사열하면서 거듭하여 외쳤다. "동지들, 수고합니다!" 새로운 것은 아무것도 없었다. 국왕의 옛 의복, 과거의 지도자가 외쳤던 옛 구호. 그들은 「아베마리아」 대신 국가를 연주했다. 한 시간 동안 텔레비전 중계방송을 본 뒤 무료하여 야바오로로 나가 밥을 먹었다. 폴라트는 그가 말한 것처럼 종적이 보이지 않았다. 위구르족 식당엔 나 외에 손님이 한 사람도 없었다.

정부에서는 일주일 동안 휴가를 주어 국경일을 경축한다고 선포했다. 저장성에서 윌리엄 제퍼슨 포스터와 낸시 드루는 여행할 만큼의 돈을 모으진 못했다. 그들은 웨칭에서 일주일을 조용하게 보냈다. 국경일에 그들은 윌리엄의 학생 중 네 명의 가정을 방문했다. 이는 외부에서 온 새로운 선생님이 지방에서 인간관계를 다져나가는 좋은 방법이었다. 어떤 학생 집은 구두 공장을 운영했는데, 학생 아버지가 윌리엄에게 구두 한 켤레를 선물했다. 뒤에 윌리엄은 반농담조로 이렇게 썼다. "아주 재미있는 것은 제가 학생 가족으로부터 부정한 뇌물을 처음으로 받았다는 거죠."

더 먼 남쪽 선전 외곽에 있는 에밀리의 공장에서는 하루밖에 휴가를 주지 않았다. 관내의 대부분 회사는 일주일간 휴가를 주었지만, 담장 밖의 생산 라인은 늘 더 많은 요구를 했다. 에밀리의 공장 직공들은 사장이 공산당을 증오하는 타이완 출신이라서 중국의 국경일에 대해 더 인색하다고 믿었다.

그 주가 끝나갈 무렵 나의 달력은 다음 계절로 옮겨갔다. 나는 선전으로 남하하는 기차를 타고 홍콩 국경을 넘어 새로운 비자를 구입했다.

✦

두 번째 관내 여행에서 에밀리는 디왕빌딩을 선택했다. 우리는 똑같은 경로로 맥도널드에서 만나 버스를 타고 관내로 가서 검문을 받았다. 녹색의 작은 산언덕을 지나자 선전시의 중심가가 나왔다. 반짝이는 유리와 강철 빌딩 사이에 가장 높은 디왕빌딩이 자리하고 있다.

표를 구입해 꼭대기 층에 올라갔다. 유리로 된 엘리베이터가 빠른 속도로 꼭대기로 날라다주었다. 우리는 69층에서 드넓은 선전 경제특구를 내려다봤다. 중국의 다른 대도시에선 혼잡한 모습이 높이 올라갈수록 더 인상적이었고 마침내는 너무나 많은 빌딩, 너무나 오랫동안 무계획적으로 이루어진 개발로 뒤죽박죽인 콘크리트 바다를 바라보게 된다. 하지만 공중에서 본 선전은 너무도 달랐다. 넓은 길이 일직선으로 뻗어 있고 녹지가 도시 중심지를 수놓았다. 서쪽으로 보면 물을 가득 채운 양어장이 거대한 거울처럼 하늘을 비춘다. 이곳은 계획도시다. 다른 시대의 흔적이 뒤섞이거나 쌓이는 곳은 아니었다.

마천루 안에서는 선전과 홍콩의 역사를 기념하는 전시가 열리고 있었다. 간결하게 구성된 선전 구역은 다음과 같은 문구로 시작되었다.

하루아침에 생겨난 도시

홍콩 전시실에는 실제 인물 크기의 덩샤오핑과 마거릿 대처의 밀랍상을 전시했는데, 후자는 홍콩 회귀 조건의 담판을 책임졌던 영국 총리였다. 관람의 마지막은 1997년 영국의 홍콩 반환이었다. 그 가운데 홍콩 주재 영국의 마지막 총독 크리스토퍼 패튼의 사진이 있었는데, 그는 임기 내 마지막 몇 년 동안 홍콩에서 민주개혁을 추진했기에 공산당 정부에게 멸시를 당했다. 디왕빌딩의 전시는 이러한 개혁에 대해선 한마디도 언급하지 않았고, 크리스토퍼 패튼의 이름조차도 보여주지 않았다. 그의 사진엔 가장 간단한 설명만 붙어 있었다.

식민주의의 종결

2부

전
분

프리랜서로 생활하던 첫해에 아무런 수입도 없이 몇 개월을 고군분투한 뒤, 나는 『홍콩스탠더드』 『사우스차이나 모닝포스트』 『아시안 월스트리트저널』 『뉴욕타임스』 『시카고트리뷴』 『뉴어크 스타레저』 『시애틀 포스트인텔리전서 Seattle Post-Intelligencer』 『주니어 스컬래스틱매거진 Junior Scholastic Magazine』 그리고 '차이나 나우 China Now'라는 웹 사이트에 글을 게재하기 시작했다. 세계경제포럼의 학자들이 제네바에서 중국으로 와서 연도 회의를 개최할 때 나는 소책차에 실을 패널들의 토론 요약문을 썼다. 기구마다 자체적으로 규정과 조례, 봉급과 비용 지불 기준이 있다. 세계경제포럼에서는 내게 양복을 입고 넥타이를 착용하라고 요구하면서도 하루 300달러를 지급했다. 신문은 보도 한 건에 통상적으로 300~400달러를 지급했다. 만일 내가 제공한 사진이 실리면 원고료는 더 높아졌다. 아무도 경비는 부담하지 않았다. 나는 내가 받은 계약서에 모두 서명했다.

　이 모든 매체들 가운데 『월스트리트저널』과 『뉴욕타임스』가 가장 명망이 있다. 그러나 어느 신문도 특집 기사 단 한 편에 900달러를 준 『주니어 스컬래스틱매거진』만큼 고료를 지불하지는 않았다. 『주니어 스컬래스틱매거진』에서는 일찍이 내게 베이징 어린이에 관한 이야기글 한 편을 청탁했는데, 이야기는 기본적인 중국 역사를 배경으로 삼아야 했다. 미국의 중학생을 대상으로 하는 잡지였기에 편집자는 내게 한 문장의 단어가 열여덟 개를 넘지 않도록 해달라고 요청했다. 다 쓴 뒤 초고를 읽어보았을 때 내가 간명 영어로 썼음을 별안간 알게 되었다.

　중국 역사는 가장 강하기도 하고 가장 약하기도 하다. 과거에 중국은 서방보다 훨씬 선진적이었다. 중국인은 종이, 인쇄술, 화포, 자기, 주철, 실크, 나침반을 처음으로 발명했다.
　그러나 과거 두 세기에 걸쳐 중국의 역사는 자주 비극적이었다. 특히 중국의 대외 관계에서는 더 그러했다. 그 결과로 오늘의 중국은 여전히 많은 문제를 가진 개발도상국이다.

　프리랜서 글쓰기의 핵심은 자신의 이름으로 쓰인 이야기들과 스스로를 분리하는 것이다. 갑자기 기절한 사람의 의식이 바닥에 엎드려 있는 자기 몸을 내려다보는 듯 말이다. 어떤 글쓰기든 어느 정도는 이와 비슷하다. 중국 같은 곳에 살고 있는 자유기고자라면 더욱 그러하다. 멀리 떨어져 있는 잡지사의 일감을 받아 글을 쓸 땐 이상한 느낌이 드는데, 편집자가 단지 전화상의 목소리로만 느껴질 뿐이기 때문이다. 게다가 엄밀히 따져서 이 일은 불법이었다. 중국에서는 공식적 승인이 없는 언론활동을 모두 금지했다. 베이징과 상하이에는 6개월의 상업 비자를 사서 언젠가는 중국 주재 언론사 사무실에 특채되어 정식 특파원이 되길 희망하는 젊은 작가들이 있다. 성가신 일이 발생할 확률은 높진 않지만 때로는 의외의 일이 일어나기도 한다. 내가 베이징에 온 지 얼마 안 되어 ABC 방송이 중국에 관한 민감한 뉴스를 보도했는데, 경찰이 외국 수습기자를 끊임없이 괴롭혀 끝내 사직하게 만든 일이 있었다.

여하를 막론하고 난 온 힘을 다해 더 많은 투고를 할 수 있는 기회를 찾았다. 나는 의도적으로 위험을 감수했다. 이러한 나의 글들이 관방의 주의를 끌게 된다면, 다른 매체의 편집자가 눈길을 줄 가능성이 있음을 염두에 두었기 때문이다. 나는 매주 문의하는 편지를 보냈고, 아울러 북한 국경 여행 같은 체험을 몇 개의 스토리로 나눴다. 그 여행에서 별개의 글을 다섯 편 출판했다. 한편 나는 수시로 고정된 일거리도 예의 주시했다. 『월스트리트저널』의 맷 포니는 자신이 해왔던 주간지 『홍콩스탠더드』의 일을 나에게 주었다. 매주 화요일마다 600단어 분량의 원고를 쓰고 150달러와 간행본을 받았다. 나와 그 신문사의 모든 거래는 그 정도였다. 2년 동안 나는 원고만 보냈을 뿐 여태까지 이 신문의 편집자를 만나거나 독자의 편지를 받아본 적이 없었다. 홍콩에서 새 비자를 수속할 때도 나는 전혀 『홍콩스탠더드』에 가지 않았다. 누군가 내 글을 읽었다는 증거는 전혀 없었다.

어떤 면에선 일이 더 수월했다. 나는 사건이 저절로 나타나주길 기대하면서 계획에 없는 장거리 여행을 했다. 때론 베이징 곳곳을 돌아다니다가 한 사람이나 한 동네를 찾아 묘사하기도 했다. 작가 입장에서 보면 이 수도는 자기 발전의 완벽한 단계에 도달했다. 즉 자유 시장 경제가 왕성하게 발전하고 있다. 그러나 완전히 규격화되거나 대규모로 변모하지는 못했다. 개체 경제가 도시 각처에서 산발적으로 출현하는데, 이는 기삿거리가 되었다. 야바오로의 작은 골목에는 러시아인에게 담비 가죽옷을 전문적으로 파는 가게가 있었다. 신제커우에는 제법 근사한 해적판 CD와 DVD 가게가 있었다. 첸먼의 지하철역은 가짜 영수증을 팔기로 유명했는데, 밀매자들은 가짜 영수증을 공산당 영업 사업을 하는 외지 부패 간부에게 팔았다. 그들은 지하철 출입구에서 서성대며 중얼거렸다. 영수증, 영수증. 이 남성들은 구린 구석이 있는 듯한 눈빛으로 주머니에 손을 넣고 다니는 수상한 모습을 하고 있었다. 가짜 영수증은 지출 보고서를 조작하는 데 쓰였다.

위팅차오 시장은 정품이 아닌 전자 제품, 즉 중고품, 전시된 샘플, 시제품, 밀수품, 공장에서 빠져나온 상품, 가짜만 취급했다. 상품마다 고객을 안심시키려는 일화가 딸려 있었다. 말하자면 보증 이야기다. 어느날 아침 나는 시장을 거닐다가 한 사람과 잡담을 했다. 그는 타이완에서 제조한 파나소닉 스테레오를 팔고 있었다. 가격도 무척 저렴했는데 그의 친구가 샤먼 세관에 근무하기 때문에 세금을 물지 않아 그렇다고 설명했다. 다른 판매상은 그의 양쯔揚子표 세탁기는 직접 안후이의 공장에서 가져온 것인데, 하자나 긁힌 흔적이 있어 반품된 것이라고 알려줬다. 멀지 않은 곳에서 또 한 남자는 CR2 리튬 건전지를 파는데, 일찍이 고급 백화점에서 전시용으로 사용했던 것이었다. 그는 건전지가 최소한 절반은 남아 있어 시가의 6분의 1 가격으로 파는 것이므로 사게되면 땡잡은 것이라고 맹세했다.

나는 이야기를 퍼뜨리는 사람과는 특히 친밀감을 느꼈다. 한번은 산시성 성도 타이위안에 여행을 갔다가 한 시장을 지나쳤다. 그곳에서 주로 파는 물건은 시계, 라이터, 불교 부적, 수공으로 만든 깔창이었다. 행상들은 간단히 땅에다 보자기만 펼치고 그 위에 물건을 늘어놓았다.

한 무리가 작은 책자를 파는 남자 주변에 모였다. 그는 20대 초반으로 검은 피부에다 더러운 옷깃, 싸구려 남색 양복을 입은 모습이 외지 사람 같았다. 그러나 그는 말 주변이 좋아 군중을 끌어모았다. 말하는 속도에 포인트가 있었다. 그렇게 빠르지 않고 절박함도 보이지 않았다. 그의 연설은 느리지도, 빠르지도 않아 가진 것이라곤 시간밖에 없는 것 같았다. 미리 연습했거나 기계적인 말투도 아니었다. 돈을 벌기 위해서 책을 팔려는 것 같지는 않았지만 그 책자를 한번 사볼 만한 가치가 있게 만들었다.

책은 분명 불법물이었다. 그는 하얀색 보자기를 땅에 깔고 그 위에 일련의 문구를 써놓았다.

누가 나은가? 마오쩌둥인가, 덩샤오핑인가?

아직까지 보도된 적이 없는 중요한 뉴스.

세계가 이처럼 빨리 변하는데 20년 뒤 중국은 사회주의를 실행할 수 있을까?

"모든 답안을 얻을 수 있으며 그게 다가 아닙니다." 그 사람은 말했다. "단돈 1위안만 내시면 됩니다." 그는 고개를 들어 무리 속에 평범치 않은 얼굴이 있음을 발견했지만 멈추지 않았다. "외국인이든 현지인이

든 가격은 같아요. 단돈 1위안, 전 속이지 않아요. 어떤 주제도 다 들어 있어요. 당신이 얻고자 하는 모든 답안이 여기에 있습니다."

소책자의 인쇄는 아주 조악했다. 24쪽짜리로 표지는 청색이었다.

과학 뉴스와 난치병 비방

장훙(경제학자) 지음

선저우과학신문출판사 펴냄

말할 필요도 없이 그 출판사는 이 책에 대해 들어본 적도 없을 테고 그런 경제학자도 아마 존재하지 않을 것이다. 베이징 같이 정치 분위기 가 농후한 도시였다면, 이 행상은 쫓겨나거나 경찰서에 잡혀갔고 책자 도 몰수되었을 것이다. 그러나 수도 이외의 지방에서는 어느 때고 이러 한 사람을 볼 수 있었다. 그들은 국가가 통제하는 매체에서 누설된 소 식을 팔아서 돈을 벌었으며, 그들이 교역하는 것은 각종 헛소문, 의문, 떠도는 이야기, 음모론인데, 이러한 것들은 인간의 머릿속에 맴도는 작 은 소리였다. 1위안이면 결코 비싸지 않다. 이러한 기사를 신문에선 절 대 볼 수 없을 것이다.

소책자에는 각종 신비한 논리에 따라 편집한 스물한 편의 기사가 실 렸다. 「마오쩌둥은 왜 문화대혁명을 전개했는가?」라는 기사는 「어떻게 하면 남자를 낳고, 어떻게 하면 여자를 낳는가?」라는 기사 바로 뒤에 실 렸다. 「중국에서 곧장 해결해야 할 열 가지 문제」 앞에는 「단명할 수 있 는 열 가지 유형의 사람」이 있었다. 한 이야기의 작자는 1989년 시위 때 투옥된 노동자 지도자라고 되어 있었다. 다른 한 편의 작자는 전 중국

공산당 부주석 류사오치의 부인으로 되어 있었다. 「임신한 여승무원 500명」처럼 헛소문도 있고, 「대머리와 백발을 치료하는 법」과 같은 조언도 있다. 「마작할 때 속이는 법」처럼 사기극도 있었으며, 「피임하는 법」(소다분과 면화를 쓴다), 「낙태하는 법」(발효시킨 밀가루와 밤술을 사용한다)처럼 가정 보건에 관한 글도 있었다.

글들은 짧고 문장도 간단하고 명확하여 모든 문제마다 끝에 답안이 있었다. 마오쩌둥이 문화대혁명을 시작한 원인은 세 가지다. 그는 류사오치의 위협을 느꼈다. 그는 계급투쟁을 계속하고 싶었다. 그리고 그는 마르크스와 레닌, 마오쩌둥 사상과 공산주의를 전면적으로 발전시키고 싶었다. 임산부의 오른쪽 유두가 왼쪽보다 검다면 남자아이를 낳을 수 있다. 마오쩌둥과 덩샤오핑은 똑같이 좋다. 규칙적으로 운동하면 머리털이 빠지지 않는다. 중국은 20년 뒤에도 여전히 사회주의를 실행할 수 있다. 왼쪽 유두가 더 검으면 여자아이를 낳을 수 있다.

✦

2000년 3월 나는 전분에 관한 이야기를 써달라는 의뢰를 받았다. 도르올리버르Dorr-Oliver라는 네덜란드 회사에서 사보를 발행하고 있었는데, 그들은 이전에 만주로 알려졌던 중국 둥베이에서 하는 자신들의 일을 알리는 홍보 자료를 원했다. 도르올리버르는 현지 최초의 옥수수 제분소인 황룽黃龍과 다청大成 두 곳에 원심분리기를 제공했는데, 내 임무는 이러한 합작의 성공을 알리는 일이었다. 'publicity'는 중국어로 '선전宣傳'인데, 이 단어는 중국어 사전에서 'propaganda'로도 정의된다. 1997년 정부는 중앙위원회 선전부의 영문명을 'Propaganda Department'에서 'Publicity Department'로 바꿔 정치적 색채를 약화시켰다. 그러나 중문 명칭은 여전히 바꾸지 않았다.

도르올리버르는 내가 이 글을 쓰는 데 900달러를 지불했다. 내 친구인 프리랜서 촬영기사 마크 롱에게는 1000달러를 지급했다. 그는 이 잡지의 표지에 적합한 사진을 찍을 수 있기 때문에 나보다 더 많이 받았다. 떠나기 전날 회사는 우리에게 다른 사보 기사 초안을 배경 자료로 주었다. 그 기사는 간명 영어로 쓰였고, 첫머리는 "전분처럼 여러 용도를 가진 원료는 극히 드물다"로 시작했다. 기사는 이어서 립스틱, 종이에서 당 분말에 이르기까지 모두 전분이 들어간다고 전했다. 전 세계에서 매년 5500만에서 6000만 톤에 달하는 전분이 생산된다. 전분은 감미료로 많이 사용된다. 이러한 경향은 나폴레옹전쟁 때 시작되었다. 당시 영국군이 프랑스의 설탕 수입을 봉쇄하자, 프랑스 사람들은 어쩔 수 없이 전분을 써서 감미료를 제조했다. 비록 프랑스는 전쟁에서 패했지만 전분 사용은 계속되었다. 그리고 자료엔 "버거킹과 같은 패스트푸드점에서는 전분으로 감자 튀김을 더욱 바삭하게 만든다"라는 구절도 있었다.

나는 더 많은 것을 배우는 데 무척 흥미를 느꼈다. 이튿날 아침 마크와 나는 만주로 날아갔다.

✦

공중에서 굽어보면 창춘 전역에 두루 깔린 황금빛 옥수수의 작은 더미들을 볼 수 있다. 1930년대 일본의 중국 침략 기간에 이 도시는 만주국

괴뢰정권의 수도였다. 창춘 중심가에는 지금까지도 당시 일본인이 청 황제 푸이를 위해 세운 황궁이 보존되어 있다. 일본인은 푸이를 유명무실한 영수, 즉 '가짜' 황제로 만들어버렸다. 원하기만 하면 '가짜' 황궁을 참관할 수도 있었지만 마크와 난 시간이 없었다. 우리의 책임자가 차후 여덟 시간의 일정을 배정해놓았기 때문이다.

도착하자마자 문제가 생겼다. 원래 임무는 두 공장을 보도하고 그들 간의 밀접한 관계가 중국을 어떻게 도와 더 많은 전분을 생산하는가에 관한 글을 쓰는 것이었지만, 우리는 두 공장을 모두 참관할 수 없었다. 우리는 황룽 공장에 들어갈 수 없었다. 책임자 가운데 한 사람은 나더러 다른 주제를 찾으라고 했다. 그러나 그는 이유를 밝히진 않았다.

다청에 도착한 뒤 우리는 이 공장이 도르올리버르와 그 경쟁사인 베스트팔렌이라는 독일 회사로부터 동시에 원심분리기를 구매했음을 알게 됐다. 두 회사의 기기는 나란히 작동했고, 이 때문에 마크는 촬영하기가 난처했다. 그는 베스트팔렌의 기기를 배경에 넣지 않고 도르올리버르의 기기를 촬영할 방법을 찾아야 했다. 베스트팔렌 기기는 옅은 노랑색이고 도르올리버르 기기는 파란색이었다. 도르올리버르는 옥수수 알갱이를 아래에서 거꾸로 넣는데, 베스트팔렌은 위에서 내린다. 둘 다 소리가 너무 컸다. 공장에서는 맥아당 냄새가 났다. 노동자들은 황갈색의 작업복을 걸치고 가슴 앞에는 공산당의 붉은 별 배지를 달았다.

마크가 사진 찍을 때 나는 책임자가 정해준 노동자를 인터뷰했다. 우리는 공장 회의실에 앉았고 나는 그에게 도르올리버르 기기와 베스트팔렌 기기의 차이점에 대해 물었다.

"도르올리버르는 밑에서 옥수수 알갱이를 집어넣고, 베스트팔렌은 위에서 넣습니다."

내가 이미 알아챈 점이었다. 나는 다시 품질 면에서의 차이점을 물었다.

"기본적으로는 같지만, 베스트팔렌이 조금 낫습니다."

도르올리버르의 중국 수석대표 왕 씨는 탁자 반대편 끝에 앉아서 휴대전화로 통화 중이었다. 왕 씨는 중국국가경제위원회의 전 회원이고 우리 선전 임무의 주요 협력자였다. 나는 그가 대화를 듣지 못하길 바랐다. 나는 몸을 앞으로 숙여 낮은 소리로 물었다.

"왜 베스트팔렌이 낫다고 생각합니까?"

"그냥 조금 나아요." 그는 어깨를 으쓱하며 말했다. 그는 25세로 짧은 머리에 수염 자국이 거의 없었다. 그의 월급은 125달러였다.

"도르올리버르 기기는 너무 복잡해요. 베스트팔렌 기기는 조작하기가 쉽지만 도르올리버르는 더 많이 지켜봐야 합니다."

나는 아주 좋은 선전 내용이 아님을 알았다. 왕 씨가 통화를 마친 뒤 이 노동자에게 어떻게 대할지 나는 걱정되었다. 그래서 나는 질문의 방향을 바꿔 품질관리부에서 근무하는 아내와 10개월 된 딸에 대해 물었다. 딸 얘기가 나오자 그는 도르올리버르 기기를 얘기할 때보다 훨씬 더 열렬히 말을 해주었다. 딸이 얼른 자라 걷기를 바란다고 말했다.

◆

두 번째 인터뷰 대상은 지린 석유화학설계연구원의 부총기사인 궈郭 씨였다. 1957년에 설립된 이 기구의 원래 이름은 지방공업과학기술연구소였고 원래 목적은 사탕무로 설탕을 만드는 방법을 연구하는 데 있었다. 그러나 그 시기 중국은 수많은 변화를 겪었기에 얼마 되지 않아 이곳은 나일론 실의 제조를 연구하는 곳으로 바뀌었다. 이어서 문화대혁명이 일어나자 궈 씨와 같은 인원들이 강제로 5년 넘게 연구소에서 쫓겨났다. 그는 5년에 대해선 아무 말도 하지 않고 단지 그 5년이 나일론실 제조와는 무관했던 시간이었음을 분명히 해두었다.

1970년대 초반 문화대혁명의 열기가 식어감에 따라서 이 기관의 이름을 지린 석유화학설계연구원으로 개명했는데, 그 무렵 그들은 담배 필터를 개선하기 시작했다. 그것은 궈 씨에겐 완전히 새로운 영역이었지만 그는 전력을 다했다. 1979년 개혁 개방이 시작되자 연구원의 연구 대상은 다시 바뀌었는데, 이번에는 전분이었다. 어느 누구도 왜 그곳을 아직도 지린 석유화학설계연구원이라 부르는지 내게 설명해주지 않았다.

궈 씨는 67세다. 그는 온화하고 말투가 부드러워 부자연스러운 화제에 부닥치면 '하하' 하고 웃는 중국인이었다. 문화대혁명을 언급했을 때 그는 하하 웃었다. 소싯적 창춘의 가난을 얘기할 때도 하하 웃었다. 그가 6년의 시간을 들여 담배 필터를 개발한 이야기를 할 때도 하하 웃었다. 궈 씨는 내가 창춘에서 본, 담배를 피우지 않는 극소수의 사람 중 한 명이었다.

창춘의 오성급 상그릴라호텔 식당에 외국 선전 기자와 인터뷰하기 위해 온 궈 씨는 과분한 접대에 놀라는 눈치였다. 이 또한 그를 끊임없이 하하 웃게 하는 이유가 되었다. 그는 의심할 나위 없이 매우 총명했다. 늦은 나이에 천직을 찾은 사람이라기에는 기대보다 훨씬 많은 것을 알고 있었다. 모든 숫자는 완전히 그의 머릿속에서 나왔다. 그가 알려준

말에 따르면, 1980년부터 중국의 옥수수 전분 생산량은 1150퍼센트 증가했다고 한다. 중국에서는 옥수수 전분의 40퍼센트가 MSG를 만드는 데 사용되고, 미국에서는 60퍼센트가 인공 감미료를 만드는 데 쓰인다. 이러한 수치는 마치 두 나라의 큰 차이를 말해주는 것 같았다.

인터뷰 도중에 마크가 휴대전화로 전화를 걸어왔다. 그는 공장 바깥에서 사진을 찍고 있었다.

"이곳에 거대한 옥수수 더미가 있어. 와서 좀 봐봐."

"나는 호텔이야. 지금 옥수수 전분 전문가를 인터뷰하는 중이야. 나중에 갈게."

"높이가 15미터 정도고 모든 농민이 옥수수를 이곳에 가져오고 있어. 평생 이렇게 많은 옥수수를 본 적이 없어. 큰 기계로 높이 쌓아 올려. 뭘 말하는지 알겠어? 저걸 굴착기라고 하나?"

"그럴 거야."

"정말이지 와서 봐야 해."

수많은 사진사처럼 그도 늘 25밀리 뷰파인더를 통해 세계가 보이는 방식에 매료되었다.

"우린 곧 돌아갈 거야. 하지만 우선은 옥수수 전분 전문가 인터뷰를 마저 끝내야 해."

"인터뷰 마치면 같이 와. 그 분 사진도 필요할 거야."

마크가 전화를 끊자 나는 궈 씨와 인터뷰를 이어갔다. 그는 수많은 데이터를 제시했다. 미국의 연간 1인당 설탕 소비량은 50킬로그램이지만 중국에서는 8킬로그램도 되지 않는다. 전 세계 전분 생산량 순위는 미국이 1위, 중국이 2위다. 중국에서 옥수수 가격은 갈수록 떨어지고 있다. 1997년에 옥수수 1톤 가격이 거의 200달러였으나, 지금은 85달러로 급락했다. 궈 씨는 하하 웃으며 아는 데이터를 모두 말했다.

잠시 침묵이 흘렀다. 나는 또 물어볼 만한 무슨 선전 질문이라도 있는지 생각했다. 마지막으로 나는 그에게 옥수수를 먹어본 적이 있냐고 물었더니 궈 씨는 또다시 하하 웃었다.

"과거에 대부분의 옥수수는 먹거리였어요. 제가 어렸을 적엔 모두 옥수수를 먹었죠. 1970년대에도 마찬가지였고요. 하지만 지금은 옥수수를 먹으려면 반드시 특별한 식당에 가야 합니다. 집에서 저는 먹은 적이 없고 먹는 사람도 없습니다. 요새 사람은 모두 돈이 있으니까요."

궈 씨는 상그릴라호텔의 레스토랑에서 과일 셰이크를 주문했다. 하지만 너무 부끄러워하면서 뷔페에서 음식을 가져오지 못했다. 내가 계속 음식을 권했지만 그는 고개를 흔들며 하하 웃을 뿐이었다. 그는 그 과일 셰이크를 무척 좋아했다.

✦

둥베이산 옥수수는 수분이 32~38퍼센트인 데 반해 중부산 옥수수 수분은 14퍼센트에 그친다. 이것이 바로 창춘의 옥수수가 건조되는 데 긴 시간이 필요한 이유다.

다칭 공장으로 돌아오는 차 안에서 왕 씨가 내게 이 사실을 알려주어서 적어두었다.

✦

내가 마지막으로 인터뷰한 쉬許 씨는 창춘 옥수수공업개발구 관리위원회 주임이다. 그가 1980년대에 세운 황룽 회사는 중국 최초의 옥수수 전분 제조 공장이다. 쉬 씨는 5년을 들여서야 정부의 각종 허가를 받았다. 모든 분쟁이 해결된 뒤 그는 첫해에 700만 달러를 넘게 벌었다. 오래지 않아 그는 다청 공장을 건립했다. 기본적으로 그는 중국 옥수수 전분의 아버지다. 나는 그의 사무실에서 그가 회의를 끝내길 기다렸다.

거기에서 나는 도르올리버르의 주요 책임자인 왕 씨와 때마침 중국에 출장 나온 두 네덜란드 대표와 배석했다. 마크는 아직 밖에 있으면서 이따금 전화를 걸어 쉬 씨가 왔는지 물었다. 왜냐하면 그는 마크가 이상적으로 생각한 표지 모델이었기 때문이다. 마크는 정말로 그의 사진을 표지에 넣으려고 했다. 동시에 그는 그 옥수수 더미에 대해서도 흥미로 충만했다. 두 네덜란드 사람의 이름은 빔과 케이스인데, 그들은 말이 많지 않았다.

왕 씨는 나와 담소를 나누면서 자신의 배경에 대해 얘기해주었다. 그는 15세에 중국해군함정학원에 입학하여 거기에서 7년을 보냈다. 1976년에 해군에서 전역하여 와이웬출판사로 옮겼다. 그는 영어를 부지런히 공부했고 마지막엔 북유럽에 파견되어 공산당 선전 임무를 맡았다. 뒤에 그는 국가경제무역위원회에 가입했으나 거기에서 무슨 일을 했는지는 말하지 않았다.

정부를 떠난 뒤 왕 씨는 도르올리버르사에 들어가 중국에 원심기와 기타 기기를 팔았다. 쉬 씨와 내가 중국에서 본 수많은 중년 지식인과 마찬가지로 왕 씨는 그의 사업 경력을 이야깃거리로 삼지 않고 그 대신 관련 없는 사소한 얘기를 했다. 그는 곤혹스러운 표정으로 그것이 다른 사람의 이야기이며, 시간과 함께 그들의 흔적이 퇴색하면서 지금은 그 사람들이 사라졌다는 듯이 말했다.

그는 일찍이 국가경제무역위원회에서 일하던 그때의 자신에 대한 얘기에 가장 흥미를 가졌다.

"제가 남아 있었다면 부장이 되었을 거예요."

"얼마나 있어야 부장을 맡을 수 있나요?"

"정치적 수완 나름이겠지요."

그는 쉬 씨를 예로 들어 정치에 개입했을 때 일어날 수 있는 일을 설명했다. 1990년대 초기에 황룽 공장이 크게 번창한 뒤 쉬 씨는 다칭에서 두 번째 공장을 열려고 준비했다. 그는 본래 공장 이름을 샤오룽^{小龍}으로 지으려 했다. 이렇게 해서 두 공장은 중국 옥수수 전분 공업을 대표하는 중심이 될 수 있었다. 모든 일이 계획대로 추진되었다. 그러나 갑자기 정치적 대지진이 발생하여 쉬 씨는 결국 황룽을 잃었고 손수 건립한 공장에 대한 관할권이 없어졌다.

"그래서 그는 독자적으로 다칭을 세웠습니다. 그걸로 보복한 것이죠. 그래서 공장을 샤오룽이라 부르지 않고 다칭이라 불렀답니다."

나는 쉬 씨를 점점 더 보고 싶어졌다. 나는 도대체 얼마나 명석하고 냉정하고 계산이 능숙한 사람이기에 새로운 옥수수 공장을 설립하는 방식으로 적에게 보복했는지 궁금했다.

"정치는 늘 그렇습니다." 왕 씨는 계속해서 말했다. "누구든 언제나 자신의 수하에게 발목을 잡히게 마련입니다. 그것이 정치죠. 당신이 대통령이 되고 싶다면 상대방의 발목을 잡아야 합니다. 당신이 온화한 호인이라면 쫓겨날 겁니다. 그들이 당신을 없애버리겠죠?"

왕 씨는 영어로 말하면서 '픽fuck'이란 단어를 끊임없이 사용했다. 이 단어를 말할 때마다 빔과 키이스는 펄쩍 뛰었다. 왕 씨는 영어를 잘했으나 한 단락에서 '픽'을 세 번이나 쓰면 어떤 일이 일어나는지는 모르는 채 영어를 배운 외국인이었다. 무슨 일이 일어나느냐 하면 네덜란드 사람들이 펄쩍 뛴다.

마크에게서 전화가 왔을 때 왕 씨는 아마도 그 말을 또 쓰려고 했을 것이다.

"주임 왔어?"

"아니."

"방금 한 노동자가 사진 찍는 걸 불쾌히 여기고 화를 냈어."

"무슨 문제야?"

"내가 얼굴에 먼지가 묻은 노동자들을 찍고 있었는데, 그가 달가워하질 않았어. 큰소리치기 시작하더니 나가라고 말하더라고. 내가 해명해주고 나니까 겨우 나를 내버려두네."

"공장을 깎아내리려는 걸로 여겼나?"

"그런가 봐. 아니면 내가 다른 공장에서 보낸 스파이로 보였을 수도 있고."

마크에게 다청과 황룽의 원한 관계를 설명해주고 싶었지만 너무나 복잡했다. 마크가 스스로 처리할 수 있을 거라 생각했다. 나는 쉬 씨가 오면 전화하겠다고 말했다.

나는 왕 씨가 국가경제무역위원회에서 무슨 역할을 했는지 알고 싶었지만, 그는 나의 질문에 아랑곳하지 않았다. 그는 다른 일에 관심을 더 가졌다.

"오늘 아침 당신이 그 노동자와 인터뷰하면서 도르올리버르와 베스트팔렌을 비교하라고 했을 때 그가 뭐라고 하던가요?"

한시도 지체하지 않고 나는 대답했다. "기본적으로 모두 같다던데요."

"다른 점은 뭐라 말하던가요?"

나는 재빨리 대답했다. "도르올리버르는 아래에서, 베스트팔렌은 위에서 옥수수를 넣는다더군요."

"아니, 그게 아니고." 왕 씨는 갈수록 조급해졌다. "어느 것이 비교적 좋다고 말하던가요?"

"모두 비슷하답니다."

"아니, 그렇게 말하지 않았을 겁니다. 베스트팔렌이 더 좋다고 말하지 않던가요?"

나는 거짓말을 하려고 했으나, 그 노동자와 마찬가지로 함정에 빠진 것을 발견했다.

"그래요. 그렇게 말했습니다만 차이가 크지 않다고 하더군요."

이번에는 빔과 케이스가 흥미를 보였다. 왕 씨는 승리라도 한 듯이 나를 바라보았다.

"알겠어요? 그의 말이 틀리지 않았어요."

아무도 말하지 않자 왕 씨는 웃었다.

"우리 기계는 설계가 베스트팔렌보다 좋지 않습니다. 그들의 원심기가 좀더 낫지요."

두 네덜란드인은 바닥만 쳐다봤다.

"이것을 알아야만 해요. 우리의 상품이 남보다 한 등급 뒤진다면 어떻게 장사해먹겠습니까?"

방 안은 쥐 죽은 듯 조용했다. 나는 속으로 이 문제를 두 번이나 가늠해보았지만 어떻게 대답을 얻을 수 있을지를 몰랐다. 내가 오랫동안 들어왔던 가장 총명한 질문 중 하나였다.

"사람들은 저마다 자신의 물건이 가장 좋다고 말하죠. 자기 상품이 경쟁사보다 얼마나 더 나은지를 말할 수밖에 없습니다. 그리고 일반적으로는 스스로도 이 점을 믿습니다. 그러나 알고 보니 자기 제품의 질이 비교적 떨어지는 거죠. 그러면 상황은 오히려 더 쉬워집니다. 장사에 완전히 전념할 수 있는 거죠!"

이제야 나는 왕 씨가 국가경제무역위원회에서 무슨 일을 했었는지 대략 깨달았다. 나는 그와 같은 사람을 만날 때마다 많은 중국인이 공산주의에서 시장경제로의 전환에 너무도 잘 대처해왔던 이유를 이해할 수 있었다.

두 네덜란드 사람이 불편해하자 왕 씨는 화제를 바꿨다. 그는 개조한 전분과 개조하지 않은 전분의 차이를 얘기했다. 그 차이는 미세하여 나는 거의 이해하지 못했다. 마지막에 빔이 입을 열어 명확하게 말했다.

"기본적으로 정제한 전분은 원유와 마찬가지로 탄수화물이죠."

✦

마크는 마침내 옥수수 산을 다 찍었다. 그는 사무실로 들어와 관리위원회 주임 쉬 씨의 사진을 찍을 장소에 대해 왕 씨와 논의했다. 토론은 그렇게 간단치 않았다.

왕 씨는 이전에 다칭에 왔었던 리펑과 저우지추의 붓글씨가 전시된 주임 사무실의 벽을 가리키며 마크에게 이 사무실에서 주임을 찍으라고 했다. 리펑은 1989년 여름 군사 진압을 명령한 전 총리다. 저우지추가 누군지 나는 모른다. 그러나 왕 씨는 내게 그가 정치적으로 중요한 인물이라고 보증했다. 저우지추의 붓글씨는 "산업용 옥수수 생산의 빛나는 미래"라고 쓰여 있었다. 악필이기로 전 중국에 유명한 리펑의 붓글씨는 "중국 창춘 옥수수 공업 기지"였다.

왕 씨는 쉬 씨에게 붓글씨를 배경으로 사진을 찍게 했다. 마크의 표정을 보아하니 그의 표지 사진 계획이 수포로 돌아갈 것 같았다.

"이곳은 빛이 좋질 않습니다. 공장이 비교적 나아요. 도르올리버르기기 앞에 선 장면을 찍겠습니다."

"안 돼요!" 왕 씨가 크게 외쳤다. "그가 동의하지 않을 겁니다. 이처럼 큰 회사의 사람을 끌어들여 당신 멋대로 아무 데서나 사진 찍을 수 없습니다! 이것은 정치입니다. 그렇게 간단한 게 아니에요!"

마크는 갈수록 좌절하는 것 같았다. "좋아요, 그럼 우리는 일반 노동자의 사진을 쓸 수밖에 없죠." 만일 노동자 사진이 표지에 실리면 그가 기뻐할까?

"찍지 않는 것이 좋겠습니다." 왕 씨가 경고하듯 말했다. "고위층 간부가 있으니 직위가 그보다 낮은 사람, 특히 일반 노동자 사진은 찍지 않는 것이 좋겠습니다. 당신은 반드시 최고위직 인물로 표지 사진을 올려야 합니다!"

그들은 잠시 논쟁하며 각자 고집을 피웠다. 마크는 빛을 걱정했지만 왕 씨는 정치를 걱정했다. 적어도 쉬 씨가 걸어 들어올 때까지 이 둘은 서로 배척하는 듯 보였다. 모두가 일어섰다. 왕 씨는 마치 논쟁이 없었던 듯 직접 쉬 씨에게 우리와 함께 공장에 가서 도르올리버르 기계 옆에서 사진 찍어도 되냐고 물었다. 쉬 씨는 조금도 지체하지 않고 동의했다.

밖으로 나오니 날씨가 추웠고 빈 비닐봉지가 공장 대지에서 뒹굴고 있었다. 멀리서 마크가 말한 옥수수 더미가 보였다. 정말로 컸다. 우린 기계실로 들어갔다.

마크는 조심스럽게 베스트팔렌 기계를 피해서 찍었다. 쉬 씨는 키가 150센티미터에 불과하고 회색 격자무늬가 있는 양복을 걸쳤다. 사진 찍을 때 그는 자랑스럽게 미소 지었다. 그는 57세였다.

그 뒤 우리는 그의 사무실로 돌아와 인터뷰했다. 그가 내게 건네준 명함엔 '중국 창춘시 인민정부 부비서장' '창춘 옥수수공업개발구 관리위원회 주임'이란 두 직함이 적혀 있었다. 이 개발구는 선전 특구의 모형에 따라 세워진 곳이다.

나는 쉬 씨에게 1980년대 그가 황룽을 창립한 이래 상황이 어떻게 바뀌었냐고 물었다.

"가장 큰 문제는 행정이었죠. 그때 저는 수많은 행정 부서를 쫓아다녔습니다. 모든 일마다 국가위원회의 비준을 얻어야 했어요. 그러나 지금은 비준 권한이 이관되었어요. 그저 창춘 정부를 통하기만 하면 됩니다. 거기에서라면 웬만한 건 독자적으로 비준할 수 있습니다. 제가 부비서장이기 때문이죠. 제가 비준한 신청서는 다른 부서에서도 비준해야 합니다."

쉬 씨는 자랑스럽게 설명했고 나는 받아 적었다.

그는 현재의 모든 일이 얼마나 수월하게 변했는가에 대해 상세히 설명했다. 그는 비즈니스 안건을 비준할 수 있도록 수많은 장애를 철저히 제거해야 했다. 그는 다칭의 옥수수 전분 생산량이 이로 인해 세 배 증가할 것으로 기대했다. 그들은 이미 1년에 50만 톤을 생산했다. 옥수수 가격의 하락은 수익 증대에 도움을 줬다. 중국이 세계무역기구에 가입한 뒤에는 가격이 훨씬 더 내려갈 것이다. 미래를 생각하더니 쉬 씨는 웃음 지었다. 인터뷰가 끝나기 전에 그는 한 가지 일을 더 꺼냈다.

"저는 처리 공장을 증설하여 농축 옥수수 전분을 생산하려고 합니다. 옥수수 가격 하락으로 인해 손해를 보게 될 농민들을 도와 일자리를 창출할 수 있길 바랍니다."

✦

나는 두 시간 만에 이 이야기를 다 썼다. 기사는 1000단어 길이로, 가능한 한 통계자료로 가득 채웠다. 나는 도르올리버르 기계가 때로는 꽉 막힌다는 사실을 언급하지 않았고, 황룽과 다칭 간의 불화도 꺼내지 않았으며, 쉬 씨의 정부 공식 직위가 공장의 확장에 어떻게 도움을 주는지도 말하지 않았다. 만주에서 나는 선전에 관해서 중요한 사실을 배웠다. 진짜 중요한 정보는 무엇을 써넣었느냐가 아니라 무엇을 뺐느냐는데 있다는 점이다.

2주일 뒤 잡지사의 여직원은 표지 인물로 쉬 씨의 사진을 쓰지 않고 대신 6년의 시간을 들여 담배 필터를 연구한 궈 선생을 표지 인물로 실었다고 마크에게 말해주었다. 웃는 모습이 너무 근사해 보여 그를 표지 인물로 쓸 수밖에 없었다고 했다.

할리우드

겨울에 폴라트는 나를 위해 '할리우드' VIP 카드를 마련해주었다. 날씨가 추울 때는 위구르족 식당의 실외 노대에 앉아 있을 수가 없어서 우리의 야바오로 일상이 바뀌었다. 때로 우리는 나이트클럽이자 식당인 할리우드에서 밥을 먹었다. VIP 카드를 소지하면 나이트클럽의 봉사료를 내지 않아도 됐다. 폴라트는 그곳 매니저를 알았다. 그는 야바오로 모든 클럽의 매니저를 아는 것 같았다.

할리우드의 메뉴판은 러시아어와 중국어로 인쇄돼 있다. 우리는 거의 매번 같은 것을 시켰다. 나는 키이우식 닭고기 튀김을, 폴라트는 스테이크를 주문했다. 주말 저녁에 그는 일찌감치 여기에 와서 먹는 것을 즐겼다. 이렇게 우리는 천천히 먹으면서 밀려드는 사람들을 바라보았다. 클럽에 들어온 사람들은 모두 입구에 매달린 거대한 킹콩 소상을 지나간다. 클럽 내부는 '플래닛 할리우드 Planet Hollywood' 체인점을 모방하여 꾸

몄다. 유리 케이스에는 가짜 영화 도구를 진열하고 자세하게 표식을 붙여놓았다. 일찍이 「사이드킥스Sidekicks」(워너브라더스, 1991)를 찍을 때 사용했다는 은색 보안관 휘장, 붉은 안감을 댄 검정 망토(「드라큘라Dracula」, 캐슬록, 1995), 가죽 채찍(「채찍Bullwhip」, 컬럼비아, 1958). 문을 들어서면 거대한 유리관 안에는 「터미네이터Terminator」에서의 복장을 한 실제 인물 크기의 아널드 슈워제네거 소상이 들어 있었다. 그 소상은 식당의 수많은 영화 용품과 마찬가지로 조악하여 식별하기 어려웠다. 이곳은 가짜 물건을 전문적으로 진열한 박물관과 마찬가지로 일종의 문물 전시관인데, 현실 세계로부터 얼마나 동떨어져 있는지를 일깨워주었다. 모조품으로 가득한 이 구역에서 할리우드가 가장 큰 가짜 집결지였다.

이곳은 또한 야바오로에서 러시아 매춘부들이 주로 출몰하는 지역이다. 폴라트가 나와 여기에서 식사 약속을 잡을 때마다 나는 야밤에 교역하는 동태를 주시하게 되었다. 8시경 그 여성들이 모습을 보이기 시작한다. 한 시간 뒤 잠재적인 손님이 도착한다. 그들 대부분은 중국의 소상인들로 돈은 많을 것이다. 그러나 그다지 많은 교육을 받지 않은 사람들이었고 팔에는 행운을 가져다준다는 염주를 차고 손에는 언제나 가짜 가죽 지갑을 쥐고 다녔는데, 표준적인 무역상 차림새였다. 도시 어느 곳이든 이러한 남성들의 목소리는 크다. 휴대전화에다 소리를 빽빽 지르고 식당 여종업원에게 고함치며 주문한다. 그러나 이곳 할리우드의 백인 여성 앞에서는 분수를 지킨다. 이러한 중국 남자들이 한 무더기씩 그곳에 머무르며 낮은 소리로 무슨 말을 하며 무료하게 휴대전화를 만지작거린다. 그러다가 표백한 것 같은 금발 여성이 지나가기라도 하면, 그들은 일어섰다 앉았다 어쩔 줄 몰라 한다. 한번은 내가 어떤 남자의 행동을 지켜보았다. 전화를 들었다 내려놓고 담배에 불을 붙이고 라이터를 내려놓았다. 이후 이러한 행동의 속도가 더 빨라졌다. 마지막에 그는 일어서서 맞은편으로 걸어가 그 여성에게 말을 걸었다. 그런데 그때 나는 갑자기 휴대전화를 들여다봤다가 고개를 돌려 폴라트에게 말을 걸었다. 별안간 나는 몰래 훔쳐보는 나의 버릇을 의식하게 되었다.

✦

폴라트는 미국에 가려는 일에 대해 갈수록 말이 많아졌다. 그는 외국에서 공부할 수 있는 가능성을 얘기하거나 혹은 태평양을 건너 일거리를 찾을 기회에 대해서도 언급했다. 잠깐은 캐나다에도 관심을 가졌다. 어떤 사람이 그에게 퀘벡에 이민 가기가 쉽다고 말했기 때문이다. 그러나 그는 프랑스어를 배우고 싶지 않았다. 우리는 할리우드의 토론에서 언제나 원점, 즉 미국으로 돌아왔다.

폴라트가 미국에 가고 싶어하는 욕망은 나를 곤혹스럽게 했다. 그는 영어를 할 줄 몰랐고 나도 실은 그가 학생이나 회사원이 된 모습을 상상할 수가 없었다. 미국 대사관에서는 그와 같은 야바오로의 중개상에게 절대로 비자를 내주지 않을 것이기 때문이다. 그는 신장에 아내가 있지만 그녀를 거의 언급하지 않았다. 나는 두 사람의 관계에 문제가 있음을 느낄 수 있었다. 그는 아내를 야바오로 같은 곳으로 데려오고 싶지 않다고 말했다. 그들에겐 아이가 없는데, 이들 부부가 함께한 시간이 거의 없기 때문일 것이다. 이러한 상황은 중국에선 흔했고, 특히 부부 중 한 사람이 늘 외부에 나가 있을 땐 더욱 그러했다.

나는 폴라트가 단지 자신의 불안정한 생활 때문에 미국에 가고 싶어하는 것일 뿐 미국에 대해 착각하는 것 같아 걱정스러웠다. 미국에 가보지 않은 중국 사람은 언제나 그곳의 좋은 점과 나쁜 점을 극단적으로 생각한다. 그러나 통상적으로 양자 모두 부정확하다. 나는 미국이 사악의 화신이라 믿는 수많은 중국인을 만났고, 미국의 돈, 기회와 자유에 대해 동경심을 가득 품고 있는 사람을 만나보기도 했다. 그들과 얘기할 때 나는 항상 그들을 극단적인 생각으로부터 벗어나게 하려고 해보았지만, 어려운 문제였다. 실제 상황을 예를 들어 설명해봤자 그들에게 미국은 생각에 불과하지, 장소는 아니었다.

중국의 몇몇 지역에선 미국에 대한 특정한 생각이 이처럼 너무도 견고해 사람들은 수단과 방법을 가리지 않고 이민 가려고 한다. 이해 1월에 중국 남성 세 명이 시애틀로 가는 배의 컨테이너에서 죽었다. 그들과 배를 탄 기타 불법 이민자들은 모두 푸젠, 즉 중국 동남방에 위치하며 태평양 건너 밀항을 알선하는 '밀입국 브로커'로 이름을 날린 도시에서 왔다.

그 사망 사건이 터진 뒤 『시애틀 포스트인텔리전서』에서는 내게 밀입국 브로커에 관한 기사를 청탁했다. 나는 푸저우 연해에서 근 일주일을 지내다가 시애틀로 간 그 배에 탔던 한 생존자의 가족을 랑치섬에서 찾았다. 그 남자는 구류되어 미국 이민국의 처분을 기다리고 있었다. 이러한 이민자들은 정치적 망명을 요구했지만 사실 대부분은 경제적인 원인 때문에 고향을 떠난다. 푸젠성 어느 마을에서 나는 한 청년을 만났다. 그는 정치적 망명을 요구했다가 거절되기 전까지 뉴욕 자메이카 구치소에 4개월 동안 수감되었다. 밀입국 브로커는 한 번 밀항을 주선하는 데 보통 3만에서 5만 달러를 요구했다. 이민 과정에서 진 빚은 차이나타운의 레스토랑이나 기성복 공장에서 불법 노동을 몇 년 해야만 상환할 수 있었다.

중국에서 빈궁한 지역이라면 밀항은 이해할 만했다. 그러나 푸젠은 보통 성보다 훨씬 나은 편이였다. 그럼에도 수많은 푸젠 사람이 일반 중국인의 표준 생활에 결코 만족하지 못했다. 따라서 그곳엔 아메리칸 드림을 지원하는 전반적인 직업, 즉 밀입국 브로커, 위조 비자 서비스, 이민 전의 영어 수업 등을 처리하는 직업이 생겨났다. 탄터우라는 작은 마을에서는 영어 학원이 세 곳 생겼는데, '레스토랑 영어' '생활 영어' '출입국 영어' 등의 과정을 가르쳤다. 나는 간단하게 '메뉴'로 불리는 한 수업 광고를 보았다. 다른 한 간판은 "미국에서 반나절 일해서 버는 돈으로 한 학기 '레스토랑 영어'를 수강할 수 있다"라고 했다. 어떤 학교에서는 광둥화廣東話 과정을 제공했는데, 일부 차이나타운 레스토랑이 있는 지역의 주요 방언이기 때문이다. 미국에서 불법 아르바이트를 하기 위해 푸젠 사람은 또 다른 중국어를 배우고 있었다.

일부 현지인은 미국에 도착하여 정말로 목숨 걸고 일해 최후엔 레스토랑이나 회사의 사장이 되었다. 그들이 푸젠의 가족에게 돈을 부치면 가족은 마을에 큰 별장을 지었다. 이러한 집들은 통상적으로 좁고 높아서 넓이는 방 세 칸 정도밖에 안 되지만 5층 높이인 경우도 있다. 외면은 보통 하얀색 벽돌을 쓰고, 햇빛 가리개용 녹색 커튼을 덮은 대형 유리창으로 장식했다. 이러한 녹색은 현대 중국 건축에서 흔히 보이는데, 데이지의 부두 끝에서 녹색 불빛이 빛나던 『위대한 개츠비』를 연상케 한다.

그러나 푸젠에서 이렇게 성공한 이민 얘기는 수년이 걸려야 겨우 은하를 지나는 희미한 빛과 같다. 일부 성공 스토리는, 중국 경제가 많은 기회를 제공해줄 수 없었던 예전 세대에 속했다. 사실상 지금의 푸젠 사람들은 고향에서 지내는 것이 더 나을지도 모른다. 미국에서 단시간에 많은 돈을 벌 수 있다고 생각하겠지만, 그들은 중국에서 더 행복했거나 장기적으로 더 좋아질 수 있었다. 그러나 사람들은 끊임없이 큰 별장을 봐왔으며, 또 끊임없이 떠나갔다. 그들이 좇고 있었던 것은 그들이 도달할 무렵엔 이미 사멸한 별일지 모른다.

탄터우에서 나는 새로 지은 6층 건물 앞에 섰는데, 대문엔 금으로 '덕성원德聲園'이라 쓰여 있었다. 집 안에서 내가 만난 노부인이 자랑스럽게 말하기를 그녀의 자식 넷이 미국에 있다고 했다. 그 가운데 딸은 여관을 열었다. 그 여관이 어디에 있느냐고 물으니, 부인은 내 수첩에다 영어로 다섯 단어를 적었다. 그녀는 그 영어를 말하지 않았고, 단어보다는 글자 모양을 기억해서 쓰는 이상한 글씨체로 썼다. 그래도 실수는 하나밖에 하지 않았다.

Vallege Inn Edison New Jersey

✦

할리우드에서 폴라트와 미국에 대해 얘기할 때마다 나는 그 푸젠 사람 얘기를 꺼냈다. 미국이 그에게 제공할 경제적 기회를 너무 높게 평가할까 봐 걱정되었기 때문이다. 나는 야바오로의 장사가 서서히 내리막길을 걸고 있음을 알았다. 이전엔 러시아와 중앙아시아의 상인들이 끊어진 적이 없었다. 이들 중 상당수가 일주일간 체류하는 '관광단'에 가입해 중국 비자를 얻었다. 일부 특별한 여행사에서는 이러한 관광단을 전문적으로 처리하기도 했다. 관광 비자는 상업 비자보다 쉽게 수속할 수 있었다. 나는 모스크바에서 이륙한 전세기에 얼굴이 매서운 여성과 보드카 안대를 착용한 건장한 남성이 가득 탄 모습을 상상했다. 그들은 휴가 가는 것처럼 가장한 가짜 관광객들이다.

그러나 1999년 말에 이르러 야바오로에서 러시아인과 중앙아시아인의 수가 줄어들기 시작했다. 한번은 폴라트가 환율 변동이란 말로 이러한 변화에 대해 설명해주었다. 그의 말에 따르면 카자흐스탄 화폐인 텡게가 이미 3분의 1 가격으로 하락했고, 그의 알마티 출신 고객대다수가 문을 나서지 않는다고 말했다. 우즈베키스탄, 키르기스스탄, 타타르스탄공화국의 화폐도 마찬가지라 한다. 폴라트는 1999년 9월에 마지막으로 의류 도매업을 했는데, 광저우에서 제조한 청바지 3000벌을 카자흐스탄에 팔았다. 그와 동시에 그는 일부 러시아인이 가짜 노키아 핸드폰 배터리를 살 수 있게 도와주었다(그는 이 배터리들은 15일밖에 사용할 수 없다고 말해주었다). 그 거래 이후 폴라트의 중개인 역할은 기본적으로 끝을 맺었다.

부분적 원인은 중국 경제 역량의 성장 때문이었다. 이는 뒷골목의 오퍼상을 힘들게 했을 뿐 아니라 암시장 달러 가격을 파괴했다. 폴라트가 환율을 얘기할 때마다 그는 언제나 정부 통제의 결과를 강조했다. 선전에서는 변경 문제가 발생했고 혹은 중앙아시아의 부패한 세관 관리들이 적발되었다. 환전업자의 관점에서 보면 이런 일들이 중요한 추세였지만, 사실 진정으로 화폐의 환율을 좌우하는 것은 더욱 강대한 경제 역량이었다. 중국 정부는 경제를 통제하여 전환 시기에도 여전히 상대적인 안정을 이루려고 했다. 중국 통화는 환전이 불가능하고 미국 달러화에 고정돼 있었는데, 은행에서 달러당 약 8.26위안이었다. 그리고 이러한 인위적 안정성은 암시장이 중국에서 돈을 벌 수 있는 다른 기회를 위한 대리자로서 역할했음을 의미했다. 돈 가진 중국인은 국내 주식이나 부동산을 믿기 어려울 때 달러를 사들이거나 해외로 투자했다. 그러나 이러한 상황은 이미 급속도로 바뀌었다. 1999년 이래 베이징과 다른 도시의 부동산 시장이 크게 흥성하면서 사람마다 투자하여 인민폐 수요가 늘었다. 내가 1999년 봄 막 베이징에 도착했을 때 1달러에 인민폐 9위안을 바꿀 수 있었다. 1년 뒤 암시장 환율은 8.7위안으로 떨어졌다. 이는 중국 경제엔 좋은 현상이었지만, 폴라트 같은 사람에겐 그렇지 않았다. 흥기하는 이 국가의 경제는 암시장을 죽음의 길로 내몰고 있었다.

그렇다고는 하지만 그는 여전히 환전으로 많은 돈을 벌었다. 나는 그의 언어 능력이 미국에서보다는 중국에서 더 잘 발휘되리라 확신했다. 그에게 경제적으로 볼 때 미국보다 베이징에서 전망이 더 낫다고 솔직하게 말해주었다. 그러나 폴라트는 어디를 선택하든 돈은 고려 대상이 아니라고 완강하게 부정했다. 한번은 그가 말했다.

"저는 장사꾼이 아닙니다. 교육을 받았고 전엔 교사였어요. 베이징은 저의 집도 아니고, 지금 이 짓도 제가 원래 생각했던 상황이 아닙니다."

자신을 장사와 완전히 분리시키는 그의 태도는 매우 특이하게 다가왔다. 중국에서는 모두가 공개적으로 돈을 얘기하는데, 폴라트도 예외는 아니었다. 우리의 대화는 항상 환율, 도매 가격에서 맴돌았다. 그러나 그는 자신의 일부를 그 세계와 분리시키는 것 같았다. 그는 마치 모르는 사람이 그 일들을 처리한 것처럼 자신의 손을 거친 교역이 언급될 때 종종 당혹스러워 했다. 그가 가짜 노키아 배터리에 대해 말할 때, 나는 러시아 사람들이 제품의 질이 떨어지는 걸 알게 된 뒤에 성가신 일이 생기지 않을까 걱정해본 적이 없었느냐고 물었다.

"그들은 가짜인 줄 압니다. 아니면 어찌 그렇게 살 수 있겠어요? 아무튼 러시아인들은 성가시게 굴지 않을 겁니다. 저는 물건을 운반만 할 뿐이죠. 제가 만든 게 아니잖습니까?"

그의 생활은 현실과 이상으로 분명하게 양분되었다. 그는 야바오로라는 상업 환경에서 돈을 벌지만 한가한 시간엔 먼 곳에 있는 사람과 일에 대해 생각하고 있었다. 그의 아내는 천 리 밖에 있다. 신장에서 그의 교사 생활은 아주 오래전의 일이다. 우리가 신장에 대해 얘기할 때 그는 언제나 '동투르키스탄'이라 불렀다. 이는 1949년에 전복되었을 당시의 독립 공화국 이름이다. 그리고 미국도 마찬가지로 멀다. 그는 미국 역사를 좋아한다고 말한다. 특히 링컨을 좋아하는데 그가 흑인 노예를 해방시켰기 때문이란다. 폴라트는 미국 문화를 좋아한다. 매년 여름 그는 신분증을 만들어 르탄공원에 가서 재즈 공연을 보았다. 그는 「대부」를 여러 번 봤다. 조연이었지만 드니로는 정말 멋졌다.

처음에는 이러한 몽상이 야바오로의 잔혹한 현실에 대한 그의 도피 심리라고 생각했다. 핵심은 미국에 진짜 가는 데 있는 것이 아니라, 가는 일을 얘기하는 데 있다고 말이다. 그러나 시간이 지나면서 나는 폴라트의 복잡한 처지를 알게 되었다. 그는 사실 다른 위구르족 상인들을 매우 경멸했다. 그들을 만나면 친절하게 악수했지만 그러고 나서는 내게 그들은 교육을 받지 못했고 정치도 모른다고 솔직하게 말했다. 폴라트가 보기에 자신은 그들과 달랐다. 그는 신장에서 문제가 생기지 않았다면 베이징에 오지 않았을 지식인이었다.

위구르 문화에는 늘 계급의 차별이 있어, 지식인은 농민과 상인보다 높다고 자처한다. 개혁 개방 이후 이러한 차이는 더욱 두드러졌다. 각 계급은 신장 같은 곳에서 경제 발전을 정치도구로 이용한 중국인과 각자의 관계를 발전시켰다. 때로 정부가 지원하는 인프라 건설이나 농촌 보조금에서 이익을 얻는 위구르족 농민은 중국의 통치에 수동적이거나 심지어 복종할 때도 있었다. 위구르족 상인도 마찬가지다. 중국에 기대야만 팔 물건을 얻을 수 있기 때문에 이들 역시 현실적이었다. 그러나 수많은 지식인은 베이징의 통제를 완강하게 반대했고 교육 수준이 낮은 위구르인들의 공모를 못마땅해했다.

폴라트처럼 어쩔 수 없이 무역에 종사하게 된 사람은 분노가 더욱 강렬했다. 반대의 지적인 극단, 즉 이상주의와 신앙이 극단에 이른 경우도 똑같이 위협적이었다. 폴라트는 시야가 좁은 무역상을 아주 싫어했지만 그의 견해로는 모종의 이념에 푹 빠진 사람을 더욱 미워했다. 그는 북한 사람을 경멸했는데, 그가 보기에 그들은 역사상 가장 엉망인 공산당원이었기 때문이다. 그 밖에 그는 아프가니스탄 상인에 대해서도 호감을 갖지 않았다. 때로 그들은 야바오로의 식당에 삼삼오오 무리 지어서 나타났는데, 내가 아는 중개상 중 그들과 교역하길 원하는 사람은 거의 없는 것 같았다. 아프가니스탄 사람들은 야바오로에 와서 토미힐 피거나 노스페이스 상품을 사지 않았다. 그들은 수염을 기르고 초췌하며 여름에도 창파오를 입었는데, 전하는 소문에 따르면 보석과 마약을 매매한다고 했다. 그들이 지나갈 때마다 폴라트는 혐오한다는 듯이 입을 삐죽거렸다. 한번은 그가 말했다.

"저들은 공산당과 다를 게 없어요. 아프가니스탄엔 자유가 없죠. 그들은 무조건 종교를 믿고 질문하지 않죠. 그들의 이슬람교는 공산당과 다를 게 없어요."

위구르족 지식인이 이슬람교에 대해 회의를 갖는 것은 전혀 이상치 않았다. 과거에 그들은 종교에 열정적으로 몰입하지 않았지만 개혁 개방 뒤에 상황은 바뀌었다. 1980년대 초 중국 정부는 신장에서의 이슬람교 선교를 적극 장려하고 청진사淸眞寺 건립을 도와주었다. 심지어 위구르족 종교 지도자에게 돈을 대주며 메카의 교당에 참배하게 했다. 정부에서는 종교의 성장이 동요의 씨앗을 뿌리 뽑을 수 있길 바랐다. 하지만 1985년에 발생한 일련의 시위와 항의에 중국 정부는 깜짝 놀랐다. 1000여 명이 넘는 위구르족이 한족의 이주에 반대하고 중국이 신장 사막을 핵무기 실험장으로 삼는 것에 반대했다. 폴라트는 그 시위에 참가했다가 처음으로 징역형을 선고받았다.

시위는 분명 정치적인 행동이었다. 그런데 중국 지도자들은 도리어 이슬람교가 주요 원인이라고 믿었다. 1985년 이후 갑자기 정책을 바꿔 종교 행동을 탄압하는 것으로 시위에 대응했다. 그럼에도 이슬람교는 계속 성장했다. 많은 사람이 정부의 격려와 탄압이 정확히 같은 효과를 냈다고 믿었다. 폴라트와 같은 위구르 지식인들에게 이슬람 근본주의의 부상은 마오주의만큼이나 위협적이었다. 그는 위구르족이 한 정통에서 다른 정통으로 쫓겨나고 있다고 믿었다.

위구르족의 세계는 상대적으로 작았고, 그 안에는 폴라트가 신뢰하는 사람이 거의 없었다. 그는 미국에 망명한 위구르족 한두 명에게 전화를 자주 걸었고, 야바오로에서는 베이징에서 근무하는 친구와 정기적으로 약속을 잡아 함께 식사했다. 그들은 모두 지식인이고, 모두가 어느 정도는 현실과 타협했거나(상인 계층에까지 빠졌다) 혹은 공산당이 엄격하게 통제하는 현지 소수민족 대학에서 가르치고 있었다.

2000년 봄 어느 날 밤에 폴라트는 그의 위구르족 친구가 인사차 연 저녁 파티에 나를 초청했다. 폴라트는 이전에 그 친구를 언급한 적이 있는데, 중국 영화에서 외국인을 연기하고 부수입을 벌곤 하던 사람이었다. 그는 남부에서 영화 촬영을 막 끝냈고 신장으로 돌아가는 길에 베이징에 들른 참이었다.

폴라트는 할리우드 옆 르탄공원의 위구르족 식당에 자리를 예약했다. 10여 명의 남자들이 참석했는데 나는 평소 중국 사람과 함께했을 때보다 편안함을 느꼈다. 대부분 나와 마찬가지로 눈이 푹 들어가고 콧대가 높은 이들이었다. 무언가 미묘하게 잘못되었다는 느낌이 딱 하나 있었는데, 대화를 거의 중국어로 했다는 것이다. 나는 이들끼리는 중국어로 얘기하는 걸 싫어하는 줄 알고 있었다. 나중에 내가 소외감을 느낄까봐 그렇게 했다는 말을 듣고 감동받았다.

중국 국경에서 태어난 한 명의 타타르족을 빼곤 모두 위구르족이었다. 그가 내게 알려주길, 타타르족은 전국 50여 개 소수민족 가운데 중국 안에 본토가 없는 유일한 민족이라 한다. 그들은 20세기 전반기에 소련 국경에서 도망친 사람의 후예들인데, 떠난 주요 원인은 스탈린 정권에 반대했기 때문이다.

그 타타르족은 하얀 피부에 금발이었으며 위구르족 배우를 겸직한다고 했다.

"그는 가짜 양놈이죠." 폴라트가 농담했다. "당신이 진짜 양놈이고요."

보통 그 말은 서양의 것을 무작정 모방하는 중국인을 비유했다. 내가 타타르족에게 출연한 영화에 대해서 묻자, 폴라트가 그를 우아하게 비웃었다.

"넌 중국인에게 몇 번 죽었지?"

"한두 번." 그 사람이 웃으며 말했다.

"「아편전쟁」에서 넌 중국 여자에게 죽었잖아!"

교수인 다른 위구르족이 더 크게 말했다. "많은 민족대학 학생이 엑스트라로 활동합니다. 세트장에서 부상당한 사람도 있는데, 카자흐족 학생일 겁니다."

또 한 참석자는 어느 선전물에서 프랑스 제국주의자 역을 연기한 적이 있다고 말했다.

"전 중국 혁명가를 처단했죠." 자랑스럽게 말한 이는 교수였다. "저에게는 아주 근사한 날이었습니다."

다른 사람들이 모두 웃고 보드카 잔을 들어올렸다. 탁자엔 위구르족 요리, 양갈비 구이, 난, 꼬치구이와 채소볶음으로 가득 찼다. 밤이 깊어지자 남자들은 끊임없이 술을 마셨고 서서히 위구르어로 얘기해 끝에 가서는 한마디도 알아듣지 못했다. 나는 옆에 조용히 앉아 보고 들었다. 나는 위구르어의 성조, 그리고 이 남자들이 이 언어로 얘기할 때 얼굴에서 빛이 나는 모습이 좋았다. 만찬 끝에 폴라트는 자리에서 일어나 천천히 식탁을 돌면서 일일이 건배했다. 그날 밤 야바오로의 한가운데 그 식탁에서 그는 마치 세계의 중심에 있는 것처럼 보였다.

✦

수도에서 1년을 산 뒤 나는 이 도시 달력의 리듬에 비교적 익숙해졌다. 베이징의 시간은 불안정했다. 때로는 일주일이 영구한 것 같았다. 혹은 1999년의 국경일처럼 단 하루 아침을 맞아들이기 위해 몇 개월을 준비해야만 했다. 어떤 날들은 당에서 기념하고, 어떤 날들은 당에서 잊으려 했다. 일이란 반드시 발생하기 마련인데 어떤 날은 아무 일도 발생하지 않는다. 이따금 미래에 기억할 수 있는 새로운 순간을 만들었던 날들도 있었다.

종종 베이징 경찰은 특별한 날이 다가올 때쯤이면 이웃을 검사한다. 6·4 기념일일 수도, 국경절일 수도, 전국인민대표대회일 수도 있다. 여하를 막론하고 느낌은 똑같다. 거리에 경찰들이 출현하고 집집마다 호구 조사를 한다. 이때는 적합한 신분증이 없는 외부인에게 아주 불리하며 위구르족에게도 번거롭다. 큰 경축일이 다가오면 폴라트는 가능한 한 목소리 톤을 낮춘다.

그러나 경찰을 포함한 대부분의 베이징 사람에게 큰 경축일은 그저 성가실 뿐이었다. 명령이 의심의 여지 없이 상부에서 내려온다. 어느 부문이 하급 부문에 경계를 강화하라 지시하면, 이어서 그 말은 층층의 관료 체제를 통해 마지막인 지방 경찰에게 하달되는데, 그들은 직분을 다해 한차례 대소동을 벌인다. 그러나 보통은 그 일에 마음을 두지 않고, 표면적으로 일하는 체하면 그뿐이다. 그들이 문을 두드릴 때마다 나는 인기척도 내지 않고 문도 열어주지 않는다. 나는 호구를 등록하지 않았다. 법률 규정에 따르면 그곳은 기자가 거주할 수 없는 곳이기 때문이다.

물론 모든 신문기자는 특히나 이 도시의 달력에 보조를 맞춰야 한다. 모종의 특정 활동에 대해선 그에 맞는 기사를 준비해야 한다. 그날이 되면 기자들은 몇 시간 동안 톈안먼 광장을 지키며 항의 활동을 주시한다. 대부분은 재미없다. 어떤 때는 심지어 짜증이 나기도 한다. 이따금 나 자신이 어쩔 수 없이 그러한 날들을 주시하는 경찰 같다는 생각이 들기도 한다. 모든 것이 산발적으로 일어날 경우엔 파악하기가 힘들다. 이곳에선 항의하고 저쪽에선 기념일을 경축하는 경우엔 말이다. 이런 분열은 당에 더 유리하게 작용한다. 만약 한 사람이 6·4를 기념하기위해 광장에 갔고, 다른 한 사람은 파룬궁을 진압하기 위해 갔다면, 이두 사람은 결코 마주치지 않는다. 그 날들은 중첩되지 않는다. 달력은그냥 넘어가며 어떠한 기삿거리도 나오지 않는다.

그러나 만일 한 사건을 목도한 뒤 이어서 그 반향을 보게 된다면 느낌은 완전히 다르다. 그러한 상황에서 하나의 이야기 가닥이 세월을 가로질러 뻗어나갔고 시간상의 두 지점을 연결했다. 나에게는 그 두 시점중 첫 번째 날이 4월 25일이었다.

✦

1999년 4월 25일.

나에게 이 도시는 여전히 새롭다. 아침에 나는 종종 거리를 느껴보기 위해 목적 없이 자전거를 탄다. 시내 중심가에 왔을 때 호출기가 울린다. 공중전화를 찾아 『월스트리트저널』의 내 상사인 이언 존슨에게 전화를 건다. 그는 내게 쯔진청(자금성) 옆 중앙정부 소재지인 중난하이를 둘러보라고 한다. 사람들이 거기에서 시위한다는 소문이 있다.

원진가를 따라 서쪽으로 달려 베이하이공원을 지난 뒤, 나는 인도에 서너 명씩 늘어선 군중을 발견한다. 대다수가 중년으로 보이고 허름한 옷을 걸친 시골 사람들이다. 나는 본능적으로 그 숫자를 추정한다. 100, 500, 1000, 2000. 그 거리에만 대략 5000명 정도 있는 것 같고, 푸유가에는 사람이 더 많다.

잠시 동안 나는 숫자에만 빠져 있느라 다른 건 아무것도 눈치채지 못한다. 그러나 그때 고요한 정적이 나를 엄습한다. 누구도 구호를 외치지 않는다. 누구도 연호하지 않는다. 누구도 항의 노래를 부르지 않는다. 현수막도, 피켓도 없다. 사람들은 그저 그곳에 서서 차분히 거리를 응시하고 있다.

행인들이 혼란스러워한다. 몇몇 베이징 현지인은 자전거를 세우고 시위자들에게 왜 거기에 있는지 묻는다. 아무 대답이 없다. 어떤 사람이 화를 내기 시작한다.

"이런다고 무슨 결과가 있을 줄 압니까? 모두를 성가시게 할 뿐입니다. 왜 이런 짓을 합니까?"

침묵. 나는 말하고 싶은 사람을 찾을 수 있길 바라면서 자전거에서 내려 군중 속으로 들어간다. 중년 여성에게 말을 걸었으나 침묵한다. 노인도 침묵. 남성, 여성, 다른 남성에게 물어도 침묵, 침묵, 침묵. 마침내 40대 여성이 침묵을 깬다. 그녀는 다른 사람보다 옷을 갖춰 입었다. 그녀는 내가 알아들을 수 없는 억양으로 중국어를 말한다. 나는 그녀가 일종의 지도자라고 감지한다.

"우리는 파룬궁을 연마합니다. 우리가 요구하는 것은 관방의 승인일 뿐입니다. 사람들은 우릴 비난하고 오해하는데, 정부에서 우리가 좋은 단체임을 승인할 때까지 멈추지 않겠습니다."

우리가 잠깐 얘기를 나눈 사이 검은색 승용차가 길가에 섰다. 짙게 썬팅된 차창 하나가 내려간다. 어떤 사람이 안에서 신호를 보낸다. 그 여성이 급히 다가가자 문이 열린다. 1~2분 뒤 차에 탔던 그녀가 다시 내리고 자동차가 떠난다. 그러나 내가 다시 다가서자 그녀는 그저 고개를 젓는다. 한마디도 하지 않고 그녀는 침묵하는 시위 대중 속으로 사라진다.

✦

파룬궁의 첫 시위가 끝난 뒤 시간은 빨리 지나갔다. 어떤 의미에서 시간은 이미 흘러갔다. 1949년 공산당이 집권한 이래 중국의 종교 환경은 거대한 변혁을 겪었다. 기본적으로 공산당은 종교에 대해 비판적이었고, 문화대혁명 기간에 의도적으로 이를 파괴했다. 마오주의는 다른 신앙에 일말의 여지도 남겨두지 않았다. 그러나 마오쩌둥은 1976년에 사망했고, 문화대혁명도 이어서 끝을 맺었다. 2년 뒤 덩샤오핑은 개혁기를 시작했고, 중국은 다시 한번 19세기 이래 이 국가를 괴롭혀온 정신적 공백에 처했다.

지금 수많은 중국인은 마치 유물주의와 민족주의라는 불완전한 두 신앙을 신봉하는 듯하다. 그러나 전통적인 종교도 점차 소생했다. 교회당은 새로운 신도를 찾았고, 사찰과 도장도 재건되었다. 그러나 이러한 신앙은 엄격한 통제를 받았다. 공산당은 오로지 불교, 도교, 이슬람교, 천주교와 기독교 등 다섯 개의 합법적인 종교만을 승인했기 때문이다.

1980년대에 일부 중국인은 전통 호흡 운동과 명상을 포함하는 기공에 대해 관심을 갖기 시작했다. 이러한 수련 체계는 여태까지 '종교'로 보이지 않았다. 새로운 신앙을 선포하는 어떠한 시도도 당에 대한 도전으로 보일 수 있다. 따라서 기공 수련자들은 그들의 존재를 건강을 위한 운동의 일종으로 등록했다. 1990년대에 둥베이 출신 리훙즈라는 사람이 새로운 기공을 만들고 그것을 '파룬궁法輪功' 혹은 '파룬대법法輪大法'이라 불렀다. 그것은 다른 파와 마찬가지로 명상과 운동의 한 유형처럼 보였으나 명확한 차이가 있었다. 카리스마적 지도자가 있다는 점이다. 파룬궁 책에는 단련법 외에도 신앙의 요지들이 실려 있다. 수많은 파룬궁의 부호와 술어의 어원은 불교나 도교인데, 무엇으로 등록했건 느낌으로는 종교와 흡사하다.

파룬궁의 전파 방식도 종교와 같다. 파룬궁의 기공법에는 진眞, 선善, 인忍이라는 세 가지 기본 원칙이 있다. 이러한 간단한 도덕적 신앙은 개혁 개방에 대처하느라 피곤했던 일반 중국 인민들에게 상당한 흡인력을 발휘했다. 1990년대에 파룬궁 신도는 이미 수백만으로 증가했고, 수많은 사람이 새벽에 함께 공원에서 연마했다. 푸링에 거주할 때 찻집에서 파룬궁 수련자를 만난 적이 있는데, 그들은 나를 보자마자 가입시키려고 했다. 그들은 내게 리훙즈의 책을 주었고, 내가 사는 곳에 불시에 전화를 걸었다. 그들이 준 인상은 무례한 열정이었다. 나는 비록 새벽 전화벨 소리에 깨는 것을 끔찍히 싫어했지만, 파룬궁 신도들을 실제로 만나면 그들은 언제나 예의가 발랐다. 그 성의는 전혀 의심할 여지가 없었다. 파룬궁을 수련하는 사람들의 생활엔 규율이 있었다.

1990년대 말기에 중국 매체의 일부 회의론자가 파룬궁이 미신적이고 건강하지 못하다고 비평하기 시작했다. 이후 어떤 기사가 마음에 들지 않으면 파룬궁 신자들이 매체 밖에서 평화 시위를 조직하여 철회를 요구하는 패턴이 나타났다. 대부분 저급한 매체들이었는데, 차츰 집단 항의로 번거롭게 되는 위험을 무릅쓰기보다는 한 걸음 물러서는 게 낫다는 걸 알게 됐다. 1998년 5월 베이징방송국이 파룬궁을 비평한 한 교수의 인터뷰를 방송한 뒤 항의 신도 2000여 명이 방송국 밖에 모였다. 당시는 마침 베이징 달력에서 민감한 시기였다. 6·4가 다가오고 있었다. 방송국에서는 재빨리 파룬궁에 대해 동정을 표하는 프로그램을 내보냈고, 항의하던 신도들이 해산했다.

이로부터 신도들은 평화적 시위가 유효한 도구임을 배웠고, 그들도 효율적인 조직으로 바뀌었다. 1999년 4월 텐진대학의 한 간행물에 미국으로 이민 간 리훙즈에 대해 비우호적인 평론이 실렸다. 신도 수천 명이 교정에 운집했으나, 이번엔 간행자 측이 정정 요구를 거절했다. 결국 항의자들은 국가 영도자에게 직접 하소연하고자 베이징으로 이동했다. 그것이 내가 직접 목도한 4월 25일의 시위다. 그날 고위층 인사는 마침내 파룬궁 대표자를 접견하는 데 동의했고, 대표자들은 입장을 밝힌 뒤 군중들에게 평화적으로 해산하라고 알렸다.

항의 활동은 평화적으로 막을 내렸다. 그러나 선을 넘었다. 처음으로 국가 지도자들은 파룬궁이 이미 조직적으로 변한 것을 의식했다. 그 뒤 몇 주 동안 정부는 중국에서 확실히 나쁜 조짐을 대표하는 침묵으로 이 사건에 응답했다. 베이징 신문은 항의에 대해 한마디도 언급하지 않았다. 텔레비전 뉴스에서도 보도하지 않았고 변론이나 공개적인 폭로도 없었으며 어떠한 해설도 없었다. 몇 주 동안 이 도시는 단지 기다릴 뿐이었다.

연후에 폭풍이 다가왔다. 7월 22일 정부가 파룬궁을 금지했다. 더 많은 시위가 벌어졌고 체포가 뒤따랐다. 리더들은 강제노동수용소로 보내졌다. 10월 26일 공산당이 공세를 강화해 과장된 공고를 내 파룬궁은 '사교邪教'라고 선포했다. 그러나 신도들은 계속해서 항의했다. 그들은 톈안먼 광장에 자주 와서 현수막을 펼치거나, 연화좌로 앉거나, 파룬궁 수련의 시작 동작으로 팔을 머리 위로 들어올렸다. 사복 경찰은 광장에서 감시하고 기자들은 그들을 주시했다. 오래지 않아 홍콩 인권 단체가 발표하기 시작했다. 신도들이 경찰에게 구금되었을 때 구타당해 죽었다고.

2월 산둥 작은 마을에서 온 천쯔슈라는 할머니가 그녀를 뒤따라온 현지 경찰에 의해 구류되었다가 사망했다. 그녀는 베이징으로 시위하러 왔던 신도 가운데 한 명이었다. 그러나 미처 광장에 도착하기도 전에 사복 경찰에게 체포되었다. (파룬궁 회원은 그들의 신앙을 숨기려 하지 않았기 때문에 경찰은 항상 광장 부근에서 순시하며 사람들에게 신도인지 물었다.) 천 할머니가 죽은 뒤 딸은 진상을 공개해줄 수 있는 사람을 찾고 싶었다. 온갖 인맥을 동원하여 내 상사인 이언 존슨과 연락이 닿았다. 이언은 그 딸을 만나본 뒤 정말로 『월스트리트저널』의 1면에 실었다. 그 뒤 이언은 계속 쫓아다니며 파룬궁의 조직과 경찰의 반응을 보도했다. 그는 이것이 또 다른 상의하달 방식의 명령이었음을 발견했다. 신도가 관할 구역을 벗어나 베이징에서 시위하면 현지 경찰에게 벌금을 문 것이다. '파룬궁은 금지'라는 상부의 생각이 기층으로 내려오면 구체화된다. 단지 폭행만이 남는데, 가장 우둔하고 가장 현실적인 이유, 즉 돈 때문이다.

그것을 알기도 전에 4월 25일이 또다시 돌아왔다. 베이징 달력은 또다른 새로운 기념일을 갖게 되었다.

✦

2000년 4월 25일.

이언이 광장을 떠난 뒤 내가 오후에 당번을 선다. 하늘은 황색이다. 베이징 봄철의 황사 시기라 고비사막에서 남쪽으로 불어오는 모래가 공기 중에 가득한 날이다. 이 사이로 스며든 바람 맛이 느껴진다.

광장 도처에 사복 경찰이 깔려 있다. 어떤 사람은 기념품 상인으로 분장하고, 어떤 사람은 관광객으로 가장한다. 늘 그렇듯이, 짧은 상고머리에 해진 바지와 싸구려 바람막이 재킷을 걸친 남성이 많은 것 같다. 의복은 형편없고 사복 경찰이라기엔 졸렬하다. 배회하다가 머무르고 서서 바라본다. 그들은 지적하는 경향이 있다. 오래지 않아 이러한 사람들이 훈련받지는 않았음을 알게 된다. 그러나 그들의 일은 협박이지, 침투가 아니다. 그들이 받은 명령은 단 하나다. 어떤 방법을 써서라도 곧바로 항의자들을 쫓아버리는 것이다.

그들은 시위자들을 감시하는 동시에 외국 기자도 지켜본다. 사진기자는 언제나 불행한 운명을 맞는다. 매번 구금된다. 유일한 문제는 그들이 경찰에 의해 카메라를 빼앗기기 전에 사진을 찍어서 필름을 감출 수 있느냐 하는 것이다. 글 쓰는 기자는 비교적 활동이 수월하여 몇 가지 규칙만 지키면 된다. 사람들이 있는 곳에서는 어떤 것도 쓰지 말 것, 수첩을 꺼내지 말 것, 중국어로 누구와도 이야기하지 말 것. 되도록 관광객으로 가장해야 한다. 설령 구금되더라도 광장에 관광 온 거라고 우기면 된다.

나는 미국 여행단에 뒤섞인다. 아주 그럴듯한 명분이다. 다른 남성 관광객들처럼 나도 야구 모자를 쓰고 있다. 나는 그들의 사투리를 알아듣는다. 중서부 사람들의 평평한 음과 생경한 R 발음. 한 남성은 내게 일리노이주에서 왔다고 말한다. 다른 한 사람은 아이오와주에서 왔다. 우리는 젊은 중국인 가이드를 둘러싸고, 가이드는 우리를 광장 북쪽의 깃대 밑으로 데려간다. 그리고 일장 연설이 시작된다.

붉은색은 공산주의의 색깔입니다. 중국의 전통에서도 역시 행복의 의미를 갖습니다. 중앙의 큰 별은 공산당을 상징합니다. 네 개의 작은 별은 노동자, 농민, 지식인, 부르주아 등 네 계급을 상징합니다.

연설은 개인적인 이야기로 바뀐다. 가이드의 사촌 형이 이전에 광장에서 국기 호위대를 맡았는데, 몇 시간이 지나도 조금도 흐트러지지 않은 자세로 깃대 옆에 서 있었으며, 너무나 자랑스러워서 조금도 피곤한 줄 몰랐다고 말한다. 나는 지어낸 이야기라고 마음속으로 생각한다. 그때 키 작은 한 남성이 우리 앞에서 연화좌로 앉는다.

외치는 소리, 명령하는 소리, 달리는 소리. 사복 경찰 대여섯 명이 뛰어온다. 경찰이 그를 강제로 무릎 꿇게 할 때 승합차가 이미 먼 광장에서 쏜살같이 우리 앞으로 달려오고 있다. 그 항의자는 아무것도 말하

갑골문자

지 않는다. 그는 대략 35세 정도로 농민들이 입는 간단한 남색 면옷을 걸쳤다. 사지에 힘이 빠진 그가 승합차에 실린다. 창문이 커튼으로 가려져서 아무도 차 안을 볼 수 없다. 그들은 차를 몰고 광장의 먼 곳으로 돌아간다.

"빌어먹을." 한 서부 사람이 말한다. "그냥 땅에 앉았을 뿐인데."

얼굴이 붉고 뚱뚱한 한 남성이 운 좋게도 사진 한 장을 찍었다.

"사진을 찍었습니다!" 그가 소리쳤다. "내가 그 장면을 찍었어요!"

그가 웃으면서 자신의 카메라를 흔들었다. 자신을 주시하는 날 보자 활짝 웃는 얼굴로 내게 다가온다.

"내가 사진을 못 찍었으면 어쩔 뻔했어요!"

"카메라를 숨기는 게 좋을 겁니다."

내가 낮은 소리로 말한다. 그러나 벌써 다른 승합차가 빠르게 다가온다. 제복을 입은 경찰이 뚱뚱한 중서부 사람을 가리키며 중국어로 말한다.

"카메라 주시오."

가이드가 서둘러 통역한다. 중서부 사람은 전혀 저항하지 않고 카메라를 경찰에게 넘긴다. 경찰이 필름을 빼낸다. 경찰이 가이드에게 뭐라고 말하자, 가이드는 대번에 걱정스러운 표정을 짓는다.

"경찰이 우리가 그와 함께 가야 한다고 말합니다. 경찰서에 가서 몇 가지 물어볼 게 있다고요."

그 중서부 사람은 입을 벌린 채 그 자리에 서 있다. 나는 지금이 이 광장에서 잠시 벗어날 적기라고 생각한다. 내가 돌아왔을 때 한 중년 여성이 깃대 앞에서 현수막을 펼치려고 한다. 한 사복 경찰이 그녀를 강하게 제압한다. 다음 항의자도 여성이다. 그녀는 깃대 오른쪽에 서서 두 손을 머리 위로 올렸고, 사복 경찰 두 명이 달려가 그녀를 강박하여 팔을 내린다.

나는 근처에서 이탈리아 관광단을 발견한다. 남성들 모두가 멋지게 차려입은 것은 절망적이지만 그래도 나는 유럽 사람처럼 보이려는 미약한 시도로 야구 모자를 벗는다. 중국인 가이드는 이탈리아어로 말하고, 나는 그의 말을 "큰 별은 공산당을 상징하고……"라고 상상하며 알아듣는 척한다. 그러나 멀지 않은 곳에서 짧은 상고머리 남성이 나를 뚫어져라 바라보더니 다른 상고머리 남성에게 무언가 말을 건넨다. 나는 떠날 때가 되었다고 결심한다.

갑자기 깃대에서 소란이 일어난다. 10여 명의 남녀가 동시에 구호를 외치고 손을 들고 현수막을 펼친다. 사복 경찰이 급히 달려들지만 처음에는 그들을 제압하는 데 어려움을 겪는다. 경찰이 주먹을 날리고 사람들이 울부짖는다. 한 남자는 땅에 고꾸라져 발길질당한다. 계속해서 발에 차인다. 항의자들이 하나둘 끌려간다.

마지막에는 한 아이가 혼자 서 있다. 그 여자아이는 일곱 살 정도 되었고 아마도 부모와 함께 왔을 테지만 모든 어른이 이미 승합차 안으로 끌려 들어갔다. 여자아이는 녹색 스웨터를 걸치고 머리엔 녹색 리본을 달았다. 경찰이 아이를 데리고 차를 향해 가는 동안 아이는 땅만 내려다본다.

이탈리아 관광단은 승합차를 응시한다. 아무도 말을 꺼내지 않는다. 침묵은 혼탁한 공기와 마찬가지로 무겁다. 그 아이는 마지막으로 광장에서 잡혀간 신도다.

◆

Cadres(간부)

Censorship(심사)

Cities(도시)

Civil Society(시민 사회)

Confucius(공자)

Constitution(헌법)

Consumer(소비자)

CPPCC (중국인민정치협상회의)

Cultural Revolution(문화대혁명)

사무실로 돌아와서 나는 항의 활동에 대한 외국 신문의 관련 보도를 분류하여 보관하고 나만의 이야기를 적었다. 그러나 나는 기념일도, 광장의 장면도 모두 이해할 수 없었다. 학자들은 종종 법치주의로의 전환에 대해 이야기했고, 나는 중국의 변화가 안정된 후 언젠가는 그것이 한 논리적 지점에서 다른 지점으로 이동하는 점진적 진행처럼 보일 것임을 감지했다. 그러나 이러한 과정의 한가운데서 생활한다는 것은 완전히 다른 느낌이다. 나는 매춘부, 암시장 상인, 불법으로 화폐를 교역하는 사람으로 둘러싸인 할리우드에서 밥을 먹을 수 있었다. 이후 나는 15분 정도 자전거를 탔으며 머리 위로 손을 높이 들었다고 누군가가 체포되는 것을 보았다.

개인적 측면에서 보면 비교적 이해하기 쉬웠다. 솔직히 말해 중국에서 법을 어기는 행위는 자연스러운 일이었다. 무수한 법령과 규율이 있지만, 그 가운데 다수가 불합리했다. 이 국가는 너무나 빨리 바뀌어서 합리적인 법령도 이내 시대에 뒤떨어진다. 실제로 내가 잘 아는 중국인은 모두 불법을 저지르고 있었다. 위법의 정도가 약하기 때문에 그들은 전혀 걱정하지 않았다. 변칙적인 아파트 등기라든가, 허가증이 없는 도매상인으로부터 상품을 구매하는 작은 장사인 경우에 그러했다. 때로는 코믹할 때도 있다. 베이징에는 심야에 개를 데리고 밖으로 나와 산책하는 사람들이 늘 있었다. 보통 쥐처럼 생긴 페니키즈를 끌고 나온 졸린 견주들은 경찰을 보면 정신을 바짝 차렸다. 왜냐하면 강아지를 키우려면 공식 허가증이 필요한데, 이게 엄청나게 비쌌기 때문이다. 그들은 애완견을 데리고 산보하는 게릴라였다.

개인에게 무슨 문제가 있든, 그것은 그 자신의 문제였다. 스스로 해결해야 했다. 합리적인 시스템 감각이 없으면, 사람들은 다른 사람의 문제에 연결되어 있다고 느끼는 경우가 거의 없었다. 파룬궁 탄압은 대다수 중국인을 불안하게 했을 것이다. 파룬궁은 일련의 사소한 정치적 오판을 하는 것 이상으로 나쁜 짓을 저지르지는 않았다. 그러나 일반 민중은 신도들에게 어떤 동정도 표하지 않았다. 왜냐하면 그 문제가 법과 자신의 관계에 어떻게 연결될 수 있는지 상상할 수 없었기 때문이다. 어떻게 보자면 이것은 문화적 특성이었다. 중국인은 결코 강렬한 사회적 유대 관계를 중시하지 않았다. 가정과 친족 집단이 가장 중요했다. 합리성이 결여된 법적 풍토 탓에 사람들은 완전히 자기 문제에만 전념할 뿐이었다.

외국인은 필연적으로 더욱 고립감을 느꼈다. 나는 다른 사람과 똑같이 모호한 법령과 필요한 법규 위반이라는 환경에 처해 있었다. 그러나 나는 이러한 체계에서 덜 위험했다. 내가 광장의 항의자에게 얼마나 동정심을 갖든 나는 시종 스크린을 통해 그들을 바라볼 뿐이었다. 내가 그러한 상황에 처할 가능성이 전혀 없었기 때문이다. 나는 경찰에게 맞아 죽거나 강제노동수용소에 끌려가지 않을 것이다. 최악의 경우라도 정부는 나를 중국에서 추방할 수 있을 뿐이었다. 이는 때때로 나를 곤혹스럽게 했다. 왜냐하면 나의 중국 생활이 내가 관찰한 사건들의 풍자처럼 보였기 때문이다. 그러나 사건 속에서 깊이 생각할 시간을 찾기란 어려웠다. 보통 난 그저 일을 끝내야 했다. 나와 수많은 민중 사이에 연결점이 하나 있었다. 우리 모두 냉정하게 현실적이었다.

그해 봄 나는 1년간 문의 편지를 보낸 끝에 『내셔널지오그래픽』에서 일을 받게 되었다. 그들은 나에게 중국의 고고 유적지에 가보라 했다. 그러나 난 당국의 공식적인 도움을 받아야만 단기 기자 비자를 신청할 수 있었다. 중국 정부는 중국에서 불법으로 거주하는 작가에게 자유롭게 인터뷰하고 보도하는 것을 허락하지 않았다.

다행히도 두 번째 여권을 신청할 수 있었다. 나는 홍콩으로 날아가 여권을 바꾸고 기자 비자를 신청했다. 그 뒤 새로운 비자를 가지고 국경을 넘어 선전에 왔다. 연후에 고고 유적지에 갔다. 조사를 마친 뒤 나는 홍콩으로 돌아가 구여권을 받은 뒤 다시 국경을 넘었다.

이러한 과정은 나를 주시하고 있는 어떠한 중국 관리에게든 의심스럽게 보일 일이었다. 만약 나를 자세히 조사했다면, 그들은 대략적으로나마 내막을 알았을 것이다. 나는 합법적인 직업도 없었고, 거주하는 아파트 등록 수속도 하지 않았다. 나는 많은 시간을 야바오로에서 위구르족이나 브로커 상인과 왕래하며 보냈다. 북한 국경에서 도둑맞은 뒤엔 경찰서에 가서 신고한 적도 있었다. 4년 전, 미국 정부는 냉전이 고조기에 달했을 시기에 설립된 조직인 평화봉사단의 일원으로 나를 중국에 파견시켰다.

나는 중국 당국이 모든 것을 알고 있다고 생각했다. 그러나 한 번에 모든 것을 다 아는 것과는 달랐다. 이는 추측인데, 중국이 정보 분석보다는 정보 수집을 잘한다는 느낌이 들었다. 그들의 파일을 상상할 때면 나는 그것들이 『월스트리트저널』 지사의 것보다는 한없이 더 크며, 알파벳 자모보다 더 특이한 모종의 체계에 따라 배열되었을 것이라고 생각했다. 나의 기자 비자는 어느 한 곳에 기록되었을 것이고, 나의 상업 비자도 어느 곳에, 그리고 나의 위조된 아파트 등기도 또 다른 한 곳에 기록되었을 것이다.

혹시 주의를 받기라도 한다면 모든 것이 한꺼번에 노출될 것이다. 이러한 걱정이 언제나 가슴속에 도사리고 있었다. 특히 내가 더 많은 보도 작업을 찾고 있기 때문이었다. 5월에 나는 처음으로 기삿거리를 『뉴요커』에 팔아 단둥에서 도둑맞은 사건을 실었다. 내가 선전 특집 기사를 제안하자 편집자들이 동의했다. 마침내 나는 스크랩 일을 그만뒀다. 하루에 300달러를 받았던 그해의 세계경제포럼 이후 나는 다시는 책자와 광고물을 쓰지 않겠다고 맹세했다. 나는 풀타임 기사 쓰기에 종사하기로 결심했으며, 그러니 합법적인 신분이 필요했다.

허가증을 얻기는 잡지보단 신문이 더 용이했다. 나중에 내가 『보스턴글로브』와 계약을 맺은 이유이기도 하다. 그들은 베이징 주재 겸직 특약 기자를 찾고 있었는데, 무급에다가 심지어 수당도 없었다. 다만 내가 서류를 갖추기만 하면 그들은 내가 허가받는 일을 도와줄 수 있었다. 중국 외교부에선 이력서, 일생기, 사업자등록증, 소개장, 전문 자격 보증서 등 무수한 신청 서류를 요구했다.

이 문서는 피터 헤슬러가 외국 특파원으로 일하는 데 요구되는 사항에 부합하는 경력을 가진, 완전한 자격을 갖춘 기자임을 증명한다.

나는 모든 것을 스스로 작성했다. 이언을 통해 『월스트리트저널』이전에 사용한 적 있는 옛 신청서를 본 뒤 이것을 개조한 뒤 『보스턴글로브』에 보내 편집자에게 서명을 부탁했다. 언어는 매우 중요했다. 모든 글자는 정식이어야 했다. 세부 내용도 분명히 설명해야 했다. 설령 진실한 증빙 자료가 없더라도 나는 반드시 종이에 공식적인 삶을 창조하여 문제가 발생했을 때를 대비해야 했다. 나는 과거 1년 동안 홍콩과 미국에서 거주했다고 공언했다. 나는 베이징 주재 『월스트리트저널』의 주소지에 가상의 『보스턴글로브』 사무실을 열었다. 이언이 서명하고 신문사 도장을 찍었다. 경찰서에는 외교부 공관에 산다고 등록했다. 그곳은 내가 하룻밤도 거주한 적이 없었던 곳이다.

이력서에서 나는 학력과 경력이 모두 우수한 기자로 나를 묘사했다. 이 사람은 대학에서 복수 학위를 취득했으며, 심후한 교직과 창작의 배경을 가지고 있다. 그는 중국 연구에 종사하지만 정치, 종교와 인권에 대해선 모두 관심이 없다. 신장과 티베트에 대해서도 개의치 않는다. 그는 경제 기사를 좋아한다. 그는 총명하다. 그러나 개혁 개방으로 눈을 어지럽게 할 정도로 총명하지는 않았다.

2부

친애하는 신문 책임자께

과거 20년 동안 경제개혁은 중국에 거대한 변화를 가져다주었습니다. 이는 생활수준의 현저한 향상뿐 아니라 외국과의 새로운 왕래도 포함됩니다. 중국은 세계무역기구에 가입했는데, 이는 세계 경제에서의 중요성을 반영하며 세계는 오늘날 중국에 대한 보도를 무시할 수 없습니다. 미국 최대의 신문 중 하나로 『보스턴글로브』의 중국 기사는 우리의 국제관에 매우 중요한 역할을 할 것으로 믿습니다.

◆

5월이 되자 암시장 환율이 1달러에 인민폐 8.6위안으로 떨어졌다. 폴라트는 오후가 되면 보통 한가했고 우리는 위구르족 식당의 노대에서 몇 시간 동안 앉아 있었다. 그들은 더 이상 맥주를 맨홀 밑에 두지 않았다. 주인이 마침내 냉장고를 샀다. 이는 중국 경제개혁이 가져다준 큰 변화였다. 그러나 사실대로 말하면 나는 이전의 시간이 그리웠다. 베이징에서 감성적인 일은 흔히 1년이면 사라졌다.

이 도시에서는 나토 폭격 1주년을 조용히 보냈다. 어떤 시위나 공개적인 기념 활동도 없었다. 외국 신문의 보도는 몇 줄에 그칠 뿐이었다. 저녁에 날씨가 따스해지자 우리는 식당에 늦게까지 앉아서 오가는 무역상들을 바라보았다. 그들의 일 중 몇 가지는 이미 옛날이야기가 되어버렸다. 검은색 아우디 차 안에서 환전하거나 혹은 담뱃불로 자기 팔뚝을 지지던 일들 말이다.

하루는 북한 대사관 사람들이 식당으로 점심을 먹으러 왔다. 폴라트는 몇몇 위구르족 친구와 그곳에서 식사하고 있었다. 그들은 한동안 북한 사람들을 지켜보았다. 결국 폴라트가 일어서서 그들 탁자로 걸어갔다.

"저는 이 브로치를 좋아합니다." 그는 한 남성의 옷깃에 달린 김일성 배지를 가리켰다. "1달러 드릴 테니 파세요."

북한 사람이 그를 상대하지 않자, 폴라트가 "2달러"라고 말했다.

북한 사람은 일어서서 국수를 다 먹지도 않은 채 떠나버렸다. 우리는 두 번 다시 위구르족 식당에서 그들을 볼 수 없었다.

✦

그해 여름에 폴라트는 새로운 신분증을 샀다. 그날 미국 대사관 부근의 기성복 시장에서 그는 자칭 '비자 상담사'라는 중국인을 만났다. 대화를 시작하고 그 사람이 폴라트에게 명함을 주었다.

문화교류공사文化交流公司

폴라트는 야바오로에서 멀지 않은 그 회사를 방문했다. 8800달러만 주면 그 사람은 폴라트에게 서류, 비자, 비행기 티켓 등 모든 것을 준비해줄 수 있다고 말했다. 폴라트는 몇 번 더 가보더니 그 회사를 믿을 수 있다고 확신하고 그들에게 수속을 맡겼다.

처음으로 해야 할 일은 믿을 만한 이야기를 만드는 것이었다. 그 사람은 폴라트의 여권을 자세히 들여다보더니 모든 출국 기록을 적었다. 그리고 이러한 기록과 완전히 부합하는 신분증을 만들었다. 그는 폴라트가 중국 대학의 석·박사 학위가 있어야 하고, 전 세계에 고급 무역 거래가 있는 회사와 일을 해야 하는 것으로 결정했다. 가장 중요한 것은 그가 부자여야 한다는 점이다.

회사 담당자는 꽌시를 동원해 새로운 증서를 손에 넣었다. 정부의 관인이 찍힌 종이 한 장은 폴라트의 석·박사 학위를 증명했다. 다른 한 장은 그가 큰 무역 회사의 사장임을 증명했다. 한 은행에서는 그가 300만 달러에 해당하는 예금이 있음을 증명했다. 그는 새로운 중국 주민증을 입수했는데, 그에게 네 명의 아이가 있는 것으로 되어 있다. 부양해야 할 아이가 많고 은행에 많은 돈을 저축한 상황이라면, 폴라트는 출국한 뒤에 반드시 돌아와야 할 것이다. 미국 대사관에서는 그를 의심할 어떤 이유도 없었다.

모든 것이 다 준비되자 폴라트는 내게 자신의 새로운 신분을 언급했다. 계획을 설명할 때 그는 법률적으로 새로운 신분은 가짜가 아니라고 강조했다. 모든 서류는 완전히 합법적이라는 것이다. 다만 서류의 내용만 가짜다. 종이만 가지고 말한다면 폴라트의 새로운 신분은 매우 진실하다.

그리고 미국 측은 더 간단했다. 정부 서류나 은행 잔고 증명도 요구하지 않았다. 문화교류공사는 로스앤젤레스에 연락책이 있어, 그 연락책이 위조 회사 명의가 있는 편지를 작성하여 초청장을 보냈다. 그 편지는 짧고 모호했으며 간명 영어로 쓰였다.

친애하는 폴라트 씨께
저는 2000년 10월에 2주간 당신의 미국 방문을 맡아 초청할 수 있어 기쁘게 생각합니다.

이번 방문의 목적은 우리 생산라인을 참관하고, 몇몇 미국 회사와 만나는 일입니다. 미국에는 같은 종류의 생산품을 도매하는 수많은 회사가 있습니다. 여하튼 당신은 반드시 직접 와서 생산품을 보고서 가격을 협상해야 합니다.

미국 대사관에 비자 면접을 하러 가기 하루 전날, 그 상담사는 폴라트에게 다섯 시간 동안 질문을 퍼붓고 나서 모든 이야기를 그가 기억하고 있다고 확신했다. 이러한 이야기들은 폴라트가 체험한 모든 여행을 뒷받침하여 그의 새로운 신분을 증명하는 데 필요하기 때문이다. 설령 네팔에서의 썩은 포도, 카자흐스탄에서의 벌레 먹은 의복 같은 좋지 않은 경력일지라도 모두 다 그를 빈틈없는 사업가로 만들어놓았다. 게다가 한 걸음 나아가 그는 돈 있는 사람, 네 아이를 키우는 아버지가 되었고, 로스앤젤레스에 2주간 규정대로 출장 계획이 잡힌 기업 소유주가 되었다.

실제 면접은 5분도 걸리지 않았다. 나중에 폴라트의 기억에 따르면, 그 관리는 두 가지 질문을 했을 뿐이다. 미국에 얼마나 머물 생각입니까? 여권에 쓰인 대로 신장에서 태어났습니까? 폴라트는 대답했다. 2주일, 그리고 그렇습니다. 그 관리는 그의 여권에 도장을 찍으며 "미국에 오신 것을 환영합니다"라고 말했다.

거북의 소리

안양에서 발굴된 수많은 유물과 마찬가지로 지하 도시도 똑같이 문자의 힘을 통해 재현되었다. 20세기 내내 중국에서 안양은 가장 조심스럽게 발굴된 지역인데, 이곳의 모든 작업은 갑골로 거슬러 올라갈 수 있다. 지도를 든 고고학자, 뤄양 삽을 든 농민 등 몇 세대의 중국인이 이곳에 와서 동아시아 최초의 서사 문자를 찾았다.

탐색은 질병에서 시작되었다. 병든 국가의 병든 사람이 계기가 됐다. 1899년 베이징에서 왕의영의 한 친척이 학질에 걸렸는데, 의사가 그에게 전통 한약을 처방했다. 약재에는 '부패된 거북 껍질'이 포함되어 있었다. 그는 약방에서 옛날 귀갑을 구입했다. 그런데 그것을 빻으려던 순간 어떤 사람이 귀갑에 중국 고대 문자 같은 게 새겨져 있는 것을 알아챘다. 그들은 청나라 관리이자 국자감 좨주이며 금석문 학자인 왕의영에게 보여주었다. 이를 연구한 뒤 왕의영은 다른 귀갑을 모두 사들였다.

지금은 많은 역사학자가 그 학질 전설을 가짜라고 생각하며, 갑골을 발견한 시점에 대해서도 논쟁이 있다. 하지만 왕의영이 이러한 새긴 글자가 있는 귀갑을 최초로 성실하게 수집한 사람임은 의심할 나위 없는 사실이다. 게다가 그는 확실히 베이징의 약방에서 매입했다. 약방에서는 그것을 '용골龍骨'이라 불렀다. 뒤에 중국학자들은 그것을 '갑골문'이라 불렀다.

이러한 유물이 나타난 시기가 뜻밖이었다. 유물은 19세기 말 아편전쟁 이후 중화제국이 조금씩 와해되면서 나타났다. 미얀마 북쪽과 주룽은 영국이, 통킹과 안남은 프랑스가, 대한제국과 포르모사(타이완)는 일본이, 만주는 소련이 차지했다. 독일인은 광산 개발권을 얻었고, 프랑스인은 철도 부설권을 가졌다. 미국인들은 노골적인 제국주의를 단념했고 그들의 문호개방정책은 언뜻 들으면 중국을 보호하는 듯했으나, 실제로는 다른 나라들과 같은 것 이상을 요구했다. 갈수록 많은 선교사와 외국 상인이 중국에 왔다. 19세기 말에 이르러 산둥에서 반외세를 외치는 하층 사회의 농민과 노동자들의 분노가 터져 나왔고 그들은 무리 지어 의화단이라 자칭했다. 의화단은 외국 선교사와 중국의 신도를 목표로 삼아 살육하고 약탈했다. 폭동이 전국으로 확산된 뒤 청 정부는 표면적으론 제지했으나, 비공식적으로는 많은 관리가 민중의 분개에 대해 마음속으로 기뻐했다.

시국은 비록 불안했지만 왕의영은 재빨리 갑골문을 해독했다. 그 점이 갑골문의 진정한 마법이었다. 이집트 상형문자와 달리 갑골문은 발견된 날부터 해석될 수 있었다. 이집트 상형문자는 몇 세기를 지나서 로제타 스톤이 발굴된 뒤에야 해독할 수 있었다. 지금 한자는 여전히 인류가 사용하고 있는 가장 오래된 문자 체계다. 왕의영은 이러한 귀갑이 중국의 서사 역사를 앞당길 수 있을 거라 추측했다. 그는 그것이 상 왕조까지 거슬러 올라갈 수 있다고 믿었다. 상 왕조는 19세기 외국 학자들이 신화로 묘사하던 조대다. 상나라가 허구로 보였던 원인은 극히 간단한 청동기 명문 외엔 문자가 출토된 적이 없었기 때문이다.

그러나 의화단의 활동이 왕의영보다 빨랐다. 그들은 외국 선교사와 기술자를 죽여버렸다. 그들은 전신선을 끊어버리고 기차 선로를 훼손시켰다. 1900년 여름에 이르러 외국 연합군은 조약지 소재의 항만에서 집결하기 시작해 청나라 군대와 정면충돌했다. 이해 6월 청 조정은 마지막으로 의화단 편에 서서 외국 연합군에게 전쟁을 선포했다. 베이징에서 폭도들은 외국인을 포위 공격하여 교회당과 대사관 안으로 몰아넣었다.

청조 관리였던 왕의영은 베이징 의화단 군대의 지휘관으로 임명되었다. 그는 원하지 않았지만 명령을 받아들였다. 그는 청 조정이 약한 줄 알고 있었지만, 책임이 이유보다 더 중요함을 알았다. 8월 14일, 2만 명의 8개국 연합군이 손쉽게 베이징을 공략하여 차지했다. 연합군이 동쪽에서 도성을 공격하자 황태후와 어린 황제는 시안으로 도피했다. 왕의영은 도피하고 싶지 않았고, 심중의 치욕은 더더욱 도피할 곳도 없었다. 성 중심가 부근의 시라후퉁에서 이 학자는 아내, 큰며느리와 함께 음독하고 우물에 몸을 던져 자살했다.

왕의영이 자살한 뒤 그의 친구이자 학자인 유악이 대략 1000여 편의 갑골을 넘겨받았다.

王占曰:"有祟, 其有來難."
왕이 점괘를 보고 말했다. "재앙이 있다. 재난이 닥쳐오리라."
登人三千, 以代邛方, 我愛佑.
우리가 3000명을 모아 공방을 공격하면 도움을 받을 것이다.
旬亡禍.
열흘 동안 재앙이 없을 것이다.

✦

이러한 갑골은 소의 견갑골과 거북의 흉갑인데, 그것들을 가져다 사용한 이유는 표면이 평평하여 쓰기에 적합했기 때문이었을 것이다(흉갑은 거북의 배를 보호하는 아래 껍질이다). 상나라 사람은 갑골 뒤에 작은 홈을 뚫어 약하게 만들었다. 점치는 사람은 갑골 표면에 균열이 생길 때까지 불로 그 홈을 그슬렸다. 어찌 된 일인지 균열이 생기는 이 순간에 다른 세계, 즉 상나라 왕의 역대 조상뿐 아니라 대자연의 풍우와 홍수를 다스리는 힘에서 온 소리가 포착됐다. 상대 사람들은 제물을 바쳤고, 장차 발생할 일에 대해 조언을 구했다. 다음 세대에 이러한 점복은 때로 '거북의 소리'라고 불렸다.

균열의 흔적을 해독하는 일은 왕과 다른 점쟁이가 맡았으며 그들의 해독 결과는 갑골 위에 새겨놓았는데, 오늘날 읽는 것은 그 진술의 메아리다. 우리는 그 서사를 역사로 간주하며, 전통 중국 문화는 보통 요원한 과거를 이상화하는 경향을 특징으로 한다. 하지만 중국 고고학의 아이러니는 가장 이른 서사 문자가 실은 미래를 예측하려는 시도에서 나왔다는 점이다.

旬亡禍.
열흘 동안 재앙이 없을 것이다.
王往田; 湄日不遘大風.
왕이 사냥을 간다, 온종일 거센 바람을 만나지 않을 것이다.
帝弗終玆邑.
제는 이 부락을 파괴하지 않을 것이다.

가장 긴 갑골문이라 하더라도 200자도 되지 않으며 대부분이 극히 짧다. 청동기에서 발견된 일부 명문을 제외하고 그것은 이미 알려진 상나라 문자의 확장이다. 고고학자들은 안양 지구의 이후 문화와 마찬가지로 상인도 죽편竹片에 글자를 새겼다고 믿는다. 그러나 죽편은 중국의 중부 평원 지대에서는 빨리 훼손된다. 안양에서는 빗물이 건조한 토양에 쉽게 스며들어 썩기 쉬워서 보존하기가 어렵다. 이러한 특성 또한 중국의 고고학을 세계 다른 지방의 것과 다르게 만드는 점이다. 옛날 이집트 문헌이 수세기 동안 보존될 수 있었던 것은 그곳의 기후가 건조하기 때문이다. 지중해 동부 연안의 근동에선 고문화가 오래 사용될 수 있는 점토판에 기록되었기 때문에 황실의 점복, 세수稅收 기록, 학생의 수업 장면 등 고고학 문물이 발굴될 수 있었다. 거기에선 제왕의 소리를 들을 수 있고 수메르 어린이의 말을 들을 수 있다. 그러나 상나라에서 전하는 것은 거북의 소리뿐이다.

夕亡禍.
저녁에 재앙이 없을 것이다.
王夢祖乙.
왕은 조을을 꿈꿨다.
卯(劈)三牛, 伐(祭)三十羌(山鹿), 三十羊, 祭父乙.
소 세 마리를 잡고 산록 30마리, 양 30마리를 바쳐 부을에게 제사 지냈다.

갑골들은 오래된 상아처럼 아름답다. 지하에 매몰된 몇 세기 동안 옅은 금빛을 띠었고, 그 세월 동안 장인들의 손으로부터도 멀리 벗어나 있었다. 무슨 도구로 귀갑 뒤에 홈을 팠는지 확실하게 아는 사람은 없다. 상나라 사람이 쓰고 새긴 도구는 아직 발견되지 않았다. 그들이 어떻게 이렇게 많은 갑골편을 얻었는지도 알 수가 없다. 갑골은 그것을 창조한 활동이 완전히 비어 있어, 마치 하늘에서 떨어진 천서^{天書} 같다.

✦

유악은 모든 분야에서 조금씩 관여했다. 학자이자 의사인 그는 방직 공장을 열었으며 염상鹽商이기도 했다. 산술, 광산, 철도와 수리 공사 전문가로도 알려졌다. 그는 일찍이 황허강의 수재 예방 방안을 조정에 건의한 적도 있다. 또한 우수한 유물 수집가이기도 해서 왕의영의 갑골을 구입했던 것이다. 친구처럼 유악 또한 빠르게 일하여 1903년에 최초의 갑골문 탁본 서적을 출판했다.

하지만 왕의영과 마찬가지로 외국인과 정치 문제에 부딪치자, 유악의 운명은 불행해졌다. 오래지 않아 그는 관방의 곡식을 외국인에게 밀매했다고 처벌받았다. 그 혐의는 날조된 것으로, 1908년에 중국의 시베리아라고 불리는 신장으로 유배되어, 한 학자의 생애는 종말을 고하고 말았다. 1년 뒤 유악은 타향에서 사망했다.

行斬首之祭於丘商.
구상에서 참수형의 제를 올리라.
告王目於祖丁.
조정에게 왕의 아픈 눈을 고하라.
臣難將至: (某人將)傳厄訊.
장차 재난이 닥칠 것이다; 어떤 사람이 나쁜 소식을 가져올 것이다.

어떤 재앙은 갑골문에 그림자처럼 따라다녔다. 어쩌면 이러한 유물은 증류되어 나온 재앙을 중화제국에 떨어뜨렸는지 모른다. 청 말은 힘든 시기로 유악이 소설 『노잔유기老殘遊記』 서문에서 말한 대로다.

> 吾人生今之時, 有身世之感情, 有國家之感情, 有社會之感情, 有宗教之感情. 其感情越深者, 其哭泣越痛; 此鴻都百鍊生所以有老殘遊記之作也.
> 우리 인간은 이 세상에 태어나서 개인, 국가, 사회, 종교 따위에 감정을 의탁한다. 그 감정이 깊으면 깊을수록 그 울음도 더욱 통렬할 것이다. 이것이 홍도백련생이 『노잔유기』를 짓게 된 이유다.

저주받은 다른 희생자는 단방이었다. 그는 청조의 총독, 순무이고 중국에서 가장 뛰어난 유물 수집가 가운데 한 명이었다. 단방은 특히 청동기에 푹 빠졌다(그의 소장품이었던 몇몇 훌륭한 유물이 뉴욕의 메트로폴리탄미술관과 캔자스시티의 넬슨앳킨스미술관에 보존되어 있다). 갑골도 단방의 주의를 끌었다. 전하는 말에 따르면 탁인한 문자마다 3온스 은량보다 더 높은 가격으로 구매했다고 한다. 단방이 위탁한 브로커는 이러한 유물을 찾기 위해 안양에 최초로 간 사람 중 하나였다.

단방은 외국인에 대한 개방적인 태도로 이름이 났다. 의화단 폭동 기간에 그는 관할 구역인 산시성에서 수많은 선교사를 비호해줬다. 8개국 연합군이 의화단을 진압한 뒤 청 정부는 강제로 사과하고 손해 배상했으며 최후에는 중요한 현대화 변혁에 착수하지 않을 수 없었다. 1905년 황제는 조서를 내려 다섯 명의 특사를 외국에 파견하여 서방

각국에 가서 외국 정부를 고찰하고 중국의 헌법을 만드는 방법을 공부해오라고 했다. 단방과 다른 한 관원은 미국과 유럽 대표단을 이끌게 되었다.

1906년 1월 그는 수행원 60명, 짐 꾸러미 750개와 함께 샌프란시스코에 도착했다. 짐 꾸러미마다 중국어와 영문으로 '중화제국 황실 특사'라는 표찰이 부착되어 있었다. 그 시기는 약간 이상했다. 미국의 인종차별배제법에 따르면 당시 중국인의 입국은 금지되는 게 맞다. 그러나 시어도어 루스벨트 대통령은 청나라 특사는 제한하지 않는다고 선포했다. 루스벨트의 개인 대리인을 맡은 제러마이아 W. 젱크스 교수가 샌프란시스코에 온 대표단에게 환영 연설을 했다.

물론 당신과 양 국가의 모든 인민이 이해하는 것처럼 미국의 정책은 중국 노동자를 배척하고 있습니다. 반면에 학자 및 정부 사무를 처리하는 탁월한 관리를 포함한 다른 계급에 대해서는 매우 환영하는 바입니다.

당시 신문의 보도에 따르면, 청 조정 대표단은 그들의 특권을 이용해 선상에서 친해진 적어도 한 명의 중국 노동자를 밀항시켰다고 한다.

그때의 여정은 자못 성공적이었다. 단방은 절반은 만주족이고 절반은 한족이었다. 가끔 그는 두 장의 명함을 휴대했는데, 하나에는 만주족 이름이, 다른 하나에는 한족 이름이 쓰여 있었다. 그는 인상적으로 두각을 나타냈다. 웨스트포인트에서 육군사관학교 사열을 받을 때 그는 모피 장포를 걸쳤다(그곳 날씨는 섭씨 영하 4도였으며, 단방은 그곳의 자동문과 감자 깎는 기구에 각별한 흥미를 가졌다). 그는 백악관 블루룸에서 루스벨트 대통령을 접견했다. 하버드대학, 컬럼비아대학과 미국 재무부 및 스탠더드 석유회사를 방문했다. 그는 네브래스카주에 머물면서 그곳의 교도소를 방문했다.

유럽에서 그는 그곳의 군대 제복에 큰 감명을 받았고 귀국 후 중국 황실 근위대의 복장을 하고 사진을 찍었다.

하지만 중국에서는 쉽게 용납될 수 없는 외국 습관을 따라했다. 1909년 그는 황태후의 장례식에서 결례를 범했다고 질책당하고 순무직에서 해직되었다. 전하는 바로는, 단방이 사진사들이 의장 사진을 찍도록 허락했고 영화 촬영기사는 마지막 엄숙한 장례식을 영상으로 기록했다.(단방은 또 능묘 안의 나무를 전신주로 사용하는 것을 허락했다.) 면직된 뒤 단방은 외국인이 투자한 국가 철로 건설 감독으로 파견되었다. 이때 반청과 반만의 물결이 끊임없이 높아져 1911년 10월에 마침내 폭발하여 우한의 한 병영에서 폭동이 발생했다. 봉기가 삽시간에 추진력을 얻자, 조정에서는 단방을 파견하여 청군을 쓰촨까지 이끌게 했다.

이때 휘하의 지휘관들이 그를 배반했다. 최후에 단방은 반란군들에게 자신이 만주족이 아니라 한족임을 설득하려 했지만, 때는 너무 늦어 다른 명함을 꺼낼 수 없었다. 반란군은 그의 목을 벤 뒤 시체를 쓰촨에 매장하고 머리는 우한으로 보냈다. 이는 그들이 만청을 뒤엎겠다는 냉혹한 상징과도 같았다.

지구 반대편 캔자스시티로 가는 어느 열차에서 쑨원은 덴버 신문에 실린 우한 봉기 소식을 읽었다. 크리스마스 때 그는 중국으로 돌아가 이듬해인 1912년 새해에 새로운 중화민국의 '총통' 직위를 받아들였다. 청나라 마지막 황제 푸이는 2월 12일 양위했다. 오래지 않아 쑨원은 막강한 군벌 위안스카이에게 권력을 빼앗겼다. 위안스카이의 아들은 단방의 딸을 아내로 맞아들였다. 그러나 쑨원과 위안스카이는 모두 국가를 영도할 충분한 힘이 없었다. 1925년에 이르러 두 사람은 세상을 떠났다. 중국의 미래에 군벌, 열강과 내전 같은 위협이 도사리고 있었다.

其寧風三羊, 三犬, 三豕.
양 세 마리, 개 세 마리, 돼지 세 마리로 바람을 평정하라.
今亡厄訊.
오늘은 나쁜 소식을 가져오지 않을 것이다.
旬亡禍.
열흘 동안 재앙이 없을 것이다.

✦

처음부터 베이징 약방에서는 지혜롭게도 '용골'의 출처를 밝히지 않았다. 시장을 독점하기 위해 그들은 이처럼 빨리 유행하는 유물의 출처에 대해 거짓말했다. 1904년에 이르러 유악의 책을 읽고 고무된 외국인들이 갑골을 수집하기 시작했다. 이러한 초기의 수집가들은 대부분 프랭크 H. 챌펀트, 새뮤얼 쿨링, 폴 베르겐 등과 같은 선교사였다. 보통 그들은 유물을 카네기박물관, 영국박물관 및 왕립스코틀랜드박물관 등에 팔거나 기증했다.

오래지 않아 가짜가 출현했다. 베이징과 상하이의 골동품 시장에 공예가들이 상대 문자를 골편에 새기는 방법을 배웠으며, 또한 누가 쉽게 속임수에 넘어가는지 식별하는 것도 배웠다. 폴 베르겐 선교사는 화이트 라이트 연구소에서 70여 편의 갑골을 자랑스럽게 전시했지만, 결과적으로 대부분이 가짜로 판명되었다. 동시에 중국의 수장가들은 단방처럼 진짜 출토지를 찾았고 아울러 중개인을 안양으로 파견했다. 안양 현지 농민들은 미친 듯이 발굴하기 시작했다. 1904년 한 조사단과 땅주인 사이에 충돌이 발생하여 다투다가 쌍방이 고소해 법정 소송에 들어갔다. 결국 넌더리를 낸 지방 판사는 다시는 갑골을 발굴하지 말라는 결정을 내렸다.

그러나 안양 같은 곳에서 금지령은 아무 소용이 없었다. 농민들은 날씨와 정치 상황에 맞춰 작업했다. 홍수가 나거나 가뭄이 들거나 전쟁으로 경작하지 못한 흉년에 갑골을 발굴하기 시작했는데, 캐낼 수 있느냐는 것은 운에 맡겨졌다. 1909년 장쉐셴이란 지주가 감자를 수확할 때 인상적인 귀갑편을 우연히 발굴했다. 마을 사람들은 언제나 장쉐셴이 채소밭을 파내어 부자가 되었다고 말했다. 이 이야기가 널리 퍼지면서 1926년에 도둑들이 장쉐셴을 납치하여 그의 몸값을 요구하는 일이 일어났다.

장쉐셴의 가족들이 시급히 몸값을 마련할 수 있는 방법은 하나밖에 없었다. 다른 촌민들에게 그들의 농지에서 귀갑편을 캐내도록 허락하는 것이었다. 그 조건으로 갑골을 발굴하여 판 돈을 절반씩 나눠 가졌다. 그 농민들은 세 조로 나뉘었다. 하지만 처음 조를 나눈 뒤 그 이상의 중심적 계획을 세우려 하지는 않았다. 각 조는 가능하면 빨리 발굴하기 시작했다. 그리고 우연히 세 조는 모두 땅 밑의 같은 장소를 목표로 삼았다. 그들이 보이지 않는 목표를 향해 접근할 때 세 개의 지하 갱도가 가까워지면서 토지는 끝내 무너졌다. 네 명이 거의 생매장될 뻔했지만 다행히 구조되었다. 장쉐셴의 몸값으로 인해 시작된 발굴도 이 때문에 마침표를 찍었다.

王(卜)曰: "有猛雷."
왕이 점괘를 보며 말했다. "맹렬한 천둥이 칠 것이다."
王(卜)曰: "大吉."
왕이 점괘를 보며 말했다. "크게 길할 것이다."
今夕亡禍.
오늘 저녁엔 재앙이 없을 것이다.

✦

갑골이 세상에 출현했을 때는 일반적인 정치나 경제의 위기보다 훨씬 더 근원적인 위기가 도래하고 있었다. 20세기 초에 이르러 외국의 군사력이 중국보다 훨씬 더 강력하다는 게 증명되었고, 외국의 정치 체제 역시 확실히 중국보다 효율적이었다. 일부 중국 지식인은 심지어 역사마저도 서구가 더 빛난다고 여겼다. 서양인들은 변화를 자연스러운 것으로 인식했다. 파라오가 사라졌고, 그리스가 무너졌으며, 로마가 멸망했다. 끊임없는 역사의 무게와 유교적 보수주의가 없기에 서양인들은 앞을 내다보기가 좀더 수월해 보였다. 미래에 대한 서구의 시각은 "오늘 저녁엔 재앙이 없을 것이다"와 같이 근시안적인 게 아니었다. 그들은 가시적인 미래와 장기적인 진보를 그렸다.

　서구 역사도 비교적 유동적이다. 르네상스와 계몽시대와 마찬가지로 서구인은 그들의 입장에서 말하면 반은 친숙하고 반은 낯설고 오래된 가치의 결합을 통해 그들의 문화를 바꾸어놓았다. 심지어 고고학도 서구 전통의 개변으로 녹아들었다. 19세기 유럽에서 신흥 중산계급이 새로운 고고학을 장악했는데, 그들은 석기에서 청동기, 또 철기에 이르기까지 고대를 설명하면서 물질적 진보에 대한 자신들의 믿음을 녹여넣었다.

　그러나 중국에서의 지식인은 회고할 뿐이며, 중국 역사 외에는 아무것도 살펴보지 않았다. 제왕과 조대, 제왕과 조대, 끝없는 시간의 순환이다. 세기가 바뀔 때 문화는 갑자기 억압적으로 느껴졌고 급진주의자들은 전통과 관련된 거의 모든 것을 없애자고 제의했다. 1900년대 초기에 중국 지식인의 한 그룹은 자신을 '의고파疑古派'라고 불렀다. 그들은 초기 역사 문헌은 모두 후대의 끊임없는 개작을 거쳤다고 의심했다. 이러한 회의주의자가 보기에 하夏와 상商 같은 초기 '조대'의 존재는 증거가 부족했다. 그들은 역사를 덫이라 여겼는데, 즉 중국이 현대사로 옮겨가는 데 발목을 잡는 편협한 전통으로 보았다.

　이러한 회의주의자들은 갑골을 위조물이라 보고 방기했다. 이에 대해 전통 중국 문화의 옹호자들은 이러한 갑골을 열심히 해독하여 그것들이 믿을 만한 것임을 증명하길 바랐다. 그 가운데 가장 뛰어난 학자는 왕궈웨이다. 그는 갑골의 각문을 이용하여 획기적인 상조의 제왕 족보를 다시 만들었다. 유물에 나타난 이름을 연구하면서 고대 역사와 서로 비교하여 갑골과 사서가 서로 부합함을 증명했다. 그의 연구로 인해 상의 진실한 역사가 가능한 방향으로 한 걸음 내딛게 되었다. 상 문명은 믿을 만한 증거를 남겨놓았다.

왕궈웨이에게 갑골은 그가 과거에 집착했던 일에 대한 일종의 표현일 뿐이었다. 그는 청조는 마땅히 복벽해야 한다고 믿었기 때문에 헌신적인 보황파였다. 퇴위한 뒤 여전히 쯔진청 내에 살던 마지막 황제 푸이의 생각도 그와 같았다. 주홍색 황궁의 정원과 둘러쳐진 담장 안에서의 생활은 변화가 없어 아무것도 발생하지 않은 것 같았다. 시간은 여전히 청조의 달력에 따라 흘러가고 푸이도 전통적 규율에 따라 행사했다. 1923년 푸이는 왕궈웨이에게 '남서방행주南書房行走'라는 직책을 수여하여 골동품 서화의 감정 작업을 맡게 했다. 그해 왕궈웨이는 운명이 다한 황궁에서 고서화, 먼지투성이의 두루마리 및 녹슨 청동기를 연구했다. 1924년에 군벌은 마침내 '황제'를 핍박하여 쯔진청 생활을 포기하게 만들었다. 3년이 되지 않아 왕궈웨이는 청조가 진짜 망했음을 깨닫고 이허위안의 쿤밍호에서 투신자살했다. 왕궈웨이가 죽은 뒤 한 동료 학자가 추도사를 썼다.

무릇 문화가 쇠락할 때 그 문화로부터 혜택을 받았던 사람은 누구나 고통을 느낀다. 문화를 구체화한 사람일수록 그 고통은 더욱 심하다.

10년 뒤 고고학은 끝내 의고파와 전통주의자를 화해시켰다. 이 학문은 회의주의자들의 관심을 끌었다. 그리고 중국 전역의 지식인들은 1919년 5·4운동 이후 서구 과학과 철학의 수용을 요구해왔다. 심지어 전통주의자들조차도 고고학을 지지하며 발굴을 통해서 상대를 증명하는 최종 증거를 찾길 바랐다. 1928년에 처음으로 설립된 '중앙연구원 역사철학연구소'는 안양을 선정했다. 그곳은 역사상 처음으로 중국인이 조직적으로 발굴한 고고 유적지다.

학자들은 국가가 위급한 상황에 처해 있고 시간도 많지 않음을 알았다. 명목상으론 국민당이 중국을 통치하고 있었지만, 도처에 위기가 도사렸다. 군벌은 북방을 통제하고 공산주의는 내륙에서 장대해지고 일본은 둥베이를 침입했다. 이어서 10년 동안 사건 속도는 더 빨라졌고, 안양의 발굴도 이에 따라 빨라졌다. 1928년에 환허강 서쪽에 있는 제방을 탐사하다가 784편의 갑골문을 발굴했다. 같은 해에 일본군은 당시 둥베이 군벌의 수뇌 장쭤린을 폭사시키고 만주국을 세워 중국 침략의 기지로 삼으려 했다. 북방의 혼란을 피하기 위해 국민당은 정식으로 난징에 수도를 세웠다. 국민당의 압박을 받은 젊은 마오쩌둥은 내륙으로 도주하여 장시의 소비에트 정권에 가담했다.

이렇게 1년이 지나고 1929년이 되었다. 고고학자들은 안양에서 상아, 동물 골격과 함께 각문이 새겨진 귀갑을 발굴했다. 1930년에 공산당은 창사를 열흘 동안 점령했다. 1931년 일본은 만주를 완전히 점령했다. 안양의 고고학자들은 코끼리의 하악, 고래의 견갑골과 척추골을 발견했다. 고래의 발견은 그들을 깜짝 놀라게 만들었다. 왜냐하면 안양은 바다에서 수백 킬로미터 떨어져 있기 때문이다. 1932년에 마지막 황제 푸이는 새로 성립된 만주국 '집정'으로 부임하는 데 동의했다. 그는 일본인의 괴뢰, 즉 창춘의 가짜 황궁에서 가짜 황제로 임명되었다. 1년 뒤 국제적 비판이 거세지자 일본은 국제연맹에서 탈퇴했다.

1934년 안양의 고고학자들은 대형 능묘 네 기를 발견했는데, 상나라 왕의 것일 가능성이 컸다. 그들은 도처에서 제물의 흔적을 봤다. 일

렬로 나란히 놓인 머리, 조심스럽게 배열된 두부 없는 골격이 있었다. 남쪽에서는 국민당의 압박을 받아 마오쩌둥과 공산당이 장시를 포기하고 '장정'을 전개했다. 1935년 안양 원정대는 중국 고고학의 짧은 역사에서 가장 많은 작업 인원인 농민 500명을 모았다. 그해 그들은 열 기의 왕릉과 무수한 무덤, 더 많은 골격, 두개골과 뼈, 청동기를 발굴했다. 장정은 산시성에서 멈췄다.

旬亡禍.
열흘 동안 재앙이 없을 것이다.
今夕亡禍.
오늘 저녁엔 재앙이 없을 것이다.

갑골문자

✦

갑골문은 약 2세기를 뛰어넘어 기원전 1045년 무렵에 사라졌는데, 각 문에서 시간의 기록을 분명하게 알 수 있다. 상나라 사람들은 엄격한 역법에 따라 특정한 날엔 특정한 조상에게 제사를 지냈다. 그러한 날이 오면 그들은 갑골에 균열을 내고 제물을 준비하고 복사卜辭를 새겼다. 중요한 왕실 구성원이 죽은 뒤엔 자신의 기일을 갖는다. 제사 연표는 대대로 끊임없이 확대되었다. 어떤 의미에서 보자면, 그것은 3000년 뒤 공산당이 베이징을 통치하는 데 전조를 제공했다. 그처럼 역사는 시기에 민감한 끊임없는 누적이다.

상대에는 초기에 새겨진 내용일수록 그것이 더욱 상세했다. 그것들도 언제나 상 왕조 사람들이 가졌던 두려움, 즉 적의 이름, 왕의 질병, 수확과 기후의 문제를 반영했다. 일상적 행사로 수많은 관료의 허례 의식이 있었으며, 점쟁이의 이름도 많은 뼈에서 출현했다. 때로는 뼈에 미래에 대한 예언, 그리고 그 예언과 맞았는지의 여부를 기록했다.

세월이 흐르면서 이와 같은 세부 내용은 갈수록 적어졌다. 후기의 갑골문은 점차 간단해지고 의례적으로 바뀌었다. "旬亡禍(열흘 동안 재앙이 없을 것이다)." 심지어 글자체도 바뀐다. 초기의 글자는 크고 불규칙한데, 후기의 자체는 작고 균일하다. 이러한 의식이 몇 대를 거치면서 잘 다듬어졌다는 느낌을 준다. 상 왕조 마지막 왕에 이르러 역사는 이미 유장해졌다. 그는 왕실의 개창자 상갑商甲에게 제물을 바쳤는데, 그들 사이는 이미 22대나 떨어져 있었다. 旬亡禍(열흘 동안 재앙이 없을 것이다). 이 특정한 진술은 마치 주문처럼 계속해서 반복된다. 사실상 상 왕조는 틀림없이 대적하기 힘든 적을 만났을 것이다. 왜냐하면 그들은 최종적으로 인근의 적수 주나라에게 정복되었기 때문이다. 그러나 마지막까지 갑골의 각문은 평상시와 같아서 상조 문명이 어떠한 특정한 위협을 받았다는 증거는 없다. 旬亡禍(열흘 동안 재앙이 없을 것이다).

✦

1936년 안양의 춘계 발굴 계획은 6월 12일까지 일단락을 짓기로 했다. 마지막 날 오후 4시에 발굴자는 놀랍게도 H127로 표시된 갱혈에서 무수한 귀갑편을 발견했다. 한 시간 반 만에 그들은 대략 3000여 편을 발굴했다. 이번의 발굴은 젊은 고고학자 스장루가 이끌었다.

1년 뒤 스장루와 다른 사람들은 안전을 위해 안양을 떠날 것이다. 1937년 12월 일본이 난징을 점령하고 수십만 백성을 도살할 것이다. 국민당은 내륙으로 후퇴하여 양쯔강 가의 충칭에 임시정부를 설립할 것이다. 고고학자들은 안양에서 발견한 대부분의 중요한 문물을 옮기는 난민이 될 것이다. 기차나 배를 타고 트럭이나 손수레를 이용하여 그들은 이러한 진귀한 고대 문물을 가지고 중국을 가로지르게 될 것이다. 최후에 일본이 투항하고 공산당이 장대해진 뒤 국민당은 또다시 철수할 것인데, 이번에는 타이완행이다. 많은 고고학자가 갑골과 기타 유물을 가지고 타이완으로 따라갈 것이다.

그러나 1936년 6월에는 상술한 모든 것이 아직 미래의 일로 남아 있다. 스장루는 안양의 상황을 이렇게 기록했다.

우리는 아주 자연스럽게 작업을 하루 더 늘려 충분한 시간을 가지고 이 놀라운 자료를 정리할 수 있기를 바랐다. 그러나 사실은 언제나 소설보다 더 기괴했다. 발견이 주는 실제의 즐거움은 예상한 것보다 훨씬 컸다. H127의 자료는 다른 지하 도시의 침전물처럼 하나도 혼란스럽다거나 무질서하지 않았다. 반대로 그것들은 정돈되어 한데 모여 있었다. 그래서 분명히 새로운 발굴과 기록 방식이 필요하게 되었다.

나흘 밤낮으로 고고학자들과 농민들이 그 갑골과 흙을 파냈다. 그 무게는 3톤에 달했고, 1만7000여 편에 육박했는데, 이는 지금까지 발견된 것 중에서 가장 큰 갑골편 더미였다. 그곳에는 길이 없었다. 발굴대는 철사를 이용해서 방대한 수량의 유물을 두꺼운 나무판자에 묶었다. 그들은 이러한 갑골편을 기차역으로 옮기고 다시 기차로 난징에 운반했다. 스장루의 기록에는 다른 내용도 실려 있다.

인골 한 구가 이렇게 분류된 유물과 함께 발견되었다.

밤
에
는
외
롭
지
않
다

평일 밤마다 야간 통행금지 이후 에밀리는 잠자기 전 라디오 프로그램을 들었다. 장신구 공장에서 그녀는 여성 네 명과 같은 기숙사에서 묵었다. 그들은 함께 에밀리의 침대에 앉아 라디오에 온 신경을 집중했다. 비서였던 그들은 거주 공간이 조립라인 노동자보다 조금 나았는데, 노동자들은 기숙사 방 한 칸에 열 명이 살았다. 그러나 이 공장에서 모든 여성이 똑같이 듣는 것은 선전방송국의 「밤에는 외롭지 않다夜空不寂寞」라는 프로그램이었다. 밤마다 대략 100만 명이 청취했으며, 진행자 후샤오메이는 이 하루아침에 생겨난 도시에서 가장 유명한 여성이었을 것이다.

에밀리와 동료들이 보기에 후샤오메이는 그림자 같았다. 그녀의 개인적 삶 일부가 선전의 잡지에 보도된 적이 있는데 곧 30세가 되는 그녀는 처음엔 선전에서 여공 생활로 시작했다. 키도 크지 않고 그렇게 미인도 아니었으며 미혼이었다. 자신의 사생활을 언급한 적이 거의 없으며, 혹시라도 얘기할 때면 에둘러댔다. 에밀리처럼 세심한 청취자만이 제한적인 내용을 엮어서 모종의 결론을 도출할 수 있었다.

"돈 많은 남자가 자기를 사랑한 적이 있대요." 한번은 에밀리가 내게 말했다. "그를 따를 생각도 해봤겠지만, 결국 그러지 않았어요. 따라갔다면 훨씬 더 편안히 지냈을 텐데도 그녀는 자신을 믿기로 결정했죠. 그러지 않았더라면 오늘처럼 성공하지 못했겠죠."

후샤오메이는 자신의 삶을 얘기한 적이 거의 없지만, 다른 사람에게 자기 경험을 털어놓게 하는 재능이 있었다. 「밤에는 외롭지 않다」는 시청자 전화 참여 프로그램이다. 공장 기숙사 전화를 이용해 이주자들이 많이 참여했다. 어떤 사람은 성가신 공장 일이나 가정 문제를 얘기했지만, 대다수가 고민하는 것은 연애 문제였다. 어느 청취자는 시골 고향에 둔 연인을 걱정하거나 혹은 이별에 대한 걱정을 털어놓기도 했다. 때로는 같은 사람이 여러 번 전화를 걸어 그 사람 얘기가 일주일 동안 방송되기도 했다. 똑같아 보이는 기숙사와 천편일률적인 일을 하는 공장이 들어선 도시지만, 그곳 방송국의 스토리는 정말 무궁무진했다. 에밀리와 동료들의 관심을 끌었던 특별한 이야기가 있었다.

"삼십대 여성이 전화를 걸어 하룻밤 사랑이 많다고 말했어요. 아마도 바에서 남자를 만나 함께 집에 갔을 테죠. 그런 걸 그만두고 안정된 관계를 찾고 싶었지만, 아직 찾지 못했대요. 후샤오메이는 그저 듣기만 하구요."

에밀리가 보기에 그 진행자의 가장 대단한 점은 바로 여기에 있었다.

"그녀는 흐리멍덩하게 판단하지 않아요. 전화를 건 청취자의 상황을 들어보고 결정하죠."

후샤오메이는 예리하게 비평할 수 있고 구체적으로 충고하기를 두려워하지 않았다. 하지만 그녀는 침묵을 지켜야 할 때를 알고 있었다. 이 진행자는 목소리가 허스키했고 말하는 속도도 느렸다. 그녀는 여태까지 화를 내거나 귀찮게 여긴 적이 없었다. 전화를 건 수많은 청취자는 모두 고정된 유형이다. 젊은 여성은 혼전에 남자 친구와 함께 살아야 하는지 여부를 묻는다. 중국 내지에서는 가족을 이뤄야 한다는 압력이 커서 동거는 거의 불가능하다. 그러나 선전의 젊은이는 기숙사 야간 통행금지의 제한이 없다면, 이러한 부분에서 비교적 자유롭다. 동거 문제를 묻는 전화가 걸려오기만 하면, 에밀리와 동료들은 귀 기울여 들었다.

"대부분은 안 된다고 말합니다. 하지만 후샤오메이는 당사자 여성이 충분히 성숙해 각종 문제를 풀어나갈 수 있다면 동거해도 무방하다고 말해요."

1999년 말에 이르러 에밀리는 장신구 공장에서 일한 지 만 2년이 되었다. 23세인 그녀는 부서에서 나이가 가장 많은 직원이 되었다. 시간이 흐르면서 그녀는 노동자들의 관계나 타이완 사장의 사생활을 비롯해 공장이 돌아가는 이면을 이해하게 되었다. 사장은 늘 공장의 예쁜 여직원들에게 치근덕거렸고, 모두 그가 오입질을 일삼는단 사실을 알고 있었다. 그러나 그는 본성적으로 나약했다. 에밀리는 이러한 점을 간파한 뒤 그를 무서워하지 않게 되었다.

회사에 온 이듬해에 후난 출신의 모든 노동자가 한데 모여서 봉급인상을 요구했다. 공장 직공의 세계에서 같은 성 출신끼리 뭉치는 힘은 놀라울 정도로 컸다. 고참 노동자들이 동향의 신참을 데리고 오는데,

어떤 때는 한 조립라인이 모두 같은 마을 출신인 경우도 있었다. 일할 때 그들은 고향 사투리로 대화해서 외부인들은 알아들을 수도 없었다. 그래서 같은 지역 노동자 고용을 꺼리는 사장들도 있었다. 예전에 일자리를 찾을 때 에밀리는 때때로 쓰촨 사람은 쓰지 않는다거나 장시 사람은 뽑지 않는다는 공지 사항을 본 적이 있었다.

에밀리의 공장에는 후난 출신 노동자가 스무 명 있는데 대부분 남성이며 몇몇은 친척간이다. 모든 사람이 조립라인에서 일하며, 특별한 기능이 없는 노동자는 한 시간에 12센트를 번다. 특별 주문을 받아 가공하여 급히 발송할 경우에야 그들은 그럴듯한 봉급을 받는다.

후난 사람들은 비밀리에 한두 주 계획한 뒤 같은 날 단체로 사직했는데, 대부분은 집안에 급한 일이 생겼다고 핑계를 댔다. 그들이 에밀리의 사무실로 사직서를 가져왔고, 그녀는 사장에게 전달했다. 사장은 잠시 어쩔 줄 몰라 했다. 후난 사람이 모두 떠난다면 조립라인은 어쩔 수 없이 멈춰야 했다.

사장은 이웃에게 도움을 청했다. 이웃도 장신구를 생산하는데, 역시 타이완 사장으로 매우 유능한 편이며 또 외지에서 온 노동자 심리를 잘 파악했다. 그는 에밀리의 공장에 와서 후난 출신 노동자들과 만났다. 맨 처음에 그는 그들의 원망을 경청하면서 누가 주동자인지 찾아냈다. 그 뒤 그는 한참 동안 그 무리의 경거망동을 타일렀다. 마지막으로 몰래 우두머리 몇 명과 그들 친척의 월급을 올려주었다.

모두 생산 라인으로 돌아왔으나, 일부 노동자는 아직도 한 시간에 12센트를 번다. 1년 동안 사장은 서서히 일부 노동자를 해고하고는 조심스럽게 수습공을 찾았다. 최후에 가서 공장엔 후난의 남성 노동자가 한 사람도 남지 않았다.

✦

비서의 이직률도 아주 높았다. 그들은 모두 어느 정도의 교육을 받았으며 20대 여성으로서 생각해야 할 일도 많았다. 결혼해서 아이를 낳는 문제라든지, 고향으로 돌아가는 문제라든지. 새로운 직업을 찾거나 창업할 수도 있었다. 에밀리의 편지에는 늘 변동과 새로운 기회가 언급되었다.

> 루루는 사직하고 머지않아 스스로 창업할 것 같아요. 1인 회사인데 첸첸장신구회사라고 이름도 지었지요. 루윈은 직원 중에서 으뜸이 될 날을 기다리고 있어요. 그날은 다른 오래된 직원들(루루와 저)이 떠난 뒤에야 오겠죠. 세 명 외에도 사무실엔 허진화라는 회계사가 있어요. 그녀도 오래 버티지 못할 거예요. 왜냐하면 가족들이 후난성에서 그녀의 일자리와 남편감을 찾고 있기 때문이죠.

에밀리에게 루윈은 수수께끼 같은 인물이다. 맨 처음에 에밀리는 편지에서 그녀가 "사람에게 잘 대해주는" 여성이라고 묘사했으나, 점점 견해가 바뀌었다. 에밀리는 루윈이 남몰래 동료들을 중상하고, 앞에선 사장을 욕해놓고선 뒤에서 사장에게 아부하고 있음이 느껴졌다. 1년 뒤 에밀리는 루윈이 진정으로 신경 쓰는 일이 무엇인지 의심했다. 혼자서 음모를 꾸미는 것 같았다.

어느 날 저녁 침대에 누워 라디오를 듣던 에밀리는 자신이 후샤오메이에게 전화를 건 청취자의 목소리에 특별히 귀를 기울이고 있음을 느꼈다. 그 주에 그 여성은 여러 차례 전화를 걸었다. 서서히 에밀리는 자신이 왜 그 목소리에 호기심을 갖는지 알아챘다. 루윈이 연상됐기 때문이다.

"초등학교 학력만 가지고 선전 공장에 와서 일하다가 나중에 가정부가 되었답니다. 자신이 시골 출신이라 다른 사람이 자신을 깔본다고 생각하여 독학하기 시작했어요. 마침내 전문대학 학력 시험에 응시했지만 어떤 문제로 인해 시험을 다 보지 못했고 가짜 졸업장을 샀습니다. 이 거리에서도 팝니다. 그녀는 정말 열심히 공부했어요. 수준은 정말로 높았죠.

새로운 졸업장으로 그녀는 좋은 일자리를 찾았어요. 최선을 다해 승진도 착착 했죠. 그런데 다른 사람이 자신을 위협한다고 생각하는 게 문제예요. 자기 밑에 있던 사람이 위로 올라가기 시작하면, 방법을 찾아 못 올라가게 만들었어요. 그녀는 이를 진실되게 털어놓았죠. 단지 위협을 받는다고 느낄 때에만 이렇게 했다고요. 그렇지 않을 땐 회사의 모든 사람에게 잘해주었고, 모두가 그녀를 좋아했지요. 하지만 그들은 그녀가 마음속으로 무슨 생각을 하고 있는지 알지 못해요.

그녀는 가족 애기도 꺼내면서 어떻게 부모에게 돈을 부치는지 말했고, 자주 부모에게 편지를 쓴답니다. 그렇긴 하지만, 마음속으론 사실 가족을 좋아하지 않는다고 해요. 평상시 부모에 대해 조금도 신경 쓰지 않아요.

그녀가 전화를 거는 이유는 단지 말하고 싶어서죠. 다른 청취자들이 전화를 걸어 조언을 구하는 것과는 달라요. 자신의 경험을 설명하고 싶을 뿐이죠. 얘기가 끝난 뒤 후샤오메이가 물었죠. '다른 사람이 당신의 마음속 생각을 아는 것이 두렵나요?' 그녀는 자신이 속내를 잘 숨기기 때문에 그들이 결코 이해할 수 없을 것이라 대답했어요. 자신의 행동에 대해 조금도 후회하지 않는다고도 말했죠.

그녀가 전화를 끊은 뒤 후샤오메이는 이러한 인간은 '구제할 방법이 없다'고 말하더군요. 여인의 마음이 강하고도 차가운지라 방법이 없다고요."

◆

사실 에밀리도 부모와 그렇게 친하진 않다. 그녀의 아버지는 훌륭한 수학자로, 푸링사범전문학교에서 최고의 교수 가운데 한 사람이다. 그는 미국에 두 번 가서 학회에서 논문을 발표했는데, 푸링 같은 곳에선 매우 드문 일이다. 그러나 이것도 그가 일찍이 이룬 성취와 비교해보면 어두운 그림자일 뿐이다. 에밀리가 대학을 다닐 때 한번은 영어 숙제에서 아버지의 배경에 대해 쓴 적이 있다.

부모님이 내 나이였을 때 온 나라가 엄청난 혼란에 처해 있었다. 정치가 먼저였다. 지식인이 자본주의 경향을 가졌다고 언급되면, 그들은 기본 단위로 지정되어 노동 개조를 받았다. 아버지는 바로 그 가운데 한 사람이었다. 쓰촨대학을 졸업하고 8년 동안 작은 탄광에서 일했다.

탄광은 푸링의 남쪽, 구이저우 변경에서 멀지 않은 외진 산에 있었다. 많은 지식인이 절망했지만, 에밀리의 아버지는 시골에서 자란 덕에 전력을 다해 그곳 상황에 적응했다. 탄광에 있을 때 한두 번 공산당 가입을 신청했으나, 늘 거절당했다. 에밀리와 마찬가지로 그도 넓은 얼굴에 광대뼈가 높고 눈빛은 다정했다. 그가 교육을 받았건 안 받았건 조용하고 평화로운 태도는 언제나 남을 편안하게 해주었다.

탄광 일이 그에겐 어려운 일이 아니라고 말할 수 있다. 왜냐하면 사람들이 존경을 표하며 그에게 큰 부담 없는 회계 일을 맡겼기 때문이다. 아버지가 장부를 한번 보면 회계 입출을 잘 맞추었다는 이야기가 탄광 노동자들 사이에서 지금도 여전히 기적적인 이야기로 전해지고 있다.

에밀리가 1976년에 태어날 당시 그녀의 부모는 여전히 탄광에서 일하고 있었다. 그해 마오쩌둥이 사망하고 문화대혁명도 종말을 고했다. 에밀리가 아직 어렸을 때 가족은 푸링으로 돌아갈 수 있었다. 에밀리와 언니, 에밀리보다 두 살 어린 남동생은 마오 주석의 사진과 조각상으로 장식한 가정에서 성장했다. 1980년대 중반에 에밀리의 아버지는 마침내 민맹民盟에 가입했는데, 이는 중국에서 윤허된 아홉 개 정당 가운데 하나였다. 푸링에서 민맹은 특히 지식인들을 흡수했다. 그러나 모든 합법 정당과 마찬가지로 그 조직은 공산당에 보고할 의무가 있다. 한번은 에밀리가 내게 말했다.

"사실상 그들은 아무런 영향력이 없어요. 아버지 말씀으로는, 공산당이 무슨 말을 하면 민맹은 곧바로 그 제안에 찬성한답니다. 하지만 회의에서는 자신의 견해를 얘기할 수 있습니다. 공개적으로 얘기할 수는 없지만, 최소한 내부에서는 다른 당원들과 서로 얘기할 수 있어요."

에밀리가 어렸을 때 아버지는 그녀에게 정치 얘길 해주지 않았고, 그녀는 교과서에 인쇄된 것을 모두 믿었다. 그녀가 배운 것은 공산당 판본의 역사, 정치와 시사였다. 학교에서 쓰는 빈 연습장도 완전히 공백인 것은 없었다. 모든 공책 뒷면에는 다음 두 줄이 인쇄되어 있었다.

타이완, 소련, 베트남은 라디오 방송을 통해 유언비어와 거짓말을 유포한다. 모두 적의 목소리를 듣지 말 것을 강력히 촉구한다.

시간이 흘러감에 따라 마오 주석의 사진과 조각상이 에밀리의 집에서 사라졌다. 이따금 아버지는 국가의 정책에 찬성하지 않는다고 말했으나, 말수는 많지 않았다. 에밀리에게 대학은 전환점이었다. 그녀는 일부 영문과 간부의 부패에 혐오감을 느꼈고 수많은 정책이 학생들의 생각과 질문을 막기 위해서 설계된 것이라고 믿었다. 그녀는 기숙사 시스템을 좋아하지 않아, 1학년 동안 집에서 다닐 것을 요청했다. 그녀는 학급에서 기숙사 생활을 하지 않는 유일한 학생이었다. 졸업 후 그녀는 편지에서 이렇게 썼다.

저는 정치인의 위선적인 말투를 증오해요. 과거에 습관적으로 믿었기 때문에 더욱 그래요. 점점 저는 영향력 가진 수많은 사람이 말한 것과 다른 방식으로 행동한다는 사실을 알았어요. 저는 아버지가

저보다 더 비애스럽다고 생각해요. 아버지는 쉰이 넘어서야 마침내
이 점을 깨달았으니까요.

✦

시간이 지나면서 부모와 딸들은 반대 방향으로 움직였다. 에밀리의 부
모는 젊었을 때 공산당 이데올로기의 방대한 실험의 일부가 되어 시골
로 왔다. 20년 뒤 에밀리와 언니는 도시로 갔다. 일반적인 도시가 아니
라 '경제 실험실' 선전으로 갔다. 두 세대의 실험은 완전히 다르다. 한 세
대는 정치적이고, 한 세대는 경제적이다. 하나는 국가적 결정이고, 하나
는 개개인의 개별적 결정이다.

　그 결과 부모는 경험으로 자녀를 이끌어줄 방법이 없었다. 에밀리가
아버지를 생각할 때마다, 그의 인생이 대부분 타인의 결정으로 형성된
것이라고 이해했다.

　"전 아버지가 약간 후회하리라고 생각해요. 아버지의 동창 몇몇은
출국했거나 성공한 사업을 했거든요. 아버지도 자신이 기회를 잃어버린
것을 알고 계세요."

　부모 입장에서 보면, 에밀리와 언니는 늘 제멋대로인 것처럼 보일 것
이다. 대학 때 에밀리가 앤리와 교제하기 시작할 때 에밀리 어머니는 결
코 동의하지 않았다.

　"어머니가 제게 너무 일찍 남자 친구가 생겼다고 말하기에, 저는 어
머니가 결혼할 때는 지금의 저보다 더 젊었다고 말했죠. 어머니는 그때
랑 지금이랑 같냐고 말하더군요."

그러나 세대차는 에밀리의 남동생에게 가장 심한 것 같았다. 그는 아버지의 수학적 두뇌를 물려받아 매우 총명했지만 무척이나 부끄러움을 탔다. 이 청년은 대학에 들어가 컴퓨터를 배웠지만 학업을 마치지 못했다. 그는 철학과 종교 서적을 좋아했는데, 한번은 파룬궁에 흥미를 가졌다. 그는 돈이라는 개념을 혐오한다고 말하곤 했다. 21세가 될 때까지도 일해본 적 없이 여전히 부모와 함께 살았다. 그는 장기를 두면서 대부분의 시간을 보냈다. 게다가 그는 장기판의 논리적 조화를 유희하는 천재였다. 파룬궁을 포기한 뒤에는 공자와 맹자의 사상을 연구하기 시작했다. 한번은 그가 에밀리에게 『맹자』를 읽으면 진리가 얼굴을 통해 빛을 발하기 때문에 더 예뻐질 수 있다고 말했다. 그녀는 어떻게 반응해야 좋을지 몰랐다. 가족들은 그에게 심리 상담을 받도록 할지 고민했다. 언젠가 남동생에 대해 묻자, 에밀리가 이렇게 말했다.

"그는 현대화의 희생물이에요."

에밀리가 선전에 간 첫해에 언니는 다시 변화가 생겨 저장에 가서 직장을 구했고 오래지 않아 결혼했다. 그 뒤 부모는 에밀리를 걱정하기 시작했다. 에밀리는 매우 가소롭게 느껴졌다.

"제가 앤리와 교제할 때 부모님은 남자 친구를 너무 일찍 사귄다고 하더니 지금은 또 제가 늙어간다고 생각해요."

1999년 8월 에밀리의 아버지는 선전에 와서 그녀의 새로운 남자 친구 주원평을 처음 만났다. 주원평은 1년 동안 직업학교를 다녔을 뿐이지만 지금은 가열기, 압력솥, 전기밥솥과 기타 주방 기구를 만드는 공장의 반장이다.

에밀리의 아버지는 딸에게 주원평보다 조건이 좋은 상대를 기대한다고 말했다. 하지만 딸의 생각을 바꾸려고 하진 않았다. 다른 사람을 협박할 수 있는 사람도 아니었으며, 힘든 생활 탓에 그는 이상적이지 않은 상황을 받아들였다. 사실 딸은 결혼을 결정하지도 않았으며, 결혼에 대한 개념조차도 없었다.

"저는 결혼식이란 개념을 좋아하지 않아요. 결혼식에는 늘 부부에 대해선 별로 신경 쓰지 않는 사람들이 많죠. 그들은 단지 요리는 어떤지, 일 준비를 어떻게 했는지 구경할 뿐이에요. 그저 어떤 결혼식을 하는지 구경하러 올 뿐이죠."

여하를 막론하고 이 일에 관해 그녀는 결코 부모의 충고를 따르려고 하지 않았다. 개인 문제에 관해서 그녀는 차라리 후샤오메이의 견해를 따를 만하다고 여겼다.

그 라디오 진행자는 선전에서 에밀리의 수호신이었다. 도덕과 관계된 문제라면 에밀리는 후샤오메이의 의견이 절대적으로 정확한 것인 양 언급하곤 했다. 한번은 선전의 미혼 남녀 동거 문제에 대해 얘기할 때, 에밀리는 내게 누구에게도 동거하는지에 대해 직접적으로 질문하지 말라고 부드럽게 말했다.

"여기에서는 그것을 공개적으로 물을 수 없어요. 예를 들어 후샤오메이라면 남자와 동거하는 걸 다른 사람에게 말하지 말라고 권할 거예요. 나중에 헤어지기라도 하면, 평판에 영향을 미치게 되니까요. 가장 좋은 건 아무 말도 하지 않는 거죠."

말끝마다 후샤오메이, 후샤오메이, 후샤오메이가 여러 번 언급된 뒤 나는 마침내 방송국에 연락해서 그녀를 인터뷰하기로 했다. 에밀리는 기숙사에서 자신을 깊이 감동시켰던 가장 흥미로운 청취자들을 설명해주면서 조심스럽게 나를 준비시켰다. 그녀는 내게 후샤오메이가 일찍이 돈 많은 남자를 사랑한 적이 있지만, 뒤에 문제가 생겼다는 얘기도 일깨워주었다.

✦

그 라디오 진행자는 몸집이 작고 깜찍한 얼굴에 긴 흑발을 가졌다. 그녀는 카프리 맨솔 슈퍼슬림 담배를 끊임없이 피워댔다. 우리는 선전 시내 중심가의 쓰촨 레스토랑 특별석에서 만나기로 약속했다. 그녀는 다른 손님을 데려와 미국 뉴스에 관심 있는 친구라고 소개했다. 그 청년은 통통하고 장발이었는데, 이는 중국에서 예술가 기질이 있다는 명확한 표식이다. 그는 조용히 앉아 옆에서 인터뷰를 들었다.

후샤오메이는 자신을 '밤 고양이'라고 묘사했다. 우리는 늦게서야 저녁을 먹었는데, 그녀의 하루는 이제 막 시작되었고 11시 프로그램에 들어간다. 그녀는 영어는 못하지만 미국 문화에 관심이 있다고 말했다. 그녀는 번역본으로 읽은 레이먼드 카버의 소설에 감탄했다("아주 작은 세부 사항으로도 많은 것을 말할 수 있더라고요"). 식당에서 그녀는 자신이 선전이란 하루아침에 생겨난 도시에 오게 된 이야기를 들려주었다.

후샤오메이는 장시의 탄광 마을에서 성장했는데, 부모는 기능공이었다. 궁하진 않았지만 돈을 많이 벌지도 못했다. 그 딸은 어려서부터 떠나고 싶어했다.

"줄곧 내성적이었어요. 저는 라디오 방송에 나간다고 생각하고 자신과 얘기하곤 했지요. 방송에 나갈 기회가 생긴다면 정말 하고 싶은 일이 많았습니다."

1992년, 스무 살 때 선전으로 왔다. 그녀의 첫 번째 직장은 광천수 공장이었는데, 한 달 수입이 70달러였다. 저녁에 그녀는 현지의 청취자 전화 참여 프로그램을 듣곤 했다. 개혁 개방 초기에 이러한 프로그램이 상당히 유행하기 시작했다. 어느 날 저녁 그녀는 마침내 그 프로그램에 전화를 걸었다. 대다수 사람과 달리 그녀는 조언을 원하지 않았다. 그저 청취자에게 라디오 프로그램 진행자가 되려는 자신의 꿈을 말했다. 그녀는 말솜씨가 좋았다. 말을 마친 뒤 그녀는 자신이 일하는 직장 주소와 전화번호를 언급했다.

"그 주에 저는 편지 한 뭉치와 100통이 넘는 전화를 받았어요. 하지만 광천수 공장은 절 해고했죠. 이유는 제가 공장 전화를 사적으로 썼기 때문이래요. 그래서 직장을 잃었습니다. 저는 모든 편지를 모아 묶어서 방송국으로 가져갔죠. 그들이 무얼 하겠냐고 묻기에, 저는 프로그램 진행자가 되고 싶다고 말했습니다. 그들은 제가 너무 어리다더군요. 스무 살에다 경험도 없었으니까요. 그런데 한 관계자가 기회를 주기로 결정했어요. 저는 스물에 불과해 많은 걸 모르지만, 수많은 청중도 저와 비슷할 터이니, 어쩌면 제가 그들을 이해할 수 있을 거라고 그에게 말했거든요."

첫 방송 날을 기억한다. 1992년 12월 22일이었다. 8년이 채 안 되었지만 「밤에는 외롭지 않다」는 이미 선전에서 가장 환영받는 프로그램이 되었고, 후샤오메이는 최근에 책도 한 권 냈다. 그녀는 이 프로그램이 그녀를 늙게 만들었다고 믿었다. 왜냐하면 밤마다 그토록 많은 얘기를 들어줘야 하니까. 여성 입장에서 보면 선전은 살기가 매우 힘든 곳이라고 말했다. 이혼율은 내지보다 더 높고, 생활은 더 불안정했다.

"선전은 스트레스가 너무 심해요. 자유롭기 때문이죠. 개인의 생각이 더욱 중요해지고요. 다른 사람은 당신의 사생활을 모르니까요. 가족이 무엇을 해야 할지 말해주는 내지와는 다릅니다. 이곳엔 자유가 있지만, 이러한 자유에는 스트레스가 동반되죠."

그녀는 중국인의 표준으로 보면 만혼이라고 말했다. 결혼식은 내년에 계획돼 있는데 그때 서른 살이 된다. 뒤이어 내가 남편에 대해 묻자, 그녀는 갑자기 조용해졌다.

"그는 글을 써요." 그녀는 온화하게 말했다. "아마 크게 성공하진 못하겠죠. 그러나 성실하고 그게 가장 중요하죠. 우리는 서로를 아껴요."

잠시 멈췄다가 다시 이어서 말했다.

"전 사회의 기준을 저의 기준으로 삼고 싶지 않아요. 전 일찍이 돈많은 남자와 교제한 적이 있는데, 선전의 건축업자였죠. 그가 신경 쓰는 건 장사뿐이었어요. 한번은 새 건물 입구에 원가 2만 위안의 석사자 두 마리를 설치하면서 고객에게는 8만 위안을 불렀답니다. 이게 성공한 건가요? 가격을 네 배나 부풀려 파는 게요?"

그녀는 다른 담배에 불을 붙여 깊게 한 모금 빨았다.

"어쨌든 그는 다른 사람들이 자신을 후샤오메이의 남자 친구로 아는 것을 좋아하지 않았어요."

1년이 더 지나서 내가 선전에 다시 들르게 됐을 때 우린 또 한 번 저녁을 먹었다. 통화에서 그녀가 이번에는 남편을 데려가겠다고 말했다.

내가 식당에 들어가자 처음 그녀를 인터뷰했을 때 함께 있던 통통하고 장발인 그 청년이 보였다. 후샤오메이는 부끄러운 듯이 웃으며 말했다.

"처음 만났을 때는 당신에게 알려주고 싶지 않았어요."

✦

1999년 겨울 내내 에밀리는 자주 전화를 걸고 편지를 써 보냈다. 크리스마스 전에는 일하는 공장에서 생산한 샘플을 부쳐왔다. 흰색, 남색, 보라색 세 가지 색상의 플라스틱 구슬로 엮은 팔찌를 지퍼 잠금 가방에 포장해서. 그녀는 고향의 내 누이들에게 보내주라고 말했다. 그러나 그녀의 편지 분위기는 갈수록 어두워졌다.

"길게 쓸 수 없어요. 최근에는 불면증에 시달려 두통이 심하거든요."

그녀는 노동하는 일상이 정신을 마비시킨다고 원망했다. 자신의 불쾌한 상황 때문에 주원펑이 피해를 볼까 걱정도 했다.

"사실대로 말하면 제 남자 친구는 영리하고 제게 잘해줘요. 문제는 그가 아니라 제게 있죠. 다만 설명할 수 없는 우울증에서 회복할 수 있는 시간이 필요해요. 지금 노력하고 있어요."

그녀는 항상 자신에게 엄격했다. 내가 푸링 수업에서의 그녀에 관해 몇 자 적어 보냈을 때 다음과 같이 답장했다.

저 자신에 대해 이야기하자면, 가장 이해하기 어렵다고 생각해요. 선생님은 제 친구들보다 저를 더 잘 이해할 거예요. 친구들의 눈에 저는 성격 좋거나 친한 여자아이일 뿐이니까요. 하지만 선생님이 말한 대로 남의 존경을 받을 만한지는 모르겠어요. 사실 저는 혼자 지내는 것을 좋아하는데 사람들과 어울리는 방법을 모르기 때문이죠.

저는 다른 이들의 기쁨이나 슬픔, 관심을 공유하기 힘들어요.

교사로 있을 때 나는 상위권 여학생들이 남학생에게서는 보기 어려운 고립감에 시달리는 듯한 느낌을 받았다. 남학생들은 덜 성숙하고, 똑똑한 학생일지라도 장난치고 엉뚱한 농담하길 즐겼다. 그래도 윌리엄과 같은 학생은 졸업 후 빠르게 성장했지만, 여학생들은 학교 다닐 때 이미 생각이 많았다.

영문과 신입생 가운데 가장 우수한 학생은 또래와 거리를 두는 조용한 소녀였다. 애덤이 그 학생 반을 가르쳤는데, 때로는 수업이 끝난 뒤 그녀가 애덤을 찾아와 과외로 영어를 연습했다. 여름방학 때 그녀는 고향에 돌아가 다리에서 뛰어내려 자살했다. 애덤과 나는 그녀가 자살한 원인을 알지 못했고 반에서도 그녀와 친하게 지냈던 사람이 없었다. 중국에서 남성보다 여성이 더 많이 스스로 목숨을 끊는다. 중국 여성의 자살률은 세계 평균의 거의 다섯 배로, 전 세계 모든 국가 중에서 가장 높다. 자살하는 사람은 시골 출신에 교육을 받은 여성이 많다. 그들은 빈궁하지 않다. 오히려 더 좋은 삶을 엿보는 것이 그들을 우울하게 하는 것 같았다.

에밀리는 줄곧 학우들의 사랑을 받았고 고독감은 있었어도 인기가 많았다. 하지만 나는 선전에 있는 그녀가 심히 걱정되었다. 2000년 초에 이르러 불만이 더욱 두드러졌다. 한동안 그녀는 주원평과 함께 선반 가공 기계를 판매해보고 싶다고 말했다. 하지만 결국 그 생각을 버렸다. 초기 투자 비용이 너무 많이 들었기 때문이다. 그녀는 자신이 공장과 기숙사에 갇혔다고 생각했다. 한 편지에서 그녀는 지금 한 달 월급이

230달러로, 첫 월급보다 두 배가 많아졌다고 말했다. 그러나 그것이 아무것도 바꾸지 못했다.

저는 일할 때 전혀 행복하지 않아요. 때로는 머리가 너무 아파서 자주 실수합니다. 비록 월급은 계속 오르지만, 더 이상 일에 흥미를 느끼지 못해요. (⋯)

선생님은 무슨 일이 재미있고 사회에 유익한지 알고 계세요? 저는 그런 일자리를 찾고 싶어요.

✦

선전에 갈 때마다 나는 도시 담장의 양쪽에서 시간을 보내려고 했다. 그 구조물은 정치적 경계로 세운 것이었지만, 문화의 경계선이기도 했다. 경계선을 넘으면 좌표계는 완전히 바뀐다. '관외'의 세계에서 에밀리와 다른 공장 노동자들은 항상 후샤오메이를 거론했다. 그러나 '관내'에서 이 라디오 진행자를 거론하는 사람은 거의 없었다. 한번은 선전을 여행하는 동안 관내 도심 근처에 사는 젊은 중산층 사람들과 시간을 보냈다. 그들 중 많은 이가 말하기를 먀오융이라는 현지 소설가가 선전을 잘 포착해냈다고 했다. 그래서 정부 검열관들이 그녀를 주목하게 되었고, 그녀의 최신작을 판금시켰다.

내가 그 소설가에게 전화했을 때 그녀는 시내에 있는 자신의 아파트 부근 유행하는 서양식 카페에서 만나자고 제안했다. 먀오융은 29세로 미혼이었다. 몸집이 작고 세련되었으며 중간 길이의 검은 머리에 입술과 눈을 짙게 화장하고 끊임없이 맨솔 담배를 피워댔다. 그녀는 헨리 밀러의 소설이 좋다고 했다("그의 소설도 판금됐죠").

먀오융은 중국 서부 간쑤성에서 자랐다. 부모는 동부 연안 출신의 의사인데, 1960년대에 중국에서 서부 지역을 개발할 때 간쑤로 파견되었다. 먀오융은 간쑤에서 사범대학을 졸업하고 뒤에 선전으로 와서 비서 일을 하면서 소설을 쓰기 시작했다. 1998년에 그녀는 첫 소설 『제 삶은 당신과 상관없어요我的生活與你無關』를 출판했고, 베스트셀러가 되었다. 이 소설은 선전을 배경으로 삼았는데, 이주해온 여주인공의 첫 번째 직업은 비서였고 나중에는 돈 많은 홍콩 사업가의 정부가 되어 호화롭고 해방된 생활을 보낸다. 이 소설은 7만 부나 팔린 뒤 정부에 의해 판금되었다. 이유는 마약, 도박과 제멋대로의 성관계를 묘사했기 때문이다. 중국의 수많은 금서와 마찬가지로, 판금되자 더 많은 사람의 흥미를 끌어 판매량이 증가했다. 이때가 되면 모든 책은 해적판으로 변한다. 선전 거리의 길모퉁이와 육교에서 노점상들은 각종 해적판 도서를 판다. 증권거래소 앞의 인도에서도 노점상이 파는 『제 삶은 당신과 상관없어요』를 보았으며 그 옆에는 히틀러 자서전의 중국어 번역본 『나의 투쟁』이 있었다.

"제가 말하는 '당신'은 사회를 가리킵니다." 내가 제목에 대해 물었을 때 그녀가 말했다. "내 생활은 내가 장악하는 것이지, 다른 사람이 통제할 수 없다는 거죠." 그녀는 물질주의가 이 소설의 핵심이라고 설명했다. "어떤 일도 돈과 관련 있어요. 돈은 모든 사람에게 첫 번째죠. 선전에서 돈은 언제나 교환의 문제입니다. 당신은 사랑을 돈으로, 성을 돈으로, 감정을 돈으로 교환할 수 있죠."

책이 판금되었음에도 창작은 먀오융을 부유하게 만들었다. 원고료가 끊어진 뒤 그녀는 소설을 인기 있는 텔레비전 드라마로 각색했다. 가장 민감한 부분을 덜어내고 「이곳엔 겨울이 없다這里沒有冬季」라는 좀더 행복한 제목으로 바꾸었다. 요즘은 다른 방송과 영화 대본을 쓰고 있었다. 다음 소설의 배경을 두고는 더욱 신중을 기했는데, 그곳을 선전이나 어느 특별한 곳으로 고집할 수는 없었다. 그녀는 첫 번째 소설이 판금된 이유가 간부들이 실험 도시의 이미지를 추악하게 만드는 것을 걱정했기 때문이라고 믿었다.

소설 표지의 작가 소개란에 먼저 쓰인 것은 먀오융의 혈액형이었다. 다른 작가들과 마찬가지로 먀오융은 혈액형이 한 사람을 이해하는 데 도움을 준다고 믿었다. 그녀는 선전에 대해 가장 흥미를 느끼는 것이 바로 개인주의라고 말했다.

"이전에 중국은 모두 집단 체제였고 집단 사고였죠. 하지만 지금 선전 같은 곳에서는 어떤 사람이 되고 싶은지 스스로 결정할 수 있어요."

먀오융은 O형이었다. 내가 선전에서 이름난 호스티스 바가 어딘지 묻자 그녀는 내게 남자 친구를 소개했다. 그는 다양한 오락 장소로 나를 정중히 에스코트하며 저녁 시간을 보냈다. 거기에서는 인민폐 몇백 위안에 남성들이 룸 한 칸을 빌리고, 가라오케로 노래하고, 미니스커트를 입은 젊은 여성들을 불러 수다를 떨고 술을 따르게 하고 자기 입에 과일을 넣어주도록 할 수 있었다.

✦

에밀리는 먀오융의 소설을 좋아하지 않았다. 내가 에밀리에게 복사본을 주었을 때 그녀는 그 소설이 관내 도심에 사는 '화이트칼라'를 겨냥한 것이라고 말했다. 에밀리가 보기에 그것은 그녀의 선전과는 완전히 다른 세계다. 소설의 여주인공은 감정이 없고 단지 돈만 밝히며 이 남자, 저 남자와 밤을 보냈다.

"너무 혼란스러워요. 선생님은 이런 생활을 자제하셔야 해요." 에밀리는 말했다.

그녀의 평가는 후샤오메이의 견해와 서로 호응했다. 후샤오메이도 일찍이 먀오융의 소설을 좋아하지 않는다고 솔직하게 말한 적이 있다. 그 책이 부도덕하기 때문이라 했다. 그리고 먀오융도 마찬가지로 인기 있는 라디오 진행자를 경멸했다. 작가의 눈으로 보면 그 라디오 프로그램은 공장 기숙사에 살고 교육 수준이 낮은 여성에만 관심을 가질 뿐이다. 그럼에도 그들의 분명한 공통점이라면 똑같이 젊고 독립적이며 똑같이 신흥도시의 정수를 파악했다는 점이다. 후샤오메이와 먀오융은 각자의 방식대로 일했고 이 하루아침에 생겨난 도시에서 자신의 영역을 구축했다.

에밀리는 자신이 공장의 영역에 속해 있다고 비유했다. 그녀는 관외에 살고 생활은 기숙사에서 이루어진다. 그녀는 선전을 배척하는 동시에 거기에 빨려들었다. 설령 자신의 가치관을 분명하게 천명하기 어려울지라도 그녀는 도덕에 관한 문제를 자주 얘기했다. 한번은 여주인공이 많은 남자와 성관계를 하는 할리우드 영화를 본 뒤 심하게 당혹감을 느꼈다고 말했다. 그러나 내가 선전의 개방성을 고향의 보수성과 비교하자면 어떠냐고 물었더니, 그녀는 신도시가 진보적이라고 말했다.

"예전보다는 나아졌지만, 특별한 선은 넘지 말아야죠."

"무슨 선?"

"도덕과 관련된 거죠."

무슨 뜻이냐고 묻자, 그녀는 손에 턱을 괴고 애써 생각했다.

"전통적 도덕이죠. 예를 들어 두 사람이 결혼한 뒤에는 서로에게 충실해야 한다든지."

『제 삶은 당신과 상관없어요』에 대해 서로 얘기하다가 에밀리에게 이 책의 도덕관은 어디에서 나오냐고 물었다.

"대다수 사람은 서구에서 왔다고 말하죠. 개혁 개방 이후 좋아졌다고 생각해요. 선전 사람 대다수는 서방 국가가 비교적 좋고 중국 전통은 낙후되었다고 여기죠."

그러나 에밀리가 보기에 이 소설의 철학은 너무나 어두웠다.

"소설에서는 선전을 영혼이 없는 신도시라고 말해요. 모든 등장인물이 혼란에 빠졌어요. 그들은 안정을 찾을 수 없어요."

◆

2월 설이 지난 뒤 에밀리와 주원펑은 동거하기 시작했다. 그들은 관외의 약 50킬로미터 떨어진 작은 공장 도시에 방 세 칸짜리 아파트를 빌렸다. 주원펑의 공장에서 멀지 않은 곳이었다. 너무 급히 지어서 시멘트 계단에 균열이 생겼지만, 다른 것은 괜찮은 편이고 주방도 있었다. 에밀리가 선전에 온 뒤 기숙사가 아닌 첫 집이었다.

이 아파트에는 다른 쓰촨 커플도 살고 있었다. 각 커플은 각자 자신의 침실을 가졌지만, 컬러텔레비전, 비디오플레이어, 낮은 탁자, 소파로

도 쓸 수 있는 침대 하나가 놓여 있는 거실은 공유했다. 한 침실 벽에는 상반신을 벗은 외국 남녀의 다정한 포스터가 붙어 있었다. 그건 이전에 살았던 사람이 남긴 것인데, 떼어내려고 하지는 않았다. 중국에서 이런 사진은 자주 보인다. 그림 속의 남녀는 외국인인데, 불쾌하기보다는 비교적 낭만적으로 보였다.

에밀리는 부모님에게 이 아파트 얘기를 꺼내지 않았다. 주중에는 여전히 공장 기숙사에서 지내고, 주말에만 주원평과 보냈다. 하루는 통화하면서, 둘이 함께 사는 거냐고 어머니가 직접적으로 물었다. "저는 아무 말도 하지 않았어요. 그러나 제 침묵으로 어머니는 사실을 알았을 거예요." 그날 이후로 모녀는 두 번 다시 이 일을 언급하지 않았다.

주원평은 승진하여 매달 360달러를 벌었다. 에밀리의 월급까지 합치면 대략 600달러였는데, 적어도 수입의 절반은 저축할 수 있었다.

그해 4월 평일 저녁에 에밀리는 처음으로 야간 통행금지 규정을 어겼다. 퇴근한 뒤 공장을 떠났다가 이튿날 출근할 때 돌아갔다. 사장은 그녀를 사무실로 불렀다. 에밀리는 뒤에 내게 말했다.

"전날 저녁에 몇 시에 돌아왔냐고 묻더군요. 그는 늘 그런 식이죠. 직접적으로 묻는 법이 없죠. 그는 내가 돌아왔는지 여부를 묻지 못하고, 다만 몇 시에 돌아왔냐고 물었죠. 나는 '오늘 아침에 돌아왔어요'라고 말하며, 변명이나 해명을 하지 않았어요. 그는 무슨 말을 해야 할지도 몰랐고, 자기가 화를 내야 할지 웃어야 할지도 몰랐어요. 나를 바라보더니 결국에는 그냥 가버리더군요."

몇 주 뒤 공장의 다른 젊은 여공도 야간 통행금지 규정을 어기기 시작했다.

오래지 않아 사장은 어린 여공을 조립 라인에서 빼다가 '개인 비서'로 승급시켰다. 후난에서 온 그 직원은 열여덟 살이었다. 에밀리는 그녀에게 사장에 관해 경고하면서 그가 저지른 행위들을 말해주었다. 결국 사장은 다시 에밀리를 불렀다. 우선 그는 상투적인 간접 질문을 했으며 사람들이 그에 대해서 무슨 말을 하는지 물었다. 그게 먹히지 않자 본격적으로 질문했다.

"네가 다른 동료들에게 내가 음탕하다고 말했다며?"

"네."

그는 웃어 넘기려고 애썼지만 에밀리라는 존재를 더 이상 좋아하지 않음은 분명했다. 그녀는 한가할 때 다른 일거리를 찾기 시작해 오래지 않아 보육원 교사 일자리를 찾았다. 학교는 관외에 있었지만, 이곳엔 타이완 사장도, 공장 기숙사도, 야근도 없었다. 그녀는 가서 영어를 가르치고 싶었다.

6월에 사표를 제출하자 사장은 그녀를 비난했다.

"넌 변했어. 이전에는 순종적이더니 남자 친구와 사귄 뒤부터 완전히 변했어."

"전 변하지 않았어요. 저는 당신을 더 잘 알게 됐을 뿐이에요."

◆

그해 여름, 선전 특구가 세워진 지 20년이 되었다. 이 도시는 1980년 8월에 정식으로 경제특구로 지정되어 지금 자가발전의 중요한 단계로 접어들었다. 중국은 세계무역기구 가입을 준비하고 있었다. 이는 선전이 세

수稅收에서 누리던 수많은 특권이 끝남을 의미했다. 이와 동시에 중앙정부로부터 나온 강력한 반대의 목소리가 시종 끊이지 않았는데, 그들은 특권이 부패를 불러온다고 믿었다. 2000년에 선전 부시장은 부동산 사기에 개입되어 체포되었다.

현지 경제는 여전히 호황이지만 근래에는 하향하는 추세다. 과거에 한국과 타이완 같은 아시아 국가는 수출가공지역EPZS으로 알려진 '특별' 도시들과 지역들을 개발했다. 이러한 특구는 간단한 생명주기를 따른다. 처음엔 노동 집약적인 경공업 발달이 빨리 이뤄지나, 서서히 공장들이 월급이 비교적 낮은 내지로 옮겨갔다. 최후에는 이러한 특구가 하이테크 산업으로 틀을 바꿔 그들이 국가 경제의 원동력으로서의 역할을 잃어버렸다. 이 기획 도시들은 빠르게 성장했다가 쇠락하는 운명이었다. 마치 꽃이 한 차례만 피는 것처럼.

그러나 선전의 실험은 경제 부문에서만 드러나지 않고, 다른 수많은 사회 문제에도 영향을 끼쳤다. 20주년 기념일 몇 주 전에 나는 선전에 와서 현지 주민을 인터뷰하여 하루아침에 생겨난 도시와 관련된 역사와 문화에 대해 물었다.

"선전 사람은 용감합니다. 중국인은 보통 새것을 두려워하지만, 선전 사람은 달라요. 그들은 시도하고 모험하길 원합니다."

"선전에는 문화가 없어요. 사람들은 돈에만 관심 가져요."

"청년은 낙관적이고 중년은 비관적인데, 이곳이 청년의 도시이기 때문이죠."

"선전은 미국과 유사한 점이 많아요. 미국은 항상 기회를 제공하는데, 선전도 그래요. 여기에서 당신은 무척 자유롭게 생활할 수 있죠. 사

갑골문자

람들은 당신의 사생활을 따져 묻지 않아요. 여기에 온 뒤 저는 즐겁고 해방감을 느껴요. 줄곧 내지에서 지냈다면 저는 결코 이혼하지 않았을 겁니다."

"모두가 이곳을 미국 서부와 같다고 얘기하지만, 진짜 그렇진 않아요. 미국 서부는 개발되길 기다렸고, 그곳의 성공은 철로 때문이었죠. 선전의 성공은 정치 때문이죠. 모든 게 덩샤오핑 때문입니다. 만일 그가 윈난을 경제특구로 만들고 싶었다면, 윈난도 성공했을 겁니다."

"저도 실험 대상입니다. 제가 젊었을 때 스스로 나와서 살 길을 찾았으니까요."

"선전에선 과거나 배경을 따지는 사람은 없어요. 그들은 단지 당신의 능력에만 신경을 쓸 뿐이죠. 할 수 있느냐, 없느냐? 이것만이 중요한 일이죠."

나는 선전만큼 사람들의 의견이 나뉘는 중국 도시를 가본 적이 없었다. 둘러친 담장은 공장 세계를 분리해놓았지만, 내부 사회의 분열은 오히려 더 드라마틱했다. 세대가 다르면 서로 거의 소통하지 않았다. 이곳 사람 대부분은 가족이 모두 내지에 있었기 때문이다. 기타 수많은 주민과 마찬가지로 에밀리는 항상 '화이트칼라'와 '블루칼라' 계급의 차이를 언급했다(그녀는 자신을 블루칼라 그룹에 귀속시켰다). 후샤오메이는 블루칼라의 여성 영웅이었다. 먀오융은 화이트칼라 생활권에 속했다. 단일한 정당에 의해 통제되는 국가에서, 그리고 거의 모든 사람이 자기를 동일한 인종 집단에 속하는 것으로 보는 도시에서, 근 20년 만에 사회가 이처럼 갈라졌다는 점은 심상치 않다.

하지만 일부 분열은 그 둘러친 담과 마찬가지로 인위적일 뿐 아니라 구멍이 많다. 중국 전체에서 개혁 개방은 새로운 사회계급의 틀을 가져왔으며 아울러 아래에서 위로 유동했지만, 이러한 체계는 아직 완전하지 않다. 평등주의에 대해 자부심을 느끼는 미국도 전통적 가정, 전통적 학교, 전통적인 성공 방식이 있다. 중국엔 적어도 새로운 분위기에서는 아직 이러한 것이 발전하지 않았다. 개인적인 교육, 경험과 결심을 어떻게 결합해야 성공이라 부를 수 있을지 정의하기가 무척 난감했다. 성공은 모호한 개념이었다. 이러한 상태는 사기꾼에게 더할 나위 없는 토양이었다. 심지어 베이징처럼 정치적으로 민감한 도시 도처에 가짜 신분증을 파는 사람들이 가득했다. 선전에서 이러한 교역은 이미 산업 생산의 경지에까지 도달했다. 공장에서 일할 때 에밀리는 노동자의 접수 업무를 책임졌다. 그녀는 수많은 노동자의 신분증을 한 번 보면 가짜인지 알 수 있다고 말했다. 현지 월마트 입구에서 노점상이 가짜 대학 졸업증을 팔았는데, 한 장에 100달러도 되지 않았다. 신분증을 파는 선전 상인이 내게 알려주기를, 과거 5년 동안 그는 다섯 개의 서로 다른 이름을 사용한 적이 있었다고 했다.

기숙사와 조립라인, 담장과 사회계급 구분 등 도시의 구조 감각에도 불구하고 선전은 어울리지 않는 사람들로 가득 차 있었다. 하루아침에 생겨난 도시는 기회를 허락하지만, 사실상 수많은 이민자가 불안감을 가지고 고향을 떠났다(에밀리가 일찍이 내게 "내 마음속에 무언가 있다"라고 알려준 것처럼). 선전에서 젊은 여성은 공장에 들어가서 몇 개월간 염가의 장신구를 만들 수 있고, 다시 다른 일자리로 바꿀 수 있다. 외지에서 온 다른 사람이 그녀의 일을 대신할 수 있으니, 표면적으로는 아무것도 변하지 않았다. 공장에서는 계속해서 염가 장신구를 생산한다. 근본적으로 이 새로운 환경에서 개인의 생각이 어떻게 변하는지는 알아내기 불가능하다.

마찬가지로 20년이란 시간이 이 도시 생활에 대해 갖는 의미를 정의 내리기도 어렵다. 정부는 이 기념일을 그다지 중시하지 않는 것 같았다. 지도자를 위한 열병식도 없었고 노동자에게 휴가도 주지 않았고 정치국 사람이 나와서 연설하지도 않았다. 보도에 따르면 공산당 내부에서 지시를 내려 관리들에게 이곳 기념일을 경시하는 태도를 보이라고 했단다.

바로 그날 『선전특구보深圳特區報』에서 특별호를 발간했는데, 큰 글자로 머리기사 제목이 쓰여 있었다.

「굉장한 배려, 거대한 실험」

첫 장은 덩샤오핑 붓글씨로 장식하고 장쩌민의 지루한 성명을 실었는데, 그는 선전을 "과거 20년 동안 역사적 변혁을 실현한 축소판"이라 묘사했다. 나는 한 신문 가판대에서 유행하는 여성 월간지 두 부를 집어 들었는데, 기사 제목들은 기념일을 한 줄도 언급하지 않았다.

「선전 여사장 100여 명의 창업 경험」
「첫사랑의 종말」
「왜 혼전 동거하려 하는가?」
「왜 낙태하려 하는가?」
「한 노인이 설치한 올가미」

「첫날밤의 신부」

「선전 여사장과의 대담」

「나는 숙녀가 아니다」

✦

내가 선전에서 보낸 마지막 날 저녁에 주원펑은 우울하게 집으로 돌아
갔다. 그날은 뜻대로 되지 않은 오후였다. 수하의 한 노동자가 부상당했
다. 공장에서 잔업하며 주문량을 채우기 위해 신상품을 급히 만들다가
뜻밖의 사고가 발생했다. 신상품은 금속 보온병이다. 동료의 부상은 심
하진 않았으나, 주원펑은 에밀리에게 잠시 혼자 있고 싶다고 말했다.

때때로 주원펑은 나와 그의 공장에 대해 얘기하다가 베이징에서의
생활을 묻곤 했다. 그러나 대부분 그는 나와 에밀리의 대화에 끼어들지
않았다. 중국에서 여성이 자신의 남자 친구와는 별도로 이성 친구를 갖
는 경우는 결코 흔한 일이 아니었다. 주원펑은 의외로 나의 존재를 참아
왔다. 그는 차분해서 중국 남성들에게서 자주 보이는 충동이나 불안정
같은 건 없었다. 나는 외국인이고 게다가 에밀리의 옛 선생이어서 많은
도움을 받았다. 그러나 나는 이러한 상황이 결코 심상치 않음을 알았
다. 가면 갈수록 에밀리는 나와 연락이 뜸해질 것으로 예측됐다. 그것은
나와 여학생 사이의 일상적 패턴이었다. 막 결혼했을 때는 한동안 연락
하지 않다가 생활이 안정되면, 보통 아이가 생긴 뒤 다시 연락이 왔다.

마지막 날 밤에 에밀리와 나는 주원펑을 아파트에 남겨두고 나왔다.
우리는 언덕으로 올라가 시내를 조망할 수 있는 공원으로 갔다. 관외에

서 흔히 볼 수 있는 유형의 작은 공장이 밀집된 곳이었다. 이 언덕에서 보니 상가와 아파트 건물 단지는 먼지에 의해 잘려진 모습이었다. 그리고 공장과 기숙사가 두 개의 주요 도로에 늘어서서 부채꼴로 펼쳐져 있었다. 많은 현지 공장에서 신발과 의류를 생산했다. 컴퓨터 부속품을 만드는 공장 중 한 곳은 최근에 화재로 꼭대기 층이 불탔다. 흰색 타일을 붙인 벽은 아직도 그을린 흔적이 검게 남아 있었다. 에밀리는 그 화재에서 부상당한 사람은 없다고 말했다. 그러나 길 끝에 위치한 크리스마스용 플라스틱 장식품과 잔디깎이를 생산하는 공장에서는 몇 년 전에 큰불이 나서 일부 노동자가 목숨을 잃었다.

2주 뒤 에밀리는 새로이 교직 생활을 시작할 예정이었다. 그녀는 지난 몇 년간 영어 실력이 떨어졌을까 봐 걱정했고 또한 아이를 잘 가르치지 못할까 봐 걱정했다. 그러나 그녀는 새로운 일에 대해 얘기할 때마다 웃었다. 그녀는 지금 단발머리를 했으며 앞머리는 플라스틱 머리핀을 꽂아 뒤로 넘겼다. 그리고 주원펑이 선물한 옥으로 만든 용 목걸이를 찼는데, 그녀는 용띠다.

구름 없는 포근한 밤에 별들이 반짝였다. 산정에서는 모든 것이 분명하게 보였다. 견고해 보이는 기숙사 건물에서는 야간 통행금지 전까지 여전히 등불이 새어 나왔다. 11시가 넘자 나는 저 기숙사에는 몇 명이나 있으며, 방 안에서 몇 명이나 라디오 프로그램을 청취하고 있을지 생각해보았다. 우리는 언덕 꼭대기에 앉아 에밀리가 가져온 낡은 라디오로 「밤에는 외롭지 않다」를 들었다. 라디오의 음향 조절기가 고장 나서 후샤오메이의 목소리는 지직지직 소리를 내며 밤하늘에 퍼졌다. 우리는 간신히 들었다.

첫 번째 청취자는 전화가 연결되자 울기 시작하더니 떠난 전 남자 친구에 대한 자신의 태도를 후회했다. 후샤오메이는 그러한 경험이 도움이 될 것이며, 다음엔 잘 대처할 수 있을 것이라고 말해주었다. 두 번째 청취자는 고등학교 시절의 여자 친구를 그리워하지만, 그녀가 먼 곳에서 일한다고 말했다. "이곳엔 잘 대해주는 여성이 없나요?"라고 후샤오메이가 물었다. 세 번째 청취자는 남자 친구가 최근에 계속 헤어지자고 요구해 화가 났다. 멋진 남자여서 그녀가 잘못해도 그녀 편을 들어준다고 했다. 후샤오메이는 이렇게 말했다. "당신이 잘못했는데도요? 그렇다면 그에겐 틀림없이 문제가 있을 겁니다."

언덕 아래 공장의 불빛이 하나씩 사라졌다. 때로는 창문이 갑자기 칠흑같이 어두워지거나, 건물 전체의 등불이 갑자기 꺼졌다. 등 하나만 꺼지는 경우는 없었다. 기숙사 노동자들은 전등 스위치를 작동할 수 없었고 모든 것이 야간 통행금지 시간표에 따라 움직였다.

마지막 여성 청취자는 한 남자와 다년간 동거했지만 끊임없이 바람을 피웠다. 그녀 자신도 왜 그렇게 되었는지 몰랐다. 남자 친구는 돈도 있고 좋은 직업에 기질도 선했다. 후샤오메이가 바람 피운 원인을 물으니, 그녀는 먀오융 소설을 읽어봤냐고 물었다.

"저는 그 소설을 좋아하지 않아요." 후샤오메이의 목소리가 날카로워졌다. "그 책을 흉내내서 생활해선 안 돼요. 스스로의 원칙에서 무엇이 잘못되었는지 생각해보세요."

에밀리는 나를 보면서 웃었다. 프로그램은 한밤중에 끝났다. 이어서 광고들이 쏟아졌다. 그때 산 아래 마지막 공장 불빛이 뚝 끊겼다. 도시의 야경이 어두운 밤 속으로 사라졌다.

한동안 우리는 말없이 그곳에 앉아 있었다. 나는 며칠 전 에밀리가 말했던 게 생각났다. 그녀는 역사적인 시각으로 선전과 같은 도시의 변화를 보려고 했다. 그녀는 이렇게 말했다.

"원시 사회에서 인간은 무리 생활을 하다가 마침내 흩어져 가정을 이루었죠. 지금은 또다시 흩어져 수많은 별개의 개체가 되었어요. 최후엔 한 사람만 남겠죠."

그녀는 말을 멈췄는데 그렇게 기분이 좋아 보이진 않았다.

"완벽한 사회주의가 있다면 얼마나 좋을까요? 불가능하겠죠. 단지 아름다운 이상에 불과하니까요."

내가 선전을 떠날 거냐고 묻자, 그녀는 고개를 흔들었다. 그녀가 보기에 세상과 격리되면 그 나름의 장점이 있다. 억지로 혹은 힘들게 결정하는 일이 거의 없기 때문이다.

"사람에겐 많은 능력이 있는 것 같아요. 다들 더 많은 창의력을 발휘하겠죠. 나중엔 의견이 너무 달라져 다시는 같은 생각을 하지 못할지도 몰라요."

"그게 중국에 어떤 변화를 가져올까?"

그녀는 말이 없었다. 일단 자기를 돌볼 줄 알게 되면 이 모든 체계도 자연스럽게 진보할 것이라 생각하고 싶었지만, 나도 이 문제에 어떻게 대답해야 할지 몰랐다. 그러나 나는 담으로 둘러친 도시, 담을 두른 공장, 집에서 멀리 떠난 외로운 사람과 같은 선전의 분열을 보고 이 모든 것이 최종적으로 어떻게 조화를 이루어 응집력 있는 것으로 만들어질지 궁금했다.

나는 에밀리를 바라보며 그 문제는 그녀에게 결코 중요하지 않음을 알았다. 선전에 와서 그녀는 일자리를 찾았고 떠났다가 다시 다른 일을 찾았다. 그녀는 연애를 하다가 야간 통행금지 규정을 위반했다. 그녀는 공장 사장에게 살해 협박 편지를 썼다. 그리고 사장 앞에서 자신을 옹호했다. 이제 스물네 살이다. 그녀는 아주 잘하고 있다. 내 질문에 대해서는 웃으면서 "몰라요"라고 말했다.

폴라트와 나는 마지막으로 환전했는데, 환율은 1달러에 인민폐 8.4위안
으로 떨어졌다. 그는 담배를 많이 피웠다. 힐튼 담배를 연달아 물었다.
안색이 초췌했다. 그가 중국 위안화를 전부 처분하는 중이어서 나는
450달러를 바꿔줬다. 환전한 뒤 그는 내게 야바오로에서 믿을 수 있는
환전상 친구를 소개해줬다. 그는 나에게 호의를 베풀었으나 나는 나의
암시장이 문 닫을 날이 다가왔음을 알았다. 환율이 너무 떨어져 거의
바꿀 가치가 없을 것 같았다. 게다가 폴라트가 떠나면 나도 더 이상 야
바오로에서 많은 시간을 보내지 않을 작정이었다. 이곳은 그가 없으면
예전 같지 않을 것이다.

　그 주에 우리는 위구르족 식당에서 몇 번 만났다. 폴라트는 정착 가
능한 미국 도시로 로스앤젤레스, 뉴욕, 워싱턴, 오클라호마시티 등 네
곳을 고려했다.

"오클라호마시티?"

내 표정을 보더니 그는 재빨리 말을 이었다.

"듣자하니 오클라호마시티는 덥고 바람도 거세다던데요. 살기가 무척 나쁘고 마치 신장의 남부와 같다더군요."

나는 사실이라고 말했다. 폴라트는 많은 위구르족이 오클라호마시티 부근에 살고 있는데, 그중 일부는 그곳의 대학에서 공부한다고 부연했다. 작은 공동체가 오클라호마시티 근처에 기반을 둔 위구르족 지식인 씨딕 해지 로우지를 중심으로 형성되었다. 그는 자주 '미국의 소리'의 위구르족 뉴스에 보도자료를 제공했다. 그의 아내 라비야 카디르는 일찍이 우루무치의 성공한 기업가였고 다년간 중국 정부는 그녀를 소수민족의 성공한 모델로 치켜세웠다. 그런데 뒤에 남편의 '미국의 소리' 보도가 보이지 않는 선을 넘어버려, 신장에 남아 있던 그녀는 '국가 기밀'을 누설했다는 죄명으로 체포되었다. 하지만 대부분의 사람은 그녀의 죄가 중국 신문에서 스크랩한 기사를 그녀의 남편에게 보낸 것에 불과하다고 믿는다. 체포된 뒤 라비야 카디르는 위구르족 가운데 가장 유명한 정치범이 되었으나 외교적 노력으로도 그녀의 출옥을 도울 방법이 없었다(여러 해가 지난 2005년 그녀는 마침내 중국을 떠나는 것이 허락되었다).

폴라트는 오클라호마시티는 그가 선택한 한 곳일 뿐이며, 뉴욕과 워싱턴에도 일부 위구르족이 있다고 말했다. 그가 걱정하는 것은 주로 로스앤젤레스 공항의 출입국 세관을 통과할 수 있는가였다. 그의 계획은 비자 체류 기한을 넘긴 다음 정치 망명을 신청하는 것이었다. 순조롭게 오클라호마시티나 워싱턴에 도착할 수만 있다면 기회가 훨씬 더 커진다고 친구들이 알려줬다. 두 곳엔 이전에 다른 위구르족을 도와줬던 변호사가 있기 때문이다.

애기하면서 폴라트는 항상 내 의견을 물어왔다. 그러나 그가 들어가려고 하는 곳은 미국에서 나고 자란 나에게도 완전히 생소한 도시였다. 겨울에 미국에 돌아갈 때 대도시에서 중국어를 할 수 있는 친구를 소개해주겠다고는 했지만, 나는 정치 망명의 절차에 대해선 전혀 몰랐다. 처음에는 폴라트의 미국 계획에 대해 의구심이 가득했는데 이제는 심각한 문제가 터질까 봐 걱정됐다. 만일 정치 망명이 받아들여지지 않으면 그는 감옥에 들어갈 것이 뻔하기 때문이다. 그러나 그는 미국에 있는 위구르족이 그에게 조언해 줄 것이라고 믿었다.

규칙도 잘 모르면서 판돈이 큰 도박을 준비하는 것 같았다. 로스앤젤레스에서 오클라호마시티, 다시 워싱턴에 이르기까지 위구르족의 안전 지대는 사방에 깔렸지만, 게임 규칙 중 하나는 공항 출입국 세관을 통과하는 것이다. 그렇게 되면 정치 망명에 성공할 확률이 높아진다. 나중에야 나는 폴라트의 말이 옳았음을 확실히 알았다. 개인이 미국 공항에서 정치 망명을 신청하면 그는 '신속 추방' 절차로 들어가게 된다. 이것은 그의 신청이 믿을 만한지 결정하는 절차다. 설령 이 사람의 안건이 접수되어 처리된다 해도 먼저 구류될 수 있다. 이때 변호사를 요구하면 곤란하다. 때로 구속된 사람은 주 감옥으로 송치되어 일반 죄수와 함께 수감된다. 한 이민 전담 변호사가 일러준 바에 따르면, 정치 망명을 신청한 손님이 쇠고랑을 차고 펜실베이니아주 감옥에 수감되었다고 한다.

◆

폴라트가 베이징을 떠나기 이틀 전 밤에 우리는 할리우드 옆 식당에서 밥을 먹기로 약속했는데, 나는 그에게 2000달러짜리 개인 수표를 써주었다. 비자 컨설팅 회사에서는 베이징 공항에서 의심을 피하려면 너무 많은 현금을 휴대하지 말라고 경고했다. 나의 수표는 미국은행 통장이 있는 위구르족 망명 인사에게 부치는 것이다. 식당에서 폴라트는 그만큼의 현금을 나에게 주었다. 이번 환전으로 난생처음 내 주머니는 달러로 가득 차게 되었다.

"무슨 옷을 입고 탑승해야 좋을까요?"

"음, 초청장에 사업가라 했으니, 사업가처럼 보이도록 하세요. 나라면 양복을 입겠어요."

"이 옷은 어때요? 사업가처럼 보이나요?"

그가 걸친 옷은 짙은 남색에 염가로 재봉한, 낡아서 반질반질 빛나는 양복이었다. 딱 위구르족 환전업자처럼 보였다.

"다른 옷 없나요?" 가능한 한 나는 재치 있게 물었다.

"이게 가장 좋은 양복이에요."

폴라트의 아내가 남편을 배웅하기 위해 우루무치에서 날아왔다. 그녀는 20대 후반의 교사다. 우리의 대화는 제한적이었다. 그녀가 중국어를 못하기 때문이다. 그때 나는 처음으로 폴라트가 여성과 함께 있는 모습을 보았다. 그는 염려스러운 표정으로 저녁 식사 자리에서 아내의 손을 잡았다. 그녀는 그보다 더 긴장한 것 같았다.

마지막 날 밤에 나는 다시 그들 부부, 그리고 폴라트의 위구르족 친구들과 만나 저녁을 먹었다. 그때가 금요일 저녁이었다. 비자 상담사는 폴라트가 토요일에 떠나도록 배정했는데, 미국 공항 출입국이 주말에 비교적 느슨하다고 믿었기 때문이다. 폴라트는 술을 많이 마시지 않았지만, 식사가 끝나자 줄담배를 피웠다. 그 뒤 그는 식탁을 돌며 모두에게 작별 인사를 했다. 그가 나와 악수할 때 나는 "다음엔 미국에서 만나죠"라고 말했다. 하지만 나 자신조차도 그 말에 의심이 갔다.

✦

그는 비행기에서 잠을 자지 않았다. 그는 단지 6달러를 주고 야바오로에서 산 가짜 쌤소나이트 여행 가방 하나만 꾸렸다. 가방엔 양복, 셔츠 두 벌, 바지와 책 몇 권을 넣었다. 비자 상담사가 간편하게 꾸리라고 하여(그들도 그 옷을 입지 말라고 권했다) 그는 청바지와 단추를 채우는 새 셔츠를 입었다. 그 셔츠는 캐터필러 브랜드의 모조품이다.

비행기가 로스앤젤레스에 도착한 뒤 그는 가방을 들고 입국 심사대의 대열에 합류했다. 차례가 되었을 때 그는 여권을 건네주며 최대한 침착하게 보이려 했다. 직원은 그를 한번 보더니 질문을 하기 위해 옆으로 빠지게 했다.

그는 폴라트를 작은 방으로 데리고 갔다. 그곳엔 중국어 통역 한 명을 포함한 직원 여섯 명이 있었다. 여행 온 목적에 대해 질문받았을 때 폴라트는 무역 업무로 왔다고 말하며 가짜 초청장을 꺼냈다. 한 직원이 떠나더니 초청장 위에 쓰인 번호로 전화를 걸었다.

폴라트가 대기하는 동안 다른 직원이 중국인 한 사람을 데려왔다. 그 사람도 베이징에서 같은 비행기를 타고 왔다. 40세 전후로 전혀 긴장하는 것 같지 않았다. 그러나 공항 직원들은 몹시 화나 보였다. 영어로 통역관에게 잠시 말하곤 흥분된 안색이었다. 마침내 통역은 중국 남자에게 여권을 어쨌냐고 물었다.

"찢어서 변기통에 넣어버렸습니다."

"왜 그렇게 했나요?"

"두 번 다시 중화인민공화국의 공민이 되고 싶지 않기 때문입니다." 그 사람은 차분하게 말했다. "저는 미국에 정치 망명을 신청하러 왔습니다." 그는 주머니에서 몇몇 서류를 꺼냈다. "이것이 저의 증거입니다."

직원들은 방을 나가서 이 일에 대해 의논했다. 잠시 뒤 그중 한 사람이 돌아왔다.

"폴라트 씨, 당신은 가도 좋습니다."

비자 컨설팅 회사에서 나온 중국인 연락책 두 사람이 공항 밖에서 기다리고 있었다. 그들의 동료가 출입국 직원의 전화를 받았다고 했다. 폴라트는 그들에게 현금 500달러를 주었다. 마지막 비용이었다. 그들은 폴라트를 로스앤젤레스의 그레이하운드 버스 정류장에 실어다주었다. 10월인데도 날씨가 무더웠다.

정류장에서 폴라트는 오클라호마시티행 편도 버스승차권을 구입했다. 그는 두 시간을 죽치고 대합실에서 기다리며 사람들을 둘러보았다. 중국 소수민족 출신인 그는 자연스럽게 인종적 차이에 대해 유념했다. 그리고 다년간 무역을 해본 경험으로 이러한 관찰력은 더욱 예민해졌다. 그레이하운드 버스 정류장에서 그는 위구르족을 닮은 몇 사람을 주목했다. 그는 스페인 사람일 거라고 추측했다. 승객은 많지 않았고, 그는 버스에 탄 뒤 중국에서 알고 있었던 것보다 차가 훨씬 좋다는 걸 알

왔다.

폴라트는 그 여행을, 특히 뉴멕시코의 경치를 즐겼다. 하지만 오클라호마시티는 좋아하지 않았다. 더운 데다가 바람도 거셌다. 그는 '미국의 소리' 위구르 특파원 씨딕 해지 로우지를 만났다. 그도 쇼니에서 머물렀는데, 일부 위구르족은 장학금을 받아 오클라호마 침례대학을 졸업한 뒤 그곳에서 정착했다. 그들은 침례교도가 되지 않았다. 그중 일부는 신용카드를 만드는 작은 공장에서 일했다. 폴라트에게 오클라호마의 생활은 어두워 보였다. 그는 소수민족의 상황이 건전하지 못함을 느꼈다. 몇 개월 뒤 그는 무뚝뚝하게 내게 설명해줬다.

"쇼니에 인디언이 많아 정부가 집을 마련해주었지만, 그들은 날마다 술만 마시며 일하지 않습니다."

오클라호마시티에서 열흘간 머문 뒤 폴라트는 또 다른 그레이하운드 편도 버스표를 구입했다. 버스는 그를 태우고 아칸소를 가로질러 동쪽으로 갔다. 도중에 테네시에는 처음 보는 나무가 엄청 많았다. 어느 날 새벽에 내 휴대전화가 울렸다.

"지금 워싱턴에 있어요."

그는 수도에 있는 일부 위구르족 사람들과 함께 사는데, 다음 주부터 영어 수업에 들어갈 예정이라고 말했다. 나는 모든 게 순조롭냐고 물었다.

"큰 문제는 없어요. 아직 처리해야 할 일들이 있긴 하지만, 전화로 일일이 얘기하긴 좀 그래요. 밍바이 러 마?"

"알겠습니다."

그가 몇 주 뒤 다시 전화 걸겠다고 했고, 나는 1월에 그를 보러 갈 수 있다고 말해주었다. 전화를 끊기 전에 폴라트는 야바오로에 있는 그의 위구르족 친구들에게 안부를 전해달라고 말했다.

쓰
허
위
안

베이징에서 1년을 산 뒤 마침내 나는 오래된 아파트에서 이사를 나갔다. 평생 동안 이런 아파트는 처음이었다. 더 심하게 표현해 그곳에선 아무 일도 일어나지 않았다. 나는 그곳 주방에서 한 끼도 요리한 적이 없고, 거기에서 하루 저녁도 텔레비전을 본 적이 없다. 베이징 친구들을 초대한 적도 없고, 어떤 가구도 구입한 적이 없으며, 벽에 근사한 것을 건 적도 없다. 또한 그곳에서 어떤 편지도 받아본 적이 없다. 사실 나는 그곳의 정확한 주소도 모른다. 나는 대부분 저녁을 밖에서 보냈으며, 늘 텐트와 침낭을 메고 이 성 저 성으로 장기 여행을 다녔다. 한 번에 2주씩 여행하는 것은 내겐 항상 있는 일이다. 이것이 여행과 글쓰기라는 자유기고가의 생활이다.

돌아오면 도시는 변해 있었다. 한번은 인터뷰 여행에서 돌아와 집 부근에 있는 단골 국숫집에 갔다가, 그 일대에 새로운 아파트 단지를 짓기 위해 전 지역이 철거되었음을 발견했다. 베이징에 돌아오니 놀랄 일이 한두 가지가 아니었다. 1개월의 장기 여행은 나로 하여금 '립 밴 윙클Rip Van Winkle'(시대에 뒤떨어진 사람)의 꿈을 꾼 것처럼 느끼게 했다. 경관이 완전히 바뀌었다. 새로운 지역이 도시 전역에 생겨났고, 그 대신에 낡은 구역은 하나씩 하나씩 철거되었다. 과거에 베이징 중심 지대는 '후퉁'으로 유명했다. 이 단어는 몽골어 '우물'에서 나왔는데, 나중에는 쓰허위안四合院을 잇는 골목을 지칭하게 되었다. 1990년대 말에 이르러 수많은 후퉁이 신속히 사라졌지만, 그것을 대체한 단어는 없었다. 신속이 최우선인 양 발전의 속도가 너무나 촉급하여 대부분의 신축물은 그 특징이 전혀 분간되지 않았다. 빨리 설계하고 싸게 짓고 대충 완공했다. 보면 임시 건축물 같았고 이상한 이웃이 들어선 것 같아 전혀 어울리지 않았으며 오래 가지도 못할 것 같았다.

유동적인 도시에서 나는 떠돌아다녔다. 아무 일도 일어나지 않는 아파트에 살았으며, 더 이상 존재하지 않는 것으로 가장 잘 정의되었던 도시에서 살았다. 결국 1년의 방랑을 거쳐 나는 비교적 안정된 집을 찾기로 결정했다. 베이징은 최근에 법안을 통과시켜 25개의 후퉁을 보호하기로 했는데, 나는 그 가운데 쥐얼후퉁 일대에서 아파트를 찾았다. 외국 기자에게 이곳은 합법적인 주소가 아니었지만 나는 기념일이 돌아올 때마다 경찰을 피할 수 있을 거라 생각했다. 아직 철거되지 않은 베이징 구시가에서 살 수만 있다면 나는 무슨 짓도 기꺼이 할 수 있었다.

쥐얼후퉁은 허우하이공원 일대에 있다. 이곳 후퉁은 쯔진청에서 북쪽으로 이전 베이징 성벽 유적까지를 이른다. 주변은 조용했다. 골목은 협소해 대중교통도 지나갈 수 없고 큰 건축 공사도 허용되지 않았다. 가장 높은 집이라야 몇 층 높이고, 대부분은 단층의 쓰허위안이었다. 도시의 빌딩 숲 지역과는 달리 쥐얼후퉁엔 메아리가 많지 않았다. 이곳의 소리는 종류가 적고 또렷했다. 바람이 회화나무에 불고 빗방울이 기와집 지붕에서 떨어졌다. 새벽에 행상들이 자전거를 타고 골목을 지나다니며 물건을 사라고 외쳤다. 맥주, 식초, 간장. 쌀, 쌀, 쌀. 폐품을 주워 회수하는 사람도 자전거를 타고 후퉁을 지나다니며 스티로폼이나 종이박스, 낡은 가전제품을 사갔다. 한번은 한 남자가 "긴 머리! 긴 머리! 긴 머리!" 하고 외치는 소리를 들었다. 허난에서 온 그는 가발과 붙임 머리를 수출하는 공장에서 일했는데, 대부분 아프리카계 미국인에게 팔렸다. 후퉁에서 그 가발상이 좋은 말총머리를 보면 15달러 값을 쳐줬다. 한 여성이 집에서 나오는데 비단 보자기에 긴 머리 두 묶음이 싸여 있었다. 그녀의 딸이 지난번에 자를 때 보관한 것이라 했다.

일부 주민은 옥상에 임시로 만든 비둘기 둥지를 올려놓았다. 그들은 비둘기 다리에 방울을 매달았다. 비둘기가 머리 위로 날 때 방울에서 소리가 났다. 베이징 구시가에서 새들이 하늘을 날아갈 때 오르락내리락 들리는 낮은 방울 소리는 아름다운 맑은 날이라는 표시였다. 해질 무렵에는 쓰레기를 줍는 사람이 호루라기를 불며 수레를 밀고 후퉁을 지나갔다. 호루라기 소리는 그가 후퉁을 빠져나감에 따라 점차 사라졌다. 보통 그는 석양이 지기 전에 떠났다. 밤은 매우 고요했다. 쥐얼후퉁 창 아래의 책상이 바로 나의 오아시스였다.

그러나 베이징 같은 도시에서 평화는 찰나였다. 내가 쥐얼후퉁으로 이사 온 지 오래지 않아 한 이웃은 내게 취재해야 할 일이 있다고 알려주었다. 몇 블록 가면 후퉁 보호 지역의 경계선에서 한 노인이 그의 쓰허위안의 철거에 맞서 싸우고 있었다. 그 집은 400년의 역사를 가진다고 했다. 노인은 82세다. 그는 정부를 상대로 두 차례 소송을 제기했다. 그 이웃은 이 같은 일이 너무 빨리 진행된다고 말했는데, 틀림없었다. 이 사건은 78일째 진행 중이다.

✦

2000년 8월 9일.

노인의 나이는 많지만 아직 정정하며 키는 중국의 젊은이보다 더 크다. 50여 년 전에는 군인이었으며, 지금 그의 행동도 여전히 군인 같다. 82세의 고령에도 그는 일주일에 최소한 두 번 테니스를 친다. 두 눈은 거북이처럼 검고 눈꺼풀이 내려와 있다. 그러나 운명이 결정된 후통에 대해 얘기하자, 두 눈에서 빛이 났다.

"후통과 쓰허위안은 다른 나라에 없어요. 이 집은 미국보다 더 오래되었지요."

그는 자주 영어로 얘기했다. 이름은 자오징신인데, 모두가 그를 '자오라오趙老'라고 존칭한다. 그는 후통처럼 빨리 없어진 국민당 통치하의 베이징 엘리트 세대에 속하며, 국민당 시기에 중국과 서양이 병존하던 세계에서 자랐다. 자오 선생의 아버지는 중국 침례교의 신학자로, 프린스턴신학원의 명예 박사 학위가 있었는데, 이 신학자의 네 아이는 모두 중국어와 영어 교육을 받았다. 그의 형제자매와 마찬가지로 자오 선생은 미국에서 다년간 살았다. 제2차 세계대전 기간에 그는 미군에 복무하여 호놀룰루에서 병사들에게 중국어를 가르쳤는데, 이들은 중국 점령 일본군 공격을 준비하고 있었다.

그 공격이 발생하지 않고 대일 전쟁이 끝나자, 이어서 다른 전쟁이 발발했다. 공산당과 국민당의 내전이었다. 1940년대 말에는 마오쩌둥의 군대가 중국을 제압했다. 외국 교육을 받은 이 중국 청년은 중대한 결정에 직면했다. 자오 선생의 두 형제는 미국에 남았지만, 자오 선생과 누나는 중국으로 돌아왔다. 그들은 뒤에 베이징의 대학에서 영어 선생을 맡았다.

"부친께선 우리에게 돌아오라 하셨습니다." 자오 선생이 설명했다. "중국이 우리 집이라 말씀하셨죠."

이언도 나와 함께 방문하여 자오 선생의 소송 사건에 대해 들었다. 자오 선생은 응접실에서 우리를 접대했다. 응접실의 창은 남향으로 나 있고, 바로 맞은편의 벽돌을 깐 정원에 8월 햇빛이 내리쬐었다. 그는 아내 황저와 함께 지냈다. 그들은 1953년에 결혼하여 이 베이징 구시가에서 이미 47년을 살았다.

집터는 1000제곱미터에 조금 못 미쳤다. 단층집으로 둘러싸인 두 개의 작은 마당으로 이루어졌다. 지붕엔 회색 기와를 얹었고 붉은 목재 기둥이 입구 양측에 서 있었다. 어떤 부분은 현대식으로 수리했다. 창문은 원래의 종이에서 유리로 바꾸었고, 또 수세식 변기를 설치했다. 그러나 집의 전체 구조는 여전히 전통 양식을 따랐다. 주 건물은 남향이며, 네 채의 건물이 정원을 두르고 있다. 이 야외 공간은 계절에 따라 다른 기능을 한다. 겨울에 날이 차가우면 그들은 빨리 정원을 지나 이 방에서 저 방으로 간다. 날씨가 따뜻할 때 그들은 정원에서 일상 활동을 하면서 사각형의 하늘을 즐긴다.

이 정원은 네 개의 방을 연결시키기도 하고 분리시키기도 한다. 전통적인 베이징 가옥에서 이 공간은 때때로 한 대가족이 각 방을 차지하는 방식을 결정했다. 자오 선생은 과거에 아버지가 서쪽 상방箱房에서 지냈으며 누나는 동쪽 상방을 썼다고 말했다. 누나의 영문 이름은 루시자오(중문 이름은 자오뤄뤼)다. 그녀는 헨리 제임스에 대해 논문을 쓰고 시카고대학에서 박사 학위를 받았다. 중국에서 그녀는 뛰어난 번역가로, 일찍이 동쪽 상방에서 10년의 시간을 들여 월트 휘트먼의 『풀잎』을 완역했다. 이는 최초의 중문 완역본으로 1991년에 출판되었고, 7년 뒤 루시자오는 사망했다.

자오 선생의 말에 따르면, 정확하게는 알 수 없지만 이 쓰허위안이 지어진 지는 300년이 넘었다고 한다. 당국에서 이 집을 역사 유적으로 지정하지 않았기 때문에 1998년 구區 정부는 자오 선생에게 철거하겠다고 통지했다. 그는 이 건축을 고적 보호 명단에 넣지 않은 것에 대해 구 문물국을 상대로 제소했다. 자오 선생을 특히 화나게 했던 것은 그것을 철거하려는 이유가 결국 가장 저속한 현대 건축, 즉 중국건설은행 분점의 건립이었기 때문이다.

"1년이 넘도록 아무런 동정도 없었어요. 1999년 10월 1일 전에는 철거에 대해 신중했는데, 곧바로 건국 50주년이어서 성가신 일을 일으키고 싶지 않았기 때문이죠. 그러나 그 뒤에 다시 시작했습니다. 이곳에 사람이 살든 안 살든 그들은 물과 전기를 끊어 주민을 떠나게 만듭니다."

2000년 7월 이 사건은 법원으로 올라갔다. 자오 선생의 변호사는 베이징 문물국의 조사가 너무 허술했다고 고발했다. 당국은 단지 그의 집을 두 번 방문했을 뿐이고, 게다가 두 번 다 집 안으로 들어서서 몇 분간 두리번거린 뒤 유적으로 지정할 수 없다고 결정해버렸다. 법원에서 중립적인 전문가의 증언에 따르면, 자오 선생 집의 건령은 최소한 청나라 초기까지 거슬러 올라가며, 어쩌면 명조(1644년에 멸망)까지 거슬러 올라갈 수도 있다고 말했다. 그들은 심지어 18세기의 지도에서 이 건축물을 찾아냈다. 그러나 이러한 증거는 모두 쓸모가 없었다. 법원은 유적의 인정은 완전히 베이징 문물국의 정의를 따른다고 판결했다. 베이징 문물국에서 철거해야 한다고 말하기만 하면, 어떠한 것도 중요하지 않았다.

그러나 노인은 포기하지 않았다. 그는 연줄이 좋았다. 이것이 그가 그렇게 겁 없이 행동한 이유 중 하나다. 그는 구의 부동산 업체를 상대로 두 번째로 고소했다. 그 업체는 배상 규정에 따라 집의 품질과 크기에 의거하여 그에게 배상 가격을 결정했다. 최후에 조정한 금액은 인민폐 300만 위안에 가까웠다. 30만 달러가 넘는 액수다. 자오 선생은 소송에서 그 금액이 너무 낮다고 주장했다. 그러나 이는 일종의 법적 책략일 뿐이라고 말했다.

"이 문제는 돈과 무관해요. 이 집은 제 것입니다. 부친께서 구입한 뒤부터 제가 여기에서 50여 년을 살았어요. 저명한 건축가 베이위밍이 무슨 말을 했는지 들어보세요. 그는 베이징에서 너무 많은 쓰허위안을 철거했다고 말했죠. 어느 외국인에게 물어보세요. 베이징 하면 기억나는 게 뭐냐고요. 바로 후퉁이라 말할 겁니다. 외국인조차도 보호하려고 하는데, 중국인은 왜 그러지 못하나요? 현재 중국에 완전하고 손상되지 않은 곳은 두 곳, 즉 핑야오와 리장만 남았어요. 5000년 역사에서 이 두 곳만 남았을 뿐이죠."

그가 언급한 두 소도시는 하나는 중국의 북방에 있고, 하나는 서남쪽에 있다. 이제 노인은 영어로 바꿔서 한 글자 한 글자 또박또박 말했다. 고개를 젖혀 턱을 내밀고 눈을 번쩍이면서.

"중국인으로서 저는 이곳을 보호할 책임이 있어요. 저는 스스로 물러서지 않을 겁니다. 법원, 경찰, 구급차가 와도 좋습니다. 그들은 저를 떠나도록 강요할 수 있겠죠. 그러나 저는 제 이름에 서명하고 동의할 수 없습니다. 그들에게 저는 '움직이지 않는다Not moving' 두 단어를 말할 따름이죠."

✦

중국에서 여타 옛 수도의 역사는 베이징보다 장구하다. 그러나 베이징처럼 그토록 조심스럽고 신중하게 건설된 도시는 없다. 이 도시는 가슴에 큰 뜻을 품은 명 영락제의 흔적을 갖고 있다. 영락제의 함대는 멀리 인도네시아, 인도와 아프리카 남단에 원정한 바 있다. 원래의 명나라 수도 난징에서 영락제는 세계에서 가장 큰 비석을 세우고자 했다.

베이징에 대한 그의 계획은 더욱 의욕적이었다. 1421년 영락제는 수도를 난징에서 베이징으로 옮겼다. 베이징은 몽골인 같은 북방인의 활동 중심지였다. 과거에 이곳에 도시가 출현한 적이 있다. 그러나 영락제가 이 도시를 건설한 의도는 커다란 석비를 세우는 것처럼 공백의 거석에서 시작했다. 그는 중국 전통의 지리 개념으로 이 신도시를 기획했다. 모든 것이 남북 중심선을 따라 엄격하게 배치됐다. 황궁은 북쪽에서 남쪽을 향했다. 전체 도시에서 반영된 것은 한 신의 신체다. 중요한 사찰,

경관의 위치는 중국 신화에 나오는 너자哪吒신의 머리, 손발과 기타 신체 부위에 호응한다. 몇 세기 동안 이 도시는 끊임없이 확장했지만, 원시적 윤곽은 사라지지 않았다.

20세기 전반 세계의 많은 도시가 현대화로 그 틀을 바꿀 때 베이징은 비교적 원래 모양대로 남아 있었다. 정치적 불안정이 중국의 성장을 방해했고, 국민당 집권 시기에 난징이 다시 수도로 확정되었다. 일본 점령 시기에도 베이징의 정체성은 파괴당하지 않았다. 사실상 일본인은 일찍이 고도를 보호하고 새로운 개발 지구는 독립된 위성도시에 집중시키려고 계획했으나, 이 계획은 집행되지 못했다. 1949년 국민당이 타이완으로 물러난 뒤 공산당은 베이징을 신중국의 수도로 정했다. 이는 세계에서 보기 드문 일이다. 14~15세기에 설계된 중요한 도시가 현대화나 전쟁의 영향을 거의 받지 않았다.

그러나 마오쩌둥도 영락제처럼 큰 뜻을 품은 통치자였다. 그는 베이징을 공업 중심지로 만들고 싶었으나 성안의 성벽이 장애물로 보였다. 하나씩 하나씩 다양한 이유로 철거되었다. 1952년 시볜먼西便門은 벽돌을 채취하기 위해 훼손되었다. 1954~1955년에는 도로를 내기 위해 디안먼地安門을 철거했다. 1956년에 차오양먼朝陽門은 오랫동안 수리하지 않아 무너졌다. 1965년에는 둥즈먼東直門이 새로운 지하철을 건설하기 위해 철거되었다. 1966년에 충원먼崇文門도 지하철을 내기 위해 철거되었다. 공산당이 정권을 잡기 전에 15미터 높이의 성벽과 성문은 이 도시의 가장 독특한 경관이었지만, 1960년대 말에 이르러 거의 모든 구조물이 철거되었다. 문화대혁명 기간에 베이징에 남아 있던 모든 절이 철거되거나 변경되어 다른 용도로 사용되었다.

그렇지만 수많은 후퉁은 마오쩌둥 시대에도 살아남았다. 그의 공업 발전 계획은 기본적으로 계획일 뿐, 이론적으로 경제적 현실성이 없었다. 그는 비록 성벽을 철거하고 성문을 헐었지만, 여러 사람이 실제 거주하는 쓰허위안까지 바꿔야 할 필요성은 느끼지 않았다. 문화대혁명 뒤 베이징 시 중심가의 주택구는 대부분 옛 모습을 유지했다.

그러나 개혁 바람이 불기 시작하자 시장의 힘이 몰고 온 철거 작업은 마오쩌둥 때보다 더 심했다. 베이징은 번창하여 1949년에 70만 명이던 인구가 1990년대 말엔 1200만 명으로 늘었다. 도로를 확장해야 했고 경제적인 유혹을 받아 원래의 후퉁 자리에 큰 빌딩이 들어섰다. 은행이 쓰허위안보다 더 중요한 것 같았다. 베이징의 생명 주기에서 20세기 마지막 10년은 베이징 외관상 물리적 변화가 가장 컸던 시기다.

어찌 바꾸든 수많은 옛날 명칭은 그대로 보존되었다. 얼환로를 따라가면 차오양먼, 둥즈먼, 충원먼으로 알려진 지하철역과 교차점이 있다. 이러한 성문은 이미 존재하지 않지만, 명칭은 여전히 중요한 역사성을 품고 있다. 디안먼에 가려면 신호등, 포장도로 그리고 한때 베이징 북부 중추선을 표시했던 건축물에 대한 기억을 뚫고 지나가는 끊임없는 빨간색 택시 행렬을 보게 된다. 택시 기사는 당신을 훙먀오紅廟에 데려다줄 수 있지만 그곳엔 사당이 없다. 푸싱먼復興門은 존재하지 않으며 안딩먼安定門은 이름뿐이다. 베이징 구도심은 이름만 남아 있는 도시가 되어버렸다. 주민들은 현대화된 베이징을 지날 때마다 상상 속의 장소에 대한 추억을 소환한다.

마지막 글자는 언제나 '차이拆'다. 헐고 철거한다는 뜻이다. 베이징에서 이 글자는 철거를 알리는 건축물에 칠해져 있는데, 이 도시의 노후 지역 도처에서 볼 수 있다. 글자는 보통 1미터 크기의 동그라미 안에 쓰는데 무정부주의자의 상징 표시 A와 같다.

베이징의 변화에 따라 이 글자에 점점 매력이 붙었다. 거주민들은 '拆' 자에 관한 농담을 했으며 지방 예술가들은 이것을 가지고 예술작품으로 승화시켰다. 한 상점에서 파는 야구모자에 둥근 '拆' 자가 인쇄되었다. 쥐얼후퉁에서 라오왕老王이라 불리는 이웃은 '拆' 자를 가지고 농담하는 것을 좋아했다.

"우리는 '차이날拆哪兒'에 산다네."

'차이날'은 영어 '차이나China'처럼 들린다. 이 말은 '어느 장소를 허무느냐?'라는 의미다. 그의 기억으로 사람들은 베이징의 고건축물을 헐고 있다고 논평했다. 1966년에 그는 다른 학우와 함께 자원봉사단에 참가하여 안딩먼 근처의 성벽 철거 작업을 도왔다.

✦

2000년 9월 21일.

가을날 자오 선생을 찾는 중국 기자들이 줄을 이었다. 그의 소송이 새로운 추세를 보여줄지 관심을 모았다. 1990년대 후반에 일부 집단소송 사건을 포함하여 정부를 상대로 한 몇몇 중요한 개인 소송이 있었다. 소송에서 이겼든 졌든 그러한 사건들은 모두 중국 매체를 동원해 보도함으로써 정부는 자신들의 공평함을 공표했다. 대부분의 소송은 실패했고 게다가 이후의 소식은 들을 수도 없었다. 그 사건들은 개혁의 연옥 속에 남겨졌으며, 거기에서 등록이야 되겠지만 승소할 수는 없었다. 기자는 조사할 수는 있어도 보도할 수는 없었다. 다른 성의 신문에는 자오 선생의 소송 사건과 관련된 기사가 나온 적이 있지만, 수도에서의 매체 통제는 엄격했다. 베이징의 기자는 일종의 의식처럼 쓰허위안을 방문했다. 비록 보도할 수는 없었지만, 이 사건에 대해 경의를 품었다.

언론 통제는 주민들이 구시가의 철거에 관심 갖지 않는 이유 중 하나였다. 그러나 주민들의 피동성을 조장하는 다른 요소가 있다. 후퉁엔 수세식 변기가 없어 많은 주민이 공중화장실을 이용해야 했다. 그래서 그들은 새로운 아파트로 흔쾌히 이사했다. 그들은 다른 가능성을 상상하지 못했다. 수많은 유럽의 도시처럼 고건축을 파괴하지 않고도 현대화할 수 있었다. 자오 선생의 쓰허위안처럼 장구한 인간사를 담은 건축물은 극히 드물었다. 1950년에서 1960년대의 정치운동은 프롤레타리아 계급을 장려하여 돈 있는 사람의 집을 무단으로 차지하게 했으며 수많은 쓰허위안은 임시 건축 자재로 땜빵되었고 몇 집으로 나눠졌다. 개혁개방 이후 택지 개발업자들은 이러한 무단 거주자를 내쫓는 데 큰 힘이 들지 않았다. 왜냐하면 재산권을 가진 사람들이 아니었기 때문이다.

자오 선생의 소송처럼 증거 삼을 계약서가 있어도 법률은 완전한 보장을 제공하지 않았다. 1982년에 채택된 국가 헌법 명문 규정에 따르면, 모든 토지는 국가 소유다. 당시 자오 선생이 그들의 집을 소유한 지 이미 30년이 넘었다. 개인은 비록 토지의 사용권을 매매할 수 있지만, 일단 국가의 이익과 상충할 경우 정부는 강제로 그 토지를 팔 수 있다. 국가 이익은 '차이날'에서 애매모호한 개념이며, 여기에선 권력이 분산되고 있었다. 지방 당국이야말로 진정으로 중요한 기층이며, 그들은 자신의 목적 달성을 위해 '국가 이익'을 왜곡할 수 있다.

자오 선생 변호사는 쓰허위안이 철거된다면 이 토지의 사용권은 세 번 되팔 수 있다고 했다. 우선 지방정부가 노인에게서 토지권을 구입한 다음 곧바로 국영의 토지 개발업자에게 되팔아 이윤을 남긴다. 마지막으로 토지 개발업자는 다시 가격을 올려 그것을 국영 은행에 판다. 바꾸어 말하면 아직 아무것도 지어지지 않은 상태에서 세 개의 다른 정부 부서끼리 이 토지를 매매한다. 이렇게 되면 가격은 그들이 당초에 자오 선생에게 지급했던 돈의 대략 열 배가 된다.

자오 선생은 두 번째 소송에서 정부가 실제 시장 가치에 값하는 보상을 해주지 않았다고 고소했다. 9월 21일 아침 9시 15분 제2중급인민법원은 이 사건에 대해 판결을 내렸다. 판사가 재판장에 들어오니 모두 일어났고 그는 판결문을 읽었다. 자오 선생과 그의 아내는 5일 이내에 쓰허위안에서 나가야 한다. 만일 거부한다면 지방 정부는 강제 집행 후 집을 철거할 수 있다.

베이징 방송국의 인터뷰 기자가 법원 밖에서 기다렸다. 그곳에서 자오 선생의 변호사는 정부의 대표와 한바탕 논쟁을 벌였다. 변호사는 반드시 상고할 것이라 맹세했고 양측에서 욕설이 오갔다. 방송국 기자는 그들의 언쟁을 녹화했으나 저녁 뉴스로 방송되지는 않았다.

✦

2000년 9월 25일.

자오 선생과 황저는 여전히 떠나지 않았다. 노부인은 약간 긴장한 듯 보였다. 그녀는 경찰이 언제든지 나타날 수 있다고 말했다. 그러나 남편은 활기차 보였다.

"강제로 나를 끌어내야 합니다. 그러지 않으면 떠나지 못해요."

9월 말은 베이징에서 가장 쾌적한 계절인데, 그날 날씨도 아주 좋았다. 우리는 쓰허위안의 정원에서 만났다. 마침 석양은 루시자오가 휘트먼 시를 번역한 동쪽 상방을 비추기 시작했다. 그 앞엔 장미꽃 넝쿨이 앙상하게 곧 다가올 겨울을 기다리고 있었다. 거대한 노란색 기중기가 우리 머리 위로 높이 걸렸다. 이웃집 터에서는 이미 은행을 짓기 시작했다. 거의 모든 이웃이 이사 갔다.

그날 아침에 자오 선생은 칭화대학을 퇴임한 몇몇 교수와 테니스를 쳤다. 그는 내게 6대 2로 이겼다고 말했다. 그는 매우 즐거워하며 내게 쓰허위안 대문의 우편함에 있던 익명의 지지 편지를 보여줬다. 편지에는 서명으로 '수도의 시민'이라고 적혀 있었다.

이들 부부에겐 아이가 없다. 친구들은 그들이 문화대혁명 기간에 엄청나게 고생했다고 했다. 자오 선생은 여태까지 그때의 일을 자세히 얘기한 적이 없다. 그 주제가 나올 때마다 그냥 넘어갔다. 그에게 미국에 있는 형제에 대해 묻자, 한 명은 퇴직한 프리랜서 작가이고, 한 명은 퇴직한 지질학자 에드워드 C. T. 자오인데 그는 미국 지질조사국에서 평생을 보냈다.

"당신도 알다시피 미국인은 달에 올랐습니다. 검은 돌을 가져왔는데, 수많은 지질학자가 이 돌을 연구하고 싶어했죠. 그때 선정된 네 명의 지질학자 중 하나가 제 형님입니다. 그 뒤 2주 동안 격리되었는데, 돌에 어떤 세균이 있을지 몰랐거든요."

석양이 막 정원을 넘어섰다. 우리는 집 안의 응접실로 옮겼다. 나는 자오 선생에게 당초 전후에 중국에 돌아올 결정을 한 것에 대해 후회한 적이 있는지 물었다.

"우린 아무도 후회한 적 없어요. 형제들은 그들의 길을 선택했고, 저는 제 길을 택했습니다. 물론 1998년 정부가 처음 이 집을 헐겠다고 했을 때 제 형제들이 미국으로 초청했습니다만, 저는 가지 않았어요. 저는 중국인입니다. 제가 미국에 간다 하더라도 전 여전히 중국인이지요."

1950~1960년대에 자오 선생은 형제들을 만나본 적이 없었다. 1972년 닉슨 대통령이 베이징을 방문한 뒤 지질학자는 미국 대표단 신분으로 처음 귀국했다. 자오 선생은 그때 질녀에게 받은 응접실의 선물을 가리켰다. 일리노이주 스프링필드에서 보낸 기념품으로 중앙엔 링컨이 그려졌다.

정원을 지날 때마다 정원의 질서가 안정감을 느끼게 해주었다. 정확한 각도, 사방의 건물. 그 당시에 가장은 서쪽, 딸은 동쪽, 아들은 북쪽에 살았던 정경이 어떠했을지 상상했다. 그러나 응접실에 들어서자마자 그 질서감은 곧 사라졌다. 벽에 걸린 것들은 이 집이 겪은 다른 세계의 모습을 보여줬다. 링컨 기념품 옆에는 베이징 테니스센터에서 준 상패가 걸렸다. 멀지 않은 곳엔 오렌지색 웸오 플라스틱 원반이 텔레비전 안테나에 걸려 있었다. 그 위엔 자오 선생의 아버지를 기념하는 서예 족자 두 점이 있었다. 아버지의 흑백사진. 예수가 바리새인을 이끄는 그림. 중국 산수화. 플라스틱 산타클로스. 많은 서예. 다른 테니스 우승컵.

바깥으로 9월의 황혼이 조용히 자리했다. 노인은 계속해서 말을 이었다. 늘 영어에서 중국어로, 중국어에서 영어로 번갈아가며 얘기했다.

✦

중국인은 특히 외국인 앞에서 그들의 역사를 자랑스럽게 여겼다. 끊이지 않는 그 문명에 대한 묘사는 사람을 졸리게 했지만, 일단의 시간이 지난 뒤에야 나는 진정으로 오래된 건축을 본 적이 없음을 깨달았다. 맨 처음에 나는 그것들이 모두 철거되었기 때문이라고 여겼다. 20세기는 파괴적이었다. 건축은 그 기간에 재앙을 당한 중국 문화의 하나라고 생각했다.

자오 선생의 쓰허위안처럼 남겨져 수세기 동안 버텨온 옛 건축을 봤을 때 그것들은 다년간 더해지고 교체된 수많은 재료의 융합물이었다. 그의 집은 쯔진청이나 중국의 전통 사찰처럼 목재와 벽돌, 기와로 지어졌다. 중국엔 돌로 쌓아 만든 건축이 거의 없다. 명조의 장성 구간은 일부에 돌을 깔았으나 그것은 방어용일 뿐이지, 기념으로 만들거나 공용 건축에는 사용하지 않는다. 중국의 건축물은 수 세기를 견디도록 설계되지 않았다.

건축 보존에 가장 관심을 가진 사람은 대부분 서구와 관련이 있었다. 자오 선생이 문화의 보존에 대해 이야기할 때, 그는 내게 다른 베이징의 활동가로서 중국인과 프랑스인의 혼혈이며 후퉁 보호에 열성적인 여성을 소개했다. 그러나 구시가의 일반 주민은 강제로 쫓겨나면서도 이러한 쟁점에 대해 거의 관심을 갖지 않았다. 그들은 지방 관리의 부패에 대해 종종 화를 내고 불공평한 배상에 대해 원망했지만, 모두 문화의 관점이 아니라 개인적인 문제로 봤다. 나는 그들에게서 후통에 대한 어떤 깊은 애착도 느끼지 못했다.

과거 중국인들은 건축에 대해 놀랄 정도로 담담했다. 송대 사람이 전통 건축에 대해 정의를 내리고 분류하고자 시도한 적은 있지만, 이외엔 어떠한 체계적인 연구도 없었다. 건축학이 빈 영역이었던 1920년대에 량쓰청과 린후이인이라는 두 젊은이가 펜실베이니아대학에 와서 건축을 공부했다. 이들은 1928년에 건축학 학위를 마치고 결혼한 뒤 중국으로 돌아왔다.

이어서 10년 동안 이 젊은 부부는 중국 건축의 발전을 위해 처음으로 체계적인 분류법을 내놓았다. 그들은 화베이를 돌아다니며 수많은 고건축을 찾아내고 공들여 설계도를 그렸다. 베이징에서 멀지 않은 곳에서 그들은 984년에 세운 독락사를 발견했다. 산시성에서는 857년에 세운 불광사를 찾았는데, 이는 중국에서 지금까지 알려진 가장 오래된 목조 사찰이다. 공산당이 집권한 뒤 량쓰청은 베이징의 성벽을 보존하려고 했지만 실패하고 말았다.

1940년에 량쓰청은 그들 부부가 연구할 때의 어려움을 이렇게 묘사했다.

"중국 건축사에는 중요한 건축에 대한 안내자가 없기 때문에 우리는 '장님이 눈먼 말을 타는' 식으로 고건축을 찾을 따름이다."

이 부부는 늘 정보를 제공하는 농민들에게 의지했다.

내가 경험한 바로는 현지인이 건축에 대해 흥미가 없다. 고대 유물에 관심이 있다고 그들에게 말해주자, 그들은 나를 데리고 고대의 석비를 보여주었다. 그들은 서예에 관심을 가졌다. (…) 중요한 것은 서사 문자이지, 목공의 손재주가 아니었다.

량쓰청의 발언을 읽은 뒤 나는 이전 푸링의 학생들이 생각났다. 그들은 영문과이지만 몇 시간의 서예 실습을 이수해야 했다. 내가 교실에 들어가면 많은 학생이 붓을 잡고 같은 글자를 반복 연습하는 모습이 보였다. 그들은 반에서 누가 글씨를 가장 잘 쓰고, 누가 2, 3, 4등인지 내게 알려줄 수 있었다. 그들은 나의 영어 글씨가 엉망인 데 대해 충격을 받았다. 그들은 대학 두 곳에서 문학을 전공했다는 선생이 여전히 글씨를 못 쓴다는 사실을 믿을 수 없었다.

푸링에서 학생들은 나 같은 서양인이 볼 수 없는 글자에서 아름다움을 인식했다. 베이징에서 나는 고도의 일부를 봤지만, 대부분의 현지인은 이를 보지 못했다. 다른 서양인과 마찬가지로 나는 어려서부터 피라미드, 궁전, 경기장, 대성당, 이오니아, 도리스, 고딕, 바로크 건축과 같은 고대 건축을 배웠다. 모두 고등학교 수업 시간에 배운 것들이다. 내 입장에서는 그것이 고대다. 그러나 중국인은 다른 곳에서 그들의 과거를 찾는 듯하다.

✦

2000년 10월 20일.

노인은 화를 냈다. 그는 목까지 올라오는 회색 스웨터와 남색 스포츠용 상의를 깔끔하게 걸치고 응접실에서 나를 접견했다. 그러나 그의 눈빛은 조급히 움직였으며 잡담에 흥미가 없어 보였다. 그날 아침에 그는 테니스 시합에서 승리했지만 내게 점수를 알려주려 하지 않았다.

"여든이 넘는 사람과 치려니 재미없어요." 그는 손을 흔들며 말했다. "그들이 너무 늙었어."

모든 법률 절차를 다 사용했다. 최후의 희망은 고위층 간부가 이 사건에 관심을 갖고 개입하는 것뿐이었다. 하지만 가능성이 크지 않았다. 자오 선생은 몇몇 친구가 철거 명령이 떨어질 때를 대비하여 그에게 다른 아파트를 배정했다고 말했다. 쓰허위안의 주위와 다른 집은 모두 이미 벽돌과 먼지로 변해버렸다. 그날 아침 일찍 나머지 이웃들이 이사를 갔다. 이 노부부는 후퉁에서 마지막 남은 두 사람이었다.

그는 나를 데리고 그의 집에서 보존하고 싶었던 부분을 보여주었다. 본채의 옛 대문은 '상안象眼'(코끼리의 눈)이라 불리며 고대 장식 도안이 있는 전조砖雕와 함께 현대문학관에 기증될 예정이었다. 우리가 밖으로 나가자 노인은 나를 데리고 더 어두워진 정원을 지났다. 낮이 점점 짧아지고 기온도 약간 쌀쌀했다. 그는 정원의 한 곳을 가리키며 수십 년 전에 그곳에 방공호를 팠다고 말했다.

"문화대혁명의 유산이죠. 마오쩌둥은 집집마다 방공호를 만들라고 지시했는데, 당시 미국은 최대의 적이었죠."

그는 여전히 버티다가 강제로 이주시켜야만 여길 떠날 것이라고 주장했다.

"법원 사람도 오고 경찰도 오고 구급차도 올 겁니다." 그는 냉랭하게 말했다. "그때가 되면 볼만하겠죠."

중국 신문기자가 와서 우리 세 사람은 응접실로 들어갔다. 기자는 젊었는데, 노인과 외국인 사이에 끼어서 그런지 부자연스럽고, 보도할 수 없는 사건을 인터뷰해봐야 헛수고임을 느껴서인지 그녀는 말을 더듬으며 첫 질문을 꺼냈다.

"짐은 모두 옮기셨나요?"

"당신 생각은요?" 노인이 반문했다. "짐이 모두 여기에 있는 게 안 보여요?"

기자는 벽에 걸린 붓글씨와 가장의 사진, 링컨과 젊은 예수를 바라보았다. 그녀는 가볍게 웃으며 다른 질문을 했다.

"기분 나쁘시죠?"

"당연히 기분 나쁘죠. 당신이라면 기쁘겠습니까? 우리는 이미 이 일 때문에 2년 반 동안 위협당했어요. 우린 이미 여든이 넘은 노인입니다."

나는 일어나 예의를 갖춰 작별을 고하고 쓰허위안을 떠났다. 뒤에서 가정부가 문을 닫았다. 나는 북쪽으로 향했고, 보호구를 표시한 보이지 않는 선을 다시 가로질러 걸어갔다. 쥐얼후퉁의 내 집에선 모든 것이 조용했다.

✦

2000년 10월 23일.

오후 3시 30분에 휴대전화가 울렸다.

"목요일 아침에 철거하러 온답니다. 저는 아무것도 할 수 없어요."

잠시 동안 친구 집으로 이주할 것이라고 말했다. 그의 목소리에는 어떤 감정도 실리지 않았다. 그는 중국어로 얘기하다가 나중에 영어로 바꿨다.

"내가 말할 건 이것뿐입니다. 전화를 건 데 다른 의도는 없습니다."

내가 대답하기도 전에 그는 전화를 끊어버렸다.

✦

2000년 10월 26일.

일어났을 때 길고도 추운 날이 되리라고 생각했다. 이날은 마침 파룬궁의 기념일이다. 오후 1시에 시위자들은 톈안먼 광장에서 시위하기로 계획했다. 그러나 먼저 나는 쥐얼후퉁에서 남쪽으로 가서 후퉁의 새벽 소리를 경청했다. 행상들이 모두 나왔다. 맥주, 식초, 간장. 쌀, 쌀, 쌀. 새들이 회화나무 위에서 지저귀었고 가을 공기 속에서 새들의 소리는 점점 작아졌다.

쓰허위안은 콴제寬街 교차로 바로 남쪽, 길 동쪽에 자리했다. 대문에는 퇴거 통지문이 붙어 있었다. 근처의 낡은 회색 담벼락에는 누군가가 베이징시 경제사범 전시회를 연다고 광고를 붙였다. 아마도 '차이날'에 대한 고의적 풍자였을 것이다.

전날 자오 선생과 그의 부인은 떠났다. 그들은 조용히 떠났다. 경찰도 없었고 구급차도 오지 않았다. 그러나 그들이 현장에 없다 해도 철거 작업은 큰 행사가 되었다. 중국과 외국의 기자 수십 명이 8시가 되기도 전에 왔다. 8시 20분 정각에 법원 직원 열다섯 명이 현장에 도착했다. 그들은 똑같이 하얀 셔츠, 검은 양복, 검은 넥타이 차림으로 왔다.

가슴엔 붉은 패찰을 달았다. 그들은 집 안으로 들어가 검사하고 안에 사람이 있는지 확인했다.

8시 30분에 하얀색 경찰차가 도착했다. 50명이 넘는 경찰이 사복 경찰의 도움을 받아 전체 건물을 포위했다. 그들은 인도를 정리하고 노란색 플라스틱 경찰용 바리게이트로 사방을 둘렀다. 그들은 행인을 업신여기고 기자들을 괴롭혔다. 한두 명 있던 사진기자의 사진은 압수되었고 몇몇 외국 방송국 기자는 구류되었다. 한 중국 기자는 멱살 잡고 싸우다가 경상을 입었다.

마지막으로 노동자들이 왔다. 그들은 쓰촨에서 올라온 민공民工인데, 그중 한 사람이 내게 임금이 하루에 2.5달러도 되지 않는다고 알려줬다. 각자 손에는 곡괭이를 들고 있었다. 그들은 지붕부터 시작해서 벽돌을 깨고 먼지에 물을 뿌렸다. 이어 담장을 헐었다. 석회, 진흙, 벽돌. 먼지, 먼지, 먼지. 折, 折, 折. 불도저 한 대가 남쪽 입구에서 들어오고 덤프트럭이 뒤따랐다. 아름다운 가을날에 하늘은 높고 푸르며 구름 한 점 없었다. 늦은 오후가 되자 그 쓰허위안은 역사가 되어버렸다.

청동 두상

과거는 건축물 아래에 있다. 집, 고속도로, 건설 부지 아래에 있다. 보통은 우연히 발견된다. 누군가 땅을 팔 때 무엇인가 나타날 수 있다. 결과적으로 중국에서 출토된 유물은 모두 우연히 발견된 것이다.

이러한 패턴은 어떠한 고고학자나 역사학자도 겸허하게 만든다. 가장 웅장한 발견일지라도 대부분 평범하게 일어나기 때문이다. 한 사람이 병을 치료하기 위해 사온 거북 껍질이 결국 갑골임을 발견한다. 1974년 중국 북방에 가뭄이 들어 시안 외곽의 농부가 우물을 파다가 진시황릉 부장 병마용을 발굴한다. 1976년에 다자이공사大寨公社를 따라 배우자는 전국적인 운동의 일환으로 안양 주민들이 산악 지역에 파견되어 산을 깎아 농장을 개간한다. 이는 마오쩌둥의 또 다른 천재적인 아이디어다. 비록 농업적 가치는 전혀 없는 일이었지만 이 과정에서 부호묘婦好墓를 발굴했다. 묘실 안에는 고고학 발견이 시작된 이래 가장 풍부한 상대 청동기와 옥기가 묻혀 있었다.

유물의 출토 속도는 개혁 개방에 따라 빨라진다. 이러한 추진 속도는 정치적이라기보다는 경제적인 것에서 나온다. '다자이를 배우자'와 같은 운동은 더 이상 없다. 시장경제는 구시가를 숙련되게 파손하는 것 외에도 상당히 유효한 발굴자이기도 하다. 불도저가 양이라면, 그것은 음이다. 베이징에서처럼 구시가가 사라지고 자오 선생의 쓰허위안이 철거되지만, 각종 새로운 건설은 또한 전례 없는 속도로 고묘를 열고 지하 도시를 파낸다. '차이날'의 경제는 과거를 훼손하는 동시에 과거를 발전시킨다.

쓰촨성 진사에서 한 건설 회사가 상가를 조성하면서 부주의하여 어떤 무덤을 건드렸는데, 거기엔 3000년 이전의 역사가 담겨져 있었다. 시안 밖의 고속도로 공사에서는 한漢나라 4대 황제 경제의 화상석 그림이 들어 있는 무덤을 발굴한다. 뤄양에서 건설 노동자들은 쇼핑센터의 지반을 팔 때 뜻밖에도 동주東周의 왕실 무덤을 발견한다. 고고학자의 일은 구조대와 같다. 건설 공정 중에 지하에서 고대 유적지를 파낼 때마다 전문가들은 즉각 소환되어 일을 완성한다.

1986년 6월 23일 아침 8시 쓰촨성 싼싱두이에서 일군의 농민이 점토를 파서 벽돌을 굽다가 돌연 아름다운 옥기 파편이 있는 저장실을 발굴한다. 고고학자들이 개입하여 그해 여름에 대형 매장지 두 곳을 발굴한다. 대략 기원전 1200년인 상나라에 해당되는 시기의 것이다. 그들은 80개의 상아, 4000매가 넘는 조개껍질, 금으로 만든 수공예품, 옥, 돌, 호박과 도기를 찾아낸다. 가장 인상 깊은 것은 청동기다. 청동기가 보여주는 정교한 솜씨와 예술적 품격은 분명 선진적인 문명에서 나온 산물이다. 청동기의 조형 중엔 4미터 높이의 청동수, 2미터가 넘는 남성의 입상, 그리고 50개가 넘는 청동 두상이 있었다. 매장되기 전에, 아마도 일종의 의식에서 많은 유물이 부서지고 불탔다. 기존보다 거의 1000년 이나 앞선 가장 초기 인물상의 형태를 보여줬다. 청동 두상의 예술 양식은 지금까지 발견된 어떤 것과도 완전히 다르다. 이 유물들은 아주 조금도, 1100킬로미터 밖의 안양 유물처럼 보이지 않는다. 싼싱두이 구덩이에는 갑골도 없고 글이 새겨진 청동도 없다. 단 한 글자도 없다. 누가 이러한 물건을 만들었는지 아무도 모른다.

✦

전통적으로 정치적 힘이 중앙에서 나오는 중국과 같은 국가에선, 문화가 같은 근원을 가졌다고 상상하는 것은 자연스러운 일인 것 같다. 장제스는 위구르족과 티베트족 같은 소수민족의 조상은 모두 한족이라 믿었다. 그들이 중앙 평원에서 표류되어 나와 몇 세기 동안 고립되면서 언어와 문화가 점점 바뀌었다고 말이다. 20세기 초기에 고고학자들도 유사한 용어로 고대 중국을 형용했다. 문명은 황허강 중부 유역을 따라 안양과 같은 중앙 평원에서 발전하기 시작하여 그 뒤 외부로 확산했다. 중국인은 그들에게 공통된 뿌리가 있다고 상상했고, 통일에 대한 욕망이 그들을 격려하여 8년의 항전과 내전에서도 안양의 유물을 지속적으로 발굴하게 했다. 고고학은 중국의 통일을 도왔다.

　　20세기 중엽 세계의 다른 곳에서 이러한 문화 확산 관념이 공격을 받았다. 근동 및 지중해의 많은 전문가가 이러한 학설이 정치적으로 형성된 것임을 인식했다. 이에 그들은 다른 군체 간의 교류와 같은 문화 발전에 관한 다른 해석을 탐색하기 시작했다. 중국은 이 이론을 받아들이는 데 속도가 느렸다. 부분적 원인은 통일과 연속성의 관념에 현대적 이론을 투입했기 때문이다. 그러나 그곳엔 실제 증거가 부족했다. 대부분 고고학의 중심이 안양에 집중되었기 때문이다.

그러나 1980년대부터 개혁과 개방의 문화는 사람들이 다른 생각을 받아들이는 데 일조한다. 이주자와 여행자가 국가의 다양성을 인식하기 시작하면서 갑자기 발견된 감각이 있다. 1980년대 『영혼의 산靈山』의 작가 가오싱젠과 『붉은 먼지Red Dust』의 작가 마젠 등은 모두 장기간 여행하고 나서 중국의 어두운 구석을 묘사한 저작을 출판한다. 1990년대 말에 티베트와 윈난은 중상층 중국인의 인기 있는 국내 여행 명소로 떠오른다. 비록 천박한 방식이지만, 소수민족 문화는 가무단이나 화려한 전통 복장 같은 독특성으로 인해 칭송받는다.

이와 동시에 건설 현장에서 계속 발굴된 유물은 고대 중국에 대한 사람들의 인식과는 완전히 부합하진 않는다. 1980년대에 후난과 장시 등 남방의 고고학자들은 그들의 청동 그릇이 상나라의 것과는 완전히 달라서 다른 문화로 봐야 한다고 주장했다. 처음에 대다수 중국학자는 이러한 논점에 반대한다. 그러나 싼싱두이에서 출토된 증거가 변환점이 된다. 청동 두상을 한번 살펴보면 이 문화가 단순히 안양에서 비롯되었다고 주장하는 것은 불가능하다. 분명한 예술적 독립성이 있고, 후난과 장시에서 출토된 유물도 똑같은 상황이다. 고고학은 중국의 분열을 조장한다.

최후에 어떤 것이 발견되고, 이러한 발견이 어떻게 이해되는가는 대부분 당시 상황에 의지하게 된다. 개인과 한 유물의 관계는 국가주의나 지방주의에 의해서 형성된다. 관점이 중요하다. 만일 한 사람이 그가 중심에 서 있다고 믿으면, 그 확산은 다른 사람의 눈에도 자연스러운 일이다. 그러나 당신이 한 문화에 외부로부터 한 발 한 발 접근해 들어간다면 이 문화는 전혀 다른 것으로 비친다.

✦

관점 1

거리: 1만2128킬로미터

장소: 미국 뉴저지주 프린스턴, 프린스턴대학 매코믹홀 406호

논평자: 로버트 배글리

배글리 교수는 날카로운 파란 눈과 회색 머리를 가진 단정한 남성이다. 그는 고대 중국 청동기 전문가이며, 명석함과 엄밀성으로 유명하다. 그는 역사학자와 고고학자가 증거 없이 함부로 가설을 세우는 경향을 종종 비판한다. 내가 『내셔널지오그래픽』에 싣기 위해 그를 인터뷰할 때 그는 중국의 전통적 사고방식이 새로운 고고학적 발견에 대해 느리게 반응한다고 강조한다.

"전형적인 사학 전통은 언제나 단일한 발전의 실마리를 찾는 데만 관심을 갖습니다. 초기의 군왕이 합법적인 규칙을 후계자에게 전한다고 하는데, 그들은 이러한 군왕의 계보에서 벗어난 것들에 대해서는 애

기하지 않습니다. 그리고 갑골에 기재된 것은 물론 전부가 안양 제왕의 관점에서 나온 것입니다. 이것은 뉴요커의 지도에서 세계 대부분이 맨해튼으로 구성되어 있는 것과 같습니다.

현재의 난제 가운데 하나는 대부분의 고고학 예산이 모두 안양 및 기타 북방 유적지에 집중되어 있다는 겁니다. 서술된 역사 기록에서는 모두 이곳이 중요하다고 언급했기 때문이죠. 그러나 아이러니한 것은 실제로 폭발적인 관심을 끈 발굴은 싼싱두이와 같은 곳에서 우연히 이루어졌다는 겁니다. 싼싱두이는 우리가 이전에 본 적이 없었던 무언가를 알려주고 있어요."

학자들은 싼싱두이 문화가 중앙아시아, 인도나 미얀마와 관계 있을 거라고 추론한다. 그러나 잘 들어맞는 연결은 아니다. 이 청동 두상들은 이미 알려진 다른 유물과 결코 유사하지 않다. 그것들은 쓰촨에서 발전했다가 점차 사라진 선진 문명에서 나왔을 것이다.

"또 하나의 관점은 이렇습니다. 중국의 2500년 전통은 모두가 황허강 중류 유역에서 나왔다고 말하기 때문에 황허강 유역 밖에서 발견된 유물은 아무리 특별하거나 놀랍든 간에 중요하지 않습니다. 자, 저는 '중국'의 정의에 대해 선입견이 없는 외국인으로서 대략 기원전 1300년에 아주 재미있는 일이 발생했다고 말할 수 있습니다. 이 시기의 어떤 것들은 이후의 중국 역사에서 아주 중심적인 것이 되었죠. 반면 어떤 것들은 분명치 않은 이유로 길게 이어지지 못했습니다. 쓰촨에서 대형 청동 소상을 지속적으로 만드는 사람들이 없었죠. 그러나 기원전 1300년만 본다면 '중국'이란 단어를 잊어야 합니다. 이때의 지도에는 아직 황색 덩어리가 없었기 때문이죠. 그 당시 아시아 대륙 동쪽 끝만 본다면 그곳에서 재미있는 일이 일어났고 다양성이 충만했음을 볼 수 있을 겁니다. 여러 곳에서 고도로 개화된 사회들이 서로 관계를 유지하고 있었지만 개개의 문화는 확연히 달랐지요."

쌴싱두이에서는 어떠한 글자의 흔적도 발견되지 않았지만, 그렇다고 이 문명에 문자가 없다는 의미는 아니다. 그 고대인들도 쉽게 부식되는 재료에다 썼을 것이다. 안양에서 글자가 수천 년 동안 보존된 이유는 갑골과 청동에 새겼기 때문이다. 대다수 학자는 상나라 사람들도 죽간이나 나무에 쓴 적이 있다고 믿는다. 그러나 이러한 재료들은 지하에서 몇 세기 동안이나 보존될 수 없다. 이러한 서사 형식이 존재했다고 증명할 수 있는 유일한 증거도 간접적이다. 갑골에 한 부호가 있는데, 이는 '책冊' 자의 초기 자형으로 여겨진다. 책의 현대적 해석은 '글자를 쓰는 서간'이다. 상나라의 이 글자 모양은 죽편이나 목편을 가죽 끈으로 한데 묶은 모습 같다. 그것은 일찍 사라졌지만, 그것을 대표하는 자형이 아직 남아 있다.

"그러한 글자는 확실히 안양의 중요성을 부각시키는 데 도움을 줍니다. 지금까지도 사용되는 문자 체계의 조상으로 보이기 때문이죠. 하지만 우리가 안양에서 문자를 발견한 것이야말로 요행일지도 모릅니다. 우리가 가진 것이 무엇입니까? 우리는 귀갑의 점복을 가지고 있습니다. 안양의 상나라 왕들은 줄곧 역사를 썩기 쉬운 재료에 기록했다고 상상할 수 있겠죠. 대략 기원전 1220년에 오면 한 왕이 그것을 점복으로 쓰는 갑골에 새겨보자고 말했다고 상상하는 겁니다. 그것이 바로 고고학 기록의 시작입니다. 그저 어느 왕의 갑작스러운 생각에서 나왔을 수도 있죠."

역사적으로 대다수 왕조는 북방에 세워졌기에 전통적으로 남방은 낙후되었다고 여겨졌다. 그러나 고고학적 발견은 쓰촨과 같은 남방에서 농업 발전이 빨랐음을 보여준다.

"양쯔강 중류 일대에 일찍부터 벼 경작이 있었다는 증거를 보고 깜짝 놀랐습니다. 일반 중국인은 언제나 양쯔강 지구는 소택지이며 북방인이 문명을 가져온 뒤에야 점차 개화되었다고 여기는데, 저는 근본적으로 잘못되었다고 생각합니다.

고고학에서는 찾은 증거물을 근거로 하여 과거에 대한 그림을 재구성합니다. 하지만 찾아진 것들은 아주 우연하게 수집된 것들이죠. 노동자가 길을 닦다가, 벽돌 공장에서 흙을 퍼내다가, 농민이 밭을 일구다가 발견했습니다. 무엇을 발견했는지는 알고 있지만, 아직 무엇이 발견되지 않았는지는 모릅니다."

✦

관점 2

거리: 1518킬로미터

장소: 베이징시 샤오윈로 26호 펑룬플라자 B1509실

논평가: 쉬차오룽

쉬차오룽은 학계를 떠난 고고학자다. 그는 면직되지도 않았고 자신 감을 잃지도 않았지만, 이미 학계를 벗어났다. 예전에 그는 중국에서 가장 전도가 유망한 청년 학자였다. 쉬차오룽은 쓰촨성에서 성장하고 쓰촨대학을 졸업했다. 그리고 1983년에 일본 교토대학에서 장학금을 받으며 공부했다. 그의 졸업 논문은 인더스강 유역과 연관된 주제였으며, 뒤에 그는 고향 지방의 고고학을 연구했다. 그는 일본의 주요한 상과 연구 기금을 받았다. 1990년에 그는 박사 학위를 취득한 뒤 일본 이바라키대학에서 가르치기 시작했다.

쉬차오룽은 고전적으로 훈련받은 바이올린 연주자다. 얼후二胡를 가르치다가 일본인 아내를 알게 되었다. 그는 일본어를 자유자재로 말하고 쓸 줄 안다. 고고학 서적 여덟 권을 출간했는데, 대부분은 양쯔강 유역에 관한 것이고 모두 일본어로 써서 일본에서 출판했다. 쉬차오룽은 너무 바빠서 그것을 중국어로 번역할 시간이 없다고 한다. 그는 1998년 휴대전화, 카메라, 복사기 등을 만드는 교세라에 입사하여 재직 중이다. 여가 시간에 고고학을 연구한다.

학자들은 국적에 따라 쉬차오룽에 대한 평가가 다르다. 일부 중국의 젊은 고고학자는 그가 일본인 아내의 환심을 사기 위해 회사에 들어갔다고 말한다. 외국 고고학자들은 중국은 이 영역에서 좁고 보수적이라서 그가 좌절을 겪었다고 주장한다. 중국인이건 외국인이건 모두 동의하는 것은 고향 쓰촨에 대한 깊은 사랑이 그를 고고학자로 만들었지만 그것이 그의 발목을 잡았다는 점이다. 그는 현지의 애국자다. 배글리 교수 같은 외국 학자가 문화·정치적 관점에서 싼싱두이를 얘기하는 것과는 달리 쉬차오룽이 사용하는 언어는 주로 경제적인, 덩샤오핑 시대의 중국에서 자란 청년이 상용하는 언어다.

우리가 만나자 그가 일본에서 출판한 『5대 문명五大文明』을 보여준다.

"전통적인 4대 문명은 이집트, 메소포타미아, 인더스강 유역, 황허강 유역을 가리킵니다. 지금 쌀의 중요성을 보세요. 전 세계가 모두 쌀을 먹고 있어요. 그러나 쌀 생산 지역의 문명은 그다지 중시받지 못해요. 사실상 대다수 현대 중국 지도자는 모두 쌀 생산 지역 출신입니다. 장제스, 마오쩌둥, 덩샤오핑, 저우언라이, 주룽지, 리펑, 후진타오 모두 남방 출신이죠. 청나라가 망한 뒤부터 남방 사람이 이 국가를 이끌고 있어요.

북방 사람이 중국을 2000년 동안 통치했으니, 당연히 고고학의 방향에 어느 정도 영향을 끼쳤겠죠. 그러나 우리는 중국 문명이 하나 이상의 중심을 가지고 있다는 것을 인식해야 합니다. 최종적으로는 통일된 두 개의 고대 중심지가 있었어요."

우리는 일본식 간결한 방에 앉는다. 네 개의 긴 의자, 한 개의 탁자, 실크 장식과 합성수지로 만든 종려나무 분재. 실내에는 창문이 없고 흰 벽에는 아무것도 걸리지 않았다. 방은 쉬차오룽이 말할수록 뜨거워지는 것 같다. 그는 짧고 명확한 문장을 쓰면서 중국어로 빠르게 말하고 인터뷰가 진행될수록 생동감을 띤다. 초조하게 자세를 바꾸고, 손가락 관절을 꺾어 뚝 소리를 낸다. 그는 산뜻한 흰 셔츠를 걸치고 파란색과 금색으로 된 실크 넥타이를 맸다. 금테 안경을 쓰고 금은색의 롤렉스 시계를 찼다. 나는 그에게 어째서 교세라에서 일하게 되었는지 묻는다.

"그들은 제가 국제일본문화연구센터에서 수행한 프로젝트를 후원했습니다. 당시 저의 연구 주제는 양쯔강 문화였죠. 시간이 지난 뒤 이곳

교세라의 사장이 제게 장사 소질이 있다고 했어요. 독일인 하인리히 슐리만을 배우라 하더군요. 슐리만은 상업에 종사하면서 고고학을 연구하여 트로이 고성을 발견했다고 합니다. 사장은 저도 그와 같이 될 수 있다고 말하더라고요.

중국은 지금 커다란 변화에 처해 있어요. 정치도 변하고 경제도 변하고 있습니다. 이러한 변화의 역량은 어디에서 나오죠? 남방에서 옵니다. 양쯔강 쌀 문화의 재발견은 중국 경제 변화에 큰 영향을 끼칠 겁니다. 왜 남방이 중국의 경제를 이끌어가야 할까요? 그것은 과거에도 그랬기 때문이죠. 양쯔강 유역은 결코 미개지가 아닙니다.

핵심은 쌀에 있습니다. 전 세계 인구 33퍼센트가 쌀에 의지해 살고 있어요. 이러한 곡물의 원산지는 위대한 문명의 발상지로 봐야 하는데, 우리는 그것을 쌀의 문명이라 부를 수 있겠죠. 황허강 유역은 기장과 밀 문명입니다."

인터뷰 마지막에 그는 정치가 중국의 고고학을 왜곡시켰다고 다시한번 말했다.

"예전에는 지도자가 강한 정치 통제력을 갖는 것이 중요했습니다. 그러나 지금은 경제가 중심이지, 정치적인 세기가 아닙니다. 경제의 목소리가 크게 변하여 권력의 관념을 바꿀 수 있어요. 장쩌민은 최근에 싼싱두이의 청동기를 보았는데, 한 친구 말로는 그가 큰 관심을 가지고 있다는군요. 다시 정치의 기타 부문을 봅시다. 왜 그렇게 많은 지도자가 남방 출신일까요? 남방은 자신의 위대한 문화 유적을 갖고 있으니, 우리가 해야 할 것은 그것을 찾아내고 연구하는 일입니다. 자신의 과거를 탐구하면 사람들은 더욱 자신감을 갖게 되겠죠. 그들은 더 많은 역량을 가지고 그들의 경제를 발전시키고 정치 체계에서 더 용감하게 자신을 표현할 수 있겠죠. 정치, 경제와 문화는 불가분의 것이니까요."

✦

관점 3

거리: 30여 미터

장소: 쓰촨성 싼싱두이의 한 농가

논평가: 쉬원추

쉬원추가 일어서니 키가 150센티미터에 못 미친다. 그러나 그녀에게는 중년 농부에게서 늘 보게 되는 단단함이 있다. 그녀는 굳은살이 박인 손, 튼튼한 다리, 넓은 발을 가졌으며 성조기가 장식된 싸구려 테니스화를 신고 있다. 내가 『내셔널지오그래픽』 기사를 위해 조사한다고 설명하자, 그녀는 여태까지 이 잡지에 대해 들어본 적이 없다고 말한다. 나는 1986년 그날 아침에 그녀와 다른 농민들이 점토를 파던 일에 대해 묻는다.

"그날이 음력 6월 18일이었죠. 분명히 기억합니다. 사람들이 파는 도중 8시에 옥을 발견했어요. 그 뒤 사람들이 전부 달아났는데, 그 옥도 사라졌습니다."

그녀가 웃는다. 이때 이웃들이 합류한다. 싼싱두이와 같은 마을에서 야외 인터뷰는 결코 사적인 일이 아니다. 시원한 아침이고, 유채꽃이 피

갑골문자

는 계절이다. 사방의 들판이 황금빛으로 반짝거린다. 그 여성이 사는 집은 소박하여 진흙 벽에 기와지붕을 올렸다. 멀지 않은 농토에 현대식으로 지은 싼싱두이박물관이 신기루처럼 우뚝 서 있다. 여성은 1986년 여름에 파낸 모든 옥기가 즉각 돌아왔다고 말한다.

"몇몇 고고학자가 와서 조사하다가 그 유명한 황금 가면을 발견했어요. 그러나 천 선생님은 우리에게 그것이 청동기라고 말했는데 우리를 속인 거였죠. 그는 우리에게 그 구덩이를 메우게 했고, 그날 늦게 헌병이 당도했어요. 사실 그 가면은 황금이었어요. 천 선생은 무슨 일이 벌어질까 두려웠던거죠. 둘째 날의 일이었습니다.

그해 여름 내내 우리는 그들을 도와 땅을 팠죠. 그게 우리 일이었어요. 때로는 파고, 때로는 위에 묻은 흙을 솔로 털어냅니다. 그들은 우리에게 한 달에 100위안이 안 되는 돈을 주었고, 음식도 제공했죠. 그러나 무슨 음식이랄 순 없고 과자부스러기에 가까웠죠. 너무 인색했어요."

나는 지하에 또 다른 유물이 있었는지 묻는다.

"그야 말하기 어렵죠."

"좋습니다. 그럼 당신 생각에 또 어떤 것들이 있을 거 같습니까?"

그 여성이 나를 빤히 쳐다본다. 때로 기자는 그물을 펼쳐놓고 물고기가 걸려들길 기다린다. 질문은 척 봐도 분명한 함정이다. 그러나 어떤 때는 기자의 올가미가 농민들에게 간파되기도 한다. 그녀의 얼굴에서 교활한 웃음이 번득인다.

"야아, 당신이 그렇게 관심이 있으면 직접 파보세요. 막지 않을 테니까요."

관중들이 웃는다. 나는 말을 더듬으며 화제를 바꿔 그녀 남편에 대해 묻는다. 남편은 발굴에 가장 먼저 참여한 농민 가운데 한 사람이며, 지금은 박물관에서 시간제 관리 업무를 본다.

"오늘은 일 나갔어요. 알고 계세요? 그의 사진이 박물관에 걸려 있답니다. 그와 그 갱을 판 사람들의 사진이죠. 전 세계 수많은 나라에 걸려 있는 사진이에요. 하지만 박물관에서는 그에게 한 달에 고작 200위안을 줍니다."

"몇 시간만 일한다면 그렇게 나쁜 건 아니죠."

"무슨 말씀이세요, 그게 잘된 겁니까? 당신이 한 시간 일해서 벌 수 있는 돈에 불과한데요."

더 많은 웃음소리가 들린다. 나는 그들의 밭이 얼마나 되는지 묻는다. 1인당 고작 650제곱미터의 땅[약 200평]을 가졌는데, 여름엔 쌀, 겨울엔 밀과 유채를 심으며, 채소는……

"당신은 한 달에 얼마 벌어요?" 그녀가 갑자기 묻는다.

"음, 일정치 않아요. 매달 다릅니다."

"제가 볼 땐 틀림없이 많겠죠. 베이징에 살죠?"

나는 고개를 끄덕인다.

"저는 꿈이라면 며칠 동안이라도 꿀 수 있으나, 여전히 베이징은 상상할 수 없어요!"

웃는 소리가 난다.

"제가 가장 멀리 간 곳은 충칭이죠. 당신의 생활은 아주 멋지겠죠. 제가 단언하건대 당신은 무얼해도 자기 돈은 쓰지 않을 겁니다. 식사, 여행, 승차 등. 직장에서 모두 부담하죠?"

나는 기본적으로는 사실이라고 인정한다.

"한 달에 얼마 벌어요?"

화제를 바꿀 최후의 희망은 디지털카메라다. 나는 그 여성의 사진을 찍은 다음 카메라 스크린을 보여준다.

"일종의 컴퓨터예요." 내가 설명한다.

"저의 뇌도 일종의 컴퓨터랍니다."

여성은 중국어로 컴퓨터에 해당하는 '전뇌電腦'라는 단어로 농담을 날렸다. 그런 뒤 관중을 한번 보고는 결정타를 날린다.

"하지만 더 이상 작동하지 않아요!"

그 주에 나는 쓰촨성박물관 부관장, 즉 농민들이 천 선생님이라 부르는 천셴단과도 만났다. 내가 그 황금 가면을 언급하자, 천셴단이 함박 웃는다.

"그것이 발견되자 발굴을 멈췄어요. 그때 저는 걱정했거든요."

그들은 오후 2시 30분에 그 가면을 발견했는데, 헌병은 5시에야 도착했다고 한다. 그가 걱정했던 것은 그 두 시간 반 동안 발생할 수 있는 일이었다.

◆

관점 4

거리: 얇은 면직물

장소: 싼싱두이박물관 수장고

지방 박물관은 내가 가장 좋아하는 곳이다. 언제나 관장은 외국 기자 만나는 것을 좋아하여 온 힘을 다해 내가 보고 싶은 것들을 한결같이 보여준다. 그들은 마치 작가는 접촉을 통해서 최고의 기량을 발휘한다고 믿는 것 같다. 때로 그들은 흥분해서 일련의 유물을 내 손에 건네준다. 하나씩 하나씩 너무 빠르게 교체해 나는 그것들을 깨트릴까 걱정된다. 이 칼을 잡아봐라, 얼마나 무거운지. 이 그릇을 봐라, 이 굽 달린 술잔을 봐라. 마치 연회에서 귀빈으로 초대되어 바이주를 마시는 것 같다. 건배하고 또 건배하고 결국에 가서는 물러서지 않을 수 없다. 저는 충분히 마셨어요. 주량이 예전만 못합니다. 환대해주셔서 감사드립니다.

싼싱두이박물관에서는 어떤 것도 맨손으로 쥐는 것을 허락하지 않는다. 내가 제공받은 흰 면장갑은 리넨처럼 얇아서 천을 통해 청동 재질을 느낄 수 있다. 수 세기에 걸쳐 이 금속은 거칠고 차가워졌다. 그 볼록한 덩이와 불규칙적인 주름은 청동기에 독특한 개성을 부여한다.

그들이 여섯 개의 청동 두상을 탁자에 늘어놓자, 나는 왔다 갔다 하며 하나하나 가져다 본다. 두 관리원이 옆에서 지켜본다. 이따금 내가 질문을 던지기도 하지만, 대부분 시간 우리는 조용하다. 마치 골동품 보석 가게를 둘러보는 것 같은 느낌이다. 내게는 많은 시간이 주어졌고, 사라고 강박하는 사람도 없다.

탁자 주위를 몇 바퀴 돈 뒤 나는 가장 좋아하는 것을 결정한다. 그 두상은 턱 아래까지의 길이가 30센티미터가 넘는다. 무게는 9킬로그램 정도다. 청동 두상의 일부에서는 광택이 나고 옥보다 훨씬 깊은 색깔로 빛난다. 얼굴은 양식화되어 있고 제법 현대성을 갖췄다. 선이 예리하고 각이 있다. 귀는 길며 밖으로 뻗었다. 이마는 두 개의 둥근 등골뼈처럼 아래로 드리웠다. 코는 얼굴 중앙에 주름이 생긴 뒤 견실한 광대뼈를 향해 흩어졌다. 입은 종이의 선처럼 곧다.

　그 두상은 길고 말랐으며 눈의 과장된 형상은 영락없이 당신의 관심을 끌 것이다. 두 눈은 선이 분명하고 동공이 없으며 길고 가는 수평의 주름이 눈 중간을 뚫고 지나간다. 그 주름은 세속에 초연한 듯한 표정을 이 청동 두상에 더한다. 그것은 사람일수도, 아닐 수도 있다. 그 눈은 비었을 수도 있고, 있었을 수도 있다. 이 금속은 3000여 년 전에 만들어졌다. 나는 두 손으로 청동 두상을 받든다. 방은 완전히 고요하다.

그 메시지는 사건 하루 전날 받았다. 암호화된 메일로 왔는데, 받는 대상은 외국 기자였다.

10월 26일 광장에서 대형 집회가 있어 수시로 사람들이 도착할 겁니다. 우리가 아는 것은 클라이맥스로 뭔가가 오후 1시경에 깃발과 기념비 사이에 출현한다는 것입니다. 이번 모임은 전에 없었던 파티입니다. (…) 당분간 이렇게 큰 파티는 없을 겁니다. 즐거운 하루 보내시길!

이 메시지를 보낸 사람은 베이징의 파룬궁 신도다. 그는 전자적 추적을 속이는 방법을 아는 컴퓨터 전문가다. 그는 언제나 조심스럽게 비밀번호를 썼다. 그러나 2년이 안 되어 그는 경찰에 의해 인터넷 카페에서 감시당하다가 체포되어 노동개조소로 보내졌다. 이메일의 말투로 봐서는 어떤 성격의 '모임'인지, 혹은 발신자가 어떠한 위험을 무릅쓰는지 상상할 수가 없었다("즐거운 하루 보내시길!"). 그가 쓴 '파티'라는 단어가 특히 걱정되었다.

1년 동안 잔혹한 희생 의식 같은 날들이 쌓여가면서 시위들은 강해졌다. 4월 25일, 이어서 창시자 리훙즈의 생일인 5월 11일. 그다음은 5월 13일(세계 파룬궁의 날), 그 뒤엔 7월 22일(첫 파룬궁 반대 법 제정일). 10월 1일은 중화인민공화국 51주년 기념일이다.

기념일마다 광장에는 시위 군중이 출현하여 기념했는데, 모든 참여자는 자신의 역할에 대해 재빨리 배웠다. 외국 기자는 여행단 무리에 섞여 필기하지 않고 두 손을 호주머니에 넣은 채 그곳에 서서 보고 기억했다. 사진기자는 평소보다 더 민첩해야 했다. 한 통신사 기자는 목에다 카메라를 걸기 시작했는데, 어떤 때는 서너 대가 눈에 띄게 매달렸다. 동시에 한 손으로 소형 디지털카메라를 들고서 엉덩이 뒤로 숨겨 찍는다. 불가피한 구류가 발생하고 경찰이 의기양양하게 그 노골적인 카메라에서 필름을 빼내기 전에 디지털카메라는 사진기자의 호주머니로 사라졌다. 어찌 됐든 그 사진은 항상 이튿날 조간신문에 실렸다.

시위자들도 갈수록 노련해졌다. 그들은 여전히 똑같은 기본 규칙을 따랐다. 질문당할 때 반드시 그들의 신앙을 인정한다. 하지만 그들은 가능하면 주의를 끌지 않고 광장에 도착했다. 때로 그들은 중국 여행단에서 자주 보는 싸구려 야구 모자를 썼다. 작은 국기를 사기도 했는데, 자랑스러운 외성外省 사람이 국가의 수도를 처음으로 참관하는 것처럼 보였다. 그럼에도 그들이 돈이 없다는 사실만은 숨길 수 없었다. 그들 대부분은 순박한 인민이었다. 많은 사람이 국영 공장이나 공산당 시기의 직장에서 평생 일했고, 퇴직한 뒤에는 신경제에서 고통받았다. 옛 공장은 파산하지 않으면 개조되어서 퇴직금도 가련할 정도로 적었으며 한 푼 없는 경우도 있었다. 개혁 개방은 중·장년 입장에서는 힘든 시기여서 많은 이가 파룬궁에 빠져 위안을 찾는 것도 전혀 이상할 게 없다. 광장에선 누구라도 옷차림을 보고 그들을 알아차릴 수 있었다. 값싼 면옷, 싸구려 신발. 잘 차려입은 시위자는 거의 볼 수 없었으며, 그들 가운데 여성이 다수를 차지했다.

항의 방식에서도 갈수록 기교가 생겼다. 때로 그들은 정해진 시간표대로 행사했다. 고정된 시각에 동시에 행동하는 것이다. 두 손을 머리 위로 올리거나 진眞 선善 인忍 기본 원칙을 쓴 천을 펼치거나 공중에 전단을 살포했다. 5월 이후 그들은 공중에 노란 국화를 뿌리기 시작했는데, 노란색은 길상을 의미하는 색깔이기 때문이다. 경찰은 더러운 것이라도 되는 양 국화꽃을 청소했다.

경찰은 개선되지 않았다. 그것이 가장 변하지 않은 부분이었다. 사복 경찰은 여전히 잔혹하고도 무의미한 폭력으로 시위자를 대했다. 때로 잔인함을 빼면 그들은 아무것도 없는 것 같았다. 그러나 시간이 흘러 그 의례적인 일이 반복될수록 나는 사복 경찰들이 그저 무지했던 것임을 인식하기 시작했다. 시위자와 마찬가지로 그들은 쉽게 알아볼 수 있는 계급에 속했다. 교육도 별로 받지 못했고 정규 직업도 없는 중국 청년들이었다. 그들의 선배는 개혁 시기를 거친 뒤에 정신적 공백을 느꼈을 것이다. 반면 이러한 젊은 남성들은 그야말로 실패자였다. 그들은 신경제의 기회를 놓쳤다.

시각이 정해져 있을 때마다, 그것은 마치 일종의 끔찍한 스포츠처럼 보이기 시작했다. 기자들은 전략적으로 외국 여행단 속에 각자 자리를 잡았다. 사복 경찰은 의복이 허름한 노부인 중에서 시위자를 찾아내려고 시도했다. 그러나 그 여성들은 대부분 경찰을 알아보고 가능하면 그들과 부딪치지 않도록 했다. 슬로모션 추격전이 시작됐다. 상고머리를 한 남성이 중년 여성 쪽으로 걸어가자 여성들은 흩어졌다. 관중 입장에서 그것은 전 베이징에서 가장 침울한 광경이었다. 박탈당하고, 착취당한, 교육 받지 못한 중국의 젊은 남성들이 안전이 보장되지 않은 노부인을 쫓는 대추격전이었다. 어느 편을 응원해야 하는지 알고 있었지만, 아무도 이기지 못하리라는 것도 알았다.

✦

12시 30분에 모든 사람이 도착했다. 경찰들은 매복하고 한가로이 거닐며 서성대고 있다. 신도들은 가짜 관광객으로 가장하고 중국 국기를 흔들며 사복 경찰을 피한다. 기자들은 가짜 관광객으로 가장하고 두 손을 주머니에 꽂고 있다. 나는 벌써 지쳤다. 나의 아침은 자오 선생의 쓰허위안 철거로부터 시작되었다. 베이징의 이날은 일주일처럼 길게만 느껴졌다.

참가자 대부분은 광장의 북쪽에서 기다렸다. 석판을 깔아놓은 드넓은 광장은 두 차례 끊어진다. 먼저 인민영웅기념비, 그리고 마오쩌둥기념당. 그곳에 자리한 추한 화강암 건축물 안에는 마오쩌둥의 유체가 놓여 있다. 기념당의 양측에는 차량이 세워졌다. 나는 재빨리 세어보았다.

소형 트럭 열네 대와 버스 열한 대. 광장에는 장차 발생할 일을 전혀 알지 못하는 진짜 관광객으로 가득 찼다.

어떤 사람이 참지 못하고 행동을 개시했다. 12시 50분에 광장의 동남쪽에서 가짜 관광객들이 갑자기 깃발을 들고 고함쳤다. "파룬 대법大法은 좋다!" 경찰이 재빨리 뛰어가고 소형차 한 대가 기념당에서 질주해 갔다. 인민영웅기념비에서 멀지 않은 곳에서 다른 시위자도 이에 호응하여 그들의 깃발을 들었다. 깃대 앞에서는 전단을 신속하게 뿌렸다. 차량 두 대가 광장을 가로질러 속력을 냈다. 더 많은 깃발, 더 많은 전단, 더 많은 버스와 소형 트럭. 내가 서 있는 동쪽에서 한 신도가 땅에 하얀 소책자를 뿌렸다. 직감적으로 나는 몸을 굽혀 한 장 주워 재빨리 호주머니에 집어넣었다.

천국은 역행을 용서할 수 없다.
우리의 신도를 돌려달라.
파룬 대법의 순수한 이름을 돌려달라.

내가 일어서니 광장은 이미 내가 알고 있는 모습이 아니었다. 활동이 사방에서 전개되었다. 전단이 살포되고 깃발이 펼쳐지고 사람들은 소리치며 도망갔다. 원래 자리에 서 있기가 불가능하여 나는 광장에서 걸었다. 직감으로 전혀 목표도 없이. 도중에 살펴보니 한 남성은 얼굴에 피가 철철 흘렀고 한 여성은 맞아서 몸을 웅크렸고 다른 남성은 땅에 쓰러졌고 나이 든 여성은 버스 안으로 밀쳐졌다. 마침내 모든 기념일 활동, 모든 항의가 끝난 뒤 영어를 할 줄 아는 사복 경찰이 파견 나와 전문적으로 외국인을 응대하며 공공 관계를 정리했다.

"떠나세요." 그는 연습된 발음으로 내게 말했다. "이 사람들은 법을 어겼습니다."

우리 옆에서 아이를 안은 여성이 갑자기 깃발을 펼쳤다. 아이는 두 살 정도였다. 노란색 깃발에 붉은 글씨가 쓰였다. 너무나 빨리 일어난 일이라 뭐라 쓰였는지 명확히 보지 못했다. 첫 번째 사복 경찰이 그 여성을 때리고 두 번째 사복 경찰이 깃발을 빼앗았다. 세 번째 경찰은 그 아이를 붙잡았다. 여성이 넘어지고 아이가 울기 시작했다. 한 경찰—하나, 둘, 셋, 네 번째인가? 무슨 차이가 있겠는가?—이 그녀를 심하게 걷어찼다. 교육을 받은 경찰이 재차 영어로 말했다.

"떠나세요."

◆

1시가 되자 모든 사건이 끝났다. 경찰은 성공적으로 관광객들과 기자들을 광장 가로 몰아냈고, 광장은 쥐 죽은 듯 고요해졌다. 대략 300명이 체포되었다. 손을 호주머니에 넣은 터라 정확히 숫자를 세기는 어려웠다.

마지막으로 청소차가 왔다. 빗자루 솔을 돌리고 호스에서 물을 뿜어내어 전단과 혈흔을 청소했다. 차 옆면으로 파란색의 회사 영문명이 새겨져 있었다. 'China Tianjin Sweeper Special Automobile Company, Ltd.'(중국톈진세가차공사中國天津洗街車公司) 아름다운 가을날에 하늘은 높고 파랬으며 구름 한 점 보이지 않았다. 그날은 중국의 반사교법反邪敎法이 통과된 지 1주년 되는 날이었다.

쓰
촨
인

집 생각이 날 때마다 윌리엄 제퍼슨 포스터와 낸시 드루는 함께 음악을
들었다. 그 곡은 그들이 어려서부터 알던 노래 「왕얼샤오王二小」다. 가
곡의 영웅은 일본이 중국을 점령했을 때 북방에 살던 11세 남자아이다.
하루는 일본군이 왕얼샤오를 강박하여 그들의 길잡이로 삼았다. 이 남
자아이가 그들을 중국 군대가 매복한 곳으로 데리고 간 덕에 공산당
팔로군은 침략자를 섬멸할 수 있었다. 왕얼샤오는 전쟁에서 목숨을 잃
었지만, 수백만 중국 초등학생의 노래 속에 영원히 살아남았다.

개혁 시대에 이르러 츠즈창이라는 대중 가수가 이를 신경제에 부합
하게 개사했다. 일본군이 사라졌고 전쟁도 사라졌다. 남자아이 영웅은
쓰촨에서 온 노동자로 바뀌었다. 이민이 침략을 대신했고, 새로운 노래
제목이 붙여졌다. 「이주 노동자의 12개월打工十二月」이다.

첫째 달에 내 고향을 떠나는데
내 친구 리즈창을 불렀지.
이틀 밤낮 기차를 타고
광저우로 들어갔네.
둘째 달에 우리 두 사람은 고향 사람을 만났는데
그는 완구 공장에서 일했지.

셋째 달에 화자는 이주 노동자가 돈을 벌었다는 소식을 듣는다.

당초엔 그도 그렇게 될 줄 알았다.

넷째 달에 그는 리즈창이라 불리는 친구와 연락이 되지 않았다. 다섯째 달에 그는 건축 현장에서 일하느라 땀이 등 뒤로 흘러내렸다. 여섯째 달에 그는 월급을 받았다.

돈을 받을 때 심장이 두근두근
한 달에 700위안 벌었지.
돈 버는 길에 서광을 만나
일곱째 달에 나는 부모님께 편지를 쓰고
또 고향에 몇백 위안을 부쳤지.
그들이 얼마나 기뻐하실지 생각하네.

윌리엄과 낸시는 부모에게 알리지도 않고 쓰촨을 떠난 뒤 오랫동안 돌아가지 않았다. 그들은 다소나마 성과를 거두면 집에 돌아가 부모님을 뵈려고 했다. 왕 선생의 부정한 학교에서 성공하기란 불가능했다. 다행히도 윌리엄의 웨칭에서의 두 번째 일자리가 그런대로 좋았다. 웨칭은 원저우의 위성도시인데, 빠른 속도로 발전하여 이름이 났다. 그 사립학교 경영이 좋아서 경영자는 나중에 낸시도 초빙했다. 젊은 커플은 매달 월급의 절반을 저축할 수 있었다. 그러나 한 해를 통째로 집 밖에서 보내자니 마음이 슬펐다. 특히 명절을 보낼 때는 더 심했다.

> 8월 15일 밝은 달은 하늘에 걸리고
> 뚱보 감독이 맥주 한 박스를 보냈다.
> 우리에게 집 생각하지 말라며
> 이곳이 집과 마찬가지라고 말한다.

이듬해 여름방학 때 젊은 커플은 마침내 쓰촨으로 귀향했다. 18개월 만에 그들은 인민폐 3만여 위안, 약 4000달러를 모았다. 그들의 월급을 합하면 한 달에 약 500달러이니, 그만하면 낸시 부모에게 용서를 비는 데 충분할 것이다. 1년 농사지어봐야 수입은 겨우 200달러를 넘었다. 가족은 따뜻하게 이 커플을 환영했다. 마치 그들이 당초에 집을 떠날 때도 즐거워했었다는 것처럼.

윌리엄의 입장에서 시골 사람들이 너무 빨리 적응하는 것이 불가사의하게 보였다. 낸시의 마을에서 거의 모든 청년은 공장 마을로 일하러 갔으며 노인들은 주로 그들이 부친 생활비로 살아갔다. 이 지역에는 반쯤 지어진 집들이 산재했다. 1층은 다 지었고, 사람들이 이미 입주해 살고 있었다. 그러나 2층 3층은 해골처럼 뼈대만 드러나 있었다. 이주 노동자가 운만 좋다면 1년에 한 층 올리는 데에는 문제가 없었다. 운이 나쁘면 집의 노인은 반쯤 지은 집에서 인내심을 가지고 기다려야 했다.

아홉째 달에 큰 불행이 닥쳐와
벽돌이 내 손을 찍어 부상당했지.
뜻밖에도 뚱보 감독은 나를 해고해
돈 좀 벌고는 나가게 되었네.

✦

과거에 쓰촨은 중국에서 인구가 가장 조밀한 성으로, 지리적으로 마치 맬서스의 인구론을 위해 설계된 지역 같았다. 쓰촨성에 소재한 청두는 분지에 있고 수많은 인구를 먹여 살리는 풍요로운 강과 평원을 가지고 있다.(싼싱두이는 평원의 서쪽 변두리에 있다.) 그러나 분지는 산맥이 두르고 있는데, 이는 일단 인구가 어느 정도까지 증가하면 거주 조건이 급속히 악화됨을 의미한다. 풍경은 먼저 북돋아 가꾸고나서는 벌을 주었다. 성공은 경쟁을 유발시켰고, 경쟁은 절망으로 바뀌었다. 수백만 쓰촨성 사람들은 떠나는 것 외엔 다른 길이 없었다. 문제는 수십 년간 시행된 공산당의 계획 경제가 개인이 떠나는 것을 허락하지 않았다는 점이다. 그때는 신흥도시가 없었다. 중국 내지의 수많은 곳처럼 쓰촨의 시골 사람은 덩샤오핑이 경제를 개방할 때까지 빈궁 속에서 기다리는 수밖에 없었다.

1100킬로미터나 떨어진 동부, 확연히 다른 자연 조건에서 저장성 사람들은 기다렸다. 그곳의 토지는 대부분 척박하다. 원저우 일대에서 경작할 수 있는 땅은 5분의 1밖에 안 된다. 초기엔 산맥이 원저우와 중국 기타 지역과의 연결을 제한했기 때문에 현지 사람들은 자연스럽게 바다로 이동했다. 몇 세기 동안 그들은 성공한 상인이었다. 그리고 많은 사람이 해외로 나가 외국에서 사업체를 설립했다. 그러나 1949년 이후 공산당은 개인 무역과 해외와의 연락을 금지시켰다. 정부는 해안에서 겨우 320킬로미터 떨어진 타이완에 대해 특히 염려했다. 원저우는 완충지대의 일부가 되었다. 선전과 마찬가지로 국유 기업도 거의 없이 의도적으로 개발되지 않은 채 방치되었다. 따라서 개혁 시기가 시작되었을 때 원저우에는 공장이 없어 다시 세워야 했으며 인구는 곧 용수철처럼 튀어 올랐다. 현지인의 천부적인 상술이 30여 년 동안 억압되었다가 두각을 나타내기 시작했다.

사람들이 창업에 투자할 수 있는 돈은 많지 않았고, 정부도 선전 같은 도시처럼 특별한 경제적 혜택을 주지 않았다. 그러나 원저우에서는 그것들이 필요 없었다. 가장 가치 있는 자원은 현지인의 직감과 해외와의 연결 고리였다. 1980년대 초기에 수많은 가정에서는 보통 열 명 내외의 노동자를 둔 소형 공장을 세우기 시작했다. 그들은 신발의 부속, 작은 옷감, 합성수지 제품 같은 소소한 것을 생산했다. 시간이 흘러감에 따라 공장은 확장되었다. 그러나 생산품은 여전히 소소한 것들이었다. 원저우는 세계에서 가장 큰 단추 생산지가 되었고, 아울러 낮은 전압의 전자 부품을 전문적으로 생산했다. 원저우 사람은 구두 밑창, 기계 피스톤, 라이터를 만들었으며, 게다가 라이터는 가면 갈수록 생산량이 많아졌다. 2000년에 이르러 전 세계 라이터 생산량 60~70퍼센트가 원저우에서 나왔다.

이 도시의 개인 경제와 생활수준이 향상되자 원저우와 다른 저장성 도시는 더 많은 직공, 조립 라인의 노동자, 비서와 선생님이 필요했다. 쓰촨은 마침 그곳의 완벽한 짝이어서 저장성의 회사에서 푸링과 같은 곳으로 가서 직원을 뽑는 것은 조금도 이상하지 않았다. 나의 가장 훌륭한 학생 일부가 동부로 가서 새로운 환경을 접하고서 가장 먼저 주목한 것은 지역성의 차이였다. 셜리라는 옛 제자는 저장성 바깥 섬 위환에서 직장을 잡았는데, 자신의 여정을 편지로 이렇게 묘사했다.

제 평생 겪은 가장 긴 여정이었어요. 그들은 우리에게 '신진적인 지구' '선봉적인 일터'로 가야 한다고 말하더군요. 이치대로라면 우리는 마땅히 흥분해야 하죠. 하지만 저는 그렇게 느끼지 못해요. 위환으로 가는 심정은 뜻밖에 차분했습니다.

우리는 7월 15일 오후에 기차를 타고 충칭을 떠났습니다. 기차를 탄 지 거의 하루가 됐을 즈음 저는 아기를 안은 한 아버지를 보았죠. 처음 그들을 보았을 때 전 깜짝 놀랐어요. 그 아기가 너무 어렸기 때문이죠. 그 아버지는 아기가 생후 70일이 되었다고 했으나, 제가 보기엔 10일 정도로밖에 보이지 않았어요. 너무 어리고 검고 말라서 소인국에서 온 아이 같았어요. 영양 부족이라고 확신해요. (…)

그 가련한 애는 많은 사람의 관심과 보살핌을 받았어요. 마음씨 좋은 사람들이 난처한 아버지를 도와 어린아이를 달랬습니다. 그러나 아무 소용이 없더군요. 동시에 그 아기는 수많은 추측을 불러일으켰죠. "아기 엄마는?" 어떤 사람은 엄마가 아기를 버리고 도망했을 거라 말했고, 어떤 이는 부모와 싸웠을 거라고 추측했습니다. 결국 사람들은 그 아이가 사생아라고 결론내렸어요. 쾌속으로 질주하는 기차 안에서 추측과 의론이 끊이지 않았죠. 아기 울음소리가 기차간에 울려퍼졌어요.

셜리의 여정은 3일이나 걸렸으니, 배에서 기차로 다시 버스로 바꿔 탔다. 여정의 마지막에 그는 섬에서 온 한 청년을 만났다. 애덤에게 쓴 편지에서 그녀는 자신이 가난한 외지인으로 보여지는 것에 대한 두려움을 묘사했다.

그가 어디 사람이냐고 물었을 때, 저는 사실대로 말하지 않았어요. 전에 위환 사람들이 외지인을 배척한다고 들었기 때문이죠. 저는 거짓말로 꾸며서 위환에서 출생하여 쓰촨에서 자랐지만, 고향에 돌아온 적이 없어 저장에 익숙하지 않다고 말했어요. 그는 결국 믿더군요. 사실상 저의 거짓말은 백일하에 탄로 나서 "어느 마을에서 태어났느냐?"와 같은 질문에도 대답할 수 없었고, 저장 말도 알아듣지 못했어요. 제가 대답하지 못하자, 그가 "쓰촨에서 오랫동안 살았으니, 당연히 수년 전의 일을 기억할 수 없겠지요"라면서 도와주더군요. 그는 위환의 많은 일을 친절하게 소개해주고, 생활이나 근무하는 방식에서도 조언해주었어요.

그의 성의와 열정과 비교하자니, 저는 그토록 성실한 사람에게 거짓말을 한 게 후회됐어요. 그는 제가 처음으로 알게 된 위환 사람인데,

그 모습에서 저는 예전에 들었던 어떤 나쁜 기질도 찾아보지 못했어요. 이곳 사람들을 믿을 수 없다고 말했던 게 기억나는데, 제가 바로 믿을 수 없는 사람임을 증명하는 얘기가 되었네요.

이어서 몇 주 동안 다른 일로 바빠 이 일을 신경 쓰지 못했어요. 그러나 뒤에 안정되었을 때 저는 또 생각이 나서 자책감이 들었어요. 몇 번이나 전화를 걸어 그 남자에게 말하고 싶었으나(제게 자신의 전화번호를 주었죠) 저는 그러질 못했어요. 용기가 없었기 때문이죠. 저는 겁쟁이입니다.

애덤 선생님, 이러한 얘기들이 저를 무척 감동시키고 제게 깊은 인상을 줍니다. 모두 사실입니다.

새로운 일에 적응한 뒤 오래지 않아 그녀는 내게 편지 한 통을 썼다.

피터 선생님, 이전에 저는 여태까지 완전히 낯선 곳에 산다는 것이 어떤 느낌인지 몰랐는데, 이러한 느낌은 결코 불편하지 않았어요. 저는 선생님과 애덤 선생님이 예전에 우리에게 했던 얘기를 이해할 수 있어요. 선생님은 외국인이라서 사람들이 당신을 다르게 생각한다고 했죠. 현지인에 대하여 선생님은 낯선 사람일 뿐이죠. 그것은 사람에게 상처를 줍니다. 그들의 그룹에 넣어주지 않기 때문이죠. 선생님도 그들이 무슨 말을 하는지 이해할 수 없으니, 집 생각이 나는 것은 너무도 당연하겠죠.

우리는 현지인이 하는 말을 이해할 수 없고, 그들의 방언은 우리에게 이상하게 들려요. 말투가 우리와 다르기 때문이죠. 우리는 표준말을 할 줄 알지만, 일부 현지인, 특히 노인과 교육을 받지 못한 사람은 결코 표준말을 알아듣지 못합니다.

✦

집 떠난 거의 모든 학생이 내게 이러한 편지를 썼다. 그들은 적응하기가 이렇게 어려울지 생각지도 못했다. 자기 나라에서 외국인과 같은 기분이 들 것이라고는 상상하지도 못했다. 그러나 중국은 넓고 언어도 다양하기 때문에 한 국가가 아닌 한 성의 표준으로 헤아려야 한다. 중국의 관방어는 영어로 '만다린^{Mandarin}'이라 알려진 '보통화^{普通話}'다. 베이징과 기타 중국 북부 지방 사람들이 말하는 언어이며 또한 학교, 정부 부문과 대부분의 텔레비전, 라디오 방송국에서 사용하는 공식 언어다.

그러나 수천만에 달하는 중국인은 완전히 다른 언어로 얘기하며 자랐는데, 중국인은 그것을 '방언'이라 말한다. 이 단어는 문자 그대로 '한 지역의 말'을 의미하지만, 종종 'dialect'로 번역된다. 사실상 방언은 다른 언어다. 예를 들자면 베이징과 광둥에서 얘기하는 '방언'은 영어와 독일어가 다른 것과 같다. 언어학자들은 때로 라틴어 계통의 방언을 가지고 중국 구어의 다양성을 비교하기도 한다. 이외에도 중국엔 기타 주요 소수민족, 즉 위구르족, 티베트족, 몽골족의 언어가 있다.

모든 중국 방언 가운데 원저우 방언은 가장 알아듣기 어려운 것으로 이름이 났다. 그 도시에는 구역마다 또 다른 '차방언^{次方言}'이 있다. 게다가 방언의 발음이 보통화와 같은 것은 하나도 없다. 셜리처럼 언어에 천부적 재질이 있는 젊은 여성도 기본적인 단어만 알아들을 수 있다. 원저우로 이사한 지 반년 뒤에 그녀는 이렇게 썼다.

저장에 온 지 몇 달 동안 수많은 일에 익숙해졌어요. 현지인이 말하는 간단한 구절을 알아들을 수 있어서 시장에 가도 기본적으로 문제가 없습니다.

저장과 쓰촨은 모두 중국의 큰 성이지만, 두 성은 많은 면이 달라요. 특히 먹는 것이요. 저장은 동부 연해에 있기 때문에 이곳 사람들은 해산물을 즐겨 먹으며 해산물이 신선하다고 여깁니다. 그러나 전 해산물을 좋아하지 않아요. 해산물에 영양이 많은 줄은 알고 있지만, 먹을 때 맛이 이상해요. 이곳 사람들은 매운 음식을 싫어하기 때문에 저는 종종 스스로 만들어 먹어요.

일에 대한 견해도 우리 내지 사람들과 달라요. 이곳 사람들은 돈을 교육보다 훨씬 중시합니다. 저는 이러한 생각을 받아들일 수 없어요. 사실대로 말해서 저장이 쓰촨보다 경제가 발달했죠. 그러나 그들은 항상 자랑스럽게 우리 앞에서 거들먹거려요. 저는 이 점에 화가 나지만 우리 쓰촨의 경제가 정말로 낙후되었다는 사실을 인정하지 않을 수 없군요.

◆

자유 시장 개혁 이전에 일반 중국인이 외부로 여행하는 일이 드물어서 그들 국가의 다양성을 직접 체험한 사람은 거의 없었다. 중국은 통일 국가이며 한족이 단일 민족이라는 점은 기본적인 진실로 보였다. 그러나 인구의 유동이 증가함에 따라 그들은 국가 통일이란 표상 아래에 놓인 다른 면모를 경험하게 되었다. 쓰촨에 돌아갈 때마다 윌리엄 제퍼슨 포스터는 괴로웠다. 원저우와 고향 사이에 놓인 모든 불평등과 편견을 겪었기 때문이다. 어느 해 겨울 휴가 뒤에 그는 이렇게 썼다.

> 춘절 기간에 저는 쓰촨성으로 돌아갔어요. 다시 학교로 오는 길에 슬픈 일을 겪었습니다. 처음 며칠 동안 잠을 자지 못했어요. 아직까지도 그때 일이 생각납니다. 배에는 연해 도서로 가는 쓰촨 사람이 너무 많아 화장실에서도 잠을 자더군요. 역에서도 쓰촨 사람은 난민이나 거지처럼 차가운 날씨에도 땅바닥에서 잠을 잤습니다. 저는 가는 곳마다 바가지를 썼어요. 장시성에서 버스 기사가 우릴 자동차 여관에 실어다주었는데, 여관 주인이 경찰봉으로 우리를 차에서 내리게 하더군요. 우리는 돼지 잔반 같은 패스트푸드를 40위안에 강매당했어요. 젊은 쓰촨 남성 두 명은 살 돈이 없었기 때문에 땅바닥에서 얻어맞았습니다. 그들과 싸우게 되면 저를 때려죽일지도 모른다고 기사가 말하더군요.

대다수 외지인은 침묵을 지키고 불공평을 참으며 그들의 새로운 생활이 일시적일 것이라고 믿었다. 그들은 건설 인부, 공장 조립 라인 직공 등 고된 일을 했다. 한평생 말도 통하지 않는 이러한 곳에서 일을 한다는 것은 상상만 해도 암담했다. 연해와 내지 경제의 차이는 너무도 커서, 외지에서 돈을 모은 다음 고향에 돌아가 천천히 그 돈을 사용할 수 있으리라 기대하게 만들었다. 거의 모두가 이렇게 노동으로 청춘을 보낸 뒤에 고향에 돌아가려고 생각했다. 그들은 고향 마을 부근의 도시에서 작은 가게나 식당을 개업하겠다고 말했다. 불법으로 미국에 이민하여 일하지만 가족은 고향에 남아 있는 멕시코나 중남미 사람들과 비슷했다. 그들은 한 경제에서 돈을 벌고 다른 경제에서 그 돈을 소비했다.

월리엄의 부모는 그의 형들과 살았는데, 형들이 현지에서 하는 공사가 잘되어 이미 대가족에게 2층짜리 큰 건물을 지어주었다. 월리엄은 집에 돈을 부칠 필요가 없었다. 그는 낸시와 함께 동부에서 영구적으로 정착해도 되었다. 그러나 그는 두 개의 완전히 상반된 힘이 자신을 끌어당긴다고 느꼈다. 하나는 저장의 경제적 전망이고, 하나는 쓰촨의 문화적 친밀성이다. 언젠가는 결정 내려야 할 일이었지만, 그 전까지는 어느 쪽에도 속하지 않길 바랐다. 그는 원저우 방언을 배우려고 시도한 적이 전혀 없었다. 그는 모든 시간을 영어와 '미국의 소리'에 쏟았기에 더욱 불가능했다. 그 대신에 그는 완벽한 표준어 구사에 집중했다. 이듬해에 그는 쓰촨 말투를 완전히 벗었다. 사람들이 그에게 어디 사람이냐고 물으면, 그는 보통 거짓말로 경제가 발달한 부근 장쑤성의 어느 도시에서 왔다고 말했다. 그러나 낸시가 옆에 있을 때, 이 짓은 통하지 않았다. 그녀는 여전히 쓰촨 사람처럼 말했다. 게다가 그녀는 월리엄이 그녀에게도 보통화로 바꾸라고 강요하는 걸 싫어했다. 그녀가 보기에 그는 몹시 과시적이었다.

그래도 월리엄에게 그것은 자아 존중의 문제였다. 저장성에서의 첫 번째 사장, 그 혐오스러운 왕 선생은 월리엄에게 1980년대 쓰촨 북부에 갔었던 얘기를 자주 들려주었다. 그 여정을 통해서 왕 선생은 시야를 넓혔다. 가난한 쓰촨 북부를 보고 그는 울음을 참지 못했다. 여러 해가 지난 뒤에도 그 여정을 얘기할 때마다 그는 눈에 띌 정도로 격앙되었다. 그가 이 얘기를 즐겨 언급하는 이유는 윌리엄에게 그처럼 끔찍한 환경에서 벗어날 기회를 주었으니 마음속으로 감사해야 한다고 알려주는 것 같았다. 그의 중산복, 인색함, 오입질 등 증오하는 모든 일 가운데서도 가장 싫어하는 것은 쓰촨 사람에 대한 그의 동정이었다.

웨칭에서 비교적 좋은 일자리로 바꾸긴 했으나, 여전히 사소한 일들이 윌리엄을 괴롭혔다. 그 도시에서 사람들은 때때로 맨홀 뚜껑을 훔쳐다가 폐철로 팔아버리는 통에 현지 주민들은 밤길을 걸을 때 조심해야 했다. 한번은 윌리엄이 한 동료 교사와 함께 거리의 맨홀 뚜껑이 없는 곳을 지나가는데 그가 정나미가 떨어진다는 듯이 머리를 흔들었다.

"쓰촨 이주민이 훔쳐 갔어요."

윌리엄은 아무 대답도 하지 않았지만 그 사람의 말을 결코 잊을 수 없었다. 윌리엄은 또 웨칭의 가장들이 아이를 욕할 때 외지인의 경우를 들어 위협하는 것을 알아차렸다. 윌리엄이 어렸을 때 아이가 말을 듣지 않으면 마을 어르신들은 서양 귀신이 와서 그들을 잡아먹는다고 위협했다. 그러나 웨칭에서 외국인은 더 이상 귀신이 아니었다. 이곳의 부모들은 "계속 울면 장시 사람이나 쓰촨 사람이 와서 널 데려갈 거야"라고 말했다.

저는 선생님이 중국에서 다르게 취급당하는 기분을 전적으로 이해합니다. 쓰촨은 빈궁하고 낙후한 곳으로 이름나서 쓰촨 사람은 다른 취급을 받습니다. 여기에서도 똑같은 일이 벌어져요. 쓰촨과 장시에서 온 사람들은 언제나 현지인에게 무시당하죠. 저는 이런 일에 그다지 신경 쓰지 않아요. 저는 중국이 그들만의 중국이 아니며, 모든 중국인은 중국의 어디에서나 평등한 권리를 갖고 있다고 생각합니다. 선생님이 일반 중국 인민을 대상으로 해서 글을 쓴다는 소식을 듣고 무척이나 기뻤는데, 좋은 생각입니다. 제가 보기에 선생님은 세익스피어처럼 성공할 거예요. 그도 일반 인민에게 접근해 평생에 걸쳐 문학의 정상에 올라섰지요.

사실상 저는 누군가가 자신의 실수를 찾아내는 게 가장 힘든 일이라 봅니다. 중국인은 언제나 중국의 것은 뭐든 좋고 중국의 모든 일이 정확하고 완벽하다고 말합니다. 가끔 미국도 중국과 같을 때가 있어요. 이것 또한 중국이 미국을 세계의 경찰이라고 말하는 이유죠. 그런데 미국은 중국이 문제가 많은 국가라고 여깁니다.

✦

1980년대에 정부에서는 성장에서의 '원저우 모델'이라는 구호를 외치며 떠받들었다. 이 도시에 자력으로 들어선 자본주의 전통이 자연스럽게 관방의 주의를 끌었다. 그들은 정부가 아무 투자를 할 필요도 없이 그들 스스로 공장을 올리는 모습을 보면서 좋아했다. 그러나 사실상 원저우에서조차 한계를 가진 이 모델을 충분히 모방할 수는 있는 곳은 거의 없었다. 성공하는 공장은 늘었지만, 단추, 라이터, 구두 밑창, 전압이 낮은 전자 제품에서 벌어들일 수 있는 돈은 매우 제한적이었다. 이처럼 이윤이 낮은 상품은 거기에서 가치가 높은 상표를 개발한다거나 연구개발을 통해 가치를 올리기가 어려웠다. 이치대로 말하면 그다음 행보는 하이테크 제품이나 다국적 투자로 옮겨야만 했다. 선전 같은 곳에서 늘 보는 개발 전략이었다.

그러나 원저우에서는 간단한 것을 좋아하는 사고방식이 있었다. 교육 방면에서도 그러하며 개혁 개방에 대해서도 재빨리 반응했다. 1990년대 후반에 이르자, 원저우는 전체 중국에서 사립학교 숫자가 가장 많은 곳이 되었다. 전체 시에서 고등학생의 30퍼센트가량, 대학생의 20퍼센트가량이 사립학교에 다녔다.

웨칭시에서 윌리엄과 낸시는 '위차이학교育才學校'에서 가르쳤다(우연의 일치로 이 이름은 그들이 처음 가르쳤던 가짜 '바이런고등학교'와 유사하게 들린다). 이 학교 학생은 근 2000명인데 유치원에서 8학년까지 거의 모든 학생이 기숙사 생활을 했다. 중국에서는 공립이든 사립이든 모든 학교의 커리큘럼이 표준화되어 있고, 엄격한 규정이 있다. 어떤 과목은 필수로 들어야 하고 모든 학생은 중등과 고등 과정을 졸업하기 전에 표준화된 시험을 쳐야 했다. 사립학교는 개방적인 인재 시장에서 교사를 초빙하여 학생을 모을 수 있었으나 반드시 공산당 이론을 가르치고 배워야 했다.

설립된 이래로 위차이학교는 3학년부터가 아니라 1학년부터 영어를 가르치기 시작하여 기타 학교와의 차별성을 부각시켰다. 결국 현지의 공립학교도 본받아 1학년부터 영어를 가르치기 시작했다. 그러나 이 사립학교는 여전히 그들의 틈새시장을 찾았다. 그들은 수업을 앞당기고 가능한 한 수업을 하루 종일 배정했다. 학교가 부각시킨 점 하나는 수험생은 일요일을 포함하여 매일 수업에 들어가는 것이었다. 8학년 학생은 일주일에 75시간 수업을 들어야 했다. 이는 공립학교 평균 시수(45시간)의 거의 두 배였다. 기본적으로 그들은 원저우 모델을 교육에 응용했다. 그것은 저이윤의 상품에서 이윤을 짜내는 지식 상품이었다. 커리큘럼을 혁신하거나 교과서를 개선하지는 않고 단지 똑같은 내용을 주입식으로 교육할 뿐이었다.

이 사립학교는 지속적으로 번창하다가 1998년에 이르러 지방정부가 새로운 공립학교를 설립하면서부터 상황은 변했다. 그 새로운 공립학교의 교장은 위차이학교를 파산시키겠다고 처음부터 공개적으로 선언했다. 큰소리치고 난 뒤 그의 첫 행보는 돈으로 살 수 있는 유능한 교사의 초빙이었다. 그는 교육적 권위를 이용하여 현지에서 '일류 교사'로 평가된 모든 교사를 발굴했다. 그들은 상을 받은 적이 있거나 각종 자격증을 갖고 있었다. 그러나 그 결과는 처참한 실패였다. 영어 교사는 영어를 말할 줄 모르고 수학 교사는 수학을 몰랐다. 학생 성적은 형편없이 떨어지고 학부형은 격노했다. 많은 사람이 상과 자격증이 모두 가짜라고 추측했다. 이러한 것들은 도처에서 살 수 있었다. 변화가 빠른 중국에서 이러한 이력은 가치의 지속성이 떨어졌다. 1년 뒤 그 새로운 공립학교는 수많은 교사를 해고하고 젊은 교사만 초빙하게 되었다.

경쟁은 해마다 치열해졌다. 특히 시험에서는 더 심했는데, 두 개의 분명한 경쟁 전략으로 나뉘었다. 첫 번째는 간단한 신념에 토대를 두고 있다. 체계적이고 효과적이며 부지런한 학습을 통해서 학생들은 성공 확률을 높일 수 있다. 그러나 그들이 시험 문제를 안다면 그 확률은 더욱 높아질 것이다. 이것이 바로 두 번째 경쟁 전략이었다. 그것은 윌리엄과 낸시가 이 학교에 오기 전에도 이미 사용되었다. 해마다 교사와 행정 직원은 시험에 관한 정보를 누설할 수도 있는 힘 있는 인사들과 관계를 맺었다.

원저우시 교육청의 한 관리는 미묘한 암시를 주기로 유명했다. 전 지역의 학교에서는 그를 초청하여 교사들에게 강연하도록 했는데, 그는 가치가 있다고 생각되는 초청만 받아들였다. 윌리엄과 다른 영어 교사는 원저우 시내로 파견되어 그의 강연을 들었다. 윌리엄은 그 광경을 다음과 같이 묘사했다.

"교장은 그를 초청하여 강연하게 했는데, 이른바 고등학교 입학시험에 관련된 정보를 얘기했어요. 강연은 모호해요. 교사들은 그에게서 유용한 정보를 얻고 싶어하지만, 어떤 때는 아무 말도 해주지 않습니다. 두 시간 동안 우리는 그에게 질문하여 어떤 것이 시험에 나오는지 물어보면, 그는 이것도 나오고 저것도 나온다고 말합니다. 예를 들어 금년에 출제되는 문제는 빈칸 채우기인데, 학생들은 한 글자가 아니라 두 글자로 채워야 한다는 식으로 말하죠.

이후 학교에서는 그를 초청하여 훙르호텔에 갔습니다. 원저우에서 가장 좋은 호텔인데, 대략 열다섯 명의 교사가 그와 함께 식사했답니다. 식사 뒤 학교는 그에게 인민폐 2000위안을 사례금으로 주고 다시 가라오케에 가서 아가씨를 불렀어요. 나는 그녀가 매춘부라고 추측하는데, 그들에게 2인용 룸을 주었답니다. 무슨 일이 일어났을까요? 추측하면 알겠지요. 저는 그 사람이 지독한 색마라고 생각해요. 그는 나이가 쉰이고 한 아들은 미국에서 공부하고 있어요."

그 사람은 종종 공립학교에 정확한 정보를 주었다. 그러나 그의 강연이 윌리엄과 다른 동료에게는 아무런 도움이 되지 않았다. 어쨌든 위차이학교는 매년 연례행사를 치렀다. 내가 윌리엄에게 왜 쓸모없는 정보에 계속 비용을 들이냐고 묻자 그는 "하지만 한 해가 맞는다면요?"라고 말했다.

매년 6월 시험 때만 되면 나는 분통 터지는 편지를 받곤 했다.

> 똑같은 일이 다시 웨칭에 발생했어요. 다른 학교도 수많은 고등학교 입학시험 정보를 얻었답니다. 우리 학교는 하나 건너, 혹은 둘 건너 간접적인 정보를 얻어서 실패할 운명이에요. 그 교육청의 나쁜 놈이 영어 시험 문제를 다시 누설했어요.

✦

속임수는 윌리엄을 언짢게 했지만, 그 또한 어떻게 해야 좋을지 몰랐다. 이는 외지인이 대면해야 할 새로운 환경의 일부였다. 집을 떠나면 도덕 표준도 따라서 바뀐다. 때로 윌리엄은 변화하는 결혼 전통처럼 그것을 수월하게 받아들였다. 저장에 온 지 2년이 되었지만, 윌리엄과 낸시는 아직 정식으로 결혼하지 않았다. 의미가 없어 보였다. 모든 가족과 친구는 쓰촨에 있었다. 윌리엄은 웨칭의 수많은 외지인이 수년이 지나야 결혼식을 거행하는 것에 주목했다. 돈을 모으고 사회적 네트워크를 만들어야 했기 때문이다. 그는 결혼식에 몇 차례 가본 적이 있는데, 부부의 아이는 이미 입학할 나이였다.

윌리엄의 입장에서 이는 매우 일리가 있었다. 실용주의가 전통을 타파했다. 그는 결혼과 아이를 가질 가능성에 대해 낸시와 대화할 때마다 돈 얘기로 끝을 맺었다. 결국 낸시는 특정한 숫자를 제시했다. 그들이 적어도 1만2000달러 이상인 인민폐 10만 위안을 모으게 될 때, 아이를 갖는 데 동의했다. 웨칭에서 1년 반 지내고서 인민폐 2만5000위안을 모았으니 4분의 1의 아이가 이미 은행에 있는 셈이었다.

그러나 외지인에 대한 속임수나 편견과 같이 쉽게 해결되지 않는 문제들이 있었다. 몇 년 동안 윌리엄은 부모에게 의견을 구해본 적이 없었다. 이처럼 새로운 시대에 대해 그들이 조언을 제공할 수는 없다고 생각했다. 여전히 그는 언젠가는 쓰촨에 돌아갈 가능성을 고려했지만, 두 번 다시 돌아갈 수 없음을 내심 알고 있었다. 그러한 세계는 이미 사라졌다. 그 세계는 베이징의 쓰허위안처럼 파괴되었다. 시골의 변화가 충분하지 않기 때문이다. 끊임없이 변하는 국가에서 젊은이들은 실제의 상황을 따라가지 못하는 시골에 머물 이유가 없다. 윌리엄은 고향인 제10대대로 돌아올 때마다 그곳이 매우 황량하게 느껴졌다. 한번은 고향에 돌아온 뒤 그는 이렇게 썼다.

> 고향은 아무것도 변하지 않았어요. 길도 마찬가지로 울퉁불퉁하고 사람들만 늙었더군요. 제가 어렸을 때 잘 알았던 사람이나 친구를 찾을 수 없어서 너무 슬펐어요. 때로 저는 이렇게 연해에 가서 살 길을 찾느라 안정된 가정이 없는 상황이 세상에서 가장 비참하고 가장 심각한 스트레스라 느꼈어요.

집에 갈 때마다 그는 속상했다. 아무런 의미도 없는 줄 알지만, 웨칭에서 돌아온 뒤엔 점차 죽어가는 마을에 대해 생각하는 자신의 모습을 발견했다. 이때 그는 영어 공부에서 위안을 찾았다. 영어는 기분 전환용이었다. 그러나 그는 또한 영어 정보가 개혁 개방의 새로운 환경에서 가장 좋은 길잡이를 제공해준다고 믿었다. 그는 영어 매체의 인터넷 사이트를 세심하게 찾아서 조언해주는 영문 칼럼을 모두 읽었다. 한번은 그가 '미국의 소리' 베이징 지국의 한 의학 프로그램에 전화를 걸어 비염 치료 문제에 대해 자문을 구했다. 또 한번은 '미국의 소리'에서 미국의 홈스쿨링에 관한 프로그램을 방송했는데, 일기장에 자세히 필기했다. 그는 공립학교가 다른 교육체계의 위협을 받지 않는다는 관점에 특별한 관심을 가졌다.

50개 주의 150명의 아이가 집에서 교육받는다.

부모가 그들의 교사다.

학교의 교사만큼 우수하다.

안정된 가정

1997년   5만 달러

원인: 연락을 유지하기 위해

수요를 만족시키기 위해

성폭력 등의 영향에서 학생들을 보호하기 위해

교육 문제

공립학교가 가정에 도움을 제공 — 도서관 심지어 과목 수업

대학을 졸업한 뒤 윌리엄은 영어사전 세 권을 독파했다. 훌륭한 내야수가 쓰던 야구 글러브를 버리지 않듯이 그는 여전히 해진 사전을 책꽂이에 꽂아놓았다. 틈만 나면 '미국의 소리' 방송, 신문 보도, 어휘 등

자료를 번역하고 정리했다. 그는 자주 내게 전화를 걸어 문제를 물어봤다. 보통 임의의 단어나 난삽한 문법, 때로는 시사와 관련된 문제였다. 2000년 11월 미국 대통령 선거에서 확실한 승자를 가릴 수 없었을 때는 거의 매일 밤 전화를 걸어 미국 선거인단에 관해 물었다.

그는 이 세계에서 규칙에 어긋난 사물에 대해 특별한 관심을 가졌다. 원저우시에서 정부는 물을 절약하자는 캠페인을 벌였는데, 표어는 중국어와 영어로 병기했다. 영어는 이렇게 쓰였다.

STOP TO WASTE THE WATER RESOURCE

윌리엄은 이 문장이 정확하지 않다고 여겨 내게 전화로 물어봤다. 나는 종종 그가 어떻게 그 많은 자료를 소화할까 궁금했지만, 그가 전화를 걸 때마다 최선을 다해 대답해줬다. 그의 일기에 대해서 묻자, 그는 모든 것을 끊임없이 기록해놓고 싶다고 말했다. 언젠가 모든 글자가 들어 있는 영어사전을 편찬하는 것이 그의 꿈이었다.

boozy-drunk(술 취하다)

boorish(촌스럽다)

bookstall(신문 가판대)

bookrack(서가)

bookmark(장서표)

booby-prize(최하위 선수)

1998년 빌 클린턴과 모니카 르윈스키 사이에 스캔들이 터져 세계의 이목이 집중되었다.

리버풀과 런던 폭동(1981년). 1980년 초 영국에서 가두 시위가 일어나다. 18세기와 19세기 초를 연상시킨다. 그것은 처음으로 실업률을 높인 원인이다.

2000년 국경일 휴가 전에 윌리엄은 텔레비전에서 반범죄 집회를 하는 프로그램을 보았다. 많은 중국 도시에서 그것은 연례 행사였다. 피고는 현장 중계하는 방송에서 심판을 받았는데, 그것의 의도가 휴가 기간 범죄를 억제하려는 데 있기 때문이다. 과거에 이러한 의식은 항상 운동장에서 거행되었고, 때로는 사형 집행도 공개되었다. 그러나 지금은 텔레비전에서 일부 심판만 방송했다.

윌리엄은 죄수들이 한 명씩 앞으로 걸어나오는 장면을 보았다. 수갑을 차고 머리를 빡빡 밀고 남색과 흰색 무늬의 죄수복을 입었다. 판사는 각 죄수의 이름, 출생지, 죄명과 판결을 일일이 읽었다. 텔레비전 앞에서 윌리엄은 마지못해 기록했다. 뒤에 그는 "데이터를 만들었다"라고 내게 말했다.

"판사가 누군가의 이름과 고향을 말할 때마다 전 그것들을 적습니다. 장시성, 쓰촨성, 후베이성은 범죄인 숫자가 가장 많은 성입니다. 마지막에 저는 40퍼센트의 범죄가 쓰촨에서 나왔음을 발견했는데, 비율이 가장 높아요. 저를 부끄럽게 만드는군요."

또 어느 날 밤에 윌리엄과 낸시는 평소 자던 시간보다 훨씬 늦게까지 깨어서 전체 가사를 영어로 번역할 때까지 유행가를 반복해서 들었다.

열두 번째 달에 고향에 돌아왔더니
아빠 엄마는 한바탕 우셨지.
일가족이 모여 만두 빚어 먹으니,
얼마나 맛이 있던지.

◆

친애하는 피터 선생님께

요즘 베이징에서 어떻게 지내십니까? (…) 저는 현재 상황을 많이 바꾸고 싶습니다. 낸시와 저는 철 밥그릇을 던지고 이곳에 돈 벌 기회를 찾기 위해 왔어요. 이곳의 상황은 낙후된 야샤 고향 쓰촨보다 훨씬 좋습니다. 그런데도 저는 돈을 좀 벌어 자신을 바꾸고 발전할 수 있다는 희망이 보이지 않습니다. 낸시와 저는 이곳에서 아파트를 구입할까 생각하지만, 그것은 몽상일 뿐입니다. 보통 집값은 30만에서 40만 위안 사이라서 우리는 살 수가 없어요. 새집을 살 수 있을 때 우린 이미 관 속에 발을 들여놓았겠지요. 사실입니다. 저의 장래 희망은 일단 돈을 모아 고향에 돌아가 낸시에게 안정된 일을 찾아준 다음, 교직이 아닌 다른 일을 하는 것입니다. (…) 중국이 세계무역기구에 가입하고 2008년 올림픽을 준비하는 동안 행운이 오길 바랍니다.

2000년 가을에 윌리엄은 영어 경연 대회에 참가했다. 이러한 활동은 전국적으로 중국 교육계를 휩쓴 미친 듯한 경쟁의 일부분이다. 원저우에서 참가자들은 학생들로 가득 찬 교실에서 시합했는데, 심판은 뒤에 앉아 그의 강의 계획과 학생의 반응을 평가했다.

윌리엄은 이러한 상황에서 긴장해본 적이 없었다. 그가 겪은 다른 일과 비교하면, 이는 오히려 쉬워 보였다. 규정은 분명해서 모든 참여자에게 적용됐다. 심판은 공평해 보였고 학생들은 독자적이었다. 아이들의 자발적인 반응은 속일 수 없었다.

원저우의 경연 대회는 처음에 500명의 교사가 참여했으나 곧바로 다 떨어지고 현장엔 열여섯 명만 남았다. 윌리엄은 본선에 진출했다. 결승전을 위해 모두가 원저우 시내로 왔다. 다른 결승전 출전자는 노트북, 프로젝션 스크린, 전문 교육 소프트웨어를 준비한 강의 계획을 휴대했다. 윌리엄은 유일하게 컴퓨터를 사용하지 않은 참가자였다. 그의 자료는 모두 손으로 작성했다. 대화를 넣은 삽도 몇 장, 종이로 오려서 만든 열몇 개의 붉은 사과. 물병에는 영어로 '독약'이라 써놓았다.

"제가 학생들에게 '위험한'이라는 단어를 가르칠 때 저는 저 물병을 꺼내 독약이라고 말하며 마실 학생이 있는지 묻습니다. 그들은 재미있다고 생각하죠. 그리고 저는 그들에게 대화를 연습시킵니다. 그들은 붉은 사과를 얻으려고 하기 때문에 경쟁은 더욱 치열해지겠죠. 제가 질문해서 맞히면 사과를 받게 됩니다. 저는 지휘관처럼 의자 위에서 문제를 내는데, 학생들은 무척 재미있게 생각합니다."

그것은 정말 천재적인 발상이다. 시합하는 가운데 다른 시합을 창조했다. 윌리엄은 1등상을 받았다. 1000위안의 상금은 그의 반달 월급에 맞먹었다. 그러나 그는 돈이 중요하지 않다고 말했다. 학교의 명예가 중요했다. 그가 이길 수 있었던 까닭은 참가자 가운데 영어에 대해 이처럼 신경 쓴 사람이 없었기 때문이라고 믿었다. 윌리엄이 보기에 그가 승리한 공로는 모든 어휘 단어장과 필사, 그리고 이해하기 어려운 단어와 특이한 자구에 있다고 생각했다.

"영광이죠. 제가 이길 수 있었던 원인은 제가 미쳤기 때문이라고 생각합니다."

✦

쌍룽공사 제10대대 제3생산대에서 최초로 외지에 나간 사람은 류청민이라는 남성이었다. 그는 5학년을 수료했는데, 그가 속한 제3생산대에서 가장 지식이 있는 사람이 되었다. 1980년대 초에 그는 헤이룽장성으로 가서 제화 공장 조립라인에서 몇 년 동안 일한 뒤 고향으로 돌아와 농사지었다.

마을에서 류청민은 문화 소양을 가지고 있어 널리 존경을 받았다. 외지에 나간 경험은 그 남성을 다르게 바꾸어놓았다. 그는 결혼하지 않았고 완전히 자기 방식대로 살았다. 1990년대 중반 지방정부가 터무니없이 농업세를 올리자 류청민은 납세를 거부했다. 그는 자신이 단신이기 때문에 혜택을 받아야 한다고 설명했다. 그는 아내와 아이가 없어 모든 일을 자신의 두 손으로 해결해야 한다는 것이다. 그의 이유는 분명하고 논리에 부합하며 전례가 없었다.

공무원이 그가 납세할 때까지 체포하여 구타할 계획이라는 등 때때로 마을에 유언비어가 돌았다. 이는 고집불통인 자들에게 대처하는 흔한 방식이지만, 진짜 그렇게 한 사람은 없었다. 지방 간부는 종잡을 수 없는 그의 행동에 놀란 듯했다.

류청민은 외지에 나간 몇 년 동안의 경험을 바탕으로 시를 썼다. 월리엄은 어렸을 때 이를 즐겨 듣곤 했다. 여러 해가 지나 그 남자아이가 성장하여 외지로 나간 뒤에도 여전히 그 시들을 기억하고 있었다. 그 시들은 마오 주석의 시풍을 모방했는데(마오의 시는 늘 자연 풍경을 묘사했다) 그중에는 장엄한 양쯔강을 찬미한 시가 있다. 월리엄이 기억하는 그의 시는 고향의 승리교 아래로 흐르는 워뉴허강을 묘사했다. 마지막 두 구는 이렇다.

고향의 강물은 고요하지만
내 마음은 불안하기만 하다.

3부

책

오늘 고고학자는 지하 도시 담장의 지도를 만든다. 구조물은 깊이가 대략 1.5미터로 지면에서 멀지 않고, 누런 진흙을 파는 발굴단의 작업은 순조롭게 진행된다. 열일곱 명의 발굴단은 손에 가래와 뤄양 삽을 들고 징즈춘의 지휘를 받으며 일한다. 이 젊은 고고학자는 담장이 지하 도시 왕실 소재지의 일부일 거라고 믿는다.

정오가 되어 징즈춘은 잠시 쉰다. 나는 중국사회과학원 고고연구소 안양분실의 도서관에서 그와 인터뷰한다. 책으로 가득 찬 방은 서늘하고 고요하며 우리 말고는 아무도 없다. 징즈춘은 내게 그들이 안양에서 발견한 유물 일부를 소개한다. 인터뷰가 끝난 뒤 그는 마침 도서관의 탁자에 놓인 두꺼운 헌책을 무심코 가리킨다. 책 표지는 훼손되고 색이 바랬지만, 서명은 분명하게 보인다.

『美帝國主義劫掠的我國殷周銅器圖錄』

『미 제국주의가 약탈한 우리 나라 은주동기 도록』

책에는 작자의 이름을 명기하지 않았다. 책은 1962년에 출판되었고 중국고고연구소가 편집했으며, 800여 장의 청동기 흑백사진이 수록되었다. 그중에는 세 발로 서 있는 '정鼎'(솥), 우아하고 목이 긴 '고觚'(잔)와 다리 부분이 가늘고 길며 술을 데울 때 사용된 것으로 보이는 '작爵'이 있다. 대다수 청동기의 역사는 상대로 거슬러 올라가는데, 보통 그 시대 문화 특유의 도철饕餮 무늬가 장식되었다. 이는 눈과 입이 말린 짐승 얼굴을 양식화한 것이다. 과거에 일부 전문가는 이런 신비한 도안이 용을 그린 것이라고 믿었으며, 어떤 이는 호랑이, 악어 혹은 큰 구렁이라고 말했다. 어떤 이론은 이를 샤머니즘과 관련 짓는다. 하지만 그 의미를 확정할 수 있는 사람은 없다. 도철은 원뜻을 고증할 수 없는 침묵하는 상징이 되었다.

이 책의 뒷면에는 미 제국주의의 명단을 열거했다. 미주리주 세인트루이스 시립미술관에서는 가늘고 긴 상나라의 '고'를 소장하고 있다. 미시건주 그래스레이크에 있는 루마니아 정교회 주교단(이 이름은 미국스럽지도 제국스럽지도 않지만)은 '정'과 '고'를 소장하고 있다. 기타 소유자도 뜻밖이 아니다. 뉴욕시의 W. K. 밴더빌트 부인과 도리스 듀크 양(책의 기술에 따르면 그녀는 아홉 점의 청동기 유물을 소장하고 있다), 일리노이주 시카고의 에이버리 C. 브런디지(청동기 유물 30점), 미네소타주 미니애폴리스의 앨프리드 F. 필스버리(청동기 유물 58점).

한 페이지씩 넘기다 보면 미국 유명 제국주의자들의 고고학 취미를 알 수 있다. 듀크의 아홉 개 청동기 유물은 모두 상나라 때 만든 것으로, 그녀는 분명 보는 눈이 섬세하다. 한 쌍의 가는 '고', 허세를 부리지 않은 작은 '작'. 반대로 필스버리는 단단한 그릇에 대한 중서부인의 취향을 가지고 있다. 삼국시대의 부풀어 오르고 네모난 '정', 전국시대의 완전히 그 시대에 부합해 보이는 웅크린 형태의 침울한 '정'. 브런디지는 종잡을 수 없다. 그의 수집품 중에는 상, 서주와 춘추를 뛰어넘어 두껍고 엄숙한 '정'이 있는가 하면, 좁고 긴 '고'도 있다. 그의 가장 독특한 유물은 새 형상으로 주조된 춘추시대의 기발한 술 주전자인데, 날아가려는 듯한 형상을 한 고대 청동기다.

✦

내가 징즈춘에게 이 책에 대해 묻자, 천명자라는 갑골문 학자가 연구한 것이라 한다.

"그는 미국에서 오랫동안 지냈어요. 부인은 시카고대학에서 미국 문학을 공부했지만, 그들은 뒤에 중국으로 돌아왔죠. 천명자는 우수한 시인이기도 합니다."

나는 천명자가 현재 안양이나 베이징에 사는지 묻는다.

"죽었어요. 문화대혁명 때 자살했죠."

나는 다시 서명란을 보았으나 작자는 없다. 징즈춘은 그가 두 번 자살을 시도했다고 언급한다. 나는 책을 덮고 안양에 천밍자를 아는 사람이 있냐고 묻는다.

"양 노인께 물어봐요. 그는 퇴직했지만 천밍자가 자살할 때 현장에 있었어요. 양 노인과 몇 사람이 그를 감시하기로 되어 있었지만, 어쨌든 그 일이 일어나버렸죠. 정원 건너편으로 가면 양 노인을 찾을 수 있어요."

◆

안양고고연구소는 지하 도시의 유적지에서 멀지 않다. 이 일대는 여전히 농토이고 발굴단 사방은 모두 옥수수밭이다. 10여 채의 집에 거주하는 인원 중 몇 사람만이 전일제 노동자다. 낮에는 바람이 벽오동나무 가지에 쏴쏴 불고 이따금 멀리서 기차 소리가 들리는데 이곳에서 여섯 시간 거리의 베이징으로 가는 열차다. 이외엔 모든 구역이 조용하다. 높은 시멘트 담은 철조망으로 둘러쳐졌다.

방은 각종 유물로 가득 찼다. 방은 온통 청동기이고, 작업실엔 자기 조각이 널렸으며, 자물쇠를 채운 서랍에는 가격을 매길 수 없는 옥기들이 가득하다. 이곳에도 많은 뼈가 있다. 한 전시실의 질그릇 단지는 영아의 유골로 채워져 있다. 아마도 소름끼치는 상나라 의식에서 발생한 유골일 것이다. 다른 방에는 1987년에 부근의 유적지에서 발굴된 옛 전차와 네 구의 유골이 전시돼 있다. 유골은 쌍을 이루어 말 두 필과 두 사람의 것이다. 그 두 사람은 아마도 말을 모는 기사일 것이고, 그들과 두 필의 말은 아마도 내세에도 군주를 모시기 위해 희생되었을 것이다. 한 사람은 전차 뒤에 놓여 있고, 다른 한 사람은 말 옆에 엎드려 있는데, 손은 등 뒤로 묶였고 머리는 한쪽으로 돌아가 있어 마치 흙을 한입 물고 있는 듯하다.

전차는 더 이상 전차가 아니다. 빗물이 마른 흙을 빠르게 통과하는 중국 중부 평야에 묻으면 나무가 오래가지 못한다. 시간이 흐르면서 나무는 썩어버리고 대신 전차 형상과 같은 토형土形이 남는다. 3000년이 흘러간다. 1987년, 고고학자가 외부의 흙을 굳어버린 토형에서 조심스럽게 걷어내면서 그 형태가 마침내 드러날 때까지 발굴이 조금씩 진행된다. 전차의 측면판, 하나의 차축, 하나의 견인용 막대, 세 명의 무사가 꿇어앉을 수 있는 찻간, 그리고 두 필의 말 등뼈 옆에 놓인 굽은 멍에. 차륜의 직경은 1.2미터가 넘는다. 이 전차는 여전히 나무로 만들어진 듯 완전해 보이지만 몇 번만 끌면 흙더미로 변할 것이다. 고고학자들은 그것을 '유령'으로 묘사한다. 오래전에 사라진 것에 대한 땅의 기억이다.

◆

전차 전시실 옆의 작은 회의실에서 나는 양 노인과 만난다. 그는 66세로 흰머리가 살짝 보이며 금속테 안경을 썼다. 웃을 때마다 은색 치아가 예기치 않게 발견된 유물처럼 반짝거려 나를 깜짝 놀라게 한다.

양 노인의 말에 따르면, 천명자는 1940년대에 공산당이 아직 정권을 잡기 전 '미 제국주의'에 관한 책을 연구했다. 그때 그와 아내는 미국에 살았다. 그녀는 서구화된 중국 가정에서 태어났는데, 아버지는 기독교 신학자였다.

"그것이 재난을 자초한 원인 중 하나였어요. 그 집안은 외국 문물에 익숙했죠. 마오 주석의 문화대혁명 이후 천명자는 '자본주의 지식인'으로 분류되었어요. 왜냐하면 그는 미국에서 지냈고, 그 아내의 가문까지 보태졌기 때문이죠. 그러나 그가 특별히 비판받은 이유는 그의 '남녀 교류 생활' 때문이었죠."

나는 그 표현이 낯설어서 내가 제대로 알아들었는지 확인하기 위해 양 노인에게 그 단어를 써달라고 부탁한다. 그는 멈칫하고는 말을 꺼낸 걸 후회하는 듯싶더니 그래도 써준다. 글자는 명확하게 쓰였지만 그 의미를 여전히 알 수 없다.

男女交流生活

"정확히 무슨 뜻이죠?"

그는 난처한 듯 불편한 미소를 지으며 시선을 돌린다. 은빛이 번쩍인다.

"이 말뜻은……." 그가 마지못해 대답한다. "아내가 아닌 다른 여성과 관계를 맺었다는 겁니다."

"천명자가 그렇게 했다고요?"

그는 다시 시선을 돌린다. "잘 모르겠어요."

잠시 어색한 침묵이 흐른다. 대화를 다시 시작한 후 나는 양 노인이 천명자의 죽음에 대해 훨씬 더 편안하게 얘기한다는 걸 알아챈다. 내가 자살에 대해 물어봐도 표정에 변화도 없다.

"문화대혁명이 막 시작된 1966년이었어요. 천명자가 처음으로 자살을 시도했을 때는 구조되었습니다. 그 뒤 고고연구소에서는 나와 몇몇 젊은 고고학자를 파견하여 그를 지키게 했죠. 우린 그의 집에서 함께 지냈는데, 그가 자살하지 않도록 막는 게 우리 일이었습니다. 하지만 하루 24시간 내내 따라다닐 수는 없었죠. 그러려고는 했지만 불가능했어요. 대략 일주일간 지속되었을 뿐입니다."

그들이 어떻게 천명자를 놓쳤는지를 설명하기 위해 양 노인이 일어서서 창밖을 가리킨다. 햇빛이 건물 밖에 서 있는 나무들 사이로 드문드문 비치는 맑은 오후다.

"천명자의 베이징 쓰허위안에서 정원을 내다보고 있다고 상상해보세요. 하루는 천명자가 방 밖으로 나와 창 앞으로 지나갔어요."

양 노인은 마치 시야 밖에서 움직이는 상상의 인물을 따라가는 것처럼 몰래 걷는 자세를 취한다.

"몇 분 뒤 그가 보이지 않아 우린 급히 뛰어갔지만 너무 늦었더군요. 목을 매단 것이죠."

양 노인이 앉는다.

"끔찍한 죽음이었죠. 그분은 뛰어난 학자였습니다."

그러나 노인의 표정에서 그가 양심의 가책을 느낀다거나 슬퍼하는 감정은 느낄 수 없다. 그는 중국인이 나쁜 기억을 얘기할 때 자주 보이는 멍한 표정을 지었고, 모든 감정은 깊이 숨겨졌다. 나는 그들이 함께 지냈던 일주일 동안 천명자가 무슨 얘기를 했냐고 묻는다.

"말을 많이 하지 않았어요. 사실 그와 무슨 말을 했는지 전혀 기억에 없습니다. 무척 우울해 보여서 얘기를 나누는 것이 적절해 보이지 않왔어요."

양 노인의 설명에 따르면, 홍위병이 베이징대학 거리 맞은편에서 천명자의 아내를 붙잡았기 때문에 그녀는 당시 집에 없었다고 한다. 문화대혁명 뒤 그녀는 다시 베이징대학으로 돌아와 영문학을 가르쳤다. 그녀는 몇 년 전에 사망했다고 한다.

✦

함께 정원을 지나 우린 양 노인의 간소한 사무실로 간다. 거기에 천명자의 사진이 있다. 사무실 안에는 탁자, 책꽂이, 모기장이 걸린 침대가 놓여 있다. 바닥은 번들번들한 시멘트다. 양 노인은 서가에서 누렇게 바랜 고고연구소의 연감을 꺼낸다.

"질문이 있는데요. 미국에 있는 청동기 관련 책에 왜 천명자의 이름이 쓰여 있지 않은 거죠?"

"1957년에 천명자가 일부 지도자의 견해를 비판하여 우파 분자라는 딱지가 붙었죠. 우파는 책을 낼 수가 없었어요. 그러나 그 원고는 너무나 중요하기 때문에 그들은 그의 이름을 빼고 책으로 출판했어요. 물론 실제로 누가 쓴 것인지는 모두 알고 있습니다."

양 노인은 연감을 뒤적여 사진 한 장을 찾았는데, 중년의 천명자가 거기 있었다. 사진의 설명에 따르면, 그는 청 왕조의 마지막 해인 1911년에 출생했다. 사진 속의 천명자는 보조개와 환한 눈매를 가졌고 새카만 머리카락은 더부룩하다. 전통적인 높은 깃의 상의를 입었으며 사진의 모든 인물 가운데 가장 환하게 웃고 있다.

"잘생기셨군요."

내 말에 그가 웃었지만 이번엔 은빛 의치를 드러내지 않았다.

안양에서 나는 천명자에 관해 더 많은 것을 알아보려고 했지만, 다른 학자들은 너무 젊어 이야기의 실마리를 이을 수 없었다. 베이징으로 돌아온 뒤 나는 이 주제를 분류하여 보관하고 다음 과제에 착수하기로 했다. 이는 작가들이 자주 하는 일로, 절반 정도 알려진 일을 수집한 다음 그것들을 내버려둔다. 그러나 그것들은 언제나 매장된 유적의 유령처럼 기억 속에 흔적을 남긴다.

✦

2001년 1월 나의 첫 번째 책이 미국에서 출판된다. 내가 쓰촨에서 가르치던 당시의 이야기다. 같은 해 '미국의 소리'에서는 책을 소개하는 방송이 나오고, 그 뒤 서평자가 내게 자기 소개서 한 통과 서평의 사본을 부쳐준다. 장난 섞인 부제가 눈길을 끈다.

讀洋鬼子何偉的新書
서양 귀신 헤슬러의 새 책을 읽고

서평을 쓴 사람은 미국인 화교 우닝쿤이다. 편지는 버지니아의 레스턴에서 발송되었고 영어로 쓰였다.

첨부한 기사는 (⋯) '미국의 소리' 중국 프로그램 「오늘의 미국」에서 방송한 얘기를 근거로 썼습니다. 당신이 이전에 가르쳤던 학생들이 공교롭게도 이 프로그램을 듣는다면 그들은 틀림없이 흥분할 것입니다.

우닝쿤은 자신이 1940년대에 일찍이 시카고대학에서 미국 문학을 연구했고, 공산당 혁명 뒤 조국으로 돌아와 영어를 가르쳤다고 말한다. 1990년대 초에 그는 다시 태평양을 건너 영구 이주했다. 그때부터 그는 아내와 함께 워싱턴 부근에서 살고 있다. 나는 답장을 보내면서 그가 시카고에 있을 때 천멍자를 알았느냐고 묻는다.

답장이 매우 빠르다. 사실 혁명 뒤 천멍자의 아내는 우닝쿤을 설득하여 중국으로 귀국하게끔 도와주었다. 우닝쿤은 내게 자신의 영문 회고록 『눈물 한 방울A Single Tear』을 읽어보라고 권한다. 그 가운데 일부분은 1950년대 초기에 베이징으로 돌아온 우닝쿤이 비참한 정치운동이 시작되기 전 중국의 상황을 묘사해둔 것이다.

나는 주택 배정을 위한 대기자 명단에 들어갔다. 따라서 잠시 루시와 그녀의 남편 천멍자 집에 묵었다. 천멍자는 부근 청화대학의 중문과 교수였고 이름난 고고학자이기도 하다. 그는 몸이 마르고 검은 피부를 가졌으며 마치 몸에 무형의 짐을 지고 있는 것같이 등을 구부리고 걸어 실제 나이인 마른 남짓보다 더 늙어 보였다. 루시의 아버지인 T. C. 자오 박사는 영국 성공회의 주교이자 신학원 원장이다. (…) 우아한 명대 가구, 예술품과 스타인웨이 피아노 등의 수집품 사이를 살며시 걸어 다닐 때면 그녀는 마치 헨리 제임스(그녀의 박사 논문 연구 대상이다)의 소설에서 걸어 나온 여주인공과 같은 인상을 주었으며, 그녀가 걸친 마오 스타일의 외투처럼 어울리지 않은 환경으로 던져진 것 같았다. 나는 그녀의 침착한 자태에 '도덕의식'이 숨겨져 있을지도 모른다는 호기심을 가졌다. 태생적으로 과묵한 아내와 달리 천 교수는 걸걸한 목소리로 거리낌 없이 직언했다. 당국이 교수와 학생에게 매일 집체 체조에 참가해야 한다고 선포했을 때, 그는 마루에서 돌아다니며 큰 소리로 원망을 퍼부었다. "정말 『1984』가 사실이 되었군. 너무나 빨라."

루시의 이름을 봤을 때 나는 갑자기 이야기의 이 부분이 익숙함을 의식한다. 루시자오는 자오 선생의 누나이고 그 쓰허위안 동쪽 방에서 『풀잎』을 번역한 여성이며, 천명자의 미망인이다. 자오 선생과 얘기를 나눌 때 나는 누나와의 연관을 의식하지 못했다. 그 여성에 대해 얘기하지도 않았고 그녀의 영어 이름을 쓴 적도 없었다.

그 갑골문 학자와 마찬가지로 루시도 떠났다. 그녀는 1998년에 사망했다. 그러나 자오 선생과 그 아내는 아직도 베이징에 살고 있다. 그래서 나는 그들의 새로운 아파트에 방문한다.

✦

노인이 유일하게 바뀐 것이라면 피부가 검게 그을린 것이다. 드리워진 눈은 여전히 평온하고 푹 들어갔으며 늘어 보이지 않는다. 행동거지는 여전히 군인 같다. 그는 계속 테니스를 친다. 내가 그에게 최근의 테니스 시합에 대해 묻자, "뛰어다닐 수 없는 사람보다 빨리 달리죠"라며 담담하게 대답한다. 그는 타이에 갔다가 피부를 그을렸다. 정부는 이 부부에게 쓰허위안 철거 보상비로 약 35만 달러에 달하는 300만 위안을 주었다. 중국에서는 상당한 액수다. 중국에서도 다른 모든 곳과 마찬가지로 돈을 관 속까지 들고 갈 수는 없다. 자오 선생과 황저 부부는 방금 방콕에서 휴가를 보내고 돌아왔다.

그는 전혀 아무런 감정이 없는 것처럼 보인다. 그는 타협을 받아들인 순간 자신의 저항이 꺾였다고 인정한 셈이기에 다시 쓰허위안 얘기를 꺼내는 것은 아무런 의미가 없다고 말한다. 문화대혁명에 대한 그의 느낌도 마찬가지여서 얘기를 꺼내고 싶지 않아 한다. 처음 내가 그의 누나와 누나의 남편에 관한 면담을 요청했을 때 노인은 거절했다. 거듭된 부탁에 마침내 허락하면서도 그는 할 말이 별로 없음을 분명히 했다.

자오 선생과 황저는 시내의 동쪽으로 이사했는데, 케리센터와 국제무역센터 등 수많은 비즈니스 빌딩과 멀지 않다. 노부부는 골든트레이드라 불리는 새 빌딩에 거주한다. 창문은 부두 끝 불빛 같은 녹색 유리다.

부부가 거실에서 나를 맞는다. 몇몇 장식품이 매우 낯익다. 흑백사진, 긴 서예 족자, 예수와 바리새인. 새로운 물건이 내 눈길을 끈다. 표구한 쓰허위안 흑백 사진.

잠시 얘기하다가 노인은 천명자가 신월사社月社의 성원이었다고 알려준다. 신월사는 20세기 초기의 유명한 시인들이 조직한 모임이다. 나는 천명자의 작품에 대해 묻는다.

"낭만적이죠." 자오 선생이 단호히 말한다.

"무슨 낭만요? 주로 어떤 주제로 썼습니까?"

그는 손사래를 치며 질문을 무시한다. "당신도 알다시피 저는 정말 몰라요."

"좋습니다. 그러면 천멍자는 어떤 사람입니까?"

"그가 죽은 지 오래되어서 잘 기억이 나지 않습니다. 하지만 내 기억에 엄청나게 부지런했어요. 그는 누님과 마찬가지로 책을 좋아했죠. 둘은 손에서 책을 놓지 않았고 온종일 글을 썼습니다. 그들은 문학자입니다. 어떤 때 보면 다른 활동이라곤 아무것도 하지 않았던 것 같아요."

내가 미국에 있는 청동기 책을 언급하자, 그는 고개를 끄덕인다.

"천멍자는 1948년에 누님보다 1년 빨리 미국에서 베이징으로 돌아왔죠. 미국에 있을 때 그는 미국 전역의 중국 문물을 소장한 집들을 찾아다니며 그 소장품들을 사진에 담았습니다. 누가 청동기를 가지고 있다는 말을 듣기라도 하면 그것을 한번 볼 수 있겠느냐고 물었죠. 그렇게 연구한 책입니다. 그런 수집가들은 모두 거물급 명사인데, 그런 청동기를 살 수 있었던 것도 돈이 있었기 때문이죠."

내가 미 제국주의란 책 제목에 대해 물으니, 노인은 천멍자가 선택한 것이 아니라고 말한다.

"그는 정치에 대해서는 관심 없고 오로지 청동기만 연구했어요. 항상 그것들이 아름답다고 말했죠. 3000년 전 사람들이 이렇게 멋진 것을 제작한 게 정말 불가사의하다고 여러 번 말했어요. 명대 가구에 대한 그의 느낌도 그랬어요. 그는 신중한 수집가였어요. 그는 명대 가구 20여 점을 소장하고 있었죠. 그와 누님이 중국으로 돌아온 뒤 두 사람은 비슷한 월급을 받았는데, 누님의 월급은 생활비로 충당하고 그의 월급은 골동 가구를 구입하는 데 썼습니다."

노인은 그 부부의 가구가 현재 상하이박물관의 영구 전시품이라고 언급한다. 내가 천밍자의 정치 문제에 대해 묻자, 자오 선생은 1950년대에 마오쩌둥이 중국어 문자 체계를 바꾸는 운동을 발동했다고 말한다. 그 시기에 마오쩌둥은 많은 한자를 단순화하도록 지시했고, 완전히 알파벳으로 대체하길 바랐다. 천밍자는 글을 써서 그 제안을 비판했다.

"그는 한자를 바꾸어선 안 된다고 여겼죠. 그때부터 그는 우파로 분류되었어요. 당시에 수많은 비판을 받았고, 물론 문화대혁명 시기에는 훨씬 더 심했죠."

나는 그가 자살한 이유를 묻는다.

"그는 학자이고 지식인입니다. 자존심 강한 사람이라서 모욕을 참을 수 없었지요. 그거 알아요? 그는 자살을 세 번이나 시도했는데 누님이 두 번 구했어요. 세 번째 시도할 때는 누님이 잠자고 있었죠. 누님은 지쳐 있었고 그를 발견했을 땐 이미 죽은 뒤였답니다."

줄곧 조용히 듣고만 있던 황저가 고개를 저으며 말한다.

"당신은 그 압박을 이해하지 못해요. 대중 앞에 무릎을 꿇게 하고 잘못을 시인하게 했어요. 근본적으로 없었던 일을 고발하게 하고, 누구를 죽이려는 나쁜 생각을 가졌다고 말하게 하며 온갖 이유를 다 대게 하죠. 우린 모두 견뎌냈지요. 그러나 우린 천밍자처럼 비참하지는 않았어요. 그가 우파로 분류된 명사였기 때문이죠."

"이것이 제가 말하고 싶지 않은 이유입니다. 방법이 없었어요." 그녀의 남편이 말한다.

그들의 얘기는 양 노인의 말과 모순된다. 그 고고학자는 한자 개혁에 관한 일을 언급하지 않은 데다가 천밍자가 자살할 때 루시는 곁에 없었다고 말했다. 양 노인은 세 번이 아니라 두 번 자살을 기도했다고 말했다. 또 그는 불륜 혐의도 언급했다.

"저는 천명자를 아는 고고연구소의 한 사람과 얘기를 나눴습니다." 나는 말을 고르며 조심스럽게 말한다. "문화대혁명 때 몇몇 사람이 천명자를 비판했는데, 천명자가 다른 여성을 만났다고 믿었기 때문이라고 하더군요. 전 그 당시 많은 일이 과장되었다는 것을 압니다. 이러한 비판을 기억하세요?"

잠시 침묵이 이어지더니 부인이 부자연스럽게 자세를 바꾼다. 자오 선생이 마침내 침묵을 깬다.

"거기에 대해선 전혀 몰라요."

"이에 관련된 어떤 것이라도 들어보셨나요?"

"들어본 적이 없어요."

그가 평온하게 말하는데 눈에선 어떠한 반응도 보이지 않는다. 내가 화제를 바꾸자 긴장이 풀어진다. 테니스 얘길 꺼내니, 자오 선생은 아직도 일주일에 세 번 친다고 한다.

✦

나는 이 얘기에 더 많은 내막이 있음을 알지만, 자오 선생에게선 더 캐내지 못하리란 것도 알고 있다. 그와 수차례 만나 얘기를 해왔음에도 불구하고 그는 무언가를 전적으로 감추는 성향이 있다. 그도 그 세대의 수많은 중국인과 마찬가지이고, 특히 끔찍한 사건을 겪은 사람 중의 하나다. 그들의 기억은 시간이 지나면서 더 단단해지는 껍질 속으로 들어가는 것 같다.

그러나 이따금 깊은 무언가를 내비치기도 한다. 자오 선생이 내게 알려준 다른 얘기가 기억난다. 그의 집이 헐리고 몇 개월 뒤, 겨울 어느 날 오후 그는 자신도 모르게 옛집 부근에 왔음을 깨달았다. 충동적으로 그 쓰허위안 터에 갔다. 거리에서 보니 외관은 모두 옛날과 같았다. 회칠한 담장, 붉은색 대문. 자오 선생은 마침 열쇠를 가져와서 문을 열어보려고 했다. 그러나 열리지 않아 그는 허리를 구부려 우편함 구멍을 통해 안을 바라봤다. 무너진 벽돌, 부서진 기와. 먼지, 먼지, 먼지. 노인은 한참 바라보다가 떠난 후 다시 돌아보지 않았다.

그가 이 얘기를 하는 건 끝냈음을 보여주기 위해서다. 뜻은 분명하다. 그의 생애에서 그 부분에는 이미 마침표가 찍혔다. 그러나 자오 선생이 여전히 그 열쇠를 가지고 있는 데엔 분명 어떤 이유가 있다.

정
치

망
명

워싱턴은 베이징과 마찬가지로 신중하게 계획된 도시다. 두 도시는 정
방형이고 가도는 정확한 각도로 곧게 뻗어 있다. 두 도시는 나침반이 가
리키는 대로 엄밀하게 배열된 도시로서, 선견지명을 가진 통치자의 눈
에 빈 종이로 비쳤던 바로 그 장소에 위치하고 있다. 명 영락제는 중국
북방 평원으로 수도를 정했고, 조지 워싱턴은 포토맥강의 만을 골랐다.
두 도시의 배치, 즉 기념비와 드넓은 가도는 모두 방문객으로 하여금 그
곳이 권위의 소재지임을 알게 해준다.

　이 두 도시의 중심에는 각기 정치적 건축물이 서 있다. 베이징은 쯔
진청을 중심으로 삼고, 워싱턴에서는 모든 것이 반원형의 미국 국회의
사당 건물에서 확산된다. 가도의 이름은 엄격한 논리를 따르며 미국의
실용주의를 보여준다. 남북향의 도로에는 숫자를 썼고, 동서향은 알파
벳으로 이름 지었다. 국회의사당 건물에서 정북향으로 노스캐피털가

North Capitol Street를 따라 북으로 가다가 로드아일랜드가Rhode Island Avenue
와 교차하기 전에 알파벳 뒷순서인 Q, R, S가街를 지나게 된다. 로드아
일랜드가가 계속 동북(U, V, W)으로 뻗어 나간 다음, 단일 알파벳을 전
부 사용한 뒤에는 두 음절의 이름이 이어서 시작된다. 애덤스Adams, 브
라이언트Bryant, 치닝Chinning. D는 더글러스Douglas, E는 에바츠Evarts,
F는 프랭클린Franklin. 프랭클린가와 로드아일랜드가의 길모퉁이에 낡아
빠진 베이지색 벽돌 아파트가 있는데, 2000년 가을 이 아파트의 3층에
위구르족 다섯 명이 임시 거처할 방을 구했다.

몇 개월 동안 그 아파트는 중국에서 막 나온 위구르족의 중개소였
다. 한 달 월세는 400달러였고 입주자가 몰려왔는데 전부 위구르족이었
다. 아파트에는 작은 주방, 두 개의 침실과 바닥에 매트리스 두 장을 깐
응접실이 있었다. 응접실의 한쪽 벽에는 『코란』에서 초록한 경문이 걸
려 있고, 맞은편 벽에는 컬러풀한 미국 지도가 걸려 있었다.

현재의 입주자 중 이곳에서 장기간 거주하려는 사람은 없었다. 한
남자는 최근 캐나다에서 불법 입국했고, 다른 사람은 이미 정치 망명을
인정받아 영주권을 신청 중이었다. 나머지 사람도 정치 망명 신청을 준
비 중이었는데, 모두가 이 도시 도처에서 직업, 변호사, 그 밖에 필요한
서류를 확보하면서 자신의 길을 찾고 있었다. 그들은 동시에 체제의 허
점을 찾고 있었다. 이는 워싱턴과 베이징의 다른 연결 고리다. 가지런한
가도와 눈부신 기념탑 아래에는 무질서의 요인이 존재하기 마련이다.

이 아파트에 들어간 지 오래지 않아 폴라트는 중국어 신문의 안내
광고에서 '운전면허증 컨설팅'이란 광고를 봤다. 광고주는 차이나타운에
있는데 150달러만 내면 그 상담사가 버지니아주의 운전면허증을 신청

하는 데 필요한 서류를 준비해줄 수 있다. 버지니아주 법률은 허점이 많기로 이민자에게 이름나 있다. 이 주에서는 운전면허증을 신청할 때 거주인 증명이나 기타 어떠한 신분 증명서를 제시할 필요가 없었다. 유일한 요구는 신청인이 버지니아주에 살고 있다는 공증된 진술서와 기타 유효한 서류뿐이다. 이는 다른 주에 살고 있는 불법 이민자, 바꾸어 말하면 폴라트와 같은 사람도 정부 관리에게 여권을 제시할 필요 없이 운전면허증을 받을 수 있음을 의미한다. 영어를 못하는 사람도 통역사를 거쳐 필기시험에 응시할 수 있다.

그 차이나타운의 서비스 회사는 질문도 없이 폴라트의 선서 진술서를 준비했고 필기시험 동안에 함께할 중국인을 파견해주었다. 그 남자는 객관식 문제의 정답에 도달할 때마다 낮은 소리로 '큰형'이라는 의미의 '다거大哥'를 중얼거렸다. 다거, 다거, 다거. 그 결과 폴라트는 시험을 당당히 통과했다. 면허증을 받은 뒤 폴라트는 3100달러를 주고 1992년에 나온 은색 혼다 자동차를 구입했다.

그해 겨울 어느 날 저녁, 폴라트는 신장에 있는 어머니에게 전화를 걸고 싶었지만 아파트의 전화가 끊겼다. 그는 로드아일랜드와 프랭클린의 모퉁이 근처에 있는 공중전화 박스를 쓰자고 생각했다. 때는 자정에 가까웠고 공중전화는 '굿 오울 믿을 수 있는 주류점'의 맞은편에 있었다.

폴라트가 막 전화번호를 누르려고 할 때 등 뒤에 있던 한 남자가 다가오더니 폴라트에게 알아들을 수 없는 말을 했다. 폴라트는 그 사람을 무시하고 계속 신장의 전화번호를 눌렀다. 미처 다 누르기도 전에 어떤 물체가 그의 등을 누르는 느낌이 들어 몸을 돌려 보았더니, 그것은 권총이었다.

두 남자였다. 하나는 총을 들었고 하나는 차 안에 있었다. "엎드려!" 하고 권총을 든 사람이 외쳤는데, 이번에는 폴라트가 알아들었다. 그가 땅바닥에 엎드리자 총을 든 사람이 그의 몸을 뒤졌다. 앞 호주머니에서 70달러를 찾아냈지만 어찌된 일인지 다른 호주머니에 있던 300달러는 놓쳤다. 돈을 빼앗은 뒤 두 강도는 로드아일랜드가 쪽으로 차를 몰고 떠났다. 폴라트는 일어나서 급히 아파트로 뛰어왔다. 그가 바깥에 있었던 시간은 채 5분도 되지 않았다.

✦

그해 겨울 나는 한 달 정도 머무를 예정으로 미국으로 돌아왔다. 나는 부모님, 누이들과 미주리에서 크리스마스를 보내고 로스앤젤레스, 샌프란시스코, 뉴욕, 워싱턴 등 다른 도시에서 친구, 편집자와 만났지만 나에게 익숙한 느낌을 주는 곳은 어디에도 없었다. 나는 미국의 작은 마을에서 성장했고 다른 고장에서 대학을 졸업했다. 그러고는 줄곧 외국에서 지냈다. 미국의 어느 도시도 지도 없이 다닐 수 없었다.

나에게는 수도가 가장 이질적으로 보였다. 그 넓은 가도와 웅장한 기념탑의 배치는 일종의 위협감을 주었으며 아무리 많은 사람이 있다 해도 이 특별 행정구를 꽉 채울 수는 없어 보였다. 기념탑은 1월에 특히 황량하게 보였다. 텅 빈 보도, 누렇게 마른 잔디밭. 하늘은 차가운 금속 색깔이었고, 기상 예보로는 눈이 내릴 것 같다고 했다. 나는 지하철을 타고 로드아일랜드가로 갔는데, 주변은 전부 낯선 얼굴이었고, 처음 알아본 이는 위구르 사람이었다.

폴라트는 걸어서 도착한 뒤 역 밖에서 날 기다렸다. 혼다 자동차는 정비소에 있었다. 우리는 야바오로에 있던 시절처럼 서로 마주 보며 웃고는 악수했다. 그는 말라 보였는데, 미국에 온 뒤 체중이 줄었기 때문이다. 하지만 여전히 줄담배를 피웠다. 지금은 힐튼 대신에 말보로 라이트로 바꿨다. 베이징에 있을 때 그는 말보로를 좋아했지만 모두 가짜 담배였기에 거의 사지 않았다.

우리는 그의 아파트로 갔다. 내가 외투를 벗자 그가 웃었다.

"셔츠가 제 것과 같군요."

내려다보니 우리가 입은 옷이 똑같았다. 캐터필러 브랜드의 올리브 색 데님 셔츠.

"야바오로에서 샀어요?"

"예. 차오양먼 밖 그 신시장에서요."

"가짜예요. 제 것도 가짭니다. 얼마 줬어요?" 그가 말하면서 웃었다.

중국에선 난처한 질문이다. 누군가 이렇게 묻는 순간, 자신이 바가지 썼음을 알게 된다.

"70위안 정도 줬어요." 나는 절망적으로 말했다.

"전 40위안 줬어요. 외국인이라서 바가지 씌웠나 보네요."

그의 룸메이트들은 모두 나갔다. 폴라트는 시내에 가고 싶어했다. 내가 동네부터 구경시켜달라고 했더니 로드아일랜드가로 나를 데려갔다. 거리 곳곳의 전신주에는 그달에 있을 대통령 취임식에 관한 전단이 붙어 있었다.

분노의 날!

갑골문자

부시를 반대하는 흑인 연합 집회

1월 20일 토요일 오전 11시

전부 검은색 옷을 입어주세요.

후원자: 반부시흑인연맹, 자위를 위한 신흑표범당, 미국 인디언 운동 및 기타 유색인종.

내가 수첩에 베껴 쓰자 폴라트가 무슨 뜻인지 물었다. '유색인종peo-ples of color'을 직역하면 이상할 것 같아 나는 중국어로 통용되는 '소수민족'이란 말로 설명했다. 물론 소수민족이란 단어를 영어로 옮겨 'small-number ethnic groups'라고 해도 이상하긴 마찬가지였다. 이 문제를 적절하게 다룰 수 있는 언어가 세상에 있긴 하겠지만, 영어도 중국어도 아닐 성싶다.

나는 폴라트에게 길거리에서 만난 평범한 미국인이 그를 어떤 특정한 그룹에 포함시키는지 물었다.

"그들은 저를 멕시코 사람으로 봅니다."

"당신에게 스페인어로 말한 사람은 없어요?"

"가끔 있죠. 그러나 이 일대에선 항상 그렇진 않아요."

로드아일랜드가와 몬태나가의 교차 지점에 이르렀을 때, 폴라트는 저 모퉁이에서 밤에 마약 밀매업자들이 공개적으로 활동한다고 말했다. 그는 자신이 사는 아파트에도 마약 판매상이 몇 있다고 생각했다. 사람들은 잠자리에 들거나 깨어나는 시간이 이상했다. 그는 이웃 대부분이 실업자임을 감지했다. 그는 때때로 그들이 돈이 아닌 종잇조각으로 식료품을 산다는 걸 알아차렸다.

이 나라에 온 지 겨우 3개월에 불과했으나 폴라트는 이미 모든 미국인의 습관을 배웠고 흑인에 대해 얘기할 땐 목소리를 낮췄다. 우리는 비록 중국어로 얘기했지만 그도 때로는 그들을 '아프리카인'이라 불렀다. 그는 남들이 '아프리카계 미국인'이란 말을 쓰는 것을 들었지만, 그는 단지 첫 글자만 기억했다. 때로는 '스페인 사람'으로 라틴아메리카 계통의 사람들을 형용하기도 했다.

"위구르족 모두가 흑인 거주 지역에 사는 것을 좋지 않다고 그래요. 사실 저는 그들에게 좋은 인상을 가지고 있지 않아요. 미국 다른 지역에서는 좀 나을 수 있겠지만, 여기에서 그들은 하루 종일 술 마시고 마약을 해요. 일하는 사람은 절반도 되지 않을 겁니다."

그는 말보로 라이트를 피웠고 우리는 계속 로드아일랜드가를 따라 걸었다. 인도는 깨진 유리와 폐기물로 가득 찼고 쓰레기 이외에 사람은 없었다. 빌딩은 파손되었고 상점은 대부분 문을 닫았으며 거리도 텅 비었다. 나는 이처럼 고요한 도시에 있었을 때가 언제였는지 기억나지 않았다. 중국에서 모든 도시는 생기로 충만했다. 길거리 행상인, 수리공, 국수 노점 가게, 노변 상점, 미장원. 국영 기업의 개혁에 내몰린 도시일지라도 현지인들은 활동하고 있었다. 게다가 언제나 공사를 진행하여 끊임없이 정을 때리는 소리와 착암용 드릴의 소음으로 가득 찼다.

그러나 이곳 로드아일랜드가에서 나는 유일한 소리는 질주하는 차소리뿐이다. 몇 안 되는 점포는 대부 업체인 '체크 인 고'나 전당포인 '스타 폰'과 같이 진짜 상점이라 부를 수 없는 곳이었다. 폴라트는 이 구역엔 외지에서 온 이민자가 많진 않지만, 규모 있는 몇 집은 이민자 소유라고 말했다. 그의 차는 에티오피아 사람이 연 '메트로 모터스'에서 수리 중이다. 한국인들은 '유명한 생선 튀김집'과 '토니의 이웃 마켓 잡화점'이라는 가게를 소유했다. 이 잡화점은 음식보다 술을 더 많이 갖추었고 계산대를 따라 두꺼운 플렉시글라스로 보호벽을 둘렀다. 인도인 소유의 '굿 오울 믿을 수 있는 주류점'도 있고 푸젠 이민자가 연 '화메이華美 레스토랑'도 있었다. 푸젠은 밀입국으로 이름난 성省이다. 푸젠성에서는 아마도 친척들이 녹색 유리의 맨션을 짓길 기다리고 있을 것이다. 여기, 로드아일랜드가에서 구겨진 간판이 썰렁한 거리를 마주하고 있었다.

화메이 레스토랑
중미中美 레스토랑
폴리네시안 칵테일
포장 서비스

"흑인들이 상인들을 괴롭혀요. 그리고 공밥을 먹어요." 폴라트가 말했다.

✦

지하철은 도시의 도로망 아래로 달려 첫 알파벳으로 돌아와 국회의사당 건물을 지나서 우리를 스미스소니언역에 데려다주었다. 우리는 광장의 마른 잔디밭을 걸었다. 워싱턴 기념탑은 수리하느라 문을 닫았고 땅에 비계용 기둥을 올려놓아 대리석, 금속 기둥이 회색 하늘 속으로 자취를 감췄다. 기념탑 쪽을 바라보았더니 두 아시아 남성이 지나갔다. 그들은 똑같은 차림새였다. 검은 양복에 카키색 외투를 걸쳤다. 폴라트는 그들이 들을 수 없는 곳까지 가길 기다렸다가 입을 뗐다.

"북한 사람입니다."

"제 생각엔 아시아계 미국인 같은데요."

두 사람은 서쪽으로 그림자가 비치는 연못으로 걸어갔다. 폴라트는 주의 깊게 그들을 바라봤다.

"절대 아시아계 미국인이 아니예요. 옷차림과 걷는 모양을 보면 알 수 있어요. 분명 북한 외교관입니다. 야바오로 대사관에 출입하던 사람들과 똑같아 보여요."

"김일성 배지를 달았나요?"

"보지 못했어요. 하지만 미국에서는 배지를 떼었을 수도 있죠."

우리는 언덕을 내려가 그림자가 비치는 연못에 나란히 서 있는 떡갈나무 쪽으로 걸어갔다. 나는 일부러 발걸음을 늦춰 그 두 명의 아시아 사람이 사라지길 바랐다. 이날은 맥빠진 하루였다. 망가진 이웃, 북한 사람과 관련된 야바오로의 옛 화제. 과거 5년간 나는 세계의 다른 쪽 중국에서 살면서 대부분의 시간을 미국에 관해 얘기하는 데 소환되었다. 수업, 질문의 대답, 호기심 많은 중국인과의 대화. 평화봉사단에서 그것은 말 그대로 나의 직업 타이틀이 되었다. '외국 전문가.'

그런데 지금 나는 중국에서 온 사람과 함께 여기에 서 있지만, 나의 조국에 대해 아는 게 거의 없는 것 같았다. 겨울이라서 방치된 기념탑 조차도 달리 보였다. 비계를 설치한 오벨리스크 아래에 그림자 비치는 연못은 석판처럼 생기가 없었다. 몇 마리 하얀 갈매기가 수면을 차지하여 느릿느릿 물을 저어갔다. 우리는 연못가에서 잠시 멈췄다. 폴라트는 링컨 기념관을 보러 가고 싶다고 말했다. 그 아시아 사람들은 마침내 보이지 않았다.

우리가 기념탑의 계단을 올라가노라니 아이들의 웃음소리가 대리석 벽에서 울려 퍼졌다. 도처가 단체 학생들로 들어찼다. 마지막으로 이곳에 온 지가 언제인지 나는 기억하지 못했다. 아마 내가 어린아이였을 때일 것이다. 안에는 링컨의 '게티즈버그 연설문'이 벽에 새겨져 있었다.

지금으로부터 87년 전에 우리의 선조들은 이 대륙에서 자유 속에 잉태되고 만인은 모두 평등하게 창조되었다는 명제에 헌신한 새로운 국가를 탄생시켰습니다.

이러한 문구는 다시 발견된 『성경』처럼 푸근한 느낌을 준다. 반은 익숙하고 반은 새로운데, 그 의미를 이해하기 전에 오랫동안 외운 무언가 같았다. 나는 연설문을 천천히 읽다가 어떤 문구의 운율에서 멈췄다. "세계는 거의 주목하지도, 오랫동안 기억하지도 않을 것입니다." "다함없는 공헌에 허리 굽혀 감사드립니다." 그날 처음으로 나는 평정을 얻었다. 그것이 나의 언어이고, 이곳이 나의 집이다.

폴라트와 나는 링컨 조각상 앞에 섰다. 아이들이 우리 곁으로 몰려들어 낄낄 웃으며 떠들었고, 아이들의 존재로 그 조각상은 사진으로 보는 것보다 더 위엄 있게 보였다. 잠시 동안 우리는 말이 없었다.

"많은 위구르족이 링컨을 존경합니다. 저는 이전에 그에 관한 역사책을 읽은 적이 있어요. 그가 민족 문제를 다룬 방식도 존경스럽습니다."

우리는 추운 1월 오후로 되돌아 나갔다. 바깥엔 단순한 목판이 서 있고 이렇게 쓰여 있었다.

포로 및 행방불명 병사
당신은 결코 잊히지 않을 것이다.
최후의 포대가 그들 모두 집으로 돌아올 때까지 지켜줄 것이다.

위장복을 입은 중년 남자가 전단을 뿌렸다. 다함 없는 공헌에 허리 숙여 감사드린다. 나는 한 부 받으며 감사를 표했는데, 이때 폴라트가 내 팔을 쳤다.

"그 북한 사람들 저기에 있어요."

그들은 어깨를 나란히 하여 걸어갔다. 검은 양복에 카키색 외투를 걸치고. 이번에는 자세히 봤더니 배지는 없었다.

"전 북한 사람이라는 생각이 들지 않는데요."

"확실합니다."

그 두 남자는 택시를 기다리는 곳으로 걸어갔다. 그들은 악수한 뒤 각자 택시에 탔다.

"틀림없이 무슨 이상한 일을 꾸밀 겁니다. 그렇지 않다면 어떻게 이렇게 헤어지겠어요?"

우리 두 사람도 거의 똑같아 보였다. 하나는 신장 출신이고, 하나는 미주리 출신인데, 똑같은 가짜 캐터필러 브랜드의 데님 셔츠를 입고 링컨 기념탑 앞에 서서 중국어로 얘기한다. 나는 떠날 시간이라 말했고 우리는 헤어졌다.

♦

미국엔 위구르족이 대략 500여 명 있었다. 그중 일부는 1990년대 초기에 대학생 신분으로 왔지만, 최근 몇 년 동안에는 단독으로 오는 사람이 갈수록 많아졌다. 그들은 보통 정치 망명을 신청했는데, 난민 프로그램과는 달랐다. 난민은 억압받는 집단에 해당한다. 매년 백악관에서는 국제 정세에 따라 난민 숫자와 국적을 결정한다. 1980년대 초 전까지는 대다수 난민이 인도차이나에서 왔고 지난 세기말에는 구소련인이 대다수를 차지했다. 2001년에는 아프리카의 소말리아, 라이베리아, 시에라리온으로 바뀌었다. 기본적으로 난민은 먼저 해외에서 신청하며 국무원이 미국에 오는 교통비와 초기 정착 비용을 책임지고 제공한다.

　정치 망명은 미국 이민의 와일드카드다. 정부의 도움을 받아 미국에 도달하는 난민과 달리 정치 망명을 신청하는 사람은 그 나라에서 스스로 방법을 찾아야 한다. 그들의 숫자는 극히 적다. 2001년엔 2만303명이 정치 망명을 허가받았다(그해 미국이 승인한 합법 이민자 총수는 106만 4318명이다). 정치 망명을 신청한 사람이 위조 서류를 지녔거나 국경에서 몰래 입국했거나 미국 이민 관리를 속인 일은 드물지 않았다. 신청자 조건이 좋기만 하면 이러한 행위들은 신청에 결코 영향을 주지 않았다. 이러한 상황은 이상한 도덕적 환경을 조성했다. 폴라트가 미국 영토에 와서 처음으로 한 일은 정부 관리를 속이는 것이었다. 그럼에도 불구하고 그는 자신의 사기가 탄로 날까 걱정할 필요 없이 정치 망명을 신청할 수 있었다. 정치 망명 프로그램은 지어낸 얘기들로 악명이 자자했다. 수많은 신청자가 실제로는 경제적인 이유로 미국에 오지만, 조국으로부터 받았던 정치적 탄압과 위협에 대해 과장했다. 중국에서 온 신청자는 항상 '한 자녀 갖기' 정책을 들먹이는데, 미국이 낙태 문제에 관심 있다는 것을 알기 때문이다.

1월에 내가 폴라트를 보러 갔을 때 그는 이미 변호사를 고용하여 정치 망명을 신청한 상태였다. 일단 성공하면 일을 찾을 수 있고 신장의 아내를 불러올 수 있다. 망명에 성공한 뒤에도 영주권('그린 카드')과 시민권 신청이라는 절차가 더 있다. 미리 온 한 위구르족은 모든 것이 순조롭다면, 5년 내에 진정한 미국인이 될 수 있다고 폴라트에게 알려줬다.

일자리를 찾기 위해 폴라트는 영어 클래스에 등록했다. 그는 내게 처음 시작할 수 있는 일은 운전처럼 별다른 특기가 필요 없는 것이라고 말했다. 무슨 이유인지 모르겠지만 그는 영어가 능숙해진 뒤 우체국 일을 해볼 생각이었다.

"안정적인 데다가 미국 대학 같은 고학력이 필요 없잖아요." 그는 설명했다.

그 1월에 그가 정치 망명을 신청하는 추천서를 써줄 수 있냐고 물어서, 나는 승낙했다. 나는 폴라트가 신장에서 겪은 정치적 박해를 직접 본 적은 없지만, 그의 경제 상황을 잘 이해하고 있었다. 추천서에 나는 이렇게 썼다.

폴라트 씨는 미국에 와서 살길을 찾으려는 경제 난민이 결코 아닙니다. 중국어와 러시아어에 정통한 지식인으로서 그는 베이징에서 사업할 기회가 많았습니다만……

그다음 워싱턴에 갔을 때 나는 폴라트의 변호사 브라이언 메츠거와 만났다. 1998년 메츠거가 필라델피아의 비영리 이민 기관에서 일할 때 한 고객이 전화를 걸어 자문을 구하면서 자기는 위구르족이라 말했다. 메츠거는 물었다.

"위구르족은 어느 나라 사람입니까?"

같은 해에 그는 회사를 창립했는데 고객은 주로 위구르족이었다. 그의 사무실은 비록 메릴랜드주 베세즈다시에 있지만, 사실상 워싱턴의 위구르족이 모두 그를 고용했다. 그는 고객에게 1500달러의 비용을 요구하는데, 이는 동종 업계의 표준가보다는 저렴한 편이다.

31세의 메츠거는 매우 열정적이었다. 그는 이탈리아 비첸차에서 태어났으며, 아버지는 미국인이고 어머니는 시칠리아 사람이다. 그는 어머니의 배경이 이민법을 연구하는 계기가 되었다고 내게 말해주었다. 메츠거는 다문화를 매우 빠르게 수용했다. 그의 어머니는 ('시칠리아식') 천주교도지만 그는 13년 동안 퀘이커 교회 학교에 다녔다. 그는 공화당 후보에게 투표했다. 오벌린대학에서 동아시아학을 전공했으며, 여가 시간에는 여전히 일본과 중국의 시를 읽었고, 또 위구르족에 관한 각종 정보를 찾아 공부했다. 1998년 그는 망명 단체가 튀르키예 앙카라에서 거행한 세계위구르청년대회에 참가하기도 했다.

"저는 초인적인 능력을 발휘해 지루함을 참았어요. 모든 회의가 위구르어나 러시아어로 진행되어서, 책을 읽거나 낙서를 하는 등 딴짓을 했죠."

메츠거는 신장에 가본 적이 없었다. 그러나 메릴랜드에서 그는 위구르족 문화에 상당히 친숙해졌다. 한족 비서를 둘까도 생각했으나 위구르족이 한족에 대해 뿌리 깊은 불신감을 갖고 있음을 안 뒤에 그만두었다. 그는 교육을 받은 위구르족은 이슬람교에 신경 쓰지 않는다는 사실을 알았다. 또 위구르족의 계급 체계에도 익숙해졌고, 특히 위구르족 무역상의 풍부한 지략에 깊은 인상을 받았다("정글 속에 버려져도 그들은 여전히 장사할 방법을 찾을 겁니다"). 그리고 그는 그들의 정치 망명 신청표의 다섯 번째 문항을 물을 때 조심하는 방법을 배웠다.

만일 조국이나 어떤 국가로 송환된다면, 고문(강간과 다른 성폭행을 포함한 혹독한 신체적·심리적 고통)을 받는 것이 두려우십니까?

"위구르족은 겁내지 않기 때문에 '노No'라고 대답해요. 그들은 용사가 되고 싶어하죠. 그래서 저는 그들에게 이 문항의 숨은 뜻을 알려줘요. 중국 감옥에서 고문이 행해지는지를 알려는 거라고요."

2001년 추정에 따르면 500명의 위구르족이 미국에 살고 있는데, 메츠거의 도움을 받아 그중 약 100명이 최후에 정치 망명을 인정받았다고 한다. 그러나 성공한 경우에도 그는 여전히 그 고객의 장래를 걱정한다고 말했다.

"저는 이 분들이 정치 망명을 도와주지만, 이따금 내가 위구르 문화의 파괴를 돕고 있다는 생각을 해요. 그들의 아이들은 빠르게 적응할 것이고, 손자 때가 되면 그들이 위구르족이었다는 것이 그저 이상해질 겁니다. 하지만 이러한 상황은 미국 내의 모든 집단이 마찬가지죠. 1840년대에 넘어온 독일 혁명가의 후손들도 혁명에 대해선 열정을 갖고 있지 않았습니다. 박해받은 다른 소수민족들도 마찬가지고요."

매년 11월 12일 워싱턴 부근의 위구르족은 함께 모여 동투르키스탄 공화국의 국경일을 경축한다. 어느 해 마침 나는 그곳에 있어서 폴라트와 함께 모임에 참석했다. 폴라트의 아버지는 일찍이 동투르키스탄공화국의 군대에서 전투한 바 있다. 연회는 조지메이슨대학의 공간을 빌려 거행됐다. 행사를 기념하기 위해 해외에서 온 위구르족을 포함해 대략 80명이 참석했다. 한 80세 노인은 멀리 카자흐스탄에서 날아왔다. 그는 1949년 섬멸된 공화국에 대한 개인적 추억을 갖고 있는 몇 안 되는 위구르족 생존자 중 한 사람이다.

연회에서 사람들이 위구르어로 연설한 뒤 젊은 위구르족이 전통 복을 입고 춤을 췄다. 그 가운데 8학년 여학생은 버지니아주 페어팩스에서 왔는데, 완벽한 영어를 구사했다. 소녀는 친구가 춤을 추기 때문에 자기도 춤을 춘다고 말했다. 나는 버지니아 학우들이 위구르족이 어떤 민족인지 아느냐고 물었다. 그녀는 두 눈을 굴리며 말했다.

"친구들은 제가 중국에서 왔기 때문에 중국인이라 말해요."

춤이 끝난 뒤 동투르키스탄공화국의 올리브그린색 군복을 입은 네 명의 위구르족이 줄지어 강당에 들어섰다. 그들이 앞으로 나와 관중에게 경례하자, 우레 같은 박수갈채가 터져 나왔다. 11시 정각이 되어 경비원이 강당 문을 닫겠다고 확성기로 방송하자, 위구르족은 서로 악수하고 고별하며 묵묵히 조지메이슨대학을 떠났다.

✦

내가 2001년 1월에 폴라트를 보러 갔을 때 그는 강도당한 일을 전혀 언급하지 않았다. 1년이 지난 뒤 서로 아는 친구가 말해줬을 때야 알게 되었다. 나중에 이 일을 묻자 폴라트는 운전자와 권총을 가진 사람 모두 '아프리카인'이었다고 말했다.

"처음엔 무서웠지만, 그가 엎드리라고 말했을 땐 더 이상 두렵지 않았어요. 그가 총을 쏠지 말지는 제가 결정할 수 있는 일이 아니었어요. 총을 쏘리라고는 생각하지 않았죠. 매우 말랐는데, 마약 중독자 같았어요. 경찰에는 신고하지 않았어요. 아직 정치 망명 자격을 얻지 못해서 번거로운 일이 생기는 게 싫었어요. 그냥 장면이 볼썽사나웠죠. 땅에 바짝 엎드렸으니."

폴라트는 고개를 흔들며 애처롭게 웃었다. 나는 그가 진작 말하지 않은 이유를 알았다. 너무 굴욕적이었기 때문이다. 그는 로드아일랜드가 옆 땅바닥에서 자신이 얼마나 우스꽝스럽게 보였을지를 여러 번 언급했다. 그를 위로하고자, 잘 대처했고 총을 든 사람에게 저항할 이유는 없다고 말했다. 그러나 폴라트는 결코 동의하지 않았다.

"위구르족 친구가 도미노 피자를 배달할 때 어떤 남자가 총구를 대면서 친구를 붙잡았어요. 역시 아프리카인이었죠. 총을 겨누자 친구가 맞잡고 빼앗았는데, 총알이 없었어요. 그렇게 싸우기 시작하니 오래지 않아 경찰차가 왔고 경찰은 두 사람 모두 수갑을 채워 경찰서로 데려갔죠. 친구는 전화를 걸어 통역을 불렀고 그가 와서 친구를 풀어줬죠."

나는 그 위구르족이 운이 좋았으며, 총이 장전되어 있을 것이라고 예상하는 게 늘 최선이라고 말했다. 폴라트는 고개를 흔들었다.

"그건 상황을 봐야죠. 기회가 되면 싸워도 돼요. 한번은 야바오로에서 비슷한 상황을 당했어요. 그때가 1997년이었는데, 그해에 환전상 네 명이 피살되었죠. 세 놈이 저를 한참 주시했는데, 그날 저녁에 절 강탈하려고 했죠. 우두머리가 길에서 날 가로막더니 칼을 보이더군요. 그는 칼을 휘두르며 말했죠. '친구, 돈 좀 빌려주게.' 당신도 알다시피 그 사람들의 말투는 언제나 '이 친구, 저 친구'인데, 그는 둥베이 말투를 썼어요."

폴라트는 자랑스럽게 웃었다.

"저는 아무것도 주지 않았어요. 그에게 '난 신장에서 왔네. 우루무치 출신이라고. 우린 칼을 잘 알지. 네 손에 든 건 아무것도 아니야. 이 부근에 내 친구들도 있어'라고 말하니, 전부 도망가더군요."

금 가 지 않은 뼈

자오 선생과 만난 뒤 나는 천명자의 생애를 연구하기 시작했다. 자료는 아주 적고 전기도 출판된 적이 없으며 저서도 절판되었다. 그의 생애 끝은 공백이다. 그가 왜 자살을 선택했는지 상세하게 알려주는 자료는 없다. 중국에서 문화대혁명은 여전히 음영을 드리운 시기다. 그 시대에 대해 가타부타할 수는 있지만, 연구가 너무 깊이 들어가서는 안 된다는 암묵적 인식이 있다. 게다가 그 시기의 일기나 서신을 보존한 사람도 거의 없다.

젊어서 작품을 발표한 적이 있기 때문에 천명자의 초기 삶은 상세하게 알려져 있다. 그는 1911년 난징에서 출생했고 아버지는 현지의 교사였으며 장로회 교회의 목사이기도 했다. 아버지 천 씨는 아이 열 명, 즉 5남 5녀를 두었는데 모두가 대학을 졸업했다. 당시엔 극히 드문 일이었다. 특히 그 세대의 딸들에겐. 천명자는 일곱째였으며 가장 총명했다. 그는 18세에 첫 시를 발표했고, 20세에 시집을 출판한 뒤 하룻밤 사이에 유명해졌다. 중국 시인의 전통에 따라 그도 방랑자라는 뜻의 만짜이^漫^哉란 필명을 지었다.

천명자는 신월사에서 가장 젊은 회원이었다. 신월사는 낭만 시인으로 구성되었는데, 그들은 고체시의 경직된 창작 규칙을 벗어나려고 했다. 1932년 일본과 중국 군대가 상하이 교외에서 정면으로 충돌했을 때 천명자는 항일 전쟁에 참가했다. 젊은 시인은 전장에서 시를 부쳤다.

> 새로운 귀신들의 무덤 앞에 핀 피로 물든 꽃송이들이
> 눈으로 질퍽해진 흙 위로 흩어진다.
> 그곳에 우리의 영웅이 쉬고 있다 — 조용히.

그의 시는 간결하지만 운율이 넘친다. 문학평론가는 그를 A. E. 하우스먼이나 토머스 하디와 비교한다. 성년이 된 뒤 천명자는 기독교를 포기했다. 그러나 그는 여전히 요원한 과거에 대해 신비감을 느꼈고, 아울러 거의 종교 숭배와 같은 감정으로 그것을 묘사했다.「당조의 미소^{唐朝}^{的微笑}」라는 초기 시에서 그는 천년 여신상을 이렇게 그려낸다.

> 내가 그녀의 한쪽 얼굴을 살펴보았더니
> 그녀의 위엄 있는 외모 아래
> 냉담하고도 조용한
> 미소가 가려져 있네.

유물은 힘을 가지고 있고 문자는 요원한 과거에 생명을 불어넣는다. 다른 시에서 시적 화자는 옛 보루를 주시한다.

> 탑은 마치 조용히
> 존엄하게 강물 소리를 듣고
> 바람 소리를 듣는 듯하다.
> 흰 구름 위에 3000년 고대 문명을 적어
> 내게 올라가라고, 숭배하라고 계시하며
> 옛길을 존중하라고 이끌어준다.

난징에서 대학을 다닐 때는 법률을 공부했으나 졸업한 뒤에 분야를 바꿨다. 1932년 그는 중국 고전문학과, 이어서 종교를 연구하기 시작했으며 최후에 고문 연구로 방향을 전환했다. 과거를 가까이 끌어당기면서 시는 도리어 멀어졌다. 시는 언제나 천멍자에게 고통을 주는 것 같았다. 한 시에서 그는 이렇게 썼다. "나는 내 가슴을 쥐어짜서 일련의 노래를 꺼낸다." 한 책의 서문에서도 설명했다시피 그는 23세부터 이미 시에 다시는 미혹되지 않았다.

> 나는 17세 때부터 규격으로 자신을 속박하기 시작했다. 내가 쓴 어떠한 것도 모두 자로 잴 수 있는 것이다. (…) 무겁게 족쇄를 찬 노예의 상태에서 나는 정교한 단어를 만드는 법을 배웠다.

30세가 넘으면서 천멍자는 시 쓰기를 멈췄다. 베이징 옌징대학에 있을 때 그는 갑골문과 옛 청동기 연구에 많은 시간을 쏟았다. 고고학에 빠져듦에 따라 초기 시들은 이미 지나가버린 다른 인생의 추억처럼 여겨졌다.

> 넌 나의 경력을 듣고 싶니?
> 난 초라하여 얘기하자니 정말 얼굴이 붉어진다.
> 나는 가볍게 백지 스무 장을 펼쳐놓고
> 가끔 한 줄이나마 쓰고 싶다.
> 나는 목사의 좋은 아들.

✦

루시자오도 목사의 딸로, 마찬가지로 신동이었다. 25세 때 그녀는 T. S. 엘리엇의 『황무지』 중국어판을 최초로 번역하여 출판했다. 그녀는 옌징 대학에서 영어를 가르치다가 1937년 일본 침략을 피해 베이징을 떠났다. 여러 해가 지난 뒤 그녀는 자서전에서 이렇게 회고했다.

> 우리는 남방으로 이주했지만 아버지와 남동생 자오징신(즉 자오 선생)은 베이징에 머물렀다. (…) 우리는 저장성 더칭현의 오래된 집으로 이주했다. 그때 천멍자와 결혼했다. 그곳에선 모든 것이 저렴했고 생활도 다채로웠다. 우리는 날마다 낚시하고 새우를 잡았다. 공부할 필요가 없어서 늘 물을 건너는 오리들을 지켜보았다.

당시 수많은 지식인처럼 천 씨 부부도 마지막에는 윈난성 서남쪽에 있는 외딴 도시 쿤밍으로 이주했다. 거기에서 전국의 주요 대학이 다시 저명한 시난연합대학으로 꾸려졌다. 천멍자는 그곳에서 가르쳤다. 부부는 같은 학교에서 가르칠 수 없다는 규정 때문에 루시는 교직에 머무를 수 없었다.

나는 8년 동안 가정주부로 지냈다. 아내는 남편을 위해 희생해야 한다는 전통적인 생각에 따랐지만 나는 정말로 훌륭한 교육을 받았다. 밥을 지을 때마다 나의 무릎엔 언제나 디킨슨의 책이 놓여 있었다.

1944년에 록펠러재단은 이 부부에게 인문 장학금을 제공하여 그들이 미국에 가서 연구에 종사하게끔 도와주었다. 그때는 독특한 시대였다. 일본인의 침략과 국·공 내전이 발생했지만, 전도가 유망한 젊은이들은 도리어 지식 방면에서 서방과 깊은 관계를 유지하고 있었다. 수많은 사람이 미국과 유럽에 가서 교육을 받았으며, 대다수는 배우고 나서 새로운 기술을 조국에 가져오려고 했다.

천멍자와 루시의 여정은 쿤밍에서 비행기를 타고 캘커타로 가는 데서 시작되었다. 그 "히말라야산맥을 넘는" 여정에서 천멍자는 절필한 지 몇 년 뒤에 다시 시를 쓸 영감을 얻었다.

히말라야산맥은 보이지 않고
운무가 산을 덮었다. (…)
모든 것이 너무 고요하여

이곳은 하늘의 사막.

시카고대학에서 루시는 헨리 제임스에 관한 논문을 썼다. 수년 동안 그녀는 멀리서 영어를 공부해왔다. 그런데 갑자기 문학 세계가 눈앞에 다가왔다. 하버드대학을 처음 방문했을 때 그녀는 T. S. 엘리엇을 만났고, 그에게 친필로 서명한 시집을 받았다.

전하는 말에 나는 헨리 제임스 작품을 세 번째로 많이 수집한 사람이 되었다고 한다. (…) 남편과 나는 열성을 다해 미국에서 제공하는 문화 교육을 누리기로 결심했다. 우리는 연주회, 영화관에 갔으며 많은 미술관과 박물관을 관람했다. 다양한 오페라를 보러 갔다. 미국에서 귀국할 때 가방은 책과 레코드로 가득 찼다. 남은 돈은 없었다.

루시가 문학을 연구할 때 천명자는 청동기를 수집했다. 어지러웠던 19세기와 20세기 사이에 수많은 유물이 중국에서 빠져나갔지만 그것들은 거의 자세히 연구되지 않았다. 천명자는 상세한 청동기 도록을 쓰기 위해 중국과 서구의 청동기에 대한 연구를 모으고 싶어했다. 록펠러 재단 외에도 그는 하버드옌칭연구소의 지원을 받았다.

1945년 5월 28일
친애하는 휴스 양에게
저는 이번 주말이나 다음 주말에 캔자스시티를 방문해야 합니다. 언제 박물관을 방문하면 가장 편할지 알고 싶습니다.

만짜이는 과연 명불허전이었다. 그는 디트로이트, 클리블랜드, 세인트루이스, 미니애폴리스, 뉴욕, 뉴헤이븐, 보스턴, 프로비던스, 프린스턴, 샌프란시스코에 갔다. 심지어 멀리 호놀룰루까지 갔다. 모든 도시에서 그는 박물관, 개인 소장가와 연락하여 그들의 소장품을 연구했다. 꼬박 2년 동안 그는 중국 고대 청동기와 현대 미국 문화 세계 사이에서 노닐었다.

1945년 6월 14일

친애하는 휴스 양에게

저는 캔자스시티에서 아름다운 시간을 보냈고 당신의 친절한 접대에 다시 한번 감사드립니다. 시간이 허락한다면 가을 전에 아내와 함께 다시금 방문하고 싶습니다. (…) 마지막 날 밤에 저는 시간을 내어 캔자스시티 중심가에서 영화 한 편을 보았습니다. 모든 면에서 여행이 즐거웠습니다.

미국 이외에 천명자는 토론토, 파리, 런던과 옥스퍼드에도 갔다. 1947년에 스톡홀름을 방문한 뒤 그는 록펠러재단에 편지를 썼다.

왕세자가 성에서 저를 접견하고 그의 소장품을 보여주었습니다. 저는 매우 영광스럽게도 그와 두 시간 동안 얘기했습니다.

그해 천명자는 850개 청동기 사진과 해설이 들어 있는 초고를 완성했다. 중국에 돌아오기 전에 그 원고와 사진을 하버드대학으로 부쳤다. 이어서 편집 작업이 우편을 통해 진행되었다. 하버드의 동양예술사 교수 랭던 워너는 천멍자에게 편지를 썼다.

"용감한 사람만이 오늘날 아시아가 처한 정치적, 경제적 곤경에 마주할 수 있습니다. 저는 이때 귀국하는 당신의 용기에 감동했습니다."

루시는 계속 시카고에 머물며 박사 학위를 따냈다. 1948년 말 그녀가 마침내 태평양을 건너 귀국할 때 중국의 내전은 반환점을 돌았다.

> (상하이로 가는) 배를 탔을 때 칭화대학과 베이징대학이 이미 해방되었다는 방송을 들었다. (국민당 장군) 푸쭤이의 부대는 겹겹으로 포위되었다. (…)
>
> 이때 베이징과 상하이 간의 교통수단이 이미 끊겨서 나는 그곳에 가는 다른 방법을 생각해야 했다. (…) 다행히도 푸쭤이에게 식량을 운반하려던 비행기가 마침 베이징으로 가려고 해서 나는 그 비행기를 탔다. 비행기는 톈탄天壇에 착륙했다. 톈진을 지날 때 해방군의 고사포가 우리에게 사격했다. (…) 비행기는 승강대 없이 탑승자를 내리게 했다. (…) 땅에 깔아놓은 솜이불 더미 위로 뛰어내렸다.

당시의 수도는 이미 분열되어 어떤 지구는 공산당 통제에 있었고, 어떤 곳은 아직도 국민당 수중에 있었다. 천멍자는 이미 공산당 수중에 들어간 구역에 있었다.

나는 어떤 이에게 부탁해 남편에게 편지를 보내 내가 도착했음을 알렸다. 성문이 열렸을 때 그가 나를 만나러 와주길 바랐다. 3주 뒤에 성문이 열렸다. 베이징은 해방되었다.

◆

성문은 겨우 열리자마자 곧바로 닫혔다. 1950년 한국전쟁이 발발했고, 중국과 미국 간 연락이 두절되었다. 보스턴에서 하버드 교수들은 청동기 저술에 관한 천명자의 소식을 기다렸고, 베이징에서 천명자는 정치 정세가 완화되길 기다렸다. 그는 갑골문을 읽느라 바빴다. 1956년에 그는 『은허복사종술殷墟卜辭綜述』을 출판했다. 은허는 과거 몇 년 동안 무수한 뼈 조각을 발굴한 안양 지역을 가리킨다. 그 갑골 조각에서 천명자는 상나라인들의 세계, 즉 문자, 어법, 지리, 천문, 전쟁과 제물, 신과 왕실을 중건했다. 책이 마무리되었을 때 그는 베이징출판사에서 원고료를 받아 시내 중심가에 낡은 쓰허위안을 구입했다. 대문 입구에는 '일서재一書齋'라 써놓았다. 그것은 슬픈 점괘로 판명되었다. 2년 안에 천명자의 책은 출판이 금지될 것이었다. 그리고 미국에서 그의 청동기에 관한 책도 결국 나오지 않았다.

비록 출판이 금지되었지만 고고연구소는 천명자가 가져온 필기를 이용해서 미국에 있는 청동기에 관한 책을 자신들이 출판했다. 그 판본은 편집이 허술하고 많은 착오가 있으며 대부분의 사진은 하버드에 묶여 있었다. 시국에 부응하기 위해 중문판에서는 천명자를 비판하는 서문을 첨부했다. 책 제목 아래에 그의 이름은 없었다. 이는 록펠러재단에서 찬조한 어떤 다른 연구 성과와도 달랐다. 서명은 이렇다.

『미 제국주의가 약탈한 우리 나라 은주동기 도록』

✦

지금 전 세계적으로 갑골문 학자가 30명 정도 있는데, 미국에서 가장 존경받는 전문가는 캘리포니아대학 버클리캠퍼스 역사학과 교수 데이비드 N. 키틀리다. 키틀리는 천명자와 만난 적은 없지만 그의 개인사를 다소 알고 있다. 이 미국인은 중국 학자의 궤적을 따라 연구를 진행했고, 또 천명자가 갑골과 상나라에 대해 쓴 책을 여전히 참고한다. "그 책은 매우 중요합니다." 버클리힐스에 있는 그의 집을 방문했을 때 키틀리가 말한다.

"정말 멋진 책입니다. 그는 모든 것을 거기에 넣었어요. 의식, 제전, 역법. 매우 오래된 책입니다만, 여전히 연구의 훌륭한 시발점입니다."

천명자와 마찬가지로 키틀리는 그의 캠퍼스 생애를 갑골 편을 짜 맞추면서 보냈다. 그는 갑골의 부호를 음악의 음표에 비유한다. 이러한 부호는 적임자의 손에서 음악으로 바뀐다. 그것은 노래의 일부고 곡조의 일부다. 선율 가운데 일부 주제가 끊임없이 재현되어 하모니를 창조해낸다. 키틀리는 강우에 관한 복사 1300여 점을 연구했는데, 그것들은 상나라 왕 무정武丁 시기의 것으로, 대략 기원전 1200년에서 기원전 1189년 사이다.

今月多雨.
이번 달에는 큰비가 내릴 것이다.

王其田; 湄日不雨.

왕이 사냥을 나간다; 하루 종일 비가 오지 않을 것이다.

不雨, 佳(唯)玆商有乍(作)咎(災禍).

비가 오지 않는데, 단지 상에 재앙이 있을 것이다.

갑골은 음악을 연주할 수 있고 고사도 얘기할 수 있다. 상나라인은 죽은 자들에게 집착한다. 그들의 세계에서 죽은 선조는 초인적인 힘을 가지고 있다. 그들을 무시하면, 그들은 질병, 불행, 재앙으로 살아 있는 자손을 처벌한다. 왕이 아프거나 날씨에 문제가 생기면, 왕실에서는 점을 쳐서 어느 조상이 화가 나서 제물을 필요로 하는지 찾아내고자 한다. 때로 그들은 죽은 선조와 협상하기도 한다. 어떤 갑골문에서는 상나라인이 죄인 세 사람을 제물로 올리겠다고 제안했지만, 조상의 불만을 보여주는 균열이 있었던 것이 틀림없다. 다른 갑골에서 죄수가 다섯 사람으로 늘어났기 때문이다. 그 뒤 이 제사의 복사는 끝났다. 조상이 다섯 명의 제물에 대해 만족했기 때문일 것이다.

"다른 좋은 예는 치통에 관한 복사입니다."

키틀리가 자신이 쓴 갑골문에 관한 책 『상대 사료Sources of Shang History』를 펴면서 말한다. 그는 똑같은 무정 재임 시기의 갑골편 흑백 탁본으로 책장을 넘긴다. 그 탁본은 파열된 거북이 복갑의 반대편을 보여주는데, 타원형의 구멍과 각문이 있다. 원래의 문자에서는 일부가 인식하기 매우 어려워 키틀리의 책에서는 그 복갑의 자형을 다시 분명하게 현대의 문자로 만들었다.

페이지를 펼친 뒤 키틀리는 당시의 상황을 가정하여 상상한다.

"왕이 출정하려고 했지만, 이가 아팠죠. 그는 치통 치료 방법을 생각하며 먼저 어느 조상이 관할하는지 찾아야 했어요."

귀갑편에는 네 조상의 이름인 부갑父甲, 부경父庚, 부신父辛, 부을父乙이 새겨졌다. 그들은 모두 동일한 세대로 왕의 아버지와 세 명의 백숙부였는데, 점칠 당시엔 모두 사망했다.

"부갑입니까, 부갑이 아닙니까?" 키틀리는 중국어로 크게 읽으며 손가락으로 그 글자들을 가리킨다. "부경입니까, 부경이 아닙니까? 부신입니까, 부신이 아닙니까? 부을입니까, 부을이 아닙니까?"

모든 조상에게 여러 번 점을 치고는 복갑의 여러 균열로부터 알아나간다. 그 귀갑편은 3000년 전 탐정의 수첩처럼 가능성을 하나하나 제 거시킨다.

"그리고 또 다른 각문이 있습니다. '부경에게 개 한 마리를 바치고, 또 양 한 마리를 죽였다侑父庚一犬, 分一羊.' 그래서 저는 부경이 왕의 이를 아프게 한 조상이라고 생각합니다."

키틀리는 잠시 멈추고 책에서 머리를 든다. 69세의 그는 키가 크고 여위었으며 예리한 회청색 눈을 가졌다.

"이 글자들은 음표입니다. 우리가 그것들을 이용해 악곡으로 만들어 야 하죠."

✦

고대 중국에서는 누군가가 늘 음표를 배열해놓았던 것 같다. 이것들이 질서화되고 규율이 있으며 조직화된 것을 볼 때 고고학자와 역사학자 는 감명을 받는다. 심지어 상나라보다 더 오래된 3000년 전의 신석기 무덤 속에서도 놀랄 만한 규율성을 찾아볼 수 있다. 이러한 초기 문화 는 '이차장二次葬'이라 불리는 의식을 따랐다. 사자가 매장된 뒤 시간이 지나면 뼈를 파내어 씻은 뒤 다시 배열했다. 때로는 뼈를 가지런히 쌓고 꼭대기에 두개골을 놓기도 했다. 다른 분묘에서는 골격이 조심스럽게 배 열되었고 두부는 전부 같은 방향으로 향해 있다. 질서화되고 규율이 있 으며 조직적이다.

키틀리는 이러한 무덤의 지도를 볼 때 예술과 문자를 연상한다. 그 가 보기에 모든 것은 내재적으로 연결되어 있다. 똑같은 본능, 즉 세계를 질서정연하게 만들고 싶은 욕망이 작용한 것이다.

"만일 한자 체계의 기원을 찾고자 할 때, 자연 모방적인 도상을 찾는 것은 실수라고 생각해요. 찾아야 할 것은 다이어그램, 즉 추상화하고 성문화하는 구조입니다. 종교적 영역에서 발휘되는 동일한 욕망이 문화 영역에서도 발휘될 수 있어요. 만일 비인격화의 증거를 더 많이 이해하고 싶다면 이 도철을 보세요."

"이것들은 자연 모방적인 도상이 아닙니다. 고도의 구조성을 가진 독특한 디자인입니다. 기본적 양식과 배열의 질서를 따르고 있어요. 어떤 암호를 정해둔 것 같습니다. 무엇을 해야 하는지, 어떻게 생각해야 하는지에 대한 공통된 문화적 감각이 있어요. 제 생각엔 이것이 중국에만 특유합니다. 중국 왕의 초상을 보신 적이 있나요? 이집트에서는 초기의 국왕이나 고급 관리의 초상을 볼 수 있지만, 중국에서는 그러한 것을 볼 수 없어요. 분명 중국인은 중요한 권력과 위력, 존재를 추상적인 방식으로 묘사하기를 즐깁니다."

싼싱두이의 청동기는 다르다. 그들도 특정한 풍격이 있지만, 추상적인 것이 아니라 인간적인 형태를 그린다. 키틀리가 '중국'을 언급했을 때 그가 가리킨 곳은 중원이다. 이곳은 상나라가 발전한 곳이며, 현대 중국인이 일반적으로 뿌리를 찾는 곳이다. 중원은 중국인 조상 숭배의 기원지이며, 조상 숭배는 이러한 문명의 특유한 특징의 하나다. 조상 숭배는 키틀리가 보기에 이후의 관료제 및 중국인의 보수적인 유가 관념에 자연스럽게 기여했다.

"상나라의 조상신은 각각의 권한이 있음을 알 수 있습니다. 최근에 죽은 조상은 작은 일에 관여하고, 죽은 지 오래된 사람은 큰일에 관여하죠. 그들의 역량은 연대에 따라 강해집니다. 저의 견해로는 그것이 세계를 통치하는 방법이라는 거죠. 이처럼 세대가 다른 조상은 다른 일을 책임져요. 그 권력이 시간에 따라 증강되는 특질을 저는 '세대주의generationalism'라고 부릅니다."

중국 고전문학에서 영웅은 기본적으로 관료다. 그는 조직하고 규제한다. 전장에서 그는 직접 싸우는 것보다 전략을 내놓는 것으로 이름이 난다. 초기 중국 고전문학에서는 사상자의 유혈 장면, 불결한 전쟁터 같은 전쟁의 세부 내용을 묘사하지 않는다.

"『일리아스』나 『오디세이』에서처럼 지저분한 전쟁의 세부 묘사를 볼 수는 없어요. 전부가 그 사람이 무엇을 했고, 그의 재능이 어떤가에 관한 것입니다. 매우 실용적이고 실존적이죠."

키틀리는 이것을 주제로 한 논문 「깨끗한 두 손과 빛나는 강철 투구: 초기 중국과 그리스 문화의 영웅적 행동Clean Hands and Shining Helmets: Heroic Action in Early Chinese and Greek Culture」을 발표했다. 그는 그리스 고전문학을 그 시대와 가장 근접한 상나라 다음의 주나라 텍스트와 비교한다. 주나라는 중국 문화의 철학의 토대를 다진 것으로 유명한데, 중요한 초기 문학 작품에는 『시경』 『상서』 『춘추』가 포함된다. 이러한 작품의 시대는 기원전 1000년에서 기원전 400년 사이다. 대략 기원전 551년, 주나라가 멸망한 지 200년 뒤에 태어난 공자는 주나라를 문화와 습속의 이상적 모델로 보았다.

그리스 고전문학과는 반대로 중국 고전문학의 도덕 세계는 질서정연하다. 고대 중국에서는 권선징악을 강조했다. 하늘의 신은 인간 세상에 내려와 혼란을 야기하지 않았다. 중국 고전문학에는 비극이 없다. 더 많은 힘을 가진 것 말고는 죽은 사람은 산 사람과 기본적으로 다르지 않다. 질서화되고 규율이 있고 조직적이다.

"호메로스의 서사시에 나오는 죽은 자들의 문제는 그들이 전혀 가치가 없다는 데 있어요. 그들은 '우둔한 사자'로 묘사됩니다. 그들은 힘이 없고 아무것도 할 수 없어요. 『일리아스』에서 파트로클로스가 죽임을 당한 뒤 그의 영혼이 아킬레우스를 만나기 위해 돌아오는데, 파트로클로스는 그리스에서 무슨 일이 일어나고 있는지, 심지어 그의 아버지가 살았는지조차도 전혀 몰라요. 이는 중국의 사자와 다르죠. 그들은 죽은 지 오래되면 그 도력이 더 높아집니다. 그리스인은 그렇지 않습니다. 그리스에서 발전한 것은 조상 숭배와 상반되는 영웅 숭배입니다. 그리스인이 건립하고 싶은 것은 도시국가입니다. 그것은 정치가 전부 강력한 가족 집단에 의해 장악되고 아울러 계승되는 종족 국가와는 상반되죠. 그리스인은 이러한 방식을 결코 장려하지 않아요."

키틀리의 중국관은 시대를 초월한다. 우리의 대화는 계속 바뀐다. 때로는 상나라를 언급하다가 나중엔 주나라, 다시 현대 중국을 언급한다. 한번은 그가 중국인이 관료제를 건립한 것은 서양인의 영웅 숭배와 마찬가지로 본능에서 나왔다고 말했다. 그러나 이것이 결코 가치 판단은 아니라고 강조했다. 사실상 결단과 행동이라는 서구식 영웅주의에 대한 수요는 자연스럽게 전쟁을 야기했다. 역사학자들은 그리스 고전문학의 교육을 받은 유럽인들이 특히 제1차 세계대전에 기꺼이 뛰어들었다고 오랫동안 이론화해왔다. 키틀리는 한 논문에서 19세기 영국 시인 윌리엄 블레이크의 말을 인용했다.

고전문학, 전쟁이 끊이지 않는 황량한 유럽을 보라. 저것이 바로 고전문학이다!

다시 역사 이전으로 돌아가자. 내가 고대 중국과 서구가 어떻게 이처럼 다른 세계관을 발전시켰는지 묻자, 키틀리는 지리적 위치를 지적한다. 고대 중국의 중원 지역은 그 기후 유형이 지중해와 근동보다 안정적이었다. 중국의 양대 주요 유역, 황허강과 양쯔강은 모두 서쪽에서 동쪽으로 흐르며 두 강의 위도는 큰 변화가 없는데, 상·하류의 농작 형태가 거의 비슷함을 뜻한다. 게다가 무역을 자극하는 요소도 많지 않아 고문명은 자연스럽게 농업을 위주로 했다. 자주 밖에 나가지 않는 사람은 자연스럽게 외부 세계와 생각과 기술을 거의 교환할 수 없었다.

"기본적으로 저는 지리 결정론자입니다. 저는 기후가 고대 중국에 유리했으며, 또한 이 문화의 낙관주의를 조장했다고 믿습니다. 홍수의 재앙이 생기자 우禹라고 불리는 조상이 그것을 해결했죠. 또다시 재난이 오더라도 능력 있는 조상이 있어 문제를 해결할 수 있어요. 게다가 고대 중국엔 사악한 행위가 없었고, 원죄라는 의식도 없었어요. 따라서 세상의 죄악을 해석하는 변신론辯神論에도 관심이 없었죠.

반대로 지중해, 중동, 수메르처럼 모래폭풍과 각종 재난이 있는 지역을 보세요. 그곳은 아주 다른 세계입니다. 『길가메시 서사시』를 읽어

보면 분명히 알 수 있어요. 그는 곧 죽으려고 하지만 죽음이란 상황에 대해 격노하죠. 그는 죽음에 대한 해석을 원합니다. 이는 중국과 완전히 다르죠. 중국에서 당신이 죽으면 조상으로 변하고, 당신의 신분 관계는 살아 있을 때와 같아요. 일찍이 왕이었으면 영원히 왕이고, 노예였으면 영원히 노예입니다. 저는 조상 숭배를 강구하는 문화는 보수적인 문화이며, 새로운 사물에서 재미를 발견할 수 없다고 믿어요. 그것은 조상에게 도전하는 것이기 때문이죠. 그러한 문화는 의심할 여지를 주지 않습니다."

나는 키틀리에게 이러한 낙관주의가 19세기와 20세기의 기근, 홍수, 재난, 전쟁이 끊이지 않는 중국과는 왜 그렇게 다른가를 물었다. 그리고 현재의 중국엔 1억이 넘는 인구의 이동이 있다.

"그것은 바로 고차원 균형의 함정이죠."

그는 역사학자 마크 엘빈의 고전 『중국 역사의 발전 형태The Pattern of the Chinese Past』에서 한 구절을 인용한다. 엘빈은 중국의 문화적 연속성, 초기의 성공, 이후의 쇠퇴에 대한 연구에서 지리적 고립이 중요한 요소였다고 언급했다. 사막, 고산과 해양이 두르고 있는 상황에서 중국은 비교적 외래의 위협을 받지 않았지만 그것은 또한 외래 혁신과의 접촉을 제한했다. 이와 동시에 정치적 안정은 초기 농업 기술의 발전을 조장했고, 또한 중국의 인구를 위험할 정도로 증가시켰다.

"중국은 과거 수백 년 동안 천연 자원을 끊임없이 짜냈습니다. 그들은 자원을 그토록 철저하게 짜내어 극한에 이르게 만들었지요. 제가 보건대 중국의 자연 경관은 거의 다 소모되었어요."

상상의 세계는 지리와 마찬가지로 함정이다. 조상은 계속 이어지고 조대도 이어진다. 과다한 인구의 역사는 그치지 않는 시간의 순환이다. 중국인은 과거 속에서 미래를 내다본다. 반면에 서양인, 특히 문예부흥 시대의 서양인은 미래를 많이 생각했다. 서양인의 관점에서는 요원한 과거조차도 현대의 발전을 위해 제공되어야만 의미가 있다. 계몽주의 시기에 현대 정치 체계가 변화될 때 유럽 사람은 그리스의 민주주의를 찬양했다. 1800년대 말엽에 현대 올림픽 운동이 보여준 것은 '영재는 반드시 재능과 체력을 겸비해야 한다'는 제국주의자의 가치관이었다.

그러나 중국인의 역사관은 그들의 역사에 대한 새로운 해석을 제한했다. 20세기 초 일부 지식인은 과거에서 뿌리를 찾고자 시도했으나, 더 많은 중국인이 어쩔 수 없이 외국의 관념과 가치로 관심을 전향했다. 그것은 고통스럽고 어설픈 과정이었다. 그들은 어쩔 수 없이 서양의 가장 나쁜 일부 사상(예를 들면 마르크스주의)을 붙잡았다. 지금까지도 중국인은 서양의 전통을 자신의 문화 속에 접목시키려고 노력한다. 키틀리는 이것이 바로 1993년에 2000년 올림픽 개최권을 얻지 못했을 때 그들이 몹시 실망한 이유 중의 하나라고 여겼다. 「깨끗한 두 손과 빛나는 강철 투구」에서 키틀리는 이렇게 썼다.

마오쩌둥의 마르크스주의에서든 아니면 이후 학생 운동가들의 민주에 대한 갈망에서든, 좋든 나쁘든 서구는 지금 어느 정도 중국의 그리스와 로마가 되었다.
중국인이 한마음으로 주최하려고 했던 올림픽과 마찬가지로 최근 베이징에서 거행된 아시안게임은 중국이 올림픽을 주최할 수 있다는 희망을 주었고 (…) 이는 아킬레우스가 파트로클로스의 장례식을 위해 거행한 그 게임의 후속으로 보인다. (…) 중국이 서구 고전의 일부와 국제적인 유산을 자신의 현대 문화 속으로 받아들이고자 시도하는 예다.

✦

천명자와 마찬가지로 키틀리도 우연히 갑골문 연구에 투신했다. 젊었을 때 그의 장래 희망은 작가였다.

"저는 주식 시장에 관한 책을 쓰기로 계약했습니다. 결국 즐겁게 포기는 했지만, 다행히 출판하지 않은 소설 한 편을 썼습니다. 뒤에 저는 각종 문학 잡지에 실린 모든 단편을 연구하고 소설을 쓰는 양식을 배웠어요. 그리고 앉아서 단편소설을 써서 『새터데이 이브닝포스트』에 투고했어요. 뜻밖에도 그들은 1000달러짜리 수표를 부쳐주더군요. 저는 매주 이렇게 쓰는 것이 문제가 없겠다고 생각했죠. 그러나 글이 실리기도 전에 그 잡지사는 파산했답니다.

저는 잠시 프리랜서 기자를 맡았지만, 인맥이 너무나 좁았어요. 『타임』에 쓴 서평으로 방세를 낼 수 있었고 그런대로 괜찮았지만, 저는 성인이라면 그러한 일을 해선 안 된다는 것을 깨달았어요. 저는 새로운 영역에서의 일을 찾고 싶었어요. 중국에 대해 쓰는 자유기고가가 되고 싶었죠. 그래서 중국어를 배워야겠다는 생각이 들어 컬럼비아대학에 갔지요. 거기에서 저는 박사 과정에 들어갔어요. 박사 3년차가 끝나갈 즈음에 저는 19세기에 관심을 두게 되었어요. 아편 흡입과 관련된 연구를 하려고 했죠. 중국 남방 사회는 어떠한지, 어떻게 영국에서 온 악습에 물들었는지 말이죠. 이후에 나는 깨달았어요. 진실로 더 큰 문제가 더 이른 시기에 있었다는 것을요. 공자 시대의 서적을 읽고 싶었어요. 그래서 또 다른 1000년 전으로 돌아갔지요. 최전방의 영역이라서 연구해야 할 것이 엄청 많았습니다. 1962년이었으니 전 이미 30세였고 출발이 조금 늦은 셈이었죠. 그러나 새로운 영역이어서 하느님께 감사드렸죠. 구조주의나 신비평 같은 것으로 걱정할 필요는 없다고.

저는 1965년부터 1967년까지 타이완에서 2년을 보냈어요. 미국으로 돌아오기 전에는 일본에서 6주 동안 일했죠. 하루는 제가 도쿄 서점의 서가에서 갑골문에 관련된 책을 봤습니다. 책의 첫 번째 글자를 보니 두 손을 들어올린 모습 같았어요.

공인共人의 의미는 사람을 '모집한다共, raise'는 뜻입니다. 70~80개의 탁본 모두 노동력을 동원하는 것과 관련이 있어요. 왕이 일련의 예측을 했죠. 사람들을 모집해야 합니까? 공인 3000, 공인 5000. 이곳을 정벌하고, 저곳을 정벌하라. 혁명적인 책이었습니다. 서명은 『은허복사종류殷墟卜辭綜類』이고 작자는 시마 구니오입니다. 저는 첫 책을 그에게 바쳤습니다. 그는 10년에 걸쳐서 그 책을 썼어요. 그러나 전 그와 만난 적은 없어요."

한 기회의 발견, 책 한 권의 발견, 그 뒤 35년 동안의 갑골문 연구. 키틀리는 상나라에 관한 책 두 권을 출판했고, 그 업적으로 명예를 얻었다. 1986년에 그는 맥아더 펠로십을 받았다. 돌이켜보면, 그의 경력은 완벽해 보인다.

물론 이야기가 끝난 뒤에 다시 회고하는 일은 비교적 용이한데, 이는 고대 중국의 역사와 마찬가지다. 질서화되고 규율이 있으며 조직적이다. 키틀리는 이야기엔 언제나 양면성이 있다고 강조하는데, 어쩌면 우리는 '더러운' 세부 내용, 즉 일상생활의 불규칙성과 불완전함을 아직보지 못했는지도 모른다.

"저는 그중 일부분을 우리가 보는 유물의 엘리트적 본질과 연관짓습니다. 중국의 고문 작품에서는 대략 송대에 이르러서야 '더러운' 세부 내용에 대한 관심을 찾아볼 수 있어요. 저는 언제나 이런 문학이 있었다고 확신합니다. 다만 엘리트들이 기록하지 않았을 따름이죠. 엘리트들이 원하는 것은 비교적 조직적인 세계관입니다. 그 세계관 아래에서 도덕은 칭찬받고 조상은 숭배받죠. 그것은 단순한 세계관이 아니라, 고도로 이상화된 세계입니다."

다른 대화에서 그는 여전히 소설을 쓰고 싶다고 말한다.

"저는 상나라에 관한 소설을 쓰고 싶어요. 그러나 제가 가진 것이라곤 이러한 골격, 갑골과 유물뿐입니다. 저는 '더러운' 부분을 이야깃거리로 넣고 싶습니다. 제 말 뜻은 우린 구조, 구도, 문자가 있지만, 감정적인효과가 없어서 그것들을 상상력으로 풀어내야 한다는 말이죠."

✦

버클리 집에 키틀리는 갑골편 두 개를 소장하고 있다. 하나는 5센티미터도 안 되는데, 3000년 이상 된 것으로 표면에는 이렇게 새겼다.

癸亥卜貞: 王旬亡禍.
계해일에 점치다: 왕은 열흘 동안 재앙이 없을 것이다.

그 갑골편은 버클리에서 함께 교편을 잡았던 소련의 망명 학자 피터 A. 부드버그가 그에게 준 것이다. 이전에 중국에서 이러한 유물이 자유롭게 거래될 때 부드버그가 골동품 상인에게서 구입했다. 의심할 나위 없이 이 갑골편은 버클리힐스에서 가장 오래된 유물 중 하나다. 키틀리는 면포로 그것을 싸서 오래된 필름 통에 넣어두었다. 그는 언젠가 그것을 대학에 기증할 것이다.

두 번째 갑골편은 대략 1978년에 구입한 소 견갑골이다. 당시 키틀리는 케임브리지대학의 대학원생이었던 그는 상나라 때의 방법으로 골편을 끌로 팠다. 그가 아는 바로 이 실험은 지금까지 어떤 현대 학자도 시도해본 적이 없다. 그는 정육점 상인에게 이것을 샀는데, 지금은 티본 스테이크로 더 잘 알려진 부위다.

"재료 과학을 가르치는 교수가 간단한 문제라고 했습니다. 그는 내게 그것을 가져와 끓는 물속에 넣어보자고 말하더군요. 두 시간 뒤에 그곳에서 악취가 풍겼습니다. 상나라가 승점 1을 얻었고, 현대 과학은 제로였죠."

지금까지 그 점수는 변하지 않았다. 학자들은 이미 수많은 상대의 노래, 즉 왕실 혈통, 전쟁 형태, 날씨에 대한 경외 등을 해석해왔다. 그러나 가장 간단한 문제, 예를 들어 어떻게 전통적인 방식으로 갑골을 균열시키는가에 대해서는 아직 답안이 없다.

"다카시마 겐이치와 일부 대학원생들이 시도한 적이 있었죠." 키틀리는 다카시마 겐이치가 밴쿠버대학의 교수라고 말한다. "그는 상나라의 방식을 재현하고자 납땜인두로 갑골을 뚫어 균열시켰지만 성공하지 못했어요. 문제 중 하나는 타오르는 부집게를 골편 위에 놓았을 때 골편이 그 열을 흡수해버린다는 거예요. 아마도 상대 사람은 갑골을 화로 속에 넣고 구웠을지도 모릅니다."

키틀리의 두 번째 갑골은 연한 색깔이었는데, 오래된 상아보다 더 하얗다. 세 개의 그을린 곳이 표면에 흉터로 남았지만, 골편은 균열되지 않았다. 표면엔 아무것도 쓰여 있지 않았다.

올림픽대회

택시를 탔을 때 기사가 웃으며 영어로 "굿 모닝" 하고 말했다. 오후 3시 30분이었다. 그의 얼굴은 검고 주름졌으며 작은 두 눈에 웃으면 누런 이가 드러났다. 그는 영어로 '헬로'와 '오케이'도 할 줄 알았다. 그가 영어를 말할 때마다 그 언어는 신체적 차원으로 나타났다. 그는 목소리 높낮이를 높이거나 흔들면서 몸을 앞으로 기울여 핸들을 꼭 붙잡고 입술을 오므렸다. 영어로 두 번 "굿 모닝" 하고 말한 다음에는 중국어로 말하기 시작했다. 우리는 북쪽으로 출발하여 올림픽 경기장을 찾아갔다.

베이징에 사는 외국인으로서는 유쾌한 일주일이었다. 국제올림픽위원회의 조사위원들은 베이징에 4일간 머물며 2008년 하계 올림픽의 경쟁 입찰을 평가했다. 베이징에 대한 국제올림픽위원회의 마지막 평가였다. 반년 뒤 그들은 베이징과 기타 결선 진출 도시인 파리, 토론토, 오사카, 이스탄불 중에서 주최 도시를 선정할 것이었다. 매일 택시 기사의 라디오에서는 특별한 안내 방송이 나와 외국 승객을 예의를 갖춰 대하라고 일깨웠다. 기사들은 두 개의 영어 테이프로 구성된 영어 강좌를 공짜로 들었는데, 그 강좌는 올림픽 개최 평가를 위해 특별히 설계되었다. 그 강좌에는 실용적인 문구, 예를 들면 "해가 빛난다" "이 도시는 올림픽대회를 연 뒤엔 더 아름답게 변할 것이다" "칠기는 당나라 때 중국에서 일본으로 전해졌다" 같은 내용이 포함되었다.

모든 베이징 택시 기사는 멍징산을 알았다. 멍징산은 작년에 『애틀랜타 저널 컨스티튜션Atlanta Journal Constitution』의 기자에게 중국의 올림픽 개최에 대해 품고 있는 꿈을 얘기했던 택시 기사다. 신문에 실린 기사는 335단어에 불과했으나 중국 당국의 주목을 받았다. 아마도 기사에서 멍징산이 했던 말을 인용했기 때문일 것이다.

"올림픽은 인권을 논하는 곳이 아닙니다."

멍징산은 또한 만일 1993년에 베이징이 올림픽 유치에 성공했다면, 새로운 스포츠 시설을 짓기 위해 그가 사는 지역을 갈아 엎었을 것이라고 언급했다. 그 미국 신문은 그의 말을 인용했다.

"저는 집을 지켰죠. 하지만 제가 정말 원하는 건 이곳에서 이사 나가는 것입니다. 그래서 두 배로 실망했죠."

외국 기자들은 인권과 후통을 보존하는 문제에 집착하고 있었고, 베이징 정부는 멍징산에게 수도의 '100명의 우수한 택시 기사'라는 영예를 주어 포상했다. 그는 수백 달러의 상금을 받았고 베이징의 신문은 그를 인민의 모범으로 묘사했다(보도에 따르면, 그는 일부 상금을 자선 사업에 기부했다고 한다). 이러한 소식의 함의는 분명하다. 모든 시민은 반드시 올림픽을 위해 공헌해야 한다.

나의 역할은 단순히 그 물결을 따르는 것이라고 생각했다. 매주 나는 모든 이에게 올림픽에 관한 이야기를 쓰고 있노라고 말했다. 갑자기 온 도시가 온화한 햇빛 속에서 목욕하는 것 같았다. 대화는 더욱 친절해지고 사람들은 더 많이 웃었다. 내가 정부 관리에게 인터뷰를 요청하면 그들은 받아들였으며, 이후 그들은 나의 질문에 실제로 대답했다. 중국에서 나는 수첩을 신중하게 쓰는 법을 익혔지만, 이제는 그것을 전혀 거리낌 없이 활용할 수 있었다. 택시를 타고서 종이와 펜을 꺼내놓고, 나는 기자인데 미래의 올림픽 경기장을 참관하고 싶다고 기사에게 말했다. 그는 만리장성으로 가는 고속도로를 따라가면 그곳을 찾을 수 있을 것이라고 장담했다. 그는 끊임없이 내 손에 든 빈 종이를 쳐다봤다.

"올림픽은 중국인을 도울 수 있어요. 저는 정말 어떻게 말해야 좋을지 모르겠지만, 올림픽은 세계에서 우리의 위상을 높일 수 있어요."

그의 이름은 양수린인데, 자신을 양 기사라고 불러도 된다고 말했다. 그가 이틀 전 공항에서 중국인 스튜어디스를 태웠는데, 그녀는 국제올림픽위원회 조사단이 베이징에 오는 것을 목격했다고 말했다.

"비행장 입구에 서서, 비행기에서 내리는 그들을 봤답니다."

"무슨 단체죠?"

"그런 건 전혀 얘기하지 않았죠. 그런데 예뻤어요. 모든 스튜어디스는 아름답습니다."

3일 뒤에 국제올림픽위원회 조사단이 마지막 여정을 마칠 때 나도 그 자리에 있을 거라고 말했더니, 그는 만족스러운 듯이 고개를 끄덕였다. 남자의 복장은 유행에 뒤떨어졌다. 그는 헝겊신을 신고 흰색의 면장갑을 끼고 황록색 폴리에스테르 군복을 입었으며, 의복의 단추는 황동색이었다. 그는 53세였다. 마오쩌둥의 장식이 그의 백미러에 걸려 있었다. 마오 주석 사진 아래엔 두 구절이 있었다.

일로평안一路平安
백년무재百年無災

우리는 얼환로를 따라갔는데, 이 길은 옛 성벽이 서 있던 곳이다. 올림픽위원회 조사단의 방문을 영접하기 위해 현재 도로 양쪽에는 선명한 색깔의 깃발을 꽂아놓았다. 베이징올림픽 유치위원회의 통계에 따르면, 베이징에 2만 개의 깃발을 설치했다고 한다. 깃발엔 영어로 이렇게 쓰여 있었다.

New Beijing, Great Olympics(새로운 베이징, 위대한 올림픽)

중국어로는 이렇게 선포돼 있었다.

新北京, 新奧運(새로운 베이징, 새로운 올림픽)

번역하면서 형용사 하나가 바뀌었다. 글자대로의 의미라면 이 중문 표어는 'New Beijing, New Olympics'로 번역해야 한다. 내가 베이징 부시장 류징민과 인터뷰할 때 그는 중문의 '신新' 자에 번역하기 어려운 넓은 뜻이 들어 있다고 설명했다.

"영문으로 번역할 때 우리는 'great'로 대체하기로 결정했어요. 왜냐하면 올림픽에는 고전적인 의미가 담겨 있기 때문이죠. 만일 'new'로 번역한다면 정확한 거 같지 않아요."

내가 다른 중국 체육 담당 관리와 이 점에 대해 얘기할 때, 그의 설명은 비교적 솔직했다. 그러나 그는 자신의 이름을 밝히지 말 것을 요청했다.

"문구를 'New Olympics'으로 영역한다면, 마치 중국이 올림픽을 바꾸고 싶다는 의미로 보일 수도 있어요. 국제올림픽위원회는 그것을 좋아하지 않을 겁니다. 그들은 이 공산주의 국가가 올림픽을 접수하려 한다고 여길 수도 있어요."

베이징에서 생활하는 사람의 입장에서 보면 사실은 그 반대다. 올림픽, 적어도 올림픽을 주최하려는 생각이 베이징을 접수했다. 수만 명의 노동자, 학생, 자원봉사자가 동원되어 거리를 청소하고, 정부도 수많은 페인트칠 작업을 포함한 환경 미화 공사에 야심만만하게 착수했다. 그들은 도로의 난간을 흰색으로 칠하고 톈안먼 광장의 잔디를 녹색으로 물들였다. 그들은 구세계의 면모를 '멋진 신세계'의 주택단지로 바꾸었다. 올림픽위원회 조사단이 온 지 오래지 않아 베이징의 수많은 저소득층 주택단지는 밝은 이탈리아 팔레트 속으로 들어갔다. 짙은 녹색, 밝은 황토색, 부드러운 담청색. 궁런티위창로에서 옛 소련의 회색 건물은 황갈색으로 바뀌었다. 이 길을 따라서 낮은 6층 아파트 정면은 온화한 핑크색으로 칠해졌다. 다른 삼면은 여전히 회색이다. 그러나 길에서는 볼 수 없다. 통계자료를 좋아하는 중국 정부의 발표에 따르면, 그들은 142개의 교량, 5560개의 건물, 1만1505개의 담장을 칠하여 총면적은 이미

2600만 제곱미터에 달한다고 한다. 그들이 페인트칠한 면적은 뉴저지 주보다 더 넓다.

베이징은 세계에서 오염이 가장 심각한 수도 중 하나다. 그러나 공기도 깨끗하게 청소할 수 있다. 적어도 잠깐 동안은. 오피스텔에서 일하는 내 친구가 있는데, 그곳의 관리소에서는 우스꽝스러운 공지 사항을 발표했다고 한다.

올림픽위원회 파견단이 다음 주에 베이징을 방문할 예정이기 때문에 싼환로 주위의 일부 건물은 연기와 먼지를 줄이기 위해 난방 공급을 중단하라는 지시를 받았습니다. 그러므로 다음 주에 사무실에서 옷을 껴입으시기 바랍니다.

✦

한 시간 동안 양 기사는 차를 세우고 다른 두 기사, 여섯 명의 구경꾼, 두 명의 경찰에게 길을 물었다. 그는 베이징올림픽 유치위원회의 전화번호를 얻기 위해 휴대전화로 안내소에 전화를 걸었다. 그곳은 내내 통화 중이어서 그는 다시 택시 기사 사무실에 전화를 걸어 교환원에게 미래의 올림픽 경기장 주소를 알고 있는지 물었다. 베이징 시내 북쪽이라는 이 경기장들의 정확한 위치를 말할 수 있는 사람은 아무도 없었다. 양 기사는 내게 걱정하지 말라며 찾아갈 수 있다고 말했지만 그도 조급해 보였다. 베이징에서 북쪽으로 30여 킬로미터 떨어진 사허까지 오자, 그는 내게 정차하고 담배를 피워도 될지 물어봤다. 그 전에 마주쳤던 두 경찰은 우리에게 유턴해서 교외의 다툰으로 가야 한다고 알려주었다.

"담배 피우고 싶다면 차 안에서 피워도 돼요."

"그렇게 하면 냄새가 지독한데요."

그 대답은 내가 중국에서 처음 들었던 말이다. 연탄 공장 부근에 차를 세우고, 양 기사는 연탄재에 소변을 보며 더비 담배를 피웠다. 그 뒤 그는 조금 안정된 것 같았다. 이 길을 따라 퇴색된 선전 표어가 붙어 있었다. "고속도로 관리는 모든 사람의 임무다." 이곳엔 올림픽에 관한 어떤 현수막도 없었고, 단지 길 위엔 쓰레기만 날렸다. 차 안으로 돌아온 양 기사는 팔을 내 어깨에 올리며 말했다.

"우린 친구죠?"

"물론입니다."

다툰으로 가는 길에 그는 운전 장갑을 벗었고 우리는 잡담을 하기 시작했다. 30년 전에 양 기사는 네이멍구의 인민해방군에서 복무했다. 슬하에 두 남매를 두었다. 그는 둘 다 대학에 다닌다고 자랑스럽게 말했다. 다툰에서 우리는 맥도널드, 뽀빠이, 케니로저스 통닭구이집을 지났다. 안리로와 후이중로의 교차 지점에서 경찰 두 명이 마침 한 택시 기사에게 딱지를 끊고 있었다. 그 기사는 정차 금지 구역에서 차를 세웠는데, 이번 주의 교통법규 위반 단속은 엄중했다. 양 기사는 차를 멈추고는 경찰이 그에게 소리치기 전에 재빨리 말했다.

"차 안에 올림픽을 보도하는 외국 기자가 계신데, 지금 2008년 올림픽 행사가 열리는 장소를 찾고 있습니다."

한 경찰은 막 벌금을 부과하고 있었다. 그의 손에 든 펜이 공중에 멈췄다. 벌금을 물려던 기사는 기대하는 듯 고개를 들었다. 그 기사는 몸집이 왜소하고 더러운 나일론 재킷을 걸치고 있었다. 경찰은 덩치가 컸고 경찰 번호는 007786이었다. 암홍색 태양이 하늘에 낮게 걸려 있었다. 이 상황이 한 폭의 그림처럼 느껴졌다. 그림 속의 모든 요소가 하나의 세부 사항에 주의를 집중시킬 수 있는 방식으로 배열되었다. 세계에 의미를 부여하는 한 번의 붓놀림. 내가 수첩을 꺼냈더니 그 경찰이 미소 지었다.

"잠시 기다리세요."

그가 워키토키에 소리치고는 내게로 몸을 돌렸다.

"실례지만 어느 나라 사람이죠?"

그는 재차 워키토키에 소리 질렀다. "이곳에 올림픽 신청을 보도하는 외국 기자가 있는데, 다툰의 올림픽 경기장을 방문하려고 합니다."

잠시 멈추었다. 그가 고개를 들고 말했다. "그들이 저의 상관을 부르고 있습니다."

모두가 기다리고 있는데 벌금을 문 기사가 우리에게 서쪽으로 몇 거리를 지나면 올림픽위원회를 맞이하기 위해 깨끗하게 청소해놓은 곳이 나온다고 말했다. 경찰이 그에게 입을 다물라고 말했다. 이때 워키토키에서 치직 소리가 났다.

"서쪽으로 가면 사방에 올림픽 현수막이 걸린 곳을 찾을 수 있어요."

경찰이 양 기사에게 말하고는 나를 향했다.

"곧 볼 수 있을 거예요. 올림픽 경기장을 짓기에 아주 좋은 곳이죠. 거기에 축구장, 배드민턴장과 테니스장을 만들려고 합니다."

그는 우리 두 사람에게 경례했는데, 먼저 나에게 한 다음 양 기사에게 했다. 벌금을 문 기사는 우리에게 행운을 빌었으며 이번에는 경찰이 그의 말을 막지 않았다. 우리는 서쪽으로 갔다.

중국 고대의 귀족들은 축구와 약간 유사한 게임인 축국蹴鞠을 하고 놀았다. 명대의 기록에 따르면 여성들은 막대기, 공, 구멍으로 구성된 놀이인 추환捶丸을 하며 놀았다고 하는데, 중국의 역사학자들은 그것을 중국판 골프로 묘사한다. 이 밖에도 다른 고대의 놀이가 있다. 강희제가 강남으로 순행하는 모습을 그린 청대 족자 그림에는 잘 보이지 않는 구석에 남자아이 세 명이 일종의 핸드볼을 하는 모습이 그려져 있다. 쯔진청의 고궁박물관에 수장된 당대 황제의 그림에서 당명황(현종)은 왕실의 시녀들과 폴로와 유사한 놀이를 즐기고 있다.

그러나 이러한 것은 정말로 오락거리일 뿐이다. 중국 고대 전통 운동의 진정한 핵심은 '우슈武術'다. 19세기 우슈 중 일부 요소가 명상적인 '토납술吐納術'의 발전에 영향을 끼쳤는데, 이는 나중에 유명한 '기공'이되었다. 우슈와 기공의 활동은 육체적인 것 못지않게 정신적이고도 심미적이다. 그들의 목적은 이기는 데 있는 것이 아니다. 예술적 표현과 수양에 있다. 중국 전통 운동 가운데에는 일부 서구인이 철학적이고 심지어는 종교적인 것으로 묘사할 수도 있는 요소가 있다(기공은 나중에 자연적으로 파룬궁을 낳았다). 경쟁은 전통 운동의 주요한 목적이 아니었다. 고대 중국인은 결코 대형 경기장을 지은 적이 없다.

'운동'의 현대 명칭인 '체육'은 19세기에서야 출현했다. 이 시기에 들어온 다른 명사와 마찬가지로 '체육'이란 말은 일본어에서 왔다. 고대에 일본인은 일찍이 한자를 들여와 자신의 언어를 기록했다. 그러나 일본의 서구화 속도가 더 빨라 새로운 어휘가 발전했다. 중국은 따라잡으려고 시도하는 과정에서 일본인이 만든 단어, 예컨대 '민주'와 '민족' 같은 단어를 흡수했다. 때로는 비슷한 어휘가 다른 함의를 가지고 다시 출현했다. 가령 '고고考古'란 단어의 원래 의미는 '고대 조사調査'이지만, 20세기에 그것은 '고고학'이란 뜻을 가지고 일본에서 중국으로 돌아왔다. 이러한 글자들 자체는 새롭지 않지만 익숙한 사물을 잘 파악하는 새로운 방법을 제공했다. 사람들은 줄곧 유물을 수집하기만 하고, 과학적인 방법으로 발굴하고 연구하지 않았다. 중국은 줄곧 여러 민족으로 이루어져 있었지만, 그들은 그 민족들을 그런 식으로 설명하지 않았다. 운동도 분류되거나 조직되어 시합으로 정리되지 못했다.

세계가 변하기 때문에 언어도 바뀐다. 아편전쟁 이후 선교사와 기타 외국인들은 항상 기독교 학교에서 서구 운동경기의 개념을 소개했다. 20세기 초에 중국은 올림픽 운동에 관심을 갖기 시작했다. 1932년 올림픽에 중국 단거리 경주 선수 한 명이 참가했다. 4년 뒤 베를린올림픽에 중국은 69명의 선수로 구성된 대표단을 내보냈는데, 그 가운데 남녀 혼성 '우수' 공연단이 포함되었다. 이 대표단은 히틀러 앞에서 공연한 적도 있다.

그 뒤 중국인은 올림픽에 전념했다. 그들은 점차 스포츠를 지난 세기에 받은 국가의 치욕을 씻기 위한 한 방편으로 보았다. 그들의 목적은 외국인의 스포츠 대회에서 그들을 패배시키는 것이었다. 공산당이 집권한 뒤에는 소련 방식을 모델로 삼은 스포츠 교육 학교를 설립했다. 중국은 1952년 하계 올림픽에 참가했다. 그러나 국제올림픽위원회가 타이완의 선수만 승인하는 바람에 중국은 다음 올림픽부터 참가하지 않았다.

1979년이 되어서야 중국 대륙에서는 마침내 올림픽에 돌아가는 데 동의했다. 국제올림픽위원회는 여전히 타이완 선수의 시합 참가를 허락했지만, 타이완 국기를 들고 나오지 못하게 했다. 1984년의 LA올림픽은 중국 대표단이 몇십 년 만에 처음으로 참가한 올림픽이었다. 중국은 종합 메달 순위에서 6위를 차지했다. 그러나 그해 구소련 진영 국가에서 연합해 올림픽 참가를 거부하는 바람에 경쟁이 약해서 중국이 수영과 육상 경기에서 큰 성적을 거둔 것이었다.

이어서 10년 동안 중국은 급속도로 메달 수를 올려 경쟁이 그다지 심하지 않은 종목에서 큰 성공을 거두었다. 중국의 여성 선수는 매우 우수하다. 이 국가는 일부 지정 동작이 있는 운동 경기, 예를 들어 다이빙, 체조, 피겨스케이팅에서 특히 돋보였다. 이러한 운동의 경비는 정부가 부담했고, 선수는 힘과 비정한 경쟁 및 경기력 향상 약물에 의해서가 아니라 세심한 조직과 훈련을 통해 배양했다. 1996년 애틀랜타올림픽에서 중국은 4위를 차지했고, 시드니올림픽에서 3위, 아테네올림픽에서 미국 다음으로 2위를 차지했다.

이처럼 끊임없이 진보한 성적에도 불구하고 중국 체육 배후에 숨겨진 핵심 정서는 여전히 치욕이다. 표면적으로 그들은 긍지로 가득 찼지만, 이러한 긍지는 옛 건축에 칠한 핑크빛 페인트처럼 천박하다. 1993년 국제올림픽위원회에서 2000년 올림픽의 개최권을 베이징이 아닌 시드니에 주었을 때, 관영 영자신문 『차이나데일리』는 사설에서 이러한 결정이 '야만적 식민주의의 침략과 착취'라며 서구 역사와 한데 연결시켜 반응했다. 베이징에서 2008년 올림픽 유치를 신청하는 그달에 나는 중국체육박물관을 관람했다. 거기에서 역사학자들은 중국의 현대 체육이 1840년에 시작된다고 설명했다. 영국의 수많은 함대가 들어와 아편전쟁을 벌여 역사에 전환점을 그었던 해다. 중국올림픽위원회에서 마련한 책자에 위대한 체육 운동을 영문으로 기술해놓았다.

아편전쟁은 중국을 봉건사회에서 반봉건, 반식민사회로 바꾸어놓았고, 스포츠는 폭력적인 사회적 대변동이라는 불가피한 영향을 받아 생겼으며, 아울러 불확실한 운명에 따라 구불구불한 길로 나아갔다.

운동경기는 냉혹하다. 이는 보통 중국 선수의 얼굴에 쓰여 있다. 그들 대부분은 긴장되고 초조해 보인다. 축구와 농구 같은 경쟁이 강한 종목에서 중국 선수들은 중요한 고비에서 실수를 하곤 한다. 중국 선수가 진정으로 즐겁게 경기하는 모습은 거의 본 적이 없다. 이것은 결코 놀랄 일이 아니다. 왜냐하면 대다수 선수는 어려서부터 조립라인과 같은 체육 학교에서 훈련을 받았기 때문이다. 수많은 팬도 도와줄 수 없다. 일반적인 중국 스포츠 평론가들은 운동 종목의 이해나 개인적 노력에는 결코 관심을 갖지 않으며, 중시하는 것은 승리뿐이다. 팬들은 패자를 잔혹하게 대하며 스포츠 정신도 줄곧 나빠진다. 외국 선수가 중국 현지에서 승리했을 때 그들은 심지어 폭력을 사용하기도 한다.

어느 시점에 이 국가는 자신의 운동 전통으로부터 서구의 스포츠로 전반적인 변화를 이뤘지만, 두 세계가 지닌 최악의 것만 중국에 남겨놓았다. 그들은 경쟁의식과 민족주의를 도입했는데, 이는 서구 스포츠에서 가장 우둔하고 가장 명확한 특징이었다. 그러나 그들은 미묘한 부분을 빠트렸다. 내가 보기에 그것이야말로 진정한 가치가 있는 것이다. 유아 때부터 나는 체육 학교가 아닌, 아버지를 따라 운동에 참가했다. 아버지가 내게 가르쳐준 가장 중요한 수업은 언제나 직관에 어긋나는 것이었다. 그것은 격조 있는 패배가 모든 대가를 치른 승리보다 낫다는 점이다. 체육의 최종 목표는 승리가 아니라 수양에 있다. 수많은 서구인의 입장에서 말하면, 운동은 원만한 교육과 건강한 생활의 일부분이다.

물론 이는 경쟁을 찬양하는 텔레비전 방송이나 공개적인 운동경기에선 아무런 의미가 없다. 중국인이 서구 스포츠의 경쟁성을 쉽게 받아들일 수 있었던 것은 결코 이상한 일이 아니다. 왜냐하면 외국인의 시선으로 자신의 전통 운동을 보기 때문이다. 예를 들어 정신적이며 경쟁적이지도 않은 우슈와 같은 전통 운동은 서구 스포츠에 대한 건강한 대체 운동으로 간주되어야 했지만, 중국은 이것을 올림픽의 영광으로 나아가는 도구로 삼았다. 베이징올림픽이 내세운 로고에서는 다섯 개로 연결된 고리가 태극권을 연습하는 사람 모습을 하고 있다. 태극권은 가장 경쟁이 없는 운동이다. 태극권은 파룬궁에 비교적 근접하지, 올림픽 종목은 아니다.

중국인들도 자국 선수들에게 문제가 있음을 의식하고 있지만, 원인이 어디에 있는지는 지적하기 어렵다. 실패가 그들을 성가시게 할 때 그들은 철학이나 심리적 설명에 매달렸다. 올림픽을 연구하는 기간에 나는 네트net 이론에 관심을 갖는 수많은 중국인을 만났다. 중국인이 탁구, 배드민턴과 배구에서 좋은 성적을 거두는 이유는 상대 선수와 신체를 접촉할 필요가 없기 때문이라는 설명이다.

"중국인은 직접적인 신체 경쟁에서는 뛰어나지 못합니다." 중국올림픽위원회 부주석 허후이셴이 내게 말했다. "우리는 선수들 사이에 네트가 있는 운동을 잘해요." 그녀는 중국인을 강건하기보다는 손재주가 있으며 협력적이라고 말했다. 그러면서 정신력도 중요하다고 덧붙였다.

"유가 사상은 사람을 더욱 보수적으로 만듭니다. 미국을 보세요. 아이들은 독립적이고 창조적으로 가르침을 받습니다. 중국에선 규율이 우선이고 창조성은 많이 보이지 않아요. 하지만 창조력이 없다면 적응하고 변화할 수 없어요. 단지 불변하는 낡은 방식을 따를 수밖에 없고, 더 훌륭한 성적을 얻을 수 없습니다. 이는 다른 일뿐 아니라 체육에서도 맞는 말이죠."

중국인은 또한 올림픽이 부자 나라와 가난한 나라의 차이를 분명히 보여줄 수 있다고 믿는다. 베이징에서 나는 쉬지청을 만났다. 그는 이전에 유명한 농구 선수였고, 지금은 텔레비전 방송인이다. 1988년부터 쉬지청은 중국 대표단을 대동하고 하계 올림픽에 참가했다.

"선진국은 올림픽을 일종의 비즈니스로 봅니다. 그들은 '나는 큰 집이 있고 근사한 가구가 있으니, 파티를 열어 손님을 초대하고 싶다'라고 말하는 듯합니다. 그래서 그들은 표를 팝니다. 그러나 개발도상국의 입장에서 보면 상황은 다르죠. 올림픽은 베이징의 경제와 외양을 바꿨을 뿐 아니라, 가장 중요하게는 우리의 가치와 관념을 바꿨습니다."

나는 쉬지청에게 중국이 서구의 스포츠관을 도입하는 데 어떤 견해를 갖고 있는지 물었다. 그는 이 문제를 건너뛰면서, 이 문제는 문화 문제가 아니라 정치와 관련이 있다고 설명했다.

"1988년에 저는 서울에 갔었는데 한국인은 올림픽이 없었다면 세계인들이 한국이 어떤 나라인지 몰랐을 거라고 말하더군요. 올림픽 이전에 외국인은 단지 한국전쟁만 알고 있었거든요."

쉬지청이 보기에 중국은 서구의 스포츠 모델을 모방하여 비즈니스의 기회로 삼아야 했다. 그는 중국의 체육은 중국 경제에 비해서 20년 낙후되었다고 말했다. 그 원인은 체육이 민족주의와 밀접하게 연관되어 있어 성장이 더딘 국영 기업처럼 시장화가 되지 않아서라는 것이다. 그러나 이러한 과정은 이미 시작되었다. 최근에 힐튼 담배는 국가적인 농구 프로그램에 후원했으며, 코카콜라도 중국 축구를 후원했다.

"50년 후 우리는 서구와 같아질 겁니다." 쉬지청은 예언했다. "올림픽은 우리 입장에서 장차 비즈니스가 될 겁니다. '커다란 집이 있으니 여러분을 초청하여 보여주고 싶습니다'라고 말할 수 있겠죠."

✦

오후 5시 30분에 양 기사는 끝내 목적지를 찾았다. 우리는 내려서 공터로 걸어갔다. 그 공터는 도시의 네 구획만큼 넓고 베이징 북부의 중추선 일대에 있었다. 이전에 이곳에 있었던 모든 건축물은 정리되었다. '차이날'에서는 어떤 것이 파괴되었다는 느낌이 매우 익숙했다. 깃대의 분홍색 깃발은 그 땅의 경계를 표시해주었다.

"이곳에는 축구장과 테니스장이 들어섭니다." 양 기사가 말했다. 그는 웃으며 공중에 가상의 라켓을 휘둘렀다.

"배드민턴 경기장도 들어서죠?"

"예."

우리는 그곳에 서서 공터를 바라봤다.

"됐습니다. 전 돌아가서 저녁을 먹어야겠어요." 내가 말했다.

쓰환로에서 차가 막혔다. 택시의 계량기는 세 시간 달렸음을 알렸고, 현재 이 숫자는 불쾌지수를 재는 것 같았다. 양 기사는 다시 스트레스를 받았다. 마지막에 그는 내게 저녁에 무엇을 먹을 거냐고 물었다.

"아직 생각해보지 않았어요."

"중식입니까, 양식입니까?"

"중식이 좋아요."

그는 베이징 서쪽 교외 퉁저우에 있는 자기 집에 가는 데 시간이 많이 걸리지 않을 거라고 말했다. 우리는 쓰환로에서 동쪽으로 갔다. 양기사는 다시 스포츠에 대해 얘기하기 시작했다. 마이크 타이슨은 그가 가장 좋아하는 미국 선수인데, 그 복싱 선수가 팔에 마오 주석의 얼굴을 문신으로 새겼기 때문이라고 말했다.

"왜 중국인이 타이슨을 좋아할까요?" 양 기사가 수사적으로 되물었다. "그가 중국을 좋아하기 때문이죠. 그가 중국을 좋아하면, 중국도 그를 좋아합니다. 게다가 그는 중국을 이해합니다."

"타이슨이 정말로 중국을 이해합니까?"

"그가 중국을 알지 못한다면 왜 팔에 그런 문신을 새겼겠습니까?"

이는 좋은 질문이었지만 나는 대답할 수 없었다. 양 기사가 웃으며 말했다.

"타이슨은 감옥에서 네 권짜리 마오 주석의 책을 읽었대요. 저는 텔레비전에서 봤어요."

왜 미국 선수가 늘 우세를 차지하는가에 대해 그는 자신의 관점을 설명했다.

"미국인은 키가 커요. 그들은 태어나면서부터 잘 먹죠. 그리고 미국은 무척 과학적입니다. 중국 같은 개발도상국을 미국 같은 국가와 비교할 수 없습니다. 건강이 중요합니다. 타이슨을 보세요. 그토록 강하지 않다면 어떻게 이길 수 있겠어요?"

양 기사는 또한 테니스 선수 마이클 창을 존경했다.

"그는 미국에서 자랐지만 그의 몸에는 중국인의 피가 흐르고 있어요. 이것이 그에게 해롭지는 않습니다. 중국의 체제에 문제가 있음을 보여줄 뿐이죠."

우리가 퉁저우에 도착하니 벌써 7시였다. 양 기사는 양고기 샤브샤브를 먹고 싶어했다. 고속도로 가의 네온사인 간판에는 "베이징 2008년, 신세기의 퉁저우에 오신 것을 환영합니다"라고 쓰여 있었다. 퉁저우 시내 중심가에 맥도널드와 우마트라고 불리는 슈퍼마켓이 있었다.

✦

국제올림픽위원회 평가의 마지막 날, 나는 위원회의 수행 기자단에 참가했다. 모두 다섯 명으로 외국 매체를 대표했다. 방송국 기자 세 명, 사진기자 한 명, 그리고 나. 내가 쓴 보고는 베이징의 다른 외국 기자에게 제공되어 국제올림픽위원회의 평가를 보도하는 데 참고가 될 것이다.

기자단에 참가하기 위해 나는 국제올림픽위원회에서 제정한 간단한 규칙에 동의해야 했다. 제1조는 내가 질문할 수 없다는 거다. 나는 위원회 위원을 따라 사방을 시찰할 수 있고, 그들이 평가 기간에 말한 적이 있는 어떤 말도 인용할 수 있다. 국제올림픽위원회의 대표가 내게 말을 걸면 대답할 수 있다. 그러나 어떤 상황에서도 내가 주도적으로 그리고 직접적으로 실사자와 이야기할 수 없다. 이러한 규정을 위반하면 나는 즉시 기자단에서 제명된다. 이 밖에 국제올림픽위원회에서는 우리에게 개방된 몇몇 회의에만 참가할 수 있다고 통지했다.

이러한 규칙은 적어도 드라마적 감각을 자아낸다는 점에서는 효과적이었다. 실사자가 어디를 가든 기자들이 수첩과 카메라를 준비한 채 그 뒤를 따라다녔다. 우리는 마치 중대한 상황에 충격받아 말문이 막힌 듯 묵묵히 움직였다. 오전 회의가 끝난 뒤, 나는 첫 보고를 보냈다.

이는 오늘 아침 베이징 호텔에서 중국과 국제올림픽위원회가 거행한 회의에서 작성한 기자단 보도다. (⋯) 기자단은 회의실 뒤로 안내되었는데, 붉은색 벨벳 로프가 우리를 막았다. 치파오를 입은 여성이 문 옆에 서서 대표단을 영접했다. 대표단이 한 명씩 들어오는데, 침착해 보였고 각자 따뜻하게 인사를 주고받았다. 국제올림픽위원회의 성원은 서로 볼에 키스하듯 인사했으며 중국 대표는 하지 않았다. 치파오는 붉은색 실크였다.

한 매체 관계자는 오늘 아침의 뉴스거리가 거의 없을 거라고 설명했다. "우리가 여기에 있으면 그들은 아무것도 말하지 않을 거예요. 우리가 떠나면 말할 겁니다." 내가 그녀의 말을 적으니, 그녀는 자기 이름을 밝히지 말 것을 요청했다.

유일한 재밋거리는 국제올림픽위원회의 로버트 맥쿨루가 탁자의 다른 쪽으로 걸어가더니 중국 체조 선수 류쉬안에게 『인터내셔널 헤럴드트리뷴』 광고 삽화 사진에 사인해줄 것을 부탁한 점이다. (⋯) 류쉬안은 마지막 페이지의 그녀가 완벽하게 착지하는 사진에 사인했다. 기자단 가운데 『중궈티위바오中國體育報』 사진기자는 그 사진을 자신이 찍었다고 흥분해서 말했다. 모든 사람과 마찬가지로 그도 벨벳 로프 뒤에서 기다렸다.

오늘의 회의 주제는 베이징의 호텔과 의료 시설이었다. 가장 먼저 발언한 사람은 베이징시 위생국 국장 주쭝한 박사였다. 그는 하버드대학을 졸업했다. 그가 발언하기 시작하자 기자단은 현장에서 떠나게 되었다.

호텔 밖에는 "만 명의 사이클 선수가 베이징 올림픽 유치 활동을 지지한다"라는 자전거 대오가 마침 창안가를 지나가고 있었다. 그들은 붉은색, 흰색, 검은색 운동복을 입고 고정 대열을 이루었으며 자전거 위에 깃발을 꽂았는데, 거기에는 영어로 "올림픽대회 신청은 우리의 희망이다"라고 쓰여 있었다.

좋은 날씨에 하늘은 맑고 푸르렀으며 강풍이 북방에서 불어왔다.

✦

국제올림픽위원회는 기이한 조직이다. 위원회가 자체적으로 위원을 선출한다. 역사적으로 대개 이 조직은 위원의 다양화에 대해 전혀 신경 쓰지 않았다. 베이징 시찰 기간에 국제올림픽위원회는 123명의 표결권을 가진 위원으로 조직되었다. 그 가운데 거의 절반이 유럽 사람이다. 중국은 단지 세 명으로 리히텐슈타인공국, 룩셈부르크대공국, 모나코공국의 대표를 합친 인원과 똑같다. 이 세 국가의 대표는 각각 한 명뿐이다. 123명의 위원 가운데 여성은 열세 명인데, 그중 세 명이 공주다.

국제올림픽위원회는 미국이나 중국도 진정한 정치적 영향력을 발휘할 수 없는 소수 국제조직 가운데 하나다. 70퍼센트에 달하는 운영 자금은 미국의 후원자에게서 나오는데, 미국 위원은 네 명뿐이다. 베이징 올림픽 신청 기간에 나는 체육을 전문적으로 연구하는 미국 인류학자 존 맥칼룬과 얘기한 적이 있다. 그는 최근에 국제올림픽위원회 개혁 위원을 맡았다. 나는 그에게 주최국을 결정할 때 미국인의 의견은 반영되는지 물었다.

"별로요." 그는 퉁명스럽게 대답했다. "올림픽위원회의 사람과 몇 번 같은 방을 썼는데, 한 미국 위원이 들어오자 모두가 그에게 미소 지으며 말하더군요. 오, 당신의 지지를 얻을 수 있어 정말 좋습니다. 그 사람이 떠나자 모두 뒤에서 그를 비웃더군요. 이는 일종의 식민주의 관계인데, 유럽인들이 미국의 돈을 점령하는 거죠. 미국인은 대체로 무능력해요."

이 밖에 올림픽위원회와 개발도상국과의 왕래도 줄곧 문제가 있었다. 1960년대 초에 아시아, 아프리카, 라틴아메리카 국가는 일찍이 그들 자신만의 올림픽인 '신생국 대회 Games of the Newly Emerging Forces', 즉 '가네포 GANEFO'를 창립하려고 시도했다. 주최자는 이 대회가 "자본주의와 투쟁하고 새로운 세계 질서를 세운다"고 정의했다. 1962년 제1회 가네포가 인도네시아에서 거행되었고 중국은 대량의 자금을 제공했다. 국제올림픽위원회에서는 이 대회에 참가한 모든 국가의 향후 올림픽 참가 자격을 박탈한다고 대응했다. 그 뒤 그 미숙한 행사는 두 번 다시 열리지 않았다.

1968년 여름 개발도상국이 처음으로 올림픽을 주최했다. 멕시코시티올림픽이 개막되기 전 학생 수천 명이 집단으로 항의했다. 이유 가운데 하나는 올림픽에 돈을 쓰지 말아야 한다는 것이었다. 수많은 멕시코의 빈자에게는 아무런 혜택이 없다면서. 정부는 군대를 출동시키고 발포하여 수백 명의 사망자가 발생했다. 올림픽은 계획대로 거행되었지만, 그때 학살된 정확한 사상자 수도 밝혀지지 않았다. 게다가 이 사건은 대중적인 올림픽 역사에서 사라졌으며, 서구의 언론계도 거의 언급하지 않았다. 그러나 이후 30년 동안 올림픽은 개발도상국에서 거행되지 않았다.

그렇다 하더라도 2001년까지 국제올림픽위원회는 줄곧 후진국과의 관계를 개선하고자 노력했다. 이 조직은 개발도상국의 스포츠 센터 건립 기금을 확대했고 아울러 그 구성원을 확충하여 더 많은 아프리카, 아시아, 남미 국가의 대표를 포함시켰다. 그러나 이러한 추세는 1998년 솔트레이크시티의 스캔들로 늦춰졌다. 솔트레이크시티는 동계 올림픽을 개최하려는 목표로 국제올림픽위원회에 100만 달러 이상의 현금과 선물을 제공했다. 후진국 대표는 손쉬운 대상이 되었다. 뇌물을 받았다가 제적되거나 사직한 열 명의 위원 가운데 아홉 명이 개발도상국 출신으로, 대다수가 말리, 수단, 콩고, 스와질란드, 리비아, 카메룬 등 겨울이 없는 국가 사람이다. 어떻게 일어난 일인지 상상하기란 어렵지 않다. 만일 콩고 출신이라면 누가 스키 경기 주최권을 얻든 정말 신경 쓰겠는가? 이러한 스캔들은 다시 우리를 일깨워준다. 설령 국제올림픽위원회가 국제주의를 주장한다지만, 올림픽은 세계 문화의 극히 미세한 부분만 흡수할 뿐이라는 것을.

그 이후로 국제올림픽위원회는 신청 절차에서 선물 주는 일을 금지했다. 2008년 올림픽 개최지를 찾는 과정에서 이러한 규칙이 처음으로 관철되었다. 그리고 이는 아마도 공산주의 국가가 국제올림픽위원회의 비위를 맞추려고 한 역사상 마지막 시도였을 것이다. 어떤 면에서 그들은 피차간 완벽해 보였다. 일찍이 소련에서 머문 적이 있는 위스콘신대학 역사학 교수 앨프리드 센과 내가 이 문제를 얘기할 때 그는 국제올림픽위원회와 공산당 사이에는 정치적 유사점이 있다고 지적했다.

"국제올림픽위원회와 레닌이 조직한 공산당 원칙은 같습니다. 레닌은 일련의 동심원 토대 위에 공산당을 세웠죠. 현대 올림픽의 창시자 쿠베르탱 남작도 국제올림픽위원회는 사람들을 그 내부의 핵심에 진입하도록 훈련시키는 양성소라고 말했어요. 그들은 구조상 유사합니다. 가장자리에서 민주적으로 선거를 시작하고 어느 파벌을 세우고 하지 않습니다. 내부의 지도 계층인 집행위원회로 진입해야 합니다. 어떤 뜻밖의 인물이 들어와 올림픽을 주도할 수는 없어요."

◆

조사 여정의 마지막 오후는 완벽했다. 햇빛은 찬란했다. '새로운 베이징, 위대한 올림픽' 현수막이 바람에 나부꼈다. 우리는 차량 다섯 대를 나눠 타고 오토바이 경찰의 호송을 받으며 시내로 달렸다. 거리 청소부는 빗자루를 든 채 도로 양옆에 배열했다. 자전거를 타거나 보행하는 민중은 교차로에 모여서 쳐다보았다. 하루 전날 위원회에서는 베이징의 교통통제센터를 참관했는데, 그곳 직원이 원격 조정으로 교통 신호를 어떻게 작동하는지 시범을 보였다. 오늘은 우리가 신호등에 가까이 다가서기만 하면 마법을 부리는 것처럼 녹색불로 바뀌었다.

이 도시는 마치 호흡을 멈춘 것처럼 이 엄숙한 장면에 의해 압도되었다. 완전한 침묵 속에서 황제는 그의 외출과 제전을 시작했다. 멀리서 기차의 기적 소리가 인상적인 고요를 깨트려 의식을 모독하지 않도록 하기 위해, 황제가 쯔진청을 떠날 때부터 다시 돌아올 때까지 베이징 안팎의 기차 운행을 중지시켰다.

1920년에 출판된 『베이징Peking』에서 줄리엣 브레든은 황제가 매년 톈탄에서 지내는 제사를 묘사했다. 81년 뒤 우리의 대오도 똑같이 장엄했으며, 이 의식이 가져올 수 있는 이익은 황제의 출행보다 훨씬 실제적이었다. 베이징올림픽 유치위원회는 베이징의 신청이 성공한다면 기간 시설과 운동 시설에 20억 달러를 투자하겠다고 약속했다. 최근의 갤럽여론조사에서는 베이징 주민 94.9퍼센트가 올림픽 신청을 지지했는데, 이번의 중국 통계자료는 정확할 것이다. 설령 다른 의견을 가진 사람일지라도 올림픽 유치를 지지하는 발언을 했다. 홍콩에서 파룬궁 신도들은 조사단이 베이징에 머무는 기간에는 현지 신도들이 시위를 하지 않을 것이라고 언론에 알렸다.

우리는 세 시간 동안 도심을 벗어나 미래의 경기장, 즉 축구장, 소프트볼 경기장, 역도 경기장, 수구 경기장, 근대 5종 경기장을 다 돌아봤다. 우리는 가는 곳마다 평균적으로 5분을 머물렀고 위원회 위원은 한두 가지 미래의 세부 내용에 관해 물어봤다. 근대 5종 경기의 수영장은 최소 깊이가 2.2미터 이상입니까? 네, 3미터입니다. 수구장에서 소프트볼 경기장까지 걸어갈 수 있나요? 물론입니다.

베이징항쿵항톈대학에서는 마침 거대한 체육관이 건설 중이었다.

이 체육관은 원래 배구장으로 쓰일 예정이었지만, 베이징의 올림픽 유치가 성공한다면 역도 경기장으로 바뀔 것이다. 우리는 안전모를 썼고 류례리라는 경제학자가 인도하여 참관했다. 나와 다른 기자들은 빨리 따라다니며 기록했다.

"아름다운 나비, 아니 사랑스러운 비행접시 같죠."

우리가 체육관 밖에 서 있을 때 류 교수가 말했다. 그는 영어를 잘 못했음에도, 마치 역도 선수가 역기를 머리 높이로 들어올렸을 때처럼 문장을 완벽하게 말하고는 마지막 글자에서 잠시 멈췄다. 다른 관리는 새로운 체육관에 관한 팸플릿을 나눠줬다. 위에 한 문장이 쓰여 있었다.

베이징항쿵항톈대학 체육관은 아름다운 나비나 사랑스러운 비행접시처럼 하늘로 날아갈 겁니다.

체육관에서 우리는 미래의 관중석에 앉아 아래를 내려다봤다. 미래의 시합장에서 두 노동자가 방수포를 쥐고 부대에서 나온 진흙을 덮고 있었다. 호주의 국제올림픽위원회 조사관인 밥 엘핀스턴이 입을 열었다.

"저기가 워밍업 구역입니까?"

그가 다른 흙더미를 가리키며 물었다. 나와 다른 기자는 앞으로 달려가 무엇인지 보려고 했다.

"저기가 바로 워밍업 장소입니다." 류 교수는 또 다른 흙더미를 가리키며 대답했다.

엘핀스턴은 그 음한한 곳을 응시하더니 물었다.

"선수가 저곳에서 시합장까지 곧장 걸어갈 수 있나요?"

류 교수는 웃었다. 그는 2008년 올림픽 개최권만 가져올 수 있다면, 역도 선수는 워밍업 장소에서 시합장까지 걸어도 문제될 것이 없다고 말했다. 엘핀스턴은 만족한 듯이 고개를 끄덕였다. 류 교수는 평가단에게 이 새로운 체육관에는 '지능화 관리 시스템'을 도입할 것이라고 말했다. 그는 잠시 멈췄다가 목청을 가다듬고 역도 선수가 마지막 용상을 드는 것처럼 말했다. "마치 아름다운 나비나 사랑스러운 비행접시 같습니다."

마지막 장소는 중화세기단中華世紀壇이다. 베이징 서부에 있는 이 기념관은 1999년 말에 완공되었으며, 찬란한 중국 역사와 신세기의 도래를 기념하기 위해 세웠다. 입구에는 영원히 꺼지지 않는 불꽃과 함께 글이 쓰여 있다.

불꽃 뒤에는 문자가 주조된 수백 개의 청동 접시로 조성된 복도가 있다. 위에는 연대표가 새겨졌다. 첫 번째에는 "300만 년 전"이라 새겼고 아울러 "중국의 옛사람들이 불을 사용하기 시작했다"라고 기록했다. 250만 년 이후엔 모든 것이 발전하기 시작한다. "인류에게 황인종의 특징이 나타나기 시작한다." 기원전 1600년에 "상나라는 수도를 허난 정저우에 정한다." 조대는 주, 진, 전한前漢으로 바뀐다. 1841년 영국군이 홍콩을 점령한다. 1912년 쑨원은 임시 대총통을 맡는다. 1937년 난징대학살이 일어나 일본군은 중국인 30만 명을 죽인다. 1949년 중화인민공화국 성립, 1978년 개혁 개방, 마지막 2000년에 이르기까지 역사는 무작위의 통계 수치로 녹아들었다.

우리나라 과학자는 인간 3번 염색체의 유전적 비밀을 성공적으로 풀었다. (…) '하상주단대공정夏商周斷代工程'은 국가의 비준을 통과했다. 국가 통계국은 중국 국민총생산이 처음으로 1조 달러를 초과했다고 선포했다. 중국 국가 대표팀은 제27회 아시안게임에서 28개의 금메달을 땄다.

국제올림픽위원회 조사관들은 연대표를 통과하여 거대한 해시계 모양으로 만든 기념비로 들어섰다. 외국인들은 8분짜리 홍보 영상을 시청했는데, 중국에서 가장 유명한 영화감독 장이머우가 제작했다. 현대의 모습이 하나하나 지나갔다. 비행기, 지하철, 자동차. 컴퓨터로 합성한 영상은 앞으로 건설할 경기장과 새로운 고속도로를 보여주었으며, 클로버 형상의 입체 교차로가 녹색의 잔디밭을 두르고 있었다. 과연 이곳이 내가 현재 거주하는 도시인지, 알아볼 수가 없었다.

✦

양 기사의 집은 단순한 단층 쓰허위안이었다. 난방 시설은 없고 석탄 난로가 있으며 대문 부근에 옥외 화장실이 있었다. 우리가 안방에서 차를 마실 때 그의 아내는 양고기 샤브샤브를 준비했다. 양 기사는 내게 아이들 사진을 보여주며 딸이 영어를 잘한다고 자랑스럽게 얘기했다.

내가 택시 기사의 영어 수업에 관해 물었더니, 그가 올림픽 유치 교재를 보여주었다. 책을 펼치자 그가 카세트테이프를 틀었다. 간명 영어 발음이 들린다.

1. 헬로
2. 굿 모닝
3. 굿 애프터눈

우리가 앉아서 저녁을 먹을 때 양 기사는 나를 상석에 앉게 했다. 시골에서 상석이란 텔레비전을 잘 볼 수 있는 자리다. 오늘 저녁 텔레비전에서는 베이징 아오선 팀과 상하이 사위 팀의 프로농구 경기를 방송했다. 사위 팀에는 야오밍이라는 스무 살의 센터가 있다.

탁자 중앙에는 타오르는 에탄올이 탕거리를 가득 채운 청동 신선로를 가열하고 있었다. 탕이 끓어오르자 우리는 분홍색 양고기를 신선로에 넣었다. 양 기사는 이걸 보면 군대 생활이 생각난다고 말했다. 그는 1969년부터 1973년까지 네이멍구 국경 지대에서 군 복무를 했는데 소련이 통제하던 몽골에서 멀지 않아 때로 정세가 긴장되었다고 한다.

"거긴 믿을 수 없을 만큼 춥습니다. 도처가 초원이라서 눈으로는 어딘지 가늠하기가 힘들어요. 가장 힘든 것은 바깥에서 야영하는 일입니다. 현지인들은 양을 통째로 구워서 우리에게 대접했는데, 이렇게 좋은 신선로가 없었어요. 그래도 잡곡보다는 훨씬 맛있었죠."

탕이 끓자 양고기 색깔이 갈색으로 변하면서 표면으로 떠오르기 시작했다. 방도 따뜻해졌다. 양 기사와 아내는 외국 손님 앞에서 전혀 주

눅 들지 않고 즐겁게 먹었다. 중국에서 간부가 참가한 연회는 언제나 난처하고 외교관의 접대는 어쩔 수 없이 더 고통스럽다. 그러나 보통 사람들은 도리어 손님을 매우 좋아하여 예의를 갖추지만 격식을 차리지는 않는다. 이러한 왕래는 단순한 진실이었다. "더욱 유용한 표현"이라는 제목의 절이 포함된 택시 기사의 영어 교재와 같은 것에 등장하기에는 너무나 단순한 진실이었다.

33. 이 도시의 교통은 갈수록 좋아진다.

34. 나는 베이징의 풍경에 매료되었다.

35. 환경오염은 전 지구의 문제다.

36. 나는 중국인으로서 자부심을 가진다.

가장 먼저 나타나는 신호는 언제나 바람이었다. 이어서 하늘이 어두워 졌다. 다음엔 옥외에 있다면 눈이 후끈후끈해지기 시작했다. 실내로 들 어오면 때로는 유리창을 가볍게 때리는 모래알 소리를 들을 수 있었다. 황토는 중국 시베이 지방과 몽골의 건조한 고원에서 불어왔는데, 그곳 은 추상적이고 요원한 곳 같지만 모래알들이 얼굴에서 느껴질 때면 그 실체를 실감했다. 베이징 사람은 그것을 '사천바오^{沙塵暴}'라 불렀다. 모래 폭풍이 몰아치던 밤, 모래알이 도시의 등불에 반사되어 하늘은 불붙은 것처럼 주황분홍색으로 빛났다.

3월에 야영하기는 약간 위험하지만 나는 4월까지 기다릴 인내심이 없었다. 지도에서 아직 가보지 않은 장성을 발견했다. 세 시간이 넘게 택시를 타고 가니 기사가 나를 내려주었다. 나는 그에게 다시 태우러 돌 아올 필요가 없다고 말했다. 지난 2개월 동안 나는 도시를 벗어나고 싶었다.

산은 아직 겨울의 갈색빛에다가 텅 비어 있었다. 파종의 계절은 4월이 되어야만 시작된다. 다시 배낭을 지고 걷는 느낌이 아주 좋았다. 나는 흙길을 따라 시뤄구라고 불리는 마을에 가서 가장 완전무결한 장성을 보았다. 가파른 길을 따라서 장성 앞까지 오자 바람은 더 거세게 불고 하늘이 어두워졌다. 첫 번째 높은 보루를 올라갈 때 나는 그곳에서 밤을 보내야 함을 알았다.

그 보루는 400년 이상의 역사를 가졌고 벽돌과 돌로 축조했으며 설계는 간단했다. 에워싸인 하나의 방을 가진 광장이었다. 땅에는 회색의 명나라 벽돌이 깔렸다. 둘러싼 담의 둥근 창문을 통해 마을을 내려다볼 수 있으며, 붉은색 지붕의 농가는 길옆에 기대어 서 있다. 돌담으로 두른 과수원에서 북쪽으로 더 가면 산마루가 우뚝 솟아 있고 작은 길이 구불구불 위로 뻗어 관문에 닿았다. 모래 폭풍이 이미 그곳까지 도달했다.

보루 위에 서서 나는 다가오는 모래 폭풍을 보았다. 갈색의 구름층이 지면에 낮게 드리웠는데 계곡 안으로 기어들어간 덩굴손의 생물과 같았다. 모래 폭풍이 미친 듯이 불어 길에 있는 모든 것을 먹어치웠다. 먼저 산마루의 작은 길, 이어서 과수원, 마지막에 마을까지 도달했다. 눈이 후끈후끈해져서 나는 창 앞에서 물러났다. 저녁 내내 가능하면 땅에 누워서 지냈다.

잠들기가 무척 힘들었다. 주기적으로 갈증이 나서 깼다. 그 뒤 윙윙거리는 바람 소리에 잠을 더 못 자게 되었다. 나는 안양에 있을 때 고고학자가 지하 도시를 그리던 정경이 떠올랐다. 한 고고학자는 내게 그 도시 위에 쌓인 것은 주로 강에서 밀려온 충적토이며, 그 밖에 몇 세기 동안 누적된 황토층이 바람에 날려온 것도 있다고 했다. 침낭에 누워서 나는 문학적 상상으로 자신을 위로했다. 중국 도처는 모두 황토. 황토는 어두운 중원의 모든 지방과 나무가 없는 산언덕에 떨어지고, 안양의 들판과 베이징의 도시에도 부드럽게 떨어진다. 새벽 2시쯤 셔츠로 얼굴을 싸고 침낭의 지퍼를 올리고 끝내 두어 시간 잤다. 들쭉날쭉 꿈도 꿨다. 모래 폭풍이 보루를 습격할 때마다 사각사각하는 소리가 났으며, 밤새 산 사람과 죽은 사람 모두에게 떨어졌다.

✦

새벽은 아름다웠다. 아침 햇살 아래 회색 벽돌에 붉은빛으로 반짝이는 흙이 없었더라면, 모래 폭풍도 악몽이었을 것이다. 물수건으로 얼굴을 닦은 뒤에 보니 수건이 검게 변해 있었다. 이에서는 사각거리는 소리가 났다. 머리를 흔들었더니 나일론 침낭에 부드럽게 떨어지는 소리가 들렸다. 모래알이었다.

원래 장성에서 이틀 밤을 머물려고 했지만, 지금은 날이 어둡기 전에 베이징으로 돌아가고 싶었다. 침낭을 털고 모든 것을 다 싸서 보루를 떠났다. 산곡에서 북쪽으로 갔다. 잠깐 산을 오르기에 아직 시간이 충분했다.

소로를 따라 폐허가 된 마을로 왔다. 그 마을은 가파르고 경사진 언덕에 있었는데, 사방의 나무는 가늘고 왜소했으며 자갈로 가득한 작은 시내는 물이 바짝 말랐다. 마을의 모든 것이 돌로 만들어졌다. 돌담, 돌길, 돌집. 대부분은 지붕이 보이지 않았는데, 원래는 목재 지붕이었을 것이다. 베이징 교외에서는 빈집을 흔하게 볼 수 있다. 수년 동안 사람들이 끊임없이 산 아래로 옮기는 과정에서 원래 집을 버리고 떠나서 신경제 체제의 귀신 마을을 형성했다.

일부 버려진 가옥에는 쓰레기가 쌓였고 담배꽁초가 있었으며 상표를 알아보기 힘든 식품 포장지도 있었다. 방 안은 온통 동물의 분비물 투성이였다. 그러나 너무 오래되어서 단지 진흙 냄새만 났다. 한 집은 다른 집보다 훨씬 컸는데, 그 지붕은 손상되지 않았다. 방 안의 벽에는 신문지가 붙어 있었다. 전통적으로 시골에서 신문지로 벽지를 삼는 것은 흔한 일이다. 나는 빈방을 한 바퀴 둘러보며 신문 헤드라인을 읽었다.

1976년 3월 9일
「소련이 제2차 반미 항의를 제기하다」

1976년 6월 23일
「미국이 일본과 반소 군사협정 체결을 준비하다」

모든 신문이 1976년의 『찬카오소식參考消息』이었다. 『찬카오소식』은 당의 기관지다. 이 신문은 외국 출판물 보도를 선택적으로 번역하여 싣는다. 이전에 이 신문은 예약 구독에 한정했다. 가판대에서 살 수 없었고 외국인도 살 수 없었다. 아마도 이 버려진 집 주인은 당의 비서이거나 어느 지방의 간부였을 것이다. 한 면의 벽에는 미국의 만화를 전재한 중국 신문지가 붙어 있었다. 만화는 찢겼지만 영문이 그대로 거기에 달렸다.

"Excuse me, which way is the unemployment line?"
"You're in it."

나는 계속 앞으로 가서 그 마을의 마지막 집에 이르렀다. 다년간 갈린 흔적이 역력한 거대한 맷돌이 집 앞에 놓여 있었다. 방 안의 벽에 붙은 것은 『런민일보人民日報』였다. 헤드라인에 등장한 것은 첫 번째 집보다 8년이나 지난 일이었다.

1983년 3월 12일
「우리는 사람들을 위해 현대적 감각을 갖춘 형상을 더 많이 창조해야 한다」
「중국은 1983년도 전국 기계 공구 생산품 전시회를 거행한다」

1983년 4월 14일
「8종의 농산품, 4만5000톤 초과 생산」

할 일이 없어서 나는 머릿속으로 이 작은 마을을 재구성해보았다. 1976년에 당 비서는 집을 수리하면서 그가 정기 구독하는 신문을 벽지로 바르고 자신의 특권을 함축적으로 과시했다. 같은 해에 집수리가 끝나자 마오 주석이 사망하고 개혁이 시작되었다. 8년 뒤 다른 촌민들도 집을 수리하기 시작했다. 이때 사용된 도배지에 쓰인 내용은 변화하는 경제와 관련된 표제였다. 일부 농민이 농한기에 도시로 들어가 건축 노동자로 일하면서 더 많은 돈을 벌게 되자 농사는 더 이상 흡인력을 갖지 못했다. 1990년대에 이르러 그들은 농촌을 떠나 더 좋은 곳을 찾았다. 처음엔 젊은이들이, 이어서 중년들이 떠났다. 마지막에 남은 사람은 노인뿐으로 그들만이 아직도 현지 생활의 색채를 기억하고 있다. 어느 관리가 권력을 가졌는가, 촌에서 누가 땅이 가장 많은가, 어느 집이 이 마을에서 가장 오래 살았는가! 이러한 모든 기억은 서서히 산언덕 아래로 미끄러져 점차 큰 마을, 진鎭, 현縣, 도시, 국가에 의해 삼켜져버렸다. 최후에 노인은 죽고 작은 마을은 죽은 듯 고요해졌다.

이곳이 바로 현대 중국이다. 10년의 시간이 지나면 고고학의 연구 대상이 될 수 있을 것이다. 나는 배낭을 지고 유턴하여 언덕 아래 사람이 사는 마을로 걸어갔다.

✦

시퉈구에서 한 무리가 지방정부의 뜰 앞에 시끄럽게 모여 있었다. 처음 볼 땐 기념행사가 있나 싶었는데 이어서 나는 깔끔한 남색 운동 재킷을 걸치고 뜰 정중앙의 나무 책상 뒤에 앉은 두 관리를 보았다. 책상 위엔 철제 상자가 놓여 있었다. 잠시 뒤 한 촌민이 가까이 다가가더니 책자에 서명하고 이어서 종이 쪽지를 철제 상자 안으로 넣었다.

중국에서 선거는 결코 드문 일이 아니다. 도시에서 유권자는 지방의회 대표를 선출할 수 있는데, 이는 정부의 세 계층 대표 가운데 가장 낮은 층이다. 유권자는 위의 두 계층의 대표에 대해서는 투표권이 없으며, 어떠한 합법적인 정당도 공산당 입장에 반대할 수 없다. 올림픽 유치

에 관한 평가 기간에 베이징올림픽 유치위원회가 국제올림픽위원회에
제공한 중국 정치의 간략한 소개란에는 이와 같이 쓰여 있다.

중국도 다당제 국가다. 현재 중국에는 아홉 개의 정당이 있다. 국가
가 국가 경제와 민생에 영향을 끼치는 중대한 법안을 채택하거나 중
대한 결정을 하기 전에 중국공산당은 집권당으로서 최상의 해결 방
안을 모색하기 위해 기타 정당과 협의한다.

그것은 '인민의 민주 독재'다. 다른 당파와 후보는 환영받지만 공산
당이 허락하는 범위에서만 가능하다.

시골의 어떤 지역에서는 자유선거를 시행하고자 시도했다. 이전에
후보 명단을 엄격하게 통제하던 방식과는 달리 때로는 관방에서 촌민
들이 자신의 지도자를 뽑게끔 허락했다. 공산당은 이러한 책략의 유효
성을 의식했다. 현지인들은 누가 부패한지 알기 때문에 보통 유능한 사
람을 뽑는다. 이러한 발전 태세를 두고 외국 언론의 보도에서는 '향촌
민주'라 불렀으며, 때로 미래 정치 개혁의 전조로 보았다. 그러나 얼마나
많은 마을에서 진정한 자유선거를 실시하는지 아는 사람은 없고, 공산
당도 이 방식을 아직 도시에 도입하지 않았다. 이 주제는 매우 민감해
서 실제로 외국 기자는 선거에 자유롭게 접근할 수 없다.

시퉈구 촌민들은 재빨리 나를 둘러쌌다. 내가 어젯밤에 야영했다고
말하자, 그들은 모두 웃었다.

"그 모래 폭풍 속에서요?" 흥분한 중년 촌민이 내게 목판에 붙인 후
보자 등록 내역을 보여줬다. 후보는 다섯 명으로, 두 명은 펑彭 씨고 두

명은 저우周 씨며 다른 한 명은 탕唐 씨다.

"이 마을 사람은 저우 씨 아니면 펑 씨입니다." 그 사람이 설명했다.

그의 이름은 저우평민인데 치아는 금니를 박아서 무거워 보였다. 내가 누구에게 투표했냐고 묻자, 그는 엄숙하게 말했다.

"비밀입니다."

"저우 씨에게 투표하셨어요?"

"성씨와는 상관없어요." 그는 확고하게 말했다. "누가 좋은 사람인가에 신경 쓸 뿐이죠."

나는 후보자 약력을 봤다. 세 직위가 나열돼 있었다. 두 명은 촌위원회 위원이고 한 명은 촌장이다. 모든 후보의 이름 옆에는 그가 소속된 정당과 학력이 쓰여 있었다. 후보자 가운데 두 명은 중졸이고 세 명은 고졸이었다. 두 명만 공산당원이고 세 명은 간단하게 '군중'이라 쓰여 있었다. 나는 그 글자의 발음을 좋아한다. 이는 새로운 정당 척도의 가능성을 열어놓았다. 군중, 대중, 민중.

내가 막 게시판을 읽고 있을 때 한 지방 관리가 걸어왔다. 그는 나를 보고도 촌민들처럼 흥분하지 않았다.

"이봐요, 왜 이곳에 있나요?"

그에게 모래 폭풍 속에서 노영한 일을 알려줬다.

"베이징에서 무슨 일 하죠?"

바로 그때 나는 이번 여행 중의 세 번째 잘못을 범했다. 첫째는 3월에 노영한 것이고, 둘째는 여권을 휴대하지 않은 것이며, 셋째는 관리의 질문에 솔직하게 대답한 것이다. 나는 학생이나 선생이라고 말해야 했다. 어쩌면 모래가 내 두뇌를 무디게 했을지도 모른다.

"베이징 기자입니다. 휴가 중인데 다음 마을로 갔다가 집에 가려고
해요."

"사무실에 가서서 차 한 잔 하시죠."

그는 웃으며 공손하게 말했다. 그러나 그것은 권유가 아니었다.

✦

사무실 문패에는 '소비자협회'라고 쓰여 있었다. 두 관리가 날 데리고 안
으로 들어가 낡은 소파에 앉게 했다. 어떤 사람이 플라스틱 컵에 차를
따라주었다. 벽에는 두 장의 기념 포스터가 붙어 있었다. "소비자의 날"
과 "마카오가 조국의 품으로 돌아오다". 먼지 가득한 일력에도 구호가
쓰여 있었다. "내일은 더 좋아질 것이다." 3년 전의 일력 같았다.

한 관리가 사무실 서랍을 열었는데, 그 안에 전화가 들어 있었다. 성
구 보관실의 사제처럼 그는 조심스럽게 전화를 꺼내더니 번호를 누르기
시작했다. 다른 관리가 내게 물었다.

"신분증은 어디에 있어요?"

바로 이때 내 여권이 집에 있음을 알아차렸다. 나는 할 수 없이 그에
게 명함을 주었다.

"여기에 차를 가지고 왔나요?"

"아뇨."

"그럼 어떻게 떠나려고요?"

"도로를 따라 걷다가 버스를 타겠습니다."

"예전에 이곳에 온 적 있나요?"

"없습니다."

이때 한 사람이 전화를 걸고는 서랍을 닫았다. 잠시 뒤엔 나를 보내 줄 것 같았다. 그들은 매우 편안해진 듯했다. 그들이 어디에서 중국어를 배웠냐고 물어 우린 잠시 얘기를 나눴다. 그때 전화벨이 울렸다. 모두가 탁자를 주시했다. 그 사람이 서랍을 열고 수화기를 들었다.

"여기 있습니다."

잠시 말을 멈췄다.

"혼자입니다."

또 멈췄다.

"12시 반 이전에 도착할 수 있겠어요?"

그는 낮은 소리로 말한 다음 전화를 서랍에 넣어 잠그고 열쇠를 주머니에 넣었다. 그는 아무 일도 없었다는 듯이 뒤로 몸을 기댔다.

"언제 도착합니까?"

"누구?"

"경찰요."

그 관리는 아무 말도 하지 않았다.

"괜찮습니다. 전 아무 잘못도 하지 않았으니 걱정하지 않아요. 당신에게 말하고 싶은 게 있는데, 개의치 않는다면 지금 떠날게요. 그래야 성가시지 않을 테니까요."

"기다리세요. 우리가 바래다드릴게요. 그래야 안전할 테니까요."

"이곳은 안전한 지역입니다. 오늘 날씨도 좋군요. 저는 제가 온 길로 떠나겠습니다."

그 사람은 시선을 돌리며 말했다.

"차가 곧 옵니다."

✦

나는 운이 나빠 구류당했다. 원래 외국 기자는 어느 곳을 취재하기 전에 규정에 따라 지방정부에 신청서를 정식으로 제출해야 하지만, 지금 그 규정을 따르는 사람은 거의 없었다. 보통은 문제가 발생하지 않지만 이따금 구류를 당하는 사람도 있다. 내가 아는 영국 기자는 구류될 때 마침 신상에 정부 기밀문서를 소지하고 있었는데, 최근에 접촉한 사람에게서 얻은 것이었다. 경찰이 그 정보를 입수했다. 그가 붙잡힐 때 방송국 사람들이 그곳에서 기다리고 있었다. 경찰은 의기양양하게 그 문서를 가져갔다. 다른 외국의 적이 폭로했다. 그때의 구류는 흥분할 가치가 있었다. 경찰은 법률을 어긴 사람을 만족스럽게 체포했으며, 그 기자는 최소한 자신의 보도가 정부를 분노시키기에 충분함을 알았다.

중국에서 나는 화장실에서 나오다 두 번이나 경찰에게 붙잡혔다. 한 번은 푸젠에서 민감한 주제와는 무관한 취재를 하고 있을 때였다. 또 한 번은 간쑤에서 공교롭게도 외국인 진입이 금지된 현인지 모르고 돌아다녔을 때다. 그러한 구류는 누구에게도 만족스러운 경험은 아니다. 상호 적대적인 분위기 속에서 기자는 진상을 추구하고 경찰은 중화인민공화국의 법률을 따르는 경우라면 아주 이상적인 구류다. 그러나 나처럼 외국인이 들어가지 못하는 마을에서 소변을 보다가 붙잡힌 경우, 거기에서 무슨 가치 있는 것을 찾기는 어렵다.

가장 견디기 힘든 것은 겹겹의 인증 절차를 지켜보는 일이었다. 처음에 경찰이 자주 흥분했고, 심문이 활발하게 진행되었다. 조금 지나자 그들은 이 외국인이 자신이 무얼 했는지 모르는 것을 이해하기 시작했다. 때로 최후에 이르러 나는 그들 눈빛에서 약간의 동정심도 볼 수 있었다.

사실 구류된 뒤에 현지에 대해 더 많이 알게 되었다. 시뭐구 촌민은 소비자협회를 자유롭게 출입하며 나와 한담을 나누었으며, 나를 간수하는 관리도 개의치 않았다. 촌민은 내게 시뭐구 인구는 800명이고, 밤이 현지에서 가장 이문이 나는 작물이며, 4월은 가장 아름다운 달로 두 주가 지나면 복사꽃이 핀다고 알려줬다. 그들이 대답하고 싶지 않은 유일한 문제는 누굴 뽑았는가다. 촌민에게 물을 때마다 그의 얼굴은 엄숙하게 변했다. "그것은 기밀입니다."

한 노인은 시뭐구에 관한 보도를 해달라고 부탁했다.

"당신이 이곳에 대해 멋지게 써준다면 관광객들이 올 거고 그러면 우리는 마을을 관광지로 바꿀 수 있어요."

나는 생각해보겠다고 말했다. 잠시 뒤 그 관리는 다른 서랍을 열어 마이크를 꺼냈다. 그의 목소리는 확성기를 통해 온 마을로 퍼졌다.

"지금 11시 50분입니다. 아직 투표하지 않은 분은 서둘러주세요. 12시가 되면 투표는 마감합니다."

따스한 한낮에 미국인을 소비자협회에 가둔 것은 쓸데없이 잔인한 일인 것 같았다. 내가 밖으로 나가자 관리가 나를 따라왔다.

"죄송하지만 안으로 들어가시죠."

"아닙니다. 여기가 더 따뜻하네요."

그는 투표소에서 일하는 다른 관리를 바라보았다. 그 사람은 어깨를 올리며 나를 내버려두었다. 나는 할머니와 함께 태양 아래 서 있었다.

"소비자협회는 무엇을 하는 곳입니까?"

"물건을 사다가 사기당하면, 그곳에 가서 고소할 수 있어요."

12시 정각이 되자 마지막 유권자가 그 철제 상자로 달려갔다. 사소한 언쟁 뒤 그 관리는 유권자에게 투표하게 했다. 갑자기 먼지가 일더니 경찰차 한 대가 왔다. 촌민은 조용해졌다. 나는 군중 속에서 귓속말하는 소리를 들었다.

"저들이 왜 왔지?"

"무슨 일이 일어난 거야?"

"저 외국인 때문이야!"

사람들은 앞으로 몰려들었다. 경찰 네 명이 차에서 나왔다. 나는 몸을 돌려 배낭을 집었다. 그중 한 명이 크게 소리쳤다.

"아무 데도 갈 생각 마세요!"

"제 배낭을 든 것뿐인데요."

갑자기 피곤함을 느꼈다. 움직일 때마다 모래가 나를 가렵게 만들었다. 우리 차가 떠날 때 마을 사람들 모습이 엄숙해 보였다.

✦

차는 말라버린 작은 시내를 따라갔는데, 흙길 양옆에는 가늘고 긴 백양나무가 심어져 있다. 다른 촌락은 전혀 인적이 없는 듯했다. 노상에서 우리가 만난 첫 번째 차도 경찰차였다. 두 대가 동시에 멈춘 다음 두 번째 차량이 유턴하더니 우리 차 뒤를 따랐다. 도대체 나같은 모래 같은 기자를 처리하러 몇 명의 경찰이 파견된 건가.

길이 울퉁불퉁하여 뒷좌석에 앉은 우리 세 사람은 이리저리 부딪혔다. 그들은 나를 중간에 앉혔다. 앞좌석의 경찰이 몸을 돌렸다.

"언제 이곳에 왔어요?"

"어제요."

"왜 왔어요?"

"베이징을 떠나 쉬고 싶었어요. 저는 캠핑을 좋아해요."

"당신 혼자 야영했습니까?"

"예."

"바람이 세지 않던가요?"

"엄청났죠. 그렇지만 저로선 어쩔 수 없었어요."

"베이징에서 무슨 일 합니까?"

"기자입니다."

"당신 여권은?"

"베이징에 있어요."

"주민들이 선거하는 걸 알았습니까?"

"몰랐습니다. 저는 이전에 그곳에 가본 적이 없어요."

"어떻게 왔어요?"

"택시 탔죠."

"카메라 가지고 있습니까?"

"아뇨."

그 사람은 잠시 멈췄다가 다시 물었다.

"먹을 것 가지고 왔어요?"

"예."

그는 다른 문제를 생각하려고 했다. 긴 침묵 뒤에 내 오른쪽의 경찰이 처음으로 입을 열었다.

"한 달에 얼마 벌어요?"

✦

우리는 부라오툰진不老屯鎮의 경찰서에 도착했다. 화장실에 가고 싶다고 하자 그들은 한 경관을 시켜 나를 따르게 했다. 그 뒤 그는 나를 데리고 조사실로 들어갔다. 안에는 제복을 입은 경찰 세 명이 대기하고 있었다. 이 진의 이름을 직역하면 '늙지 않는 기지'라는 뜻이다. 그들이 차를 따라주었다. 한 경찰은 질문하고, 한 사람은 서류를 작성했다.

"당신은 왜 쓰마타이나 바다링으로 가지 않았나요?"

"그곳엔 사람이 너무 많아요. 저는 수리하지 않은 장성을 좋아합니다."

"어째서 투표하는 곳에 갔어요?"

"하산하니 그 마을에 이르더군요. 그곳에 많은 사람이 있기에 그들에게 뭐 하느냐고 물었죠. 나는 그렇게 민감한지 몰랐어요. 선거는 언제나 있는 일이잖아요."

그는 시간 순서에 관심을 가졌다. 나는 사건이 발생한 정확한 시각을 설명했다. 그 화제가 고갈되자, 우리는 야외에서 발생한 일로 돌아왔다.

"혼자 밖에서 자다니 무섭지 않았습니까?"

"아뇨. 안전한 곳입니다."

"이리가 나왔으면 어쩔 뻔했어요?"

"그곳엔 이리가 없어요."

"있어요. 이리가 있습니다."

나는 조금도 믿지 않았지만, 그와 다툴 입장이 아니었다. 경찰들은 모두 젊었다. 많게 봐야 40대에 불과했다. 내 친구 마이크 마이어는 중국 경찰에 대한 견해가 있는데, 그들은 더 이상 늙지 않는다는 것이다. 그가 맞았을지 모른다. 5년 동안 나는 50세가 넘는 경찰을 본 적이 없다.

잠시 뒤 그 조사실 경찰이 눈을 흘겼다.

"여권을 놓고 왔다고 하는데, 핑계인 것 같은데요."

"어째서 핑계입니까? 당신에게 보여주지 않으면 제게도 성가신 일인데요. 정말 믿지 못한다면, 함께 베이징으로 가서 보여드릴게요."

"카메라는 어디에 있나요?"

"카메라는 가지고 오지 않았어요."

"못믿겠겠어요."

"그럼 제 배낭을 뒤져보세요. 카메라는 정말 없어요."

"어째서 외지로 여행하는데 가져오지 않았나요?"

"너무 번거롭기 때문이죠."

"정말 이상하군요. 이 여행에서 기억하고 싶은 것이 없었나요?"

나는 마음속으로 생각했다. 기억은 문제가 될 수 없다. 이어서 반시간 동안 우리는 상상 속의 카메라를 둘러싸고 맴돌았다. 중국 경찰은 카메라를 좋아한다. 구류시키기에 효과적이기 때문이다. 필름을 빼서 없애버리면 된다. 아무것도 발생하지 않았고, 실제로는 발생하지도 않은 사건을 기록한 어떤 장치도 없을 때 상황은 훨씬 더 복잡해진다. 계속 질문이 던져진다.

✦

그들은 내게 점심시간을 주었다. 경찰서에 식당이 있는데, 내가 앉은 탁자에 여덟 명이 앉을 수 있었다. 식당에는 강한 곡주 냄새가 났다. 그들은 내게 두부, 셀러리와 밥을 주었다.

경관 하나를 내 옆에 앉혔다. 제복을 입지 않았고 온순하게 보였다. 우리는 대화를 나누었고, 나는 이곳을 왜 '늙지 않는 기지'라고 부르는지 물었다.

"현지의 전설 때문이죠." 그는 그 민간 전설을 말해줬다. 옛날에 한 신선이 하늘에서 이곳의 가장 높은 '윈펑산雲峯山'으로 내려왔다. 왕즈王志라고 불리는 촌민이 산에 왔다가 신선을 만났는데, 신선은 그에게 복숭아를 주었다. 왕즈는 그것이 평범한 사람이 준 평범한 복숭아인 줄 알았다. 그러나 뜻밖에도 그것을 먹은 뒤 그 역시 신선이 되었다.

드디어, 중국 경찰이 늙지 않는 이유에 대한 설명을 찾았다. 나는 그 젊은 사람에게 지방 정부에서 무슨 일을 맡고 있는지 물었다.

"저는 선전부에서 일합니다."

✦

두 시간이 지난 뒤 베이징 경찰이 도착했다. 나는 그를 안다. 해마다 그는 기자의 여권 신청 수속을 맡고 있다. 그의 얼굴에서 나를 가련하게 여기는 표정을 읽어냈다. 그래도 최소한 그의 몇 가지 질문은 나의 존엄을 지켜주었다. 다른 지방 경찰들은 옆에서 지켜보았다.

"취재하려면 먼저 정부에 신청해야 하는 거 알죠?"

"압니다. 그런데 전 그곳에 취재 간 것이 아니라 캠핑 간 겁니다."

"그것 참 이상하죠. 선거할 때 당신이 때마침 그곳에 있었거든요."

"절 보세요. 어젯밤에 모래 폭풍이 불었어요. 제가 선거를 보기 위해 왔다면, 어떻게 이렇게 많은 물건을 가져왔겠습니까?"

처음의 주장은 사라졌다. 그 경찰이 호기심을 섞어 물었다.

"선거는 어떻든가요?"

"모두 다섯 명의 후보가 나왔습니다. 펑 씨가 두 명, 저우 씨가 두 명, 탕 씨가 한 명입니다. 그들은 세 명을 선출한다더군요. 이것이 제가 아는 전부입니다."

"이전에 향촌 선거를 본 적 있나요?"

"예. 제가 쓰촨에 살 때 봤어요."

"뭐가 다르던가요?"

"다르지 않더군요."

"미국의 선거와 어떻게 다른가요?"

한 가지 생각이 번쩍이고 지나갔다. 미국 선거 때 그들은 기자 때문에 두 대의 경찰차를 동원하지는 않았을 것이다. 그러나 이러한 생각을 꾹 삼켰다.

"말하기 힘들죠."

"지난해 미국 대선 때 투표용지에 문제가 발생했죠?"

"예. 몇 곳에서 그랬죠."

"또 다른 문제도 생겼죠. 어떻게 그렇게 오랫동안 끌 수가 있죠? 어째서 앨 고어가 당선되지 못했죠? 그가 가장 많이 득표했는데."

중국어로 선거인단에 대한 간단하고 명료한 설명을 시도했다. 나는 그것이 아무 쓸모없음을 알아야 했었다. 교직 생활을 하던 몇 년 동안 영어로 학생들에게 이를 분명하게 설명해줄 방법이 없었다. 나는 미국의 선거 개혁을 자극하는 좋은 방법은 모든 미국 시민으로 하여금 그 체계를 중국 수업 시간에 소개하도록 하는 것이라고 믿는다.

그 경찰서에서 선거인단에 대한 내 이야기는 결코 성공적이지 못했으며 경찰들도 무료해했다. 나중에는 가장 젊은 사람을 빼고 모두 자리를 떠났다. 우리 둘만 남자 그가 물었다.

"미국 경찰은 봉급이 얼마나 되죠?"

✦

둘만 있는 시간이 길어질수록 젊은 경찰은 덜 친절해졌다. 그의 호감을 사기 위해 나의 매형이 미주리주 경찰이라고 말했지만, 아무 소용이 없었다. 맨 처음에는 신문이 새로운 일인 듯 천천히 질문했다. 그러나 오래지 않아 그는 그 방에서 질문을 퍼붓기 시작했다. 그는 그 마을에서 발생한 일에 대해선 전혀 관심이 없는 듯했다. 대부분의 질문은 미국에 관한 것이었다.

"어느 곳이 더 안전합니까? 중국 아니면 미국?"

"중국이죠." 얼마 전 로드아일랜드가를 방문했기 때문에 대답이 이렇게 나왔다.

"미국엔 어째서 그렇게 노숙자가 많아요? 정부는 왜 그들에게 돈을 안 주죠?"

"빈민에게는 줍니다. 많지는 않지만 조금이나마 주죠. 그 노숙자들은 보통 정신적으로 문제가 있어요."

"아니죠. 그렇지 않습니다. 그들은 가난할 뿐이죠."

내가 어깨를 들어올리자, 그가 다시 입을 열었다.

"미국인은 왜 총을 갖고 있어요?"

"그들의 권리입니다. 헌법에도 쓰여 있어요."

"그건 이치에 맞지 않죠. 당신은 장성에서 자는 것이 위법인 줄 압니까?"

"아뇨. 그곳에 표시도 없는 데다가, 현지인들도 최근에 그렇게 한 사람이 있다더군요."

"그들은 법규를 잘 몰라요. 법규를 읽어봐야죠. 당신에게 왜 문제가 생겼습니까? 몇 가지 중국 법규를 위반했기 때문이죠. 당신은 허가 없이 취재했으며, 게다가 여권을 휴대하지 않았어요. 여권을 휴대하지 않았기에 우리는 당신에게 50위안의 벌금을 매길 수 있습니다."

"지금 벌금을 낼 수 있어요."

대략 6달러 정도다. 그 경찰은 고개를 흔들었다. 그가 다른 질문을 꺼내기 전에 나는 화장실에 가고 싶다고 말했다.

✦

그는 소변기 옆에 서서 기다렸다. 우리가 돌아온 뒤 그의 표정은 더 준엄해졌다.

"미국에서는 왜 중학생에게 콘돔을 주나요?"

그날 처음으로 나는 완전히 할 말을 잊었다. 그는 다시 한번 물었다.

"미국에서는 왜 중학생에게 콘돔을 주나요?"

"당신 말은 고등학생이겠죠." 나는 끝내 대답했다. "중학생에게는 주지 않아요."

내가 왜 이렇게 대답했는지 모른다. 모종의 이유로 그때는 특정 연령층이 매우 중요한 것 같았다.

"중학생입니다. 그 일에 대해 읽은 적이 있죠. 왜 그렇게 하나요?"

이번에 나는 아무 말도 하지 않았다.

"이것이 바로 중국과 미국의 차이입니다." 그는 승리한 듯이 말했다. "미국은 더 많이 개방된 나라죠. 그래서 미국 여성들도 훨씬 더 개방적입니다."

✦

막바지에는 대부분의 시간을 침묵으로 보냈다. 그가 질문하면 나는 되도록 짧게 대답했다. 예, 아니오, 모릅니다. 드디어 그는 시계를 보았다.

"당신은 법을 위반했어요. 그리고 여권을 휴대해야 합니다. 또 허락을 얻어야만 취재할 수 있고, 문화 유적지에서는 잠잘 수 없어요. 이것은 모두 불법이죠. 벌금을 물어야 하지만 오늘은 봐드릴게요. 앞으로는 절대로 다시 법을 어겨선 안 됩니다. 알겠죠?"

그는 나를 데리고 경찰서 앞문으로 나왔다. 경찰이 나를 시뛰구에서 여기로 데려온 지 벌써 네 시간이 지났다. 나는 다른 경찰을 보지 못했다. 그들은 틀림없이 그 젊은 경찰로 하여금 나를 다시 구류시키는 방법으로 나를 혼내주고자 했을 것이다. 나는 거리에서 택시를 잡았다. 부라오툰을 떠날 때 나는 더럽고 피곤했으며 화가 나면서도 좌절감을 느꼈다. 딱 초등학교 시절 재수 없던 날 느끼던 기분이었다.

글
자

ㅏㅏㅏㅏ

중국의 글자를 보면 언제나 살아 있는 것 같다. 서예 평론가들이 쓰는 어휘는 생리적이다. 이를테면 문언의 '골骨' '기氣' '육肉'처럼. 최초의 자전 『설문해자』는 100년경 후한後漢 때 편찬되었다. 작자는 한자의 발명자인 창힐을 네 개의 눈을 가진 반신반인으로 묘사했다. 그는 후기에서 문자를 발명한 과정에 대해 이렇게 기술했다.

황제黃帝의 사관 창힐은 새나 짐승의 뛰어다니는 발자국을 보고 그 자국이 서로 같고 다른 것을 깨달아 처음으로 서계書契를 만들었다. (⋯) 창힐이 처음으로 만든 서계는 대개 유사함을 따라 형상을 본떴는데 그래서 문文이라고 한다. 그 뒤에 모양과 소리에 따라 서로 합쳐지게 되었고, 그래서 자字가 생겨났다. 문은 물체를 나타내는 요체이고, 자는 거기서 더 늘어난 것이다. 그것들을 대나무와 비단에 쓴 것을 서書라고 하는데, 서는 닮음을 의미한다.

새와 짐승은 발자국을 남기고 발자국은 도안 양식으로 기록되며, 이러한 양식은 결합되어 새로운 양식을 창조한다. 글자는 서로 조합된다. 한 글자의 조각이 다른 글자의 조각과 합쳐져 새로운 글자를 창조한다. 문자는 생물의 세계에서 기원하고 아울러 똑같은 방식으로 행동한다.

전설에 따르면 창힐이 글자를 만든 뒤 하늘은 곡식을 뿌리고 귀신은 밤새 울었다고 한다.

✦

시애틀의 워싱턴대학에서 중국어과 교수와 인터뷰하다가 다카시마 겐이치가 여름 학기 과정을 가르치기 위해 막 도착했다는 말을 들었다. 이름이 낯익다 싶은데 데이비드 N. 키틀리가 했던 얘기가 떠올랐다. 다카시마 겐이치 교수는 한때 용접봉으로 갑골편을 뚫은 적이 있다.

내가 임시 사무실로 찾아가니 그는 마침 짐을 풀고 있었다. 왜소한 일본 사람으로 가느다란 염소 수염을 기르고 금테 안경을 썼다. 영어 실력은 유창하여 구어투가 묻어날 정도다. 그의 학문적 생애는 언제나 다른 문화를 넘나들었다. 예수회에서 세운 일본 소피아대학을 졸업한 뒤 다카시마는 워싱턴대학 석사 과정에서 공부했다. 그는 원래 언어학을 연구했으나, 벨기에 신부이자 이름난 갑골학자 폴 세루이스(중문명 쓰리이司禮義) 밑에서 연구를 한 뒤 상대 문자에 대해 관심을 갖게 되었다.

키틀리와 마찬가지로 다카시마가 갑골문 연구의 길로 들어선 것은 간접적이었다. 그는 종종 자신의 언어학적 배경을 상대 문자 연구에서 응용했다. 최근에 그와 다른 학자는 상나라 점술가가 남겨놓은 갑골 각 문에 다른 문법 양식이 있음을 발견했다. 이는 아마도 당시 다양한 방언이나 언어가 있었음을 반영한 것이고, 또한 상 왕조가 지금까지 상상해온 것보다 많은 다양성을 품은 문명이었음을 보여주는 것이다.

다카시마 교수와 악수하고 나서 내가 천명자의 생애를 추적하고 있다고 언급하니, 그의 표정이 갑자기 밝아진다.

"천명자는 뛰어난 학자죠. 그가 1956년에 펴낸 『은허복사종술』은 여전히 명문집chrestomathy입니다."

그의 입에서 나온 단어가 내 노트에 적히면서 변형된다. 'crestmathy.' 나는 잠시 글자를 응시하다가 할 수 없이 인정한다.

"처음 들어보는 단어네요. 무슨 뜻인가요?"

"걸작이죠. 천명자의 책은 걸작입니다." 그가 사전을 펼치는데 표정이 어두워진다.

"이 단어의 뜻은……" 그가 중얼거린다. "제가 아는 뜻과 다르군요."

그가 내게 사전의 정의를 보여준다.

문학이나 언어 학습용으로 삼을 만한 문학 선집.

그는 서가에서 다른 사전을 꺼낸다.

"여기도 똑같이 되어 있군요. '문학작품 선집'. 저는 이것보다 더 좋은 사전을 찾아보고 싶네요. 아마 제가 단어를 잘못 선택한 거 같아요. 저는 보통 『옥스퍼드 영어대사전』을 이용하거든요."

그가 컴퓨터를 만지작거린다. 오늘은 그의 수업 첫날이었고, 새로운 사무실로 이사하는 중이었는데 한 기자가 전혀 예고 없이 나타났다. 그러나 이 특별한 순간에도 그 단어는 다른 무엇보다 더 중요하다. 그는 인터넷에 들어가 검색해보고, 사무실에서 더 좋은 사전을 찾아본다. 나는 조용히 기다린다. 고문자 학자들과 많은 시간을 보내진 않았지만, 나는 이미 이러한 사람들은 문자와 특수한 관계가 있음을 배웠다. 다카시마 교수는 일본어, 영어, 중국어를 유창하게 말한다. 그는 고대 한문 전적을 읽으며 살아가고 있다. 글자는 정말 중요하다. 천천히 나는 다시 인터뷰를 시도한다.

"천멍자의 책이 걸작이라 말씀하셨죠?"

"예. 걸작이죠." 그가 고개를 든다. "수많은 사람이 아직도 참고서로 삼고 있습니다. 거의 모든 것을 포함하고 있고 매우 포괄적이죠. 무엇을 연구하든 저는 언제나 천멍자의 책을 참고하고 있어요."

마침내 화제가 그 단어에서 벗어난다. 이때 그는 다른 실마리를 언급한다.

"제가 도쿄대학에 있을 때 그에 관한 소문을 들었어요. 일부 교수는 천멍자가 상당히 젊었을 때 죽었으며 사인이 비정상적이라고 하더군요. 아마 정치적인 문제가 있을 거예요. 이 부분을 어떻게 입증해야 할지 모르지만, 일본인은 보통 신중해서 진짜가 아니었다면 그런 소문을 퍼트리지 않았을 겁니다."

그가 계속해서 말한다.

"알고 계신가요? 그는 중국 청동기에 관한 책도 썼어요. 제목을 영어로 옮기면 대략 '미 제국주의자가 훔쳐간 중국 청동기'입니다. 그 책은 구하기 힘들죠. 도쿄대학의 어느 교수가 원래의 제목 그대로 책을 다시 인쇄했어요. 천명자는 미국을 모종의 제국주의자라고 봤는데, 왜 그렇게 제목을 붙였는지 모르겠어요."

나는 그 책에 대해 아는 것, 그리고 천명자가 1966년에 자살한 일을 다카시마 교수에게 설명해준다. 나는 비록 이제 막 그의 생애를 추적하기 시작했을 뿐이지만, 몇몇 사람이 내게 알려준 바에 따르면 천명자 문제는 그가 문자 개혁을 반대한 것과 관련이 있다고 한다.

"잘된 일이네요." 교수는 말한다. 본능적으로 튀어나온 말이라 교수는 스스로 바로잡는다.

"제 말은 그런 뜻이 아니라" 그가 재빨리 말한다. "결과적으로 그가 자살할 수밖에 없는 상황으로 몰렸다는 걸 이해한다는 의미예요. 끔찍한 일이죠. 저도 중국 간체자를 좋아하지 않아요."

✦

내가 갑골편을 뚫은 일을 언급하자 다카시마 교수가 웃는다.

"키틀리가 그 일을 책에 인용했어요! 저는 믿을 수가 없었죠." 그가 고개를 흔들고는 이야기를 들려준다.

1969년 6월 다카시마가 대학원생일 때 그는 갑골을 뚫어보기로 했다. 그는 시애틀의 정육점에 가서 소고기를 사고는 주인에게 고기를 발라낸 우골을 달라고 했다("주인이 물었어요. '이 뼈를 어디다 쓰시게요?' '뚫어보려고 합니다.' 그랬더니 뼈를 공짜로 주었습니다"). 다카시마와 동료들은 함께 갑골을 뚫는 의식을 거행했다. 폴 세루이스 신부가 상나라의

'수석 사제', 즉 갑골 점술가 역할을 맡았고, 다카시마가 집행했다.

"우선 저는 용접봉으로 태웠습니다." 그가 회상한다. "전기여서 열이 충분히 가해지지 않았어요. 약간 그을린 자국만 남더군요! 그래서 전기 용접봉과 함께 숯불을 사용해 태웠어요. 이렇게 하니 뼈가 뜨거워지고 악취가 나더군요.

분명히 다른 방법이 있었을 거예요. 아마 식초에 담가두었거나 아니면 유사한 방법을 썼을 겁니다. 저는 먼저 갑골편을 오븐에 넣고 쪘습니다만 갈라지지 않더군요. 폴 신부와 동료들은 실망이 컸죠. 그래서 우리는 그냥 먹고 마시기로 했어요. 저도 포기했죠. 골편을 고기 굽는 탄불 속에 던져버리고 신경 쓰지 않았는데, 그것이 큰 소리를 내며 갈라지기 시작하더군요. 팝팝팝! 역사언어학자는 언제나 문자의 고음을 재구성하려고 시도합니다. 오, 그 소리는 정말 음운학 계통을 재구성하는 것 같았죠. 마치 중국어의 '부ㅏ'처럼 들렸어요."

그는 멈추고는 종이에 한 글자를 쓴다. 그 의미는 '점치다, 미래를 예측하다'이며 도형은 갑골의 균열된 흔적 같다.

卜

"현대 중국어에서 이 글자의 발음은 '부ᵇᵘ'입니다. 그러나 고대 중국에서는 '북ᵇᵘᵏ'으로 읽었어요. 그 불 속의 골편 소리도 그렇게 들렸어요. 'p' 성모에 가까웠어요. 제가 자세히 들어보니 '폭 폭 폭 폭ᵖᵒᵏ ᵖᵒᵏ ᵖᵒᵏ ᵖᵒᵏ!' 같았습니다. 소리가 매우 날카롭더군요. 제가 키틀리에게 편지로 이 이야기를 했더니 그가 『상대 사료』라는 책의 주석에서 언급한 것이죠. 전 믿을 수가 없었어요! 그는 다카시마가 신석기 시대의 방식으로 갑골에 균열을 내는 과정을 재현했다고 말했어요!"

✦

문자 기원에 관한 고대 중국의 이론은 질서정연하지만(새의 발자국에서 글자로 변했다) 그것이 실제로 어떻게 생겨났는지 아는 사람은 없다. 물론 인류가 최초로 어떻게 사물을 기록하는 것을 배웠는지 우리에게 알려주는 어떠한 기록도 없다.

"그것은 정말 크나큰 도약입니다. 수천 년 동안 구두로 전파된 뒤 이 첫걸음이 문자로 남게 된 것이죠. 당신도 알다시피 문자의 역사는 결코 길지 않아요. 그러나 그것이 시작되자 문명의 발전은 순조롭게 진행되었죠. 이는 엄청난 사건이에요. 문자는 정말 인류 문명 발전의 이기利器입니다. 기본적으로, 그 진보는 지난 3000년 동안 이루어졌지만 인류의 역사는 5만 년, 어쩌면 7만 년입니다. 그 모든 세월 동안 그들은 문자가 없었기 때문에 정말 많은 일을 하지 않았습니다. 도대체 무엇이 인류로 하여금 기록의 필요성을 처음으로 느끼게 했을까요?"

중국어 문자에 관해 대화하다가 교수는 중문자中文字가 장방형인 것에 관한 논문을 발표한 적이 있다고 언급한다. 과거 몇 세기 동안 그것들의 형태는 바뀌었다. 상나라의 문자는 가늘고 길었는데, 한대에 오면 압축되어 방형으로 바뀐다. 오늘날 말하는 방괴자方塊字다.

"저는 우주의 구조에 관심이 많아요. 저는 중국인 눈에 보이는 세계는 어떠한 모습인지 알고 싶어요. 이러한 세계관이 어디에서 나오는지 저는 모릅니다만, 중국인은 모든 사물을 사각형으로 보는 것 같아요. 문자뿐만 아니라 지리학에서도 그렇습니다."

갑골문에서 상나라의 세계는 언제나 동서남북 네 개의 기본적인 방향에 근거하여 묘사된다. 상의 무덤, 도시, 도시를 두르고 있는 담은 모두 나침반에 따라 신중하게 배치됐다. 다카시마 교수가 현대 문자 '청城'을 적는다. 이 글자는 보통 두 가지 뜻, 즉 도시와 성벽이란 뜻을 갖는다.

城

그의 말에 따르면 이 글자의 고대 자형에는 상자 형태의 에운담囗이 들어 있다. '囗'은 '사각형의 지구'나 '경계가 정해진 구역', 기본적으로 취락을 나타낸다. '囗'과 '城'의 옛 발음은 거의 비슷하다.

"야만인에 대한 그리스인의 생각과 마찬가지로, 성안에 사는 사람은 문명적이고 성 밖에 사는 사람은 야만적입니다. 성의 기능이 바로 그렇습니다. 성벽도 기본적으로 정방형이죠. 상나라 때는 장방형이었으나, 기본적으로 똑같은 형태였습니다. 거기엔 원형이나 다른 형태는 없었어요. 중국인이 세계를 어떠한 모습으로 보았는지, 틀림없이 고정된 생각이 있을 겁니다.

대략 20~30년 전에 뉴욕 필하모닉 오케스트라의 지휘자는 중국 음악에 대해 이렇게 말했습니다. "중국 음악을 들어보면 중국 글자와 같다." 그의 말뜻은 그 소리가 네모지다는 것이죠. 서양 음악은 그렇지 않다고 말했어요.

당시 이 말을 듣고 저는 마음속으로 생각했죠. 그가 말한 의미는 무엇인가? 그러나 제가 이 정방형의 특성을 연구할 때 나는 갑자기 그것들이 아마 거리가 멀지 않다고 생각했어요. 그가 비유한 중국 음악은 괴상塊狀이지, 유동적인 선상線狀이 아닙니다. 그것은 무척 인상적인 해석입니다. 저는 그가 정말 중국인의 잠재의식 속의 원시적 단계에 깊이 접촉했을지도 모른다고 생각했어요."

✦

1년이 더 지난 뒤 나는 키틀리의 『상대 사료』를 읽다가 66쪽 둘째 단락에 이른다. 첫 문장은 길고 쉼표로 가득하다. 마치 온 페이지가 단어로 가득 찬 것 같다. 그중 하나가 내 눈길을 끈다.

> 비록 체계적이지 않고 낡은 것이긴 하나, 갑골문 문법 표준 입문서는 여전히 천멍자의 걸작이다. 그 책은 학생이 어순, 조사, 시간사, 대명사, 동사, 수식어, 수사, 지시사, 접속사, 전치사, 조동사, 부정사, 생략과 축약, 구형을 이해하는 데 도움을 준다.

뒤에 내가 다시 다카시마를 만났을 때 그는 데이비드 세날이라는 체코 학자도 갑골을 성공적으로 균열시켰다고 말했다. 그것을 숯불 옆에 붙인 다음 바람을 불어넣어 가열시켜 골편을 더 뜨겁게 만든 게 관건이었다. 체코공화국에서 골편이 균열되는 소리는 시애틀에서의 소리와 똑같았다. 폭 폭 폭 폭!

중·미 관계의 세계에서, 한 분쟁이 한 대의 비행기 사고에서 시작되어 11일이 지난 뒤에는 하나의 부사와 명사만 남게 되었다. 우리는 이 사건을 말재주나 우화로 여길 수도 있다. 고대의 도가 경전 『장자』의 호접몽처럼.

옛날에 장주는 꿈을 꾸었다. 나비가 되어 꽃 사이로 즐겁게 날아다녔다. 그러다가 문득 깨어보니 자기는 분명 장주가 되어 있었다. 이는 대체 장주인 자기가 꿈속에서 나비가 된 것인지, 아니면 나비가 꿈에 장주가 된 것인지 구분할 수가 없었다. 장주와 나비 사이에는 반드시 구분이 되는 점이 있을 것이다. 이것을 물화物化라고 한다.

◆

2001년 4월 1일 아침 두 대의 군용기가 남중국해 해상의 국제 영공에서 서로 충돌했다. 한 대는 미국, 다른 한 대는 중국의 것이다. 중국 군용기는 F-8 전투기로 심하게 부서졌다. 미국 군용기는 제법 덩치가 컸는데, 외국 군대의 전자통신 정보를 수집하는 용도로 설계된 해군 EP-3형 2세대 정찰기였다. 미국 정찰기는 부딪치자 곧바로 2.4킬로미터 추락했다가 통제를 회복한 뒤 중국의 하이난섬에 긴급 착륙할 것을 요청했다. 비행장 관제탑에서는 회신을 주지 않았으나, 미 군용기는 착륙했다. 비행기의 남녀 승무원 스물네 명은 즉각 인민해방군에 의해 구금되었다.

중국 전투기를 조종한 사람은 33세의 장교 왕웨이로, 그의 비행기는 바닷속으로 추락했다.

이 사건 중 어느 것도 독자적이고 비군사적인 관찰자에게 목격되지 않았다.

몇 시간 뒤 양국 정부 관리는 이 사건에 대해 각각 다르게 설명했다.

첫날 두 국가의 최고 지도자는 어떠한 성명도 발표하지 않았다.

◆

4월 2일, 미국 대통령 조지 W. 부시가 침묵을 깼다. 이는 그의 임기 이래 외교정책에 닥친 첫 번째 중대한 시련이었다. 미국 언론들은 이러한 사건에서 부시 정부가 향후 외교 사무를 처리하는 기조를 볼 수 있을 것이라고 예측했다.

백악관 잔디밭에 선 대통령은 충돌 사건에 대해 사과하지도 않았고, 왕웨이의 가족에 대해 조의를 표하지도 않았다. 그의 말은 단도직입적이었다.

"우리가 첫 번째 해야 할 일은 더 이상의 간섭 없이 승무원을 신속하고도 안전하게 귀국시키고, 비행기도 국내로 송환하는 것입니다."

미국 외교관이 승무원과 면담을 요청했으나 거절당하자, 부시는 이에 대해 관심을 표했다.

"중국 정부가 즉시 우리 요구에 반응하지 않고 있는데, 이는 기본 외교 관례에 부합하지 않으며, 양국이 더 좋은 관계를 갖고자 하는 갈망과도 일치하지 않습니다."

앞서 미국 태평양사령부 총사령관 데니스 블레어는 호놀룰루에서 기자 회견을 열고 남중국해 영공에서 중국 비행사들의 "점차적으로 더 불안정해진 행동 방식"이 있었다고 밝혔다.

◆

처음에 중국 고위층은 어떠한 성명도 발표하지 않았다. 그것은 전형적이다. 미국의 관념으로는 이럴 때는 고위층의 즉각적인 반응이 있어야 한다. 중국은 보통 관료 체계의 바퀴를 따라 움직이기 시작한다. 비행기 충돌 사건은 특히나 민감한 시기에 발생했다. 베이징은 아직 올림픽 주최권 유치 결과를 기다리고 있었고, 또한 이 국가는 세계무역기구 가입 신청의 마지막 단계에 있었다. 1999년 나토 폭격 사건과는 달리 이번에 정부는 학생들의 항의를 촉구하거나 허락하지 않았다.

4월 4일, 장쩌민 주석은 신화통신사를 통해 성명을 발표했다.

"미국은 중·미 관계의 원활한 발전에 유리한 일을 해야 하며, 시비를 전도하거나 양국 관계에 해로운 일을 해선 안 된다."

베이징 외교부는 미국의 사과를 정식으로 요구하는 성명을 발표했다. 그날 늦게 미국의 고위층 인사가 처음으로 '유감regret'이란 단어를 사용했다. 미국 국무장관 콜린 파월은 "우리는 중국 비행기의 안전하지 못한 착륙과 중국 비행사의 죽음에 대해 유감을 표합니다. 그러나 이제 우리는 이를 넘어서 문제 해결에 노력해야 합니다"라고 말했다.

4월 4일, 『베이징청년보北京靑年報』 제1면 헤드라인이다.

「패도의 증거」

4월 5일, 『뉴욕타임스』 제1면 헤드라인이다.

「베이징, 비행기 충돌 사건을 두고 설전을 강화하다」

4월 6일, 한 미국 관리는 양측이 위기를 끝낼 공식 서한을 작성하고 있다고 발표했다.

✦

장자가 말했다.

세상에서 귀하게 여기는 도道는 글로 기록된 도다. 그러나 글이란 말에 불과한 것이며 말이 정말 중요한 것이다. 말에서 중요한 부분은 의미인데, 의미란 가리킴이 있는 것이다. 그런데 의미가 가리키는 것을 말로는 전할 수가 없다. 그런데도 세상에서는 말을 귀중히 여겨 글로 전해준다. 세상에서는 비록 글을 중요히 여기나, 귀중하게 여길 가치는 없다. 그들이 귀중하게 여기는 것일뿐, 진짜 귀중한 것은 아니기 때문이다.(「천도」 편)

◆

4월 9일, 부시 대통령은 "외교는 시간을 필요로 한다"라고 말했다.

중국 외교부장은 "미국은 반드시 중국에 사과하고, 아울러 유사한 사건의 재발을 방지할 조치를 취해야 한다"라고 말했다.

양국의 언론은 완전히 다른 논리로 이 사건을 계속해서 서술했다. 중국은 미국 비행기가 갑자기 방향을 바꿔 그들의 F-8과 충돌했다고 주장했다. 미 국방부 관리는 중국의 소형 비행기가 먼저 도발하기 시작했다고 주장했다. 미국은 지난 수개월 동안 중국 비행사가 그들의 정찰기에 접근했으며, 도발할 의도가 명확했다고 말했다.

중국 군용기와 민항기는 계속 남중국해에서 왕웨이를 수색했다.

보도에 따르면 서한은 아직 작성 중이라고 한다.

◆

4월 10일, 제시 잭슨 목사가 중국에 가서 협상을 돕고 싶다고 말했다.

◆

이번 위기 때 양측 정부가 발표한 내용이 많지 않기 때문에 양측 언론은 단지 숫자로만 기사를 채웠다. 쌍방은 각기 자국 정부의 관념을 따랐다. 미국은 여론조사를 했고, 중국은 데이터를 수집했다. ABC와 『워싱턴포스트』는 연합하여 '미국은 사과해야 합니까?'란 조사를 실시했다.

	예(%)	아니오(%)
남자	33	61
여자	46	47
18~30세	44	54
61세 이상	31	62

신화통신사 보도에 따르면, 왕웨이의 수색 작업에 비행기 115대가 참여했고 경비정 1000여 척이 동원됐으며, 조사의 범위는 30만 제곱킬로미터 이상으로 국제올림픽위원회의 평가에 대비해 새로 단장한 베이징 시구 면적보다 11배 더 넓다고 말했다.

◆

나는 세 사람의 왕웨이를 안다. 한 사람은 예술가, 다른 사람은 고고학자, 세 번째 사람은 서점 주인이다. 나는 더 많은 왕웨이를 알았어야 했다. 나의 예술가 친구 왕웨이는 다섯 명의 왕웨이를 알았다. 그리고 아마도 그 왕웨이마다 또 다른 다섯 명의 왕웨이를 알았을 것이다. 또한 그들도 각각 서로 다른 다섯 명의 왕웨이를 알았을 것이다. 왕웨이는 남성이거나 여성일 수도, 도시에 살거나 시골에 살 수도, 부자이거나 가난할 수도 있다. '웨이'란 발음의 글자는 '偉' '爲' '衛' '未' '唯' '威' '委' '緯' '蔚' '韋' '微' '煒' '葦' '瑋'가 될 수 있다. 중국인은 전화번호부를 사용하지 않는데, 부분적으로는 왕웨이의 경우처럼 동명이인들 때문이다.

◆

장자가 말했다.

통발은 물고기를 잡는 도구인데, 물고기를 잡고 나면 통발은 잊는다. 덫은 토끼를 잡는 도구인데, 토끼를 잡고 나면 덫은 잊는다. 말은 뜻을 나타내는 것인데, 뜻을 알고 나면 말은 잊는다. 나는 어쩌면 저 말을 잊은 사람을 만나서 그와 더불어 말할 수 있을까?

◆

4월 11일, 쌍방은 마침내 서한에 동의했다. 236개 단어의 영문을 쓰는 데 거의 일주일이나 걸렸다. 보도에 따르면, 그 서한은 최소한 네 번 이상 초안을 고쳤고 협상 마지막날에 '매우very'라는 부사가 추가되었다. 비공식적으로 일부 미국 관리는 그것을 '두 개의 베리 소리very sorrys 서한'이라 일컬었다.

주중 미국 대사가 서한에 서명했다. 그중 일부를 읽어보면 이렇다.

부시 대통령과 파월 국무장관은 실종된 중국 비행사와 비행기에 대해 진실한 유감을 표했습니다.

중국 인민과 비행사 왕웨이 가족에게 우리는 고인의 사망에 대해 매우 애석하게 여긴다고(feel very sorry) 전해주시기 바랍니다.

사건의 전모가 아직 분명히 밝혀지지 않았지만, 우리의 정보에 의거하면 심하게 손상당한 우리 비행기는 국제 비상 절차에 따라 긴급 착륙을 진행한 것입니다.

우리가 구두 허가를 거치지 않고 중국 영공에 들어가 착륙한 데 대해 매우 미안하게 생각하고(very sorry), 승무원의 안전한 착륙에 대해 매우 위안을 느낍니다. 우리는 중국 측이 승무원의 안전에 신경 써주신 데 대해 감사드립니다.

미국 대사관의 통역관은 '베리 소리'를 두 개의 다른 중국어로 번역했다. 왕웨이의 가족에 대해서는 '페이창 완시非常惋惜'(매우 애석하다)란 말을 쓰고, 중국 영공에 진입한 데 대해서는 '페이창 바오첸非常抱歉'(매우 미안하다)이란 말을 썼다. 그러나 중국 외교부가 자신의 판본을 공개했을 때, '베리 소리'는 '선뱌오첸이深表歉意'(깊이 사과하다 혹은 깊은 사과의 뜻을 표하다)로 변했다.

중국의 성명이 발표된 뒤 콜린 파월은 기자에게 말했다.

"사과할 만한 것은 없다. 사과란 우리가 무슨 잘못을 하여 우리가 잘못한 일에 대한 책임을 받아들이는 것이다. 그러나 우리는 아무 잘못도

하지 않았다, 따라서 우리는 사과할 수 없다."

　이튼날 『베이징신보北京晨報』의 제1면 헤드라인은 이러했다.

　「미국이 끝내 사과하다」

◆

미국 승무원들이 전세기를 타고 괌에 도착한 뒤 대다수 미국 언론은
새 대통령이 탄력적인 방법으로 이 사건을 능숙하게 처리했다고 보도
했다. 분석가들도 이 사건을 주도한 정부 관리는 국방장관 도널드 럼즈
펠드가 아니라 국무장관 콜린 파월 같다고 지적했다. 그들은 부시의 외
교 정책은 강경파가 아닌 온건파에 의해 좌우되었다고 해석했다.

◆

『보스턴글로브』에는 이 사건을 보는 일반 중국인의 반응을 다룬 기사
두 꼭지가 실렸다. 한 기사는 인디라 락셰이먼이 베이징에 날아와 취재
한 뒤 썼는데, 그녀는 이 신문의 홍콩 주재 아시아국 국장이다. 그 서한
이 발표된 날 저녁에 그녀는 중국어로 번역된 미국 대사관 판본을 가지
고 길거리에 가서 사람들에게 보여주었다. 한 중국 비서가 그들의 반응
을 통역했다. 락셰이먼의 보도 중 일부는 다음과 같다.

　젊은 주민은 마치 앵무새처럼 국수주의적 정서를 되풀이했는데, 이
　것은 과거 20년 동안 정부가 공산당 이데올로기의 쇠퇴를 막기 위해

인민에게 애국심을 주입한 탓이다. 노인 세대는 현대 중국의 창시자 마오쩌둥의 통치 시대를 그리워하고 있다. (…) 해고당한 45세의 무직 노동자 우궈정이 소리쳤다. "저 유약한 지도자를 보세요! 먼저 베오그라드 대사관 폭파 사건, 이어서 우리의 비행기가 떨어졌습니다. 그들이 어떻게 이럴 수 있죠? 나라면 스물네 명의 승무원을 지하에 가두고 간첩기를 숨기겠습니다. 미국인이 물으면 저는 이렇게 대답할 겁니다. '무슨 비행기? 저는 아무것도 모릅니다.'"

『보스턴글로브』의 두 번째 보도는 내가 같은 날 밤에 쓴 것이다. 나는 혼자 야바오로의 옛 만둣집에 가서 저녁을 주문하고 사람들과 얘기를 나누었다. 나는 그들에게 미국 측 서한을 가져오지 않았다. 내 기사의 일부는 이렇게 쓰였다.

"우리는 미국을 공격해야 합니다." 그 발표를 들은 뒤 24세의 만둣집 주인 가오밍이 한 말이다.

그러나 이러한 보복에 대한 이유를 묻는 질문에 가오밍은 명확하게 답하지 않았다. 1분도 안 되어 그는 말을 얼버무렸다. "이는 정부 간의 문제입니다." 그는 어깨를 으쓱거렸다. "미국 국민은 중국 국민과 마찬가지로 문제가 없어요. 그러나 미국 정부는 너무 거만해요. 그들은 어째서 그렇게 오래 지나서야 사과합니까?"

가오밍과 마찬가지로 수많은 중국 시민은 모순으로 가득 찬 국영 언론, 인터넷과 입소문으로부터 자세한 정보를 찾고 있었으며, 의견만큼이나 많은 질문으로 다양한 반응을 보였다.

특히 외국 언론 기자와 얘기할 때 그들의 첫 발언은 분명하고 성내는 경향이 있다. 그러나 비교적 긴 토론을 거친 뒤에 그들은 좌절과 무력감을 보인다.

비행기 분쟁 사건이 끝난 뒤 나는 이 두 기사를 읽고 나서 신문 기사를 그만 쓰기로 결정했다.

✦

나는 늘 일간지 일과 관련해서는 서툴렀다. 일을 늦게 처리하고 마감 시간 때문에 공포에 떨었고 인맥을 쌓지도 못했다. 나는 오직 세 명의 왕웨이를 알고 있을 뿐이다. 내가 주로 기사에 인용한 발언자들은 정식 기자라면 결코 멘트를 따지 않을 이를테면 택시 기사, 식당종업원과 그들의 친구들이다. 나는 식당에서 많은 시간을 보냈다. 나는 기자회견장에는 웬만하면 가지 않았다. 특히 전화 통화를 몹시 싫어했는데, 이는 신문기자로서는 자못 심각한 신경증이다. 나는 특히 심야에 미국 학자에게 전화 걸기 위해 새벽까지 잠도 자지 못하는 상황이 늘 개탄스러웠다. 그렇게 하면 그들은 몇 마디 인용할 거리를 던져주곤 했지만 나는 이미 중국에서 무슨 일이 발생했는지 알고 있다. 정상적인 사람이라면 모두 자는 시간이다.

나는 무슨 기본적인 시설도 없다. 사무실, 팩스도 없거니와 비서, 운전기사, 스크랩 기자도 없다. 명목상으로는 『보스턴글로브』 베이징 지사 책임자라지만, 이는 페이퍼 컴퍼니, 즉 가짜다. 나는 이 신문의 이름을 짝퉁으로 인쇄한 '보스턴 글로벌Boston Global' 기자증을 가지고 있다. 공식 인감(이것으로 정식 특파원임을 증명한다), 사무실 등기증에는 이미 『월스트리트저널』이 입주한 곳의 주소를 썼다. 필요할 때 『월스트리트저널』의 친구는 내게 그들의 사무실을 빌려주었고 한 주에 한두 번 우편물을 찾으러 갔다. 나는 보통 내 집, 쥐얼후퉁에 있는 비좁은 3층 아파트에서 일했다.

나는 기사 한 편을 써서 300~400달러의 원고료를 벌었다. 사건이 터졌을 때만 어지간한 생활이 되었다. 만약 내가 게임을 제대로 했다면, 모든 공식 성명, 미세하게 차이 나는 단어들, '유감'에서 '진실한 유감'에 이르기까지, '완시惋惜'에서 '바오쳰抱歉' '쳰이歉意'에 이르기까지 모든 새로운 전개에 대한 이야기를 써낼 수 있었을 것이다. 그러나 제정신을 지키는 일에는 대가가 따르고 내 제정신의 대가는 300달러 이상은 못 벌겠다였다. 그 이상은 전문적인 해체주의자의 작업에 가까웠으며 그런 일을 하고자 했다면 아마 대학원에 남았을 것이다.

내가 다소 일간지 일에 익숙해졌다 할지라도, 다시 말해 내가 정말 사무실, 인맥을 갖고 전화 통화를 좋아하게 되었더라도 나는 이러한 보도 방식은 전혀 신뢰할 수 없다. 나는 삼인칭의 말투로 쓰는 것을 좋아하지 않는다. 두 명의 기자가 한 사건을 목격하고 써낸 보도는 그 내용이나 논조가 완전히 다를 수 있다. 그러나 동일한 비인격적이고 권위적인 어조를 띤다. 작자는 글에 거의 드러나지 않으며 자신의 보도 기법을 설명하지도 않는다. 중국에서 많은 외국 기자가 통역이나 취재 대상을 찾아주는 조수를 고용하는데, 보도에서는 이러한 공헌자를 거의 언급하지 않는다. 설령 당신이 혼자 일하더라도, 외국 기자의 신분이라면 중국인의 반응에 영향을 끼칠 수 있지만 삼인칭으로 쓴 보도에서는 이를 명확히 하기가 어렵다.

나는 때때로 긴 편폭의 기사 쓰기를 좋아한다. 나는 『보스턴글로브 매거진』에 자오 선생의 쓰허위안 얘기를 쓴 적이 있는데, 이 잡지에는 게재할 공간이 충분하다. 그러나 이와 같은 장편조차도 해외에는 잘 이해할 수 없는 미국 개별 언론사의 가치관 때문에 제한을 받는다. 내가 푸링에서 교사로 일할 때 원뜻과 완전히 상반된 문장 정보를 봤다. 당시 학생들이 사용한 교과서는 『미국 개관』이란 책이었는데, '사회 문제'에 관한 내용으로 구성된 다음의 한 챕터도 포함되었다.

1981년 캘리포니아대학에서 강도와 강간 사건의 비율이 150퍼센트 증가했다. 워싱턴의 한 천주교 학교에서 한 여학생이 혼자 교실에서 공부할 때 손에 사냥용 칼을 쥔 범인이 그녀를 성폭행하고 강탈했다. 캘리포니아주의 한 대학에서 풋볼 코치가 캠퍼스에서 총을 쥔 사람에게 약탈당했다. 전하는 바에 따르면, 사우스캐롤라이나대학에서 갱들이 여학생, 여교사, 교사의 아내를 강간의 대상으로 지목하여 심각한 공포심을 불러일으켰다.

이러한 내용은 가르치기 힘들었다. 세부 내용 자체는 진짜였을 것이다. 그렇다, 사우스캐롤라이나에 갱이 있다. 그러나 이러한 정보는 멀리 떨어진 중국 학생들이 미국을 알게 하는 기점으로 삼기엔 유용하지 않았다. 그들은 일반 상식이 아니라 맥락이 필요했다. 이러한 혼잡한 사실은 다만 그들을 혼동시킬 뿐이다.

아마도 이러한 세부 내용은 실제로 어느 목적에 부합한 미국 신문에서 추려졌을 것이다. 미국에서 기자들은 지역 사회 안에서 일했고, 종종 그들의 보도가 변화를 일으킬 수 있었다. 이는 언론계의 가장 고귀하고 가장 널리 칭송받는 측면 중 하나다. 모든 미국 신문기자는 워터게이트 사건을 알았다. 헌신적인 기자가 어떻게 부패한 정부를 끌어내리는 과정에서 역할을 했는가. 그것은 좋은 신문기자의 본보기였다. 만일 당신의 지역 사회에 스캔들이 있다면, 그 사람이 미국 대통령일지라도 똑같이 폭로할 수 있었다.

큰 언론사에서 성공한 기자는 해외 특파원이 되는데, 그때 그들은 자신의 업무 스타일을 해외로 가져갔다. 보통 그들은 극적인 소재나 해결되지 않고 있는 문제들을 찾았다. 해당 나라의 언어를 알지 못하면, 그들은 통역이나 조수를 고용했다. 때로는 그들의 보도가 변화를 만들어냈다. 아프리카에서 기근이나 대량 학살 문제를 보도하는 신문기자는 기사를 국제 조직의 개입을 촉진하는 도구로 삼을 수 있었다. 기자가 국제 사회에서 영향력을 발휘한 것은 현지 사회가 쇠퇴하여 활기가 없었기 때문이다.

중국은 완전히 달랐다. 이 국가는 일부 국제 지원을 받았으며, 대부분은 차관이었다. 그러나 중국 경제가 주로 의존한 것은 중국인 자신의 노력과 결심이었다. 과거에 미국 정부는 일찍이 간헐적인 위협을 들고 경제 제재 조치를 시행하여 중국의 인권 침해에 대처한 바 있다. 그러나 그 시대는 지나갔다. 무역이 훨씬 중요해졌다. 기본적으로 중국은 이미 전통적인 개발도상국 범주를 넘어섰다. 문제가 있다 하더라도 이 국가는 체제가 안정되었고 정치가 정상적으로 이뤄졌으며, 독립적이고 갈수록 강대해졌다. 미국의 시선이 태평양을 넘었을 때, 가장 중요한 문제는 어떻게 중국을 변화시킬 것인가가 아니었다. 이 국가와 그곳에 살고 있는 사람을 이해하는 것이 훨씬 더 중요했다.

그러나 대부분 외국 기자는 여전히 낡은 생각, 낡은 분류에 갇혀 있었다.

DEMOCRACY(민주)

DEMOCRACY PARTY(민주당)

DEMONSTRATIONS(시위)

DISABLED(장애인)

DISASTERS(재난)

DISSIDENTS(반체제 인사)

전형적인 외국 주재 사무실에서 중국인 조수는 현지 신문에서 잠재적인 기사거리를 찾아내고 불만을 품은 민중으로부터 비밀 정보를 받았다. 일단 극적인 사건이 외국인의 관심을 끌면, 그는 추적했다. 간쑤의 아동 매매 사건, 광시 여성의 불임 시술, 산둥 감옥 내의 노동운동가. 이러한 기사가 미국 신문에 실렸는데, 그곳의 독자는 그 문제를 해결하지 못할 뿐 아니라 진상을 이해하는 데 필요한 배경 지식도 없었다. 푸링의 그 교과서와 마찬가지였다. 때로는 정보가 많으면 많을수록 아는 것은 더욱 적어진다. 가장 좋은 선의라 할지라도 관음증이 되는 지점이 있다.

나는 매체의 유일한 호소력은 뉴스에 있다고 말하는 그런 기사를 쓰고 싶지 않았다. 뉴스는 중국에서 아무런 의미가 없었다. 이 국가는 비록 매년 바뀌지만 그 속도는 안정되었고 미묘하게 움직였다. 어떤 위대한 영도자도 없었고 추정상 비행기 분쟁과 같은 중요한 사건이라도 흐지부지되었다. 마치 대해의 거대한 파도의 표면에 거품이 튀는 것 같았다. 우리는 역사를 벗어났고 뉴스는 더 이상 중요하지 않았다. 멋진 신세계.

어쨌든 2001년 9월 전에 세계는 이러했다.

◆

컴퓨터에서 나는 오래된 편지를 찾아내어 약간 고쳤다.

> 친애하는 신문 담당자께
> 이 문서는 피터 헤슬러가 외국 특파원으로 일하는 데 요구되는 사항에 부합하는 경력과 완전한 자격을 갖춘 기자임을 증명합니다. (…)
> 『뉴요커』는 피터 헤슬러가 우리의 베이징 특파원으로 임명되었음을 지지하며, 아울러 이 신청서를 고려해주신 데 대해 감사드립니다.

잡지사 일이 내게 더 어울렸다. 잡지 기사는 더 길고 일인칭으로 쓸 수 있었으며 편집자는 뉴스에 대해서 그렇게 개의치 않았다. 그들은 단어 수대로 보수를 지급했는데, 이는 신문이 프리랜서에게 고정적으로 주는 보수보다 조금 높았다. 취재 과정 중의 비용도 책임졌다. 택시 기사의 말을 인용해도 괜찮았다. 작업 속도가 비교적 느리기 때문에 스토리를 조사하는 과정에서 전화를 사용하지 않아도 됐다.

과거 20년 동안 중국의 경제개혁은 극대한 변화를 가져왔습니다.

이 신청서를 고치는 일은 마치 갑골 각문의 의식처럼 느껴졌다. 똑같이 진부한 말투, 똑같은 편지와 서류. 『뉴요커』는 여태까지 중국 주재 정규 특파원을 파견하지 않았다. 따라서 나는 정식으로 『뉴요커』 사무실을 차렸는데, 그곳은 『보스턴글로브』와 같은 주소이고, 『보스턴글로브』도 『월스트리트저널』과 주소가 같다. 공문은 갈수록 쌓여갔지만 외교부에 이를 신경 쓰는 사람은 아무도 없는 것 같았다.

모든 것이 순조롭게 진행되어 잡지 명칭을 번역할 단계에 와서 외교부는 잡지의 중문 명칭을 『뉴웨런^{紐約人}』으로 하라고 공지했다. 이를 직역하면 '뉴욕 사람'이란 뜻이다. 내 명함에도 이렇게 새겼다.

紐約人 New York Person

何偉 Peter Hessler

내 명함을 중국 친구에게 보여줄 때마다 그들에게서 폭소가 터져 나왔다. 홍콩, 타이완이든 아니면 미국의 차이나타운이든, 이 잡지의 중문 이름은 이미 『뉴웨커^{紐約客}』였다. '뉴웨커'라는 발음은 음역이다. 가장 순수한 번역은 아니지만 『뉴웨런』보다는 훨씬 더 좋다.

『월스트리트저널』의 중국인 조수 소피 쑨에게 이 문제를 언급했을 때 그녀는 나를 도와줄 수 있다고 말했다. 그녀는 현지인이 외교부와 잘

소통할 수 있다고 생각했지만, 그들과 전화 한 통화를 하고서는 화가 나서 말을 잇지 못했다. 그녀는 내게 희망이 없다면서, 그런 사람들은 전형적인 간부들처럼 너무나 완고하다고 말했다.

결국 나는 외교부에 전화를 걸었다. 담당자 이름은 스장타오였다. 목소리는 젊어 보였지만 나를 소개하는 순간 생기가 날아갔다. 우리는 중국어로 얘기했다.

"저는 이미 외교부 동료들과 이 건을 논의했어요. 우리 생각에 『뉴웨런』이 더 좋은 번역이고 더 정확하다고 생각합니다."

"만나서 얘기할 수 있을까요? 제가 기꺼이 편하신 곳으로 가겠습니다. 만나서 얘기하면 좋겠습니다."

외교부는 얼환로에 있었다. 거대한 건물은 회색 창문을 끼웠으며 밖으로 돌출되어 마치 수많은 가짜 서류가 가득 차서 터지려는 것만 같았다. 스장타오의 말투는 변함이 없었다.

"오늘은 만날 수 없고 이번 주도 안 됩니다. 다음 주는 될지 모르겠습니다만 확정적이지 않습니다. 어쨌든 얘깃거리는 아닌 것 같군요."

"그러나 잡지 이름은 제게 아주 중요합니다. 모두가 다 잘 아는 이름이었으면 합니다. 그래야 제 일이 편해집니다."

그는 잡지가 이전에 주재 특파원을 파견한 적이 없기 때문에 아무 관계가 없다고 말했다.

"그렇지 않습니다. 1940년대에도 이곳에 기자들이 있었어요."

"음, 그렇지만 오래전 일이라서 기억하는 사람이 없어요."

"수많은 인터넷 사이트와 간행물에서 『뉴웨커』란 이름을 쓰고 있어요. 해외의 화교도 모두 이 이름을 씁니다."

"대륙 밖의 사람들이 무슨 이름으로 부르건, 미국 화교나 기타 지방의 사람이 어찌 부르건 상관하지 않습니다. 그냥 우리가 결정합니다."

"그 뜻이 아닙니다. 제 말 뜻은 『뉴웨커』란 이름은 타이완이나 그쪽지방에서 나온 것이 아니란 말입니다."

그는 재빨리 반박했다.

"누가 타이완이라고 말했나요? 나는 타이완에 대해 아무것도 말하지 않았어요."

"저는 단지 여러 차이나타운에서 『뉴웨커』가 비교적 통용되는 이름이라 말했을 뿐입니다. 타이완 문제와 어떤 관계가 있다고 말하지 않았어요."

"물론 타이완 문제와는 무관하죠." 그는 화를 내며 말했다. "어떻게 관계가 있겠어요?"

◆

결과적으로 그들의 언어와 그들의 결정을 받아들였다. 나는 달관해서 이 문제를 바라보았다. 통발은 물고기를 잡는 도구로, 물고기를 잡고 나면 통발을 잊는다. 나는 새로운 여권, 새로운 기자증, 새로운 사무실 허가증, 새로운 인감을 얻었다. 선홍색의 날인이 찍혔다.

美國紐約人 (American New York Person)

공문서에 도장을 찍을 때마다 나는 그것은 아무런 의미가 없다고 스스로에게 말했다. 나는 여전히 자랑스러운 미주리 사람이었고, 이 붉은색은 이러한 사실을 절대 바꿀 수 없었다.

국
기

차는 폴라트의 가장 귀중한 재산이었다. 그는 불안할 때마다 혼다 어코드 승용차를 몰고 멀리 메릴랜드나 버지니아로 갔다. 그의 영어는 아직도 보잘것없지만 길을 찾는 데는 아무 문제가 없었다. 그는 계기판에 성조기와 동투르키스탄공화국 국기 두 개를 붙였다. 이 동투르키스탄공화국 국기는 하늘색 바탕에 이슬람교의 흰색 별과 초승달이 있는데, 중국에서는 금지되었다.

차는 또한 폴라트가 프랭클린과 로드아일랜드 모퉁이의 집을 벗어나게 해주는 최고의 물건이었다. 그는 이 동네를 벗어나 일을 시작하고 싶었다. 그의 신청이 절차에 들어가기만 하면 혼다 자동차는 그를 도와 두 가지의 바람을 달성할 수 있었다. 2001년 5월 그는 브라이언 메츠거 변호사를 대동하고 이민국에 가서 면접을 보았는데 인터뷰는 순조로웠다. 6월에 미국은 폴라트에게 정치적 망명을 승인해주었다.

그는 곧 아내의 미국 비자 신청 절차에 들어갔다. 서류 작업에는 시간이 필요했다. 어쩌면 1년, 아니 그보다 더 오랜 시간이 걸릴지도 몰랐다. 신장을 떠난다고 생각하니 아내는 갈수록 긴장하는 것 같았다. 저녁때 폴라트는 자주 전화를 걸어 모든 것이 잘될 것이라고 그녀에게 확신을 주려 했다. 그러나 아내는 중국이 그녀의 여권을 취소하거나 혹은 미국에 도착한 뒤 현지 생활에 적응하지 못할까 걱정했다. 폴라트는 그가 거주하는 환경에 대해 많은 것을 언급하지 않았다.

폴라트는 중국 인민도 아니고 아직까지는 미국 시민도 아닌 과도기에 처해 있었다. 따라서 미국 정부는 그에게 난민 여행증명서를 발급해줘 국경을 넘을 수 있게 했다. 그는 카자흐스탄이나 우즈베키스탄에 가려고 계획했다. 그곳에 친구가 있어서 무역할 기회를 찾을 수 있을지도 몰랐다. 야바오로에서 저축한 돈은 거의 다 써버렸다. 여름에 그는 마침내 워싱턴의 차이나타운 아파트로 이사했다. 중국을 벗어난 지 1년도 안 되는 사람의 입장에서 방세를 광둥 출신의 주인에게 납부한다는 것이 잘못된 일 같았지만 중국어는 여전히 폴라트의 가장 유용한 언어였다.

8월에 미국 정부는 폴라트에게 일해도 좋다는 허락을 내렸다. 워싱턴에서 영어에 미숙한 위구르족들은 보통 배달일이나 식당일을 찾았다. 폴라트는 가능하다면 어떤 일이든 해보고 싶어했다. 그래서 나는 그를 대학 룸메이트였던 밥 브래셰어에게 소개했다. 밥은 볼티모어에서 통조림 공장을 열었는데, 때로는 영어를 못하는 노동자도 고용했다. 임금은 높지 않았다. 상자를 운반하는 작업이었지만 그곳은 건강보험을 포함한 기본 복지를 제공했다.

나는 또 애덤 마이어에게 폴라트를 소개했다. 그는 나와 함께 평화 봉사단에서 가르친 적이 있었고, 당시는 국무부의 콜린 파월 대변인 사무실에서 일했다. 8월 말 어느 날 저녁에 애덤은 폴라트, 밥과 함께 만나기로 약속을 정했는데, 폴라트는 미국에서 12년 거주한 위구르족 친구를 데려왔다. 두 명은 정치적 반체제자 위구르족, 두 명은 아이비리그 출신의 백인 미국인으로 혼합 그룹이 이루어졌다. 그들은 아주 자연스럽게 멕시코 레스토랑으로 갔다. 이튿날 애덤이 내게 이메일을 보냈다.

그건 '비즈니스' 만찬이었어. 대학 교육을 받고 여러 국가의 언어를 할 줄 아는 45세의 전직 교사는 측근 두 명을 데려와서 춥지 않은 넓은 창고에서 무거운 상자를 운반하고 한 시간에 7~8달러를 버는 일의 전망을 토론했지. 전체적으로 보면 이상한 장면일 거야. 종업원은 매우 열정적이라서 우리에게 "멕시코 요리에 대하여 잘 아느냐"고 계속 물어봤어. 사실 폴라트는 잘 모르더라고. 그는 엔칠라다와 부리토를 시키면서 처음 먹어본다고 했어. 그는 접시를 다 비웠지. 식당을 떠날 때 어땠냐고 했더니, 그는 처음 먹어보는데 맛은 그다지 없었다고 다시 말하더라고.

공장을 본 뒤 워싱턴으로 돌아가는 길에 나는 폴라트에게 그 일에 대한 생각을 물었어. 그는 힘들고 피곤할 것 같지만 하고 싶다고 말했어. 전에 그런 일을 해본 적은 없지만, 일에 대한 두려움은 없다고 여러 번 반복해 말하더군.

가진 돈이 1000달러밖에 남지 않아서 일이 필요한 거였어. 그는 볼티모어에서 거주할 곳을 찾을 건데, 아니면 밥의 공장에서 그에게 방을 세줄 사람이 있는지도 알아보라고 했어. (…)

그는 워싱턴을 좋아하지 않아. 아파트에서도 막 이사나왔는데, 마약에 범죄를 저지르고, 약탈하는 사람들 때문에 그곳을 증오했어. 그의 현재 경제 상황으로 봐선 볼티모어로 갈 것 같은데, 아마 상황은 어딜 가도 좋아지지 않을 거야.

일주일이 지나서 애덤이 다시 썼다.

불행하게도 그의 차가 박살 났어. 친구 집에 가서 중국 방송을 듣고 있을 때 누군가 창문을 깨고 자동차 스테레오 스피커를 훔쳐갔어. 아마 15달러쯤 될 거야. 그는 239달러를 들여 창문을 수리해야 했고, 이제는 스테레오 스피커도 없어.

✦

9·11이 발생한 그날 아침 폴라트는 차를 몰고 볼티모어로 가서 그 통조림 공장을 봤다. 그는 40달러 주고 산 중고 라디오를 스테레오 스피커 자리에 장착했다. 그러나 화요일 아침에 그는 뉴스를 듣지 못했다. 나중에 그는 그때가 정확히 몇 시인지 알지 못했다. 그러나 자신이 9시 37분 이전에 공장에 있었다고 확신했다. 하늘은 높고도 파랬다. 구름 한 점 보이지 않았다.

그는 공장의 위치를 걱정했다. 적어도 영어 실력이 향상되기 전까지는 힘 쓰는 일을 하려고 했지만 현지 위구르 단체와 너무 멀리 떨어지고 싶지는 않았다. 그의 위구르 친구 대부분은 워싱턴에 살고 있다. 그가 지금 살고 있는 아파트에서 볼티모어 공장까지는 차로 대략 한 시간 걸린다. 9월 11일 아침의 여정 뒤 그는 그 공장이 너무 멀다고 판단하고 수도에서 좀더 가까운 곳에서 일을 찾으려 했다.

그날 아침에 그는 뉴저지의 뉴어크로 갔는데, 그곳엔 일부 튀르키예 이민자가 살았다. 1990년대에 폴라트는 튀르키예에서 몇 달 산 적이 있었고 그들의 언어가 위구르어와 비슷하여, 늘 튀르키예 이민자들과 즐겁게 잘 지냈다. 평상시와 마찬가지로 그는 뉴어크에 도착한 뒤 그들 아파트로 전화를 걸었으나 어찌 된 일인지 받는 사람이 없었다.

대략 12시가 되어서 포기하고 유턴하여 집으로 돌아갔다. 95번 고속도로에서 그는 미국에 온 뒤 가장 심한 교통 체증을 만났다. 차가 기다시피 몇 시간 갔을 때 그는 다른 운전자들이 몹시 화내는 모습에 주의했다. 라디오를 틀었다. 뉴스 보도에서 두 단어, 즉 '스모크'와 '펜타곤'을 알아들었다. '펜타곤'은 그가 차를 몰고 도처에 돌아다닐 때 배웠고 말보로 담배는 그에게 '스모크'란 단어를 가르쳐주었다.

그는 메릴랜드 타우슨 방향으로 빠졌다. 거기에는 폴라트가 알고 지내는, 일찍이 중국 인민이었던 조선족 이민자가 살고 있었다. 그 조선족의 가정사는 매우 복잡해서 어찌 된 일인지는 모르지만 어렸을 때 가족이 중앙아시아에 정착했다. 신장 서부의 카슈가르에서 자랐고 모국어는 중국어였다. 거의 10년 전에 그는 미국에서 정치 망명자 자격을 얻었다. 몇 년 동안 돈을 모았고 마침내 사업을 시작했다. 당연히 스시 식당이었다.

그 조선족이 폴라트에게 테러에 대해 말해주었다. 그들은 함께 스시 식당에서 텔레비전을 보았다. 무너지는 빌딩, 화재에 휩싸인 펜타곤. 뉴스 보도에서 공격은 이슬람교 근본주의자들의 행위이고, 더 많은 폭력 사태가 벌어질 것이라고 추측했다. 전국의 비행기가 운항을 중단했다. 폴라트는 그 친구 집에서 며칠 머물기로 결정했다. 그는 길거리의 미국인들이 그를 테러리스트로 오인할까 걱정되었다.

9월 13일 아침에야 차를 몰고 차이나타운에 돌아왔다. 95번 고속도로 연도에는 수많은 경찰차가 있었으나, 다른 차량은 거의 없었다. 펜타곤은 아직도 불타고 있어 몇 킬로미터 밖에서도 연기를 볼 수 있었다. 그달 이후로 폴라트는 차에 붙였던 두 국기를 떼어냈다.

비디오 가게용 비디오

9·11이 발생한 다음 날 아침 나는 안양으로 남하하는 기차를 탔다. 여정은 익숙했고 풍경은 벽지 무늬처럼 반복되었다. 농민, 밭, 길, 마을, 농민, 밭, 길, 마을. 이 반복되는 느낌은 어젯밤의 텔레비전 화면과 서로 충돌했다. 그러나 여정을 취소할 이유가 없었다. 고고학자들은 언제나 초가을에 작업하기 때문에 이번 여정은 몇 개월 전에 확정되었다. 그들은 들판에서 한 걸음씩 지하 도시를 그려가면서 낮 시간을 보냈다. 저녁때 우리는 함께 텔레비전 뉴스를 시청했다. 그러나 중국 정부가 사건 초기 보도를 제한해 더 많은 정보를 얻을 수 없었고, 호텔의 인터넷 연결도 좋지 않았다.

이틀 시도한 끝에 나는 폴라트의 휴대전화에 겨우 전화를 걸었다. 그는 잠시 구직을 포기했다고 했지만 목소리는 괜찮아 보였다. 그는 아직 중국에 저축한 돈이 조금 있는데, 우루무치에 있는 친구로 하여금 나에게 수표로 바꿀 수 있는 현금을 전달해달라고 부탁할지도 모르겠다고 말했다. 나는 폴라트에게 글 쓸 계획이 있어 곧 신장에 갈 것이라고 말했다. 그 가을에 나는 여행을 많이 다녔다. 안양 다음에는 원저우로 갈 생각이었다.

나는 폴라트에게 워싱턴의 분위기는 어떠냐고 물어봤다.

"바깥 사람들이 어떻게 지내는지 모르겠어요. 저는 문밖에 거의 나가지 않았어요. 특히 밤에는 그래요. 사람들이 제게 무슨 일을 하냐고 물어보면, 영어로 대답하기가 어려워요. 제가 걱정하는 것은 이런 것입니다."

"다른 위구르족 사람과 만나나요?"

"예. 물론이죠. 지금까지 문제가 있는 사람은 없어요. 그러나 모두 조심하는 게 좋다고들 말합니다."

✦

나는 안양을 떠나 원저우로 갔다. 또 다른 원거리 여행처럼 느껴졌다. 고고학자들의 느린 세계에서 경제가 왕성하게 발전한 신흥도시로 갔다. 원저우 경제 발전의 역량은 열대 국가의 더위처럼 그곳에 도착하는 순간 곧바로 느낄 수 있다. 공항의 수화물 찾는 곳에는 여덟 종류의 서로 다른 신발 공장 광고가 붙었다. 공항 밖으로 나와 나는 바로 앞에 있는 거대한 광고판을 발견했다. '자라이둔 피스톤.' 내가 탄 택시는 원저우시 정부가 세운 영문 광고판 밑을 지나갔다.

GOING ALL OUT TO SET UP THE LIGHT INDUSTRIAL CITY

총력을 기울여 경공업 도시를 건설하자

나는 윌리엄과 낸시가 거주하는 위성도시인 웨칭으로 향했다. 택시
는 수많은 공업 도시를 지났다. 값싼 양복을 제조하는 바이샹진, 전문
적으로 저전압 전기용품을 만드는 류스진. 고속도로의 양쪽에는 각종
광고판이 서 있었다. 형제포장기계, 팅위그룹의 계량기, 퉁다전선. 많은
광고판이 내가 선전에서 기억했던 신흥도시의 목가적 양식으로 디자인
되었다. 햇볕이 든 녹지 위에 겹쳐진 무명 상품. 타이어, 변압기, 완충기,
전자 아웃렛 커버. 모든 상품은 수출용이며 대량 생산된다. 상품 명칭
에는 중문과 영문이 함께 섞여 있다. 'Jubang 巨邦' 'Gelhorn' 'Shar
Moon 夏蒙' 'Odkon 奧德康' 및 '진짜 중국 가죽 구두의 왕'이라는
'Dorkan 多爾康'.

웨칭의 비디오 가게에서 테러리스트 공격의 해적판 영상을 팔았다.
이 도시에서 며칠 머문 뒤 나는 그것에 사로잡혀 비디오 가게를 지날
때마다 DVD와 VCD를 찾았다. 가게 주인은 최초의 해적판 영상이 공
격한 지 3일 만에 나왔다고 말해줬다.

9·11 비디오는 저가의 진열대에 들어본 적도 없는 미국 영화와 함께
진열되어 있었다. 이러한 기괴한 영화는 틀림없이 대여점용 비디오로 바
로 출시되었을 것이다. 배우와 제작진 이름을 들어본 적도 없었다. 보통
표지 광고는 에로 아니면 공포물이다. 한 가게에 「첫눈에 At First Sight」가
있었는데, 중문 소개가 정말 웃겼다. "그는 매력적인 여인과 함께 거대한
이윤을 남기는 방법을 갖고 있다." 옆에는 「파충류 Reptilian」가 놓였다. "인

류에게 크나큰 재난을 가져다준 미세 곤충" 그 뒤에 9·11 비디오가 있었다.

여러 대의 비행기가 미국을 공격하다!
세계무역센터가 전부 폭파되다.
펜타곤과 국회의사당이 비행기 폭격을 당하다.
백악관, 국회의사당이 계속 폭발하다.
용의자는 누구인가? 아직도 모른다.

뒷면에도 쓰여 있었다.

팔레스타인 사람: "미국에 제대로 보복하자!"
미국의 패권과 무력 외교가 수많은 적을 만들었다.
미국은 완전히 공황에 빠졌다.

모든 9·11 비디오는 할리우드 영화와 유사한 모양으로 포장되었다. 「세기의 대참사 The Century's Great Catastrophe」란 이름의 DVD는 겉면에 오사마 빈라덴과 조지 W. 부시 사진이 붙었고, 배경은 불타는 쌍둥이빌딩이었으며, 밑에는 폭력성과 불건전성의 정도에 따라 'R' 등급이 매겨졌다고 표시한 작은 아이콘이 있었다. 영문 배우 명단과 제작진도 뒤섞였다.

TOUCHSTONE PICTURES presentsa JERRY BRUCKHEIMER
production david TOM HANKS silen TWITNESS DAVID MORSE

PAME

BUSCEMI ving rhames

중국 해적판에는 언제나 왜곡된 영화 관련 정보가 쓰여 있으며 문자와 그림도 뜻이 통하지 않았다. 그들은 단지 제목과 영화 자체에만 신경썼다. 기본적인 것이 정확하기만 하면, 나머지는 다른 영문으로 공백을 메웠다. 나는 서로 다른 9·11 VCD 두 개를 찾았는데, 배우와 제작진 이름은 모두 「패튼 대전차 군단Patton」에서 베낀 것이었다. "20세기 폭스사 제공, 조지 C. 스콧⋯⋯." 이유는 모르겠지만 이는 중국에서 가장 일반적인 유형이 되어 각종 다른 해적판에 출현했다. 한번은 고등학교 응원단에 관한 비디오에서도 결국 「패튼 대전차 군단」의 출연진을 발견했다.

9·11 비디오는 다른 영화에서 무작위로 영문 요약을 베꼈다. 한 비디오는 두 번째 비행기가 세계무역센터에 부딪쳐 폭발하는 장면을 사진으로 썼는데, 소개글은 이렇게 쓰여 있다.

> 뉴사우스웨일스주 뉴캐슬에서 철공 노동자로 일하는 강인한 두 형제의 활력 충만한 영화, 「탭탭탭Bootmen」은 결국 각자의 길을 가는 과정을 보여준다. 형제 중 한 명인 숀은 탭댄스의 길을 찾아 집을 떠난다.

다른 비디오에는 두 장의 사진이 있는데, 한 장은 놀란 여성이 하늘을 가리키고 있으며, 다른 한 장은 맨해튼의 하늘이 검은 연기로 뒤덮인 장면이다. 해설은 다음과 같다.

이 밖에도 경제 현대화는 어느 방면에선 보수적인 규범과 관습에 대한 사람들의 생각을 '현대화'시켰지만, 양성 관계에 대한 남녀의 견해는 진정으로 자유롭지 못했으며, 아울러 충성과 배반에 대한 전통의 감각과 구속 또한 벗어날 순 없었다.

✦

테러 사건 이후 중국 정부의 반응은 평상시보다 빨랐다. 몇 시간 내에 장쩌민 주석은 부시 대통령에게 위로의 메시지를 보냈다. 9월 12일에 중국 헌병대가 베이징 주재 미국 대사관 근처에 추가로 배치되었다. 그날 외교부 대변인은 "중국 정부는 어떠한 형식의 테러 활동도 일관되게 비난하며 반대해왔다"라고 말했다. 여기에서는 미국 지지를 분명하게 표시했으며, 아울러 신장에 대한 중국의 태도를 미묘하게 암시했다. 이번에 중국과 미국 정부는 공통점을 찾은 것 같았다. 사건이 발생한 며칠 동안 국영 언론은 미국이 자업자득이었다고 언급하지 않았다.

그러나 일반 시민들은 심지어 면전에 대고서 그렇게 말했다. 안양에서 한 택시 기사는 현재 미국은 베오그라드 주재 중국 대사관 폭격이 어떤 느낌일지 이해할 거라고 말했다. 베이징에서의 어느 날 아침, 나와 면식은 있지만 친하지는 않은 남자가 집 부근 공원에서 인사를 건넸다.

"아, 여기 있군요!" 그가 농담했다. "당신이 죽은 줄 알았어요."

전혀 거리낌 없는 말이 나를 놀라게 했다. 나는 외국인이 그 자리에 없을 때 그들이 무슨 말을 할지 상상할 수 있었다.

원저우 밖의 위성도시 웨칭에서 나는 윌리엄 제퍼슨 포스터와 함께

9·11 관련 비디오를 사러 갔다. 그는 대부분의 동료가 미국 폭격을 기뻐한다고 말했다.

"한 교사는 너무나 기뻐했어요. 이튿날 아침에 그는 너무 흥분한 나머지 그날 밤에 한숨도 자지 못했다고 말해주더군요."

"무엇에 기뻐했지?"

"그는 미국을 좋아하지 않아요. 하지만 제 생각에 그는 보는 걸 좋아하는 것 같아요."

"뭘 보길 좋아해?"

"빌딩 무너지는 장면요. 재미있다고 느끼나봐요. 많은 사람이 그와 마찬가지로 영화 같다고 말하죠. 다른 교사는 '미국인이 수많은 영화를 찍었지만, 이제야 근사한 작품을 만들었구나!'라고 말했어요."

나는 이러한 발언에 대한 그의 반응을 물었다.

"저도 어떻게 해야 좋을지 모르겠어요. 사건이 발생한 이튿날, 학교에 있기가 싫어졌습니다. 왜냐하면 모두가 그 사건을 이야기하면서 웃었기 때문이죠. 실은 거의 일주일 동안 저는 되도록이면 그들과 함께 있지 않았어요. 그 교사가 기뻐서 잠 못 들었다는 소리를 들었을 때 저는 불쾌감과 혐오감을 느꼈습니다. 저는 혼자 있거나 아니면 낸시와 함께 지냈죠. 우리의 입장에서 보면 다르죠. 제가 처음으로 떠올린 사람은 마이어 선생님인데, 그가 워싱턴에 거주하고 정부 쪽에서 근무하고 있으니까요. 선생님이 마이어 선생님은 괜찮다고 알려주기 전까지 우리는 아주 많이 걱정했어요."

한 비디오 가게에서 우리는 9·11에 관한 디스크를 찾았다. 주인은 이 비디오는 일반 영화보다 더 엄격하게 통제된다고 말했다. 그는 「진주

만^{Pearl Harbor}」같은 영화의 경우 미국에서 개봉한 지 이틀 만에 나와 도
처에서 판매되는데, 9·11의 비디오는 찾을 수 없다고 말했다. 그는 정부
가 유통 경로를 통제한다고 했다.

비디오 가게를 떠날 때 나는 윌리엄에게 내 인상이 맞는지 물어봤
다. 국영 언론은 테러 사건으로 미국을 비난하지 않았다.

"맞아요. 많은 사람이 사실 정부가 기뻐한다고 믿지만, 표현은 할 수
없어요. 사람들은 모두 장쩌민이 겁쟁이라고 말하죠. 그들은 현재 대다
수 국가가 미국 쪽에 서 있는데, 중국만 홀로 있기는 불가능하다고 말
합니다."

"그렇지 않다면 중국이 어떻게 할까요? 테러리스트를 지지할까요?"

"그들도 모를 겁니다. 단지 사람들이 그리 말했을 뿐이죠."

어느 부분에서 그것은 이미 습관이 된 것 같다. 수년 동안의 반미 선
전이 사람들의 심리에 뿌리 깊게 박혔다. 그러나 이는 뉴스 보도에서 제
외된 모든 것과도 관련이 있다. 과거에 언론은 신장의 긴장된 정세를 거
의 보도하지 않는데, 티베트와 마찬가지로 신장도 토착민들이 중국의
일부가 되는 것을 즐거워하는 평온한 곳으로 그려졌다. 일반 중국인은
그들의 정부가 사실 서부의 이슬람교 확장을 걱정하고 있음을 거의 모
른다. 나는 사람들이 빈라덴을 어떻게 생각하는지 윌리엄에게 물었다.

"일부는 그가 영웅이라고 말해요. 그는 가난한 나라 출신이지만 미
국에 큰 타격을 줄 수 있어요. 저는 빈라덴은 현재 마오쩌둥보다 더 유
명하단 소리를 들었어요."

"그럼 그들은 그를 좋아하나?"

"다 그렇진 않아요. 단지 그가 유명하다고 말할 뿐이죠."

나는 중국인이 어떤 경우에 '리하이厲害'라는 단어를 사용하는지 생각났다. 많은 일을 '사납다, 지독하다'라는 의미인 '리하이'로 형용한다. 홍수, 전쟁, 영웅, 범죄, 승리한 장군, 상하이 여성. 영향력이 있는 사람은 '웨이다偉大'라는 말로 형용한다. 마오쩌둥, 간디, 아돌프 히틀러, 조지 워싱턴은 모두 위대하다. 이는 도덕적 가치 판단과는 전혀 관계가 없다. 마치 세계가 너무도 요원한 큰 사건이나 위인에 의해 움직여서 일반 사람은 그러한 것들을 평가할 수 없는 것 같다. 운이 좋다면 뒤쪽에 서서 지켜볼 수는 있을지 몰라도.

다른 비디오 가게로 들어서며 내가 말했다.

"알고 있어? 사실 빈라덴은 가난한 국가 출신이 아니라, 사우디아라비아 사람이야. 그의 집안은 부자지."

윌리엄이 멈추었다. "저는 아프가니스탄 사람으로 알았어요."

"지금은 거기 살고 있지만, 사우디아라비아 사람이야."

"몰랐어요. 어쨌든 사람들의 인상은 그래요. 빈라덴이 가난한 나라 출신이지만 이제 미국인이 그를 주시하게 만들었다고 믿어요."

그 가게에서는 9·11에 관한 비디오를 갖다 놓지 않았다. 그러나 그들은 여덟 장짜리 제1차 걸프전쟁 다큐멘터리를 가지고 있었으며, 그 커버에는 성조기, 사담 후세인의 사진, 중문 광고가 있었다.

세계 최초의 하이테크 현대 전쟁!
걸프에서 다시 출동할 것인가?

"이건 신작이 아니라 나온 지 한참 되었어요. 사실 저도 여기에 관심이 많아 사려 했는데, 낸시가 못 사게 하더군요."

"왜 못 사게 한 거야?"

"너무 비싸대요."

나는 8달러를 주고 한 질 구입했다. 그날 저녁에 윌리엄과 낸시 집에서 다 함께 9·11 비디오를 보았다.

✦

그들은 학교 부근 아파트의 4층에 거주한다. 이 아파트 건물은 신흥도시의 풍격을 보여준다. 새롭지만 아직 완공되지 않았다. 계단에 손잡이가 없고 마른 페인트 자국이 시멘트 바닥에도 있다. 윌리엄과 낸시의 아파트엔 방 한 칸, 흰색 벽, 침대 하나, 텔레비전 한 대, 책상 하나가 있다. 목제 책꽂이에는 10여 권의 책이 꽂혀 있었다.『롱맨 영어 문법』『영미사 선독』『영어 완곡어 사전』. 솔 벨로의 단편소설집 옆에는 애덤 마이어가 낸시에게 보낸『낸시 드루와 하디 보이스 명탐정들Nancy Drew and The Hardy Boys Super Sleuths』이 있었다. 윌리엄의 해진 사전 세 권이 교만한 노병처럼 책꽂이 정중앙에 자리 잡고 있었다.

내가 이 젊은 커플을 푸링에서 학생으로 가르쳤던 게 바로 어제인 듯하다. 윌리엄은 맨 뒷줄에 앉았으며 그의 코는 거의 사전에 닿을 정도였다. 낸시는 착실하게 수업을 들었으며, 내가 자신에게 질문하지 않기를 바랐다. 푸링에 있을 때 그녀는 무척이나 부끄러움을 탔지만, 몇 년 동안 집을 떠나 지낸 뒤에는 바뀌었다. 우리가 얘기할 때 그녀의 눈은 나를 바라보았다. 그녀는 윌리엄에게 단호했다. 이는 가장 큰 차이였다.

푸링에 있을 때 그녀는 언제나 윌리엄의 지성에 감복했는데, 지금 그들은 서로의 차이를 느끼지 못할 정도로 익숙하게 농을 걸었다. 낸시는 오만하다고 그를 비난했다는데, 나는 정말 그랬냐고 물었다.

"물론이죠." 그녀는 검은 눈을 깜빡거리며 말했다. "이 사람은 언제나 자기가 옳다고 생각해요. 늘 그런 식이죠."

그녀는 그의 고집을 수용하려 했다. 그해 일찍 원저우 방송에서는 중앙방송국의 9번 채널 영어 방송을 틀어주기 시작했다. 매일 밤 윌리엄은 늦게까지 자지 않고 텔레비전 앞에 붙어 앉아 새로운 단어를 베꼈다. 그녀는 깜박이는 불빛과 간명 영어로 인해 수면의 질이 떨어졌다. 방이 하나 더 필요하다고 느꼈지만 그때 마침 그 방송이 중지되었다.

처음 며칠 동안 윌리엄은 방송국에 기술적인 문제가 생겼다고만 여겼다. 일주일 뒤 그가 원저우 방송국에 전화를 걸어 물어보니, 9번 채널에 대한 현지인의 관심이 너무 적기 때문에 방송이 중단되었다고 말했다. 또 일주일 뒤 윌리엄은 방송국에 전화를 걸어 베이징 사투리를 흉내 냈다. 그가 국제 무역 회사에서 일하고, 외국 대표들이 원저우에 자주 오는데, 9번 채널을 취소해서 크게 실망했다고 말했다. 외국 대표는 원저우 투자에 관심이 큰데, 9번 채널을 다시 방송해주면 그들은 감격할 거라고 말했다. 몇 주 동안 윌리엄은 희망을 품고 기다렸다. 결과적으로 아무것도 변한 건 없었다. 낸시는 안도했겠지만 겉으로는 전혀 내색하지 않았다.

수많은 중국 여성과 마찬가지로 그녀는 돈을 엄격하게 관리했다. 윌리엄은 습관적으로 자유롭게 돈을 썼지만, 낸시의 통제를 받았다. 아이 갖는 문제를 얘기할 때마다 낸시는 강경 노선을 취했다. 인민폐 10만 위안을 저축하기 전까지 임신하지 않을 것이다(현재까지 그들은 8만 위안을 모았다). 법적으로 그들은 신혼부부다. 그해 5월에 부부로 등록했다. 그러나 쓰촨에서 너무 멀기 때문에 그들은 결혼식을 올리지 못했다. 몇 년간의 논쟁 끝에 결국 결혼식을 건너뛰고 결혼사진만 찍기로 결정했다. 어느 여름날 그들은 원저우시 중심가의 결혼사진관으로 갔다.

그들은 커다랗게 표구된 결혼사진을 찾아왔으며 이것이 아파트의 유일한 장식품이 되었다. 부드러운 색상의 결혼사진에서 윌리엄은 턱시도를 입었고 낸시는 카나리아색 예복을 입었으며 진주 목걸이를 걸었다. 옷과 배경이 다른 사진이 10여 장 들어간 값비싼 앨범도 샀다. 얼핏 보면 결혼식을 열두 번 올린 것 같지만 한 번도 하지 않았다. 이렇게 해서 원저우 공원과 바쁜 도심에서 신랑 신부가 탄생했다. 그들의 차림새는 과거의 전통복이었다가 국제적 스타일로 바뀌었다. 심지어 한 사진에서 낸시는 일본의 기모노를 입었다.

"사람들이 모두 이렇게 입고 찍어요. 일본 여성이 온유하고 선량해서 남편을 잘 보살필 수 있다고 생각해요."

그 사진 테두리는 영어 표현("tenderness, chic, charming, smart")과 팝송 가사처럼 들리는 시구로 장식되었다.

저는 당신이 고른 다이아몬드를 사랑하지 않아요.
저는 당신이 안아주길 바라요. 당신이 진실하길요.

다른 사진에서 윌리엄 제퍼슨 포스터는 명대의 신사복을 입고 손에 부채를 쥐었다. "베이비, 당신에게 나의 변화를 알려주고 싶소." 또 다른 사진에서 낸시 드루는 예쁜 실크 치파오를 입었다. "당신을 그리워하고 당신의 말을 듣겠어요." 부부가 현대적인 정장을 입고 햇살 가득한 푸른 잔디밭에 큰대자로 누워 있는 목가적인 사진도 있었다. "당신이 내 곁에 돌아올 때까지 저는 어떡해야 좋을지 모르겠어요."

✦

9·11 비디오는 지켜보기가 힘들었다. 그것들은 성급하게 제작되었고 누가 출시한지도 알 수 없었다. 중국어 배우와 제작진 이름도 모두 가짜였다. 그 「세기의 대참사」 DVD 대부분은 미국 ABC 뉴스의 내용을 가져왔다. 이따금 그들은 미국 영화의 삽입곡을 넣기도 했다. 「레이더스^{Raid-}ers of the Lost Ark」 주제곡이 나오기도 했다. 두 번째 비행기가 세계무역센터와 충돌할 때는 영화의 총소리와 폭발 소리가 뒤따랐다. 「조스^{Jaws}」의 음악과 함께 북쪽 타워가 슬로모션으로 무너지기 시작했다.

　「미국에 대한 기습 공격^{Surprise Attack on America}」이라는 다른 비디오는 다큐멘터리 분위기로 시작했다. 내레이터가 맨해튼과 세계무역센터를 소개하고 이어서 뉴욕의 일상생활 화면을 내보냈다. 양복을 입은 회사원이 거리를 지나가고 증권회사 직원들이 컴퓨터 화면을 주시하고 있었다. 갑자기 한 장면이 눈길을 끌었다. 은행원이 손에 서류 한 뭉치를 쥐고 한 책상에서 다른 책상으로 급히 걸어갔다. 어찌 된 일인지 그 사람은 눈에 익어 대학 때 알던 사람 같았다.

　나는 윌리엄에게 고개를 돌려 말했다. "저 부분을 되돌려 볼 수 있을까?" 그가 리모컨을 누르자 그 은행 직원이 다시 출현했다. 그는 5초간

스크린에 나왔는데 무언가 내 머리를 스치고 지나갔다. 바로 영화 「월스트리트Wall Street」의 장면을 짜깁기한 것이었다.

「미국에 대한 기습 공격」에는 할리우드 영화가 끊임없이 잘려 편집되어 들어가 있었다. 때로는 삽입 부분이 너무 짧아서 어디에서 따왔는지 분간할 수 없었고, 화면도 흔들렸다. 진실과 허구가 모호하게 흔들렸다. 어떤 곳은 편집한 표시가 분명히 드러났다. 「고질라」에 나오는 괴물이 맨해튼에 누워 있는 장면이 빠르게 지나간 뒤 쌍둥이 건물이 무너졌다. 중국어 내레이터가 해설했다. "우리는 단지 공포 영화에서만 이러한 파괴를 볼 수 있다." 갑자기 화면은 침울한 표정을 한 부시 대통령이 브리핑하는 장면으로 이어졌는데, 그의 말은 삭제되고 중국어 내레이션만 들렸다. "문제는 여전히 미국의 민주주의가 안전한가에 있다." 이어서 장면은 「진주만」에 나오는 폭격 장면과 합쳐졌다.

비디오 후반부는 테러리즘의 역사를 서술하기 시작했다. 내레이터는 세르비아인의 페르디난트 황태자 암살에서 팔레스타인해방기구 활동에 이르기까지 각종 역사적 사건을 열거했다. 이어서 나치 군대의 열병식, 폭파된 오클라호마시티 연방 빌딩, 타이완의 시위 장면이 빠르게 지나갔다. 테러리즘은 식민주의와 자본주의가 함께 혼합되어 생겨난 것이라고 내레이터는 해석했다. "테러리스트는 미국 같은 초강대국을 싫어한다. 불만의 원인은 많다. 가장 주요한 것은 이 강대국이 그들의 원칙을 다른 나라에 강요하는 것이다." 다큐는 1998년 아프리카 주재 미국 대사관이 공격당한 장면으로 미국이 받은 후유증을 기술했다. 아프가니스탄에 대한 공격이 실패한 뒤 미국이 받은 보복은 유도탄이 샌프란시스코만을 지나가는 것으로 설정됐지만, 이것은 「더 록」에 나오는 장면이었다.

✦

테러 사건 뒤 평황위성TV鳳凰衛視에서는 광고 없이 36시간 동안 생방송을 진행했다. 평황위성TV는 중국 대륙에서 유일하게 민간이 경영하는 중국어 방송국이자 사건을 상세하게 보도한 단 하나의 방송국이다. 루퍼트 머독의 뉴스코퍼레이션이 이 방송국의 지분 40퍼센트를 가지고 있으며, 총괄 사무실은 홍콩에 설립되었고, 중국의 유선텔레비전 가입자를 대상으로 삼는다. 평황위성TV는 언젠가는 중국의 CNN으로 바뀌어 중국 시장으로 진입할 수 있길 바란다. 공산당과 좋은 관계를 유지하고 있으며 때로 이 민간 방송국의 보도는 중국 국영 방송보다 더 애국적이다. 제작 능력이 뛰어나고 돌발적인 뉴스 사건에 대해 반응이 빨라 평황위성TV는 이미 두각을 나타내 중국에 약 4200만 명의 시청자를 보유하고 있다.

내가 웨칭에서 찾은 VCD 가운데 대다수는 평황위성TV의 뉴스 화면을 편집한 것이었다. 정부 매체는 미국에 대한 어떤 비평도 피했지만, 평황위성TV의 어투는 완전히 달랐다. 사건 뒤 몇 시간 동안 이 방송국은 차오징싱이란 사람의 평론을 내보냈는데, 그는 정치평론가로 소개되었다.

"왜 다른 국가들은 미국처럼 원망받지 않는지 한번 생각해봅시다." 그는 공중 납치를 논평했다. "왜 인질들이 쉽게 납치되었을까요? 고작 몇 초 만에 미국의 위엄은 사라졌습니다."

VCD의 편집은 형편없었다. 중국 평론가의 말과 뉴스 부분이 때때로 느닷없이 바뀌었다. 기자회견장에서 부시가 한마디 했다. "오늘 아침 자유 그 자체가 정체불명의 겁쟁이로부터 공격당했습니다." 그러곤 사라졌다. 콜린 파월의 성명도 있었다. "우리는 다시 한번 테러리즘, 테러리스트, 민주주의를 믿지 않는 사람, 다른 사람을 암살하는 것을 통해서 그들이 무언가를 할 수 있다고 믿는 사람을 목도했습니다." 부시가 다시 나타나 "오늘 아침 자유 그 자체가 정체불명의 겁쟁이로부터 공격당했습니다"라고 했다. 그 영상을 세 번 재생한 다음 평황위성TV의 평론가가 다시 출현했다.

이 중국어 위성방송은 폭스가 뉴욕과 워싱턴에서 찍은 장면을 사용했는데, 그것들은 할리우드 영화의 짜깁기 해적판처럼 혼란스러웠다. 폭스의 로고가 한 귀퉁이에 출현했고, 화면은 미국에서 본 것과 같았다. 그러나 반미의 중국어 내레이션이 삽입되었다. 나는 윌리엄이 한 말이 기억났다. 중국 정부는 그들의 진정한 느낌을 표현할 수 없다. 하지만 그것은 정치였고 이것은 사업이었다. 언론은 사람들이 요구하는 것을 준다. 뉴스코퍼레이션은 똑같은 화면으로 미국과 중국에서 애국주의를 판매한다. 두 곳의 사람들은 모두 그것을 사들인다.

✦

윌리엄의 교실에는 중국 국기와 표구한 저우언라이의 어록이 걸려 있다. "중국의 부흥을 위해 열심히 공부하라." 캠퍼스는 크지 않지만 정연했다. 새로운 6층 빌딩, 고무를 깐 운동장이 저장의 가랑비에 반짝거렸다. 복도엔 표구한 학생 그림이 걸렸는데, 이는 중국에서 흔히 볼 수 없는 모습이다. 중국의 공립학교에는 보통 엄숙한 표정의 마오쩌둥, 쑨원, 마르크스, 레닌 등 정치인들이 걸려 있다. 내가 윌리엄에게 이 아이들의 작품에 대해 물었더니, 그는 일종의 광고라고 말했다.

"그들은 학부모에게 이 학교가 좋은 학교임을 알리고 싶어합니다."

어느 날 아침 7시 30분에 나는 그의 수업에 들어갔다. 8학년 학생 수업이었다. 30명의 남녀 학생은 흰 상의에 남색 바지의 교복을 입었다. 윌리엄이 앞에 서서 몇 가지 간단한 질문을 했고 학생들은 영어로 대답했다.

"옆 반 학생들의 교실은 마치 한 칸의……."

"돼지우리!" 남녀 학생이 일제히 외치며 웃었다.

"좋아, 지금부터 수업을 시작하겠다."

교과서는 『중국인을 위한 초급 영어』로, 그날 수업에서 공부할 과는 신경제를 위해 고안되었으며, 간명 영어로 짧게 쓰였다.

왕 아저씨는 공장을 가지고 있다. 그는 1989년에 그 공장을 설립했다. 공장에서는 사다리를 만든다. 어느 날 나는 왕 아저씨의 공장을 방문했다.

윌리엄은 큰 소리로 이 구절을 읽은 다음 일부 어휘를 칠판에 적었다. 그는 나를 힐끗 보았다.

"1989년은 의미 있는 해입니다. 그해에 놀라운 일이 베이징에서 발생했어요. 자, 저를 따라 읽어보세요."

그 암시에 주의한 학생은 없었다. 암시는 가지런한 낭독 소리 속으로 사라졌다. 윌리엄이 한 남학생에게 물었다.

"그들은 공장에서 무엇을 하죠?"

학생이 일어섰다. "그들은 공장에서 기계를 봅니다."

"아주 좋아요, 앉으세요."

윌리는 또 한 학생을 부르고는 나를 다시 쳐다봤다.

"그들의 공장은 칫솔을 만듭니까?"

"아뇨, 아닙니다."

"무엇을 만들죠?"

"사다리를 만듭니다."

"좋아요, 앉으세요."

30분 동안 수업은 두 가지 수준에서 이루어졌다. 하나는 교과서에 나오는 왕 씨, 사다리, 공장, 수출 경제의 즐거움이다. 그러나 윌리엄은 간헐적으로 순전히 내게서 배웠던 말들을 삽입시켰다. 그는 쓰촨 속어의 영어 번역 방식을 버렸고 푸링에서 공유한 기억을 언급했다. 수업의 다른 부분에서 윌리엄은 1989년을 언급할 때마다 다시 멈췄다.

"왕 아저씨의 공장이 1989년 6월에 세워졌는지도 모릅니다"라고 말하며 그는 계속 수업했다. 학생들은 전혀 알아채지 못했다. 은밀한 영어의 선이 그들의 머리를 뚫고 지나가 교실 뒤에 앉은 외국인에게 곧장 다가왔다.

전통적으로 중국의 선생님은 교단에 서 있을 뿐이지만 윌리엄은 학생들 사이를 자유롭게 돌아다녔다. 그는 중국어를 한마디도 하지 않았지만 수업은 보조를 맞추었다. 학생들의 영어 실력은 훌륭했다. 몇몇 학생을 불러 대화를 연습시킬 때 그는 간단한 도구를 사용했다. 눈을 가리는 천. 남학생들은 재빨리 알아차리고서 맹인의 시찰자 역할로 분하여 왕 아저씨의 사다리 공장을 방문했다. 교실에서 웃음소리가 들렸다. 수업이 끝나기 5분 전 윌리엄은 교과서를 덮고 책상 줄 사이를 걸었다.

"학생 부모님은 무슨 일을 하시지?" 그가 한 여학생에게 물었다.

"공장을 운영하세요."

"공장에서 무엇을 만들지?"

"텔레비전 부품을 만듭니다."

연달아서 학생들은 부모가 무슨 일을 하는지 대답했다. 그들은 물고기를 양식하고 베이징에서 무역을 하며 회사에 출근하고 공장을 세웠다. 수업종이 울리자 언어는 원저우 사투리로 바뀌고 복도에서는 수업이 끝난 뒤의 혼잡한 소리가 전해졌다. 나의 제자가 진행하는 수업을 본 것은 9월 나에게 일어났던 최고의 일이었다.

✦

원저우에서의 마지막 날 원저우 정부는 공습경보 훈련을 진행했다. 타이완이 해협 맞은편에 있어 이러한 훈련은 보통 해상에서 군사훈련이 있거나 그 섬에 모종의 정치 활동이 있다는 신호였다. 그러나 최근에는 해협 양안에서 돌발 사태가 없었으며, 타이완의 다음 선거까지는 아직 2개월이 남았다. 그 공습경보는 정부가 9·11 이후 발생할 수 있는 어떠한 일에 대한 대비를 의미했을 것이다.

나는 원저우시에 있는 옛 제자 셜리를 보러 갔다. 그녀는 1997년에 저장으로 이주하여 나와 애덤에게 장문의 편지를 자주 보내곤 했다. 그녀는 동부의 여정에 대해 상세하게 기술했다. 기차 안에서 본 영양 부족의 어린 아기, 저장 현지인과의 대화에서 그녀 자신이 쓰촨 사람이 아니라고 속인 얘기. 그녀는 영어 작문 실력이 출중하며, 나는 언제나 그녀가 편지 말미에 쓰는 구절을 기억했다.

애덤 선생님, 이러한 얘기들이 저를 무척 감동시키고 제게 깊은 인상을 줍니다. 그것은 모두 사실입니다.

원저우에 온 지 오래지 않아 셜리는 편지를 써서 결혼 소식을 알렸다. 먼저 그녀는 사립학교에서 교편을 잡았지만, 최근에는 다후大虎 라이터 회사에서 외국 무역 업무를 보고 있었다. 다후는 원저우의 수많은 라이터 회사 가운데 가장 유명했다. 셜리의 월급은 인민폐 2000위안인데, 내가 가르친 학생 가운데 가장 성공한 사람이었다.

그녀는 자신이 근무하는 사무실에서부터 나를 데리고 공장을 견학시켜주었다. 사무실 진열장에는 고급 생산품이 전시되었다. 가짜 다이아몬드를 박아 넣은 황금빛 라이터, 접근하기 어려운 곳을 망원경으로 볼 수 있도록 하는 특제 바비큐형 점화기. 호랑이 입이 장식되어 있고 버튼을 누르면 불이 나오는 금속 재떨이. 공장 벽에는 장쩌민의 붓글씨가 걸려 있었다. 장쩌민은 2000년 5월에 이곳을 방문한 적이 있었다.

다른 벽에는 이 회사의 수출 경로가 그려진 거대한 세계지도가 걸려 있었다. 원저우를 세계의 중심으로 삼은 망상의 지도에서 화살표가 각 방향을 향해 쏘아져 있었다. 미국, 영국, 브라질, 인도와 10여 개의 기타 국가로. 사무실 밖 생산 현장 건물의 입구에 영문 표어가 붙었다.

'다후' 브랜드를 세계적으로 유명한 브랜드로 만들고

세계로 하여금 '다후' 브랜드를 알게 하자

그날 나는 셜리 및 그녀의 남편 황쉬와 함께 저녁을 먹었다. 황쉬도 쓰촨 사람으로 이곳 회사에서 소프트웨어를 개발하고 있다. 우리는 미국에서 발생한 사건을 얘기했는데, 그들 모두 대부분의 원저우 사람은 미국을 동정하지 않는다는 윌리엄의 의견에 동의했다.

"처음 봤을 때 정말 슬픈 감정을 느끼지 못했어요." 셜리가 말했다. "제가 줄곧 미국에 대해 편견을 가지고 있음을 인정해요. 미국이 너무도 강대한 데다 언제나 그들의 힘을 다른 국가에 행사했기 때문이죠. 하지만 사건을 생각할수록 무고한 시민에 대한 더 많은 동정심이 생기더군요. 그렇게 생각하는 데에는 약간의 시간이 걸렸어요."

그녀의 남편은 인터넷 사이트의 강렬한 반미 채팅방에 가입했다. 그가 말했다.

"많은 사람이 우리의 유고슬라비아 대사관 폭격 사건과 함께 연결 지어 생각해요. 오랫동안 우리와 미국은 많은 문제가 있었어요."

테러 사건 뒤 나는 그 비디오 생각을 멈출 수가 없었다. 9·11 장면들은 신경을 건드렸다. 내 고국에서 그런 폭력이 일어나는 것을 보고 충격을 받았다. 나는 개발도상국에서 전해오는 극적인 장면을 보는 데 익숙했다. 물에 잠긴 도시, 시체가 나뒹구는 전장. 지금 나는 중국에 있고, 떨어진 거리도 같았지만 그 이미지들이 낯선 방향으로 움직였다. 미국인들이 죽어가는 동안 우리는 안전하게 지켜보았다.

원저우처럼 외국 무역 왕래가 많은 곳에서 이러한 화면이 영화로 제작되어 팔리는 모습을 보니 특히나 사람의 마음을 뒤틀리게 하는 무언가가 있었다. 미국의 세계화는 기본적인 전제를 지니고 있었다. 그것은 바로 미국의 문화와 상품이 일단 전파되면 국제사회는 자연스럽게 미국을 이해하게 된다는 것이다. 미국 사람이 개인적으로 여행할 필요가 없었다. 상품은 훨씬 더 쉽게 움직였다. 이론적으로는 맞지만, 그 가운데 '사람'이란 차원이 빠졌음은 분명했다. 중국에서 사람들 대부분은 미국의 브랜드, 상품과 가까이 지내고 있다. 그러나 중국인과 외국인의 직접적인 왕래는 적다. 윌리엄과 같은 사람은 특별한 셈이다. 그는 외국 친구를 가졌고, 다른 언어에 대한 집착이라는 그만의 특질도 있다.

대다수 중국인에게 외부 세계는 아직도 추상적이다. 그 세계는 멀리 상상의 종점에 있으며, 상상의 화살이 날아가는 기점은 수출품을 만드는 지방 공장이다. 그 공격이 다른 미국식 상품으로 바뀌는 것은 결코 놀라운 일이 아니다. 그다음 한 달 동안 나는 9·11과 관련된 다른 상품을 수집하기 시작했다. '부시와 빈라덴'이라는 전자오락, 오사마 빈라덴 열쇠고리, 몇 대의 거대한 비행기가 나뭇가지처럼 밖으로 뻗어 나가는 플라스틱 건축 조형물. 원저우의 한 라이터 회사는 오사마 빈라덴의 머리에서 불꽃을 쏘는 신제품을 생산했다. 중국 남방의 어느 공장에서는 어린아이에게 파는 '마귀 사탕'을 생산했는데, 그 포장지에는 빈라덴의 사진을 사용했다.

나는 그러한 비디오를 계속 보면서 의미를 찾아보고자 했다. 평황위성TV의 영상에서 여성 앵커 천루위가 말했다.

"우리는 깜짝 놀랐지만, 의외라고 생각하지는 않습니다."

다른 해설가와 마찬가지로 그녀는 테러리스트의 공격 화면을 가져다가 「진주만」 및 기타 영화의 장면과 반복해서 비교했다. 어느 방면에서 이는 할리우드 언어에 빠진 미국인과 다를 바 없다. 때로 부시 대통령은 마치 서부에 있는 것처럼 "생사불문dead or alive" 같은 말을 했고 미군 대응을 칭했던 말은 원저우 해적판 제목에 완벽하게 들어맞았을 것이다. 무한한 정의, 지속되는 자유.

셜리 부부와 저녁 먹을 때 나는 그 사건이 그들에게 영향을 미치는지 물었다.

"미국 수출이 많지는 않아요." 셜리가 말했다. "어떤 사람들은 달러가 하락하면 수출하는 데 도움이 된다고 말하기도 하고요."

경제 침체 가능성에도 친구들은 걱정하지 않는다고 그녀의 남편은 덧붙였다.

"모두 상대적이죠. 중국인은 자기보다 돈이 더 많은 사람 옆에 서면 가난하다고 느낍니다. 전 세계가 모두 침체된다면, 우리도 침체됩니다."

처음에 나는 그의 말을 그다지 믿지 않았다. 설사 미국인에게 더 많은 손해가 간다 해도 원저우의 어느 누구도 자기 수입이 줄길 원하진 않을 거라고 생각했다. 그러나 나는 이것이 능동적인 선택이 아님을 이해하게 되었다. 중국인은 멀고도 통제할 수 없는 사건을 보았고, 일어날지도 모를 최악의 상황을 상정하며 어떤 위안을 찾았다. 수동적이고 소외된 세계관이다. 이는 그들의 험난한 역사에서 비롯되었지만, 또한 상품과 문화의 흐름에서 이러한 결여가 뚜렷이 조장되기도 했다. 라이터를 보내고 그 대가로 할리우드 영화를 받는다면 세상이 더 작거나 더 이해하기 쉬운 곳으로 보이지는 않을 것이다.

저녁 식사가 거의 끝나갈 때 나는 셜리에게 일반 미국인이 그녀를 어떻게 보는지 물었다. 26세의 셜리는 크고 검은 눈을 가졌고 잘 웃었다. 푸링에 있을 때는 반에서 가장 우수한 학생이었다. 그러나 지금은 그녀가 완전히 다른 사람으로 변한 것 같았다.

"가난하고 촌스럽고 교육 수준은 낮다고 보겠죠. 대다수 미국인이 그럴 거예요. 그들은 원저우가 어디 있는지 몰라요. 그들 눈에 이곳은 중국의 어느 도시일 따름이죠."

✦

테러 사건 뒤 윌리엄 제퍼슨 포스터는 영어를 더욱 세심하게 공부했다. 거의 매일 저녁 그는 필기하고 사건에 따라 어휘를 정리했다.

milestone(이정표)

maul(시끄러운 싸움)

lounge(빈둥거리다)

lodger(세입자)

lobe(엽)

kidney(신장)

keepsake(기념품)

jockey(운전자)

'미국의 소리' 외에 그는 또 원저우 신문의 기사를 영어로 번역했다.

중동 국가는 우리 시에서 가장 중요하게 생각하는 무역 동반자다. 원저우에서 제작한 의복, 라이터, 구두, 소형 메달을 이러한 국가에 배편으로 수출한다. (…) 9·11 테러리스트가 미국을 공격한 뒤 아프가니스탄 정세는 긴장 상태다. 국제 규정에 따라 원저우의 수출품은 별도의 전시戰時 금액을 내도록 요구받았다.

국내 언론의 보도를 번역한 뒤 그는 자랑스럽게 밑에 서명했다.

신화통신사
미국 대통령 조시 부시는 10월 11일 저녁 백악관 기자 회견에서 연설하며, 사담 후세인을 사악한 사람이라고 언급했다. 걸프전 이래로 그는 줄곧 대량 살상 무기를 제조해왔기 때문이다.
부시는 최근의 공격은 아프가니스탄을 목표로 삼았지만, 오래지 않아 이러한 반미 테러리즘의 공격이 세계의 다른 국가로 확산될 것이라고 표명했다. (…)
부시는 사담이 전력을 다해 대량으로 살상 무기를 만드는 사실을 일찍부터 알았으며, 아울러 사담을 사악한 사람이라고 말했다. 동시에 부시는 유엔 무기 감독관의 이라크 파견을 허가해달라고 이라크에 촉구했다.

윌리엄 제퍼슨 포스터 옮김

말

말은 기분 전환용이었다. 중국 서북 지역을 통과하는 장거리 여행에서, 나는 간쑤성의 작은 도시 우웨이에서 멈추기로 결정한다. 우웨이는 나의 최종 목적지가 아니며, 또한 미리 계획한 곳도 아니다. 그러나 이것은 나의 관례다. 가끔 중요한 고고학적 발견으로 유명한 곳을 지날 때면 나는 멈춰서 유적 발견과 관련된 일을 묻는다. 예외 없이, 유물에 관한 나의 인식은 몇 시간 내에 극적으로 달라진다.

우웨이는 동분마銅奔馬의 고향으로 유명하다. 이 말은 현재 란저우의 간쑤성박물관에 진열되어 있다. 그러나 그것은 우웨이에서 처음 발견되었으며, 그곳의 무덤 안에 청동 병마용이 매장되어 있었다. 말 38필, 하인 28명, 병사 17명, 전차와 마차 14대, 수소 1마리. 이 묘는 3세기로 거슬러 올라갈 수 있는데, 후한 말기에 가깝다.

이러한 유물 가운데 말이 두드러진다. 그 말은 60센티미터도 안 되지만, 그 형태는 웅장하다. 전력으로 질주하는 듯 콧구멍이 나팔 모양으로 벌어져 있고 꼬리는 바람에 휘날린다. 세 다리는 허공에 떠 있으며 오른쪽 뒷발굽은 참새의 등 위에 가볍게 걸쳐져 있다. 이것이 동분마로 유명해진다. 중국 여행업계는 이 문물을 민족의 상징으로 여기고, 사람들은 모두 그것을 중국 문화와 역사의 아이콘이라고 간주한다. 이것에 내가 우웨이에 도착했을 때 뇌리에 스친 인상이다.

박물관장 톈즈청을 만났다. 이 박물관은 웅장한 15세기의 공묘孔廟 건물에 자리하고 있다. 그 규모는 이전 실크로드 도시의 중요성을 증명해준다. 그러나 간쑤 주랑의 무역 시대가 점차 쇠퇴함에 따라 우웨이도 쇠락하기 시작했다. 먼지가 하늘을 가리는 궁벽한 이곳은 사람들의 뇌리에서 잊혔다. 사당은 이미 풍화되었고 나무에 균열이 생겼으며 페인트칠도 벗겨졌다. 우웨이시는 이 건축물을 유지할 경비가 충분하지 않다고 톈즈청이 안타깝게 말한다. 그는 나에게 차를 따라주고 나서 동분마에 관한 얘기를 해준다. 동분마는 문화대혁명의 절정기에 발견되었다.

"그들은 1969년 9월 13일 이 말을 발견했어요. 린뱌오 원수는 중국이 소련이나 미국의 습격을 받지 않도록 반드시 방공호를 파야 한다고 말했죠."

톈즈청은 현지의 농민이 도교 사원 아래에서 삽질을 하다가 무덤을 발견했다고 설명한다. 문화대혁명의 정치 혼란기라서 고고학은 기본적으로 제 기능을 발휘할 수 없어 농민들이 발굴 작업을 처리했다. 그 후 우웨이 문물국 사람이 와서 마침내 모두 모아 갈 때까지 농민들은 그 청동기들을 집에 보관했다. 결국 이 유물은 란저우 성립박물관의 수장고로 옮겨진 후 사람들의 기억에서 잊혔다.

"그들은 이 유물의 가치를 몰랐어요. 1970년대 초기에 이르러서야 어떤 사람이 진정으로 그것을 주시하기 시작했죠. 당시 궈모뤄가 캄보디아 왕자 시아누크를 대동하고 여행 나갔다가 간쑤를 지나는 길이었어요. 그들이 박물관을 참관한 뒤 궈모뤄가 수장고를 보고 싶다고 말했죠. 그는 동분마를 보는 순간, 이것이 특별하다는 것을 알았어요. 박물관에서 가장 가치가 있는 물건이라 말했죠. 그래서 동분마가 유명해졌어요."

궈모뤄는 낭만주의 시인이자 갑골문 연구가로서 공산당과 연합하여 타협한 역사학자다. 시아누크 왕자는 망명한 국왕, 중국의 친구이며 변덕스러운 성격으로 악명이 자자한 인물이다. 어찌 된 일인지 그들은 문화대혁명 기간에 한가롭게 실크로드 박물관을 돌아다니는 완벽한 동반자가 되었다.

톈즈청과 얘기를 나눈 뒤 그 빈 묘를 방문한다. 관광지로 개발하기 위해 분묘는 수리되었다. 내가 매표소에서 당시 발굴한 농민이 아직도 여기에 사는지 묻는다. 한 여성이 왕 씨라고 알려준다. 왕 씨의 집은 부근에 있는데 간쑤의 마른 땅속에 판 방공호로 창문과 문이 달린 동굴이라고 보면 된다. 왕 씨의 아내가 문 앞에 굳건히 서 있다.

"그는 당신과 얘기할 수 없어요."

시골에서 중년에 이른 여성은 흙에서부터 나온 듯한 어떤 단단함을 갖게 된다. 또 사실 이런 곳에서는 외국인이 나타나면 사람들의 구경거리가 된다. 더 많은 사람이 몰릴수록 왕 씨의 부인은 더 고집을 부린다. 그녀는 팔짱을 끼고 문에 섰다. 그녀는 그때의 발굴은 공식적인 일이 아니라서 문제 삼고 싶지 않다고 말한다. 나는 아무런 위험이 없고 내가 쓰고 싶은 것은 역사에 관한 이야기이며, 시간도 얼마 안 걸린다고 그녀를 안심시킨다.

"그는 술에 취해서 당신과 말할 수 없어요." 그녀가 끝끝내 거절한다.

군중 속에서 웃음소리가 들려온다. 오후 3시다. 해발 1500미터가 넘는 고도에서 무더운 사막의 햇볕이 철퇴처럼 무겁게 비친다. 분명 이 여성은 최후의 몸부림을 치고 있다. 나는 계속해서 그녀를 설득하려고 시도한다. 멀리 베이징에서 왔다, 오래 머물지 않을 것이다, 그에게 몇 가지 질문만 하면 된다. 군중이 작은 소리로 지지하자 결국 그 여성은 어깨를 으쓱이며 말한다.

"들어갑시다!"

동굴 안은 무덤처럼 습기가 찼고 쓰레기통처럼 더럽다. 반라의 남자가 나무 의자에 큰대자로 드러누워 있다. 깡마른 팔은 아래로 늘어지고 백발이 축 늘어졌다. 아마추어 고고학자, 잃어버린 보물의 발견자, 청동 군대의 해방자 왕더루는 코를 골고 있다. 동굴 안에 백주 양조장의 냄새가 가득하다. 이는 내가 우웨이를 떠날 때 뇌리에 남겨진 장면이다.

◆

1987년 펜실베이니아대학의 중국어 교수 빅터 H. 메이어는 스미스소니언 여행단을 이끌고 신장으로 들어갔다. 우루무치 성립박물관에서 그는 공교롭게도 밀실로 들어가서 유리관에 놓인 세 구의 시체를 보았다. 한 남자, 한 여인, 한 아이. 그들은 콧대가 높고 움푹 꺼진 눈에 금발이었다. 그들은 보존 상태가 매우 양호했다. 이는 메이어가 여태까지 본 것 중에서 가장 완벽한 고대 시신이었다. 한 직원은 최근에 신장에서 이와 같은 시신 몇 구를 발견했다고 말했다.

그들이 미라로 변한 것은 우연이었다. 기술이 아닌 환경에 의해 보존되었다. 신장 타림분지는 해양에서 멀리 떨어졌으며 강우량은 매우 적고 겨울은 잔인할 정도로 춥다. 염분이 많은 땅에 매장된 시체는 수백 년, 심지어 수천 년까지 보존될 수 있으며, 신장의 일부 시체는 이미 3000년을 넘겼다. 그들의 의복은 아직도 완전하며 장식이 없는 외투, 펠트 부츠와 긴 양말을 신었다. 양모 의복엔 격자무늬가 있다. 그들은 금발이나 적발을 가졌으며, 수염투성이 외모는 유럽인 같아 보였다. 그들은 중국 서부의 사막과는 전혀 어울리지 않는다.

수많은 유물과 마찬가지로 이러한 옛 시체는 기본적으로 개혁 개방 때문에 발굴되었다. 1980년대 국가 경제가 성장함에 따라 정부는 신장에 투자하기 시작했다. 물론 정치적 동기가 있었다. 위구르족의 생활수준을 향상시킴으로써 그들을 달래주기 위해서다. 동시에 정부는 한족을 독려하여 이곳으로 이주하여 정착하게 했다. 신장은 이 나라에서 유일하게 대량의 이주민이 와서 농사를 지은 지역이다. 간헐적으로 그들이 새로운 토지를 개간하거나 건설 프로젝트를 시작할 때 한 구의 시체가 출현했다. 갈수록 많은 중국인이 와서 정착하면서 외국인 모습을 한 시체가 그만큼 많이 발굴되었다. 이러한 상징성은 사람을 불편하게 할 것이다. 현재의 신장이 갈수록 중국화될 때, 그곳의 옛 과거는 도리어 갈수록 서구화된다. 그러나 처음에는 이러한 문물을 중시하는 사람이 없었다. 빅터 H. 메이어가 우루무치 박물관을 방문할 때 기본적으로 이러한 미라는 외부 세계에 알려지지 않았다.

1990년대 초기와 중기에 메이어는 일부 외국 전문가를 데리고 돌아와 이곳을 여러 번 참관했다. 그들은 중국과 위구르족의 고고학자와 함께 표본을 수집하여 특히 옛 시체의 의복에 유용한 정보가 숨어 있음을 발견했다. 남색, 백색, 갈색의 격자무늬 능직물은 독일, 오스트리아, 스칸디나비아의 고묘에서 발견된 방직물과 흡사하다. 이러한 의복은 메이어의 첫 인상을 증명하는 듯했다. 이 사람들은 인도·유럽어족이다.

타림분지는 세상에서 가장 큰 대륙의 정중앙 부근에 자리한다. 중앙아시아의 수많은 지방과 마찬가지로 역사 기록이 매우 얄팍하고 분산되어 있어 그곳의 과거는 그 지역의 풍경만큼이나 비어 있다. 그러나 필요로 하는 것이 한 점의 불꽃, 즉 놀랄 만한 유물이라면 사람들의 상상력은 그 공간을 모두 채우기 시작할 수 있다.

1994년에 『디스커버Discover』지가 이러한 미라 관련 이야기를 수록했고, 그 뒤 『리더스 다이제스트』에서도 이 기사를 전재했다. 다른 간행물도 선례를 따라 이 기사를 내보내면서 이러한 옛 시체가 동방과 서방을 초기에 연계한 증거라고 여겼다. 방송 촬영팀도 신장에 왔다. 디스커버리 채널은 「사막 미라의 수수께끼The Riddle of the Desert Mummies」라는 프로그램을 촬영했고, 미국 PBS 다큐멘터리는 「매시M*A*S*H」에서 주연을 맡았던 앨런 앨다가 출연했다. 위구르족은 이러한 옛 시체를 '위구르 미라'로 부르기 시작했다. 그들이 보기에 이러한 시체는 중국인이 신장에 살 권리가 없다는 가장 좋은 증거다. 메이어와 학자들의 추측에 의거하면, 사실상 이러한 옛 시신은 투카라吐火羅족의 조상일 것이다. 투카라족은 대략 서기 9세기에 소멸된 고대 부족이다. 당시 위구르족의 돌궐족 조상이 처음으로 대거 들어와 투카라족을 소멸시켰을 때 그들의 모종의 유전적 특징을 흡수했을 것이다. 이는 위구르족이 금발을 가진 이유를 설명할 수 있을 것이다.

공산당은 이러한 논리에 대해 조금의 관심도 없었다. 그러나 미라가 갈수록 유명해지자 당국은 외부의 접근을 제한하기 시작하여 정부에서는 급히 메이어와 다른 동료들이 견본을 가지고 나가는 것을 막았다. 외국 신문기자도 안으로 들어올 수 없었고, 촬영도 제한되었다. 앨런 앨다는 그의 촬영팀이 박물관에서 쫓겨났다고 보도했다. 그러나 중국의 통제 지침은 미라의 의미를 제한하기에는 너무 늦게 내려왔고, 연구가 통제되면 될수록 추측은 더 많아지는 상황에 이르렀다. 현재 미라와 관련된 수많은 토론이 이루어져 그만큼의 미라 이론이 나오게 되었다. 백인 우월론자는 위구르족과 마찬가지로 이러한 옛 시체를 좋아했다. 인터넷에 들어가면 사람들이 버트런드 L. 컴패릿 목사의 이론을 좋아하는 것을 발견할 수 있다. 그는 「카인에게 무슨 일이 일어났을까?What Happened to Cain?」란 논문에서 미라의 기원을 해석했다. 이 목사는 캘리포니아에서 나고 자란 사람으로 스탠퍼드대학 졸업생이며, (본인 말로는) "믿을 만하고 진실한 기독교도이며, 충성스럽고 애국적인 미국인이고 미국

주권을 가진 신도"라고 한다. 그는 이브가 금단의 과일을 훔쳐 먹은 뒤에 아담과 이브가 에덴동산에서 동쪽 신장으로 도망왔다고 여긴다. 이곳 찬란한 사막, 푸른 하늘 밑에서 이브는 두 아들을 낳았다고 한다.

✦

빅터 H. 메이어가 말한다.

"요요마가 미라와 관련된 이런 것들을 읽은 뒤 제게 연락했어요. 이는 그가 실크로드에 관심이 있다는 증거죠. 누가 또 신장의 미라에 이끌렸는지 아세요? 빌 게이츠입니다. 그는 신혼 여행 중에 미라를 참관했어요. 그는 베이징으로 와 마오쩌둥의 개인 기차를 전세 내어 우루무치로 갔죠. 아내, 아버지와 함께 갔어요. 그들은 우루무치에서 여섯 시간을 보냈어요. 이 몇 시간을 그들이 어떻게 보냈을지 맞춰보세요. 세 시간을 라비야 카디르와 함께 보냈고, 나머지 세 시간은 미라와 함께 보냈어요. 빌 게이츠는 제 연구 논문을 통해 미라를 알았던 것입니다. 그 여행에서 중요한 사진을 남겼는데, 저는 그것이 간행되길 바랍니다. 한 구의 미라가 있고, 빌 게이츠가 그것을 보는 사진입니다. 이쪽은 빌 게이츠 아버지입니다. 이 사람은 아내 멀린다 게이츠고요. 그녀는 손으로 입을 막고 있는데, 무서운 질병에 전염되는 것이 무섭기라도 한 모양입니다. 저는 이 사진을 간행할 수 있길 바랍니다."

✦

빅터 H. 메이어는 말주변이 기가 막히게 좋은 고고학자다. 앞서의 말들이 가장 전형적이다. 신장 미라, 요요마, 빌 게이츠, 그리고 뒤에 정치범이 된 위구르족 여성 사업가 라비야 카디르. 라비야의 남편 시딕 해지로우지는 오클라호마시티에 살고 있으며, 폴라트와 여러 위구르족 이민자들을 고무시켜 대평원을 넘게 만든 '미국의 소리' 특파원이다. 메이어와 담화하는 가운데 모든 것이 완벽하게 연결된다.

메이어 교수의 전공은 고대 한어다. 『도덕경』을 영어로 번역한 것 외에 그의 『장자』 영역도 문체가 우아하다(내가 정찰기 추락에 관해 쓸 때 인용한 '장주몽접'은 바로 메이어 교수가 번역한 것이다). 『장자』는 독특하고 고정된 체계가 없는 저작이며 분명히 무관한 것을 한데 연결시켜 마치 메이어 교수의 사유 방식 같다. 담화하는 가운데 그는 화제에서 일화, 일화에서 다시 화제로 이러저리 오갔다. 그의 연구 영역도 마찬가지로 종잡을 수가 없다. 그는 고서를 번역하고, 신장 미라를 연구하며 한어사전을 편찬한다. 그는 알파벳순으로 『한어대사전』 색인을 편찬한 주요 인사 가운데 하나로, 이 열두 권의 대사전은 거의 『옥스퍼드 영어사전』과 견줄 수 있다. 다른 학자들은 때때로 메이어가 대중의 관심을 끄는 수완을 가지고 있다고 불평하는데, 이는 학계에서는 드문 경우다. 정말로 광범위한 시야는 예상하지 못한 일을 연결시켜준다. 메이어가 박물관을 참관할 기회가 없었다면, 신장 미라는 지금까지도 외부 세계에 알려지지 않았을 것이다.

그는 베이징에 자주 왔다. 우리는 종종 저녁을 먹는다. 그도 일찍이 평화봉사단에 참가했던 미국 중서부 오하이오주 캔턴시 사람이다. 1960년 중반에는 네팔에서 자원봉사를 한 적도 있다. 그전에는 다트머스대학 농구부 주장이었으며, 지금까지도 여전히 포워드 포지션에 적합한 크고 마른 체형을 가지고 있다. 고대에 관해 대화하다가 그는 프린스턴의 딜런 체육관에서 거행한 농구 시합에서 빌 브래들리의 공을 빼앗은 적이 있다고도 말했다. 또 다른 빌을 얘기할 때 그의 화제는 멀린다와 미라로 건너가 그치질 않는다.

"알고 계세요? 1996년 우리의 첫 사전이 나왔을 때, 마이크로소프트에서 연락이 와서 살 수 있는지 묻더군요. 사전에는 7만4000개 단어가 실렸는데, 전부 알파벳순으로 배열되었죠. 그들은 4만 달러를 제시했어요. 저는 20만 달러보다 적으면 고려하지 않겠다고 말했죠.

지난해에 우리는 3만7000개 단어가 들어간 『한어대사전』 색인을 만들었어요. 이 작업에 10년이라는 시간과 제 사비 5만 달러 정도가 들어갔습니다. 기념비적인 작업이었죠. 지금 마이크로소프트는 각종 방법을 동원하여 그 색인을 입수하려고 합니다. 이 놀라운 가치의 색인을 공짜로 얻으려 해요. 제게 최소한 100만 달러를 주어야 합니다. 그들이 일단 이 색인을 손에 넣으면 소프트웨어에 혁명을 가져다줄 수 있죠. 거기엔 2만3000종의 한자가 들어갔어요. 현존하는 중문 소프트웨어에는 2만 자만 있는데, 우리는 특별히 따로 3000자를 설계했습니다. 믿기 어려운 난제였죠. 내가 미국으로 돌아갔을 때 학자들이 내게 그 디스크를 빌려줄 수 있는지 묻기 시작하더군요. 저는 이들 중 몇몇은 마이크로소프트와 연결되어 있다는 걸 압니다."

◆

다시 그 말 얘기로 돌아가자. 메이어 교수는 「중국 선사시대 후기의 말: '만인蠻人'에게서 나온 비틀기 문화와 통제」란 논문을 발표한 적이 있다. 고고학자의 기록에 따르면 중원 일대의 사람, 다시 말해 최종적으로 '중국인'이 된 사람은 상대적으로 기마의 후발 주자였으며, 그들의 이웃 유목민이 그 길을 이끌었다고 한다. 기원전 4세기에 북방 부족은 전쟁에서 처음으로 기마를 사용했다. 역사 기록에 따르면 이어서 2000여 년 동안 유목 전사는 줄곧 중원 농경민족에게는 최대의 위협이었다. 18세기에 이르러 유럽인이 대규모로 몰려오자, 중화제국은 비로소 더 위협적인 적수를 만나게 되었다.

안양에서 고고학자가 발굴한 동물 골격, 그리고 매장되었던 전차는 중원에 말이 있었다는 가장 이른 증거다. 상나라는 북방의 초원에서 말과 전차의 혁신 기술을 들여온 듯하다. 그러나 출토된 기타 문물과 비교하면, 고고학자가 찾은 말과 전차는 많지 않고 상나라가 전쟁에서 이러한 전차를 사용했다고 볼 만한 증거도 없다. 그것들은 순전히 전시용일 수 있다. 그리고 상나라에서 양으로 수레 끄는 실험을 한 흔적이 보인다. 이어 몇 세기 동안 중국인은 기마에 대해 그다지 열중하지 않았다. 통치자들은 기마전이나 바지와 같은 중앙아시아의 혁신을 받아들이면 중국인이 '오랑캐'에게 물들까 걱정했다. 메이어는 논문에서 중국인이 "말에 대해 긴장된 애착을 가지고 있다"라고 표현한다.

그러나 그는 이러한 동물이 중요한 문화적 역할을 수행했으며, 그것들이 중국인과 기타 부족의 교류를 자극했다고 믿는다. 메이어가 보기에 전통 역사는 북방 '오랑캐'의 위협을 지나치게 강조했다. 중국인은 장성을 영광으로 삼고, 각 왕조가 북방에 수도를 정한 것은 북방 외부인의 침입을 막기 위해서였다고 말한다. 이러한 점에서 메이어는 반전통적인 멋지고 새로운 방식을 적용시킨다. 아마도 무역이 방어보다 중요할지 모른다. 혹은 중국 문화가 중원의 북방에 뿌리를 내렸는지도 모른다. 이는 외계와의 무역 왕래 때문이다. 그는 또 20세기에 쑨원, 장제스, 마오쩌둥, 덩샤오핑, 장쩌민, 후진타오와 같은 지도자들이 남방에서 출현하면서 중국의 정치적 지리가 갑자기 옮겨졌다고 지적한다. 이는 우연의 일치일까? 아니면 남방이 점차 외계와의 새로운 접촉점으로 바뀌는 징조를 반영하는가?

베이징에서 어느 날 저녁 특별히 다방면의 얘기를 나누다가 메이어는 말에 관한 다른 이론을 말해줬다. 중국 문자의 기원에서 그것은 모종의 역할을 했을지도 모른다.

✦

"중국 그림에서는 거의 언제나 말 옆에 서 있는 외국 마부의 모습을 볼 수 있어요. 자세히 관찰하면 이 마부는 보통 소그드인 아니면 위구르족이거나 기타 종족 사람이죠. 소그드인은 지금의 이란에서 왔습니다. 중국인은 이 말을 얻기 위해 다양한 부족과 무역해야 했어요. 어느 시기에 그들은 위구르족과 통상했고 때로는 차를 매매하기도 했습니다. 위구르족은 차를 매우 좋아했어요. 송대에 그들 간의 무역액은 엄청났는데, 송나라 사람들은 위구르족에게서 말을 구입하느라 가산을 탕진하기도 했죠. 그들은 비단과 차를 팔아 말을 구입했습니다. 언젠가 저는 이러한 것에 관한 책을 쓰고 싶어요. 저는 그것을 '차의 진정한 역사'라고 부를 겁니다."

들으면서 갑자기 스크랩된 기억이 생생히 떠올라 나는 몸서리친다.

STUDENTS(학생)
STYLE(양식)
SUPERPOWER — 'NEW THREAT'(초강대국 — '새로운 위협')
SUPERSTITION(미신)
TEA(차)

메이어 교수는 계속해서 말한다.

"사람들은 차에 대해 많이 오해하고 있어요. 당대唐代에 이르기까지 중국인들은 그것을 오랑캐의 음료, 특히 남방 오랑캐의 음료로 봤습니다. 불교인들이 처음으로 차에 정통성을 부여했어요. 당대 중기, 말기에 이르러 위구르인과 무역하면서 차는 경제적으로 합법화되었죠. 그전에 차는 오랑캐에 속했어요. 어떤 중국책에서는 여전히 차를 오줌에 비유합니다.

이는 제가 『한자 계통 기원론』을 다 쓴 뒤에 저술할 책입니다. 저는 문자 체계의 출현이 포괄적인 거래의 일부라고 믿어요. 말, 전차, 청동 기술, 글씨가 모두 한곳에 모였어요. 그것들은 모두 상나라 시기, 대략 400년 동안에 생겼죠. 이러한 사물이 진정으로 출현한 시간을 엄격하게 고찰해보면, 대략 200여 년 동안입니다. 그 가운데 두 가지는 거의 외부에서 들어온 것으로 확정할 수 있어요. 말과 전차요. 요즘에는 청동 기술도 서방에서 전해졌을 것이라고 주장하는 중국 고고학자들이 있습니다."

학자들과 나눈 모든 대화에서 나는 한자가 토착의 것이 아니라는 학설을 들어본 적이 없었다. 메이어의 이론은 한자가 근동의 문자 문명과 직간접적으로 접촉하며 발전했다는 것이다. 나는 메이어에게 이 분야의 다른 학자들은 이 이론에 대해 어떻게 반응하는지 묻는다.

"그에 대해 얘기하는 것을 그다지 좋아하지 않아요. 문자 체계는 일종의 문화, 즉 문명이라서 매우 민감한 문제입니다. 1987년에 갑골문 일부를 분석하고 300쪽 정도의 초고를 썼지만, 끝을 보지 못한 것처럼 느꼈어요. 저는 그것을 고고학의 맥락에 놓고 쓰고 싶어요. 그것이 제가 쓴 것 가운데 가장 중요할 것이라고 생각합니다. 하지만 언제나 미라, 사전 작업 때문에 중단하게 되는군요.

저는 북방의 대초원에 각종 무역 활동이 있었을 것으로 믿어요. 저는 이란인이 동·서양 교류에 대한 논의에서 아직 찬양을 받지 못한 영웅이라 생각합니다. 또 소그드인이 있는데, 신장에서 발견된 가장 최근의 미라 가운데 하나는 소그드인입니다. 키가 커서 대략 193센티미터가 되죠. 그러나 역사에서 그들을 전혀 찾아볼 수 없어요. 중국 문화의 많은 것이 잘 알려지지 않았어요."

◆

내가 우웨이의 청동마에 관한 단문을 써서 『뉴요커』에 보낸 뒤, 그들은 이 기사를 검증하고자 심야에 실크로드까지 전화를 걸어왔다. 박물관 저장실에서 궈모뤄와 시아누크 왕자가 우연히 미라를 재발견했다는 '전설'은 란저우와 우웨이 관리에 의해 따로따로 확인되었다. 모든 것이 잘된 것 같았지만, 잡지가 출간되자마자 태국에서 편지 한 통이 날아왔다.

친애하는『뉴요커』담당자께

기사에 감사드립니다.

제가 조사한 결과, 저는 시아누크 왕자와 시인 궈모뤄가 회견했다는 어떠한 증거도 발견하지 못했습니다. 저는 기사를 폐하께 보내드렸는데, 그의 답변은 그런 일이 결코 없었다는 겁니다.

이러한 회답이 도움이 되길 바랍니다.

진심으로 감사드립니다.

홀리오 A. 헬드레스

캄보디아 국왕 노로돔 시아누크의 관방 전기 작가

혼돈의 서부영화

영화 세트장에 가기 전에 폴라트의 친구와 만났다. 우리는 최대한 조심했다. 특히 전화로 연락할 때는 더 그랬다. 비행기가 우루무치에 도착한 뒤 나는 택시를 타고 시내로 들어가 공중전화를 찾아 연결되자마자 끊었다. 그가 다시 전화를 걸어와 공원 이름만 말하고 끊었다. 당국이 나의 위치를 추적할 경우를 대비하여 나는 휴대전화를 켜지 않았다. 보도에 따르면 중국은 신장에서의 안전 통제를 강화했다. 서부 국경 밖 아프가니스탄에서 전쟁이 발생한 지 아직 한 달도 되지 않았다.

공원 입구에서 나는 금발을 보고 그를 알아보았다. 우리는 전에 야바오로에서 한 번 봤는데, 그는 가끔 중국 영화에서 외국인으로 출연하던 그 위구르족이었다. 악수한 뒤 우리는 공원 뒤편에 있는 벤치를 찾아 앉았다. 그는 2만 달러가 든 봉투를 건넸고, 나는 그 돈을 전대에 넣었다.

"이번 주에 수표를 부치겠습니다."

"언제 돌아갑니까?"

"1월에요. 그때 만날 겁니다. 하지만 수표를 먼저 워싱턴의 그 친구에게 부칠 거예요."

그는 끊임없이 사방을 흘끔거렸다. 수많은 소수민족이 있는 신장에서 우리 두 사람은 완전히 외국인으로 보이지는 않았다. 그러나 우리가 중국어로 얘기하는 것을 듣는다면, 우리 가운데 최소한 하나는 외지에서 온 것을 즉각 알 것이다. 그는 내게 지난번 폴라트를 만났을 때 어때보였냐고 물었다.

"잘 지내요. 사는 동네가 별로였는데 이사했어요. 테러리스트의 공격 사건 뒤로는 못 만났어요."

"그의 서류에 문제가 있나요?"

"아닐 겁니다. 이미 정치 망명 승인을 얻었어요. 다행히도 9·11 이전에 받았는데, 지금은 훨씬 더 어려울 것으로 생각됩니다."

"그의 아내가 몹시 긴장하고 있어요. 그녀는 미국 가기가 두려운가 봐요."

나는 그녀를 방문하지 않기로 했다. 이 시기에 가장 좋은 것은 접촉을 가능하면 줄이는 일이라고 생각했다. 한 외국 기자가 신장에 나타난 것만으로도 의심을 받는데, 이처럼 많은 현금을 가지고 있는 것은 위험하기 짝이 없는 일이었다. 그에게 이곳의 정치 분위기가 어떤지 물었다.

"우리 이곳에 너무 오래 앉아 있지 말고 공원을 걸어보죠."

✦

폴라트가 중국으로 돌아오지 않았을 때 그의 가족은 불려가 신문당했
지만 가족들에게 아직까진 별 문제가 없다고 했다. 폴라트의 가족은 우
루무치 경찰국에 친구가 있어 많은 도움을 받았다. 게다가 현재 관방이
관심을 갖는 것은 좀더 큰 문제인 듯했다. 폴라트의 친구는 어떤 위구르
인이 카슈가르에서 체포되어 감옥에 들어갔는데, 정부가 그 사람의 아
들이 알카에다 조직에서 훈련받았다고 믿기 때문이라고 말했다. 나는
그에게 탈레반에 가입한 위구르 사람이 많은지 물었다.

"많지는 않지만 일부는 가입했어요. 여하를 막론하고 그것이 정부에
게 좋은 핑곗거리를 준 것이죠."

우리는 공원 입구로 돌아왔다. 나는 그에게 최근에 영화에 출연했는
지 물었다.

"아뇨." 그가 웃었다. "어쨌든 그렇게 번 돈은 좋지 않아요. 저는 내년
에 두바이에서 무역업을 하고 싶어요. 영화에 대해 쓰시려고요?"

나는 장원을 취재하러 신장에 왔는데, 그는 중국에서 가장 유명한
배우 중 한 명이다. 이곳에서 중국식 서부영화를 찍고 있었다.

"어디에서 촬영합니까?"

"산산 교외에서요. 사막인데, 그곳 풍경이 좋다더군요."

나는 그에게 장원을 어떻게 생각하는지 물었다.

"여느 배우보다 뛰어나죠. 하지만 저는 이곳에서 찍는 어떤 영화도
보지 않을 거예요. 장담하건대, 분명 엉터리일 겁니다."

우리가 악수하고 헤어질 때 그는 집으로 날 초대하지 못해서 미안하

다고 말했다. 공원을 떠난 뒤 휴대전화를 껐다. 이튿날 아침에 나는 택시를 세내어 다섯 시간 동안 달렸다. 타림분지의 북쪽을 따라 달리면서 경치를 보았는데 휘옌산火焰山의 끝으로 가면 갈수록 황량했다.

✦

이튿날 영화 세트장에 도착했을 때, 현장에서는 마지막 장면을 다섯 번이나 거듭 찍고 있었고, 시간은 저녁때가 되어 석양이 사막오렌지색으로 물들었다. 한 배우가 말을 타고 가다가 나무 도리에 부딪혔다. 출입문의 일부였는데, 세트 디자이너가 결정적인 실수를 저질렀다. 말을 탄 사람에게는 그 나무 도리가 딱 목에 닿는 높이였던 것이다. 그 배우는 마지막 순간에 손을 들려고 했다. 그는 나란히 말을 타고 빠르게 달리는 여섯 기사 가운데 한 명이었다. 그들은 불교의 옛 문물을 보호하기 위해 대마영大馬營이라 불리는 오아시스를 탈출하고자 시도하는 변절한 당나라 사병 역을 연기했다. 618~907년 중원을 통치했던 당나라는 불교가 중국에서 가장 왕성한 시기였으며, 동시에 위대한 시를 탄생시킨 시기이기도 했다. 배우는 땅에 무겁게 떨어지더니 움직이지 못했다. 사방에 먼지가 날리고 공기는 갈수록 차가워졌다. 석양은 낮게 드리워 고비사막을 비추고 있었다. 이보다 더 멋진 석양의 빛은 없을 것이다.

경치도 완벽했다. 휘옌산에는 풀이 자라지 않고 산등성이와 협곡이 많으며 석양이 침몰함에 따라 척박한 산맥 양측은 갈색에서 붉은색으로, 다시 회색으로 변했다. 산봉우리는 흰 눈으로 빛났고, 산 아래 정문을 지나 고비사막에서 날아온 자갈을 도처에서 볼 수 있었다. 사막은 줄곧 지평선으로 뻗어 나아갔으며 간헐적으로 나타나는 소금기 있는 땅을 만날 때에만 중단되었다. 이처럼 공활한 곳을 배경으로 촬영하는 것은 언제나 이상적인 일이다. 1950~1960년대 중국이 대외적으로 개방하지 않았을 때 영화 제작자들은 때로 신장이나 기타 서부의 성으로 가서 신기한 장면을 찍었는데, 이국 풍미를 띤 국산 영화가 외국 영화의 대체물이 되었다.

요즘 영화인은 다시 중국의 서부로 돌아왔다. 이번에 그들은 이곳의 경치를 외국으로 수출하길 바란다. 1년 전 「와호장룡」이 미국에서 큰 성공을 거두었는데, 판매 실적이 1억 2000만 달러를 돌파했다. 이 영화에서 가장 두드러진 장면이 바로 이 사막을 배경으로 찍은 것이었다. 이제는 영화 산업 제작자들이 모두 서부로 들어가는 듯했다. 미라맥스가 투자한 액션 영화 「천맥전기天脈傳奇, The Touch」는 간쑤에서 야외 장면을 촬영하고 있었다. 장이머우가 감독하고 외국인이 투자한 무협 영화 「영웅」도 일부는 간쑤에서, 일부는 네이멍구에서 로케이션 촬영했다.

이곳 휘옌산에서 컬럼비아 픽처스가 제작하고 있는 「천지영웅天地英雄」도 중국의 서부영화로 선전될 예정이었다. 중국인의 표준으로 보면 이 영화의 예산은 600만 달러의 거액이고 출연진도 훌륭했다. 주인공을 맡은 자오웨이는 중국에서 가장 환영받는 여성 배우 중 하나다. 일본 배우 나카이 기이치는 악역을 맡았다. 그러나 최대의 뉴스는 장원이 다시 영화계에서 활약한다는 점이었다. 1년 반 전에 장원은 자신이 감독한 전쟁 영화 「귀신이 온다鬼子來了」로 칸영화제에서 심사위원 대상을 받았다. 중국 정부는 이 영화를 상영 금지시키고 장원이 국가 역사를 경멸했다고 고발했다. 이후에 그는 고예산 영화에 출연하거나 이를 감독할 수 없었다. 서부영화는 정치적 재기를 위한 시도였다. 이 고대 배경의 액션 영화는 공산당을 위협하지 않았다.

영화의 주제도 안전했다. 그러나 말은 또 다른 문제였다. 탈출 장면을 찍기 전에 나카이 기이치는 말을 타다가 부상당했다. 한두 주 전에 리부쿵이라는 중국 배우가 말에서 떨어져 어깨가 탈골되었고, 다른 배우 왕쉐치도 잘못 넘어져 늑골 몇 대가 부러졌다. 왕쉐치는 머리카락을 길게 늘어트리고 남색 콘택트렌즈를 끼고 돌궐 도적의 두목 역을 맡았다. 한 대역은 아직도 카자흐스탄 국경의 병원에 입원해 있었다. 식사를 책임진 사람은 발목이 부러졌고, 영화 코디네이터조차도 말에서 미끄러져 떨어졌다. 38세의 장원은 칼싸움하는 장면을 찍다가 무릎과 등에 상처를 입었다. 그는 아직 말에서 떨어지지 않은 몇 안 되는 배우 가운데 하나였다.

장원의 아내 쉬니베스 상드린은 최근에 어린 딸을 데리고 로케이션 세트장에 도착했다. 상드린은 키가 크고 아름다운 프랑스 여성이며 프랑스 고등연구원EPHE의 종교인류학 박사 학위를 가지고 있었다. 탈출 장면을 찍을 때 나는 마침 상드린 곁에 서 있었다. 우리는 중국어로 얘기했는데, 나는 불어를 할 줄 몰랐고 그녀도 영어 구사가 자유롭지 못했다. 한 장면을 거듭 찍는 동안 나는 장원이 대상을 받은 데 대해 프랑스 사람들 반응이 어땠는지 물었다. 그녀는 웃으면서 회상했다.

"칸영화제 이후 우리는 프랑스 남부에서 휴가를 보냈어요. 가는 곳마다 사람들이 알아보고는 텔레비전에서 봤다며 축하하더군요. 파리의 커피숍에 들어가면 사람들은 손에 든 커피 잔을 내려놓고 사인을 요청했어요."

그 신은 이러했다. 밝은 불빛, 끝없는 고비사막, 프랑스식 발음이 섞인 중국어로 얘기하고 있는 금발 여성. 감독이 다섯 번째 신을 찍겠다고 소리치자, 모든 사람이 조용해졌다. 미풍이 가볍게 불어왔다. 가장 가까운 마을은 고비사막 너머 차로 한 시간 거리에 있었다. 세트장에는 의사가 없었다. 그 배우는 나무 도리를 향해 곧장 말을 달렸다.

✦

직원들이 모래밭에 누워 있는 배우에게 달려갔다. 누군가 해리슨 류라고 소리쳤다. 해리슨 류는 장원이 이끄는 변절자 사병 역을 맡고 있었다. 떨어진 그는 일어서보려고 했으나, 모래밭에 쓰러지며 손으로 목을 잡았다.

장원은 힘껏 채찍을 휘둘러 달려 나가다가 미끄러지듯 멈추더니 신속하게 말에서 내렸다. 그의 안색은 화가 나서 시커멨다. 온종일 의외의 사고와 지연으로 인한 좌절의 연속이었다. 인민해방군 장교 아들인 장원은 키가 크고 몸통이 두꺼우며 어지러운 수염을 기른 남자다. 중국인들은 그를 두고 '악당'이란 뜻을 가진 '류망流氓' 같다고 말한다. 짧게 깎은 머리에 뛰어나온 눈, 단단한 턱. 어깨가 넓고 줄담배를 태운다. 목소리는 무겁고도 낭랑하다. 모든 음성이 단전에서 나와 다년간의 담배 연기에 그을린 목구멍을 통해 나오는 듯했다. 그러나 '류망'과 같은 외모에도 불구하고 그는 베이징 중앙희극학원을 졸업하고 전문 훈련을 받은 영화인이다. 연기 이외에도 극찬을 받은 두 편의 영화를 감독했다.

장원은 해리슨을 부축하여 일으켰다. 처음에는 부상이 심하지 않은 것 같았다. 두 사람은 허핑 감독을 둘러싸고 모여 있던 다른 배우들과 합류했다. 그들은 모니터를 돌려보면서 어디가 문제인지 찾아보려고 했다. 날씨는 갈수록 추워지고 하늘색은 점점 어두워졌다. 긴 외투를 걸친 해방군은 그 위험한 나무 도리를 톱질하기 시작했다. 해리슨은 아직도 목을 문지르고 있었다.

"그 신은 다시 찍어야겠어." 허핑이 말했다.

"목이 아픈데." 해리슨이 말했다.

"너무 빨리 달렸어요." 한 배우가 말했다.

"너야말로 빨리 달렸지." 해리슨이 말했다.

장원은 모니터 앞으로 걸어갔다. 그는 투구를 쓰고 긴 장갑을 끼고 무릎까지 올라오는 부츠를 신었다. 그의 가죽 어깨 보호대는 갑옷의 띠에 박혀 있었다. 그의 손엔 긴 채찍이 쥐어 있었고 얼굴 표정은 폭발하려는 것 같았다. 그는 매니저에게 화를 내며 소리 질렀다.

"담배 줘!"

매니저는 담배 한 갑을 건넸다. 상표 이름은 '쉐렌雪蓮'인데 담뱃갑이 아름다운 흰 꽃으로 장식되었다.

"워 차오我操." 장원이 욕을 했다. "제기랄, 이게 무슨 담배야?"

"현지 담배인데요."

장원은 담배를 바라보더니 마침내 한 개비를 꺼냈다. 그러고는 발뒤꿈치로 빙 돌아 혼자 중얼거리며 가버렸다. 그는 쉐렌 담배에 불을 붙이고 입으로 집어넣더니 힘차게 빨았다.

◆

수많은 뛰어난 배우와 마찬가지로 장원은 배역을 통해 전국 관중의 마음을 어떻게 사로잡을 수 있는지 알고 있었다. 개혁 개방이 처음으로 꽃 피던 때 영화인은 작품으로 황토 고원을 찬양했다. 이 토지는 중국 전통문화의 중심이면서 안양과 기타 황허강 유역 도시의 소재지이기도 하다. 1988년 장원은 장이머우가 감독한 「붉은 수수밭^{紅高粱}」에서 주연을 맡았다. 이 영화의 여주인공 궁리는 뒤에 국제적으로 가장 유명한 여성 중국 배우가 되었다. 영화에서 여주인공은 장원이 연기한 농민의 접근을 거부한다. 남자는 고집스럽게 여인의 양조장으로 돌아간다. 그 곳에서 그녀와 일꾼들은 어색한 침묵 속에 서 있다. 장원은 도전적인 눈 빛으로 그들을 흘겨보는데, 그 모습엔 폭력이 깃들어 있다. 결국 그는 발효 중인 술독에 연이어 오줌을 눈다. 그러고는 궁리를 안아 허리에 감고는 침실로 달려간다. 그 장면 내내 그는 거의 말하지 않는다. 결국 그 술은 양조장에서 빚었던 술 가운데 가장 좋은 술이 되었다. 궁리가 연기한 여주인공은 아들을 임신한다. 「붉은 수수밭」은 중국 관중의 인기를 얻었을 뿐 아니라 국제 영화제에서도 빛을 발했다.

5년도 안 되어 황토의 붐은 이미 물러갔다. 1990년대 초 민주주의를 지지하는 시위가 진압되고 그 여파로 배타적인 국가주의 정서가 중국 지식인 사이에서 흥기했다. 1993년 「뉴욕의 베이징 사람^{北京人在紐約}」이란 텔레비전 연속극은 미국의 전형적인 공허한 물질주의에 도전받은 이민자들의 모습을 뒤쫓는데, 이민자들은 양식 있고 도덕적이며 강직한, 전형적인 중국인 캐릭터로 그려졌다. 장원은 새로운 생활에 적응하고자 고군분투하는 이민 예술가 역을 맡았다. 어느 시점에서 그는 백인 매춘부를 고용해, 그녀에게 달러 지폐를 던지고는 영어로 계속해서 "당신을 사랑합니다! 당신을 사랑합니다!"라고 말하도록 명령한다. 「뉴욕의 베이징 사람」은 나오자마자 곧바로 중국 관중의 큰 환영을 받았다.

그것은 사람들에게 가장 잘 알려진 장원의 두 배역이지만, 그렇다고 그 배역들이 장원을 틀에 묶어버리지는 않았다. 그것은 개혁 개방 때 자주 발생한 상황이다. 중국은 변화가 너무 빨라 많은 스타들이 한바탕 유행한 뒤에는 그다음 소식이 없다. 그러나 장원은 늘 인기가 있으며 그가 연기하는 배역은 중국 역사의 전 범위에 이른다. 몇 년 동안 중국을 처음으로 통일한 진시황 역을 맡았으며 청조의 몰락을 지켜본 마지막 황제 푸이 역을 맡았다. 장원은 환관, 농민, 경찰, 좀도둑, 소상인 역을 연기한 적이 있다. 그는 중국 현대 남성들의 기본 심리를 잘 파악했다. 갈망과 두려움, 몽상과 불안.

1994년 장원은 그의 첫 영화 「햇빛 쏟아지던 날들陽光燦爛的日子」을 감독했다. 스토리는 잘 알려진 작가 왕쉬의 단편소설을 각색했는데, 문화대혁명 시기의 베이징을 배경으로 삼았다. 역사 영화는 보통 서술성이 강하다. 등장인물의 삶과 중요한 사건이 뒤얽힌다. 그러나 「햇빛 쏟아지던 날들」은 이미지가 주도한다. 이 영화의 첫 '대본'은 장원이 수첩에 그린 그림들로 구성되었다. 한 10대 소년이 춤추는 소녀들을 몰래 보고 있다. 영화에서 그 남자아이는 관찰력이 예리하다. 그는 망원경으로 훔쳐보거나 한 여자아이의 침상 아래에 누워 훔쳐보거나 그 부모의 것을 기웃거린다. 그 시대를 휩쓴 정치운동은 보이지 않고, 표준적인 문화대혁명 분위기인 고통과 슬픔은 전부 청소년의 욕망과 성에 대한 각성으로 대체된다. 남자아이와 그의 친구는 누구의 통제도 받지 않는다. 부모는 정치운동에 정신이 팔렸다. 영화는 대성공을 거뒀는데, 특히 젊은 관객의 환영을 받았다.

많은 영화와 마찬가지로 이 영화에도 다른 영화에 대한 암시가 있지만, 모두 공산당의 세계에 속했다. 그 십대 청소년들은 「1918년의 레닌Lenin in 1918」 같은 소련 선전영화의 장면을 재현했다. 할리우드는 장원이 성장할 때 그랬던 것처럼 요원해 보인다. 1970년대에 장원은 외진 구이저우성에 살았는데, 당시 그의 아버지가 인민해방군으로 주둔했던 곳이다. 그들이 살던 곳은 철도 마을로, 베이징에서 온 기차가 이 마을을 통과하여 서남쪽으로 갔다. 영화는 사람들에게 외부 세계를 보여주는 유일한 창이었다.

한번은 장원이 내게 말했다.

"우리는 오래된 헛간 같은 큰 집에서 살았어요. 문밖은 마을의 광장인데, 거기에서 매주 두 번씩 저녁에 영화를 상영했죠. 그들은 밖에서 영화를 상영했고 저는 침대 위에서 창을 통해 볼 수 있었죠. 영화는 저를 매료시켰어요. 영화는 알바니아나 루마니아같이 먼 데서 왔기 때문이죠. 저는 아직도 「백모녀白毛女」를 기억해요. 아름다운 영화죠. 그전까지 저는 발레를 본 적이 없었어요. 제가 처음으로 라틴 문자를 본 것은 영화에서였는데, 미국 사병의 군모에서 'U. S.'란 두 글자를 봤죠.

주로 그 영화에 나오는 모든 아름다운 여성을 기억하고 있어요. 그들은 보통 많이 입지 않아요. 반바지는 짧게 재단하고 옷소매는 찢어지고 허리엔 혁명군복 요대를 꽉 조이고 있죠. 그들은 그곳에 서서 이렇게 손에는 총을 들었지만, 참으로 아름다웠어요. 나치와 알바니아와 관련된 영화가 있는데, 그 가운데 한 신은 제가 분명히 기억해요. 한 알바니아 여인이 셔츠의 단추를 몇 개만 잠그고 기타를 치는 장면이요. 그전에 기타를 본 적이 없거든요. 아직도 그 노래를 똑똑히 기억해요."

✦

신장에서 탈출 신을 다 찍은 뒤에 배우들은 밴을 타고 고비사막을 가로질러 돌과 먼지 자욱한 길을 한 시간 동안 질주했다. 우리는 모두 이 지역에서 탐사 작업을 하고 있는 대규모 복합 단지인 중국석유 투하유전土哈油田 회사에 머물고 있었다. 저녁 식사 뒤 해리슨 류의 목이 심하게 아파져 그는 석유 단지 내 병원에 가서 진찰하려고 했다. 장원도 무릎과 등에 통증이 있어서 그와 함께 가기로 했다. 왕쉐치도 따라가겠다고 했다. 그도 갈비뼈를 진찰받아야 하며, 다른 배우도 불편함을 호소했다. 결과적으로 여섯 명이 병원으로 갔는데, 도착하니 이미 저녁 10시가 넘었다.

어떤 사람이 일반외과의 부주임 차오제를 불렀다. 배우들은 이렇게 늦게 성가시게 해서 죄송하다고 말했다. 의사는 괜찮다며 장원의 영화를 좋아한다고 말했다.

장원은 상의를 벗었다. 차오 의사는 그의 등을 손으로 지압하며 아픈지 물었다. 하루 동안의 촬영에서 좌절을 겪은 뒤 장원은 끝내 누그러진 듯 다른 배우들과 농담하기 시작했다. 무릎은 검푸르게 멍들었고 그는 손으로 타박상 입은 곳을 누르며 크게 방귀를 뀌었다.

"정말 이상하지요, 의사 선생님." 그는 생각에 잠겨 말했다. "이곳을 누르면 방귀가 나와요." 그가 다시 눌렀지만 아무 일도 없었다. "신경쓰지 마세요."

차오 의사는 최근에 부상당한 사람이 많다고 불평했다. 며칠 동안 배우와 스텝들이 병원을 드나들었다. 그날 오후에는 한 남자가 골절된 다리로 나타났다.

"그 분은 병원에 너무 늦게 와서 부상이 악화됐어요. 당신들 정확히 그곳에서 뭘 하는 겁니까?"

차오 의사가 묻자 장원이 대답했다.

"액션 영화 찍죠."

차오 의사는 의학 서적을 뒤적이며 우리에게 아까 그 사람의 골절된 부위를 보여주었다.

"다리가 찐빵처럼 부어올랐죠. 정말 이해할 수 없어요. 왜 좀더 일찍 병원에 안 왔는지."

"세트장에 의사를 두어야 한다고 줄곧 말했었죠." 장원이 말했다.

"말 타고 영화를 찍는 건 위험해요." 해리슨 류가 말했다.

"진짜 문제가 뭔지 아세요?" 장원이 말했다. "스턴트맨은 말 타는 장면은 잘 찍지 않아요. 설사 한다손 치더라도 그들의 특기는 말타기가 아니라 무술이죠."

한 배우가 '중난하이' 담뱃갑을 꺼내더니 진료실에서 담배를 피울 수 있는지 물었다. 차오 의사가 한 대 피우자, 여섯 명도 따라서 피우기 시작했다. 작은 공간은 삽시간에 연기로 가득 찼다.

"정말로 여태까지 이러한 상황을 본 적이 없어요." 의사가 말했다.

"제 생각에 이것은 인권 문제예요." 장원이 말했다.

차오 의사는 해리슨 류 목에 보호대를 씌워줬다. 장원과 마찬가지로 해리슨은 키가 크고 여자 친구도 금발의 외국인, 벨기에 사람이다. 중국 예능계에서 외국인 여자 친구를 갖는다는 것은 성공의 표시다. 이러한 여성들은 보통 인류학이나 사회학 논문 연구를 위해 중국에 들어온 소장 학자다. 카우보이 부츠를 신은 해리슨 류는 1989년 시위가 진압된 뒤 캐나다에서 정치 망명을 승인받았고, 지금은 캐나다 시민이다. 영문 이름을 비틀스에서 따온 그는 가끔 캐나다나 미국 영화에 출연한다. 1991년에 그는 퀘벡에 처음 온 선교사를 다루는 영화 「블랙 로브Black Robe」에서 휴런족 역을 맡았다. 이 영화를 자세히 관찰하면 휴런족 가운데 한 사람이 중국인과 비슷함을 알게 될 것이다. 해리슨은 아직도 휴런 말로 했던 대사를 기억하고 있는데, "우리는 이 백인을 따라갈 필요가 없습니다"였다고 한다.

해리슨에게 목 보호대를 감아준 뒤 차오 의사는 장원과 해리슨에게 CT 촬영을 해야 한다고 말했다. 장원은 손목시계를 보았다.

"보세요, 오늘은 11월 7일이에요. 러시아혁명 기념일이죠." 그는 엑스레이 센터로 걸어가면서 「인터내셔널」을 흥얼거렸다. 그는 휴대전화로 금방 받은, 베이징의 토크쇼 진행자가 그에게 보낸 문자 메시지를 보여주었다.

방금 해적판 「귀신이 온다」를 발견했어요.

"날마다 이런 메시지를 받죠." 장원이 자랑스럽게 말했다. 「귀신이 온다」는 중국 극장에서 상영되지 않았지만, 2주 전에 갑자기 길거리에 출현했다. 장원은 얼굴에 웃음을 지었다.

"방금 발생한 모든 일을 보세요. 우리는 부상당해 병원에 와서 엑스레이를 찍는데, 때마침 러시아혁명 기념일에 또 「귀신이 온다」에 관한 메시지를 받았어요. 모두 영화로 찍을 만한 일들이죠."

CT 기사가 해리슨의 목을 스캔한 뒤 목이 삔 것 같다고 말했다. 차오 의사는 장원의 무릎과 등을 찍은 사진을 진단한 뒤 다섯 번째와 여섯 번째 척추가 문제 있는 듯하다며, 내일 전문의가 검사할 것이라고 말했다. 거의 자정이 되어 병원을 떠나기 전에 차오 의사는 그녀의 딸과 조카의 사진 세 장에 사인해줄 것을 부탁했다. 전형적인 중국인의 사진이었다. 어린 두 여자아이는 놀랄 만한 적의를 띠고 카메라를 흘겨보고 있었다. 장원은 각 사진의 뒷면에 "장원─다섯 번째와 여섯 번째 척추"라고 적었다.

◆

장원이 감독한 두 번째 영화 「귀신이 온다」의 시간은 1945년, 장소는 일본이 중국을 점령한 마지막 1년의 허베이 시골로 설정되어 있다. 문화대혁명 시기의 영화와 마찬가지로 이 민감한 시기에 대한 묘사는 보통 미리 설정한 방식으로 진행됐다. 중국 영화는 일본인의 잔혹한 폭행, 일반 인민의 영웅적 저항을 보여주었다. 여기서는 매복하고 있는 곳으로 일본군을 유인한 중국인 목동 왕얼샤오가 그런 전형적인 영웅이다.

장원의 영화에서, 그 전쟁은 외부와 격리된 중국의 작은 마을과 일본 주둔군 이야기로 축소되어 있다. 영화는 섹스 신으로 시작한다. 마다싼馬大三이라 불리는 농민이 젊은 과부와 정사를 벌이고 있다. 갑자기 누군가 문을 두드리더니 이름 없는 중국 사병이 일본군 포로와 통역관을 데려온다. 두 사람은 묶인다. 마다싼은 명을 받아 두 포로를 신문하고 그들을 숨겨 현지 일본 주둔군이 찾지 못하게 한다. 장원이 연기한 마다싼은 책임이 중대한 것을 알고 겁나서 촌민들에게 도와달라고 부탁한다.

촌민들은 도와주지도 않을뿐더러 도리어 하찮은 문제로 싸우기 시작한다. 마다싼이 어떻게 과부와 잠잘 수 있는가? 마을에서 돈이 가장 많은 여인이 얼마나 많은 밀가루를 몰래 숨겼는가? 거의 모든 등장인물이 이기심, 탐욕, 완고함, 비겁함으로 행동한다. 원래 영광스럽게 죽으려 했던 일본군 포로는 이내 자존심을 잃고, 결국 촌민들은 그를 동정하게 된다. 그들은 그를 일본 주둔군에게 돌려보내고 밀가루 여섯 수레를 받는다. 경축하기 위해 점령자는 피점령자와 함께 앉아서 식사를 하지만, 그 잔치는 일본이 항복했다는 뉴스로 인해 중단된다. 끊임없이 더해지는 공포와 수치심으로 일본군들은 무장하지 않은 촌민을 학살하기 시작한다.

「귀신이 온다」를 찍던 기간에 장원은 부분 촬영을 거부했다. 어떤 장면의 어떤 작은 부분일지라도 그는 처음부터 전체를 재촬영했다. 이는 영화계에서 전례가 없던 일이다. 장원은 중국에서 구할 수 있는 모든 코닥 흑백필름을 사용한 걸로 알려졌는데, 이는 장편영화에 필요한 양의 다섯 배로 약 152킬로미터에 달하는 양이었다. 시골 세트장은 배를 타야만 갈 수 있었고 배우들은 혹한 속에서 작업해야만 했다. 현지의 간섭도 문제였다. 한 마을에서는 영화사에 토지를 임대해준 다른 권리자를 고소했다. 영화 제작비는 약 500만 달러가 들었는데, 원래 예산의 두 배이며, 게다가 영화가 길어져서 러닝타임이 2시간 44분이었다. 비록 칸 영화제 수상작이라 하더라도 대다수 영화 평론가는 영화를 다시 편집해야 한다고 여겼다. 전 세계 아홉 개 국가에서만 상영되었고, 중국 영화관에서 이 영화를 공개적으로 본 사람은 없다. 내가 영화 촬영에 참가한 사람들과 인터뷰할 때 이들은 정치적인 문제 때문에 자신들의 이름을 밝히지 말아달라고 요청했다.

　신장에 오기 전에 나는 「귀신이 온다」를 찍은 허베이 농촌을 방문했다. 베이징에서 이곳까지는 차로 다섯 시간이 걸리며 게다가 30분 동안 배를 타야 한다. 로케이션 장소는 판자커우潘家口 저수지 제방에 있었다. 험준한 산마루와 이미 무너진 장성이 10여 동의 가옥을 두르고 있었다.

　그 마을은 순전히 이 영화를 위해 세워졌다. 중국의 노임과 건축 자재는 싸고 게다가 전문적인 세트 디자인 기술이 없어 감독은 실제 집을 건축하여 찍었다. 휘옌산 부근에서 배우가 말을 달리다 부상당한 사건도 그 예다. 그 배우는 건물에서 굴러떨어진 통나무에 맞아 다리가 부러졌다. 할리우드 세트장에서 이러한 도구는 스티로폼으로 만들지만, 중국에선 진짜 통나무를 사용한다. 판자커우 저수지의 모든 집은 화강암, 벽돌과 타일로 지었으며, 벽난로와 스토브도 설치했다. 중국의 많은 것이 가짜로 충만했다. 가짜 브랜드, 조악한 고대 건축 모형, 새로 페인트칠한 옛집. 그렇지만 영화 세트장은 너무나 진실했다. 때로 그것들은 영화가 상영되고 잊힌 뒤에도 한참이나 더 존재했다.

　「귀신이 온다」를 찍은 지 2년이 지났다. 이제 이 세트장에 사는 사람은 없다. 저수지 주변의 토양에 돌이 많아 경작하기에 부적합하기 때문이다. 그러나 저수지 맞은편 촌락의 농민들은 이곳을 관광지로 만들고 싶어 입구에 매표소를 설치하고, 입장권 한 장에 약 75센트를 받았다. 내가 표를 샀을 때 표를 파는 사람은 장원을 전혀 호평하지 않았다.

"사기꾼 자식." 노인이 말했다. "원래 토지 임대료로 10만 위안을 내기로 했는데, 내지 않았어요. 공구도 빌려가고선 아직도 반납하지 않았죠."

나는 부근의 마을에 갔는데 그곳의 일부 농민이 영화에 출현한 적이 있다. 장원은 영화의 분위기를 바꾸기 위해 전문 배우 이외에 일반인을 즐겨 썼다. 한 홍콩 영화 해설가는 이러한 전략이 영화의 '허구성을 줄이고 진실성을 늘릴' 수 있다고 설명했다. 이러한 점은 최소한 촌민의 시각에서 보면 거짓말이 아니었다. 장푸훙이라 불리는 여성은 장원과 그의 고문이 자신을 선택했다고 자랑스럽게 말했다.

"제 머리카락이 길었기 때문에 큰 장면을 찍기 위해 절 뽑았어요." 25세의 그녀는 자랑스럽게 말했다. 내가 그녀를 방문했을 때 마침 주방에서 만두를 만들고 있었다. 그녀는 장원이 다정하기 때문에 좋아한다고 말했다. 영화의 중요한 신에서 그녀는 일본군에게 죽임을 당했다. "저는 영화에서 마지막으로 탈출을 시도한 사람이에요."

저수지로 돌아오는 길에 나는 영화에서 사살된 다른 농촌 여성을 만났다.

"당시는 정말 무서웠어요." 그녀는 사실대로 말했다. 그녀는 장원의 높은 기준에 감탄했다고 했다. "신 하나를 며칠 동안 찍는데도 만족하지 않더라고요."

촌민 가운데 완성된 영화를 본 사람은 없다. 단지 촬영할 때 모니터로 일부 장면만 봤을 뿐이고 줄거리도 제대로 알지 못했다. 장원의 배역이 나중에 죽는 줄도 몰랐다. 그 신은 다른 장소에서 찍었기 때문이다. 수많은 농민은 심지어 「귀신이 온다」가 상영 금지된 것도 몰랐다. 한 여성은 그 영화가 아직까지도 텔레비전에 나오지 않은 이유를 모르겠다고 말했다. 이곳에 들른 몇몇 관광객도 의혹스러운 눈치였다. 그들은 여기에서 찍은 장원의 영화에 문제가 생긴 줄은 알았지만, 정확히 무슨 일이 생겼는지는 이해하지 못했다.

모든 것을 유일하게 아는 듯한 사람은 저우바오훙이라는 12세의 남자아이였다. 시골에서 여행할 때 나는 때때로 그와 같은 어린아이를 만났다. 말 잘하고 소식이 빨라 마을 밖의 모든 것에 특별한 관심을 가졌다. 일단 외국인이 나타나면 이러한 아이는 곧바로 붙잡고 놓지 않았다. 필연적으로 그들은 끊임없이 최근에 치른 시험 성적에 대해 얘기하며 좋은 고등학교에 들어갈 가능성에 대해 말했다. 내가 전화번호를 남겨주면, 그들은 몇 주 동안 심지어는 몇 년 동안 정기적으로 내게 전화를 건다. 그러한 아이들을 보면 언제나 윌리엄 제퍼슨 포스터가 생각났다.

저우바오훙은 더러운 남색 양복을 걸치고 주말을 이용하여 옛 세트장으로 가서 가이드를 해주며 부수입을 번다. 그를 고용했더니 날 데리고 버려진 모든 집과 도구를 보여주었다. 그는 이것들에 돈이 얼마나 들었는지 알고 있었다. 그는 시멘트로 만든 가짜 나무를 가리키며 제작비 600위안과 운송비 200위안이 들었다고 말했다. 장성에 보루를 세우는 데 10만 위안을 썼다고 한다(장원은 진짜 장성에 불만을 가졌다). 그 소년은 날 데리고 장원 배역의 집으로 갔고 우리는 그 빈집에서 잠시 머물렀다.

"이곳이 바로 학살 장소예요." 소년은 엄숙하게 말했다. "마을 사람들이 모두 여기에서 죽었어요."

나는 영화에 나중에 무슨 일이 생긴 건지 물었다.

"장원은 국가 문화부의 윤허를 받지 않은 채 스스로 프랑스에 가져가 상을 받았어요. 그래서 정부는 상영을 금지시켰죠."

그 소년은 완성된 영화를 보지 못했지만, 상영 금지된 이유를 안다고 말했다.

"농민들은 저항하지 않았고 홍군, 공농 홍군, 유격대도 출현하지 않았어요. 문제는 바로 여기에 있었죠."

✦

장원이 칸에서 대상을 받은 뒤 중국 언론은 침묵을 지켰다. 중국에서 침묵은 불길한 징조. 정부는 이 영화의 상영 금지를 공식적으로 선언하지 않았다. 그러나 두 가지 은밀한 문건이 인터넷 사이트에 떠돌아다녔다. 그것들은 아마 정말 전영부電影部에서 나왔을 것이다. 그중 하나의 표제는 「제28기 간보第二十八期簡報」였는데, 정부는 "중국 영화나 텔레비전에서 장원의 모든 활동을 중지시킨다"라고 언급했다.

중국에서 모든 영화는 반드시 두 차례 검사대에 오른다. 처음에는 시나리오를 보내고 두 번째는 완성된 영화를 보낸다. 인터넷의 두 번째 문건은 「영화심사위원회의 보고」인데, 장원이 허락도 받지 않고 대본을 바꿔 촬영한 20군데를 지적했다. 베드신은 부적절하다. "강렬한 스크린,

노골적인 소리는 저속한 방식으로 감각 기관을 자극한다." 심사위원회는 영화 마지막 부분에서 국민당이 전후의 중국을 접수하는데도 촌민이 전혀 항거하지 않는 것에 대해 불만이었다. "역사를 엄중하게 왜곡했고 국민당을 비판, 조소하는 목적에 이르지 못했다."

그러나 가장 큰 문제는 소극적인 중국 촌민이었다. 문건에서는 영화의 한 장면에서 촌민이 일본군 포로와 중국 스파이에게 좋은 음식을 주는 묘사를 지적했다.

> 객관적으로 그것은 생활이 그토록 어려운 전시 상황일지라도 중국 인민은 일본 침략자들을 증오하지 않고 오히려 포로의 요구를 충족 시키기 위해 최선을 다하고 있음을 보여준다. (…) 이는 역사를 심각하게 왜곡했다.

심사 제도는 기괴한 문제다. 베이징에서 때때로 나는 해적판 DVD 표면에 영어로 '중국 상영 금지'라고 쓴 광고를 봤다. 어느 누구도 장기간 해적판을 단속할 수 없다. 「귀신이 온다」와 같은 영화도 결국 시장에 출현했다. 영화 제작자는 심사 제도에 냉담하다. 한 젊은 감독은 영화 부문의 관리를 보면 자신의 조부모가 생각난다고 말했다. 그가 못마땅해하는 노쇠한 권위자들.

건국 반세기 뒤에 공산주의의 수많은 특징은 이처럼 변모했다. 당은 권력이 있지만 존중받지 못하고, 인민은 참지만 그것을 두려워하지 않는다. 영화 부문의 통제는 언제나 소극적 공격이며, 침묵은 일종의 유력한 무기다. 그들은 공식적인 설명을 피했고 장원에게 영화와 텔레비전 프로그램 출연 금지의 시간이 얼마인지도 알려주지 않았다. 사실상 그 관리들은 그와의 면담도 거절했다. 목적은 간단하다. 그를 걱정시키고 기다리게 하는 것이다.

✦

영화가 금지된 뒤 장원은 외국 기자에게 이러한 상황은 인생이 영화를 모방하는 경우라고 여러 번 언급했다. 칸에서 받은 상은 영화 속의 포로처럼 성가신 문제를 초래했을 뿐이다. 심사는 문화대혁명을 생각나게 한다고 말했다. 중국 영화계의 수많은 동료에게는 이러한 언급이 적절하지 않은 것으로 비쳤다. 장원은 항상 적이 있었다. 카리스마와 명성은 그에게 큰 영향을 끼쳤는데 그는 성격이 급했고 완고했다. 현재 그는 정부를 격노시켰고, 다른 영화 제작자는 이를 계기로 정부가 더 엄격해질까 걱정했다. 베이징의 한 제작사는 "만일 그가 자신이 아무것도 잘못한 게 없다고 공개적으로 주장한다면, 중국 영화업계는 큰 피해를 볼 겁니다"라고 내게 말했다.

한동안 장원은 억압받는 예술가의 신분을 영광으로 삼았으나, 오래지 않아 태도는 바뀌었다. 그의 한 친구는 시간이 지나면서 장원이 그 일로 인해 개인적으로 번거로움을 겪었음을 시인했다고 말했다. 그런 탓인지 그는 자극적인 발언을 그쳤다. 한동안 침묵한 뒤 한두 차례 텔레비전 수상식에 참가하기 시작했다. 뒤에 그는 신인 감독의 저예산 영화에 출연했고 결국 「천지영웅」 영화 계약서에 서명했다. 전에는 액션 스타가 아니어서 그러한 배역을 좋아하지 않는 것처럼 보였다. 하지만 그 배역은 정치적으로 명성을 회복하는 데 필요했다. 신장은 그가 추방되었다가 영화계로 돌아오는 첫걸음이었다.

신장에서 어느 날 저녁에 온종일 영화를 찍은 뒤 장원의 호텔방에서 나는 그와 만났다. 나는 관객이 「귀신이 온다」 영화 속의 역사 관점을 어떻게 해석해야 하는지 물었다. 장원은 여전히 척추에 통증이 있었기에 조심스럽게 의자에 등을 기대고는 담배에 불을 붙였다.

"이 영화가 역사를 표현한 것이라고 말한 적이 없어요. 감독은 자신의 내심을 보여줘야 한다고 생각해요. 아마도 이는 전승과도 연관이 있을 겁니다. 제가 출생한 곳은 허베이의 그 촌락에서 가까워요. 그래서 제 마음속에는 현지 역사와 관련된 것이 많습니다. 어떤 의미에서 이 영화는 자서전이죠."

나는 영화가 중국인을 전쟁의 피해자로 묘사하지 않았기 때문에 이 영화가 부정확하다고 믿는 일부 평론가가 있었음을 언급했다.

"중국 인민이 희생자임에는 동의하죠. 그러나 우리 자신도 잘못했지요. 우리는 거울을 가지고 자신을 똑똑히 봐야 해요. 생각해보세요, 왜 우리가 피해자가 되었는가를. 단순히 다른 사람을 가리키며 그들이 사악하다고 말할 순 없어요. 린뱌오, 혹은 장칭, 혹은 일본인만 가리킬 수 없지요. 일은 그렇게 간단치 않아요."

그는 어지러운 검은 수염을 쓰다듬었다. 낡은 추리닝에 나이키 운동화를 신은 그의 눈은 매우 피곤해 보였다.

그는 말을 이어가면서 호텔방 카펫에 모를 심는 손짓을 했다.

"중국을 밭으로 생각해보세요. 국민당, 공산당, 린뱌오, 장칭, 모두 땅 속의 씨앗입니다. 그들은 다른 모습으로 자랍니다. 어떤 것은 잘 자라고 어떤 것은 잘 자라지 못해요. 어떤 것은 망가집니다. 일본인이 왔을 때 그들은 이미 파시스트로 망가진 상태라고 말할 수 있어요. 그런데 왜 그들은 이곳에 도착한 뒤에 더욱 나쁘게 변했을까요? 우리 중국인은 이러한 점에 대해 얘기해야 합니다. 왜냐하면 좋지 않은 많은 것이 나중에 점점 더 나빠졌기 때문이죠.

대다수 사람은 아주 단순하게 말하죠. '그들은 악마고, 우리는 피해자다.' 그러나 역사는 한 사람의 인생과 같아요. 제 친구는 제가 전영부에 가서 근무해야 한다고 말하더군요. 그렇게 하면 그 기구는 훨씬 관용적으로 변할 거라고요. 하지만 저는 그것이 저를 더 나쁜 사람으로 만들 뿐이라고 말합니다. 문 앞에 문지기가 있다면, 그 문지기는 억압적으로 변합니다. 이것은 그 사람과는 무관하고 그 계통, 그 환경 때문입니다."

그는 수많은 중국인에게 심리적인 도움이 필요하다고 말했다.

"사람은 시간을 내서 자신의 내심을 봐야 합니다. 한 사람은 역사와 다르지 않아요. 제 말뜻은 한 사람의 역사는 거대하다는 것이죠. 개체는 사회보다 더 복잡할 거예요. 그러나 중국인은 그처럼 자성할 시간이 없어요. 모든 사람이 너무 바빠 반성할 수 있는 충분하고 안정된 시간이 없어요. 요원한 과거에 이 국가는 평화롭고 안정되었죠. 그러나 지금은 너무나 빨리 변합니다. 개혁 개방 이래로 늘 그랬어요. 어느 정도까지 과거 200년 동안은 그래왔어요. 우리는 자신이 어디에 있는지 몰라요. 우린 아직도 길을 찾지 못했어요. 20세기 초에 중국인은 시도했지요. 일부는 전통에서 찾았고 일부는 외국에서 찾았는데, 이 논쟁은 아직까지도 존재합니다.

마오 주석이 완벽한 예죠. 그는 항상 중국 역사를 좋아하지 않는다고 말했죠. 공산주의가 처음에 성공할 수 있었던 원인은 전통 노선을 걷지 않았기 때문입니다. 그러나 뒤에 마오 주석은 전통적인 표현 방식으로 옛것을 반대했으며 전통적인 황제로 변했어요. 그가 이렇게 하기로 결정했다는 말이 아니고요. 그는 다른 방법을 몰랐을 뿐입니다. 그는 비극적 인물이죠. 중국 역사에서 가장 비참한 사람입니다. 그라는 종자는 높이 자란 것 같지만, 비뚤게 자랐지요. 종자는 토양을 극복할 수 없기 때문이죠."

나는 이 문제를 해결할 방법이 있는지 물었다.

"반드시 토양을 바꿔야 합니다."

방 안은 조용해졌다. 그는 말을 멈추고 다른 담배에 불을 붙였다.

"저는 마오 주석에 관한 영화를 찍고 싶어요. 햄릿보다 더 비극적이죠. 그는 예술성을 가진 사람이지, 정치적 인물이 아니에요. 그는 시인이나 철학자가 되어야 했어요. 정치가 아니라 창작에 종사했어야 합니다."

장원은 웃으며 이러한 영화는 가까운 미래에 제작될 수 없음을 인정했다. 그는 언제 다시 감독을 맡을지 전혀 알 수 없었다. 그는 아직도 정치적인 분위기를 조금씩 탐색하고 있었다. 그래도 마오쩌둥이란 인물에 매료되었다.

"제 생각에 마오는 모든 중국인과 연관이 있어요. 그는 수많은 중국인의 몽상과 수많은 중국인의 비극을 상징합니다."

◆

영화 세트장은 외부 세계의 사람을 흡수했다. 어떤 신에는 터번을 두른 돌궐 전사가 등장했는데 촬영이 끝나자 배우들은 이러한 엑스트라를 '탈레반'이라 불렀다. 그러한 농담과는 별도로 지금 신장의 다른 쪽에서 전쟁이 일어나고 있다고 상상하기는 어려웠다. 내가 폴라트의 친구와 만났던 일도 매우 요원해 보였다. 나를 유일하게 일깨운 것은 그 100달러짜리 수표였다.

촬영 기간 우리는 위구르족을 거의 보지 못했다. 한족이 유전 회사를 경영했고, 영화에서 말을 타는 엑스트라, 그 '탈레반'은 사실 카자흐족이다. 대마영 신은 위구르족이 거주하는 작은 오아시스에서 찍었지만, 그들이 모두 이와 같은 상황을 피해 200마리 양떼를 보살피러 가버렸다. 어느 날 오후 나는 그들 집을 방문하여 20대 위구르족 청년과 얘기했다. 그는 장원을 좋아한다고 나른하게 말했다. 하지만 「트위스터 Twister」「터미네이터」 및 아널드 슈워제네거가 출연한 영화와 같은 미국 영화를 더 좋아했다. 그는 「타이타닉」에서 배가 두 쪽으로 갈라지는 장면을 좋아한다고 말했다.

내가 허핑 감독에게 미국 서부영화와 중국 서부영화의 차이점에 대해 물었을 때 그는 세련되게 답했다.

"미국 서부영화는 문화를 서부로 끌어들이지요. 한 문화가 다른 곳으로 가는 것에 관한 것입니다. 그들은 법률과 질서를 서부로 가져갑니다. 중국 서부영화는 완전히 달라요. 그것은 다른 문화 간의 교류에 관한 것이죠."

그는 또 영화를 더욱 '포스트모던'하게 보이도록 머리를 민 여성 배우를 찾아 승려로 분장시킨다고 말했다.

그들은 대역을 써서 해리슨 류를 대체했다. 의사는 잠시 동안 말을 타지 말라고 했지만, 그는 다친 몸을 빨리 회복해야만 탈레반 카자흐족 돌궐 전사에 의해 죽음을 당하는 장면을 찍을 수 있다. 그는 한 화살을 가슴에, 다른 화살은 무릎에 맞고 죽게 되어 있었다. 몇 개월 뒤 영화 스크린에서 그 장면을 보았을 때 나는 「블랙 로브」의 그 휴런이 생각났다.

✦

세트장에서의 마지막 날 나는 장원의 개인 승용차를 타고 현지를 떠났다. 그날 오후 낙타 무리를 이끌고 고비사막을 건너는 신은 시간을 많이 잡아먹었다. 해리슨의 대역은 사람들의 행렬 뒤에 있어서 눈에 띄지 않았다.

차는 어두운 사막에서 엉금엉금 기어갔다. 나무도 풀도 없었다. 평평한 지평선 이외엔 사방은 텅 비어 아무것도 없었다. 나는 장원에게 가장 좋아하는 영화가 뭐냐고 물었다. 그는 10여 년 전 젊었을 때 「분노의 주먹 Raging Bull」을 반복해서 봤다고 말했다.

"제게 그 영화는 미국 영화나 권투 영화에 그치지 않아요. 마치 제 고향 얘기처럼 느껴집니다."

영화에 중문 자막이 있었냐고 물었더니 그는 고개를 흔들었다.

"10퍼센트밖에 이해하지 못했어요. 하지만 사실 그 영화를 보고 분위기를 이해하는 문제일 뿐이죠. 저는 그 음영, 그러한 흑백을 좋아하며 그 분위기를 좋아해요. 로버트 드니로를 좋아하는데 그 영화에서 그를 보면 어머니가 생각나기 때문이죠. 그의 자태는 저의 어머니를 생각나게 해요."

나는 조심스럽게 물었다.

"모친은 어떤 분입니까?"

"설명하자면 너무 복잡해요. 그것은 제가 언젠가 찍으려고 하는 다른 영화이기도 합니다."

승용차는 앞으로 달렸다. 태양은 낮게 드리웠다가 이내 사라졌다. 먼 곳의 유정油井에서 귤색 화염이 불타올랐고 장원의 담배에서도 똑같은 색이 나왔다. 그는 자신을 격려했던 외국 배우에 대해 얘기했다. 마틴 스코세이지와 두 번 만났는데 「양철북」의 감독 폴커 슐뢴도르프는 장원을 도와 첫 번째 영화의 자금을 주선해주었다. 장원은 영화 제작에 대한 열정을 열심히 설명하고선, 마침내 손에 든 담배를 가리켰다.

"담배 피우는 것과 같아요. 세가 영화 제작을 필요로 하는 것은 제가 담배 피우는 것과 같습니다."

맨 처음에 그의 말뜻을 이해하지 못했다. 영화 제작이 흡연과 마찬가지로 중독이라는 것인지? 아니면 그가 부인할 수 없는 일종의 필연이라는 것인지? 아니면 명성, 심사 제도 혹은 말을 통해 그가 가고자 하는 직업이 운명적으로 정해졌다는 말인지? 그러나 그때 그의 웃는 얼굴을 알아챘다. 그의 강인한 표정에서 내가 본 가장 달콤한 표정이었다. 그는 위에서 말한 것들을 모두 좋아했다.

선
거

그해 안양 은허 발굴에 참여했던 고고학자 가운데 아직 생존한 사람은 한 명뿐이었다. 1936년 여름 스장루는 역사상 가장 큰 규모의 갑골 발굴을 감독했다. 이듬해에 일본이 난징을 점령하자 국민당은 서쪽으로 도망갔다. 1949년 국민당은 공산당에게 타이완으로 쫓겨났다. 그것이 스장루의 일생이다. 유랑하는 고고학자는 전쟁을 따라 끊임없이 옮겨다녔다. 1936년 6월 당시의 마지막 발굴에서 갑골이 출토되었는데 그에 관해 스장루가 출판한 글에는 마음을 울리는 무언가가 있었다.

확실히, 사실은 허구보다 더 낯설다. 발견의 실제 즐거움은 우리의 예상을 훨씬 뛰어넘었다!

안양의 고고학자가 내게 스장루를 언급한 뒤, 나는 타이완의 중앙

연구원으로 전화를 걸었다. 한 조수가 전화를 받았다.

"오늘 오후 3시에나 들어오실 거예요. 이번 주에 회의가 많아요."

나는 타이완에 한번 갈 생각이라고 설명했다. 이러한 여정은 시간이 걸린다. 중국과 타이완은 직항이 없어 여행객은 반드시 홍콩에서 환승해야 한다. 나는 스장루 교수가 다음 달에 인터뷰할 시간이 있는지 물었다.

"오, 언제든지 할 수 있을 거예요. 매일 이곳에 계시거든요."

"당신이 말하는 분이 1930년대에 안양 발굴에 참여했던 스장루 교수지요?"

"예, 맞습니다."

"아직도 회의에 참가하세요?"

"방문객이 왔을 때만요. 이번 주에 대륙에서 손님들이 왔어요."

"올해 연세가 어떻게 되시죠?"

"올해 100세 생신을 막 넘겼습니다."

"건강 상태는 어떠십니까?"

"좋아요, 한쪽 눈에 문제가 있고 청력이 떨어지는 것 외엔 모두 좋습니다. 매일 출근하셔서 다른 사람과 똑같이 일합니다. 우리 연구원에서 가장 나이 많은 동료라고 할 수 있죠."

◆

서양 계산법으로 스장루 교수는 99세다. 그러나 중국인의 계산법으로는 출생하자마자 한 살이다. 스장루는 허난성 사람으로 거기에서 처음 고고학을 연구했고, 1949년부터 지금까지 이 고고학자는 다시 대륙에 돌아가지 못했다. 타이완으로 이주한 뒤 스 교수는 그가 소유한 옛 연구 노트를 정리 분석하고 출판하는 데 몰두했다. 그것은 가상의 고고학이다. 만약 당신이 안양에서 더 이상 발굴에 종사할 수 없다면 당신은 안양에서 가져온 필기 노트를 발굴 연구할 수 있다. 2001년 99세 고령의 스 교수는 그의 열여덟 번째 책인『허우자좡: 허난 안양 은대 묘지 侯家莊: 河南安陽侯家莊殷代墓地』제10책을 출판했다. 내가 사무실로 방문했을 때 그는 자랑스럽게 내게 한 권을 주면서 떨리는 손으로 책에 그의 이름과 날짜를 썼다. 책에는 60여 년 전에 연구한 것이 담겨 있었다.

그의 책상은 이미 작고한 유명 작가를 기념하기 위해 진설한 정물화와 같았다. 가죽으로 장정한 낡은 노트를 펼치자, 누렇게 변한 종이에 무덤의 스케치가 있었다. 앞으로 기운 두 개의 골격, 그리고 원형의 그릇 하나. 이 노트는 1936년에 기록한 것이고, 옆에는 스 교수가 1970년대에 발표했던 논문「은대 전차의 연구殷代車的硏究」가 놓여 있었다(안양에서 스 교수는 현재 알려진 중국 최초의 전차를 발굴하고 분석한 바 있다). 오래 사용하여 낡은 공구들이 책상에 진열되어 있었다. 돋보기, 자, T자. 다양한 모델의 디지털카메라를 보여주는 컴퓨터 출력물을 제외하면 책상의 모든 것이 낡아 보였다. 교수가 어느 카메라가 앞으로의 연구에 가장 도움이 될지 정하려 한다고 조수는 말해주었다.

노인의 체중은 40킬로그램도 되지 않았다. 그의 두 뺨은 움푹 들어갔고 성긴 백발에 지팡이를 쥔 손가락은 거미줄처럼 말랐다. 백내장 때문에 오른쪽 눈은 항상 감겨 있고, 흥분할 때만 그 눈이 반쯤 떠졌다. 그의 말에는 허난 사투리가 여전히 짙게 배어 있었다. 때때로 그의 조수가 내 질문을 귓가에 대고 거듭 말해줘야만 했지만 노인은 언제나 곧바로 대답했다. 기억이 빠르고 정확했기 때문이다. 젊은 동료는 그를 '살아 있는 사전'이라 부른다. 내가 어떤 유물을 언급하기만 하면 그는 바로 어느 해, 어느 곳에서 발굴한 것인지 즉시 기억해냈다. 타이완 사람과 마찬가지로 노인은 사건의 시간을 1912년 1월 1일 중화민국 건립일로부터 계산한다. 전통적으로 중국의 모든 조대는 왕조 건립 때부터 시간을 기록했다. 공산당은 이러한 전통을 없앴지만, 타이완은 여전히 채택하고 있다. 그것은 그들 판본의 '서력'이고 신성한 기준점이다. 스 교수는 그 갑골 저장소가 '민국 25년' 즉 1936년에 발견되었다고 말했다. 6월의 그 주에 그들은 1만7756개의 갑골편이 숨어 있는 진흙덩이를 발굴했다.

내가 갑골문 학자 천명자의 이름을 꺼냈을 때 노인의 감은 눈꺼풀이 움직였다.

"기억해요. 우린 쿤밍의 시난연합대학에서 알게 되었어요. 그를 잘 알지는 못했지만, 그는 총명했습니다. 그는 중앙연구원에서 가르치지 않았죠. 그것이 아마도 우리와 타이완에 오지 못한 원인 가운데 하나일 겁니다. 뒤에 공산당에게 살해당했다고 들었어요."

✦

항일 전쟁 기간에 중국인은 적의 수중에 떨어지지 않도록 갖은 노력을 다해 갑골과 기타 유물을 보호했다. 그들은 수 톤의 역사 유산을 포장하여 기차, 트럭 혹은 배에 실어 일본인보다 한 걸음 앞서 안전한 곳으로 운반했다. 그 전쟁이 끝난 뒤 국·공 내전이 일어났다. 이때 상징적인 의미에서 유물은 더욱 높은 가치를 지녔다. 국민당은 정통의 계승자를 자임했다. 이 정당은 쑨원이 창립했다. 따라서 정당의 역량이 약해질수록 중국의 과거를 보호하는 일은 더 중요해졌다. 1948년에서 1949년 사이에 국민당이 최종적으로 타이완으로 물러날 때 역사 문물을 함께 운반하는 일이 최우선 과제였다. 그때의 고고학자에겐 두 갈래의 길이 있었다. 타이완 해협을 건너 최고의 유물을 따라가든가, 아니면 좋은 유적지가 있는 대륙에 남는 길이었다.

국민당은 타이완 이주는 잠시일 뿐이라고 선포했다. 그들은 언젠가 대륙으로 영광스럽게 돌아갈 날이 있을 거라 믿었으며, 미국과 다른 국가들도 계속 타이완을 중국의 합법 정부로 승인했다. 이어서 수십 년 동안 타이완은 계속 유엔에 대표를 파견했으며 대부분의 국제기구와 마찬가지로 유엔은 중화인민공화국의 승인을 거절했다. 국제올림픽위원회에서는 타이완의 운동선수가 중화민국 국기를 들고 경기에 참여하는 것을 허락했기 때문에 공산당은 올림픽을 20여 년 동안 보이콧했다.

시간이 흐르자 중국에 대한 이러한 시각, 즉 실제로는 남중국해 변방에 있는 도서의 소수 망명자가 대국을 통치한다는 이런 생각은 갈수록 어색해졌다. 1971년 7월 헨리 키신저는 베이징을 방문하여 미국 정부 승인의 첫걸음을 떼었다. 헨리 키신저는 나중에 회고록에 이렇게 썼다. "장차 타이완에 발생할 일은 타이완이 책임지게 해야 한다."

그해 연말에 타이완 대표단은 유엔에서 축출되었다. 1972년 닉슨 대통령은 중화인민공화국과 '상하이 공동성명'에 서명했다. 그 문건에서 미국은 "타이완 해협 양안의 모든 중국인은 하나의 중국을 견지하고 타이완은 중국의 일부분이다"라고 인정했다. 어느 정도 이러한 입장은 논쟁 거리가 없다. 공산당과 국민당은 모두 타이완과 대륙이 서로 자신에게 속한다고 주장했다. 그러나 누가 이러한 상상의 통일 국가를 통치하느냐에 대해서는 쌍방의 견해가 매우 달랐다. 미국은 이러한 개념의 주변에서 자신들의 입지를 굳히려고 시도했다. 1979년 미국은 정식으로 중국과 수교했고, 국회도 타이완 관계법을 통과시켰다. 이 법은 타이완의 미래가 반드시 '평화로운 수단'으로 해결되어야 함을 확립했다. 타이완이 일단 침략을 당하면 미국은 타이완을 보호할 권리를 갖고 있으며, 계속해서 군사 장비를 타이완에 판매한다는 것이다.

수년간 양안의 상황은 안정을 유지했다. 그러나 타이완의 자존심은 끊임없이 실추되었다. 유엔과 대다수 국제기구에 의해 쫓겨난 뒤 타이완은 동맹국들이 하나하나 빠져나가는 것을 보게 되었다. 2001년까지 타이완을 승인한 국가는 30개국도 되지 않았으며 슬프고도 자발적인 동맹이다. 수교국은 부르키나파소, 상투메 프린시페, 스와질란드 같은 소국이다. 타이완은 올림픽에 선수를 파견할 수 있지만, 그들의 국기를 들고 입장할 수는 없다. 애틀랜타올림픽 때 탁구 시합에서 미국 관리는 타이완 팬에 수갑을 채워 스탠드에서 끌고 나갔는데, 그의 섬나라 국기를 흔들었기 때문이다.

그러나 타이완은 아직도 역사 유물을 가지고 있었다. 국제적으로 얼마나 굴욕을 받았건 타이완 사람은 그들이 중국 유산의 보호 작업에서 공산당보다 훨씬 낫다고 자랑스럽게 생각할 수 있었다. 국민당은 고궁박물원 같은 아름다운 건물을 지었는데, 가장 인상적인 중국 유물의 전시장이었다. 게다가 그들은 고고학과 역사 연구에 충분한 경비를 제공하여 스 교수와 같은 학자로 하여금 수십 년의 시간을 들여 그의 기록을 연구하게 했다.

스 교수의 사무실은 역사언어연구소에 있었다. 젊은 고고학자가 날 데리고 그곳의 유물 저장실을 참관했다. 실내에는 에어컨 장치가 설치되었고 유물은 조심스럽게 정리되어 서랍과 상자 속에 보관되었다. 청동기는 상대부터 시작해 한 무더기에 열 개씩 배열되었다. 바닥에는 안양의 왕릉에서 출토된, 90킬로그램짜리 청동 솥이 서 있었다. 1936년에 발견된 갑골편을 담은 커다란 상자 두 개도 있었다. 젊은 고고학자는 3000년 전 점복자의 도구에 의해 검게 그을린 거북 껍데기 한 조각을 들어올리더니, 백화로 위에 새겨진 두 줄의 글을 직역해주었다.

며칠 동안 우리 나라는 좋아질 것이다.
며칠 동안 우리 나라는 순조롭지 않을 것이다.

선반에는 골동품 같은 로열 타자기, 줄자, 측량 공구가 있었는데, 위에는 '뉴욕, 큐펠&에세르사KEUFFEL & ESSER Co., NEW YORK'라는 구식 라벨이 붙어 있었다. 젊은 학자는 그것이 스 교수가 안양에서 사용했던 것들이라고 알려줬다. 그의 발굴 도구도 고물로 변하여 청동기, 갑골편과 함께 분류되어 동일한 저장실에 보존되었다.

✦

스 교수는 타이완으로 이주하는 결정이 어렵지 않았다고 말했다.

"저는 1949년 1월에 난징에서 건너왔어요. 그전에도 저는 난민처럼 여덟아홉 차례 계속 옮겨 다녔는데, 타이완에 온 건 한 번 더 옮긴 것뿐이죠. 이렇게 생각해요. 만일 어떤 이가 당신의 한평생의 작업이었던 연구 자료를 전부 옮겨간다면 어떻게 하시겠습니까?"

1990년대에 대륙의 고고연구소가 일찍이 스 교수를 초청하여 회의에 참가하도록 했으나, 그는 여행하기에 나이가 너무 들었다며 거절했다. 그러나 그는 아직도 최근의 고고학적 정보를 따라갈 수 있다. 최근에 안양에서 발굴된 지하 도시에 대해 들어봤냐고 물었더니 그는 재빨리 대답했다.

"그건 탕지건이 주관하죠. 아직은 연구 단계라고 말합니다. 커다란 성벽을 발견했는데 도시일 거라고 생각하더군요. 우린 그러한 것을 발굴한 적이 없어요. 우린 여태까지 그러한 성벽 도시를 발굴하고 연구할 기회가 없었지요."

그는 잠시 멈춘 다음 상태가 좋은 눈으로 나를 바라봤다.

"베이징엔 더 이상 성벽이 없죠?"

나는 공산당이 성벽을 철거한 지 40년이 되어간다고 말했다.

"하지만 시안엔 성벽이 있죠?"

"예. 보존되어 있어요."

그는 다시 멈췄는데 마치 머릿속 이미지를 안양과 그 지하 도시로 옮기는 것 같았다. 그의 오른쪽 눈은 여전히 감겨져 있었다.

"하아, 우린 그 성벽과 같은 것을 연구할 기회가 없었어요. 그곳에서 조사 작업을 했지만, 그 도시를 발견하지는 못했어요. 샤오툰의 발견만으로도 바빴어요. 그들은 지금 그곳에서 조사할 시간이 충분하지요.

물론 우리가 거기에 있을 땐 그곳은 시골이었고 비행장도 없었어요."

그 유적지에 대한 정보는 나를 놀라게 했다. 그 비행장은 일본인이 만든 것인데, 스 교수 같은 고고학자들은 이미 시난으로 떠난 뒤였다. 훨씬 나중에 내가 대륙으로 돌아와 현재 안양고고발굴단 단장을 맡은 젊은 탕지건에게 스 교수와의 인터뷰를 언급했다. 런던대학 대학원을 졸업한 30대 후반의 탕지건은 중국 고고학계의 떠오르는 샛별이며, 스 교수와는 만난 적이 없었다. 한번은 탕지건이 타이완에서 열리는 학회에 참가하려 했으나, 타이완에서 그에게 비자를 내주지 않아 무산되었다. 스 교수가 현재 조사 상황에 대해 잘 알고 있는 것에 대해 그는 전혀 놀라지 않았다. 탕지건이 지하 도시의 지도를 팩스로 타이완에 보내 스 교수는 새로운 발굴에 보조를 맞출 수 있었다. 이처럼 세대 간의 연계는 고고학의 또 다른 가상의 전형이다. 젊은 사람은 안양에서 진흙을 훑어보고 있고, 노인 망명자는 타이베이에서 팩스로 받은 지도를 읽으며 그가 다년간 포기했던 현장을 회상한다.

◆

스 교수의 아내가 점심 식사를 위해 우리를 만났다. 스롼신은 85세의 우아한 여성으로 백발을 완벽하게 빗어 내렸다. 그녀는 눈과 귀가 밝아 식사할 때도 끊임없이 카나리아색 휴대전화를 주시했다. 식사 시간 내내 그녀의 젓가락으로 남편이 먹기에 좋은 음식을 집어주었다.

노인 주변의 모든 사람이 그에게 정성을 쏟았다. 중앙연구원에서 그는 전담 조수를 두 명 두고 있으며, 젊은 고고학자는 상냥하게 그에 대해 얘기했다. 20세기 중엽에 대륙에서 타이완으로 이주한 사람들에게 그는 일종의 마스코트, 즉 감상적인 시대와의 연결 고리로 보고 싶은 유혹이 있었다. 신체는 이처럼 허약한 데 반해 기억은 맑아 상대의 갑골만큼이나 일종의 신탁처럼 보였다. 그가 말할 때마다 나는 이것이 단순한 이야기가 아니라 정치와 역사에 의해 영구히 파괴된 삶을 기억하고 있다는 사실을 상기해야 했다.

그 주에는 마침 선거가 있었다. 점심 때 젊은 사람은 하루 전날 경선 대회에서 발생한 충돌을 얘기했다. 그들은 모두 흥분했다. 젊은 타이완 사람은 정치캠페인을 좋아한다. 스롼신은 눈썹을 찌푸리며 이러한 얘기를 좋아하지 않는다고 말했고, 그녀의 남편도 동의를 표시했다.

"제 연구 분야는 고대인데, 이는 현대의 사건을 요원하게 보이게 하죠. 그것에 대한 이해가 갈수록 적어집니다. 뉴스를 듣기는 하지만 자주 보진 않아요."

그는 「대륙의 경이로움을 찾아서大陸尋奇」와 같은 텔레비전 프로그램을 좋아한다고 말했다. 그가 젊었을 때 알던 곳을 소개하기 때문이다. 이번 선거에서 누구에게 표를 줄 것인지 묻자, 그는 어깨를 으쓱거렸다.

"잘 모르겠어요. 토요일은 제 아내의 날인데, 토요일에 무엇을 할지는 아내가 결정해요."

"투표하신다면 누구에게 표를 주겠습니까?"

"아직 생각 못 했어요." 그가 말하며 웃었다. "여하튼 비밀입니다."

스롼신은 노인이 많이 먹지 않는다고 원망했다. 점심 식사가 끝나갈 때 몇 년도에 결혼했느냐고 물었다.

그는 고개를 들더니 침묵했다. 처음으로 그 교수는 날짜를 기억하지 못했다. 그는 중얼거리며 햇수를 계산했다. 그의 부인이 끼어들었다.

"민국 44년(1955)입니다."

"그럼 타이완으로 이주한 뒤네요?"

"그래요."

✦

이 섬의 역사는 외래인이 한 층 한 층 쌓아서 이룬 것이다. 토착민은 신석기 시대부터 존재했다. 17세기에 대륙에서 온 이주자가 대규모로 섬에 들어와 정착했다. 17세기 하반기에 청나라는 정식으로 타이완을 판도에 넣었지만, 엄격하게 단속하지는 않았다. 그곳은 무역과 전선 방어의 기지가 되었으며, 이주자는 대부분 푸젠에서 왔다.

1895년 중일전쟁이 터지자, 계속 패배한 만청은 타이완을 일본에게 할양했다(이 조약에 서명한 청나라 대신의 해석에 따르면, 이 할양은 그렇게 나쁜 것이 아니었다고 한다. 타이완의 '남녀는 전혀 쓸모가 없고 열정이 없기' 때문이란다). 일본은 제2차 세계대전이 끝날 때까지 타이완을 통치했다. 그 기간에 타이완은 '포르모사Formosa'로 알려졌다. 일본인의 통치가 짧고 잔인했던 난징이나 기타 대륙 도시와는 달리, 타이완이 일본 식민지가 된 기간은 장장 50년에 달했다. 일본인은 섬에 도로를 닦고 철로를 깔고 기타 기본 민생 시설을 건설했는데, 그들이 세운 학교에서는 타이완의 영재를 훈련시켜 제국의 엘리트로 만들었다. 오늘날에도 수많은 타이완 사람이 일본인을 긍정적으로 평가한다. 이는 대륙 사람과는 완전히 다른 견해다.

일본이 투항하고 국·공 내전을 치른 뒤에 국민당은 타이완에 또다른 식민주의를 도입했다. 장제스 정부가 타이완에 도착했을 때 그들은 소수였지만 강경하게 통치했다. 국민당은 계엄령 상태를 유지했고 또 언론을 엄격하게 검열했을 뿐 아니라, 반정부 인사를 체포하여 투옥시켰다. 자유 시장이 미국과 긴밀하게 연계됨에 따라 타이완 경제는 왕성하게 발전했다. 그러나 시간이 흘러감에 따라 미국은 자신의 배역에 대해 갈수록 불편함을 느꼈다. 미국의 군사적 지원은 타이완을 보호하고 무역은 타이완 당국에게 이익을 가져다주었지만, 국민당은 미국이 중시하는 정치적 이상을 전혀 반영하지 않았다.

1980년대에 미국 당국은 개혁 압력을 넣었다. 장제스의 아들 장징궈는 소규모 독재 국가에서는 보기 드문, 즉 본질적으로 자신의 체제를 무너뜨리는 길을 닦은 독재자로 성장했다. 1987년에 국민당은 계엄령을 해제하고 2년 뒤 야당을 합법화했다. 이어서 10년 동안 민진당^{民進黨}은 국민당에 맞선 가장 강한 야당이 되었다. 민진당의 지지자는 대부분 '하나의 중국'에 관심이 없는 타이완 현지인인데, 1999년 그들은 당 강령에서 타이완을 독립국가로 표현하기 시작했다. 2000년에 민진당 후보자 천수이볜은 타이완 총통 선거에서 승리했다.

정치가 원주민 주도로 전향하기 시작하면서 타이완인의 문화와 역사에 대한 시각도 바뀌었다. 타이완인은 전통적인 본토의 조대 대신에 도서의 본토 역사를 강조하기 시작했다. 역사 교과서도 타이완의 관점에서 다시 썼다. 학교에서는 종전에 교육기관에 의해 금지되었던 타이완어, 즉 민난어^{閩南語}를 가르치기 시작했다. 이 섬은 자신의 민감한 날부터 기념하기 시작했다. 바로 1947년 2월 28일로 이날은 국민당이 반

정부 시위를 진압하기 위해 수천명에 달하는 타이완 민간인을 학살한 날이다.

어느 방면에서 타이완 사람이 역사를 보는 안목은 여전히 중국적이다. 그들은 스스로를 외부자에게 오해받고 외상을 입은 무고한 피해자로 인식하는 경향이 있다. 이러한 견해는 기본적으로 변하지 않았으며, 유일하게 다른 점이라면 지금의 침략자는 일본인, 영국인이나 미국인이 아니라 공산당 및 대륙에서 넘어온 국민당이라는 점이다. 타이완 사람은 중국에 반하는 중국 역사로 향했다.

그들이 민주 제도를 조성하는 방식도 미국 지도자를 긴장하게 만들었다. 민진당이 정권을 장악함에 따라 2001년에 그들은 총통 직위를 얻었지만, 국회에서는 다수의 의석을 차지하지 못했다. 독립에 대한 주장도 갈수록 단호해졌다. 민진당 당권 인사들은 국민투표로 이 문제를 해결하겠다고 위협했다. 공산당은 군사 행동을 취하여 이러한 투표에 대응하겠다고 분명히 밝혔다. 자신의 약속에 갇힌 미국은 미국식의 국민투표로 독립 여부를 결정한다손 치더라도 타이완의 어떤 도발 행위도 지지하지 않을 것임을 알렸다.

민진당은 타이완 독립 주장으로 공산당을 도발했고, 공산당은 선거 전 해협 맞은편에서 유도탄 시험을 진행하는 등 매우 고압적으로 반응했다. 이러한 조치는 언제나 역효과를 초래하여 타이완 독립을 주장하는 후보가 더 많은 표를 얻었다. 민진당의 책략이 선거용이었는지는 알 수가 없다. 타이베이에서 내가 민진당 국제사무부 주임 톈신을 방문했을 때, 그는 「양안 관계에서 민진당의 위치」라는 영문 공식 문서를 건네주었다.

민진당은 중국의 '하나의 중국'이란 원칙에 어떻게 대처하려고 하는 가? 타이완 해협의 충돌은 피할 수 없는 것인가?

이러한 문제에 대답하기 전에 민진당이 타이완과 중국의 관계를 어떻게 바라보는지 설명할 필요가 있다.

우선 우리는 타이완의 지정학적 위치가 이동될 수 없다는 것을 이해한다.

어떤 사람들은 우리가 이 사실을 언급하면 우스꽝스럽다고 생각할지도 모른다. 어떤 지각판도 자유로이 움직일 수 없다. 확실히 이 사실을 인식하면 우리가 중국 정책을 입안하는 데 있어 의미가 크다.

중국과 타이완 사이에 상당한 거리가 있으면, 타이완은 더 많은 자유와 공간을 가질 수 있다. 그러나 현실은 중국과 물리적으로 가깝기 때문에 타이완의 선택지는 상대적으로 적다.

"중국의 지도자가 조금 더 자신감을 갖는다면 정말 도움이 됩니다." 톈신이 나에게 말했다. "기본적인 문제는 그들이 과거에 모욕을 당했기 때문에 스스로를 바라볼 때, 자신이 위대한 국가라고 생각하지 않는 데 있습니다. 자신감이 있다면 타이완 분리에 걱정하지 않겠지요. 그리고 일본이 종전에 무엇을 했는지도 걱정하지 않을 겁니다. 문제는 중국이 여전히 존중받는다고 느끼지 못한다는 겁니다."

그는 자신의 정당, 자신의 섬에 대해 아주 쉽게 설명했다. 수년 동안 굴욕을 받은 끝에 타이완은 마침내 중화권 세계에서 유일하게 진정한 민주주의 국가로 두각을 나타냈다. 그러나 타이완은 매번 선거 때마다 해협 건너편을 예의주시한다. 게다가 더 깊은 문제, 즉 '중국인인지 아닌

지라는 문제'는 투표로 결정할 수 없는 복잡한 문제다. 타이완은 자신의 지도자를 뽑을 수 있고, 자신의 역사를 쓸 수는 있지만, 인간의 심리는 지각판처럼 분리가 되지 않는다는 게 엄연한 사실이다.

✦

선거 3일 전에 나는 차를 타고 신주현의 민진당 유세장으로 갔다. 타이베이에서 남하하는 고속도로는 화살처럼 곧게 뚫려 있다. 당초에 이중으로 설계한 것은 공산당이 비행장을 폭파할 경우 그 고속도로를 임시 활주로로 쓰기 위해서였다. 신주는 여전히 번영하는 듯했다. 첨단 과학기술 공단의 규모가 엄청났다. 그러나 타이완의 전체 경제는 전에 없던 심각한 불경기로 침체되고 있다. 2001년 타이완의 평균 국민소득은 1949년 이래 처음으로 감소했고 실업률도 매달 올라갔다. 공장과 일자리도 인건비가 싼 대륙으로 옮겨갔다.

타이완의 대륙 투자는 끊임없이 성장하여 양안 관계에 새로운 차원을 더했다. 개혁 개방 이래 경제적 연계는 공산당이 타이완을 끌어들이는 책략 가운데 하나였다(경제특구의 명확한 목표는 '타이완의 조국 회귀'다). 20년 뒤 이는 대륙의 타이완 책략 중 유일하게 성공한 항목으로 드러났다. 협박과 위협은 여태까지 효력을 발휘하지 못했지만, 중화인민공화국의 경제력은 갈수록 타이완으로 하여금 무시하지 못하게 만들었다.

신주의 유세가 끝난 뒤 나는 부시장 린정제와 만났다. 그는 내게 영문 이름 재키 린으로 부르게 했다. 내가 타이완에서 만난 모든 정치인과 마찬가지로 그는 곧바로 인터뷰를 허락했으며 말은 시원스럽고 솔직했다. 타이완 사람은 외국 기자를 두려워하는 대륙과는 달리 재빠르게 언론 자유에 적응했다.

린정제의 아버지는 일찍이 국민당 특무였다. 1956년 타이완 정부는 그를 파견하여 홍콩에서 몰래 대륙으로 들어가 장시성에서 비밀 방송국을 세우게 했다. 이 임무는 위험하고도 어려웠는데, 그는 일주일도 되지 않아 체포되었다. 공산당은 그를 남방 감옥에 한동안 가뒀다가 나중에 칭하이성의 노동개조소로 보냈다. 그의 소식이 없자 국민당이 가족에게 그가 피살되었다고 알렸다. 그러나 그의 아내는 재혼을 거부했고, 늘 린정제와 다른 세 아이에게 아버지가 언젠가는 돌아올 것이라고 말했다. 당시 린정제는 고작 네 살이었다.

아버지의 첫 편지를 받았을 때 린정제는 27세였다. 그의 아버지는 아직 살아 있었고 게다가 이미 출옥했다. 지금은 푸젠 시골에 머물면서 고향에 돌아갈 수 있도록 공산당을 설득하고 있었다. 1980년대 초기에 공산당은 동의했지만 지금은 도리어 국민당 쪽에서 문제가 되었다. 그들은 그가 이중간첩이 될까 걱정했다. 마침내 양측은 그를 인도하기로 동의하여 1983년에 린정제의 아버지는 타이완으로 돌아왔다.

막 집에 도착했을 때 그는 아들이 정치 문제에 개입된 것을 보았다. 린정제는 민진당 초기 지도자의 일원이었는데, 가두 운동 조직에서 재능을 발휘해 이름이 났다. 그는 한동안 감옥에서 지냈다. 그의 아버지는 확고한 국민당 지지자였으나, 아들에게 동조적이었다("아버지는 내가 믿는다면 무슨 일이든 하라고 말씀하셨죠"). 아버지가 일찍이 더 나쁜 일을 당한 사실을 안 옥중의 청년은 좋은 쪽으로 보려 했다("그렇게 나쁘지 않았어요. 저는 책을 읽을 수 있었고, 게다가 전화를 받을 필요가 없었지요").

일찍부터 민진당에 헌신했던 린정제는 1991년에 이 당을 탈당했다. 그는 타이완 정계에 퍼져 있는 내분을 좋아하지 않았다. 미숙한 수많은 민주 국가처럼 이 섬나라 또한 정치적 분열을 겪었으며 게다가 지금은 다섯 개의 주요 정당과 더 작은 정당도 있다. 사람들은 그들의 조상이 타이완에 왔던 시기에 따라 투표하기도 한다. 민진당은 토착민과 연합하고, 국민당이 흡인하는 사람들은 1948년과 1949년 사이에 타이완에 온 이들의 가족들이다.

린정제도 민진당이 추진하는 타이완 독립에 반대했다. 그는 예전의 측근과 우호 관계를 유지했으나, 어느 정당에도 정식으로 가입하지는 않았다. 그는 현재 부시장이다. 키가 작고 머리가 빠지기 시작하는 데다가 콧수염을 기르고 올챙이배를 가진 남자였다. 그의 아버지는 1년 전에 세상을 떠났다.

"만일 저의 가족이 타이완에서 산 지 8대가 되었다면, 저는 독립을 지지하는 쪽으로 기울었을 겁니다. 사람들 경험을 먼저 봐야 그들이 무슨 반응을 하는지 이해할 수 있어요. 중국인이 타이완에 들어온 계기는 역사적 사건 때문입니다. 그 결과는 우리에게 민주적이고 기능적인 자본주의 사회를 건립할 기회를 주었죠. 우리는 이것도 나머지 중국에 대한 사명이라고 말할 수 있어요. 중국의 위대한 지도자 쑨원, 장제스, 마오쩌둥, 덩샤오핑을 보면 목적이 같았어요. 그들은 모두 중국의 현대화를 원했어요. 그러나 이들은 마지막에 모두 실패했죠. 덩샤오핑은 일부 성과가 있었지만 완성하지 못했지요. 그래서 그것이 우리의 사명이 되었어요. 타이완은 실험적인 지구입니다. 본토를 위한 실험이죠. 따라서 우리는 작은 섬에 불과하지만 우리의 민주주의는 중국의 미래에 매우 중요합니다."

그의 말투는 부드러웠다. 중국 지식인이 외국 기자와 역사를 얘기할 때 가끔 보여주는 겸손함은 없었다. 중국인은 항상 그들의 역사가 길다고 허풍 떨지만, 현상에 대해선 두드러지게 겸손하다. 그들도 솔직하게 이 점을 승인한다. 천년이 지나도 그들은 중국이 할 만한 좋은 방법을 여전히 찾을 수 없었다. 그들은 아직 실험하고 있다. 실험의 도시, 실험의 섬나라. 단지 우리에게 시간을 더 줄 뿐이다. 중국은 하루아침에 이루어지지 않는다.

"장징궈는 덩샤오핑과 닮았다고 생각해요. 두 사람은 모두 진실한 포부를 가졌죠. 카리스마는 부족하지만 모두 현실적입니다. 당신도 알다시피 둘 다 키는 작아요. 실용을 추구하는 왜소한 사람. 우리는 그처럼 작은 사람을 더 필요로 합니다."

✦

그 선거에서 어떤 정당도 이기지 못했다. 국민당은 국회에서의 독점적 통제권을 처음으로 상실했고, 민진당은 의석수를 채우긴 했지만, 다수당이 되기엔 부족했다. 네 개의 큰 정당은 피차간 연맹을 찾아야만 했다.

선거 결과가 발표되던 그날 밤에 나는 막 당선된 무소속 입법위원 천원첸의 기자 회견장에 참가했다. 천원첸은 토착 타이완 사람으로 민진당 창당 멤버였으나, 2년 전에 이 당을 탈당했다. 그녀의 경력은 화려하다. 저명한 토크쇼 진행자이고, 섬에서 가장 논쟁이 되는 정치인 가운데 하나다. 그녀의 경선 포스터는 자신의 얼굴을 네 명의 유명한 외국인의 몸에 덧붙인 네 장의 사진이었다. 그 가운데 세 사람은 서구의 우상, 즉 모나리자, 엘리자베스 여왕, 윈스턴 처칠이었다. 네 번째는 수염을 기른 천원첸인데, 터번을 두르고 오른손 집게손가락을 세우고 있었다. 빈라덴을 활용한 셈이다.

그녀는 한때 매력적이었으나 지금은 노골적으로 세월에 역행하는 태도로 중년을 맞이했다. 기자 회견장에서 그녀는 가슴이 깊게 파인 검은 예복을 입고, 목에는 진주 목걸이를 두 바퀴 둘렀다. 머리는 붉은색으로 물들였고 가짜 속눈썹은 거의 5센티미터였다. 사진기자의 조명을 받아서인지 얼굴의 두꺼운 화장에서 주황색 빛이 나왔다.

선거에서 승리한 사람이 막 끝난 선거에 대해 이토록 존중하지 않는 태도를 보인다는 건 상상하기 어려웠다. 기자회견이 끝난 후 그녀는 타이완의 헌법이 선출직 공직자들에게 지지 기반을 좁게 구축하도록 장려하는데, 이는 분열된 정치 지형에 적합하기 때문이라고 말했다. 그녀는 타이완에 집회와 연설은 많지만 그 안에 내재된 가치나 투명성이 부족해 민주주의의 수준이 낮다고 말했다.

"이는 세계에서 가장 터무니없는 체계입니다. 헌법은 매우 가치 있는 전통이지만 제3세계에서는 그와 동등한 가치가 없어요. 타이완에서 민주주의는 제3세계가 경험한 또 다른 비극이 되었습니다. 제3세계의 모든 국가에서와 마찬가지로 타이완에서 민주주의가 가리키는 것은 통일이 아니라, 국가를 분열시키는 정치적 도구를 의미하지요. 정부는 그래서 표를 사는 것이고, 저급한 수단으로 유권자에게 영합하는 것이죠. 그들은 단지 유권자의 3분의 1에만 신경 쓰고, 나머지 사람은 무시합니다.

근본적 원인은 우리가 유럽식의 민주주의 전통에 속해 있지 않다는

데 있어요. 제3세계 지도자의 기본적인 생각은 자신이 권력을 확보할 수 있는 헌법을 설계하는 것이죠. 미국에서는 선출된 지도자보다 제도를 훨씬 중요하게 생각합니다. 그러나 타이완에선 그렇지 않아요. 인도네시아, 필리핀도 마찬가지입니다."

그녀는 영어를 유창하게 구사했다. 그녀는 캘리포니아대학 버클리캠퍼스와 뉴욕에 있는 뉴스쿨에서 공부했다. 내가 경선 포스터에 대해 언급하자 그녀가 웃었다.

"일종의 모방 예술이죠. 저는 엘리자베스 여왕을 좋아합니다. 그녀가 영국을 중요한 국가로 만들었기 때문이죠. 모나리자 모양으로 만든 것은 그녀가 나이가 많지만 여전히 당당해 보이기 때문이죠. 포스터는 3년 전에 디자인한 것인데, 당시 저는 40세였는데 점점 살이 쪄서 몸매가 좋지 않다는 점을 감안해야 했습니다.

제가 처칠을 좋아하는 이유는 강한 지도자, 남성의 지도자이기 때문입니다. 제가 남자옷을 입으면 사람들이 어떻게 반응할지 알고 싶었어요. 오사마 빈라덴에 대해선 호기심이었죠. 내 얼굴을 그의 머리에 놓는다면 어떤 반응이 있을지? 저는 그를 사람들과는 다른 방식으로 생각해요. 테러리스트이지만, 그 역시 서방 정부에 대한 분노를 드러내고 있기도 하죠.

저는 그가 한 행동엔 찬성하지 않아요. 물론 사건이 발생했을 때 내 마음은 모순적이었죠. 저는 그러한 행위를 증오하며 이러한 테러가 중단되길 바랍니다. 하지만 다른 면에서 저는 이슬람교의 역사를 매우 동정합니다. 그리고 이슬람교도는 나쁜 사람이라는 단순한 생각을 싫어해요. 이러한 점은 일종의 오리엔탈리즘이라고 생각합니다. 팔레스타인

학자 에드워드 사이드가 기술했듯이, 사람들은 서구인의 눈을 통해 이 세계를 보며 서구인의 역사적 입장을 취하죠. 이러한 방식을 쓰면 우리는 단지 서구인의 편견을 따를 뿐이고, 우리의 관점을 그들이 결정할 겁니다. 이 점에 대해 저는 이견을 가지고 있어요.

저는 이것은 사악하고 저것은 선이라고 경솔하게 결론을 내리는 사람이 아닙니다. 저는 깊은 생각이 필요한 사람입니다. 이곳 사람들은 뉴욕의 사태를 매우 동정하지만, 빈라덴이 이슬람교 국가에서 왜 영웅인지는 몰라요. 그는 잘못했지만 그가 영웅이 된 원인을 저는 설명해주려고 하죠. 역사적인 원인이 있기 때문입니다. 역사라는 글자는 전쟁이라는 단어와 비슷해요. 우리의 모든 기억은 전쟁으로 기록됩니다. 당신은 누구입니까? 저는 1차 대전 때 자랐거나 아니면 2차 대전 때 자랐거나 혹은 냉전 시대에 자랐습니다. 그것이 바로 우리입니다."

✦

선거가 끝난 날 나는 스 교수와 헤어졌다. 그의 아들인 퇴직한 중앙연구원 인류학자 스레이는 나를 데리고 노부부의 아파트로 갔다. 가는 도중에 그는 그들이 마침 투표를 했다고 말했다.

"부모님은 줄곧 하던 방식대로 국민당에 투표했어요. 상당히 전통적이시죠. 당신도 알잖아요. 그 세대 대부분은 모두 그렇습니다. 무척 국수주의적이죠."

나는 그도 마찬가지인지 물었다.

"저는 '중국주의'입니다." 그는 웃으며 말했다. 이 말은 실제로 쓰는 관용어는 아니다. 그는 'Chinese-ism'이란 단어로 언어유희를 하는 것 같았다. 나는 무슨 뜻인지 물었다.

"제가 중국을 지지한다는 뜻입니다. 하지만 저는 단지 애국 때문에 어느 정당을 맹목적으로 지지하진 않아요. 중국을 지지하지만 역시 민주주의를 지지합니다. 저는 결국 타이완은 중국으로 반환되어야 한다고 여기고 이것이 저의 정치 신념입니다. 저는 국민당이나 민진당을 지지하지 않습니다."

우리가 아파트에 들어가니 노부부는 마침 응접실에 앉아 있었다. 나는 『내셔널지오그래픽』 한 부를 스 교수에게 드렸는데, 여기에는 내가 시안의 고고 발굴에 관해 쓴 기사가 실려 있었다. 그는 무덤의 도형을 자세히 살펴보았다.

"자리 잡은 방향이 아주 흥미롭군요. 안양에서 모든 왕릉은 같은 방향으로 향해 있어요. 각도는 약간 서쪽으로 기울었지요. 제 생각에 태양 때문일 겁니다. 매일 고정된 시각에 태양의 음영이 그 방향으로 이동하죠."

고고학에 관해 대화한 뒤 스롼신이 선거 얘기를 꺼냈다.

"우리가 졌어요. 결과가 좋지 않아요. 타이완 독립파가 더 많은 지지를 얻었어요."

그녀가 내게 어느 후보와 인터뷰했는지 물어봐서 나는 천원첸이라 말했다. "재미있는 사람입니다." 노부인이 말했다.

스 교수는 곧 잠들 것처럼 보였다. 그의 눈은 감겼고 잡지는 그의 새 가슴 위에 펼쳐졌다. 그 아들은 천원첸의 정견엔 동의한다고 말했다.

이때 노인의 왼쪽 눈이 갑자기 신속하게 깜박였다.

"양링은 창링의 서쪽에 있죠?"

그가 물은 것은 시안 지역의 능묘다. 나는 잘 모른다고 대답했다.

"저는 민국 32년에 그곳에 갔어요. 무측천의 무덤도 참관했는데, 아름다웠지요. 그곳에 가봤어요?"

나는 가봤다고 말했다.

"진시황의 무덤도 가봤지요. 물론 그때는 거기에 아무것도 없었어요. 그들이 아직 병마용을 발견하지 못했을 때여서."

노인은 다시 침묵에 빠졌다. 나는 가겠다고 말하고 그와 악수했다. 손의 피부는 차갑고 종잇장처럼 얇았다. 그의 아들이 길까지 바래다주었다. 나는 그에게 몇 년도에 태어났는지 물었다.

"민국 23년입니다."

내가 계산해보니 1934년이었다. 혼란스러워 다시 한번 계산해본 다음 말했다.

"그런데 어머님 말씀에 따르면 두 분은 타이완으로 이주한 뒤에 결혼했다던데요."

"맞습니다. 그녀는 친어머니가 아닙니다. 아버지의 본부인인 친어머니는 10여 년 전에 대륙에서 돌아가셨는데, 타이완에 오시지 못했어요. 1949년에 어머니는 난징에 없었어요. 시아버지를 보살펴야 했기 때문이죠. 어머니는 대륙에 남았고 우리가 돌아올 수 있길 바라셨어요."

거리에는 가랑비가 내렸다. 지금 나는 왜 스 교수가 결혼 날짜를 회상했을 때 유물 출토 시기를 회상할 때처럼 빠르지 않았는지 알게 되었다. 그것이 바로 중국의 역사다. 당신이 기억한 일에는 당신이 잊고자 하는 일이 들어 있다. 택시를 기다릴 때 그의 아들이 내게로 몸을 돌렸다.

"저는 아버지보다 조금 늦게 타이완에 왔어요. 대륙을 떠나기 전에 어머니께서 아버지께 말을 전해달라더군요. 만일 무슨 일이 생겨서 영원히 헤어진다면, 아버지가 다시 결혼해야 한다고요. 어머니는 이미 국가가 분열되리라고 느끼셨던 것 같습니다."

4부

차이나타운

폴라트의 두 번째 집주인은 미국 화교로, 광둥에서 자랐다. 집주인의 아버지는 문화대혁명 기간에 보트를 타고 홍콩으로 도피했고 최종적으로 미국에서 정치 망명 승인을 얻었으며 그 뒤 자신의 아들들도 데려왔다. 한 아들은 한동안 워싱턴에서 식당을 운영했다. 나중에 식당을 팔아 노스웨스트 6번가에 나란히 늘어선 붉은 벽돌 연립주택 두 동에 투자했다. 그들 일가는 한 동 일부에 거주하고, 나머지는 전부 다른 이민자에게 세주었다.

매달 방세는 260달러다. 폴라트는 이 중국인 가족 집 2층의 한 방에 세 들었다. 각 길이가 2.7미터인 정방형 방이었고, 벽에는 아무것도 걸려 있지 않았다. 방에는 컬러텔레비전, 핫플레이트, 전기포트, 라디에이터가 있었다. 그가 가진 책 다섯 권은 전부 영어 교과서였다. 탁자 위에는 찢어내는 중국식 일력이 2001년 10월 14일에 머물러 있었다. 유일한 창문으로 밖을 바라보니 한 줄 한 줄 늘어선 가느다란 전선이 시야를 가로막았다.

　방은 협소했다. 폴라트는 중국인 가족과 같이 쓰지 않는 화장실을 갖고 싶었다. 그들과는 서로 거의 대화가 없었다. 실제로 폴라트와 주인은 이민 얘기를 주고받은 적이 없다. 폴라트는 자신의 정치적 배경에 대해 중국인과 이야기하길 피했고, 주인도 자신의 과거를 나누는 데 관심이 없었다. 폴라트는 다른 주민을 통해 이 사실을 알게 되었다.

　집주인과 세입자 간의 관계가 서먹서먹했으나 주거지로서의 위치는 이전의 프랭클린과 로드아일랜드 모퉁이에 비하면 훨씬 나아졌다. 폴라트는 워싱턴의 중앙 쪽으로 이사했고 그의 연립주택은 6번가와 Q가의 교차점 부근에 있었다. 과거에 이 지역은 쇼 또는 마운트버넌이라 불렸으나, 요즘에는 차이나타운의 일부분으로 알려지고 있다. 이 지역은 변화하고 있었다. 새로운 워싱턴 컨벤션센터가 부근에 지어지는 중이었고, 정부는 지역 당국이 보조하는 주택 일부를 전통 상가로 바꿔 세를 놓을 예정이었다. 이 지역에 살던 절대 다수는 흑인과 빈민이었는데, 지금은 다양해지기 시작했다. 많은 이민자가 들어왔다. 대부분은 중국인 및 젊은 중산층 백인이다. 폴라트의 집에서 몇 블록 밖에는 동성애자 단체가 세운 메트로폴리탄 공동체 교회가 있다.

　이러한 것들은 빈민가 젠트리피케이션의 초기 징후였다. 아마도 이 지역은 결국 미국 도시에서 드문 종류의 다양성을 얻을 것이었다. 그러나 아직은 폴라트의 아파트에서 남쪽으로 가다 보면 흑인과 중국인이 과거에 나눠 거주했던 곳을 볼 수 있었다. 6번가에는 사업장이 거의 없으며 보수 공사가 필요한 연립주택이 많았다. 가장 잘 보존된 몇 곳은 전통적인 흑인 교회였다. 스프링필드 침례교회, 퍼스트 라이징First Rising 시온 침례교회, 갤브레이스 A. M. E. 시온. L가의 코너에는 에리트레아 문화 및 시민 센터가 있으며, I가에 있는 벽돌 건물의 옆면에는 '푸젠 동향회'라는 오래된 간판이 페인트로 쓰여 있었다.

그 뒤로는 워싱턴의 작은 차이나타운 중심가가 나타났다. 이 거리엔 식당과 점포가 즐비하다. '차이나 보이 조제 식품점' '차이나타운 마켓'. 거의 모든 집에 성조기가 걸려 있는데, 이는 흑인 동네에서는 드문 현상이다. H가를 따라가면 깃발이 빽빽하게 꽂혀 있고 간판은 중국어와 영어로 쓰여 있다. '차이나 돌 레스토랑China Doll Restaurant, 麗華園' '이트 퍼스트 레스토랑Eat First Restaurant, 食爲先' '웍 앤 롤 레스토랑Wok N Roll Restaurant, 珍味樓'. H가와 7번가 모퉁이 근처엔 중국식 패루牌樓가 서 있다. 위에 새긴 글귀를 보면, 이 패루는 1986년 베이징 시장 천시퉁과 워싱턴 시장 매리언 배리가 공동으로 제작한, 베이징과 워싱턴의 '우의패루友誼牌樓'다. 몇 년 뒤 두 시장이 모두 감옥에 들어가는 바람에 이 패루는 예기치 않은 반향을 얻었다. 1990년 배리는 불법으로 코카인을 소지한 죄로 기소되었으며, 8년 뒤 베이징 중급인민법원은 천시퉁에게 횡령죄를 선고했다. 그러나 이 특별한 중미 연계는 패루에 기록되지 않았다. 두 수도의 가지런한 격자 밑에 잠복되어 있는 또 다른 변칙이다.

차이나타운 간판이 지닌 함의도 두 세계에서 불균형적으로 전환되었다. 영문 이름 속의 골계적인 민족적 우월감은 중국어로 번역되면 사라진다. '차이나 돌 레스토랑'은 중국어의 '리화위안麗華園' 즉 '아름다운 중국 정원'으로 번역되었고, '차이나 보이 조제 식품점'은 '중국 아이의 신선한 국수中國孩子的新鮮面條'라는 번역으로 (완전히 다른 제품 라인뿐 아니라) 어떤 품격을 드러내는 효과를 얻었다. '웍 앤 롤 레스토랑'은 '전웨 이러우^{珍味樓}', 즉 '진귀한 맛집'으로 번역되었다. H가와 8번가에는 영문 이름으로 '차이나타운 기프츠^{Chinatown Gifts}'라고 쓰여 있지만, 중문은 도리어 '추궈런위안푸우중신^{出國人員服務中心}'인데, 의미는 확연히 다르다.

출국자를 위한 서비스 센터

✦

"제 생각에 이 업체는 제가 베이징에서 가봤던 가짜 비자를 수속하는 회사인 듯합니다." 어느 날 저녁 우리가 차를 몰고 차이나타운의 간판 밑을 지날 때 폴라트가 말했다. "그 회사들은 미국의 연락처가 필요해 요. 제 생각에 이 점포가 그 일을 하는 듯싶네요. 그들은 제가 로스앤젤 레스로부터 편지를 받았던 일과 비슷한 일을 처리하죠. 저 간판에 쓴 '출국'에서 가리키는 국가는 '중국'이에요. 누가 미국을 떠나는 데 도움 이 필요하겠어요."

추운 1월 오후였다. 폴라트는 출근하는 길이었다. 10월에 그는 미국 에서의 첫 번째 일을 찾았다. 도심의 '카페 아시아^{Café Asia}'라는 레스토 랑에서 배달 일을 했다. 일부 위구르족 친구도 이미 이곳에서 일했으며, 이곳의 일은 영어에 서툰 이민자에게 비교적 적합했다. 그들은 저녁에 만 일했고 낮 시간은 영어 수업을 위해 비워두었다. 폴라트는 최근 2개 월 과정의 영어 수업을 마쳤는데, 상당히 많은 영어문장을 이해했다. 그 는 운전하는 동안 늘 라디오 뉴스를 듣는다. 하지만 아직은 영어를 자유롭게 구사하지 못해 가능하면 중국어로 말하려고 한다.

그의 운전 기술은 이미 이주 노동자 특유의 숙련된 경지에 도달했다. 그는 워싱턴 도로망의 별난 구석들을 알았다. 일방통행로, 러시아워에 통행할 수 없는 구역. 그는 또한 인도로 올라가 도는 방법, 고의가 아닌 척하며 정차 표시를 불법으로 지나가는 방법을 알았다. 그는 거의 모든 곳에서 유턴할 수 있었다. 그는 경찰을 주시했고, 배달하는 동안 주차 공간을 찾는 방면에서 전문가가 되었다. 만일 주차할 자리를 찾지 못하면 임기응변으로 행동했다. 일단 정차하고 위험을 무릅쓴 채 서둘러 배달하면서 벌금을 물지 않기를 바랐다. 그는 언제나 한 단어만을 영어로 얘기했다. "파킹, 파킹, 파킹." 운전할 때 주문을 외우듯 계속 중얼거렸다. 처음 이 일을 한 이래 그는 이미 600달러가 넘는 벌금을 물었다. 현재까지 그의 최고 기록은 하루에 벌금 스티커 세 장을 발급받은 일이었다. 두 장은 20달러의 정차 위반 벌금, 한 장은 50달러의 신호등 위반 벌금. '카페 아시아'에서 그의 시간당 임금은 7달러이며, 팁은 별도로 계산했다.

한번은 뜻밖의 사고가 발생했다. 12월에 배달을 나갔다가 펜실베이니아가의 빨간 신호등 앞에서 멈췄는데 차가 뒤에서 들이박았다. 뒷차가 너무 빨리 몰았기 때문이다. 차에서 나왔을 때 남성의 숨결에서 술 냄새가 났다. 그는 폴라트의 혼다 자동차 뒷 범퍼를 박았다.

"처음에 얘기할 때는 호의적이었어요. 하지만 내가 영어를 잘 못하는 외국인임을 알고는 나를 위협하기 시작했죠. 그는 경찰을 부르면 너무 성가시기 때문에 부르지 못하게 하더군요. 제가 차를 수리하면 절반의 수리비를 부담하겠대요. 저는 동의했죠. 지금이라면 경찰을 불렀을 거예요. 경찰이 온다 해도 영어를 잘하는 친구가 필요해 그 친구를 번거롭게 하는 것 같았어요. 이 얘길 하니 모두 그때 경찰을 불렀어야 했다고 말하더군요. 저는 보험을 들었고 면허증도 있었으며 게다가 어떤 법규도 위반하지 않았죠. 그들은 어떤 흑인도 믿지 말라고 하더군요."

새로운 범퍼를 구입하는 데 1000달러가 들 것이었다. 사고를 일으킨 운전자는 당초 500달러를 주기로 했다. 하지만 수표가 오지 않았다. 폴라트가 그의 사무실로 찾아가자 그는 300달러로 깎았다. 내키지 않았지만 폴라트는 동의했다. 그는 또 기다렸고 또 오지 않았다. 그 뒤 상대방이 100달러로 낮추자, 폴라트는 변호사를 부르겠다고 위협했다. 최후에 상대방은 그에게 현금으로 150달러를 주었다. 폴라트는 중국인 기술자를 찾아가 할인된 가격으로 수리했다. 비용은 300달러가 들었다.

폴라트는 아직도 그 운전자의 명함을 가지고 있다.

캐드릭 에번스
WSC, Inc.
영업사원
워싱턴, 노스웨스트 13번가, 3624

"제 생각에 남을 속이는 일을 하는 게 분명해요. 그 주소지는 탁자 하나와 전화 한 대 놓인 평범한 집이에요. 컴퓨터나 프린터 같은 사무용품도 없더라고요. 아무튼 건축 관련 일을 하는 것 같았어요."

여하를 막론하고 폴라트는 더 많은 배상을 받고자 싸우고 싶지 않았다. 그는 완벽하게 운전했지만, 차에서 내리기만 하면 그런 유창함은 사라졌다. 그는 교통 위반 기록이 자신에게 불리함을 알았다. 벌금도 벌금이지만 언젠가는 그가 가짜 진술서로 취득한 버지니아주 운전면허증을 소지했다는 사실이 알려질 수도 있었다. 테러리스트의 폭격이 있고 나서 열흘 뒤 열아홉 명의 납치범 중 일곱 명이 버지니아주에서 불법으로 획득한 신분증을 가지고 비행기에 탄 것으로 보도되었다.

✦

'카페 아시아' 앞의 간판에는 '이국 풍미'라는 광고가 붙어 있다. 메뉴는 대부분 일본 요리지만, 싱가포르 누들, 타이 바질, 페낭 하 멘^{Ha Mein}, 제너럴 타오 치킨^{左宗棠鷄}과 같은 아시아 각지의 요리도 포함되었다. 주방의 요리사는 타이, 인도네시아 및 남미 출신이며 접시 닦는 사람은 멕시코 사람이다. 우리가 배달한 첫날 저녁에 스시 요리사는 말레이시아와 광둥 사람이었다. 그들은 흰색의 일본식 '핫피^{法被}'(상호가 찍힌 겉옷)를 입고 거리에 면한 밝은 창문 안쪽에서 일하는데, 우리가 서 있는 바깥에서 보니 따스해 보였다.

그날 저녁 '카페 아시아'의 모든 배달원은 위구르족이었다. 기온은 영하 6도였다. 우리 네 명은 웅크리고 앉아 주문받기를 기다렸다. 폴라트와 마찬가지로 다른 위구르족 두 명도 최근 미국에 왔다. 한 사람은 신장에서 카자흐스탄와 우즈베키스탄을 경유했고, 다른 한 사람은 튀르키예에서 자랐는데, 그의 가족은 난민으로 그곳에 정착했다.

"군대에 가고 싶지 않아 이곳에 왔어요. 튀르키예는 모든 남자가 군대에 가야 해요. 당신도 알다시피 생활하기가 결코 쉽지 않아요."

그 위구르족은 가볍게 말하며 추위 속에서도 활짝 웃었다. 그는 키가 크고 짧은 흑발의 준수한 청년이었다. 그에게 나이를 물었다.

"Twenty-three old years(23세)."

그의 문법 착오는 고의가 아니다. 나는 그가 얼결에 만든 그 새로운 어휘를(청년 이민자의 '오래된 세월old years') 좋아한다. 나는 그에게 튀르키예 국민은 몇 년 복무하는지 물었다.

"Two old years(2년)."

"위험합니까?"

"북쪽에 테러리스트가 있어 좀 위험했지만, 지금은 그렇게 나쁘지는 않아요. 군대 가고 싶지 않은 이유는 따분하기 때문이고요."

폴라트는 그의 말보로 담배를 나눠주기 시작했다. 위구르족들은 몸을 돌려 바람을 피해 담배에 불을 붙였다. 식당은 매우 바빴다. 대다수 손님은 막 퇴근한 젊은 직장인이다. 커플들이 차가운 날씨를 뚫고 담배 피우는 위구르족 옆을 급히 지나갔다. 옆집은 다른 아시아 레스토랑인 '샴의 별Star of Siam' 그리고 '아르망의 시카고 피자Armand's Chicago Pizzeria'다. 모든 점포마다 성조기를 걸었다. 테러 공격 이래 장사하는 모든 사람은 최소한 이러한 깃발이 있어야 하는 걸로 여긴 듯하다.

폴라트는 부근의 '라디오 프리 아시아Radio Free Asia'에서 근무하는 위구르 친구에게 전화를 걸어 우리와 합류했다. 이름은 알림 세이토프다. 미국 신문학 학위를 가진 유일한 위구르족인 그는 채터누가의 테네시대학에서 신문방송학을 공부했다(그전에 그는 테네시주의 어드벤티스트대학을 다닌 적이 있다). 32세로 검은 가죽 재킷을 걸쳤으며 몸은 왜소하고 엄숙한 표정이었다. 그는 신랄한 말투로 신장의 현실에 대한 국제사회의 무지에 대해 얘기했다.

"중국의 다른 소수민족과 비교해 우리는 더 많은 문제를 가지고 있어요. 티베트족보다도 더 많죠. 그런데 그들은 더 많은 관심을 받아요. 달라이 라마가 있기 때문이죠. 저희 아버지는 정치범으로 10년 동안 수감되었어요. 아버지를 처음 보았을 때 전 열한 살이었어요. 아버지는 처형된 사람들을 알고 있었죠."

한 백인 여성이 테이크아웃 상자를 들고 '카페 아시아'에서 나오다가 알림의 마지막 말을 듣더니 고개를 돌렸다. 그녀는 잠시 움추린 그 위구르족을 보더니 계속 걸어가는데 속도가 빨라졌다. 알림은 눈치채지 못한 듯했다.

"거의 모든 위구르족 가정에서 한 명 정도는 감옥살이를 했어요. 놀랍게도 그들은 여전히 조용히 지내고 있죠."

다른 위구르족이 배달에서 돌아왔다. 그는 20세 정도이며 코가 크고 퓨어 플레이어즈^{Pure Playaz} 야구 모자를 썼다. 폴라트가 혼다 승용차에 기름을 넣을 때 그는 알은체 미소 지으며 '파킹'이라 말했다. 이는 내가 들은 그의 유일한 영어다. 폴라트는 그가 5개월 전에 캐나다를 거쳐 몰래 미국으로 들어왔다고 말해주었다. 그는 심지어 중국어를 사용하지 않는 신장의 외진 곳에서 왔다.

잠시 뒤에 이 남자들은 저녁을 먹기로 결정했다. 그들은 '카페 아시아'에서 공짜로 먹을 수 있지만 먹으려 하지 않았다("일본 요리는 1년에 한 번만 먹어도 충분하다"고 폴라트가 말했다). 우리는 옆집 '아르망의 시카고 피자'로 갔다. 이곳의 종업원은 모로코 사람이었다. 그들은 열정적으로 위구르족들과 인사를 나눴다. 이슬람교 이민자 간의 연계로 인해 피자를 살 때에도 할인해주었다. 피자에는 시카고에서 먹던 것처럼 돼지고기가 들어가지 않는다. 나는 알림에게 아프가니스탄 전쟁에 대해 어떻게 생각하는지 물었다.

"좋다고 생각해요. 저는 미국인보다 탈레반을 더 증오합니다. 탈레반을 없애지 않으면 사람들은 탈레반을 떠올릴 때 위구르족을 함께 연상할 것인데, 이는 중국인이 바라던 바죠. 지금에서야 중국은 테러와의 전쟁에 뛰어들었지만, 처음엔 어떻게 해야 할지 모를 정도로 대응이 느렸어요. 제 생각에 중국은 이 기회를 어떻게 활용할 수 있을지를 생각하는 것 같아요."

✦

오래된 문제에 새 이름을 붙이는 전략이 있다. 9·11 테러 이후 중국 당국 및 국영 언론들은 아프가니스탄 및 중앙아시아 국가에서 훈련받은 '동투르키스탄 테러리스트'를 언급하기 시작했다. 과거에는 보통 위구르 반대파를 '신장 분리주의자'로 지칭했지만, 지금 새로 붙인 명칭은 비교적 서구적으로 들린다. 마치 이렇게 설계하면 미국인이 중국인을 더 동정할 수 있는 것처럼. 중국은 만족하지 못하는 국내 소수민족을 회유하다가 외부 이슬람 세력으로부터 위협을 받았다고 말이다. 2001년 11월 중국 외교부 부장은 유엔에 제출한 테러리즘 관련 보고서에서 중국과 '동투르키스탄 테러리스트' 문제를 강조했다.

중국 측은 이러한 위구르 단체를 테러리스트의 범주에 넣어줄 것을 요구했지만, 미국의 일부 사람이 동의하지 않았다. 위구르 사람이 가장 확실하게 기댈 수 있는 동맹은 미국의 보수파다. 2001년 10월 『워싱턴 타임스』는 상원의원 제시 헬름스의 칼럼을 실었다.

> 만일 우리의 반테러리스트 활동을 위해 미국이 베이징의 지원을 받는다면, 의심할 바 없이 중국의 위구르족에 대한 진압(또한 티베트를 진압하고 타이완을 고립시키려는 시도)을 묵인하는 대가를 치르게 될 것이다.
>
> 그것은 도덕적 재난이다. 위구르 사람을 명백히 우리를 해치는 잔인한 광신자와 한데 묶어 취급하는 데에는 명분이 없다. 베이징의 전제 통치 밑에서 위구르족은 대부분 평화로운 방식으로 자유를 얻기 위한 투쟁에 참여했을 따름이다.

상원의원 헬름스도 '라디오 프리 아시아'의 위구르 방송 프로그램의 주요 지지자다. 이 방송국은 '미국의 소리'와 유사하지만 설립된 시기는 그보다 훨씬 늦다. '라디오 프리 아시아'는 1996년부터 중국어를 포함한 각종 아시아 언어로 방송한다. 1998년에는 위구르어 프로그램을 증설했고 매일 두 시간 동안 뉴스와 프로그램을 방송하여 신장과 중국 기타 지구의 청취자들이 무선 단파라디오로 수신할 수 있다. 미국인이 '라디오 프리 아시아'에 기부한 돈은 중국이 세계 강국이라는 사실을 마지못해 받아들이는 데 대해 때로 평형추 역할을 한다. 2000년 5월에 하원은 한 법안을 통과시켰는데, 목적은 중국과의 영구적이고 정상적인 무역 관계를 수립하는 데 있었다. 그 가운데 하나의 부대 조항은 '라디오 프리 아시아'와 '미국의 소리' 지원 기금을 증액하는 것이다. 이 부대 조항은 국회에서 반중국 정서를 누그러뜨리는 데 도움을 주었다. 미국인은 중국이 경제 강국이라는 사실을 받아들이지만, 그들은 이러한 독립된 방송국을 지지함으로써 중국 정치제도에 대한 그들의 경멸감을 표현했다.

문제는 미국에서 실제로 방송 중인 내용을 이해하는 사람이 없다는 점이다. 중앙아시아 연구에 종사하는 한 학자는 '라디오 프리 아시아'의 위구르어 프로그램은 중국어와 티베트어 프로그램보다 훨씬 급진적이라서, 중국 정부에 반동으로 찍힐까 걱정스럽다고 말했다. 그는 또한 위구르인이 상원의원 헬름스와 같은 지도자의 지지를 과대평가하는 것도 고려했다. 중앙아시아에는 한 가지 이야기가 전해져온다. 미국에서 상용하는 전략은 소수민족이나 종교 단체를 격려하여 그들이 더 강대한 세력, 예를 들면 러시아나 중국에 저항하게 하는 것이다. 일단 지정학에 변화가 발생하면 지지도는 이에 따라 끝난다. 그리고 저항 단체도 잊힌다. 탈레반이 아프가니스탄에서 일어난 것은 바로 이러한 미국식 권장 패턴이 무시되었기 때문이다.

이것은 모호한 정책의 대가다. 위구르족처럼 오지의 작은 민족은 그들의 견해가 거의 받아들여지지 않았다. 중국인은 그들을 중화인민공화국의 소수민족으로 본다. 튀르크어족 집단은 그들을 튀르키예 사람으로 여기고, 이슬람 근본주의자는 그들을 이슬람교로 본다. 상원의원 헬름스는 그들을 반중친미 단체로 여겼다. 그들은 신장의 미라와 같았다. 그들에 관한 정보가 너무 없어서 사람들은 모두 자신의 상상에 따라 이 소수민족의 이미지를 새로 만들어냈기 때문이다.

그리고 많은 불만을 가진 위구르족은 외국의 지지를 받게 되면 흔들리게 마련이다. 워싱턴에서 나는 '라디오 프리 아시아'의 특파원 메메 오메르 카나트를 만났다. 카나트는 최근 아프가니스탄과 파키스탄의 전쟁을 보도했으며, 탈레반과 나란히 작전하다가 포로로 잡힌 위구르 포로 몇 명과 인터뷰했다. 그의 추정에 따르면 수백 명의 위구르족이 아프가니스탄의 모처에서 훈련을 받았다고 한다. 그가 인터뷰한 위구르족 포로는 20대나 30대 초반의 청년들로 농민, 상인, 지식인 등 전통적인 위구르 사회 계층의 여러 방면에서 왔다. 한 포로는 중국 대학에서 경제학 학위를 받았다. 그들은 최후에 관타나모만에 있는 미국심문센터로 보내졌다.

"그들은 테러리스트로 알려지길 원하지 않아요." 카나트가 말했다. "그들은 아랍 사람이나 알카에다 조직과는 전혀 관계가 없다고 합니다. 전쟁이 시작될 때 훈련을 받고 있었기 때문에 탈레반과 함께 싸웠다고 합니다. 그들은 이렇게 말했어요. 이것은 내전이다. 우리는 그것에 어떻게든 관계되고 싶지 않다. 우리는 중국과 싸우고 싶다. 우리는 기회를 이용하기 위해 여기에 왔다고 말입니다."

나는 카나트에게 미국에 대한 그들의 태도가 어떤지 물었다.

"그들은 미국에 대해 화내지 않았고 기뻐하고 있어요. 미국이 아마도 아프가니스탄에 군사 기지를 세울 것인데 그렇게 되면 미국은 중국의 이웃이 된다더군요. 그들은 희망으로 충만해 있으며, 미국이 그들을 도와 중국에 대항하길 바랍니다."

저녁 7시 30분이 지나자 '카페 아시아'의 배달이 바빠지기 시작했다. 폴라트의 첫 번째 배달지는 K가 1900호에 있는 사무실 건물이었다. 간판에 몇몇 법률사무소와 프라이스 워터하우스 Price Waterhouse 지점이 보였다. 그는 차를 K가에 불법 주차하고 깜박이를 켜놨다. 주문한 금발 여성은 오른손에 장애가 있었다. 그녀는 폴라트에게 2달러가 넘는 팁을 주었다.

"저 분에게 팁을 받으면 언제나 불편해요." 혼다 차로 돌아올 때 폴라트가 말했다. "좋은 사람이며 게다가 장애인입니다."

"걱정할 필요 없어요. 변호사인 것 같은데 그럼 아마 돈 많이 벌 거예요."

"압니다만 그래도 받기가 좀 그러네요."

두 번째 배달은 L가로 갔다. 폴라트는 13번가에서 방향을 바꾸었고 백미러를 확인했다.

"지금 차선을 위반할 겁니다. 여기에 노란 선 두 개가 있죠. 경찰이 보면 벌금 30달러를 물릴 거예요."

그는 유턴하여 차를 호머빌딩 앞에 불법 주차했다. 경찰은 없었고 더 많은 법률사무소가 있었다. 12층의 아트리움은 거대한 성조기로 장식되었고 청동판에는 '미국 청년의 정신'이란 문자가 새겨져 있었다. 이 건물이 프랑스 노르망디에 있는 오마하 비치 기념관 Omaha Beach Memorial 을 위해 설계된 것이라는 내용도 새겨져 있었다. 들어갈 때 빌딩의 경비원이 우리에게 미소 지었다.

"좋은 사람이에요." 손님을 기다릴 때 폴라트가 내게 말했다. "여기 자주 오는데 누구에게나 친절해요."

그 중년의 경비원은 한 청년과 얘기하고 있었다. 두 흑인은 아무 거리낌 없이 얘기를 나누었다. 많은 미국인은 단지 우리가 말하는 외국어를 들을 뿐이었다. 반응은 늘 그랬다. 호머빌딩에서 두 남자는 여자 얘기를 하고 있는데, 경비원이 조언했다.

"쿨하게 해봐요."

"저 쿨해요."

"그래도 쿨하게 해봐요." 나이가 더 많은 경비원이 다시 한번 말하며 안다는 투로 미소지었다.

이날 저녁은 바빴다. 우리가 가게에 돌아오면 언제나 새로운 배달 주문이 기다리고 있었다. 캘리포니아 롤, 로멘Lo Mein 비프, 슈림프 덴푸라Shrimp Tempura 롤에서 니콜 얼브Nicole Erb까지, 그리고 쏸라탕Hot and Sour soup, 제너럴 타오 치킨, 시위드 샐러드Seaweed salad에서 소피 코주흐Sophie Kojuch(폴라트는 "이 이름은 튀르키예 사람 같다"라고 말했다)에 이르기까지 각종 음식을 배달했다. 대부분의 빌딩에서 그는 모두 빌딩 밖의 인터폰을 이용하여 두 마디의 영어만 쓴다. "헬로, 딜리버리." 늦게까지 일하는 변호사 고객이 많았다. 그들은 1층으로 내려와서 침침한 눈으로 지갑을 꺼내 지불했다. 우리를 주시하는 사람은 없었다. 모든 배달 상자에서 어느 것이 그들이 주문한 제너럴 타오 치킨인지 확인하는 데 많은 시간을 들였다. 이 요리는 제너럴 쭤 치킨을 잘못 표기했다. 좌종당(쭤쭝탕)은 중국 변경을 개척하는 데 공을 세운 뛰어나고도 냉혹한 청나라 장군이다. 1884년 그의 지휘 아래 신장은 중국의 한 성이 되었다. 현재 위구르족은 미국 수도에서 그의 이름을 딴 치킨을 배달하고 있다. 쮜 장군과 KFC의 창시자 커넬 샌더스는 위대한 치킨 제국주의자다. 켄터키를 먹지 말자. 신장을 먹지 말자.

우리는 마지막 배달지인 매사추세츠가 1701호로 갔다. 폴라트는 '주차 금지'라고 쓰인 표지판 앞에 주차한 다음, 혼자 들어가 '배달원의 홀통과 금지'라고 쓰인 표지판을 지나갔다. 주문한 여성은 폴라트에게 2달러 12센트의 팁을 주었다. 25번가에서 그는 혼다 차를 방화선 앞에 세웠다. 19번가로 돌아갈 때 한 택시가 추월해 지나갔다.

"저는 여태 백인 택시 기사를 본 적이 없어요. 택시 기사는 모두 외국인이죠. 그들은 이 도시의 교통을 너무 어지럽혀요. 저보다 훨씬 거칠게 운전합니다."

그는 10시에 퇴근하는데, 오늘이 월급날이었다. '카페 아시아'에서 멕시코 출신 접시 닦이들이 줄을 서서 월급을 받았다. 위구르족은 자신들이 받은 팁을 모아서 다섯 몫으로 나누는데 한 몫당 26달러다. 폴라트의 2주치 노임은 544달러 32센트였다. 우리는 곧바로 맞은편 공중전화 부스로 가 그의 아내에게 전화를 걸었다. 요즘 그는 휴대전화 비용이 너무 많이 나와 전화 카드로 바꾸었다. 바람은 매섭게 차가웠다. 파카를 입고 노기가 충천한 흑인이 비틀거리며 우리에게 걸어왔다.

"타이레놀 필요해요? 한 박스에 3달러." 그것은 진통제다.

폴라트와 나는 그를 쳐다보았다.

"타이레놀! 한 박스에 3달러!" 하고 그가 외쳤다.

"아뇨. 감사합니다." 나는 최대한 예의를 차려 대답했다. 그 사람은 비틀비틀 거리를 따라가며 혼자 화를 내면서 중얼거렸다.

"여기서 거는 전화가 안전하다고 확신해요?"

"안전해요." 그가 우루무치의 어느 곳으로 번호를 누르자 신호가 갔지만 받는 사람이 없었다. 우리는 차를 몰고 그의 셋집으로 돌아와 골목에서 주차할 공간을 찾았다. 파킹, 파킹, 파킹. 마침내 폴라트는 주차 공간을 찾았지만, 차 바로 전방엔 '주차 금지'라는 경고판이 있었다.

"이 팻말 뒤에 차를 대면 문제없어요." 그는 말했다.

폴라트 주택 앞 튀어나온 창문에 거대한 성조기가 걸려 있었다. 그는 방을 나에게 양보하고 자신은 옆 위구르족 친구의 소파에서 잘 생각이었다. 우리가 안으로 들어가자 중국 주인이 응접실에 앉아 있었다. 그가 다소 놀란 표정으로 나를 여러 번 쳐다보았다.

"제가 말했던 친구입니다." 폴라트가 소개했다. "미국인이에요."

집주인은 의심스러운 눈초리로 나를 훑어보았다.

"베이징에서 만난 친구예요." 나는 웃으며 말했다. "미국인이지만 전 베이징에 살아요. 이곳에 친구 보러 왔어요."

"오, 중국어를 할 줄 아시네요."

그는 미소 지었으나 폴라트를 중국에서 알았다는 말에 입이 굳게 닫혔다. 그는 폴라트에게 따로 얘기 좀 할 수 있냐고 했다.

나는 폴라트의 작은 방에서 기다렸다. 잠시 뒤 폴라트가 돌아왔다.

"이곳에 묵을 수 없다는군요. 당신이 '와이런外人'이라서."

그는 그 단어를 내뱉었다. 중국에서 나는 습관적으로 '와이궈런外國人'으로 여겨졌다. 그러나 차이나타운에서는 '궈國'와는 관계없이 '와이런外人'이 단지 '낯선 사람'을 의미한다. 내가 말했다.

"괜찮아요. 호텔에서 자면 돼요. 폐를 끼치고 싶지 않아요."

"주인 말로는 옆집 내 친구 집에서 자도 된대요. 그 친구가 당신을 받아주기만 하면."

"이해합니다. 그들은 저를 모르잖아요."

폴라트는 화를 내며 저주했다.

"중국인은 어딜 가나 똑같다니까."

✦

폴라트는 저녁에만 배달하고 낮에는 자유로웠다. 우리는 혼다를 몰고 시내를 돌아다녔다. 그는 위구르 친구를 내게 소개해줬다. 그리고 그가 자주 가는 곳, 예를 들어 수많은 이주자가 이용하는 워싱턴 동북부의 농민 시장 같은 곳을 보여줬다. 야외 관광하기엔 너무 추워서 그는 박물관 참관을 좋아했다. 어느 날 오후에 우리는 스미스소니언으로 갔다. 그곳엔 '밭에서 공장으로'라는 전시가 있었고, 이렇게 소개됐다.

미국은 전쟁, 가난, 차별을 벗어나거나 자유를 찾아온 수백만 이민자의 천국이다. 그러나 미국 사회는 일부 장소와 특정 시기에 자신의 국민을 억압했다.

한 전시실에선 1915년부터 1940년까지 흑인이 미국 북부로 이민하는 과정을 묘사했다. 전시실 안에는 침대, 침실용 탁자, 옷장을 구비한 좁은 하숙방이 전시되었다. 우리는 조용히 앞에서 관람하면서 서로 똑같은 걸 생각하고 있었다. 마침내 폴라트가 웃으며 말했다.

"여기가 제 방보다 좋은데요."

근처에 '그럴 만한 가치가 있나요?'라고 이름 붙인 전시실이 있었다. 사회학자 찰스 S. 존슨이 지은 『시카고의 흑인The Negro in Chicago』(1922)에 수록된 익명의 편지를 인용했다.

시카고가 멋진 곳인 줄 알았는데 그렇지 않다는 걸 깨달았죠. 삼촌은 그가 포틀랜드 애비뉴에 살고 있는데 거리가 근사하다고 말씀하셨지만, 그런데 진흙탕뿐이었죠. 집으로 돌아가고 싶었어요.

폴라트는 결코 집에 돌아가는 것에 대해 말하지 않았다. 정치 망명을 신청한 뒤에는 불가능하다. 그는 늘 시기가 좋지 않다고 말했다. 테러가 발생했을 때 그는 좀더 안정되길 바랐다. 그래도 아직까지는 공개적으로 멸시받는 일을 당하지는 않았다. 9·11 테러 몇 주 후 한번은 그가 메릴랜드주 에식스에 있는 주유소에 들어갔는데, 몇몇 백인이 그에게 떠나라고 요구했다. 다른 위구르 친구들은 사소한 문제들을 가지고 있다. 그중 하나는 이슬람교도의 이름을 가진 사람은 직업을 찾기가 더 힘들게 되었다는 점이다. 그러나 사람들은 대부분의 도시에 만연된 불신감을 얘기하진 않았다.

"미국인은 대놓고 당신을 싫어한다고 말하지 않아요. 이 점이 중국인과 다르죠. 중국인은 당신을 싫어한다면 언제나 명확히 표현하죠. 미국인은 약아서 혐오의 감정을 드러내지 않아요."

그의 가장 큰 걱정은 아내를 데려올 수 없다는 것이다. 변호사는 이미 비자 발급에 필요한 서류를 보내 접수했지만, 승인이 얼마나 걸릴지 아는 사람은 없었다. 테러 사건 뒤 이러한 모든 절차에서도 중대한 변화가 발생했다. 변호사는 최소한 1년이나 2년, 심지어는 더 오래 걸릴 것으로 봤다. 그러는 사이에 그는 모든 것이 순조롭다고 그녀에게 확신을 주기가 더 곤란해졌다. 테러가 발생한 이후 10월 한 달 동안 폴라트의 휴대전화 요금은 488달러 75센트가 나왔다.

워싱턴에서 나는 이웃에 있는 폴라트의 위구르 친구 집에서 묵었다. 아주 혼잡해 세 명의 멕시코인이 지하실에 살고 한 위구르인은 1층에 살고, 아홉 명의 중국인은 위층 침실에서 생활했다. 이곳에 사는 사람 가운데 한 명을 제외한 나머지 사람들은 식품업에 종사했다. 그들 간에는 어떤 교류도 없었다. 한 '와이런'이 아래층 소파에서 자도 아무도 신경 쓰지 않았다.

폴라트의 위구르 친구는 48세로 그 또한 정치 망명을 승인받았다. 지금은 아내와 쌍둥이 아들의 비자가 나오기만을 기다리고 있다. 튀르키예에 있는 가족을 그는 2년이 넘도록 보지 못했다. 그는 자신에 대해 글을 쓸 경우 이름을 언급하지 말아달라고 요청했다.

그 친구 방의 벽에는 다양한 언어로 된 표어가 걸려 있었다. 영어로 "중국은 위구르족에 대한 박해를 중단하라", 아랍어로 "위대한 알라!", 중국어 "당신의 꿈이 이루어지길 기원합니다". 문에는 일본 가부키 일력이 걸렸는데, 그가 배달하는 식당 '히바치 브라더스Hibachi Brothers'에서 가져온 것이다. 그는 시안의 한 대학에서 전기공학으로 학위를 받았다. 최근에 차를 도난당했는데 이 구역도 점차 고급 주택지로 바뀌는 단계에 있으나 아직은 갈 길이 멀다.

어느 날 아침 우리 세 사람이 이야기를 하던 중 그는 미국인들이 문화를 인식하는 방식에 관심이 있다고 말했다. 그것이 신장이나 중국 기타 지방에서 본 것과는 전혀 다르다고 그는 말했다.

"일할 때 저는 수많은 집에 배달합니다. 보통은 들어오지 못하게 하지만 가끔은 들어오게 해요. 그래서 저는 그들의 방이 어떤지 볼 수 있어요. 당신 알아요? 수많은 집에 중국 그림이 걸려 있어요. 많은 미국인이 중국을 좋아한다는 사실을 알았어요."

나는 그래서 곤혹스러운지 물었다.

"아니요. 다른 문화를 즐기는 것은 좋은 일이죠. 이는 미국인의 취향이 광범위하다는 것을 드러내줄 뿐입니다. 저는 아프리카 가면을 늘어놓은 집도 보았어요."

내가 폴라트의 의견은 어떠냐고 하니 그는 눈살을 찌푸렸다. 몇 년 동안 그는 언제나 문화를 신성시했으며, 이를 경제, 정치보다 더 근본적인 것으로 보았다. 한번은 그가 미국의 흑인 문제는 문화에 있다고 말했다. 그들이 좋은 경제력과 자유로운 정치제도를 가진 국가에서 사는 것과는 상관없이 노예제도가 그들의 언어와 문화를 훼손했으며, 이러한 점은 자유롭게 이민 온 사람과는 다르다고 말했다. 그가 보기에 흑인은 언제나 그 손실을 회복하는 데 힘써야 한다는 것이다.

그는 진지하게 생각한 다음 천천히 말했다.

"미국인들도 자기만의 문화, 즉 유럽의 문화를 가지고 있죠. 그것도 훌륭해요. 그런데 집에 유럽의 물건을 많이 갖고 있지 않았어요. 왜 그들은 이처럼 중국을 좋아할까요? 중국인들은 자신들이 5000년의 문화를 가지고 있다고 말하지만 사실일까요? 아니면 그저 이득을 얻기 위해 반복적으로 하는 말에 불과할까요?"

그는 계속해서 말했다.

"이러한 동양화를 보면 제가 일하는 식당이 생각나요. 거기서 파는 것은 진짜 일본 요리가 아니에요. 가짜입니다. 이 요리를 만드는 사람도 진짜 일본인이 아니라, 일본 옷을 입은 말레이시아인과 중국인이죠. 저는 일본인이 거기서 식사하는 걸 보지 못했어요. 전부 미국인이죠."

"흠, 진짜 일본 식당에서는 배달하지 않을 걸요." 다른 위구르족이 말했다. "그들은 식재료의 신선함을 중시해요. 우리 식당도 진정한 일본 식당이 아니죠. 사실 주인은 베트남 사람입니다."

"이는 미국의 자유와 관련이 있다고 생각해요." 폴라트가 말했다. "당신이 돈 벌 길을 찾았다면 가서 하면 되죠. 이 점이 중요해요. 그렇다고 나쁠 것도 없어요. 하지만 거기서 식사하는 일본인은 본 적이 없어요. 그들이 점원을 일본인으로 분장시키는 게 저를 곤혹스럽게 만듭니다. 이를 보면 베이징에서 중국인에게 위구르 옷을 입히는 위구르 식당이 생각나요."

✦

폴라트의 생일날, 그는 하루 휴가를 냈다. 아침에 우리는 시내를 몇 바퀴 돌며 잡다한 일을 끝내고 농민 시장으로 갔다. 폴라트는 주차비를 받는 시청 빌딩을 가리켰다. 라디오에서 한 아나운서가 『워싱턴포스트』에 실린 불법 이민자 추방에 관한 보도를 언급했다. 춥고 맑은 날이라 외출한 사람은 거의 없었다. 폴라트는 만 46세다.

볼일을 마친 뒤에 나는 펜타곤을 보러 갈 수 있는지 물었다. 그달 초에 나는 뉴욕에서 9·11 그라운드 제로를 방문했다. 중국에서 살던 나는 테러 공격이 나오는 아주 멀게 느껴졌다. 중국엔 단지 해적판 비디오, 냉담한 반응이 있을 뿐이다. 지금은 이러한 장소를 직접 눈으로 봐야 한다고 생각했다. 우리는 펜타곤을 몇 바퀴 돈 다음, 컬럼비아 도로 맞은편에서 분명하게 펜타곤을 볼 수 있는 시트고^{Citgo} 주유소를 찾았다. 주차할 때 라디오에서는 마침 애국가가 나오고 있었다. 폴라트는 테러 공격이 있은 뒤부터 방송에서 정오의 국가 연주는 관례가 되었다고 일러줬다.

펜타곤의 파괴된 부분은 비계에 가려졌고, 비계 위에도 성조기가 꽂혔다. 하늘에서 헬리콥터가 웅웅거리며 순찰하고 있었다. 세 명의 노르웨이 관광객도 주유소를 찾아와서 우리는 그들 옆에 섰다. 폴라트는 끊임없이 고개를 돌려 혼다를 지켜봤다.

"괜찮아요." 내가 말했다. "주유소에 정차하면 벌금 물지 않아요."

"이곳 주유소는 다른 것 같아요."

나는 주유소 안으로 들어가 『워싱턴포스트』 한 부를 샀는데, 첫 면의 헤드라인은 이랬다.

「미국은 도피한 국외 추방자 수천 명을 찾고 있다」

「중동 남성이 수사의 초점이다」

나는 기사 내용을 폴라트에게 대략적으로 들려줬다. 사법부는 국외 추방 명령을 무시한 사람을 수색하고 있다.

"저는 적극 지지해요. 사람들의 비자는 항상 만료되는데 정부는 아무 조치도 취하지 않죠. 사실 그들에게 나쁜 일을 할 기회를 주는 셈이죠." 그는 영어로 바꿔 표현했다. "자유가 너무 많아요." 천천히 말한 뒤 다시 중국어로 돌아왔다. "인종은 상관없어요. 이곳에 와서 법만 잘 준수한다면 체류가 허용되어야 합니다."

나는 그에게 생일날 점심에 뭘 먹고 싶은지 물어봤다. 그는 이곳 이란 식당에 맛있는 양꼬치가 있는데 신장의 것과 똑같다고 말했다. 우리는 차를 몰고 사이먼 볼리버 장군의 조각상과 세계은행을 지나고 이어서 펜실베이니아가를 지났다. 파킹, 파킹, 파킹. 우리가 주차 공간을 찾는 동안, 폴라트는 워싱턴에서 생활하기가 분명 더 수월할 것이라고 말했다.

"용기만 있으면요. 베이징에서 전 용기를 냈기 때문에 꽤 많은 돈을 벌었어요. 또한 용기가 있었기에 떠날 수 있었죠."

그는 잠시 검은색 렉서스 차 뒤에 정차하고 기다리며 그 차가 빠지는지 바라보았다. 차가 움직이지 않자 우리는 떠났다.

"아세요? 이곳 사람들은 대부분 저보다 똑똑하지 않아요. 어떤 사람은 교육도 받지 않았고, 어떤 사람은 저보다 늙었어요. 미국에 있는 사람 모두가 총명하지는 않지만, 당신도 알다시피 총명하지 않은 이들도 대부분 좋은 생활을 꾸리고 있죠. 그들이 그렇다면, 저도 그렇게 하지 못할 이유가 없다고 봅니다."

몇 분 뒤 마침내 폴라트는 주차 공간을 찾았다. 우리는 '모비 딕 하우스 오브 케밥Moby Dick House of Kabob'이라는 레스토랑에 들어갔다. 문에 들어설 때 폴라트는 직원에게 손을 흔들었다. 또 다른 위구르족은 카운터 뒤에서 양고기를 굽고 있었다.

천멍자의 이야기는 말할 때마다 바뀌는 것 같다. 그가 죽기 전에 관련된 기록이 너무 없어서 나는 인터뷰, 기억, 전언에 의해 그의 생애를 끌어모을 수밖에 없다. 내가 인터뷰한 사람은 대부분 이미 70세가 넘었다. 양 노인은 천멍자가 불륜 혐의를 받았다고 말했다. 자오 선생은 그가 번체 중문을 지지하다가 문제를 일으켰다고 말했다. 스 교수가 들은 얘기는 공산당이 그를 죽였다는 소문이다. 다른 사람들은 또 자신만의 이야기를 가지고 있으며, 때로는 두 사람을 건너온 소문도 있다. 내 수첩에 누적되는 말들은 서로 모순된다.

천멍자는 매우 잘생긴 인상을 주었다. 당시 이 사람은 영화배우가 될 수도 있었겠다는 다소 생뚱맞은 생각을 했던 게 나는 기억난다.

그를 알고 있는 사람으로부터 들었는데, 그의 정부는 베이징의 경극 여배우라고 한다.

그 당시 소문이 무성했다. 누군가가 개인의 사적인 일을 비판할 수 있고 그것은 그들의 문제일 뿐이다. 물론 나설 문제가 아니기도 했다. 천멍자의 부인이 이 얘기를 꺼내지 않는데 왜 다른 이들이 나서야 하는가?

이것이 당신이 들은 사실과 부합하는지 모르겠다. 그러나 전하는 말에 따르면 천멍자는 한 여배우와 외도했기 때문에 자살했다고 한다. 절대로 내가 소문냈다고 말하지 마라. 나는 X에게서 들었고 X는 Y가 Z를 변호할 때 들었다.

이것은 역사적인 문제다. 우리가 얘기할 수 있는 것이 아니다.

그는 시인의 기질을 갖고 있다. 어떤 일에 의견이 있으면 그는 말했다. 그는 '신즈커우콰이心直口快'(성격이 시원스러워 입바른 소리를 잘함) 했다.

◆

상하이박물관 4층에서 나는 천멍자의 명나라 가구 영구 전시실을 발견했다. 박물관의 가구 전시는 언제나 감상에 젖게 하는데, 천멍자의 컬렉

션은 특히나 고독해 보인다. 빈 의자, 빈 탁자, 빈 향대. 희귀한 황색 단향목으로 만든 의자에는 장수를 의미하는 '수壽' 자가 새겨져 있다. 전시실의 설명 중에는 천명자의 생애에 관한 말이 한마디도 보이지 않았다.

이 전시실의 가구는 원래 천명자 부부의 소장품이다.

마청위안은 박물관에서 가장 나이가 많다. 그는 85세로 공식적으로는 퇴직했으나 아직도 활동하고 있다. 내가 인터뷰를 요청하자 그는 흔쾌히 동의했다. 그는 그 갑골학자의 친구다. 1955년에 처음 만났다고 한다. 당시 상하이박물관의 규모는 협소했고, 지금의 아름다운 신관은 1996년에 개방했다. 1950년대에 마청위안과 기타 관원은 지방의 골동품 시장에서 청동기를 사들여서는 전문가를 불러 감정하게 했다.

"천명자가 박물관에 몇 번 왔어요. 그는 문인 기질이 있지만, 매우 직설적이었습니다. 언제나 솔직한 의견을 말했는데, 결과적으로는 그래서 화를 당한 것이죠. 그는 한자가 아름답다며, 1950년대에 추진하던 문자 개혁에 반대했어요. 제가 듣기론 베이징의 회의에서 공개적으로 반대 표시를 했답니다. 그것은 위험한 일이죠. 정부가 배후에서 문자 개혁을 추진했으니까요. 바꾸어 말하면 그는 문자 개혁에 반대할 뿐만 아니라, 반정부적이었어요. 솔직히 저도 그 구상을 좋아하지 않았지만, 저는 아무 말도 하지 않았어요. 그것은 모두 베이징에서 발생한 일이라 저와는 무관했어요."

마청위안이 계속해서 말한다.

"천명자가 상하이에 오기만 하면 저는 언제나 그에게 우리 소장품을 보여줬어요. 가끔 그의 부인도 동행했지요. 그녀의 성격은 전과 달라진 것 같았어요. 저는 다른 곳에서 들었죠. 말수가 적어 그녀가 정신적으로 모종의 압력을 받고 있다고 생각했죠. 그들은 아이를 갖고 싶었지만, 소원을 이루지 못했습니다. 입양하려고도 했지만 그건 너무 복잡했죠. 우리 중국엔 그런 전통이 없거든요. 제 생각에 그들 집엔 아이가 없어서 무척 쓸쓸했던 것 같아요. 한번은 천명자가 상세하게는 말하지 않았지만 아이를 가질 수 없었다고 하더군요. 물론 저도 더 묻기가 민망했죠."

그가 천명자를 마지막으로 본 것은 1963년이었다고 한다.

"그때 이미 정치적 문제를 안고 있었어요. 저는 베이징에 갔을 때 가구를 보러 그의 집을 방문했지요. 얼마나 아름답던지. 한 가구를 특별히 주시했는데, '수壽' 자가 새겨진 황색 단향목 의자였습니다. 우리는 그의 집에서 저녁을 먹었는데, 제게 자신의 신간인 『미 제국주의가 약탈한 우리 나라 은주 청동기 도록』을 주더군요. 책 제목은 천명자가 선택한 것이 아니었어요.

아마 그때일 거예요. 그는 처음으로 가구를 상하이박물관에 기증하고 싶다고 말했어요. 그는 그것들의 안위를 무척 걱정했죠. 그가 특별히 말을 하진 않았지만, 두려워한 것은 정치적인 문제였어요. 그러나 수집가라면 누구나 자신이 소장하고 싶을 터인데, 그는 왜 박물관에 기증했을까요? 우리는 추측할 따름입니다. 뒤에 그는 기증에 관한 편지를 써서 보냈어요. 그 편지를 지금도 보존하고 있죠. 찾아서 드릴게요. 그때가 마지막으로 본 것입니다."

마청위안은 천명자의 정치적 문제가 1950년대 말부터 시작되었다고 언급한다.

"일부 청년 학자가 그를 비판하는 글을 썼는데, 어떤 비판은 정말 가혹했어요."

나는 그 비판자의 이름을 기억하는지 묻는다.

"리쉐친이죠. 그는 비판의 글을 써서 천명자의 갑골문 연구가 잘못되었다고 말했죠."

"그 비판이 정확했나요?"

"아닙니다. 당시는 특별한 시기였고, 리쉐친은 그러한 글을 쓰지 말았어야 했어요. 천명자는 이미 충분히 힘든 상태였어요."

"리쉐친은 어떤 사람입니까?"

"리쉐친……." 마청위안은 고개를 흔들며 잠시 생각한다. "부하오쉬不好說. 뭐라 말할 수 없군요. 현재 리쉐친은 고고학계의 꼭대기에 서 있죠. 한동안 그는 천명자의 조수였어요."

✦

그 노관원은 그 비판에 대해 더 말하고 싶어하지 않는다. 나의 호기심이 이미 발동한 줄 알았지만, 그는 이름만 던져주고는 더 말하지 않는다. 그는 정치적 수완이 노련하기로 유명하다. 전하는 말로는 문화대혁명 기간에 그가 마오쩌둥 표어를 쓴 깃발로 박물관의 유물을 덮어놓아 화를 면했다고 한다. 마청위안은 홍위병들이 마오쩌둥의 어록을 훼손할 수 없다는 것을 알았고 상하이박물관의 소장품은 손상되지 않았다. 오늘날 그곳은 전 중국에서 가장 훌륭한 박물관으로 여겨지는데, 마청위안이 소장품을 보호하고 확장한 데 기여한 바가 크다.

항간에 도는 어떤 소문은 문화대혁명 때 수많은 지식인과 부자가 재산을 잃어버렸지만, 박물관은 사실상 거기에서 이익을 보았다는 것이다. 이에 대해 물어보자 그는 침착하게 대답한다.

"저도 비판받았어요. 우리는 생존에만 관심을 가졌어요."

그는 '비판 투쟁 대회'에서 그와 다른 관원들이 높은 무대로 올려졌다가 대리석 바닥으로 떨어진 일을 얘기한다. 마청위안은 멍이 들었지만 상처는 입지 않았다. 다른 동료는 떨어질 때 머리를 부딪혀 죽었다. 이 얘기는 짧지만 충격적이다. 그래서 나는 문화대혁명 때 상하이박물관이 얻은 이득에 대해 더 이상 묻지 못했다.

내가 떠나기 전에 그는 천멍자의 마지막 편지를 복사해줬다. 손으로 쓴 날짜를 보니 1966년 1월 26일이다. 그해는 바로 천멍자가 자살한 해다. 필적이 아름답고, 걱정이나 정치적 문제에 관한 어떠한 언급도 없다. 서체는 상하이박물관에 전시된 가구와 마찬가지로 간결하고 느낌도 마찬가지로 공허하다.

우리 지난번 얘기 나눠서 너무 기뻤어요. 당신은 잊었겠지요. 애석하게도 우리는 그것을 기록해놓지 않았네요. 당신이 우리 집에 왔지만 시간이 너무 촉박했어요. (…)

그 황색 단향목 의자는 명대보다 더 이른 시기의 작품일 겁니다. 물론 상하이박물관에 기증해야겠지요. 당신이 다른 것도 좋아하신다면 그것들도 박물관에 기증할 수 있습니다. 저는 박물관 측에서 사람을 보내 포장해주시길 바랍니다.

베이징에서 나는 그 비판의 사본을 찾아냈다. 1957년에 발표된 글인데, 당시 천멍자는 우파이자 공산당의 적으로 확정된 지 오래지 않았을 때였다. 그 글은 천멍자의 명작 갑골문 서적에 대한 장문의 평론으로 구성되어 있다. 천멍자의 학술 연구에 대한 평가는 엄청나게 가혹하다. 서평 마지막에서 공격의 화살은 그 개인에게로 향한다.

천멍자는 그가 오만을 떨 만큼 어떤 현저한 이론을 제시하지 않았다. 천멍자는 극단적으로 자만하길 좋아한다. 예를 들어 이 책 20장에서 그는 다른 학자의 수많은 학설과 이론을 무시하기만 하고, 그 자신의 견해는 없다. (…) 이렇게 자만하는 태도를 우리는 받아들일 수 없다.

리쉐친에 관한 더 많은 자료를 찾기란 어렵지 않다. 고고학과 역사학 문헌들에서 그의 이름은 곳곳에 보인다. 그는 갑골, 고대 청동기, 죽간 문헌에 관한 글을 발표했으며 총명하고도 다작하는 인물이다. 다수의 학자가 그가 우수한 연구를 하면서도 공산당의 요구를 노련하게 만족시키는 드문 재능을 가졌다고 말한다. 한 고문자 학자는 리쉐친을 '아첨꾼'이라 쌀쌀하게 말하고, 많은 사람이 천멍자에 대한 그의 비판을 언급한다.

최근에 리쉐친은 '하상주단대공정'의 책임자를 맡았다. 1995년부터 시작된 이 연구 사업은 중앙정부에서 기금을 대고 있는데, 그 취지는 중국 초기 문명의 연대를 명확하게 세우는 데 있다. 그전에 문헌 기록과 고고 발견에서 증명할 수 있는 중국 역사의 최초의 시간은 기원전 842년이었다. 그러나 하상주단대공정에서는 새로운 시간을 내놓았다. 이 연구 사업은 국제적으로 엄중한 공격을 받았다. 수많은 외국 학자가 중국인이 학술적이라기보다는 민족주의적 방식으로 그들의 역사를 보강하고자 한다고 믿는다. 일부 학자는 연구 사업의 동기가 주로 서구와 맞서기 위해서 시작되었다 하며, 서구는 이집트 문명처럼 역사에 기록된 시간이 중국보다 훨씬 이르다고 생각한다. 사업 진행 과정에서 학자들이 고대의 시간에 대해 다른 의견을 가졌을 때, 가끔 투표로 결정했다. 중국학자들은 각자 그들의 견해를 제기하여, 가장 많은 표를 얻은 견해가 이겼다. 중국 언론의 보도는 읽어보면 이상하게 느껴진다.

『차이나데일리』, 1998년 12월 16일자.

2년의 연구를 거쳐 중국 고대 역사의 공백을 메운 사업은 눈부신 진전이 있었다. 중국은 5000년의 역사를 가진 문명국가로 세상에 이름나게 되었다. 불행하게도 역사 발전 중에서 2000년은 공백 상태여서 중국의 진실한 나이를 숨겼다. (…) 잃어버린 2000년의 역사는 하·상·주를 포함하여 기원전 2100년까지 거슬러 올라갈 수 있다고 베이징 중국사회과학원 역사연구원 리쉐친은 말한다. (…)

리쉐친은 중국 고대사 기점의 정확한 시간을 표시하여 내년 말에 공표할 것이라고 말했다.

◆

리쒜친의 경력을 조사한 뒤 나는 기자 출신인 중국 친구와 미팅을 잡았다. 그는 당이 경영하는 신화통신사에서 근무하는데 여가시간에 역사와 고고학을 연구한다. 그는 공식적 직무를 이용해 통제된 문서를 가져다가 잊힌 사건을 연구한다. 그는 자신이 연구한 모든 것을 언젠가 발표하길 바란다. 그는 왼손으로 신화통신사를 위해 일을 하고, 오른손으론 자신을 위해 일한다고 즐겨 말한다. 우리는 같은 나이로 30대 초반이며 닭띠다.

내가 리쒜친에게 어떻게 접근해야 하는지 의견을 구하자, 그는 먼저 천명자를 언급하지 말고, 다른 핑곗거리를 찾아 그와 인터뷰한 다음 그 비판에 대해 물으라고 조언한다.

"그가 대답을 거절하면?"

"음, 그럴 수 있지. 그러나 불시에 공격하면 그가 대답할지도 몰라."

"어떻게 대답할 거 같아?"

"중국에 '여일중천如日中天' 즉 '해가 중천에 떠 있는 것 같다'라는 고사성어가 있어. 바로 리쒜친의 현재 위치가 그렇지. 그는 생애의 최고봉에 올랐어. 그가 그 평론을 보게 되면 '이러한 방식으로 나의 스승을 공격하지 말았어야 했다'라거나, 아니면 '봐라, 내가 젊었을 때 얼마나 많은 것을 알고 있었는지'라고 생각할 수 있지."

그 기자 친구는 계속 말했다.

"이 친국가적 학자는 그래. 굉장히 어두운 그룹의 사람들이지. 하지 말아야 했던 일을 한 사람이 많아. 듣자니 천명자가 자살한 뒤 어떤 학자들은 그의 사무실을 뒤져 그의 필기를 읽었고, 일부는 뒤에 그의 아이디어를 자신의 것으로 발표했다더군. 과거에 수많은 학자가 그런 일을 저질렀지만 그들은 인정하지 않아. 중국인은 이런 식으로 자신을 조사하는 걸 좋아하지 않지. 그들이 잘못을 인정하는 일은 드물어."

이야기 끝에 친구는 그 이야기를 추적해보라고 격려한다. 중국에서는 이러한 많은 역사가 빠져 있다고 그는 말한다.

"이건 중국 기자가 할 수 있는 일이 아니야. 나도 신화통신사에 있으니 당연히 할 수 없고. 그렇지만 외국인인 넌 할 수 있어."

◆

나는 칭화대학의 사무실에서 리쉐친을 만났다. 그는 70세에 가까우며 높은 이마에 아래 눈두덩이가 상당히 넓다. 부지런하게 일하는 학자 얼굴이다. 그는 회색 모직 양복에 붉은 넥타이를 매고 슬리퍼 차림이다. 그는 다트머스대학에서 보낸 안식년을 포함하여 한동안 미국에서 지냈다고 말했다. 그의 영어 구사력은 뛰어나다. 나는 그에게 하상주단대공정에 관심이 있다고 말했다.

"그것은 쑹젠이라 불리는 사람에게서 시작되었죠. 쑹젠은 인공두뇌학 학자입니다만 줄곧 고고학에 대해 관심을 갖고 있었어요. 1990년대 초기에 그는 유럽과 지중해 등지에 가서 수많은 박물관, 특히 이집트, 그리스와 이스라엘 박물관을 견학했습니다. 그 뒤에 그는 '외국의 연대기는 중국보다 훨씬 명확하다'라고 생각했죠. 귀국 후 그는 나와 다른 학자에게 우리가 할 수 있는 게 있겠냐고 물었어요. 기본적으로 우리는 과학자들을 역사와 고고학 방면에 많이 참여하게 했습니다."

리쉐친 교수는 천문학자는 고문헌에 기록된 월식을 추적했으며, 다른 과학자들은 탄소 14를 이용한 연대 측정법으로 시간 범위를 확정하는 데 공헌했다고 설명한다. 그는 연구 사업의 기본 작업은 최초로 지하도시 증거를 발견한 안양에서 했다고 밝혔다.

"우리의 연대기는 이전의 관점과 큰 차이는 없어요. 예를 들면 상나라가 최종적으로 주나라에 의해 패배한 시간을 가지고 봅시다. 그것은 역사상 중대한 시점입니다. 과거에 44종의 다른 의견이 있었고, 앞뒤의 시간 거리가 112년 차이 납니다. 가장 믿을 만한 자료를 운용하여 우리는 그 시간의 거리를 30년으로 축소했어요. 기원전 1050년에서 기원전 1020년까지로 말이죠. 그 뒤 정밀하게 보정해서 기원전 1046년이라고 결정했어요. 그것이 '절대' 정확하다는 얘기가 아닙니다. 그러나 현재 가지고 있는 자료에서 보면 가장 적합합니다.

이것은 정말 첫걸음일 뿐입니다. 우리는 중국 문명의 기원과 관련된 다른 연구 사업을 준비하고 있어요. 물론 우리가 중국의 역사를 연장시키려 한다고 말하는 사람도 있겠지요. 그것은 사실이 아닙니다. 우리는 단지 중국이 어떻게 발전했는지 찾고자 할 뿐입니다. 이것은 그리스, 이집트나 이스라엘을 연구하는 것과 다르지 않아요. 그러한 고문화는 중국보다 더 많이 연구되었죠. 그러나 중국 문명은 자신만의 특질이 있어요. 다른 문명이 모두 사라진 것과는 달리 아직 존재한다는 사실입니다."

✦

나는 30분 정도 기다렸다가 화제를 돌렸다. 가방에서 그 평론을 꺼내 우리 사이에 있는 탁자 위에 놓았다. 리 교수가 곧바로 어떤 반응을 보이면 숨길 요량이었다.

"제가 선생님의 글을 읽고 있는데 갑골문에 관한 글을 주목하고 있어요. 그리고 장광즈가 상나라 시기 희생의 이름에 관한 선생님의 이론을 칭송한 글도 읽어봤어요."

"예. 그것은 제게 의미가 있죠." 리 교수가 웃으며 말했다. "그러나 저는 뒤늦게 그가 쓴 글을 봤어요. 그가 처음 제 논문을 봤을 때 그는 타이완에 있었죠. 물론 당시엔 어떤 연락도 되지 않았어요. 저는 사실 1971년이 되어서야 그의 발언을 읽었어요."

나는 제목에 나오는 천명자의 이름을 가리킨다. "저도 이 갑골문 학자에 대해 큰 관심을 갖고 있어요. 저는 안양과 베이징 사람으로부터 그에 대해 들었습니다. 선생님은 그의 학생이었죠?"

"그는 이곳 칭화대학의 교수였어요. 그러나 저는 그의 정식 학생이 아닙니다."

그러고는 리 교수가 자신의 배경을 설명한다. 리쉐친은 처음에 수리논리학을 공부했으나 공산당이 승리한 뒤 베이징의 대학들은 개편의 운명에 처했다. 정상 수업이 중단된 기간에 젊은 논리학자는 여가의 관심거리를 찾아 갑골문을 연구하기 시작했다.

"18~19세 때 갑골문에 관심을 가졌어요. 저는 젊었을 때 제가 이해하지 못하는 모든 것에 흥미가 있었어요. 이상하게 들릴지 모르겠으나 상징성이 있다거나 복잡하다고 느끼면 그것을 알고 싶어했죠. 그것은 제가 논리에 이끌렸던 바입니다. 처음 갑골문을 봤을 때 전 그것들을 이해할 수 없었습니다. 오히려 그러한 상황이 저로 하여금 더 알고 싶어 하도록 만들더군요.

국민당이 대륙에서 철수할 때 갑골도 가져갔으며, 그것의 탁본이 책으로 간행되었어요. 그 가운데 많은 것이 자세히 연구되지 않았으며, 한데 뭉쳐지는 일도 있었죠. 여가 시간에 전 갑골편을 정리하고 그것들을 서로 조합할 수 있는 가능성을 찾는 일을 했어요. 제가 자그마한 성과를 냈고 결과적으로 천명자와 다른 사람의 주의를 끌게 되었죠. 그들은 저한테 고고연구소에 가서 갑골을 연구하라고 하더군요. 원래 저는 천명자의 연구 조수였어요."

이 남자의 목소리가 약간 바뀐다. 표정은 변하지 않는다. 아래턱은 똑같이 들렸고 눈빛도 줄곧 침착하다. 그러나 이제는 말의 속도가 더 빠르고 목소리 톤도 높다. 그가 그 이야기를 들려준다.

"1957년 이후 천명자는 우파로 몰렸어요. 그들이 그에게 그러한 모자를 씌웠죠. 그해에 그는 무척 고생했어요. 그리고 문화대혁명 때 우파로 찍힌 사람들은 더 시달렸지요. 그것이 그가 자살한 원인입니다.

그때 저는 다른 연구 기관에 있어 같이 있지 않았어요. 그가 1966년 여름에 자살한 것으로 믿습니다만, 저는 그해 겨울이 되어서야 소식을 들었지요. 그 사실을 알았을 때는 무척 슬펐어요. 그는 훌륭한 학자였죠. 문화대혁명이 끝난 뒤 우리는 그의 물건, 필기, 책을 잘 보관했습니다."

그가 말을 마쳤지만 나는 그 평론을 펼친다. 마지막 페이지 중앙에 천명자에 대한 인신공격이 추악한 글자로 나타난다.

自命甚高 매우 고고한 척 자임한다

竭力鼓吹自己 온 힘을 다해 자신을 고취한다

리 교수의 눈빛이 문서와 땅바닥 사이의 어느 지점에 떨어진다.

"우리 이 이야기는 하지 맙시다. 천멍자는 훌륭한 사람입니다. 저는 이 일을 거론하고 싶지 않아요."

"저는 무슨 일이 발생했는지 알고 싶을 뿐입니다. 그에 대한 수많은 비평을 봤는데, 대부분 악평이더군요. 많은 사람이 당시는 그랬다고 말하더군요. 외국인으로서, 저는 이 일을 이해할 수가 없어 선생님께 묻고 싶습니다."

이제 그 교수는 나의 인터뷰 목적을 알아챈다. 그러나 나는 짜증, 자기 방어, 심지어 분노까지 예상했으나 그런 감정은 나타나지 않는다. 오히려 이 남자는 피곤해 보이고 눈두덩이가 무겁게 처져 있었다.

"외국인만 이해하기 어려운 게 아니라 젊은 중국인도 이해하기 힘들어요. 당시 모종의 압력 때문에 우리가 그러한 것을 썼어요. 고고학연구소에서는 저더러 쓰라더군요. 제가 가장 젊어서 거절할 수 없었어요. 당신은 제가 정치적인 일을 언급하길 피하려 했음을 눈치챘을 겁니다. '우파'나 그와 유사한 어떤 글자도 쓴 적이 없지요. 저는 모든 비판을 단지 마지막 한 단락에 썼을 뿐입니다."

그의 말이 옳다. 인신공격은 전부 다섯 행에 압축된다.

"저는 쓰고 싶지 않았어요." 교수가 말을 잇는다. "문장의 다른 부분에서 학술과 관련된 논점은 문제가 없어요. 그러나 저는 그러한 개인 비판을 쓰고 싶지 않았어요. 그 글이 발표된 뒤 저는 천멍자를 거의 보지 못했어요. 1960년대 초반에 이따금 고고학연구소에서 그를 만날 때마다 말하기가 불편했어요. 마음속으로 불안감을 느꼈기 때문에 저는 그와 얘기할 수 없었어요. 저는 줄곧 그 글을 후회하고 있습니다.

저는 사람들이 이해할 것으로 생각해요. 시간이 지나서 그가 죽은 뒤 저는 그의 친구들에게 연락을 하고, 때로 그의 부인을 만나기도 했지만, 여태 저를 책망하는 사람은 없었지요. 저는 그들이 글이 쓰인 과정을 이해했다고 생각하지만, 아직도 마음이 안 좋습니다. '메이 반파沒辦法.' 그것에 대해 제가 할 수 있는 게 없군요."

인터뷰 내내 나는 기록하고 있다. 리 교수가 내 수첩을 바라본다.

"이것을 『뉴요커』에 쓰지 않길 바랍니다." 그가 천천히 말한다. "개인 문제입니다. 단대공정과 우리가 먼저 얘기했던 것만 쓰시길 바랍니다."

나는 완전히 이해하지 못하는 일이면 쓸 수 없다고 말한다.

"그때는 공포의 나날이었어요. 당신은 이해하기 힘들 겁니다. 문화대혁명이 일어났을 때 사람들이 자기를 비판하면 자기가 정말 잘못했다고 믿었어요. 저는 그때도 비판당했는데, 저 또한 남의 말을 믿었죠. 모든 사람이 그랬습니다. 그것은 사회심리학의 일종이죠. 적이 너무 많았어요. 모든 사람이 적인 것 같았죠."

✦

인터뷰를 마친 뒤 나는 칭화 캠퍼스를 돌아다녔다. 햇빛이 찬란한 오전, 지상의 눈이 군데군데 회색 진흙 더미로 녹고 있다. 캠퍼스는 아름답다. 학술적 명성 외에도 이 대학은 회복을 위한 기념비로 우뚝 서 있다.

1901년 외국 연합군이 의화단을 격퇴시킨 뒤 청조를 강박하여 손해배상으로 3억 3000만 달러를 요구했다. 미국은 그들이 가져간 돈 가운데 일부를 중국에 되돌려주고 교육 사업을 하게 했다. 그중 일부 돈으로 칭화대학을 설립했다.

리 교수의 사무실 부근에서 나는 왕궈웨이의 기념비를 찾아갔다. 그는 초기 갑골문 학자 가운데 하나다. 소나무들이 3미터 높이의 석비를 두르고 있다. 비문의 날짜는 국민당 방식으로 쓰였다. 민국 18년. 그해는 1929년으로, 왕궈웨이가 마지막 왕조의 몰락에 절망하여 호수에 투신 자살한 2년 뒤다. 당시 그의 한 친구가 이 기념문을 썼다.

한 문화가 쇠락할 때 이러한 문화에 감화를 받은 사람은 반드시 고통을 느낄 것이다. 그 문화의 역량에 대해 표현한 것이 크면 클수록 그가 받게 될 고통은 더욱 더 심할 것이다.

신화통신사 친구 말이 맞았다. 어떤 일은 외국인 입장이 훨씬 쉽다. 그러나 아마 잘못된 이유로 훨씬 쉬울 수도 있다. 칭화대학으로 가는 길에 나는 리쉐친 교수에게 예고 없이 질문을 던지는 일이 필요하며, 그렇지 않으면 과거의 그 세부적 내용을 알 수 있는 방법이 더 이상 없을 거라고 스스로에게 말했다. 그가 자신을 위해 변호하거나 화를 냈다면, 나는 더 좋았을 것이다. 가장 참을 수 없는 것은 그의 후회를 봤다는 점이다. 그 비판 글을 쓸 당시 그는 겨우 24세에 불과했다.

국빈 방문

조지 W. 부시 대통령은 중국에서 30시간을 머물렀다. 방중 전 그는 먼저 한국에 방문했으며, 망원경으로 남·북한 사이의 비무장지대를 둘러봤다. 부시가 북한과 이란, 이라크를 '악의 축'으로 공표한 지 한 달도 안되었다. 비무장지대에서 누군가가 국경 맞은편 박물관에 손도끼가 전시되어 있는데, 그것으로 1976년에 두 미군이 살해되었다고 언급했다. "어쩐지 그들이 사악하게 느껴지더라니" 하고 부시 대통령이 말했다.

베이징 여정은 때마침 닉슨의 첫 중국 방문 30주년 기념일과 일치했다. 방문 기간에 두 가지 활동이 전국 텔레비전에서 생방송되었다. 하나는 부시 대통령과 장쩌민 주석의 합동 기자회견이고, 다른 하나는 칭화대학에서 한 부시의 연설이었다. 기자회견에서 양국 원수는 이러한 국가 영수들이 늘 하던 방식으로 이야기꽃을 피웠다. 부시 대통령은 타이완을 언급했다.

우리는 타이완 문제를 평화로운 방식으로 해결하리라 믿습니다. 우리는 양안의 도발을 장려하지 않습니다. 미국은 계속해서 타이완 관계법을 지지할 것입니다. 중국의 미래는 중국 사람들이 결정해야 하지만, 모든 국가는 인류의 존엄에 대한 요구를 무시할 수 없습니다. 중국인을 포함한 전 세계 사람은 생활 방식, 신앙 및 직업을 선택할 자유를 누려야 합니다.

장쩌민은 이라크 체제의 변동 가능성에 대해 질문을 받았을 때 다음과 같이 말했다.

제 생각에, 제가 방금 부시 대통령과의 대화에서 분명히 밝힌 것처럼, 중요한 것은 평화를 가장 중요한 가치로 봐야 한다는 것입니다. (…) 저는 중국의 옛 속담을 써서 결론을 내리겠습니다. '욕속즉부달 欲速則不達', 일을 서두르면 도리어 이루지 못한다. 그 의미는 때때로 즉각적으로 해결해야 할 문제가 발생하더라도 인내심이 필요하다는 것입니다.

그날 저녁 국빈 연회에서 장쩌민 주석은 이탈리아 가곡 「오! 나의 태양 O Sole Mio」을 불러 내빈을 즐겁게 했으며, 다음엔 미국 대통령 부인 로라 부시 및 콘돌리자 라이스와 춤을 추었다. 이튿날 아침에 부시 대통령은 칭화대학으로 갔다.

✦

외국 기자들은 샹그릴라호텔에 모였고 정부는 특별 버스를 보내 우리를 태우고 칭화대학으로 갔다. 나는 국무원 기자단의 두 기자 뒤에서 자리를 찾아 앉았다. 대다수 워싱턴 기자들과 마찬가지로 그들도 짧은 머리에 짙은 색 양복을 입은 백인들이다. 그들은 끊임없이 정치와 언론에 대해서 얘기했다. 엿듣기는 쉬웠다. 그들은 국무원 기자단이 아닌 사람의 존재를 무시하기 때문이다.

"파월은 총명한 친구죠."

"저는 항상 그를 미국 행정부의 어른이자 감독자라고 생각해요."

"그러나 키신저처럼 큰 그림을 보는 감각은 없다고 생각해요."

아침 8시 25분이 됐음에도 버스는 샹그릴라 앞에서 꼼짝도 하지 않았다. 원래는 8시에 출발할 계획이었다.

"부시의 견해는 마블 코믹스에서 나왔어요. 악한 자, 악의 두목. 그러나 파월은 모든 것을 총체적으로 바라보죠."

"부시는 기본적으로 모든 사람이 우리와 같다는 사실을 확인하려고 해요."

"실제로 누가 사람을 죽이고 있는가를 보면 빈라덴은 별로 걱정되지 않아요. 샌더스 대령, 버드맨, 말보로맨이 걱정되죠."

"왜 그를 못 찾을까요? 키가 195센티미터에 절뚝거리면서 걷는데요."

"키 큰 사람이 많은 곳에 숨었을지도 모르죠."

"여기 있던 자전거들은 다 어디로 갔죠?"

"여긴 포템킨 빌리지Potemkin village(초라하거나 부끄러운 모습을 숨기려고 꾸며낸 눈가림)인데, 규모가 크죠. '정말' 넓어요. 이것이 중국입니다."

"우리 왜 이렇게 오래 기다리는 거죠?"

"중국에 오신 걸 환영합니다. 여기에서 먼저 배워야 할 것은 바로 기다림이랍니다. 백악관의 안전 광신자와 이곳의 통제 열광자가 만날 때는 상황이 늘 이래요. 보안 도시죠."

뒤쪽에서는 노트북으로 빠르게 타이핑하는 소리가 들려왔다.

"근래 존 애슈크로프트와 도널드 럼즈펠드, 그리고 럼즈펠드와 파월 사이에 논쟁이 있었어요."

"사람들은 늘 폴 오닐이 물러날 거라고 말해요."

"지난해에 쑤저우에서 열린 에이펙APEC 재무장관 회의를 취재했어요."

"거기가 어디죠?"

"상하이에서 150킬로미터쯤 떨어져 있어요. 매우 아름다운 곳이에요."

정확히 8시 38분에 버스는 샹그릴라를 떠났다.

"기자들이 부시를 낮게 평가하는 것 같아요. 자기 기준에 맞지 않기 때문이죠."

"저는 1년 동안 앨 고어를 취재했습니다. 그의 문장을 도표화해서 그걸로 영어를 가르칠 수도 있겠지만, 저는 그가 무슨 말을 하는지 전혀 모르겠어요. 돔형 경기장에 대해 질문받았을 때 고어는 이렇게 대답하더군요. 아스트로돔Astrodome은 최초의 돔이며, 킹돔Kingdome은 최대의 밀폐 공간이다. 모두가 이런 식의 답변이에요. 부시라면 '저는 옥외에서 야구 시합 관람을 좋아합니다'라고 말했겠죠. 누가 더 총명하나요?"

"알링턴에도 돔이 있나요?"

"없어요."

"이런 행렬을 본 적이 없는 것 같아요."

검은 세단 행렬이 우리를 인도하여 북쪽으로 얼환로를 지나갔다. 검은 옷을 입은 경찰이 거리에 서서 교통을 통제하고, 행인들은 멈춰 서서 구경했다. 하늘은 완전히 맑았다.

"유카산(미국 네바다주에 있는 산—옮긴이)에 가봤어요. 산 정상에서 아래로 내려가봤죠."

"라스베이거스는 정말 급속도로 발전하는 도시죠."

길을 따라 표지판들이 스친다.

베이징 서구 승용차 부품 시장

베이징 농촌신용회사

중국석유화공그룹

"프랑스 사람은 폐기물을 재가공하여 플루토늄을 만들더군요."

"재스퍼 베커라는 기자가 중국 인구 통계를 분석해 굶어 죽은 사람 수치에서 3000만 명의 오차가 있다는 것을 발견했어요. 3000만 명이라니! 다른 기자들은 뭐하고 있었는지 의심이 드네요."

버스는 쓰환로를 지났다. 거대한 영어 표지판이 말했다.

신상표법을 실시하여 세계무역기구 가입에 대한 도전에 대처하자

"저 자전거들 좀 봐요! 저게 바로 제가 보고 싶었던 거예요!"

"『더포스트』의 톰 릭스 기자는 정말 대단해요."

베이징 화공연구소

"위성 촬영 기술이 실제로 유용한 저널리즘 도구가 될 수 있다고 인식한 최초의 인물이죠."

버스는 칭화대학의 후문으로 들어갔다.

"그 시장에서 사진 한 장에 1000달러는 큰 돈이 아니죠."

소나무, 잔디밭, 오래된 벽돌 건물, 동상과 기념비.

"의화단 때의 배상금으로 지은 것들이죠."

"그가 정말 우리가 필요로 한 그런 사람이었을까요?"

"저는 두 달 동안 그를 취재했죠."

"한번은 제가 비행기에서 아일랜드 시인 셰이머스 히니의 책을 읽고 있었는데요. 클린턴이 돌아와 내게 뭘 읽고 있냐고 물었죠. 내가 대답하자 그 작가에 대해 한참을 이야기하더군요. 그는 정말 재능이 있어요. 하지만……"

미국 조지 W. 부시 대통령의 칭화대학 방문을 환영합니다

✦

중·미 관계의 중요성이 높아졌고 중국도 그러했다. 과거에 중국인은 언제나 바깥 세계에서 필요한 것을 찾았다. 공동체 인식, 무역 동반자, 세

계무역기구 회원, 올림픽. 보통 미국은 영향력 있는 나라지만, 지금은 상황이 달라졌다. 미국은 중국도 필요해졌다. 중화인민공화국은 세계에서 유일하게 북한과 우호 관계를 맺고 있는 국가다. 9·11 이후 중앙아시아에서 중국의 존재감은 중요했다. 미국이 이라크 문제를 유엔에 가져오면 중국의 지지 여부가 결정적이다.

게다가 중국 경제는 무시하기에는 너무나 강력해졌다. 불과 2년 전에 폴라트가 야바오로에서 긴 밤을 보내며 관방 은행보다 9퍼센트 높은 환율로 외화를 바꿨다는 사실이 믿기 어려울 때도 있었다. 당시만 해도 사람들은 중국이 위안화 가치를 떨어뜨릴 것으로 예측했으나, 이제는 그것이 재평가될지 궁금해했다. 부동산 시장이 왕성하게 발전했고, 무역 흑자가 매년 증가했다. 무역 불균형이 너무 심해지자 머지않아 미국은 중국의 통화 가치 절상을 요구할 것이다.

부시 방문 기간에 대사관 폭격 사건, 정찰기 추락 사건과 같은 과거의 모든 갈등은 마치 지난 세기의 일로 보였다. 합동 기자회견에서 부시 대통령의 담화는 모든 중국 텔레비전에 방송되었다. 이는 또 다른 긍정적 징조였다. 과거에는 특정 문장이 종종 삭제되곤 했다. 1984년에 레이건 대통령은 에이브러햄 링컨의 말을 인용했다. "상대의 동의 없이 남을 통치할 만큼 잘난 사람은 없다." 방송될 때는 이 문장이 삭제되었다. 2001년 10월 부시 대통령이 상하이 에이펙 정상회담에 참가했을 때 했던 중요한 그 발언도 텔레비전 기자회견에서는 사라졌다. "테러리즘에 대한 전쟁을 이유로 소수민족을 박해할 수 없다."

기자로서 당신은 사소한 것들을 추적해왔다. 때때로, 매일같이 쏟아지는 뉴스의 일상에서 고개를 들었을 때 아주 미미하게 전체 그림이 바꿰었다는 것을 깨달았다. 그런 순간, 양복을 입고 넥타이를 맨 채 똑같은 차림을 한 다른 백인들과 함께 취재 버스에 탑승한 순간에 여러분은 궁금해졌다. 모든 것이 결국 이렇단 말인가? 세계는 정말로 이런 회의와 연설, 30시간의 머묾을 통해 앞으로 나아가는 것인가?

그러나 그것이 바로 당신 일이다. 그래서 모든 파편을 수집한다. 문제, 배경, 색깔. 그런 다음 그것들을 편집하여 기사로 쓴다. 미국은 중국이 파키스탄에 대한 미사일 기술 원조를 중지할 것을 원했고, 중국은 미국이 태평양에서 미사일 방어 체계 개발을 중지할 것을 원했다. 미국은 콩 수출을 원했다. 때마침 닉슨의 중국 방문 30주년이라서 좋은 기회로 보였다. 외국 기자는 이전에 장쩌민과 말할 기회가 거의 없었다. 그리고 지금 그는 현재의 어떤 중국 영도자보다도 훨씬 온화해 보였다. 당신이 그에게 국빈 연회에서 노래 부른 일을 언급한다면, 인터뷰하는 데 많은 도움이 될 것이다. 또 다른 좋은 소식은 도처에 깔렸다. 베이징에는 18개의 프라이스 마트^{Price Mart}가 있었다. 중국에는 600개의 KFC 지점이 있었다. 부시 대통령 방문 기간에 40여 명의 중국 기독교 운동가들이 가택 연금되었다고 보도되었다. 『뉴욕타임스』가 보도한 최근의 설문 조사에 따르면, 12세 이하의 중국 어린이 가운데 거의 절반이 맥도널드가 국산 브랜드라고 믿는다고 했다.

몇 개월 전에 부시 대통령이 상하이를 방문했을 때 윌리엄 제퍼슨 포스터의 '미국의 소리' 저널에서는 가장 긴 간명 영어가 출현했다.

기자 회견에서 중·미 양국은 세계를 공동으로 책임지는 주요한 영향력을 지니고 있는 국가다. 그리고 서로의 관계를 순조롭게 발전시키는 데 관심을 갖고 있다. 공동 이익을 견지해서 양자 관계, 특히 타이완 문제를 처리해야 한다. 타이완 문제는 가장 민감한 문제이며 미국이 하나의 중국 원칙을 고수하고 세 항목의 공동성명을 준수하길 바란다.

중국은 항상 모든 형태의 테러리즘에 반대하며, 테러와 맞서는 노력을 지지한다.

✦

부주석 후진타오가 나와서 부시 대통령을 소개했다. 후진타오는 칭화대학을 졸업했다. 하지만 그가 소개자 역할을 맡은 데는 다른 이유가 있다. 그해 연말 장쩌민은 규정에 따라 주석직을 사임하게 되어 있었다. 많은 사람은 부주석 후진타오가 그 자리를 계승할 것으로 예측했다. 1999년 5월 나토의 폭격 사건 이후 그는 텔레비전에 처음 얼굴을 비친 중국 고위층 지도자였고, 그 이후 외국 언론은 그에게 집중적으로 관심을 보였다. 후진타오가 사교춤을 즐겨 추는 사실은 잘 알려져 있었다.

간략한 소개에서 후 부주석은 30주년의 일을 언급했다.

"30년이란 세월은 인류 역사의 한순간일 뿐입니다. 그러나 이 기간 양국 관계에서 발생한 중대한 변화는 장차 역사에 기록될 것입니다."

부시 대통령은 후진타오에게 감사를 표한 다음 말했다.

"흥미롭게도 이 대학은 우리나라의 지원을 받아 설립되었습니다. 이는 우리 양국 관계를 더욱 긴밀히 할 것입니다."

소형 강당의 난방 설비는 그다지 좋지 않았다. 자리에 참석한 청중은 300명으로, 모두 칭화대학 각 학과에서 엄밀히 선발한 공청단원共青團員이다. 나는 다른 기자와 뒤에 서서 부시의 연설을 메모했고, 뒤에 국무원에서 발표한 공식 성명과 대조 확인했다.

미국이 중국을 더 많이 알게되면서 우려되는 것은 중국인들이 미국에 대해 분명하게 인식하지 못하는 게 있다는 것입니다. 여기엔 많은 원인이 있으며, 일부는 우리 자신에게 있습니다. 우리의 영화와 텔레비전 쇼는 제가 아는 미국의 진정한 가치를 보여주지 못하고 있습니다.

여러분이 미국으로 여행가신다면, 아직 가보지 못했다면 언젠간 가보시길 바랍니다, 여러분은 그곳에서 많은 다양한 민족적 배경과 신앙을 가진 사람들을 보게 될 것입니다. 우리는 다양화된 국가입니다. 우리는 2300만 명의 화교가 있는데, 우리의 회사 사무실이나 미국 대통령의 내각이나 미국 올림픽 스케이팅 팀에서도 그들을 볼 수 있습니다. 모든 이민자는 우리 국가에 충성 선서만 하면 대통령과 똑같은 미국인이 될 수 있습니다.

변화가 임박했습니다. 중국은 이미 지방 차원에서 무기명 선거와 경선을 치렀습니다. 근 20년 전에 위대한 중국 지도자 덩샤오핑이 이것을 말했지요. 여러분, 들어보세요. 그는 중국에서 결국 민주선거를 국가적 차원에서 전면적으로 확대할 것이라 말했습니다. 저는 이날의 도래를 기대합니다.

✦

연설이 끝나자 질문하는 순서가 돌아왔다. 보도에 따르면 모든 질문은 당에 의해 걸러졌다고 한다. 첫 번째 학생이 일어서서 영어로 질문했다.

"대통령께서 타이완 문제를 언급할 때마다 언제나 '평화적 해결'이란 표현을 사용하셨지만 '평화적 통일'이라고는 표현하신 적이 없습니다. 그 차이는 어디에 있고, 있다면 왜 그런지요?"

부시 대통령의 답변에서 '평화'가 들어간 단어들이 반복되었다. 평화, 평화적인, 평화적으로. 모두 열 번이었다. 그러나 그는 한 번도 '평화적 통일'이란 말을 쓰지 않았다. 다른 학생이 일어났다.

질문자: 애석하군요. 우리에게 분명한 답변을 주지 않으시네요. 죄송합니다. 왜 '평화적 통일'이란 말을 쓰지 않고 언제나 '평화적 해결'을 쓰십니까? 정말 유감입니다.

부시 대통령: 우리는 다시 타이완으로 돌아왔군요. (웃음소리) 계속하세요.

질문자: 이것은 우리 중국 인민이 매우 큰 관심을 갖는 문제입니다.

부시 대통령: 예. 저도 압니다.

질문자: 3일 전에 일본 국회에서 연설할 때 미국은 타이완과의 약속을 말했죠?

부시 대통령: 맞습니다.

질문자: 그러나 저의 질문은 이겁니다. 미국은 아직 13억 중국 인민과의 약속을 기억합니까? (박수 소리) 세 항목의 공동성명과 세 가지 제안을 준수하십시오. 감사합니다.

부시 대통령은 세 차례나 더 '평화'라는 말을 사용했다. '평화적 해결' '평화적 대화' '평화적 대화'. 여전히 '평화적 통일'이란 말은 쓰지 않았다.

"다시 우리 국가가 협의에 서명하면 우리는 그것을 준수할 것입니다."

질문은 계속 이어졌다. 잠시 뒤에 어떤 사람이 부시 대통령에게 1975년 그의 아버지가 주중 대사를 맡아 처음 베이징을 방문했을 때와 지금의 중국에 어떠한 변화가 있는지 물었다.

"1975년에는 모든 사람이 똑같은 옷을 입었어요. 지금 사람들은 자기가 좋아하는 옷을 골라 입습니다. 여기 첫째 줄만 보더라도 입은 옷이 모두 다릅니다. 이것은 여러분의 생각이며 여러분이 원했던 바죠. 이 아름다운 붉은 스웨터를 입겠다고 결정했으면 그 결정대로 하면 됩니다.

바꾸어 말하면 주위의 다른 방법과는 반대로 그 사람, 그 개인, 한 제품에 대한 요구는 상품 생산에 영향을 끼칩니다. 시장에서의 개인의 욕망을 인식하는 것은 자유 사회의 본질입니다. 바로 자유의 정의 가운데 하나입니다."

✦

그의 최후 발언은 "하느님이 여러분 모두를 보우해주시길 기원합니다"였다. 나는 취재 버스를 타지 않고 칭화대학 교문 밖의 작은 카페에 들어가 점심을 먹었다. 식당에는 사람들로 꽉 들어찼지만, 이 국빈 방문에 대해 얘기하는 학생은 단 한 명도 없었다.

잃어버린 알파벳

많은 기억 가운데 하나의 특별한 세부적 내용이 다시 떠오른다. 모든 노인은 그 자살 사건에 대해 자기만의 견해를 가지고 종종 다른 사람이 무시한 것을 강조한다. 예를 들면 불륜 소문, 비판, 미국 생활. 그러나 대다수는 천명자를 문자 개혁과 연루시켜 언급한다. 이러한 실마리를 따라가면 아주 옛날로 거슬러 올라가 노인들을 지나, 시인 학자와 안양의 발굴자를 지나, 여러 왕조를 지나며 심지어 그 갑골을 지난다. 마지막에 멈추는 곳은 바로 태초다.

✦

인류가 그림을 그렸다. 고대에 그들은 단순하고 표준화된 방식으로 그렸다. 이러한 그림은 상형문자가 되었다. 그려낼 방법이 없는 추상적 개념과 만나게 되면서 사람들은 소리로 향했다.

세 영어 단어 'leaf'(잎), 'bee'(벌), 'eye'(눈)를 나타내는 간단한 그림을 상상해보자.

이제, 세 개의 그림문자를 재구성해보자.

이 단어를 빨리 읽으면 'Eye-bee-leaf: I believe'가 된다. 이 세 글자는 이미 추상적인 두 개념을 포괄하고 있다. 일인칭 명사와 '믿다'라는 동사. 관심이 있다면 아래와 같이 간단한 표시를 하여 읽으면, 'eye'와 'I', 'believe'와 'bee-leaf'를 충분히 구분할 수 있다.

이러한 시스템에서 글자를 쓰는 사람은 단어 간의 연계를 읽을 수 있다. 해음자(동음이의어), 근음자近音字, 압운. 이어서 원래 상형문자의 어휘를 확대한다. 그 핵심적인 요소는 소리에 있다. 부호가 의미하는 것은 말할 때 나는 소리이지, 그림이 아니다. 이때 바로 문자가 생기게 된다. 엄격히 정의하면 문자는 언어의 도형적 표현이다.

문자의 초기 단계에 대해 직접적 증거를 발견한 사람은 없다. 이것은 기록될 수 있는 것이 아니다. 그러나 전문가는 문자의 발생은 대체로 이와 같다고 여긴다. 동아시아에서 가장 오래된 것으로 알려진 문자는 갑골에 나타날 때 이미 완전히 기능적인 체계였다. 비록 그 가운데 많은 글자가 상형문자와의 관계에서 벗어날 수 없지만, 상대 문자는 상형문자가 아니다. 상대 문자 가운데 '눈'은 이렇게 쓰였다.

이 문자 체계를 표의문자라고 부른다. 각 문자는 한 음절을 대표한다. 그런데 해음은 다른 글자로 표시한다. 예를 들면 현대 한자 '偉'(클 위)는 '萎'(시들 위), '僞'(거짓 위)와 글자형이 다르지만 세 글자의 발음은 똑같이 '웨이^{wei}'다. 기타 이미 알려진 수메르인의 설형문자, 이집트의 상형문자 등도 표음 단계였던 고고 기록에 처음 출현한다(수메르인의 설형문자는 이미 알려진 가장 오래된 수사 문자로, 갑골문보다 약 1700년 먼저 출현했다). 비록 빅터 H. 메이어를 비롯한 소수 학자는 상대 문자가 근동 문자와 연계가 있다는 이론을 제시하지만, 대다수 학자는 한자가 독립적으로 발전하여 이루어졌다고 여긴다.

이러한 초기의 사본은 읽기 쉽지 않다. 표의문자 체계에서 독자는 반드시 수천 개의 부호를 기억해야 한다. 새로 나온 글자를 만날 때마다 사전의 도움을 받아야만 그 발음을 읽을 수 있다. 기원전 2000년에 근동의 셈족이 이집트의 상형문자를 최초의 알파벳으로 바꾸었다. 알파벳에서 단음절을 더 작은 단위로 나누었더니 표의문자보다 더 큰 탄성을 갖게 되었다. 독자는 알파벳으로 동음이의어(예를 들어 'see'와

'sea')를 세분할 수 있어, 완전히 다른 글자를 사용할 필요가 없다. 따라서 새로운 글자를 만나더라도 발음을 읽을 수 있다. 알파벳은 다른 언어, 심지어 다른 방언 사이의 전환도 비교적 용이하다. 예를 들면 미국 남부 사람들이 말하는 'I believe'라는 발음을 들은 뒤 라틴 자모로 각 음절의 발음을 기술할 수 있다. 'Ah bleeve'.

표의문자 체계는 그 정도의 미세한 차이를 파악할 수 없다. 하나의 알파벳은 수천 개의 문자 대신에 20~30개의 부호를 기억하면 된다. 이것이 바로 근동과 지중해에서 옛 문자 체계가 생존할 수 없었던 원인이다. 수메르인의 설형문자는 직접적인 계승자가 없었다. 이집트 상형문자는 알파벳의 원천으로서 간접적으로 남아 있다.

그러나 중국인은 여전히 한자를 사용하고 있다. 인류 문명사에서 한자 서사는 유일무이하다. 그것은 3000여 년 동안 기본 구조 원리가 바뀌지 않은 표의문자다. 한자 자체의 영원성은 매우 놀라운 일이다. 지금도 중국인이 '目'(눈 목), '雨'(비 우), '牛'(소 우)를 쓸 때, 상나라 문자 옆에 서 있는 현대 글자는 마치 가까운 친척 같다.

目   雨   牛

✦

한자 체계가 왜 이렇게 안정적인지 아는 사람은 없다. 고대 중국의 구어는 주로 단음절이었고(대부분 단어가 한 음절로 구성된다), 굴절이 없었다(수사나 시제에 따라 어미의 변화가 없다). 어떤 언어학자는 이러한 특질이 중국어를 자연스럽게 표의 체계에 적합하도록 만들었다고 지적한다. 구어의 어미 변화가 풍부한 일본어도 원래는 한자만 썼지만, 뒤에 그 한자를 일종의 음절 문자로 바꿔 비교적 단순한 문자 계통을 만들었다. 이로써 어미의 변화를 비교적 쉽게 처리했다.

다른 학자들은 문화적 원인 때문이라고 생각한다. 고대 중국의 사상은 너무 보수적이었다. 조상 숭배, 규율을 잘 지키는 본성, 변화에 대한 저항, 유가 학설의 숭고 정신, 이러한 가치관은 자연스럽게 사람들이 그들의 문자 체계를 바꾸지 못하도록 만들었다. 이는 병아리가 먼저냐 계란이 먼저냐 하는 식의 이론이다. 근본적인 문제는 왜 문자 체계가 안정적으로 유지되었느냐가 아니다. 관건은 이러한 문자의 안정성이 어떻게 중국 세계를 빚어냈는가에 있다.

중국 대부분의 역사에서 공식 문자는 문언문이었다. 이 문자는 2000여 년 전 한나라 때 표준화되었고, 줄곧 서면의 형식으로 존재했을 뿐이다. 사람들은 문언문으로 썼지만, 그들의 일상어는 달랐다. 시간이 지나면서 구어가 진화하고, 제국이 확장되어 새로운 지역과 새로운 언어를 아우르게 되었어도 문언으로 서사하는 전통은 바뀌지 않았다. 명나라 사람이 하는 말은 한나라의 그것과 다르다. 시간적으로 10여 세기나 떨어져 있지만, 그들은 모두 문언문으로 썼다. 푸젠 사람의 방언은 베이징 사람의 방언과 다르다. 그러나 그들이 글자를 안다면 상대방이 쓰는 글자를 알 수 있다. 문언문은 공간과 시간을 초월하여 사람들을 연계시켰다.

알파벳의 경우 이러한 문어(문자언어)의 안정성을 유지하기는 상대적으로 어려웠다. 유럽에서 몇 세기 동안 라틴어는 교육을 받은 사람이 사용하는 언어였지만, 그들은 항상 라틴어를 각지의 방언으로 바꾸기에 적합한 도구를 가지고 있었다. 알파벳은 이러한 언어를 비교적 쉽게 전환시켰다(물론 문화와 사회적 요소는 이러한 전환을 지연시킬 수 있다). 중국에 일부 방언 문자가 있지만, 매우 제한적이다. 방언 문자는 표의문자 계통에서는 발전할 수 없다. 그것은 알파벳처럼 다른 언어와 방언에서 쉽게 전환될 수 없다.

그러나 한자는 다른 장점이 있다. 한자는 제국의 통일에 강력한 요소를 제공했다. 다른 시각에서 보면 이러한 통일은 일종의 민족 집단과 언어의 혼합이다. 문자는 탁월한 역사의 연속성을 창조했다. 계속되는 서사는 역대의 혼란을 무마시켰다. 한자 자체가 아름다워 서예가 기본적인 중국 예술이 되었다. 서구의 문자와 비교할 때 한자의 중요성은 훨씬 크다. 문자는 어디에나 있다. 화병, 회화, 문 입구에도 있다. 초기에 중국에 온 외국 관광객은 중국 글자가 젓가락, 사발 같은 일상 용품에 장식되는 것에 찬탄을 금치 못했다. 중국의 사원에서 기도문은 전통적으로 말로 하지 않고 글로 쓴다. 점쟁이는 항상 한자 이름의 필획을 사용하여 미래를 예언한다. 19세기에 사회단체들이 문자가 쓰인 종잇조각 수집에 공을 들였는데, 그들은 그 종이가 쓰레기처럼 버려지는 것을 차마 볼 수가 없었다. 공동체에서는 특수한 용광로를 설치하여 이러한 문자들을 적절히 소각할 수 있게 되었다.

물론 한자 쓰기는 어렵다. 학식을 갖추기 위해서 중국 학생들은 반드시 수천 자의 한자를 기억해야 한다. 자모의 순서가 없고 분류하기도 복잡하다(심지어 오늘날까지도 분류는 모험이고, 색인이 붙어 있는 중국 책도 거의 없다). 최초의 자전은 형상에 따라 문자를 배열했다. 시간이 흐름에 따라 수많은 한자는 제2의 구성요소, 즉 지금의 '부수'를 갖게 되었는데, 그것은 문자를 구분하고 분류하는 데 도움이 된다. 그러나 부수조차도 복잡한 것이 있다. 최초의 자전은 540개의 부수와 9000개 이상의 한자를 수록했다.

이러한 동기 부여로 인해 문어를 가짐으로써 더 강렬하게 문화의 정체성을 높이게 되었다. 17세기에 이르러 중국은 이미 튼튼한 상업적 언론을 가졌고, 식자 능력이 사회 각 계층의 포괄적인 범위에서 유럽의 수많은 지역보다 훨씬 광대해졌다. 외국 여행자는 심지어 농촌 지역에서도 서적(종종 농민들이 간단한 계약서를 작성하는 데 필요한 안내 책자)을 쉽게 찾을 수 있다고 언급했다. 피츠버그대학의 역사학자 에벌린 S. 로스키는 18세기와 19세기 중국 남성의 기본 문해율을 30~45퍼센트로 추정했다. 이는 산업화 전의 일본과 영국의 남성 문해율과 비슷하다. 로스키는 비록 중국이 일본이나 영국만큼 빠르게 산업화하는 데 실패했지만, 그 원인을 문해력 문제로 돌릴 수는 없다고 결론짓는다.

✦

외국인의 입장에서 보면 한자의 서사 계통은 개혁이 절실한 것으로 보인다. 16세기 예수회 선교사는 한자 쓰기 학습을 '순교자적 고통에 준하는' 것으로 묘사했다. 따라서 예수회 선교사가 가장 일찍 라틴 자모로 한자를 대체하는 시스템을 개발한 것도 이상하지 않다. 몇 세기가 지나간 뒤 더 많은 외국인이 도래하자, 그들은 보통 라틴 자모화가 대중에게도 도움이 되고, 물론 외국인과 그들의 교회에도 도움이 될 거라고 여겼다. 19세기에 아편전쟁 이후 서명한 조약으로 더 많은 외국인이 중국에서 전도할 수 있었는데, 기독교도들은 지방 방언으로 『성경』을 출판했다. 자모 순서에 따라 중문을 배열하는 것이 선교 사업의 주요 사무가 되었다. 19세기 말에 이르러 외국인과 중국 신도는 모든 주요 지방 방언에 대응하는 자모 체계를 개발했다.

한편 중국 지식인은 문화적 신앙의 위기를 겪고 있었다. 외국인에게 거듭 패배한 뒤 그들은 소중하게 간직했던 필사본을 포함하여 모든 전통에 대해 처음으로 의문을 품기 시작했다. 학자들이 갑골문을 새로이 발견했을 때, 수많은 중국인은 아예 한자 폐지를 고려하고 있었다. 1910년대에 뛰어난 언어학자 첸쉬안퉁은 구어와 문어를 전부 에스페란토로 바꾸자고 건의했다.

대부분의 해결 방법은 그렇게 급진적이지 않았다. 일부 지식인은 똑같은 한자를 쓰되, 문언문을 백화문으로 바꾸자고 건의했다. 이러한 제의는 1910년대 말기에 지지를 얻어 결국 1919년의 5·4운동 시기에 수용되었다. 이 운동은 중국 정치와 교육 각 방면의 혁신과 현대화를 호소했다.

마침내 개혁가들은 문언문의 전통을 성공적으로 없애버렸다. 학교, 정부 기관, 서적과 신문은 베이징 지역의 방언, 즉 보통화의 서사 체계를 사용하기 시작했다. 이는 유럽에서 발생했던 것과는 달랐다. 유럽에서 라틴어는 수많은 국가의 언어로 대체되었다. 프랑스어, 이탈리아어, 스페인어와 기타 언어. 중국에서는 주로 자모(알파벳)가 없기 때문에 백화(방언)를 썼지만 결코 서사상의 통일을 희생시키진 않았다. 교육받은 모든 중국인은 여전히 똑같은 방식으로 쓰고 있었다.

개혁가들은 또 다른 조치를 취할 필요가 있다고 여겼다. 그들은 대다수 남방 사람이 본질적으로는 제2언어인 것을 쓴다고 지적했다. 예를 들어 원저우 사람이 글을 쓰기 위해서는 먼저 보통화를 배워야 했다. 이것은 영어를 말하는 사람이 읽고 쓰기 위해서 네덜란드어를 배우는 정황과 같았다. 중국 남부에서 홍콩은 예외였다. 한자로 그들의 광둥 방언을 쓰는 시스템을 개발했기 때문이다. 전통적인 한자와 광둥어의 발음은 매우 달라서 홍콩의 시스템은 1000개가 넘는 여분의 부호를 필요로 했다. 그 가운데 많은 것이 이 시스템을 위해 특별히 제조된 것이었다. 그러나 이 시스템은 쓸 수 없는 채로 남아 있던 다른 주요 중국어를 위해 개발되지 않았다. 각지의 방언에 한자를 적용하는 것은 거대한 프로젝트가 되었을 것이다.

알파벳을 차용하면 훨씬 간단할 것이었다. 외국 선교사는 이미 그들의 방언판 『성경』으로 이 점을 증명했다. 전 중국의 수많은 지식인이 라틴 자모화(알파벳 표기)를 호소했는데, 그들은 한자가 언어 교육과 민주화에 장애라고 여겼다. 1881년부터 1936년까지 생존했던 루쉰은 아마 중국에서 가장 위대한 현대 작가일 텐데, 그도 라틴 자모화를 주장했다. 그는 다음과 같이 썼다(그는 죽을 때까지 한자로 썼다).

우리는 계속 생활을 하더라도 한자는 그럴 수 없다. (…) 나는 한자가 조상이 우리에게 남겨준 진귀한 유산인 줄 알지만, 우리는 유산이 아니면 자신을 희생할 수 있다. 어느 것을 선택할 것인가?

1930년 소련에 살던 중국공산당 당원이 라틴어 자모를 사용하는 시스템을 개발했다. 문자 개혁은 공산당의 주요 사업의 하나가 되었다. 1936년 혁명가들의 권세가 날로 강성해질 때, 마오쩌둥은 미국 신문기자 에드거 스노에게 라틴 자모화가 불가피하다고 말했다. "이는 조만간 일어날 일입니다. 중국 인민 대중이 충분히 참여할 수 있는 사회 문화를 창조하려면, 우리는 한자를 포기해야 한다고 믿습니다." 공산당은 한자를 군중과 신문화 사이에 가로놓인 '장성'으로 표현했다. 그들은 심지어 아편전쟁 이후 국가가 쇠락한 원인을 문자로 돌려, 한자는 "제국주의의 중화민족 침략을 조장했다"라고 주장했다.

공산당이 통치하던 북방 지구에서 자모화한 문자는 1941년에 합법적인 지위가 부여되었다. 계약과 정부 문서는 라틴 자모나 한자로 써도 무방했다. 공산당이 전국을 통제한 뒤부터 문자 개혁이 눈앞에 닥쳤다. 1950년에 존 드프랜시스라는 미국 언어학자는 그가 출판한 책에서 한자의 종말이 가까워졌음을 예언했다.

✦

존 드프랜시스는 그 예언에 대해 여전히 씁쓸해한다. 내가 이 학자의 집에서 그와 인터뷰하는 동안 이 주제를 접할 때마다 눈에 띄게 동요했다. 예언은 틀렸지만, 그 자신이 틀린 것은 아니었다. 그는 마음속으로 중국은 한자를 '마땅히' 폐기해야 했으며 공산당이 집권한 뒤 '마땅히' 곧바로 집행했어야 했다고 여긴다. 예상치 못한 사건들은 언제나 좌절감을 주고 때론 반세기 이상 타오르기도 한다.

교수는 91세이지만 몸은 건강하다. 그는 공식적으로 하와이대학 마노아캠퍼스에서 퇴직했으나 여전히 자서전 집필 작업을 하고 있다. 그는 마노아 밸리의 아름다운 일본식 주택에서 거주하며 일한다. 집 뒤에는 암석정원이 있으며 중앙엔 작은 탑이 있다. 감미로운 부겐빌레아의 향기가 열린 집 안으로 들어온다. 남쪽으로는 다이아몬드헤드의 종려나무 색깔 산봉우리를 볼 수 있다. 두 대륙 사이에서 여생을 보내고 싶은 학자에게 이곳은 이상적인 장소다.

드프랜시스는 예일대학을 졸업하고 1933년에 처음으로 중국에 갔다. 원래는 사업 기회를 찾으려는 계획이었지만, 그가 베이징에 도착한 뒤부터 모든 것이 변했다.

"첫날부터 저는 미국 비즈니스계에 대한 모든 흥미를 잃어버렸어요. 당시 식당에서 식사가 끝날 무렵 미국 사업가가 지폐를 꺼내 중국 종업원에게 팁을 주는데 반으로 찢어서 종업원 발아래로 던지더군요. 저는 그런 사람이 되고 싶지 않았어요."

중국의 가난은 이 청년을 곤혹스럽게 했다. 그는 이 국가의 개혁이 절실히 필요하다고 믿었다. 그 시기 수많은 외국인처럼 그도 국민당의 부패는 구제할 약이 없다고 여겼다. 그는 중국어를 공부하며 베이징에서 다른 젊은 이상주의자 조지 A. 케네디와 친구로 지냈다. 록펠러재단이 케네디에게 장학금을 주자, 그는 예일대학에 중국어 커리큘럼을 만들고 장학금으로 상하이에서 중문 인쇄기 자형을 구입했다. 케네디는 이러한 자형을 뉴헤이븐으로 운반하고 그것을 조립하여 미국 학생용 중국어 교재를 출판하고자 했다. 그는 드프랜시스에게 도움을 요청했다.

"실제로 저는 그의 오른팔이고 조수였어요. 우리는 예일의 하크니스홀 지하실에서 이 작업을 시작했습니다. 이만한 크기의 방인데, 'V' 자

형태의 나무틀로 가득 찼어요. 제가 일어서면 그것들이 아래턱까지 닿았지요. 지지대는 나눠 가로 25센티미터, 세로 30센티미터 쟁반을 놓은 다음, 쟁반을 가로세로 5센티미터의 정방형으로 나눴죠. 모든 정방형에는 개별 한자가 담겨 있는데, 부수 순서대로 배열했어요. 제 작업은 인쇄였습니다. 저는 식자판을 가져와 'イ'(사람 인) 부수에서 한자를 찾은 다음, '田'(밭 전) 부수에서 다른 글자를 찾습니다. 계속 왔다 갔다 해야 했죠. 몇 문장을 모아서 금속 연판을 만드는 인쇄기로 가져갑니다. 어떤 한자 자형은 너무 작아서 저는 끊임없이 그것을 해체하고 조합해야 했어요. 우리는 중국 고전문학에서 고사를 선별하여 그것을 현대 백화문으로 인쇄했습니다."

중국어를 공부한 모든 외국인은 문자와 관련하여 '순교자적 고통에 준하는' 배움의 경험이 있다. 그리고 드프랜시스의 경험은 특히나 상흔이 남았다. 나무틀에서 イ과 田과 같은 작은 금속활자를 찾으며 몇 년을 보낸 뒤, 그는 한자 개혁의 열정적인 제창자가 되었다(그의 동료 조지 A. 케네디는 예일대학의 중국어 로마자표기법 시스템의 주요 설계자가 되었다). 1950년 한자의 사망을 예언한 뒤 드프랜시스는 미국에 머물며 문자 개혁의 소식이 들리길 고대했다. 그해 여름에 마오쩌둥은 마침내 명령을 하달했다.

문자 체계는 반드시 개혁해야 한다. 세계의 통용 언어로 나아가야 하며, 전국적인 개혁을 시행해야 하고, 현존하는 한자를 기초로 삼아 자모의 체계를 세밀하게 제작해야 한다.

이러한 지시가 내려지자 사람들은 모두 깜짝 놀랐다. 드프랜시스와 다른 학자는 공산당이 라틴 자모를 직접 채용할 것으로 예측했다. 그러나 1950년의 명령은 이 운동을 완전히 다른 방향으로 바꿨다. 마오쩌둥은 자신의 중문 자모 시스템을 원했다.

✦

주석의 지령은 중요한 전환점을 의미했다. 그 뒤 중국의 언어학자들은 많은 시간을 들여 확연히 다른 중문 자모 시스템을 개발하기 시작했고, 그동안에 그들은 변혁에 대한 동력을 잃었다. 드프랜시스가 보기에 이는 놓친 기회였으며, 이에 무척 화가 났다. 그는 문자 개혁의 실패가 가져온 씁쓸함 때문에 49년 동안 중국에 가지 않았다고 몇 번이나 말했다.

마오쩌둥이 이 명령을 내린 동기는 주석의 수많은 결단과 마찬가지로 지금도 여전히 수수께끼다. 한번은 내가 전화로 드프랜시스에게 이 시기에 대해 얘기하자, 그는 한국전쟁이나 중·미 관계의 어떤 요소가 마오쩌둥에게 영향을 끼쳐 그가 라틴 문자 채용을 반대했을 것이라는 의견을 냈다. 드프랜시스는 이 프로젝트에 참여한 현존하는 중국 언어학자, 특히 90대 후반의 저우유광을 찾아가보라고 권고했다. 1982년 드프랜시스가 마지못해 중국에 갔을 때 그는 저우유광에게 1950년의 결정적 시기에 대해 물어보았다.

"그는 마오쩌둥이 왜 그 결정을 내렸는지 알고 있지만, 말할 수 없다더군요." 드프랜시스가 전화로 말했다. 그는 중국이 점차 개방되고 저우의 나이가 많아지면서 언젠가는 그가 과거에 대해 자유롭게 이야기할 것이라고 여긴다.

◆

나는 1층부터 시작한다. 저우유광과 다른 두 명의 원로 언어학자는 베이징시의 국가언어문자공작위원회 기숙사에 거주한다. 세 남자가 같은 출입구를 쓰고 있다. 이는 공산당의 전통적인 직장의 구조이며, 도태한 계획경제 시대의 유물이다. 그러나 인터뷰하기에는 무척이나 편리하다. 내가 할 것은 단지 계단을 올라갔다 내려가는 일이며, 아직 살아 있는 중국의 가장 중요한 문자 개혁가를 만나는 것이다. 출입구는 시간과 언어의 탑으로 변한다. 오후가 지나가고, 개혁가는 늙어가며, 그들의 기억은 실패했던 운동의 시간 속으로 바삐 흘러간다.

72세의 인빈융은 그들 가운데 가장 젊고 1층에 산다. 그는 몇 개월 동안 간암과 투병하느라 몸이 쇠약해졌다. 작은 가슴, 부서질 듯한 팔다리. 그의 얼굴은 깊이 주름지고 도학자의 눈썹을 가졌으며 커다란 공막이 누런 눈을 가리고 있다. 그러나 이 남자는 병으로 고통에 시달리면서도 내색하지 않았다. 그는 열정적으로 나를 반기며 전에 내가 부친 소개 편지를 꺼내 온다. 다른 학자가 나에게 라틴 자모를 사용한 한어 병음자모로 메모를 써서 이 개혁가들과 접촉해보라고 제안했었다. 인빈융은 내가 한자를 한 글자도 사용하지 않는 방식으로 연락했다며 매우 감격한다.

반세기 전에 인빈융은 쓰촨대학을 졸업했는데, 전공은 수학이었다. 그는 한동안 중학 수학교사를 맡았으며 동시에 부업으로 언어학을 연구하고 논문을 발표했다. 나중에는 베이징의 중국문자개혁위원회로 초빙되어 근무했다. 그의 배경은 결코 특별하지 않다. 수많은 언어학자가 수학이나 논리학에 정통하다.

"그것은 확실히 연관 있어요. 우리는 보통 수학 방법을 언어 연구에 직접 응용할 수 있죠. 제가 간단한 예를 들어보겠습니다. 동물을 들어보죠. 어느 동물이 인류와 관계가 가장 밀접할까요? 소, 말, 개, 돼지로 범위를 좁힐 수 있겠죠. 하지만 어느 동물이 인간 생활에서 가장 중요합니까?"

"개요."

인빈융이 웃으니 눈썹이 움직인다.

"그것은 당신의 추측이죠. 확신할 수 있나요? 방법의 하나는 통계를 통해 그것이 문자에 나타난 빈도를 분석하는 것입니다. 바로 우리가 1950년대에 했던 일이죠. 현대와 고전 문헌을 조사해서 어느 동물 이름이 가장 빈번하게 나오는지 봤어요. 모든 시기마다 공통적으로 말이 가장 많았어요. 그래서 우리는 중국에서 인류 사회와 가장 밀접한 동물은 말이라고 결론지었죠."

여러 이미지가 내 눈앞을 스쳐 지나간다. 청동기 유물, 매장된 전차, 나무 대문으로 곧장 말을 타고 가는 남자. 인빈융이 계속해서 말한다.

"저는 1950년대에 이와 관련된 논문을 썼어요. 저는 또한 영어와 일어로 된 문헌을 가지고 연구했는데, 결과는 모두 같더군요. 두 번째로 관계가 밀접한 동물은 다릅니다. 영어권에서는 개이지만, 중국에서는 소였어요."

말에 관해 토론한 뒤 그는 한자의 도전에 대해 얘기한다. 어떤 사람들은 한자에 너무 많은 동음자가 있어 한 자모로 쓸 수 없다고 여긴다. 이러한 동음자는 구별해야 할 필요가 있다. 인빈융은 문언문에서는 상술한 견해가 사실이지만, 현대어에서는 그렇지 않다고 여긴다. 라디오 방송을 듣는 것과 다르지 않다. 중국인은 글자를 보지 않고도 방송에서 들리는 언어를 이해할 수 있다. 이는 그들이 자모로 쓴 문장도 똑같이 이해할 수 있음을 의미한다.

"물론 그것은 이론일 뿐이고, 실천하면 또 달라지겠지요. 사람들은 한자를 사용한 지 오래되어 그것을 바꾸기가 매우 어렵습니다. 사실 자모로 바꿔 쓰면 고전문학을 접할 때 문제가 생기죠. 예를 들어『홍루몽』에서 동일한 세대의 이름은 모두 같은 부수를 갖고 있어요. 서사 체계를 바꾼다면 이러한 세부 내용을 무시해야겠지요. 중요한 것은 구습은 고치기 어렵다는 점입니다. 당신 자신의 언어를 보세요. 서사 영어도 개혁이 필요해요. 조지 버나드 쇼도 일찍이 영어를 바꿔야 한다고 여겼어요."

구어 영어는 약 40개의 음소가 있다. 라틴 자모 계통을 효과적으로 발휘하게 하려면, 이러한 음은 너무 많다. 그래서 영어에는 비논리적인 스펠링이 자주 나타난다. 속기법으로 모든 것을 썼던 버나드 쇼는 특별히 유서에서 미래의 판권 수입으로 새로운 자모 시스템을 개발하는 데 써달라고 명시했다. 1958년에서 1959년 사이의 공개경쟁에서 467건의 영어 자모 시스템이 제안되었고, 네 개가 선정되었다. 그중 하나는 한 건축가가 설계한 방안으로, 48개의 자모로 구성된 '버나드 쇼 방식' 자모의 기초가 되었다. 어떤 사람이 이 새로운 자모 시스템을 이용하여 책한 권을 출판했는데, 그것이 바로 버나드 쇼의 작품『안드로클레스와 사자Androcles and the Lion』의 특별판이다. 책 제목의 네 단어는 다음과 같다.

$$\text{ЛⅫⅭⅩ ⅼ ϱ ⅭⅉⅬ}$$

우연히 중국인도 1950년대에 자신의 자모 계통을 만들었다. 그러나 그들의 프로젝트는 훨씬 엄숙했다. 국가 주석의 명을 받아 전국의 언어학자들은 2000개가 넘는 중문 자모 시스템 방안을 개발했다. 라틴 자모, 키릴 자모를 사용하기도 했고, 어떤 것은 일어의 자음표를 혼합했으며 어떤 것은 아랍어를 자모로 삼았다. 인빈용은 숫자로 만든 자모 계통을 기억한다. 다른 방안은 라틴 자모를 중문 부수와 결합했는데, 이러한 부호 체계에서 중문의 '法'(법 법) 자(발음은 '파fa')는 이렇게 쓴다.

$$\text{ĭfa}$$

어떤 언어학자는 라틴 자모를 어설프게 고쳤다. 어떤 시스템은 중문특유의 발음을 대표하는 네 개의 자모 zh, ch, sh와 ng를 제안했다. 건의안 가운데 ng는 국제음성기호의 부호처럼 쓰였다.

$$\text{ŋ}$$

"동독 사람은 이 소식을 듣고 그 자모가 들어간 타자기를 재빨리 설계했고, 이 타자기를 우리 직장으로 보냈어요. 우리가 이 시스템을 채용한다면, 그들 공장에서 타자기를 생산할 것이라고 말하더군요. 그때가 1952년경인데, 제 기억이 분명치 않습니다. 1950년대 말까지도 그 타자기가 사무실에 있었던 것으로 기억해요. 아름다운 기계였는데 뒤에 어떻게 되었는지는 모릅니다."

1955년에 중국문자개혁위원회는 최종 여섯 개 안을 건의했다. 하나는 키릴 자모를 채택한 것이고, 다른 하나는 라틴 자모를 채택한 것이며, 나머지 네 종은 전부 새로운 '중문' 자모 시스템인데, 전부 한자의 형상을 기초로 삼았다. 그러나 1년 뒤 마오쩌둥과 다른 국가 지도자는 중문 자모 시스템이 실용성 없다고 결정했다. 그들은 현재의 병음인 라틴 자모 시스템을 인가하여 조기 교육과 기타 특수 목적에 사용했다. 그러나 병음은 법률적 지위를 얻지 못했다. 동시에 그들은 일부 한자를 간소화하고 원래의 한자 필획을 축소하기로 결정했다. 예를 들면 번체자 '國'(나라 국)은 '国'으로, '龍'(용 용)은 '龙'으로, '偉'(클 위)는 '伟'로, '夢'(꿈 몽)은 '梦'으로 바꿨다. 모두 515개 한자를 간체화했으며 간소화된 한자에는 부수도 포함되었다. 글자를 쓰는 방법에도 커다란 변화가 발생했지만, 기본적인 문자 체계는 여전히 잘 보전되었다. 중문은 여전히 표의문자이고 대부분의 방언은 여전히 쓸 수가 없다.

문자개혁위원회는 이번의 문자 간소화를 '초기 개혁 단계'라고 형용했다. 그들은 여전히 한 자모 계통을 제출하길 바랐지만, 마오쩌둥은 많은 시간을 들여 선택을 고려한 듯하다. 이와 동시에 중화인민공화국 초기의 낙관적인 정서는 끝을 맺었다. 1957년 4월 중국 공산당은 '백화제방百花齊放, 백가쟁명百家爭鳴' 운동을 발기했으며, 지식인은 여기에 호응해 비판적인 자기 견해를 발표했다. 이 운동은 강렬한 반응을 얻었다.

수천만 중국인이 각종 주제를 놓고 공개적으로 발언했다. 문자 개혁은 불만을 품은 지식인의 목표 가운데 하나가 되었다. 유명한 잡지에 수십 편의 평론이 출현했다.

> 한자는 우리 인민을 단결시키는 도구다. (…) 인민이 계속 단결할 수 있는 유일한 원인은 한자가 우리를 한데 연계시키기 때문이다.

> 라틴 자모는 우리 민족의 산물이 아니다. 우리가 한자를 라틴화하면, 우리는 라틴 문자를 위해 세계와 싸워야 할 것이다.

> 우리는 평화 정책을 견지하는 민주국가다. 역사적으로 침략적인 라틴 문자를 채용하는 것은 온당치 못하다. (…) 일단 중국의 것이 외국보다 열등하다면, 중국 인민은 중국의 모든 것이 외국 것보다 못하다고 느낄 것이다.

✦

'백화제방, 백가쟁명' 운동 전에 천명자는 문자 개혁 논쟁에서 적극적이지 않았다. 그가 몸담은 고고연구소는 다른 연구소와 분리되어 있었고 갑골문 학자는 자신의 관점을 표현할 기회가 없었다. 그러나 새로운 개방 분위기를 타고 그의 말이 각종 이름난 간행물에 갑자기 출현했다. 『광밍일보』에 실린 한 글에서 그는 "우리가 3000년 이후에도 여전히 이러한 한자를 사용하는 까닭은 객관적인 이유가 있기 때문이다"라고 썼으며, 『런민일보』에서 그는 "지금 새로운 유형의 교조주의가 있는 것 같다. 일부 사람은 지도자의 담론을 금과옥조로 여기지만 현실을 무시했다"라고 썼다. 천명자는 정치적 실수를 타인에게 전가하여 보도하는 관행에 대해 불평했다. 그리고 수많은 관리는 그들이 관리하는 분야의 지식이 부족하거나 없다고 논평했다. 그는 중국공산당에게 근사한 유머 감각을 가지라고 건의했다. 그는 "나는 교조를 좋아하지 않으며 나의 글은 마르크스레닌주의 구절을 거의 인용하지 않았다"라고 말했다. 공개 발표한 강연 원고에서 그는 다음과 같이 표명했다.

오늘날 '백화제방, 백가쟁명' 운동에 접하여 나는 이때가 한자의 미래를 진지하게 검토하는 좋은 시기라고 생각한다. 나는 거리낌 없이 다른 관점을 제시하고자 한다. (…)

우리는 한자를 3000여 년이나 사용해왔다. 그리고 이러한 한자는 결코 어떤 문제도 없다. (…) 과거에 서양 귀신들은 우리의 한자가 좋지 못하다고 얘기했지만, 지금 자본주의 국가의 개명한 학자들은 두 번 다시 이렇게 말하지 못할 것이다. (…)

최근에 나는 글 하나를 써서 다소 소란을 일으켰다. 이만한 문제 정도는 감수할 수 있다. 왜냐하면 내가 도움을 보태고 싶기 때문이다. (…) 나는 이러한 한자를 수년 동안 변함없이 쓸 수 있다고 전망한다. 우리는 그것을 살아 있는 것처럼 취급해야 한다. 그것은 우리의 문화유산이다.

그는 옳았다. 중국인은 오랜 세월 계속 한자를 사용할 것이었다. 그러나 그는 자신이 자유롭게 발언할 수 있는 완벽한 시기인 줄 착각했다. 단 5주 만에 마오쩌둥은 '백화제방, 백가쟁명' 운동을 끝내고 곧바로 '반우파' 운동이 이를 대신했다. 1957년 말까지 30만 명이 넘는 지식인이 우파로 확정되었다. 그 가운데 다수가 감옥이나 노동개조소에 들어갔다. 일찍이 천멍자의 주장을 간행한 동일한 신문은 이때 노기충천한 헤드라인을 실었다.

「천멍자를 타도하자」

「우파 분자 천멍자의 황당한 이론을 타도하자」

「계속 우파를 추적하여 타도하자. 천멍자와 관시關錫를 비판한다」

갑골문자

어떤 기사에서는 "우파 분자 천멍자는 독초다. (…) 결코 뿌리내리지 못하게 해야 한다"라고 선포했다. 다른 기사에서는 그를 가슴속에 '사악한 음모'를 품은 '우귀사신牛鬼蛇身'으로 형용했다. "왜 각 시대의 반혁명가는 모두 간체자를 증오하는가? 그들은 정말로 옛날로 돌아가고 싶어 하는가?" 어떤 사람들은 "천멍자는 서구 자본주의 학자의 주장을 도용하여 그것을 보배로 여기고 있다"라고 썼다. 1957년 그 운동 기간에 리쉐친은 천멍자의 명작을 비판하는 글을 발표했다.

천멍자의 반응은 침묵뿐이었다. 당국은 그 갑골문 학자를 허난성으로 보내 상 문화의 요람 속에서 노동개조에 종사하게 했다. 이어서 5년 동안 국내에서의 어떠한 글 발표도 금지되었다.

인빈융과 얘기한 뒤 나는 3층으로 올라가 그보다 여덟 살이 많은 왕쥔을 방문한다. 왕쥔은 80세다. 내가 천명자를 언급하자 그가 웃는다.

"전시에 쿤밍에 있었는데, 그는 저의 스승이었지요. 청동 명문靑銅銘文을 가르쳤는데 학생은 세 명뿐이라서 마치 우리 큰형 같았어요."

옛 신문에서 나는 천명자에 대한 비판 글을 수집했는데, 그것을 보여주며 글의 작자를 기억하는지 묻는다. 그는 뒤적거리더니 일부 이름은 분명 필명일 거라 말한다. 연후에 그가 두 사람을 알아본다. 한 사람은 난징의 음운학자이고, 한 사람은 푸젠의 언어학자인데, 두 학자는 세상을 떠난 지 오래되었다.

"이러한 비평을 걱정할 필요는 없어요. 사람들이 당시에 했던 말과 글은 모두 중요하지 않아요. 그들은 자유가 없었지요. 공산당이 누구를 비판하면 모두가 이를 따라 비판했어요. 그해에 저도 비판받았어요. 백화제방 백가쟁명 운동 때 의견을 발표했는데, 저의 연구소에서는 특별히 회의를 열어 저를 비판했죠. 심지어 나를 알지 못하는 사람도 두어 마디 비판해야 했습니다. 저를 가장 혹독하게 비판한 사람을 저는 기억하지 못해요. 저는 그들을 증오하지 않습니다. 그래서 당신도 누가 이러한 글을 썼는지 따질 필요가 없어요."

나는 고개를 끄덕이고, 우리는 문자 개혁 운동에 대해 얘기한다. 유명한 반대파를 토론할 때 내가 위안샤오위안의 이름을 언급한다.

왕쥔이 놀라고는 조용히 묻는다.

"그녀를 안 지 얼마나 되었죠?"

"오래되지 않았어요. 드프랜시스의 말로는 위안샤오위안이 문자 개혁을 반대하여 좋아하지 않는다더군요."

드프랜시스는 위안샤오위안을 철두철미한 기회주의자로 묘사했다. 그녀는 그녀의 일생에서 많은 시간 국민당의 외교관 신분으로 해외에서 지냈다. 그녀는 중국 최초의 여성 영사로, 인도 콜카타에서 근무했지만 뒤에는 국민당에서 중화인민공화국 진영으로 옮겼다. 고마움의 표시로 공산당은 그녀에게 유리한 사업 허가증을 주어 그녀는 큰돈을 벌었다. 그녀는 문자 개혁에 반대하는 간행물에 돈을 지원했다. 1989년 민주화 시위가 진압된 뒤 위안샤오위안은 즉각 중국 텔레비전에 출연하여 시위자를 규탄했다.

"그 여자는 거짓말쟁이입니다." 왕췬이 말한다. "모든 일을 속여요. 나이까지도. 그녀는 95세인데도 자신이 100세라고 말합니다."

이 남자의 표정에 미묘한 변화가 생긴다. 그는 여전히 미소를 머금었지만, 아래턱을 꼭 다물었는데 눈 배후엔 빛이 반사되는 것 같다.

"저우유광보다 어렵습니다만, 지금은 저우유광보다 더 늙었어요. 어떻게 이런 일이 있죠?"

나는 모르겠다고 말한다.

"간단합니다. 거짓말한 거죠. 모든 게 거짓말입니다."

그 남자는 여전히 미소를 지었으며 나도 웃음으로 응답한다. 그가 용서에 대해 얘기한 지 10분도 채 안 지났다.

"증거가 있어요."

그는 캐비닛으로 걸어가 서류철을 찾아 꺼내온다. 그 안에 복사물과 누렇게 변색한 스크랩이 있다. 노인의 눈에서 빛이 난다.

"먼저 이것을 보세요."

그가 정부 연감의 한 페이지를 펼쳐 내게 보여주는데, 인물 사진이 있다. 한 할머니가 자상하게 미소 짓고 파마머리에 유행에 뒤진 안경을 썼다. 그녀의 생년은 1907년으로 쓰였다.

왕쥔이 의기양양하게 말한다. "자, 이것을 보세요."

그 신문 스크랩은 2000년도의 것으로 제목은 다음과 같다.

「시인 겸 서예가 위안샤오위안이 베이징에서 100세 생신을 맞다」

이어서 다음의 스크랩은 2001년도의 것이다.

「100세 노인 위안샤오위안이 건강에 대해 얘기하다」

기사에서 몇 단락에는 붉은 잉크로 꼼꼼히 밑줄이 그어져 있다. 밑줄 친 문장 하나는 위안샤오위안의 출생연도를 1901년이라 했고, 다른 문장은 101세라 했다. 여백에는 누군가 마치 학교 과제물을 수정하듯 붉은 글씨로 촘촘히 '94'라고 적어놓았다.

"매년 신문에 나와요. 그녀는 해마다 거짓말합니다. 이것이 바로 저 우유광보다 나이가 더 많아진 원인이죠."

그가 다른 밑줄 부분을 가리킨다.

"그녀는 뉴저지의 '동서대학' 교수를 지낸 적이 있다고 말했습니다만, '동서대학'이란 말 들어보셨나요? 얼마나 어리석은 이름입니까? 그녀는 또 자신이 '샌프란시스코대학'에서 가르쳤다고 하는데, 샌프란시스코대학이란 학교는 없습니다."

그 문장에서 위조된 학술 기관도 붉은 펜으로 밑줄이 그어져 있다. 나중에 나는 '동서대학'이 위안샤오위안이 한때 가르쳤던 시턴홀대학의 중문 이름임을 알게 된다. 그러나 왕쿤은 그녀가 나이에 따라 그녀의 이력을 위조했다고 확신한다. 내가 떠나기 전에 왕쿤이 그 스크랩을 나에게 넘겨준다. 그는 위안샤오위안의 거짓말을 나의 『뉴요커』 기사에 폭로하여 아름다운 빛을 보태라고 건의한다. 마지막에 그가 내게 말한다.

"그녀는 글을 잘 써요. 진짜입니다. 뛰어난 시인이고 서예 솜씨도 아주 좋아요. 그러나 사기꾼입니다."

✦

내가 3층에 올라가니 날이 어둡다. 왕쿤보다 16세가 많은 저우유광은 곧 97세가 된다. 쇠약하고 허리가 굽은 남자는 운동 바지에 슬리퍼 차림이다. 대머리의 피부는 수십 년 동안 광을 낸 것처럼 완전히 매끄럽다. 우리가 얘기할 때 그는 손을 잔 모양으로 만들어 보청기를 감싸고 나는 그에게 다가가 고함을 질러야 했다. 그러나 그의 정신은 맑고, 여전히 영어를 기억하고 있다. 1940년대에 그는 뉴욕의 은행가였다.

"저는 '뱅커스 클럽Banker's Club'에서 당신 잡지를 읽은 적 있어요."

내가 소리친다. "그 뒤에 많이 바뀌었어요!"

노인은 내 명함을 보더니 웃음을 멈추지 못한다. 그건 외교부의 번역이라고 설명해준다. "뉴웨런!" 중국어로 말하는 그의 작은 몸이 바람 속의 버드나무 가지처럼 흔들거린다. "뉴욕인! 너무 웃기는군요."

해외에 거주했던 애국적인 수많은 중국 청년과 마찬가지로 저우유광은 중화인민공화국이 성립한 뒤 조국으로 돌아왔다. 원래 신정부를 도와 은행 산업을 건립하려고 했으나, 공산당의 은행업은 별 전망이 없음을 곧 깨닫게 되었다. 그는 취미 삼아 애호하던 언어학으로 전향했는데, 최종적으로 병음의 주요 설계자가 되었다.

나는 저우유광에게 1955년에 최종적으로 뽑힌 네 개의 특별한 '중문' 자모가 뒤에 어떻게 되었는지 묻는다. 노인의 기억이 모호하다. 한 자모는 딩시린이라는 물리학자가 설계했다고 회상한다. 그러나 분명한 것은 그 자모 계통에 관한 모든 기록이 훼손되었다는 것이다.

"문화대혁명 기간에는 그러한 것들을 잃어버리기 쉬웠죠."

사람들은 서로 다른 방식으로 문화대혁명을 인식하고 있다. 어떤 사람들은 마오쩌둥을 책망하고 어떤 사람들은 장칭과 사인방을 비난한다. 그러나 더 넓은 관점에서 보면 이 시기는 중국 자신이 행한 전통 파괴의 절정기였다. 반세기 동안 중국인은 그들의 문화를 파괴하고 '도태'를 조성한 요소를 바꾸려고 시도했다. 문화대혁명 기간에 이 과정이 너무 격렬하여 심지어 완전히 자아 파멸의 경지에까지 이르렀다. 사람들은 중국의 모든 것을 증오했지만 동시에 외국의 모든 것도 증오했다.

아이러니하게도 문화대혁명은 최소한 중국 전통, 즉 한자를 보존했다. 대약진 이래로 사회의 혼란은 문자 개혁 운동이 전진하는 발걸음을 막았다. 마오쩌둥이 세상을 떠날 때 중국인은 격렬한 문화 변혁에 대해 흥미를 잃어버렸다. 그들은 국가 위기에서 이데올로기와 허무주의에 이르기까지 많은 일을 겪었다. 그런 다음 그들은 다른 극단으로 나아가 실용주의와 덩샤오핑의 정치 구호에서 귀착점을 찾았다. 실제에 힘쓰고 현실적이어야 한다. 실사구시.

지금 국가언어문자공작위원회 기숙사에서 살고 있는 노인들 이외에 중국에서 문자의 자모 체계화에 대해 이야기하는 사람은 거의 없다. 이 학자들조차도 슬프게 얘기한다. 저우유광은 중국이 자신의 문자를 포기하지 않을 것이며 최소한 다시 한 세기가 지나더라도 그렇게 될 것이라고 말한다. 다른 언어학자와 마찬가지로 그는 한자의 간체화를 실패작으로 본다. 한자 간체화가 문화 교육의 보급률을 향상시켰다고 보여주는 증거는 없다. 왜냐하면 문자 체계의 근본 구조가 바뀌지 않았기 때문이다. 무슨 변화가 있다고 말한다면 그것은 바로 한자 간체화가 중국의 문화권을 분할했다는 점이다. 타이완, 홍콩 및 기타 해외 화교 사회는 여전히 번체자를 사용하고 있다. 수년 동안 간체자 책을 수입하는 것은 타이완에서 불법이었는데, 이러한 제한은 정치적 동기에서 나왔다. 그러나 지금 간체자가 반감을 사는 원인은 주로 심미적 측면이다. 전통 교육을 받은 중국인의 입장에서 간체자를 쓰는 것은 미국인이 'walking through the kwik-mart to buy something'을 'walking thru the kwik-mart 2 by sumthing'으로 쓰는 것과 같다.

✦

나는 저우유광에게 1950년, 즉 마오쩌둥이 중문 자모 체계의 수립을 호소했던 중요한 시기에 대해 묻는다. 의외로 노인은 이 문제가 당연하다고 느끼는 듯하다.

"물론 공산당은 1940년대부터 라틴화한 자모를 사용하기 시작했죠.

그들은 변혁이 당연하다고 생각했지만 권력을 장악하자, 더 신중해졌습니다. 그들에게 해결해야 할 다른 일들이 많았는데, 그것이 개혁이 지체된 원인 가운데 하나이지요.

그러나 매우 중요한 다른 요소는 1949년 마오쩌둥의 첫 소련 방문입니다. 당시 마오쩌둥은 스탈린을 전 세계 공산주의의 영수로 존중했으며, 그는 중국이 문자 개혁에 착수하고 있다며 스탈린의 조언을 구했답니다. 스탈린은 그에게 '당신들은 대국이므로 자신의 중문 서사 방식을 가져야 하며 라틴 자모 계통을 단순히 써서는 안 된다'라고 말했지요. 그것이 바로 마오쩌둥이 전국적으로 통일한 자모 계통을 바랐던 이유입니다."

내가 한국전쟁이 모종의 역할을 했는지 묻자, 그가 자신의 대머리를 흔든다. 내가 천명자의 이름을 외쳤을 때 노인은 웃는다.

"저는 그 분을 좋아합니다. 그러나 사실대로 얘기하면 그의 반대 의견은 어떤 영향도 주지 못했어요."

✦

아래층으로 내려간다. 3층, 2층, 1층. 출입문이 열려 마주 보이는 도시가 세계처럼 크다는 느낌이 든다. 모든 세부 내용이 뇌리에서 맴돈다. 사람과 말의 관계, 위안샤오위안이 자신의 생년을 고친 일, 소실된 자모 체계. 나는 천명자의 방어가, 그처럼 용감하고 그렇게 참담한 대가를 치렀다 하더라도, 전혀 불필요했다는 깨달음에 가장 충격을 받았다. 천명자 전에 스탈린이 이미 한자를 구해냈다.

전성기를 캡슐화하다

9·11 테러 뒤 몇 개월 동안 윌리엄 제퍼슨 포스터는 관련 뉴스를 지속적으로 주시했다. 때로 그는 베이징에 있는 내게 전화를 걸어 종종 아프가니스탄 상황이나 반테러 전쟁의 발전과 관련된 문제를 물었다. 밤이 되면 그는 '미국의 소리'를 들으며 공책에 필기했다.

미 전투기가 아프가니스탄에서 임무를 재개하다.

미국에 더 많은 탄저병 증세가 나타나다.

파키스탄 경찰 측과 반신교도 군중 사이에 충돌이 발생하다.

평화 반전 시위가 뉴욕, 베를린에서 거행되다.

하느님이 조지 W. 부시를 보우하다.

그는 또한 지방 신문의 논평을 영어로 번역했다.

흥미롭게도 두 형제 도시, 닝보와 원저우는 모두 중국의 밀라노가 되길 목표 삼고 있다. 두 도시의 경쟁은 치열할 것이다. 원저우는 의복과 가죽 신발의 수도가 되길 원한다. 원저우 시내의 '의상은 원저우에서'는 사람의 눈길을 끄는 표어다.

때로는 자신의 경험을 소재로 삼아 영어 '뉴스'를 작성해보기도 했다.

지난해 이 학교는 큰 성과를 거뒀다. 25명의 학생이 도시에서 유일한 중점 고등학교에 합격했다. 올해 학교는 바깥 사회의 치열한 도전을 받고 있다. 새로운 공립학교는 우리 학교를 파산시키려고 한다.

경쟁은 도처에서 벌어진다. 윌리엄과 낸시의 학교는 공립학교와 경쟁한다. 그들의 도시는 닝보와 경쟁한다. 중국은 바깥 세계와 경쟁한다. 윌리엄의 가장 강렬한 어린 시절의 기억 가운데 하나는 아버지의 건축 사업이 처음에는 성공하다가 마지막에 크게 실패한 과정을 지켜본 것이다. 그 실패는 아버지의 문맹에 기인한다. 이는 윌리엄과 낸시 세대의 경쟁 이야기다. 그들은 중국의 개혁 개방을 따라 성장했으니 시장 경제의 아이들이다.

2001~2002년 학기가 시작되자, 윌리엄의 교장은 모든 교사를 불러놓고 동기를 부여하는 연설을 했다. 그는 내전 기간에 공산당이 국민당과 전투를 했듯이 그들에게 세 개의 전선에서 공립학교와 경쟁하라고 훈계했다. 뒤에 윌리엄은 이 일을 말하면서 세 개의 전선이 무엇인지 확실히 기억하지 못했다. 다년간 숫자와 관련된 수많은 중국어 슬로건이

출현했다. 세 개의 이것, 다섯 개의 저것. 따라서 기억이 희미한 것은 피할 수 없다. 중점은 학교 간의 경쟁이 가열되어 전쟁이 된 것이다. 한 통의 편지에서 윌리엄은 이렇게 썼다.

하이, 야가오(치야).

저는 설날을 저장에서 보내기로 결정했어요. 우리는 이 야후 학생들에게 이른바 보충 수업을 해야 합니다. (…) 2002년에 이 학교는 지독한 공립 기숙학교와의 치열한 경쟁과 도전에 직면했어요. 그것이 오사마 빈라덴에 의해 폭격당하길 바랍니다. 그런데, 선생님 가족은 잘 지내시죠? 그곳에 새로운 소식 있나요?

이제 작별 인사를 해야겠네요. 지금 저는 최상위권 학생을 지도해야 합니다. 그들은 2002년 새해의 제 재산이자 희망입니다.

한두 달 뒤 윌리엄과 낸시의 은행 통장에 마침내 인민폐 10만 위안이 쌓인 관계로 그들의 살림 밑천은 든든해졌다.

하이, 피터.

베이징에서 어떻게 지내세요? 우선 1년만 지나면 제가 야후의 아빠가 될 것임을 알려드립니다. 다시 말하면 이곳 원저우에서 낸시가 임신했어요.

근자에 저는 다가올 고교 입학시험 준비로 무척 바쁘네요. 올해는 제게 아주 결정적인 해죠. 더 많은 학생을 중점 고등학교에 보내기만 하면 상당한 액수의 보너스를 받을 수 있어요.

월리엄과 낸시는 결국 쓰촨으로 돌아가기로 결정했다. 그들은 언제일지는 모르지만 낸시와 아이가 먼저 돌아가고, 월리엄은 경제 상황이 좋은 저장에 남아 한동안 일하고 싶어했다. 두 곳에 나눠 가정을 갖는 경우는 중국에서 흔한 일이다. 특히 외지 사람인 경우에. 대다수 사람은 고향에서 아이를 양육하는 것이 좋다고 믿는다. 그곳의 문화를 잘 알고 있고 필요할 때 부모와 다른 친척들이 도와줄 수 있기 때문이다. 월리엄과 낸시의 이상적인 계획은 월리엄의 고향에서 멀지 않은 작은 도시 난충에서 정착하는 것이었다. 교사 출신인 그들이 어디서든 일을 못 찾겠는가? 월리엄이 그 입시 보너스를 받는다면, 그들은 더 많은 돈을 들고 돌아갈 수 있다.

입학시험은 6월로 정해졌는데, 이틀에 나눠 시행되었다. 시험 전 마지막 주에 월리엄은 보충수업을 하고 그의 학생들을 연습시키고 아울러 시험 문제와 관련된 정보에도 관심을 기울였다. 그의 학교는 또 다시 원저우의 교육 공무원에게 뇌물을 주었다. 또다시 그 사람은 간략한 대답을 제외하곤 어떤 것도 주지 않았다. 월리엄은 이러한 반복되는 관행을 혐오했다. 언제나 시험 문제를 공립학교, 특히 원저우와 기타 도시의 학교에 빼돌렸다. 이러한 시스템과 국가를 조롱하는 것 외에, 그는 아무것도 할 수 없었다. 6월 초에 월드컵 경기를 본 뒤 그는 이메일을 보냈다.

저는 중국 축구팀이 코스타리카 팀에게 진 것을 매우 기쁘게 생각해요. 두 시간 반 동안 코스타리카 팀을 응원했죠. 제가 일찍이 스페인어를 배웠기 때문이죠. 중국 선수들은 경기장에서의 형편없는 성적 때문에 수치심을 느낄 겁니다.

첫날 시험이 끝났을 때 한 학부형이 윌리엄을 찾아왔다. 그는 긴장한 듯한 모양새로 윌리엄에게 개인적으로 말하고 싶어했다. 독대하자 그가 정보를 알려줬다. 믿을 만한 소식통에 따르면, 내일 영어 시험에 베토벤과 빌 게이츠가 나온다는 것이었다.

윌리엄은 학교를 떠나 안전한 만큼의 거리를 걸어간 뒤 복사집을 찾아 그 학생의 교과서에서 두 페이지를 복사했다. 유명한 외국인의 프로필에 관한 내용이었다. 그날 오후 그는 학생들에게 엄격한 지시를 내렸다. 이것만 공부하고 절대로 아무에게도 소문내지 말라고.

이튿날 독해 시험 가운데 한 문제는 간명 영어의 독특한 리듬으로 90과에서 직접 발췌한 것이었다.

빌 게이츠는 1955년 10월 28일에 출생했다. 그는 워싱턴주 시애틀에서 자랐다. 빌 게이츠라는 이름은 그 부친과 조부의 이름 윌리엄 헨리에서 따왔다. 그는 매우 총명한 아이였다. (…)

빌은 13세부터 컴퓨터를 가지고 놀기 시작했다. 당시 컴퓨터는 매우 큰 기기였다. 한번은 그가 낡은 컴퓨터에 관심을 가졌다. 친구와 함께 많은 시간을 들여 각종 이상한 실험을 했다. 결국 그들은 낡은 컴퓨터를 가지고 소프트웨어 프로그램을 개발해냈다. 빌은 4200달러를 받고 그것을 팔았는데, 당시 고작 17세였다. (…)

1994년 1월 1일 빌은 멀린다 프렌치와 결혼했다. 그들은 슬하에 1남 1녀를 두었다. 빌은 독서를 좋아하고 또한 골프와 브리지 게임을 좋아한다.

당신은 빌 게이츠와 같은 사람이 되고 싶은가? 왜 그런가, 아니면 왜 그렇지 않은가?

오래지 않아 시험 결과가 발표되었으며 윌리엄 반의 성적이 전교에서 가장 높았다. 교장은 윌리엄에게 보너스로 6000위안을 주었는데 그의 두 달치 월급에 해당한다. 베토벤 문제만 실패하지 않았더라면 그는 더 많은 돈을 받았을 것이다.

✦

2002년 여름 에밀리는 선전 밖에서 한 학기를 보내기로 결정했다. 베이징에 와서 대학가의 영어 학원에 등록했다. 주말에 그녀는 가끔 시내로 날 찾아와 함께 점심을 먹고 돌아다녔다. 어느 날 오후 그녀는 『뉴요커』에 내가 썼던 그녀에 관한 기사의 사본을 가지러 내 아파트에 들렀다. 그녀는 초고를 읽고 사실 확인을 도와주었다. 그러나 그녀가 게재 기사를 본 것은 이번이 처음이었다. 물론 중국과 관련된 보도와 마찬가지로 일부 세부 내용은 이미 역사가 되었다. 현재 시민은 특별한 통행증 없이도 선전에 들어갈 수 있고, 정부도 그 담장을 허물 가능성을 토론하고 있다. 하루아침에 생겨난 도시는 또 한 시대를 지났다.

에밀리가 내 소파에 앉아서 기사 첫 페이지를 펼치니 화가가 그린 그녀의 스케치가 있었다. 그녀는 입을 가리고 웃었다.

"얼굴이 정말 크네요."

그 화가는 사진을 보고 그대로 그렸다. 높은 광대뼈, 둥근 입. 은은한 공장 기숙사 윤곽을 배경으로 삼았다. 그녀가 다음 페이지를 뒤적이자

전형적인 『뉴요커』 만화가 나왔다. 한 쌍의 부부가 저녁 연회에 도착했
는데, 캡션은 이렇게 쓰여 있었다.

"용서해주세요. 저희가 지각했어요. 주차 문제가 있었어요."

그녀는 잡지를 한 장 한 장 넘기며 기사에 있는 세부 사항, 만화, 시
등 무언가를 살피기 위해 가끔씩 멈추었다. 다 읽은 뒤 우리는 공원으
로 갔다. 나는 기사 내용에서 그녀가 동의하지 않는 부분이 있는지 물
었다.

"선생님이 그 사장에게 너무 비판적이라는 생각이 들어요."

나는 그녀가 그 사람을 긍정적으로 말하지 않았다고 대답했다. 특히
그가 공장의 젊은 여직공과 잠자리를 가지려고 시도한 뒤부터.

"알아요. 그를 좋아하지 않습니다만, 그가 나를 어쩌지 못하는 것도
알아요. 생각할수록 그에게 미안해져요. 그는 불쌍한 사람이에요."

✦

에밀리는 내가 푸링에 있을 때 가장 의욕적이었던 학생이며, 미국 문화
에 대해 호기심이 가득한 청년이었다. 그때 그녀는 무엇을 찾고 있는 것
같았다. 한번은 그녀가 테네시주 내슈빌의 컨트리음악협회에 편지를 보
냈다. 컨트리음악에 대해 호기심이 많았기 때문이다(답신은 받지 못했
다). 그녀는 반에서 노트 필기가 가장 꼼꼼했다. 선생으로서 나는 그녀
가 자신의 학업을 지속할 길을 찾길 바랐다.

그러나 베이징에서 그녀는 산만해 보였으며 영어 공부도 그다지 열중하지 않는 것 같았다. 1996년, 그녀가 수업 시간에 언니가 선전으로 이주하기로 결정했던 일에 관해 글을 썼던 일이 생각났다.

이제 언니가 그 번영한 도시에 간 지도 5개월이 지났다. 언니가 우리 대화를 기억하고 있는지, 그리고 여전히 활력으로 가득 차 있는지 궁금하다.

몇 번이나 그녀는 미래에 대한 공허한 무의식 때문에 우울하다고 나에게 언급한 적이 있다. 그 하루아침에 생겨난 도시에서 그녀는 약간의 성과를 거뒀다. 사립학교에서 가르쳤고, 남자 친구는 가전제품 공장에서 잘 지내고 있다. 25세의 나이에 친구 대부분은 결혼하여 아파트를 사고 외동아이를 양육할 단계로 접어들었다. 그러나 왜 그런지는 모르겠으나 그녀는 그렇게 할 수 없었다. 원인을 설명할 수 없었다. 우리가 이 문제를 얘기할 때마다 그녀는 단지 평범한 삶이 무미건조하며 슬프다고만 말했다. 꾸준히 재산을 축적하는 삶. 그녀는 선전 사람들이 부동산, 아파트 매매를 통한 이득을 챙기고 다시 이러한 일을 반복하는 것을 증오했다. 이는 두 세계가 지닌 최악의 모습이었다. 자신이 소유한 이 작은 공간에 갇혀 있으면서도 다른 곳으로 이주해야 한다는 끊임없는 불안감에 휩싸여 있기 때문이다.

에밀리의 남동생은 정신적인 문제로 정규직을 유지하지 못했고 에밀리는 무척 걱정했다. 오래전에 그녀는 내게 선전 라디오 진행자 후샤오메이의 전화번호를 물었다. 그녀는 급할 때만 전화하겠다고 약속했다.

베이징에서 그녀는 지난해 남동생의 상황이 특히 좋지 않았을 때 후샤오메이에게 전화했다고 말했다.

"도움을 주던가요?"

"예. 그 일을 얘기하면서 좋게 생각하라고 하더군요."

"무슨 조언을 하던가요?"

"자신감을 가지라고 말하더라고요."

에밀리가 보기에는 사람들이 타인과의 차이를 받아들일 수 있다면, 남동생을 둘러싼 상황은 좋아질 것 같았다. 고등학교에서 학생들은 그에게 이상한 인간이라는 꼬리표를 붙였고 그를 괴롭힐 때 선생님은 제지하지 않았다. 미국 사람들은 정신적으로 아픈 사람을 어떻게 대하느냐고 묻기에, 그와 관련된 글을 보내주었다. 그러나 나로선 대부분 속수무책이었다. 푸링과 비교할 때 그녀의 세계는 너무나 복잡하게 변해버렸다.

나는 다른 외국인과 얘기하는 것도 그녀에게 도움이 되리라는 생각이 들었다. 베이징에서 그녀에게 미미 궈라는 미국 국적의 화교를 소개시켜줬다. 그해 6월에 내가 시애틀로 여행 갔을 때 미미가 이메일을 보냈다.

며칠 전에 에밀리를 만났는데 그런대로 괜찮은 것 같아요. 우리는 즐거운 오후를 보냈습니다. 그녀가 와서 점심을 먹은 다음 잠시 놀다가 얘기도 하고 음악도 들었어요(그녀는 컨트리음악을 알고 싶어합니다).

며칠 뒤 에밀리가 편지를 써서 보냈다.

헤슬러 선생님께

별일 없으시죠?

저는 일요일에 미미를 찾아가 함께 얘기하며 유쾌한 시간을 보냈어
요. 그녀는 사람을 푸근하게 해주는 천성을 가졌더군요. 우리는 '컨
트리음악'을 포함하여 많은 얘기를 했습니다. 그것이 제가 상상하는
것과 매우 다르다는 걸 알게 되었어요. 저는 컨트리음악이 당연히 말
그대로 꽃, 풀, 시내, 햇빛, 시골 사람과 그들의 수수한 사랑, 아름답
고 행복한 모든 것에 관한 내용일 것이라고 여겼어요.

그해 여름에 그녀는 선전으로 돌아갔으나 결혼도 하지 않고 집도 사
지 않았다. 1년 더 일을 하면서 여가 시간에 공부를 해서 충칭의 대학
원 입학시험을 보았다. 그곳은 장애 아동 교사를 양성하는 새로운 학과
였다. 에밀리가 합격했다고 내게 전화했을 때 목소리는 과거 몇 년 중
가장 행복한 상태였다.

✦

선전에서 일할 당시 나에게 보낸 한 편지에서 에밀리는 잡지 기사를 쓰
기 위한 나의 인터뷰 작업에 대해 언급했다.

선생님의 출현은 저의 대학 생활을 밝혀주었습니다. 교사는 그렇게
학생과 같이할 수 있음을 알려주신 분도 선생님입니다. 선생님은 모
르시겠지만 전 선생님이 제게 주신 과제 평가를 읽으며 많은 즐거움

을 얻었어요. 제 걱정을 덜어주고 생각하게 해주었어요.

저는 항상 선생님과 얘기하는 것을 좋아하고 선생님의 모든 것을 알고 있어요. (…) 그러나 (선전에서 인터뷰를 끝낸 뒤) 선생님이 베이징으로 돌아갈 때마다 저는 공허한 공포감을 느꼈어요. 마치 제가 모든 것을 주었지만 아무것도 얻지 못한 느낌이랄까요.

내가 베이징에 도착했을 때 교사에서 작가 신분으로 바뀌는 과정은 그다지 어렵지 않았다. 배역은 기본적으로 비슷했다. 나는 다른 세계에서 정보를 여과시키는 외국인이다. 그러나 과거 몇 년 동안 에밀리가 쓴 편지를 생각할 때마다 외국 특파원은 부자연스러운 배역임을 이해하게 되었다. 교사일 때 나는 요원한 곳에서 미국 문화, 영미 문학 등의 자료를 가져와 그것을 살아 있는 중국 학생들의 교실에 소개했다.

그러나 작가의 작업은 반대의 방향으로 움직였다. 나는 살아 있는 사람과 접촉하여 머나먼 국가에서 출판될 이야기를 창조했다. 종종 내 글에 등장하는 인물들은 그들이 서술되었던 그 언어조차도 알지 못한다. 내 시각에서 보면 저널리즘 업계는 너무나 멀리 있어 절반은 가짜 같기도 하다. 매년 한 번씩 나는 뉴욕에 있는 편집자를 방문하는데, 나는 그 잡지의 독자로부터 어떠한 반응도 받아본 일이 없다. 나는 보통 1년에 두세 편의 글을 쓸 뿐인데, 중국과 같은 국가에서는 그 원고료로 간단한 생활은 지속 가능했다. 『뉴요커』의 원고료는 한 단어에 2달러가 넘어서 베이징에서 점심 한 끼 정도 먹기엔 충분했다. 조금 긴 글이라면 일주일 식사가 충분히 가능했다. 이러한 것은 프리랜서 외국 특파원이 할 수 있는 교환이었다. 그곳 사람들과 장소를 글을 통해 증류시키고 그 글을 팔아 생계를 유지한다.

『뉴요커』에 실린 기사의 복사본을 받을 때마다 나는 잡지를 뒤적이면서 내가 사는 이 세계와 내 글을 실은 저 세계와의 거리를 생각하게 된다. 나는 그 거리에서 거래한다. 그것이 나의 수익이다. 잡지의 광고는 그 거리의 범위를 반영한다. 게재된 한 이야기에서 푸링 학생에 관한 에피소드는 아래의 광고와 한데 섞였다. 오르브 실버스미스Orb silversmiths 보석 가게, 뉴욕 트라이베카 그랜드 호텔Tribeca Grand Hotel과 와일드플라워 로그 홈스Wildflower Log Homes 레저 목조 가옥("품목들은 4만 9000달러부터 시작"). 폴라트에 관한 기사의 제목은 '중개인'으로 정해졌으며, 첫 구절은 "야바오로에서는 무엇이든 살 수 있다"로 시작된다. 그 맞은편 페이지에도 광고가 있다.

매년 세계의 지도자는 가장 영리한 400명의 예일대학 경영학부 학생과 만나 오늘날 비즈니스와 사회가 직면하고 있는 도전과 기회에 대해 토론한다. 신청하세요.

베이징이 2008년 올림픽 개최권을 가져온 지 1년이 지나서 나는 양 기사의 딸이 보낸 이메일을 받았다. 나는 『뉴요커』의 기사에서 그도 언급했다. 그의 딸 영문 이름은 신디인데 지금 국립싱가포르대학의 공학대학원 과정에 등록했다.

당신은 싱가포르의 영어가 알아듣기 힘들다는 걸 아시나요? 우리는 그것을 싱글리시Senglish라고 불러요. 싱가포르 사람과 얘기할 때면 언제나 잘 알아듣지 못해요. 당신과 연락하면서 영어 실력을 향상시키고 싶어요.

중고 군복을 걸친 순박한 남자에게 외국에서 공부하는 딸이 있다는 것은 믿기 어렵다. 컴퓨터 언어에 관한 연구 상황을 물었을 때, 그녀는 다음과 같이 대답했다.

저의 모든 연구는 리눅스 체제에서 이루어져요. 리눅스에서 그래프가 더 안정적이기 때문이죠. 제가 현재 하는 프로젝트는 혼합 현실 mixed reality과 관련이 있는데, 한마디로 가상현실과 증강현실을 한데 뒤섞은 것이죠. 저는 특별한 방에서 작업하는데 천장에 추격 시스템이 있어서 초음파를 보낼 수 있어요. 당신이 완드를 가지고 있다면 그 추적 시스템은 당신의 위치를 찾을 수 있어요. 완드가 초음파를 받아들이기 때문이죠. (…)
따라서 제 프로젝트에서 저와 친구는 증강 세계에서 가상 세계로 진입하여 우리의 친구를 구원하려고 합니다. 우리는 가상 세계에서 적과 싸우고, 우리가 이기면 친구를 구원하여 증강 세계로 돌아올 수 있어요. 매우 흥미로워요.

◆

매 학기 나는 100통의 편지를 이전의 학생들에게 부친다. 해마다 나는 최소한 한 번씩은 푸링에 간다. 때로 제자가 현재 가르치고 있는 학교로 가서 그들을 만난다. 이러한 학교는 모두 외진 곳에 있다. 큰 눈에 웃는 얼굴의 학교 아이들이 방문객의 출현에 놀라 주변에 모여든다. 그들은 보통 4~5년 동안 영어를 배웠지만 여태까지 외국인을 본 적이 없었다.

내가 편지를 쓰고 찾아가는 이유는 내가 그것을 좋아하기도 하거니와 외국 특파원으로서의 나의 한계를 일깨워주기 때문이다. 그 거리는 피할 수 없다. 그것은 글쓰기의 특성이기에 균형을 유지할 방법을 찾아야만 한다. 그리고 내가 줄곧 마음속에 새겨둔 것은 교사와 작가라는 두 신분을 연결시켜주었던 최소한의 믿음이었다. 한 사람이 다른 언어를 배우고 다른 장소에 가면, 심지어 가는 것을 상상하기만 해도, 그는 새로운 시각을 얻는 기회를 찾을 수 있다. 그는 정보를 오해할 수 있고, 그 자료는 그를 혼란스럽게 할 수 있다. 나는 그러한 상황이 발생하는 것을 끊임없이 목도했다. 그러나 만일 인내심, 결심과 양심을 가지고 바깥을 한 번이라도 본다면 누군가를 도와 이 세상과 더불어 더 쾌적하게 살 수 있다.

2001년에 중국 교육부는 영어 학습을 확대할 계획을 공표했다. 초등학교 3학년부터 의무적으로 영어 수업을 받게 했다. 결과적으로 모든 중국 대학생 외에 2억 명 이상의 중국 어린이가 영어를 공부하고 있다(대조적으로 외국어를 공부하는 미국 대학생은 9퍼센트도 안 된다). 새로 반포한 중국 교육과정에서 교육부는 영어를 배우는 이유가 주로 외부 세계와의 교류를 준비하는 데 있다고 강조했다. 교육과정에서도 외국어 교육은 "개성을 발전"시킬 수 있다고 언급했다.

베이징에서 나는 장롄중이라는 교육부 관리를 방문하여 이 새로운 계획을 얘기했다. 그는 영국에서 대학원을 다녔기에 유학 생활을 흥미진진하게 얘기했다. 내가 '개성^{individuality}'이란 단어에 대해 물었을 때, 중국 교육에서 이는 새로운 개념이라고 인정했다.

"프랑스인의 휴머니즘 개념과 같아요. 공문에서 우리는 아직 '개인주의'라는 단어를 쓴 적이 없습니다. 그것은 중국에서 부정적 함의를 갖기 때문이죠. 그래서 에둘러 표현했어요. 외국어를 배우면 개인의 독립을 발전시키는 데 도움이 된다고 말하죠. 우리는 각자의 독특한 개성을 강조하고 싶어요."

과거 몇 년 동안 나는 쓰촨과 충칭에서 온 편지 수백 통을 받았다. 제자들이 쓴 것도 있지만 그들의 제자들이 쓴 편지를 더 많이 받았다. 우편물의 소인은 각지에서 찍혔으며, 이름을 알 수 없는 작은 마을이나 잊힌 도시에서 왔다. 모든 학생이 자신만의 독특한 영어로 썼다.

> 저의 영어는 약간 진보했습니다. 그러나 관용어와 상용어가 배우기 어렵다고 생각합니다. 예를 들면 'have a cold'와 'catch a cold' 같은 경우입니다. 'have a cold'는 당신이 어떤 것을 갖는 것이고, 'catch a cold'는 당신이 어떤 것을 하는 것입니다. 먼저 감기에 걸려야만 감기를 얻을 수 있습니다. 제게 가르쳐주실 수 있는지요? 부탁드립니다.

> 저의 이모는 영어를 열심히 배워야 한다고 말합니다. 제가 영어를 잘 배워두면 노르웨이의 수도 오슬로에 갈 수 있습니다. 오슬로에 가기 위해 영어를 잘 배우고 싶어요. 그러나 제가 잘 배우지 못할까 걱정됩니다. 절 도와주길 바랍니다. 제게 조언 좀 해주세요.

저는 충칭의 슈산제일중학에서 공부하는 중국 여학생입니다. 선생님 제자 쩡빙이 저의 영어 선생님입니다. 저는 열여섯 살이지만 키는 고작 145센티미터입니다. 어떤 학우들은 저를 비웃지만 저는 화를 내지 않아요. 저는 그들에게 내가 전성기를 캡슐화한 인물이라고 말하죠. 이것이 자신감이라고 생각합니다. 저는 자신감이 필요합니다. 자신감이 성공의 필수 조건이기 때문이죠.

✦

2002년 10월에 윌리엄 제퍼슨 포스터는 새로운 공책을 사서 '미국의 소리' 방송을 기록했다. 그 기록은 갈수록 길어졌고 상세했다. 11월에 이르러 새로운 요소가 첨가되었다.

4
부

2002년 11월 2일
"자유의 이름으로 아메리카합중국은 한 연대를 인솔하여 그의 무장을 해제하다."
중국 노동자 한 명이 승용차를 1년에 1.5대 제조하는 데 반해서, 미국 노동자는 1년에 25대를 제조할 수 있다.

2002년 11월 10일
내 딸이 오후 2시 25분에 웨칭에서 태어났다. 나는 매우 흥분했다.
필리핀. 소형기가 오늘 아침 이륙하기 전에 충돌하여 최소한 탑승객

열네 명이 사망했다.

2002년 11월 14일
오늘 나의 딸은 괜찮다. 딸이 어젯밤에 잠시 울었다고 한다. 딸은 우유를 좋아하고 너무 많이 먹는다. 딸이 사랑스럽다.
(…) 제16회 공산당 대회가 폐막할 때 뉴스가 발표되었다. (…) 신화통신사의 중국 관리는 중국 주석 장쩌민이 퇴임할 것이라고 확인했다. (…)
유엔 사무총장 코피 아난은 이라크와 무기 검사관의 협력은 중요한 문제라고 말했다.

2002년 11월 19일
오늘 수업은 많지 않다. 딸이 매우 건강하다. 낸시와 나는 드디어 딸의 이름을 결정했다. 다이웨찬戴悅燦. 딸이 일요일에 태어나 장래가 촉망되며 평생 행복하기를 바라는 의미다. 몇몇 동료가 내 딸을 보러 왔다. 그들이 딸을 칭찬하여 나는 매우 행복했다.
부시 대통령은 프라하에 가서 나토 정상회의에 참가했고, 수많은 동유럽 국가를 초대하여 동맹에 가입하게 했다.

2002년 12월 15일
오늘 우리는 딸을 데리고 택시를 타고 간염 예방주사를 맞히러 현지 병원에 갔다. 그러나 주말이기 때문에 그놈의 의사는 휴가였다.

2002년 12월 19일

내일은 내 딸이 출생한 지 만 40일이 된다. 우리는 사진관에 가서 딸의 사진을 찍었다. 이 사진은 중요하다. 웨찬이가 태어나 찍는 첫 사진이기 때문이다.

부시가 오늘 이라크의 무기 선언에 대해 처음으로 공개 논평을 발표할 것이라 예측했다.

한번은 내가 원저우에 갔을 때 윌리엄이 내게 이 노트를 보여주었다. 나는 그에게 왜 아버지 일기와 '미국의 소리' 필기를 함께 썼냐고 물었다. 그는 딸이 자라면 이를 재미있어 할 것이라고 말했다.

"딸이 과거에 발생한 수많은 일을 기억하는 데 도움을 줄 거예요. 그때가 되면 세계는 다르게 변하겠지요. 이는 딸에게 주는 진실한 역사 교과서죠. 그 아이나 이 세계에 관한 역사책이죠."

◆

학년 말, 즉 대학 입시 전에 윌리엄 동료가 유익한 정보를 가져왔다. 원저우 교육국에서 새나온 정부 문서였다. 그 종이엔 시험 문제 중의 한 단원이 명확하게 쓰여 있었다.

다시 한번 윌리엄은 그 문건을 가지고 학교를 떠났다. 그러나 이번에는 그것을 원저우의 유선텔레비전 방송국에 팩스로 보냈다. 「제로 디스턴스 Zero Distance」라는 진상 폭로 프로그램이었다. 이런 프로그램이 중국에서 유행하고 있었다. 기자들은 당이나 정부 고위층을 직접 공격할 수는 없었지만 종종 지방 부패를 폭로했다.

　팩스를 보낸 뒤 윌리엄은 이 방송국에 전화를 걸었다. 조심하기 위해서 그는 공중전화를 사용했고, 본명 밝히는 것을 거부하고 단지 '시골에서 올라온 교사'라고만 말했다. 그는 방송국에서 기자를 파견해 학생들이 시험장을 떠날 때 그 학생들과 인터뷰하라고 건의했다. 학생들의 손에서 문건이 확인되면 빼돌린 사실을 증명할 수 있었다.

　그 커닝 사건이 「제로 디스턴스」에 의해 폭로된 뒤 몇몇 지방 신문에서 보도를 냈다. 『난징주보南京週報』에서는 이러한 기사를 실었다.

「원저우 고등학교 입학시험 문제 유출 사건 조사」

6월 12일 오후 2시 34분 원저우 유선방송국 「제로 디스턴스」 프로그램에서는 모 중학교 영어 교사의 전화를 받았다. 이 교사는 실명을 밝히길 꺼렸으나 심상치 않은 내막을 제공했다. (…)
기자는 조사 과정에서 그 신비한 사람이 매우 조심성이 많아 팩스와 전화 모두 공중전화를 사용했음을 알았는데, 기자는 그를 찾을 방법이 없었다.

　몇 개월이 지나서야 윌리엄은 그가 한 일을 내게 얘기했다. 그 사건이 폭로된 뒤 공안이 원저우 학교로 와서 조사를 벌였다고 말했다. 그들이 찾으려는 것은 익명으로 제보한 팩스가 아니라, 문제를 유출한 발원지임을 알았기 때문에 그는 특별히 걱정하지 않았다고 한다. 나는 그에게 왜 위험을 무릅썼냐고 물었다.

"시골 학생을 위해 그랬어요. 이러한 일이 발생하면 도시 학생만 정보를 얻게 됩니다. 이는 시골 학생에게는 불공평해요."

잘못 베낀 글자

천명자의 형제자매 가운데 아직 살아 있는 사람은 한 명뿐이다. 이유는 모르겠지만 자오 선생은 그의 다른 친척을 언급한 적이 없다. 그러나 상하이박물관의 관원은 천명자의 동생이 아직 베이징에 산다고 알려줬다. 그의 이름은 천명슝이다. 천 씨 5형제 모두 이름 첫 자에 '멍夢' 자가 들어갔다. '꿈'이라는 뜻이다.

천명슝은 은퇴한 수문지질학자이며 중국과학원의 회원이기도 하다. 1946년에 그는 양쯔강 유역의 싼샤에서 조사 작업에 종사했다. 당시 미국 엔지니어의 도움을 받아 국민당은 싼샤에 댐을 건설하려고 했다. 그 계획의 영문은 'Yangtze Vally Authority'(양쯔강 정비 계획)로 미국 '테네시강 정비 계획Tennessee Vally Authority'에서 이름을 땄다. 멍슝의 작업은 수리 공정 소재지에 대한 지진의 잠재적 위험을 평가하는 것이었다.

85세의 그는 여전히 몸집이 크다. 큰 키에 백발이고, 말할 때 두꺼운 두 손을 끊임없이 흔든다. 우리는 쌴환로에 있는 그의 작은 아파트 거실에서 만남을 가졌다. 그의 아내가 차 두 잔을 내주고선 예의 바르게 인사한 뒤 다른 방으로 사라진다. 천밍슝은 감기에 걸려 피곤하다며 약간 경계심을 보인다. 나는 짧은 인터뷰가 될 것임을 감지했다.

그는 내게 천 씨의 유일한 가족사진을 보여준다. 시간 감각을 포착할 수 있는 모든 방식 중 누구에게라도 가장 강렬한 것은 대가족의 사진일 것이다. 1920년대의 중국에서는 특히나 더 그러하다. 가족사진에서 검은 비단 장삼을 입은 부모가 정중앙에 앉았다. 아버지의 검은 수박 모자는 청나라의 세월을 회상케 해준다. 그의 발치에는 펑퍼짐한 아이 복장의 멍슝과 막내 여동생이 있다. 멍자와 동생 멍쉐는 전통적인 중국 학생이 입는 길고 검은 장삼을 걸쳤다. 큰형 멍잉은 완전히 달랐다. 검은 안경을 끼고 양복에 넥타이를 맸다. 큰누나는 립스틱을 바르고 유행하는 헤어스타일에 좁은 옷깃이 달린, 잘 맞는 외투를 걸쳤다. 미국 대도시의 유행에 뒤지지 않는 차림이었다. 과도기의 가정, 과도기의 국가. 미래의 꿈, '夢'.

✦

천밍슝은 1957년에 그의 형이 번체 중문을 옹호한 뒤 우파 분자로 확정되었다고 말한다. 당은 그를 허난성으로 보내 노동개조를 받게 했다.

"거기에서 2~3년을 보냈어요. 무엇을 했는지는 정확히 모르지만, 거기에 머무는 동안 고고학을 연구할 방법을 찾았을 겁니다. 몇 년 동안 저는 바쁘고 책임진 일이 많아서 당은 제게 모자를 씌우지 않았어요.

무슨 뜻인지 아시죠? '다이마오쯔^{戴帽子}', 즉 '누군가에게 모자를 씌우다'라는 뜻입니다. 일단 우파의 모자를 쓰면 일할 수가 없어요. 다행스럽게도 저의 작업이 필요했기에 모자를 씌우지 않은 겁니다.

저는 멍자 형님이 언제 돌아왔는지 정확히 기억하지는 못합니다. 그러나 그들은 1963년에 그 모자를 벗겼어요. 그 몇 해 동안 우리는 서로 만나지 못했지요. 그전에 형님은 늘 사교적이었는데 돌아온 뒤에는 말수가 적어졌어요."

노인은 기침하고는 차를 한 모금 마신다. 우리는 이미 30분 동안 이야기했는데, 대부분은 가족, 그리고 그의 연구와 관련된 내용이다. 이는 그가 처음으로 정치를 언급한 말이다. 그러나 그 얘기는 다시 멀어져간다. 노인은 형이 갑골에서부터 경극에 걸쳐 광범위하게 흥미를 가진 것에 대해 회상했다. 그는 명대 가구를 잠시 얘기한 뒤 표정이 엄숙해진다.

"형님은 소장품을 국가에 헌납하겠다고 항상 말했지요. 그러나 최후에 자오 선생은 그것들을 상하이박물관에 팔았어요. 나와 그는 본래 친구였는데, 그 뒤론 아닙니다. 형님은 그 가구를 기증하려고 했지, 팔려고 하지 않았어요. 저는 그 뒤부터 자오 선생과 말한 적이 없어요."

상하이에서 그 관원이 내게 말하기로는 루시자오가 원래는 남편이 쓴 편지에 따라 가구를 기증할 계획이었지만 갑자기 마음을 바꾸었다고 했다. 관원은 루시의 동생 자오 선생이 그녀를 설득한 거라고 믿었다. 그녀가 세상을 떠난 뒤 자오 선생은 가구를 박물관에 주고 많은 돈을 가져갔다. 나는 천밍슝에게 그가 왜 그랬는지 묻는다.

"그가 탐욕적이었기 때문이죠."

천밍슝이 거침없이 말한다. 그는 천밍자의 일부 편지와 사진이 베이징의 판자위안 골동품 시장에 나왔다고 설명한다. 자오 선생은 쓰허위안의 가정부가 훔쳐다가 팔았다고 주장했지만, 그 사건은 천명승을 격노시켰다. 베이징의 한 신문에서 이러한 분쟁을 보도한 바 있다.

상하이박물관 관원은 가구를 기증하고 싶다는 바람을 비친 천명자의 편지를 복사하여 내게 주었다. 내 배낭에 들어 있던 편지를 꺼내서 천명승에게 보여준다. 노인이 안경을 쓴다. 갑자기 방 안에 적막감이 돈다.

"어디서 났어요?"

"마청위안이 제게 준 겁니다."

그는 형의 필적을 주시한다. 시간이 느리게 흐른다. 그는 그 날짜를 천천히 읽는다. 1966년. 천명자가 자살한 해다. 노인이 말한다.

"저는 이 편지를 본 적이 없어요. 한 부 복사해도 될까요?"

✦

중국에서 사람들은 불쾌한 기억과 직면했을 때 종종 우회적으로 얘기한다. 묘사도 마치 줄이 땅에 느슨하게 떨어지는 것처럼 이완되어 듣는 사람은 상상력을 발휘하여 연결시켜야 한다. 때로 가장 중요한 세부 내용은 완전히 생략된다. 그러나 일단 중국인이 입을 떼기로 결정하면 그들의 솔직함을 당해낼 수 없다. 그들은 흔히 감정을 보이지 않고 곧바로 직언한다. 모종의 원인으로, 형의 편지를 보고 나서 천명승은 그 얘기를 결코 놓칠 수 없다고 생각한다. 이어서 한 시간 동안 전혀 피곤을 느끼지 못하고 말한다.

"형님은 우파에서 복권된 뒤 매일 글을 썼어요. 그는 갑골문과 고고에 관한 글을 끊임없이 썼으며, 다른 것에는 신경 쓰지 않았죠. 그가 사후에 남겨놓은 수많은 자료는 대부분 출판되지 않았어요."

그는 루시자오도 몇 년 동안 글을 썼다고 말한다. 그러나 1966년 여름이 되자 그들은 더 이상 도피할 수 없었다. 천명자의 개인 배경이 자연스럽게 목표물이 되었다. 그는 미국에서 다년간 지내며 골동품을 수집했고, 게다가 번체 중문을 옹호했다.

"그해 8월에 홍위병이 반사구反四舊 운동을 시작했죠." 천명승이 회상한다. "저도 비판받았어요. 제 큰아들이 아홉 살이었는데, 아들에게 형님 집에 가서 경고하라고 했어요. 형님 집에는 수많은 고화, 고서와 골동품이 있었기 때문입니다. 형님에게 그것들을 던지거나 감추라고 전하라 했죠. 아들이 돌아오더니 모두 괜찮다고 말하더군요."

노인이 창밖을 바라본다. 그의 거친 손이 안절부절못한다.

"저는 그날 밤에 일이 발생한 것으로 믿습니다." 그는 천천히 말했다. "기억이 분명치는 않아요……."

그가 잠시 생각하고는 마침내 입을 연다.

"확신합니다. 그날 저녁 명자 형님의 첫 번째 자살 시도가 있었습니다. 수면제를 삼켰지만 죽진 않았어요. 그들은 그를 병원에 보냈지요. 이튿날 소식을 듣고 형님 집에 갔는데, 문에는 비판하는 대자보가 붙어 있었죠. 문 안으로 들어간 후에야 그 집을 홍위병이 차지하고 기지로 삼고 있음을 알게 되었죠. 그들은 곧바로 저를 잡으며 말하더군요. '잘 됐어, 쯔터우뤄왕自投羅網, 스스로 그물에 걸려들다니.'

형수님도 그 자리에 있었어요. 그들은 형수님과 저를 정원의 의자에 앉게 하더군요. 먼저 우리 머리카락을 절반 잘랐습니다. 그때 그런 짓을 인양터우^{陰陽頭}라고 불렀는데, 일상적인 처벌이었죠. 연후에 그들은 혁대를 빼내 우리를 때리기 시작했어요. 처음에 그들은 여기……."

노인은 혁대의 가죽 끝을 만진다. 그러고는 손을 버클로 쓱 옮긴다.

"잠시 뒤에 그들은 여기, 쇠가 있는 부분으로 바꾸었죠. 피가 흐르기 시작하더군요. 제 머리를 때리기 시작했는데 당시 하얀 셔츠를 입었어요. 여름이었거든요. 온 셔츠에 피가 묻었죠. 그들은 저만큼 루시의 머리를 때리진 않았습니다. 잠시 뒤 저는 상처가 심하게 나는 바람에 부근의 진료소에 가서 싸매겠다고 부탁했어요. 그러지 않으면 피를 너무 많이 흘릴 것이라고 설명하고 곧장 돌아오겠다고 맹세했어요. 그들은 겨우 허락하더군요. 진료소에 있을 때 일하던 직장에 전화를 걸었더니 그들은 곧장 사람을 파견했습니다. 그들이 홍위병에게 제가 호인이라고 설명해주자 홍위병은 저를 풀어줬지요. 집으로 돌아오는 길에 제 아내를 만났습니다. 당신이 방금 봤던 사람이 아니라, 당시의 아내였어요. 저는 그녀에게 빨리 귀가하라고 했죠. 그때는 두렵고 위험한 시기였습니다. 밤새도록 그들이 문을 두드리고 사람 때리는 소리를 들을 수 있었어요.

멍자 형님은 한동안 병원에서 지냈습니다. 그러나 배경 때문에 그들은 병원에서 쫓아내더군요. 나는 다시는 그 집에 가지 않았어요. 불가능했죠. 일주일 뒤에 형님은 자살했어요. 집에 가정부가 있었는데, 제 생각에 그녀가 발견했을 겁니다. 제가 소식을 듣고도 집에 가보지 못했어요. 저 자신도 비판받았기 때문이죠. 그 와중에 무슨 장례를 치르겠어요."

◆

천명슝은 공산당 당원이다. 그의 형이 자살할 때는 당원이 아니었다. 뒤에 1970년 정부가 그를 다시 쌴사의 거저우댐 공사장으로 파견할 때도 아직 당원이 아니었다. 그는 이전처럼 지진의 위험성을 평가하는 일을 책임졌다. 그러나 이번에 그는 국민당이 아닌 공산당 정부에서 이 임무를 수행했다. '양쯔강 정비 계획'이란 명칭은 이미 역사가 되었다. 신중국에서 어느 누구도 미국인의 계시를 받은 이름 사용을 허락하지 않았다.

수문지질학자는 표준화된 데이터 시스템을 써서 지진의 위험성을 표시한다. 천명슝은 거저우댐의 위험 지수를 '6'으로 평가했다. 아슬아슬한 숫자였다. 지수가 '7'이라면 댐은 반드시 항진 시설을 갖춰 다시 설계해야 한다. 천명슝의 평가가 나온 뒤 그 공사의 부주임은 데이터를 '5'로 고치게 했다. 천명슝은 거절하고는 한동안 자신에게 나쁜 결과를 가져오지 않을까 걱정했다. 그러나 그때 다른 어지러운 일이 너무 많았기 때문에 그는 정치 투쟁의 화를 피하게 되었다.

거저우댐의 간부는 '삼동시三同時'라고 불리는 전략을 채택했다. 동시 조사, 동시 설계, 동시 시공을 말한다. 과거에 사람들은 이를 직선형으로 보았다. 먼저 조사하고 이어서 설계한 다음 시공한다. 그러나 문화대혁명 기간에 옛 규정은 적용되지 않았으며 간부들은 조사, 설계와 시공을 동시에 진행해야 한다고 믿었다. 따라서 천명슝이 조사하는 동안 노동자들이 동시에 구덩이를 파고, 구덩이를 파는 동안 엔지니어들이 설계했다. 1973년에 저우언라이는 결국 이 작업을 포기하도록 명령했다. 3

년 동안 시간을 들여 그들은 아무것도 얻지 못했다. 개혁 개방 이후 댐 공사가 다시 시작되었다. 전체 공사는 1988년에 와서야 완성되었다.

그 10년 동안에 나이가 칠순이 넘은 천명승은 끝내 공산당에 가입했다. 그는 신앙 때문에 입당한 것이 아니라, 단순히 지질광산부에 있었기 때문이다. 그는 당원의 신분을 필요로 하는 위치에 이르렀다. 입당하지 않았다면 어떤 회의에는 참석할 수 없었을 것이다. 지금의 대다수 중국인과 마찬가지로 그는 진정으로 실용주의 정치를 믿는다.

1920년대에 찍은 가족사진을 보고, 청대의 예복과 양복을 보고, 밝고 젊은 얼굴과 자랑스럽게 생각하는 나이든 부모를 보노라니, 그 시간과 그 재능들이 어디로 달아났는지 의혹이 든다. '夢.'

✦

천명승의 얘기는 형의 사망에서 그치지 않는다. 그는 차 한 모금을 마시고 계속 말한다.

"제 아내는 그해에 사고가 났어요. 그녀는 계급 배경이 좋지 않았어요. 부친은 유명한 서예가이고 일찍이 국민당 정부에 몸을 담았기에 성가신 문제가 많았죠. 1957년 정치운동이 시작될 때 저는 마침 집을 떠나 일했고, 아내와 아이만 베이징에 남았습니다. 그녀는 반우파 운동에 충격을 받아 정신병이 생겼어요. 병원에 1년 입원한 뒤 조금 나아졌습니다. 그전에 물리 교사였으나 더이상 가르칠 수가 없었죠. 다른 직장으로 옮겼습니다.

1966년 명자 형님이 죽은 지 오래지 않아 직장에서는 그녀에게 카본지에 혁명 가곡을 베껴 쓰게 했지요. 가사는 '마오 주석 만세, 만세, 만만세! 마오 주석 만세, 만세, 만만세!' 같은 가사들이 중복되었지요. 그런데 그녀가 한 글자를 잘못 썼어요. 그녀는 '만' 자를 '무' 자로 썼어요."

멍숭이 두 글자를 내 수첩에 쓴다.

万岁

만세^{萬歲}. 그러고는 다시 두 글자를 쓴다.

无岁

무세^{無歲}. 번체자의 '만^萬'과 '무^無'는 조금도 닮지 않았지만 간체자는 혼동하기 쉽다. 1966년은 중국이 간체자를 실시한 지 10년도 되지 않았을 때다. '무'는 아무것도 없다는 뜻이다. 그녀의 실수로 그 가사는 '마오 주석 무세'로 바뀌었다.

"곧장 구류되고 허베이성으로 하방되어 5년의 시간을 보냈어요. 그중 한동안은 돼지우리에 갇혔지요. 1970년대 초에 그녀가 집으로 돌아왔으나, 이전과 같은 사람이 아니었습니다. 결국 건강이 악화되어 임종 전에 거의 식물인간이었어요. 그녀는 1982년에 사망했습니다."

그 노인은 유머와 전혀 상관없는 건조한 중국인 웃음소리를 낸다. 그것은 사람들이 때로 불쾌한 기억들에 반응하는 방식이다.

"끔찍한 시대였어요. 수많은 사람이 죽고 저명한 학자와 예술가를 잃었죠. 현재 중국의 젊은 세대는 누구도 천멍자에 대해 몰라요. 그들은 그의 시나 학술 연구를 모릅니다. 그가 죽은 지도 거의 40년이 됐군요."

패튼 장군의 무덤

워싱턴에서 우리의 일상 중 하나는 관광이었다. 나는 올 때마다 최소한 하루는 짬을 내서 시내를 돌아다니고 폴라트가 가고 싶어하는 곳을 방문하곤 했다. 알링턴 국립공동묘지는 그의 목록에 들어 있던 마지막 목적지다. 그는 혼다 승용차를 몰고 나를 태워 먼저 노천 카페에 가서 점심을 먹었다. 그때는 완연한 6월이었다.

폴라트는 최근에 이사하고 일도 바꿨다. 그는 여전히 6번가의 차이나타운에 살고 있지만, 옆 건물로 이사했다. 위구르족 친구 집 2층에서 사는데, 이전에 중국 주인집에 세들었던 때보다 상황이 훨씬 더 좋아졌다. 아직 배달을 하지만 지금 일하는 곳은 '스파이스Spices'라는 아시아 레스토랑이고 손님이 주는 팁도 비교적 높다. 주인은 싱가포르 화교로 처음 미국에 와서 베트남 식당에서 접시 닦이를 했지만 지금은 자영업하는 백만장자가 되었다. 폴라트가 처음 그 집에서 일할 때 사장이 이런 이력을 얘기해줬다. '스파이스' 배달원들은 1시간에 5달러를 받고 팁이 추가된다.

지난 두 달 동안 혼다 승용차는 여러 번 수리되었다(1000달러가 들어갔다). 게다가 주차 위반 벌금도 끊임없이 누적되었다(300달러가 더 들어갔다). 그러나 폴라트는 영어 실력이 늘었고 문제 처리에도 갈수록 자신감이 생겼다. 최근 어느 날 저녁에 배달시킨 사람이 돈을 주지 않고 음식물을 받은 다음 고맙다고 말하고는 문을 잠가버렸다. 폴라트는 문밖에서 잠시 기다린 뒤 노크하기 시작했다. 그 남자는 끝내 문을 열고 돈이 없다 말하곤 다시 문을 잠갔다. 폴라트는 다시 문을 두드리며 큰 소리로 경찰을 부르겠다고 소리쳤다. 그 남자는 마침내 나와서 돈을 내주며, '농담'이라고 말했다.

폴라트 생각에는 9·11 테러 이후 워싱턴의 소수민족 중에서 중동이나 중앙아시아인으로 보이는 이민자들 상황이 가장 최악이었다.

"위구르족은 일을 찾기가 갈수록 어려워졌어요. 모하마드라는 제 친구가 최근에 한 직장에 지원했는데 한 백인이 지원서의 이름을 보더니 머리를 들고는 '오, 모하마드'라고 말하더군요. 그는 전화로 통지하겠다고 말했으나 여태 전화가 없어요. 이러한 상황이 자주 발생해요."

나는 시간이 흐름에 따라 호전될 것이라고 말했으나, 폴라트는 고개를 흔들었다.

"바뀌지 않을 겁니다. 이런 느낌이 없어질 것이라고는 믿지 않아요. 시간이 흐를수록 깊어지면 몰라도요. 사람들이 텔레비전에서 그 사진을 보고 뉴스에 나오는 '빈라덴'이나 '이슬람교'라는 단어를 들을 때마다, 그런 느낌은 더 깊어질 겁니다."

그의 아내가 비자를 신청하여 미국에서 만나는 일은 여전히 진전이 없었다. 이민국의 수속이 늦어지면서 몇 개월 동안 차이나타운과 신장 사이의 긴박한 심야 국제 통화는 끊임없이 이어졌다.

점심을 반쯤 먹었을 때 그는 일어서서 주차 시간 자동 표시기를 확인하러 갔다. 밥을 먹은 뒤 우리는 햇빛 아래 앉아 얘기하며 그에게 미국에 온 걸 후회하느냐고 물었다.

"위구르 속담에 '후회하는 남자는 진짜 남자가 아니다'라는 말이 있어요. 걱정할 건 없죠. 미국으로 온 모든 이민자는 처음엔 힘들 것이고 처음 몇 년 동안은 누구나 다 고생할 것이라 믿습니다."

✦

중국 정부는 끊임없이 미국에 압력을 넣어 위구르족의 독립 지지 단체를 반테러 전쟁 리스트에 넣으라고 강요했다. 1월 말에 중국의 국무원은 보고를 발표하여 '동투르키스탄 이슬람 운동East Turkestan Islamic Movement', 혹은 ETIM이라 불리는 조직이 오사마 빈라덴의 돈과 무기를 받았다고 주장했다. 중국 정부의 견해에 따르면, ETIM은 과거 몇 년 동안 신장에서 발생한 일련의 테러 활동의 배후자다.

그 보고가 발표된 이튿날 ETIM의 지도자는 라디오 '프리 아시아'와 전화로 인터뷰했다. 그의 이름은 하산 마숨이다. 그는 소재지 노출을 거부했는데, 중앙아시아 어디에든 있을 수 있었다. 인터뷰에서 그는 이 조직이 오사마 빈라덴이나 알카에다로부터 어떠한 자금 지원도 받은 적이 없다고 강조했다.

"우리는 탈레반과 아무런 관계도 없습니다. 우리 문제도 해결하기 바쁩니다."

나는 하산 마숨, ETIM 혹은 중국 국무원에게 지명된 다른 위구르 조직에 대해 전혀 모른다. 과거 10년 동안 신장의 폭동은 모두 산발적이고 익명으로 발생했다. 정식 조직은 그 폭동을 주도하지 않았다. 이는 분석하기 어렵다. 외부 세계가 아는 것이라곤 자질구레한 소식이며 사리에 맞지도 않다. 이슬람교 근본주의자 테러리스트로 추정되는 사람이 미국이 원조하는 방송국에서 자신의 주장을 펴는 것은 이상해 보였는데, 이는 오사마 빈라덴이 자신의 녹음 테이프를 알자지라가 아닌 '미국의 소리'에 보내는 것과 같았다. 이러한 연결은 이치에 맞지 않다. 중국은 ETIM이 오사마 빈라덴과 연관이 있다고 말하고, ETIM은 라디오 '프리 아시아'에서 이를 반박했다. 라디오 '프리 아시아'는 미 상원의원 제시 헬름스와 기타 애국적인 미 보수주의자가 지지하는 방송이다. 어떤 내용은 번역에서 빠지기도 했다.

✦

미국에 돌아올 때마다 나는 이 국가의 역사에 항상 구멍이 있음을 나의 관점에서 보게 됐다. 공항에서 나는 더 많은 국기와 경찰 인력을 보았다. 뉴욕과 워싱턴 등의 도시 도처에 쳐진 바리케이드도 보았다. 새로운 용어가 출현했다. 테러와의 전쟁, 악의 축, 오렌지 경보, 애국자법. 나는 조국에서 비행기를 타고 고향에 내렸다. 나는 항상 국가들이 그런 말을 사용하는 것은 좋지 않은 징조라고 생각했다. 그리고 중국에서 살

면서 나는 사람들이 끔찍한 일이 일어난 날들에 사로잡히면 건강하지
못하다는 것을 확신하게 되었다. 이러한 관찰은 거리를 두고 본다면 더
수월하다. 2001년 9월 11일 미국에서 역사적 사건이 발생했지만 그때
나는 고향에 있지 않았다.

중국에서 나는 줄곧 외국인의 입장에서 관찰했다. 지금 내가 트라
우마에서 회복 중인 국가로 돌아와 보니 이곳 사람들은 반항과 기억을
통해 정비하고 있었다. 사건의 진상은 밝혀지지 않았으나 음영이 드리
웠다. 증거는 아주 중요하지만 스토리도 중요했다. 밖에서 돌아온 나는
자의적인 말들 때문에 종종 놀란다. 우연의 일치와 혼란, 강조된 사건과
소실된 사건. 의미와 혼돈 사이의 구분은 종종 모호했다.

내가 처음에 중국에 살 때 중국이 미국과 얼마나 다른지에 대해 놀
라곤 했다. 그러나 여러 해 동안 두 나라 사이를 오가면서 나는 어떤 유
사점을 발견했다. 많은 미국인과 중국인이 실용적이고 형식에 구애되지
않으며 가벼운 유머 감각을 갖고 있었다. 두 나라 사람들은 낙관적인 경
향이 있고, 부지런히 일한다. 사업의 성공은 자연스럽게 이루어졌고, 물
질주의도 마찬가지였다. 그들의 애국주의는 대개 경험이 아니라 신념을
바탕으로 한다. 외국에 사는 양국 사람은 상대적으로 적지만, 그들은
여전히 그들의 나라를 깊이 사랑했다. 그들은 나쁜 관광객으로 변하는
경향이 있었다. 곧 불평하기 시작하고 적응도 더디다. 외국에 관한 그들
의 첫 번째 질문은 일반적으로 '당신은 우리를 어떻게 생각합니까?'였
다. 중국과 미국은 지리적으로 떨어져 있지만, 양국의 문화는 너무나 강
대했다. 그래서 양국 사람들은 다른 사람의 관점이 어떠한지 상상하기
어려웠다.

그러나 이 양 국가는 눈에 뜨일 만큼 잘 단결했다. 그들은 광대한 영토, 수많은 소수민족과 그 언어를 포괄했다. 하지만 그 어떤 엄밀한 군사나 정치 역량도 그것을 오랫동안 지속시킬 수는 없었다. 대신 일부 특정한 사상이 사람들을 한데 응집시켰다. 한족이 그들의 문화와 역사를 얘기할 때 나는 미국인이 민주주의와 자유에 대해 얘기하는 방식을 연상했다. 이것이 기본적인 가치관이었으나 그것들 역시 신념의 특성을 지녔다. 만일 당신이 간쑤의 고고 유적지나 플로리다의 선거 현장을 본다면, 그 저변에 깔린 무질서 요소를 보았을 것이다. 양국은 모두 말솜씨 좋은 강력한 인물이 있었다. 그들은 다양한 불안을 무마시켜 자신에 관한 감동적인 스토리를 창조했다.

이것도 양국이 실패에 적절히 대응할 수 없는 원인 가운데 하나였다. 일이 잘못되기만 하면 사람들은 혼돈에 빠져 허둥지둥했다. 아편을 실은 배와 커터 칼을 가진 사람을 보기만 해도 기괴한 충격에 빠졌다. 자신의 세계를 통제하고 조직하는 데 길들여진 문화를 가진 사람들에게 이 사건으로 인한 상처는 심각했다. 중국인이 자신의 역사와 문화에 등을 돌린 것처럼, 극심한 위기를 만났을 때 미국인이 민주주의와 자유를 훼손하는 조치를 취한 것은 어쩌면 당연했을 것이다.

그러나 최악의 순간조차도, 위구르족과 같은 변방 집단에게 역사가 어떤 모습인지 살짝 보여주는 것에 불과했다. 폴라트의 관점에서 세계는 항상 자의적이고 예측할 수 없었으며 앞으로도 늘 그럴 것이었다. 그해 여름 8월에 그는 베이징의 내게 전화를 걸어 그의 아내가 이혼을 요구했다고 말할 것이었다. 그녀는 기다림에 지쳤으며 게다가 중앙아시아에서 미국으로의 이민도 2년 전보다 그다지 장점이 없었다.

이후 같은 달에 미국 국무차관 리처드 L. 아미티지는 베이징을 방문하여 미국은 ETIM으로 알려진 위구르 집단을 반테러 전쟁의 적으로 지명했다고 선포할 것이었다. 수많은 분석가가 이 결정은 중국이 신장 소수민족을 더 많이 탄압하게 만드는 빌미가 될 것이라 생각하며 비판할 것이었다. 그러나 미국은 유엔에서 이라크와 관련된 변론을 준비해야 했고, 중국은 안보리에 영구한 자리를 갖고 있었다. 베이징에서 아미티지는 기자에게 "전반적으로 중국과 미국의 반테러 협력에 좋은 그림이 그려질 것으로 보인다"라고 말했다.

그러나 워싱턴의 6월 오후에는 이 모든 것이 아직 미래의 일이었다. 날씨는 화창하고, 하늘에 구름 한 점 없었다. 폴라트는 그의 혼다 승용차를 운전해 포토맥강을 지나 알링턴 국립묘지로 갔다.

✦

우리는 존 F. 케네디의 무덤 앞에서 장시간 머물렀다. 국립묘지는 붐볐지만 그 '영원히 꺼지지 않는 불'을 보면 사람들은 조용해졌다. 속삭이는 말, 화강암에 닿는 발소리만 들렸다.

그곳을 떠난 뒤 폴라트의 눈에서 광채가 났다.

"20년 전에 케네디 묘소에 참배하고 싶다고 말했는데, 드디어 오늘 왔네." 그는 자랑스럽게 말했다. "신장에서 영화를 보았고 책도 읽었는데, 그의 사인에 관해 여러 가지 추리를 하더군요. 어떤 사람은 그가 KGB나 CIA에게 암살되었다고 합니다. 그러나 제가 관심 있는 건 케네디가 자유를 신봉한 사람이라는 점이죠. 그는 죽지 말았어야 한다고 항상 느껴요."

알링턴의 다른 명소를 가보고 싶은지 묻자, 그는 패튼 장군의 묘 옆에서 사진을 찍고 싶다고 말했다.

"1990년대 초반에 패튼의 영화가 위구르어 자막으로 상영된 적이 있어요. 우리에게 큰 영향을 미쳤죠. 영화 속 패튼은 자신이 공산주의를 얼마나 증오하는지 얘기했어요. 공산당 근거지를 얼마나 파괴하고 싶은지를요. 이는 위구르 지식인에게 큰 의미가 있죠. 우리가 50년을 겪은 문제이기 때문입니다. 제 친구와 저는 영화의 그 대목에 대해 서로 얘기했지요."

나는 묘지 관리원을 찾아 패튼의 묘가 있는지 물었다. 그 사람은 우리를 흘겨보았다.

"여기에 없어요."

"그럼 어디에 있나요?"

"패튼의 무덤은 룩셈부르크에 있습니다."

폴라트는 옆에서 지켜보며 곤혹스러운 표정을 지었다. 나는 설명해주려고 했지만 룩셈부르크를 중국어로 어찌 말하는지 몰랐다.

"유럽의 작은 나라인데 벨기에에서 가깝죠. 패튼은 아마 그곳에서 죽었을 겁니다. 사실 저도 잘 몰라요."

폴라트는 어깨를 으쓱해 보였다. 이어서 우리는 30분 동안 묘지를 돌아다녔다. 오후 햇빛 아래 늘어선 묘비는 유골처럼 하얗게 빛났다. 우리는 주차장에서 혼다 승용차를 찾았다. 석양 그림자가 길게 늘어지기 시작할 때 우리는 차를 몰고 차이나타운으로 돌아갔다.

어린 시절 임레 갈람보스는 모스크바에서 5년을 지냈는데, 그때 그는 소련 서부영화를 좋아했다.

"제목이 「잡을 수 없는 복수자들The Uncatchable Avengers」인데, 주인공이 서너 명 나오고 아름다운 서부영화의 모든 요소를 갖췄어요. 똑같은 카우보이, 말 타는 장면. 그 영화는 1918년에서 1922년의 소련 내전을 배경으로 하고 있어요. 영화에는 총격전도 있으며 선량한 사람은 언제나 탈주할 계획을 세우죠. 주인공이 어린아이예요. 백군의 행동을 파괴하는 10대들이죠. 집시, 소녀, 지식인이 있었는데 이들은 러시아에서 정치적으로 정확한 인민의 전형입니다."

갈람보스는 어떤 전형적인 종족에도 속하지 않는다. 그는 2분의 1은 헝가리인, 4분의 1은 카자흐인, 4분의 1은 타타르인이기 때문이다. 어린 시절 대부분을 당시 공산주의를 실행한 모국 헝가리에서 보냈다. 대학

시절에 그는 중국에서 공부한 뒤 캘리포니아대학 버클리캠퍼스 대학원에서 공부했는데, 박사 논문은 고대 한자의 발전에 관한 것이다. 현재 영국도서관에서 일하며 둔황 문헌을 관리한다. 둔황 문헌은 1900년대 초 중국 서부에서 발견된 불교 전적으로 1000년의 역사를 가지고 있다.

중국인은 이러한 전적이 영국박물관에 수장된 일에 대해 매우 민감하게 생각하여 항상 그것을 "약탈당한 것"이라 말한다. 그러나 갈람보스는 너무 경솔한 견해로 여긴다. 국민당 시절에 정부가 허약하고 부패하여 관리들이 유물 판매를 승인하여 외국인에게 팔았기 때문이다. 도덕적으로 그러한 행위에 대한 사람들의 느낌이 어떻든 그 과정은 합법적이었다. 문헌과 돈을 주고받은 교역은 모두 기록되어 있다. 현재 갈람보스는 베이징의 국가도서관과 협력하여 둔황 문헌의 '가상 자료실' 웹사이트를 만들고 있다. 진짜 유물은 영국에 있지만, 컴퓨터를 통해 전 세계 모든 사람이 그 영상을 볼 수 있다.

갈람보스의 관심은 골동에 그치지 않는다. 그는 각종 형식의 텍스트, 과거와 현재, 공식과 비공식의 텍스트를 연구한다. 그는 컴퓨터 언어에 대해서도 전문가이며 지금은 서하문西夏文을 공부하고 있다. 이는 중국 서부에서 출토된 각문에서 발견된 죽은 언어다. 그는 또한 위구르어를 공부하고 있다. 베이징에 왔을 때는 각종 식당의 메뉴를 수집하여 일반 사람들이 글자 쓰는 방식을 분석했다. 그는 규범에서 벗어난 글자들, 즉 실수와 오기에 관심이 많다. 때로 그는 해적판 DVD를 사서 원래의 뜻과 완전히 다른 중문 자막을 살펴본다. 한번은 갈람보스가 「시몬 Simone」의 베이징 해적판을 베껴 쓰고는 영어 대화와 중문 자막을 서로 비교했다.

(소리): 제가 바로 기조연설자였습니다. '누가 인류를 필요로 합니까?'라는 제 연설을 기억하셔야 합니다.

(자막): 저는 스피드의 왕입니다. 나의 스피드가 인류를 대표한다는 것을 당신은 기억해야 합니다.

(소리): 시몬은 젊었을 때 제인 폰다의 목소리, 소피아 로렌의 몸매, 아, 그레이스 켈리와 같은 은혜로움, 오드리 헵번과 같은 얼굴을 갖고 있었는데, 그것이 천사처럼 한몸에 조합되어 있었어요.

(자막): 시몬은 클론 플루터의 젊은 목소리, 사파레어링의 몸매, 매우 우아한 켈리의 우아함, 알티펩번의 얼굴을 갖고 있는데, 천사에 조합되어 있어요.

메뉴와 해적판, 역사와 영화, 언어와 고고학은 모두 관련되어 있다. 그 과정이 얼마나 임의적이든 간에 텍스트는 의미를 창출한다. 우리가 베이징에서 대화하던 중에 갈람보스가 묻는다.

"무엇이 현실입니까? 바로 대량의 데이터입니다. 내게 깊은 영향을 준 철학가 에른스트 카시러가 『언어와 신화』라는 책을 썼어요. 기본적으로 그의 관점은 언어 자체가 현실을 창조한다는 겁니다. 예를 들면 명사 같은 단어를 가지려면 반드시 개념이 있어야 합니다. 개념을 형성함과 동시에 어떤 것을 창조할 수 있지요. 그것이 바로 창조의 과정입니다. 환경 속에서 어떤 것을 찾아 그것에 호칭을 붙이게 되는데, 이렇게 하여 주위에서 현실 세계를 창조합니다. 어렸을 때 당신은 단지 말을 배울 뿐만 아니라, 현실을 인식하는 방법도 배우게 됩니다. 이것은 컴퓨터 언어와 같은데, 내재적인 프로그램이 당신을 사고하게 만들죠.

이는 언어학 관점에서 낡은 개념이라 많은 사람이 이제는 그것을 믿지 않아요. 하지만 저는 어느 정도 진실성을 갖고 있다고 생각해요. 당신이 어떤 특정한 감각이나 색깔을 표현할 글자를 찾지 못할 경우에 그 감각이나 색깔을 주시하지 않을 것이며, 그것도 배후에서 드러나지 않을 겁니다. 이것이 글자의 기능입니다. 그것들은 사물을 두드러지게 만듭니다. 그렇지 않으면 그러한 사물은 모호한 데이터일 뿐이죠. 컴퓨터 언어로 말하면 그것들은 이해할 수 없는 데이터죠. 따라서 언어는 당신의 브라우저입니다."

◆

갈람보스는 5개 언어, 즉 헝가리어, 영어, 중국어, 일본어, 러시아어로 말하는 데 유창하다. 그가 외국어를 배운 동기는 연구와는 거의 관련이 없다. 그는 헝가리에서 병역을 면제받기 위해 중국어를 배웠다. 일본어는 일본인 여자 친구를 사귀었을 때 배웠다. 중국인 아내와 함께 미국으로 이주한 뒤에 그의 영어가 유창하게 늘었다. 오늘날 그 여성들은 그의 인생에서 떠나갔지만, 언어는 남아 있다.

20~30대 때 갈람보스는 세계 각지를 돌아다니면서 새로운 언어와 기능을 학습했다. 그동안에 그의 본국도 변화했다. 헝가리는 더 이상 공산 국가가 아니다. 어린이는 더 이상 소련 서부영화를 보지 않는다. 병역 의무가 없다. 근년에 갈람보스는 부다페스트로 돌아갔고 그곳에서 원격으로 영국 도서관 일을 한다. 부다페스트에서 그와 동거하는 여자 친

구는 20년 전의 고등학교 동창이다. 내가 그에게 왜 돌아갔느냐고 묻자, 그의 대답은 간단하다.

"저는 어른이 되고부터 내내 집이 없었어요. 그래서 집에 머무르기로 결정했습니다."

다년간의 외국 경험으로 다른 문화를 비교하는 데 능숙하다. 그는 중국인과 미국인 학생을 모두 가르쳤다. 그는 그가 중국인 사이에서 느꼈던 문자언어에 대한 관계성이 미국인에게는 없다고 말한다. 중국인에게 문자는 문화 정체성의 뿌리인 것으로 보였지만, 많은 미국인 학생은 자기 나라의 고전문학 작품에 친숙하지 않았다. 나는 미국 문화 가운데 한자와 비견할 만한 것이 있는지 묻는다.

"영화일 겁니다. 미국에서 영화는 매우 중요해요. 사람들이 세계의 정보를 얻는 방식이자 루트죠. 만일 당신이 한 미국인에게 어느 주제에 대해 묻는다면, 가령 불교를 묻는다면 답변은 언제나 영화에서 나옵니다. 그들은 「리틀 붓다 The Little Buddha」를 언급하거나 그들이 봤던 영화를 말할 겁니다.

영화가 창조하는 네트워크는 중국에서 전통적으로 창조한 텍스트와 같다고 생각합니다. 중국 텍스트에서 진실에 대한 견해는 다른 텍스트에서 나옵니다. 그 세계에 사는 학자들은 그들의 문화를 하나의 망으로 봅니다. 그들은 물질세계에 살지 않으며 물질세계를 얘기하지 않아요. 얘기하는 것은 모두 역사와 문자입니다. 그리고 영화에 대한 미국인의 견해도 같아요. 영화 속의 인물은 언제나 다른 영화를 얘기합니다. 미국에는 '영화 공간'과 같은 거대한 현실이 있어요. 이번에 그것은 정말로 커져서 독립하여 존재하는 세계로 변했어요. 수많은 사람은 그것을 통해 현실을 경험하며, 저도 그렇습니다. 미국에 있을 때 수많은 영화를 봤는데, 현실이 바로 미국 영화와 같다고 느꼈어요. 당신이 무슨 말을 하면 저는 '오, 어느 영화가 생각난다'고 대답할 것입니다. 꿈과 현실이 한데 뒤섞인 듯하죠. 모든 일에 대해 당신은 그러한 느낌, 기시감을 갖게 됩니다.

영화는 글쓰기입니다. 둘은 목적이 같은데 언어만 다를 뿐이죠. 중국에서 서사가 가장 흥성했던 때는 그들이 자신을 새롭게 정의할 필요가 있었던 시기인데, 그것은 수동적인 것이 아니라 능동적인 창조입니다. 그것은 기록일 뿐 아니라 다시금 과거를 사고하고 현재를 창조하는 것이죠. 그것은 현재를 증명하기 위해서이고, 사고 체계를 수립하기 위해서입니다. 그래서 미국에는 「진주만」처럼 사람들을 미국인으로 느끼도록 하는 영화들이 있습니다. 그것은 문자, 서적의 기능과 흡사하죠. 그러나 영화는 사람들의 기억을 오래가게 만드는데, 그것이 좀더 시각적인 언어이기 때문입니다. 그것은 또한 사람들이 가치관을 결정하는 방식 중의 하나입니다. 당신은 이러한 모형과 양식을 가지고 있어 수시로 사용할 수 있어요. 영화는 책과 마찬가지로 당신에게 언어를 줍니다. 당신은 그것으로 자신의 개성을 분석할 수 있고, 그것으로 이해하고 전시하거나 표현할 수 있겠지요."

✦

나는 처음에 인터넷 사이트에서 갈람보스를 알게 되었다. 어느 날 오후 구글에서 천명자를 검색하니 'www.logoi.com'이라는 웹사이트가 나왔다. 웹사이트의 편집자 갈람보스에게 연락한 결과, 우리가 함께 알고 있는 사람을 발견했다. 버클리에서 그는 갑골문 학자 데이비드 N. 키틀리에게 배웠었다.

갈람보스가 웹사이트를 만든 목적은 언어학습용 소프트웨어를 팔기 위해서다. 그는 또한 중국 문자 체계에 관한 자료들을 올려놓았다(천 명자의 인용이 바로 그곳에 있었다). 오래지 않아 그는 미국 청년들로부터 종종 특정한 요청을 담은 이메일을 받기 시작했다.

하이, 보고서를 쓰고 있는데, A부터 Z까지 중문 자모가 필요합니다. 도와주시면 좋겠습니다.
감사합니다.

중문 자모나 자형을 찾고 있습니다. 어느 사이트에 숨어 있는 건지 찾기가 힘드네요. 어디에서 찾을 수 있는지 가르쳐주시면 고맙겠습니다.
감사합니다.

문신을 새겨서 최근에 죽은 친구를 기념하고자 합니다. 저는 DeAndra, Love, Angel의 문자, 상징 부호나 글자를 알고 싶어요. 이 글자들을 중문 문신으로 새기게요. 저를 도와줄 수 있으신지요?

갈람보스는 그들에게 이메일을 보내 웹사이트에 더 많은 자료를 올려놓았다고 회신했다. 그는 중문은 자모가 없고, 수천 자로 조성된 표의

문자 시스템이라고 설명했다. 하지만 그것은 실수였다. '중문'과 '자모'를 함께 올리는 바람에, 심지어 그런 것이 있음을 부인하는 맥락에서조차, 그는 구글 검색을 통해 누구라도 단어를 찾을 수 있음을 보장해버렸다. 지금 사람들의 요구 사항은 엄청나게 많아졌다.

중문 자모, 최소한 이 세 자모를 보내주실 수 있나요? (⋯) 저는 C와 D, G가 필요합니다. 고맙습니다. 제 딸이 이 자모를 원하는데 등에 문신한답니다.

R의 중문 자모가 간절히 필요합니다. 어디에서 찾을 수 있는지 알려주시면 좋겠습니다. 대단히 감사합니다.

오늘 12시까지 '생일 축하합니다'라는 중국어를 제게 보내주실 수 있으신지요? 감사드립니다.

저의 고양이 스모키가 최근에 죽었습니다. 저는 스모크나 스모키 중문 글자를 그 고양이의 유골함에 넣으려고 하는데, 저를 도와주실 수 있으신지요?

중국 군대에 관한 자료를 보내주시기 바랍니다.

헬로, 저는 'Hi'와 'Low'의 중문 글자를 찾아서 문신하려고 하니 도와주십시오. 그리고 'Fear no man'과 'Only the strong survive'가 있으면 회신 부탁드립니다.

당신이 중국인에 관한 것을 올려놓아야 한다고 생각합니다. 예를 들어 최초의 황제는 누구이며, 기타 중요한 인물 등등. 저는 이 사이트에 들어가서 최초의 황제가 누구인지 검색했지만 찾을 수 없었어요. 그래서 저는 이 사이트가 '고대적'이라고 생각하지 않습니다.

'House Music'의 중문 스펠링은 무엇인지요?

갈람보스는 인내심을 가지고 답장했다. 중문에는 자모가 없어 수천 개의 글자로 조합된 표의문자 시스템이라고. 그러나 사람들은 이러한 대답을 받아들이지 않고 화를 냈다.

당신 사이트는 형편없어! 나는 지금 중문 자모를 원한다고!

일부 중문 이름만 올리다니 당신 사이트는 구린내가 나는군요.

당신 웹사이트는 썩었어!!!!

하이, 당신의 웹사이트에 한 가지 건의하겠습니다. 참 멍청하군요. 당신의 사이트는 중문 자모로 어떻게 부릅니까, 어디에 있습니까? 사람들이 찾고자 하는 것은 중문 자모이지, 그것이 왜 존재하지 않는지에 대한 당신의 설명이 아닙니다. 사람들에게 중문 자모를 주세요.

갈람보스의 친구도 그것이 좋은 생각이라고 여겼다.

"그가 '넌 왜 그 사람들에게 주지 않니?'라고 말하더군요." 갈람보스가 기억을 떠올린다. "그래서 우리는 앉아서 생각해봤죠. 무엇을 '중문 자모'라 부를 수 있는가. 어떤 사람은 중문 인코딩 페이지를 보내자고 건의하더군요. 그것은 유니코드 값, 즉 각 글자에 부여된 숫자입니다. 또 누군가는 그들에게 1만3000개의 중문 글자를 보내 그들의 받은편지함을 폭파시키라더군요."

결국 갈람보스는 공격적인 생각을 접었다. 그럼에도 자신의 그러한 반응에 대해 약간 부끄럽게 생각한다. 어쨌든 그는 근엄한 학자이자 고대 문헌의 큐레이터다. 그러나 미국인은 끊임없이 그에게 중문 자모를 요구했다. 분명히 그러한 수요는 존재했고, 무언가를 제공하는 것은 그에게 달려 있었다.

그는 웹사이트에 서실리아, 제러미 등 일부 영어 이름의 중문을 올려놓고 각기 10달러의 가격표를 매겼다. 처음에는 장사가 안 되었다. 한 달에 200달러가 통장으로 들어왔다. 그는 사이트를 다시 디자인하면서 인명 이외의 중국 글자도 추가해 올렸다. 그는 또한 그 사이트를 전략적으로 설계하여 구글에서 'Chinese Symbols'라고 써넣으면 그의 사이트가 바로 떴다.

"매달 600달러가 통장으로 들어왔어요. 저는 멋지다고 생각했죠. 뒤에 다시 한번 설계했더니 매달 수입은 대략 1500달러로 늘었어요. 8월에 중문 부호에서 나온 수입만 대략 2000달러였습니다. 그저 100개가 좀 넘는 영어 단어였을 뿐입니다. 필요한 것을 골라 사면 2주 동안 유효한 웹페이지에서 다운로드할 수 있고, 다른 용도로도 쓸 수 있습니다. 가장 인기를 끈 단어는 '사랑' '믿음' '운명' '친구' '형제' '형' '동생' '자매' 같은 것이었죠. 때로는 '하느님'과 '예수'도 있었습니다. '성령'을 올렸지만 사는 사람이 없어 내렸습니다. 서양의 황도 12궁을 올려놓은 날, 전부 다 그것을 사려 하더군요. 저는 멋지다고 생각했어요. 그래서 그 사이트를 스페인어로 번역하여 또한 스페인 사람들의 주문을 받기도 했지요. 그리고 저는 또 아이디어가 떠올라, 일문 부호를 올렸습니다. 현재 수입의 20퍼센트는 아마 그곳에서 나올 겁니다. 한 글자를 2.5달러에 팔고, 한 번에 최소한 네 개의 부호를 구입해야 합니다. '운명' 같은 경우는 2.5달러죠.

헝가리에 있는 제 누이의 생활 형편이 좋지 않아서 웹사이트를 누이에게 줬어요. 버는 돈은 나눌 생각입니다. 이어서 저는 이집트 부호와 마야 부호도 올려놓으려고 합니다. 왜 안 하겠어요? 대부분은 문신용으로 사 가지만 가끔 디자이너들도 삽니다.

이 사이트를 만든 지 거의 1년이 되어갑니다. 나중에 어느 중국인이 인터넷에서 유사한 장사를 하는 걸 봤습니다. 그러나 그 중국인은 중국 글자 자체를 파는 게 아니라 글자를 컵, 펜, 티셔츠나 다른 물건에 새겨 넣더군요. 개념을 이해하지 못한 거 같아요. 사람들이 원하는 것은 컵이나 티셔츠가 아니라는 걸 말이죠. 그들은 단지 그러한 글자만 원할 뿐입니다. 중국인의 입장에서는 말도 안 되는 소리죠. 그것은 당신이 알파벳 B를 몽골인에게 파는 것과 같습니다."

차

노인의 친구는 차를 베이징에 있는 내게 보내주었다. 소포 안에는 안후이성 황산에서 딴 차 두 봉지가 들어 있었다. 늦봄은 차를 수확하기에 가장 좋은 계절이다. 내가 탄 비행기가 태평양을 가로지를 때 나의 배낭은 신선하고 코를 찌르는 듯한 차 향기로 가득 찼다.

워싱턴에서 폴라트를 방문하는 동안 나는 잠시 시간을 내서 버지니아주 레스턴에 있는 은퇴한 노인의 집으로 갔다. 남색 카펫, 흰 벽, 휠체어 바퀴. 그곳이 사람에게 주는 느낌은 균일하고 따분했으며 노인에게서 느껴지는 느낌 또한 그러했다. 나는 조용한 복도를 지나 823호 아파트에 도착했다. 문에는 성조기와 '2001년 9월 11일'이란 글씨가 붙어 있었다.

우닝쿤이 문밖에 나와서 내가 건네준 차를 받으며 기쁘게 웃었다.

"예전에 중앙연구원에서 끓여주던 그 차군요. 이 녹색을 보세요. 아름답지 않나요? 곧 붉은색으로 변하겠지만 신선할 때는 바로 이런 모습입니다."

그는 차가 그리운 중국의 것이라고 말했다. 이 밖에 그는 미국 생활에 대해 큰 불평을 품지 않았다. 내가 앉자 그는 프랑스 브랜디 레이날 두 잔을 따랐다.

✦

우닝쿤은 자신을 '전시의 부당 이득자'라고 부르길 좋아한다. 1937년에 일본군이 그의 고향 장쑤성을 침략하고 성도 난징에서 대학살을 저질렀다. 당시 17세의 우닝쿤은 서쪽으로 도피했다. 그의 유년기는 결코 즐겁지 않았다. 7세 때 어머니가 자살했다. 피란 생활은 이 청년에게 새로운 시작을 부여했다. 쓰촨에서 고등학교를 졸업하고 쿤밍의 대학에 들어가 영어를 전공했다. 그는 당시 쓰촨에 주둔하며 일본군과 싸우던 미국 '플라잉 타이거즈' 의용 조종사의 통역을 맡았다. 전후에 우닝쿤은 인디애나주 맨체스터대학의 장학금을 받았는데, 학교에서 유일한 외국 학생이었다. 1948년에 시카고대학에서 영문학 박사 과정을 시작했다. 이러한 것들은 바로 우닝쿤이 전쟁에서 얻은 이익으로서, 엄밀히 얘기하자면 교육적 이익이었다.

1949년 이후 미국에 있던 중국 청년과 마찬가지로 우닝쿤은 곤란한 결정의 기로에 처했다. 루시자오를 포함한 일부 시카고대학 졸업생들은 신중국으로 돌아가기로 결정했다. 그녀는 베이징에서 우닝쿤이 귀국해 교편을 잡을 것을 권했으며 마침내 그도 응했다. 당시 그는 논문 「T. S. 엘리엇의 비판적 전통」을 완성하지 못했다. 그의 대학원 친구 리정다오라는 청년 물리학자는 샌프란시스코에서 그를 전송했다. 우닝쿤은 그에게 왜 미국에 남기로 결정했느냐고 물었다. 그는 "다른 사람에게 세뇌당하고 싶지 않다"라고 대답했다.

이야기는 계속 이어졌다. 1955년에 우닝쿤은 반혁명 분자로 지목되었고, 1957년에는 우파가 되었으며, 1958년에 노동개조소에 보내졌다. 이어서 20년 동안 그는 감옥에 있지 않으면 오지로 추방되었다. 그는 몇 번이나 아사지경에 처했다. 그러나 그와 부인 리이카이는 모두 살아남았다. 아무리 비판당하고 처벌을 받았어도 리이카이는 자신의 천주교 신앙을 포기하겠다고 말하지 않았다.

1990년에 맨체스터대학은 우닝쿤에게 명예 문학박사 학위를 수여했다. 그는 대학의 초청으로 학교에 머무르며 영문 회고록 『눈물 한 방울』을 썼고, 애틀랜틱 먼슬리 출판사에서 출판했다. 책이 나오자, 베이징의 직장에서는 그의 연금과 주택거주권을 취소해버렸다. 우닝쿤과 부인은 미국에 남기로 결정했는데, 성년이 된 세 자녀도 이미 미국에서 공부하고 나서 정착해 있었다. 1996년에 우닝쿤과 리이카이는 미국 시민이 되었다.

우닝쿤은 이따금 '미국의 소리'에 기사를 보냈다("원고료는 내 술값이죠"). 방송에서 한번은 내 첫 책에 대한 평을 했는데, 뒤에 그 서평을 복사하여 내게 부쳐주었다. 그 연락으로 인해 나는 과거로 가게 되었다. 우닝쿤은 나에게 대학원 시절 루시자오 및 천명자와의 우정에 대해 얘기했으며, 이로 인해 나는 이 갑골문 학자의 스토리를 추적하기로 결정했다.

82세의 우닝쿤은 짙은 백발이며 과거를 얘기할 때는 상대방을 무장

해제시키듯 큰 소리로 웃는 경향이 있었다. 다년간의 끔찍한 박해는 그에게 어떤 영향도 남기지 못한 것 같았다. 그는 세뇌당하지 않으려고 미국에 머문 젊은 물리학자 리정다오의 얘기를 즐겨 말했다. 1957년 우닝쿤이 우파로 지목되었던 해 리정다오는 역사상 두 번째로 젊은 노벨상 수상자가 되었다.

✦

"천멍자와 나의 큰누님 루시자오를 위해 건배!" 우닝쿤은 루시자오를 큰누님으로 불러 그녀에 대한 애정을 표시했다. 우리는 잔을 들었다. 그리고 그는 일어나 책상 앞으로 가서 편지 두 통을 꺼내주었다.

"이것은 모두 개인적인 편지입니다."

루시자오가 1990년대 초에 쓴 중문 친필 편지였다. 한 통은 헐리는 장면을 내가 직접 봤던 옛 쓰허위안뿐 아니라 우닝쿤의 책에 관한 내용이었다.

저는 아직도 당신의 책에 흥분하고 있습니다. (…) 당신과 이카이가 베이징에 오면 저의 집에서 지낼 수 있어요. 지금 서쪽 방은 객실이고 시설이 잘 되어 있습니다. 그리고 두 분은 저와 함께 식사할 수 있어요.

"저는 언제나 그녀를 동정했습니다. 저는 자오 선생이 그녀를 잘 대해주지 않았다고 생각했어요. 루시자오의 말에 따르면 그녀의 부친은 원래 쓰허위안을 그녀에게 주려고 했지만, 그때 그녀는 천밍자와 함께 지냈어요. 그래서 조상 대대로 내려오던 집을 남동생에게 양보했죠. 천밍자가 자살한 뒤 그녀는 집을 잃어 남동생 부부와 함께 살 수밖에 없었죠. 자신들은 가장 좋은 자리를 차지하고 그녀에겐 작은 채를 주었어요. 그녀를 잘 대해주지 않았죠. 세 사람은 심지어 같은 식탁에서 밥을 먹지도 않았어요. 문화대혁명 직후 과부가 된 누나인데, 그들은 그녀에게 더 신경 썼어야 했어요! 그녀에게는 단지 두 칸의 작은 방밖에 없었죠."

그는 계속해서 말했다.

"성격이 완전히 달랐어요. 자오 선생과 부인은 마작 놀이를 좋아했고, 완리 등 유명 인사와 테니스 치는 것을 좋아했으며, 영어를 가르치는 일에는 신경 쓰지 않았어요. 루시자오가 휘트먼을 번역할 때 그들은 마작 놀이에 바빴죠!"

그는 다시 브랜디를 한 모금 마셨다. 그의 작은 아파트는 두 문화를 대표하는 장식품으로 가득 찼다. 서가에는 중국어와 영어책이 있다. 조지프 브로드스키, 장쯔거, 블라디미르 나보코프, 쉬즈모, 존 키츠. 한쪽 벽에는 교황과 함께 찍은 리이카이의 사진이 걸렸고, 멀지 않은 곳에는 그들의 세 아이와 가족사진이 있었다. 두 아이는 백인 미국인과 결혼했다("이들은 혼혈아입니다." 우닝쿤은 손자들의 사진을 가리키며 말했다). 다른 벽에는 시인 왕쩡치의 서예 족자가 걸렸다.

往事回思如細雨,
舊書重讀似春潮.

지난 일 회상하니 가랑비 같고,

옛 책 읽으니 봄 조수 같도다.

나는 우닝쿤에게 천명자의 자살 소식을 언제 들었냐고 물었다.

"문화대혁명이 끝나기 전이죠. 제가 안후이에 있을 때 소문으로 들었어요. 그가 유일하게 자살한 사람은 아닙니다. 저는 그렇게 할 수 없었어요. 저는 쉽게 피살될 수 있었죠. 공산당이 총알을 모두 가졌으니까요. 그들은 언제라도 저를 죽일 수 있었어요. 그러나 저는 자살할 수 없었어요. 저의 모친은 그 길을 갔는데, 저는 모친처럼 할 수 없었어요."

그는 정치 투쟁이 종말을 고한 뒤 1980년에야 루시를 다시 만났다고 말했다.

갈골튼자

"저는 천명자의 이름조차 꺼내지 못했어요." 우닝쿤은 온화하게 말했다. "제가 가장 입을 떼기 힘든 것 중 하나였을 겁니다. 만약 제가 발생한 일에 대해 유감을 표시했다면 말이죠. 그것도 쓸데없고 무의미한 말인데, 다행히 그녀도 언급하지 않더군요. 그녀는 울지 않았어요. 그녀는 의지가 매우 굳었습니다."

✦

문화대혁명 이후 루시자오는 조현병에 시달렸지만 결국 회복되어 가르칠 수 있었고 쓸 수 있는 정도에 이르렀다. 아울러 1980년대에 그녀는 월트 휘트먼의 『풀잎』 중문 완역본을 최초로 출간했다. 1990년에 그녀는 모교 시카고대학을 방문하여 그 번역본을 가지고 강연했다. 이듬해

이 학교는 그녀에게 '뛰어난 공로상'을 수여했다. 그녀는 1998년 내가 베이징으로 가기 1년 전에 사망했다.

나는 이 여성을 이해하는 데 있어 전부 2차 자료에 의지했다. 어떤 것은 잔인했다. 천멍슝이 기억하고 있는 그녀는 뜰에 앉아서 홍위병에게 머리를 깎였다. 우닝쿤은 그녀가 얼마나 과거를 언급하고 싶어하지 않았는지를 말했다. 그러나 그녀의 진실이 밝혀지는 순간도 있었다. 1990년 방문 기간에 루시의 가이드를 맡았던 시카고미술관 직원 엘리너 펄스타인은 그녀가 매력적이고 쾌활했으며 그녀의 남편이 1940년대에 연구했던 상대 청동기 앞까지 왔을 때 표정이 바뀌었다고 말했다. 그러한 유물 앞에서 그녀는 감격해 말도 꺼내지 못했다. 그녀가 소유했던 『미 제국주의가 약탈한 우리 나라 은주 청동기 도록』은 문화대혁명 당시 빼앗겼다고 말했다.

내 조사의 시작 단계부터, 난 천멍자에게 일어났던 일을 밝혀내는 것이 너무 늦은 감이 있음을 알았다. 그의 이야기는 이미 지나가버린 정치 투쟁을 따라 소실되어 일종의 잃어버린 세대에 속했다. 지난 세기의 지식인 엘리트. 오늘의 중국은 미래의 스토리다. 신흥의 중산계급에 의해 추진된 실용주의가 종전의 이상주의를 대체했고, 신흥도시와 이주자들이 주목을 받는다. 에밀리와 윌리엄 제퍼슨 포스터 같은 청년들은 바뀌고 있는 국가에서 자신의 길을 찾고 있다. 기자로서, 그것은 또한 젊어지는 데 도움이 되었다. 그 작업에는 체력과 자유가 요구되었고, 이동하는 모든 사람과 보조를 맞출 필요가 있었다. 나는 가벼운 차림으로 여행한다. 가족도 없고 영구한 집이 없으며 사무실도 없다. 나의 사무실은 호주머니 속에 들어 있다. 면허증과 개략적인 몇 장의 허가증.

그러나 천명자의 이야기를 추적하고 옛 기억을 찾는 시간이 길어지면서 나는 생존한 사람에게 더욱 감사하게 되었다. 그 세대도 방황했다. 그들은 전란에서 도망치고 기근을 피하고 정치 동란에 숨었다. 그들은 서구의 사상을 중국의 전통과 조화시키려고 시도했다. 대부분의 사람은 실패했지만 그들은 존엄을 잃어버리지 않았다. 어쨌든 이상주의의 불꽃이 살아남았다. 나는 에밀리와 윌리엄 같은 청년의 몸에서 그러한 정신을 보았다. 그들이 처한 시기가 압도적인 실용주의 시기였음에도 불구하고, 그들은 여전히 옳고 그름에 신경 쓰고 있다.

동시에 더 이른 세대의 사람은 그들만의 방식으로 안정을 얻었다. 여하를 막론하고 그들은 모두 쉬고 있다. 조용한 휴식이다. 매번 노인과 인터뷰하고 나면 사건의 일상 세계 속으로 돌아간다. 하루아침에 생겨난 도시, 긴급 속보. 나는 일을 다르게 보는 관점이 있다. 이러한 모든 것은 시간을 따라 흘러간다.

노인 세대는 자신의 방식으로 기억을 다룬다. 스 교수는 타이완에서 인내심을 가지고 작업하여 그의 옛 안양 유적지 필기를 발굴했다. 왕쿤은 노부인의 거짓말을 서류철에 모았다. 천명승은 공산당에 가입했다. 리쉐친은 학계의 권위자로 등극했지만, 젊었을 때 쓴 비판을 후회할 만큼 그렇게 자부심이 강하지는 않았다. 자오 선생에 관해서는, 그가 누나와 자형에 대해 무례하게 행동한 것을 다른 사람들이 비난할 때, 나는 쓰허위안 철거가 우주의 보복이 아니었을까 하고 의심하지 않을 수 없었다.

그러나 모든 이야기는 여러 시각에서 볼 수 있다. 베이징에서 나는 천명자의 옛 제자 왕스민을 만났다. 왕스민은 일찍이 자오 선생과 상하이박물관 사이에서 교섭의 중개를 맡은 적이 있다. 그는 어느 누구도 자오 선생이 가구를 주고 돈을 받았다고 비난해선 안 된다고 말했다.

"그는 그렇게 할 권한이 있어요. 솔직히 말하면 그것이 좋든 나쁘든 다른 사람은 판단할 수 없어요."

나는 그의 관점을 이해할 수 있다. 누가 옳고 누가 그르다고 판정하기보다는 그 정치 투쟁이 생명, 우정과 가정을 얼마나 해쳤는지 이해하는 것이 훨씬 중요하다. 나는 왜 자오 선생이 차라리 테니스를 칠지언정 좋지 않은 기억 속에서 살아가려고 하지 않는지 이해할 수 있다. 모든 사람이 이와 같다. 나는 어느 생존자가 그 과거에 대하여 다른 반응을 보이는 것을 접한 적이 없다. 그 역사 사건은 상상하기 어려워 다른 세계에서 나온 듯했다. 그러나 나는 몸소 경험한 사람의 반응을 완전히 이해할 수 있다. 다양한 방식으로 복원하려고 노력하는 것은 인류의 본능이다.

그러나 나는 우닝쿤의 침착함에 특히 경의를 품었다. 그의 회고록은 베스트셀러는 아니지만 그것을 계기로 그는 과거를 정리했다. 어떤 작가, 특히 고통을 받은 사람에게 그것은 기본적인 창작 동기가 된다. 창작은 진상을 가려 산 자를 속일 수 있고, 그것은 훼손할 수도, 창조할 수도 있다. 그러나 의미 추구는 모든 결점을 초월하는 존엄을 갖는다.

우리가 얘기하는 동안 노인은 그의 삶을 후회하지 않는다고 말했다.

"만일 문화대혁명이나 반우파 운동이 없었다면 저 또한 훌륭한 학자가 되었을 겁니다. 저는 영국이나 미국 문학에 관한 책을 여러 권 출판했을 거예요. 그런들 어쨌다는 겁니까? 세상에는 이렇게 많은 책이 있는데요. 『눈물 한 방울』이 더 중요할지 모르죠."

우리가 브랜디를 마실 때 리이카이가 아파트로 돌아왔다. 그녀는 현지 천주교 성당의 활동에 참석하러 갔었다. 새로운 부제 16명의 서품식이었다. 그녀의 목엔 금빛 십자가가 걸려 있었다. 남편의 과거 얘기를 듣고는 고개를 흔들었다.

"나이가 많아서 저는 건망증이 심해요. 물건을 어디다 두었는지도 잊어버리고, 새로운 일을 잊어버리곤 해요. 그러나 옛날 일은 모두 기억하죠. 심지어 자질구레한 세부, 날짜, 시간까지도요. 제 딸은 어떻게 그렇게 많은 내용을 기억할 수 있느냐고 하더군요."

우닝쿤은 웃으며 브랜디를 마셨다.

"제 남편이 체포된 날은 1958년 4월 17일 오후 2시입니다. 그 시각을 저는 영원히 잊을 수 없어요. 저는 허베이 감옥으로 그를 세 번 면회간 것으로 기억합니다."

나는 우닝쿤에게 감옥과 노동개조소에서 어떻게 견뎠는지 물었다.

"저는 항상 두보, 셰익스피어, 딜런 토머스를 생각했습니다. 딜런 토머스가 그의 아버지가 죽었을 때 쓴 시를 아시나요? 제목은 「그리고 죽음은 우리를 지배하지 못하리라And Death Shall Have No Dominion」인데, 그 안에 '형틀에서 수난당하다'라는 구절이 있어요. 그것은 우리가 어떻게 행동하고 어떻게 행동해야 하는지와 관계가 있습니다. 비록 우리는 고생하고 수난당했지만 죽음은 우리를 지배할 수 없어요. 알고 있나요? 저는 시카고에서 딜런 토머스가 자신의 시를 낭송하는 걸 들었는데, 내 기억엔 그때가 1950년이에요. 몹시 감동적이었죠."

나는 그 웨일스 시인과 얘기한 적이 있냐고 물었다.

"없습니다. 저는 청중석에 앉았어요. 게다가 그는 당시 반쯤 취해 몸을 제대로 가눌 수도 없었어요. 그는 고난을 받았지요. 그의 입장에서 보면 생명은 무거운 부담이라고 생각합니다."

✦

휠체어 바퀴, 흰 벽, 남색 카펫. 은퇴한 노인의 집 바깥에 서 있으니 오후의 햇빛이 눈부셨다. 앞쪽으로는 전형적인 미국식 상점들이 늘어섰다. 버거킹, 세이프웨이 슈퍼마켓, 할리우드 비디오, 리도 피자, 신시내티 카페. 나는 편의점에 들어가 음료를 사서 노인 집 대문 앞의 벤치로 돌아와 앉았다. 시내버스는 몇 분을 기다려야 온다. 세 노부인이 근처 벤치에 앉아 있었다. 그들은 차를 기다리는 것이 아니라 한담할 뿐이다.

"맛있어요?" 그중 한 사람이 물었다. 나는 고개를 끄덕이며 음료를 한쪽에 놓았다.

"몸조심하세요." 다른 부인이 냉랭하게 말했다. 그녀는 뉴욕 억양이 심했다.

"누구 보러 이곳에 왔어요?" 세 번째 부인이 물었다.

"우닝쿤요. 우 선생과 리 부인을 아시나요?"

"물론이죠!"

"이곳 사람은 모두 우 선생을 알아요!"

나는 그 이유를 물었다. 노부인은 내가 멍청하다는 듯이 나를 흘겨봤다.

"책 때문이고, 시카고대학에 다녔기 때문이죠."

한 노부인이 사무적으로 말했다. 그녀의 목소리는 익숙하게 들렸다. 중서부 사람의 단조로운 발음. 나는 그들에게 그 책을 읽었는지 물어보고서야 곧바로 멍청한 질문이었음을 깨달았다. 버지니아주 레스턴이란 특정 지역에서 우닝쿤은 현지 작가였다. 나는 그들에게 우닝쿤의 책에 대해 어떤 견해를 갖고 있는지 물었다.

"나는 그 책을 좋아합니다." 한 사람이 말했다.

"그는 한평생 고생했어요." 중서부 방언을 가진 사람이 말했다.

"특히 그를 노동개조소로 보낸 그 단락이 그래요." 뉴욕 억양의 사람이 말했다.

버스가 오더니 문이 '치익' 소리를 내며 열렸다. 갑자기 그 이미지가 분명해졌다. 즉 세 자매는 실을 잣고 짜고 자르고 있었다. 나는 잠시 멍청히 있다가 대화를 어떻게 끝내야 할지 몰랐다.

"얼른 버스 타세요." 뉴욕 억양의 그 사람이 말했다. 그리고 나는 차를 탔다.

◆

베이징대학 도서관에서 한 친구가 두 권짜리 중역본 『풀잎』을 찾아줬다. 1991년에 출판됐으며 속표지에 눈에 띄게 번역자로서 루시자오가 표기되어 있었다.

1994년에 휘트먼을 연구하는 미국 학자 케네스 M. 프라이스가 베이징에서 루시를 방문했다. 그들의 담화는 나중에 『월트 휘트먼 쿼터리

Walt Whitman Quarterly』에 실렸다. 인터뷰 도중에 프라이스는 그녀에게 「끊임없이 흔들리는 요람 밖으로Out of the Cradle Endlessly Rocking」의 첫 단락을 어떻게 번역했냐고 물었다. 그 단락은 전체 시의 주어와 동사가 나오기 전에 먼저 22행으로 시작한다.

"그 구절을 한 단락으로 번역하기란 불가능합니다. 제가 말하고 싶은 것은 원작에 충실하려고 했지만, 반드시 중문의 유창성을 감안해야 한다는 것이죠."

나는 휘트먼의 원작을 다시 읽은 다음 중역본을 가져다가 사전의 도움을 받아 어려운 단어를 찾아서 가능한 한 루시가 번역한 그 시의 마지막 세 단락을 영어로 번역해보았다.

我, 痛苦和歡樂的歌手, 今世和來世的統一者,
所有暗示都接受了下來, 加以利用, 但又飛速地躍過了這些,
歌唱一件往事.

I, the singer of painful and joyous songs, the uniter
of this life and the next,
Receiving all silent signs, using them all,
but then leaping across them at full speed,
sing of the past.

갑골문 학자는 일찍이 그것은 음표이며 우리는 그것을 음악으로 편곡해야 한다고 말한 바 있다.

출처

『리버 타운River Town』에서 나는 에밀리를 '앤'이라는 가명으로 썼다. 푸링 사람들이 내 작품에 관심을 갖고 읽었다가 반발할 수도 있기 때문이다. 그 후 몇 년이 지나면서 내가 신중하지 못했음을 절감했고 『갑골문자』에서는 가명을 쓰지 않기로 결정했다 (그녀를 적절히 브론테로 복원시켰다). 혼란을 드려 죄송하다. 변명하자면 중국의 정치적 상황이 작가에게 수많은 불확실성을 가져온다는 점이다.

영어권 책에서 갑골문 학자 천명자의 이름은 가끔 Ch'en Meng-chia로 표기된다. 이 책에서 나는 표준적인 병음 Chen Mengjia를 사용했다.

베이징이란 도시는 국민당 시기에 난징이 수도가 되었을 때 '베이핑北平'으로 불렸다. 명확하게 하기 위해 나는 이 책에서 오로지 '베이징'이란 이름만 사용했다.

그리고 나는 각주를 달지 않았다. 왜냐하면 내러티브가 강한 논픽션에서는 산만해보일 수 있기 때문이다. 내 연구 대부분은 개인적인 인터뷰나 관찰로 이루어졌다. 그럼에도 나는 다양한 자료에 큰 신세를 졌다. 각 장에서 가장 유용했던 출처를 밝히고자 한다.

「유물 A: 지하 도시」

Clifford, Nicholas R., *A Truthful Impression of the Country: British and American Travel Writing in China, 1880-1949*, Ann Arbor: University of Michigan Press, 2001.

중국에 출판되지 않은 편지들을 읽고 인용할 수 있도록 허락해준 데이비드 N. 키틀리에게 감사드린다.

「중개인」

나토의 폭격과 뒤이은 항의에 관한 정보는 『월스트리트저널』 『파이스턴이코노믹리뷰』 『워싱턴포스트』 『뉴욕타임스』 『옵서버』에 나온 내용을 참고했다. 청두의 시위는 크레이그 사이먼Craig Simon의 석사 학위 논문 *He Who Climbs On a Tiger Might Have Trouble Getting Off: Chinese Nationalism, Protest and Control*(Harvard University, 2001)에 설명되어 있다.

위구르 역사에 대해서는 아래의 책에서 많은 도움을 받았다.

Benson, Linda, *The Ili Rebellion: The Moslem Challenge to Chinese Authority in Xinjiang 1944-1949*, Armonk, New York: M. E. Sharpe, Inc., 1990.

「유물 B: 문자의 세계」

Sima Qian, *Historical Records*(Raymond Dawson 역), Oxford: Oxford University Press, 1994.

Galambos, Imre, *The Evolution of Chinese Writing: Evidence from Newly Excavated Texts(490-221BC)*(박사 논문), University of California, Berkeley, 2002.

「미국의 소리」

Heil, Alan L., Jr, *Voice of America: A History*, New York: Columbia University

Press, 2003.

나는 제10대대의 구술 역사에 관해 그의 가족, 친척과의 인터뷰를 도와준 윌리엄 제퍼슨 포스터에게 감사한다.

「하루아침에 생겨난 도시」

선전과 중국 경제특구 전략의 역사에 대해서는 다음의 책 참조.

Reardon, Lawrence C., *The Reluctant Dragon: Crisis Cycles in Chinese Foreign Economic Policy*, Seattle: University of Washington Press and Hong Kong University Press, 2002.

_____, "The Rise and Decline of China's Export Processing Zones," *The Journal of Contemporary China* 5(November 1996): pp.281-303.

「할리우드」

현대의 위구르 문화와 그 계급 체계의 배경에 대해서는 다음의 책 참조.

Rudelson, Justin Jon, *Oasis Identities: Uyghur Nationalism Along China's Silk Road*, New York: Columbia University Press, 1997.

파룬궁과 정부의 단속 배경에 대해서는 아래의 책 참조.

Johnson, Ian, *Wild Grass: Three Stories of Change in Modern China*, New York: Pantheon Books, 2004.

「유물 D: 거북의 소리」

중국 고고학, 안양 발굴 그리고 초기 갑골문 학자의 역사에 대해서는 아래의 책 참조.

Bonner, Joey, *Wang Kuo-wei: An Intellectual Biography*, Cambridge: Harvard University Press, 1986.

Lawton, Thomas, "A Time of Transition: Tuan-fang, 1861-1911," *The Franklin*

D. Murphy Lectures XII, Lawrence, Kansas: Spencer Museum of Art, University of Kansas, 1991.

Li Chi, *Anyang: A Chronicle of the Discovery, Excavation, and Reconstruction of the Ancient Capital of the Shang Dynasty*, Seattle: University of Washington Press, 1977.

Liu E, *The Travels of Lao Can*, University Press of the Pacific, 2001.

Trigger, Bruce G., *A History of Archaeological Thought*, Cambridge: Cambridge University Press, 2000.

상 문화 및 갑골문의 배경에 대해서는 아래의 책 참조.

Chang Kwang-chih, *Shang Civilization*, New Haven: Yale University Press, 1980.

Keightley, David N., *The Ancestral Landscape: Time, Space, and Community in Late Shang China(ca. 1200-1045 B.C.)*, Berkeley: Institute of East Asian Studies, University of California Press, 2000.

_____, *Sources of Shang History: The Oracle-Bone Inscriptions of Bronze Age China*, Berkeley: University of California Press, 1985.

Loewe, Michael and Shaughnessy, Edward L. 공편, *The Cambridge History of China: From the Origins of Civilization to 221 B.C.*, New York: Cambridge University Press, 1999.

「밤에는 외롭지 않다」

繆永, 『我的生活與你無關』, 廣州: 花城出版社, 1998.

「쓰허위안」

베이징의 역사와 구시가 철거에 대해서는 Ian Jonson, *Wild Grass*에 의존했다. 그리고 다음의 책도 참조.

王軍, 『城記』, 北京: 三聯書店, 2003.

량쓰청과 린후이인에 대해서는 아래의 책 참조.

Fairbank, Wilma, *Liang and Lin: Partners in Exploring China's Architectural Past*, Philadelphia: University of Pennsylvania Press, 1994.

「유물 E: 청동 두상」

Bagley, Robert 편, *Ancient Sichuan: Treasures from a Lost Civilization*, Seattle: Seattle Art Museum in association with Princeton Uwniversity Press, 2001.

_____, "Shang Archaeology," *The Cambridge History of China: From the Origins of Civilization to 221 B.C.*, Michael Loewe and Edward L. Shaughnessy 공편, New York: Cambridge University Press, 1999.

Von Falkenhausen, Lothar, "On the Historiographical Orientation of Chinese Archaeology," *Antiquity* 67(1993): pp.839-849.

「유물 F: 책」

陳夢家, 『殷墟卜辭綜述』, 北京: 科學出版社, 1956.

考古所 편, 『美帝國主義劫掠的我國殷周銅器圖錄』, 北京: 科學出版社, 1962.

Paper, Jordan, "The Meaning of the 'T'ao-T'ieh'," *History of Religions* 18(1978): pp.18-41.

Wu Ningkun, *A Single Tear: A Family's Persecution, Love, and Endurance in Communist China*, New York: Atlantic Monthly Press, 1993.

「유물 G: 금 가지 않은 뼈」

천명자의 시는 영어로 출판되지 않았다. 나는 천명자의 많은 시를 번역한 프랜시스 펑

Frances Feng에게 깊은 신세를 졌다. 그래서 그의 번역 시가 이 책에 전재될 수 있었다. 내가 인용한 모든 시는 프랜시스 펑의 번역에서 그대로 따왔다.

원래 중국어로 된 천명자의 시와 다른 작품은 다음의 출처에 보인다.

陳夢家, 『陳夢家卷』, 武漢: 長江文藝出版社, 1988.

陳夢家, 『鐵馬集』, 1934.

『新月詩選』, 上海: 新月書店, 1933.

시카고미술관의 엘리너 펄스타인은 록펠러재단의 기록보관소와 수많은 박물관을 방문하고 미국에서의 천명자의 생애를 연구했다. 그녀는 내가 그녀의 원고 "Chen Mengjia in the West: Scholarship Realized, Lost, Preserved"를 읽는 것에 너그럽게 동의했다. 나는 천명자의 미국과 유럽 여행에 관한 세부 내용에 대해서 그녀에게 많은 신세를 졌다. 록펠러재단에 보낸 천명자의 편지와 천명자에게 보낸 랭던 워너의 편지는 모두 엘리너 펄스타인의 논문에서 인용했다.

나는 또 넬슨앳킨스 미술관의 제이슨 스튜버Jason Steuber에게 감사드린다. 그는 캔자스시티의 박물관 문서보관소에 있는 1945년의 천명자의 편지 복사본을 내게 제공해줬다.

그리고 다음의 중국 출판물을 참조했다.

王世民, 「陳夢家」, 『中國史學家評傳』(下冊), 北京: 中國古籍出版社, 1985.

趙蘿蕤, 『我的讀書生涯』, 北京: 北京大學出版社, 1996.

갑골과 데이비드 N. 키틀리 연구의 다른 면에 대해서는 앞에서 언급한 책(*Sources of Shang History*와 *The Ancestral Landscape*)에 의존했으며, 아울러 다음의 책도 참고했다.

Elvin, Mark, *The Pattern of the Chinese Past: A Social and Economic Interpretation*, Palo Alto: Stanford University Press, 1973.

Keightley, David N., "Art, Ancestors, and the Origins of Writing in China," *Representations* 56(1996): pp.68-95.

_____, "Clean Hands and Shining Helmets: Heroic Action in Early Chinese and Greek Culture," *Religion and the Authority of the Past*, Tobin Siebers 편, Ann Arbor: University of Michigan Press, 1993.

_____, "The Making of the Ancestors: Late Shang Religion and Its Legacy," *Religion and Chinese Society*, John Lagerwey 편, Hong Kong: The Chinese University Press, 2004.

_____, "The Origins of Writing in China: Scripts and Cultural Contexts," *The Origins of Writing*, Wayne M. Senner 편, Lincoln, Nebraska: University of Nebraska Press, 1989.

_____, "Shamanism, Death, and the Ancestors: Religious Mediation in Neolithic and Shang China(ca. 5000–1000 B.C.)," *Asiatische Studien Études Asiatiques* LII.3(1998): pp.763–831.

_____, "What Did Make the Chinese 'Chinese'?: Musings of a Would-Be Geographical Determinist," Warring States Working Group, Amherst, Massachusetts, 8 October 2000.

「올림픽대회」

Bredon, Juliet, *Peking*, Shanghai: Kelly & Walsh, 1920.

Chinese Olympic Committee 편, *5000 Years of Physical Culture & Sports in China*, Beijing: Beijing Physical Education University, 1996.

Jennings, Andrew, *The New Lords of the Rings: Olympic Corruption and How to Buy Gold Medals*, New York: Simon & Schuster, 1996.

Senn, Alfred E., *Power, Politics, and the Olympic Games: A History of the Power Brokers, Events, and Controversies That Shaped the Games*, Champaign, IL: Human Kinetics, 1999.

「유물 H: 글자」

Lewis, Mark Edward, *Writing and Authority in Early China*, Albany: State University of New York Press, 1999.

Takashima, Ken-ichi, "A Cosmography of Shang Oracle-Bone Graphs," *Actes du Colloque International Commémorant le Centenaire de la Découverte des Inscriptions sur Os et Carapaces*, S. C. Yau 편, Paris: Centre Recherche Linguistiques sur l'Asia Orientale, 2001.

「번역」

Chuang Tzu, *Wandering on the Way: Early Taoist Tales and Parables of Chuang Tzu*, Victor H. Mair 역, New York: Bantam Books, 1994.

「유물 I: 말」

Hadingham, Evan, "The Mummies of Xinjiang," *Discover* April 1994: pp.68-77. (Hadingham 논문의 축약본은 나중에 *Reader's Digest*, August, 1994로 출판되었다.)

Mair, Victor H. 편, *The Bronze Age and Early Iron Age Peoples of Eastern Central Asia: Volume* I, Washing D.C.: Institute for the Study of Man in collaboration with the University of Pennsylvania Museum Publications, 1998.

_____, "The Horse in Late Prehistoric China: Wresting Culture and Control from the 'Barbarians'," *Prehistoric Steppe Adaptation and the Horse*, Marsha Levine, Colin Renfrew, and Katie Boyle 공편, Cambridge, UK: McDonald Institute for Archaeological Research, 2003.

_____, "Mummies of the Tarim Basin," *Archaeology* March/April 1995: pp.28-35.

_____, "The North(west)ern Peoples and the Recurrent Origins of the 'Chinese' State," *The Teleology of the Modern Nation-State: Japan and China*, Joshua A. Fogel 편, Philadelphia: University of Pennsylvania Press, 2005.

_____, "Prehistoric Caucasoid Corpses of the Tarim Basin," *The Journal of Indo-European Studies* 23(1995): pp.281-307.

Wang Binghua, *The Ancient Corpses of the Xinjiang: The Peoples of Ancient Xinjiang and Their Culture*, Victor H. Mair 역, 烏魯木齊: 新疆人民出版社, 1999.

「혼돈의 서부영화」

1990년대 초기 중국 지식인 풍토에서 장원의 역할에 대해서는 다음을 참조.

Barmé, Geremie R., *In the Red: On Contemporary Chinese Culture*, New York: Columbia University Press, 1999.

「선거」

石璋如 저, Liu Hsiu-wen, Feng Jong-meei, Lai Shu-li 도움, 『侯家莊』(河南安陽侯家莊殷代墓地·第十本小墓分述之一), 臺北: 中央研究院歷史語言研究所, 2001.

"The Returned Swan: Memoirs of an Intelligence Agent Who Worked Behind Enemy Lines"라는 제목으로 번역되는 다음의 책에서는 재키 린 아버지의 생애를 얘기하고 있다.

林坤榮, 『歸鴻: 一個敵後情報員的回憶』, 臺北: 人間出版社, 1989.

「유물 J: 비판」

李學勤, 「評陳夢家‘殷墟卜辭綜述’」, 『考古學報第三期』(1957): pp.119-129.

Wang Shixiang, *Classic Chinese Furniture: Ming and Early Qing Dynasties*, Sarah Handler and Wang Shixiang 공역, Hong Kong: Joint Publishing, 2000.

_____, "In Memory of Mengjia," *Journal of the Classical Chinese Furniture Society*, Summer(1991): pp.70-72.

「유물 K: 잃어버린 알파벳」

중국의 구어, 서사 체계 그리고 개혁 운동에 대해서는 다음을 참조.

Boltz, William G., "Language and Writing," *The Cambridge History of Ancient China: From the Origins of Civilization to 221 B.C.*, Michael Loewe and Edward L. Shaughnessy 공편, New York: Cambridge University Press, 1999.

_____, *The Origin and Early Development of the Chinese Writing System*, New Haven, Connecticut: American Oriental Society, 1994.

DeFrancis, John, "China's Literary Renaissance: A Reassessment," *Bulletin of Concerned Asian Scholars* 17.4(Oct.-Dec. 1985): pp.52-63.

_____, *The Chinese Language: Fact and Fantasy*, Honolulu: University of Hawaii Press, 1986.

_____, "Language and Script Reform," *Current Trends in Linguistics: Linguistics in East Asia and South East Asia*, Thomas A. Sebeok 편, The Hague: Mouton, 1967.

_____, "Mao Tse-tung and Writing Reform," *Perspectives on a Changing China*, Joshua A. Fogel and William T. Rowe 공편, Boulder, Colorado: Westview Press, 1979.

_____, *Nationalism and Language Reform in China*, Princeton: Princeton University Press, 1950.

Mair, Victor H., "Review of The Representations of Cantonese with Chinese Characters by Cheung Kwan-hin and Robert S. Bauer," *Journal of Chinese Linguistics* 32.1(2002): pp.157-167.

출처

Rawski, Evelyn Sakakida, *Education and Popular Literacy in Ch'ing China*, Ann Arbor: University of Michigan Press, 1979.

Rohsenow, John S., "The Second Chinese Character Simplification Scheme," *International Journal of the Sociology of Language* 59(1986): pp.73-85.

_____, "Diagraphia in China," *The International Journal of the Sociology of Language* 150(September 2001).

Su Peicheng, "Diagraphia: A Strategy for Chinese Characters in the 21st Century," John S. Rohsenow 역, *The International Journal of the Sociology of Language* 150(September 2001).

Zhou Youguang, *The Historical Evolution of Chinese Languages and Scripts*, Zhang Liqing 역, Columbus, Ohio: National East Asian Languages Resource Center, The Ohio State University, 2003.

저우유광의 생애에 대해서는 다음 책 참조.

Zhang Lijia and Calum MacLeod, *China Remembers*, Oxford: Oxford University Press, 1999.

천멍자의 '백화제방, 백가쟁명' 운동 연관성과 문자 개혁 논쟁에 대해서는 다음 책 참조.

陳夢家, 「拆牆和留線: 考古學家陳夢家先生訪問記」, 『人民日報』, 1957년 5월 17일.

_____, 「關于漢字的前途」, 『文字改革』 제82기, 1957년 5월 19일.

_____, 「兩點希望」, 『文匯報』, 1957년 5월 6일.

_____, 「略論文字學」, 『光明日報』, 1957년 2월 4일.

_____, 「我們當編輯的」, 『文匯報』, 1957년 4월 19일.

洪篤仁, 「簡化漢字不是'政治'嗎?」, 『美術論壇』 1(1958).

黃淬伯, 「駁斥右派分子陳夢家'漢語決定漢字'的謬論」, 『江海學刊』 5(1958년 7월).

秦華, 「繼續追擊右派: 駁斥陳夢家, 關錫」, 『中國語文』 10호, 1957년.

Seybolt, Peter J. and Gregory Kuei-ke Chiang 공편, *Language Reform in Chi-*

갑골문자

na: Documents and Commentary, White Plains, NY: M. E. Sharpe, 1979.

Shi Zhenye, 「也談關于介辭結構做謂語」, 『中國語文』 60(1957년 6월).

「전성기를 캡슐화하다」

陳磊, 「溫州中考'泄密時間'調查」, 『南京週末』, 2003년 6월 25일.

「유물 L: 잘못 베낀 글자」

싼샤 댐의 역사에 대해서는 다음 책 참조.

Chetham, Deirdre, *Before the Deluge: The Vanishing World of the Yangtze's Three Gorges*, New York: Palgrave Macmillan, 2002.

「패튼 장군의 무덤」

"Uyghur Separatist Denies Links to Taliban, Al Qaeda," *Radio Free Asia Uyghur Service*, 2002년 1월 28일.

「차」

Price, Kenneth M., "An Interview with Zhao Luorui," *Walt Whitman Quarterly Review* 13(Summer/Fall 1995): pp.59–63.

Walt Whitman, 『草葉集』, 趙蘿蕤 역, 上海: 譯文出版社, 1991.

Wu NingKun, *A Single Tear: A Family's Persecution, Love, and Endurance in Communist China*, New York: Atlantic Monthly Press, 1993.

연구자로서 나는 많은 한계를 안고 있다. 나는 위구르어를 할 줄 모르고 갑골문을 읽을 줄도 모른다. 그리고 나는 제10대대에서 성장하지도 않았다. 나는 더 직접적인 지식을 가진 사람들이 그들의 학문, 기억, 견해를 제시하는 방법을 발견하면서, 외부인으로서 이러한 주제에 접근했다. 그러한 교류, 다시 말해 전문가에서 작가로, 작가에서 독자로의 주고받음을 통해 우리는 의미를 창출해낸다. 이는 또한 우리가 실수하는 방식이기도 하다. 나는 가능한 한 정확성을 기하고자 노력했다. 그리고 수많은 평론가에게 신세를 졌지만, 모든 잘못은 내 자신의 것임을 강조하고 싶다.

빅터 H. 메이어는 친절하게도 원고를 읽어주고 많은 잘못을 바로잡아주고 의견을 제시했다. 데이비드 N. 키틀리는 셀 수 없는 전화와 이메일에 끈기 있게 대답해주었다. 나는 갑골문에 관한 이 책의 장에서 그의 도움을 받은 점을 고맙게 생각한다. 존 드프랜시스는 중국 문자 개혁에 관련한 내 연구에 매우 큰 지침을 주었다(형태소에 대한 내 이메일 질문에 이처럼 빨리 답장해준 다른 94세의 노인은 알지 못한다). 나는 또한 존 로제 노우John Rohsenow의 도움에 감사한다. 그는 내가 베이징에 기반을 둔 개혁가를 추적하는 데 도움을 주었으며, 내게 유용한 연구 자료를 부쳐주었다. 임레 갈람보스는 친절하게도 초고를 검토해주었다.

나는 안양 고고 발굴 현장의 모든 사람에게 큰 빚을 졌다. 특히 탕지건은 흔쾌히 시간을 내주고 발굴 현장에도 데려가줬다. 징즈춘은 환베이 유적지의 훌륭한 가이드였다. 그리고 지하 도시의 지도에 관한 장을 검토해준 데 대해 감사드린다. 안양과 베이징에서 나는 립 랩Rip Rapp, 짐 스토틀맨Jim Stotlman, 양시장Yang Xizhang, 허위링He Yuling, 조너선 마크 케노이어Jonathan Mark Kenoyer, 다카시마 겐이치와의 담화와 인터뷰에서 많은 도움을 얻었다.

나는 수년에 걸쳐 연락을 유지하고 있는 모든 제자에게도 감사드린다. 에밀리는 선전을 방문하는 동안 멋진 안내자였다. 원저우에서의 셜리도 마찬가지다. 웨칭에서 낸시 드루와 윌리엄 제퍼슨 포스터를 방문하게 되어 즐거웠다. 윌리엄의 부모님 다이싱후이와 류구이칭은 제10대 대를 여행했을 때 상냥한 안내자였다.

나는 운 좋게도 『월스트리트저널』의 비공식적 도움을 받아 베이징에 도착했다. 이 잡지는 이상적으로 기지 구축을 잘하고 이런 부분에 정통한 기관이었다. 몇 년에 걸쳐서 『월스트리트저널』과 『파이스턴이코노믹리뷰』의 많은 기자가 내게 전문 지식과 조언을 아끼지 않았다. 데이비드 머피David Murphy, 카비 레지트Karby Leggett, 찰스 허츨러Charles Hutzler,

피터 워너코트^{Peter Wonacott}, 소피 쑨^{Sophie Sun}과 릴리 쑹^{Lily Song}은 다방면에서 도움을 주었으며, 케르스텐 장^{Kersten Zhang}은 인터뷰와 여행 보도의 수많은 사실을 확인해주었다. 타이완과 할리우드에서 친숙해진 제이슨 딘^{Jason Dean}은 친절하게도 원고를 검토해주었다.

나는 1999년에 이언 존슨의 『월스트리트저널』 지사에서 스크랩 기자로 일했으며, 맷 포니, 더우창루^{Dou Changlu}, 쉬장^{Xu Jiang}은 멋진 동료였는데, 모든 것이 'J' 아래의 파일에 채워졌다. 맷의 경험과 친절은 그 다사다난했던 첫 봄에 내가 베이징으로 옮겨가는 데 도움이 되었고, 그 이후로 나는 그와의 우정을 소중히 여겼다. 이언의 전문 지식, 판단력, 유머는 젊은 기자인 내게 무척 귀중하게 다가왔다. 이 책을 주의 깊게 검토해주신 데 대해 감사드린다.

나는 운 좋게도 마크 롱과 함께 다양한 프로젝트를 작업했다. 그가 찍은 전분과 갑골문 관련 사진은 모든 것에 활기를 불어넣었다. 루 마자텐타^{Lou Mazzatenta}는 안양의 유물(그리고 고고학자들)을 기록하는 굉장한 일을 해냈다. 미미 궈는 자오 선생 쓰허위안의 마지막 순간을 기록했다. 나는 수년간에 걸친 그녀의 우정(특히 산차에서)에 매우 감사하게 생각한다. 숀 맥도널드^{Shawn McDonald}는 친절하게도 난징에 관한 것을 보여주었다. 런린류^{Ren Lin-Liu}는 상하이에서 친절히 맞아줬으며 윌리엄이 베이징에 머무는 동안에도 관대하게 대해주었다. 나는 쥐얼후퉁에서 시간을 함께 보낸 메리^{Mary}와 애덤 바이스^{Adam Weiss}, 특히 트래비스 클링버그^{Travis Klingberg}에게 감사드린다. 중국으로 돌아온 이전의 평화봉사단원 애덤 마이어, 크레이그 시몬스^{Craig Simons}, 롭 슈미츠^{Rob Schmitz}, 타미 채프먼^{Tamy Chapman}은 다양한 방식으로 쓰촨과 긴밀한 관계를 유지하는 데 도움을 주었다. 마이크 괴티그^{Mike Goettig}는 네이밍구에서 캄에 이르기까지 모든 장소에서의 훌륭한 동반자였다.

나는 우정, 격려, 말들이 중국과 미국 사이를 오가는 방식에 대해 가장 민감한 코치를 해준 마이크 마이어와 프랜시스 펑에게도 큰 빚을 졌다. 나는 편집에 관한 마이어의 조언, 프랜시스의 천명자 시 번역과 연구 도움에 특히 감사하게 생각한다.

자유기고가로서 나는 편집자와 출판사의 넉넉한 지지를 받았다. 나는 하퍼콜린스 출판사 편집자 팀 더건^{Tim Duggan}, 그리고 존 머리 출판사에 계신 고든 와이즈^{Gordon Wise}에게도 감사드린다. 나의 대리인 윌리엄 클라크^{William Clark}가 이 프로젝트를 끝까지 믿어준 것에도 감사드린다. 『보스턴글로브 매거진』에 자오 선생의 쓰허위안에 대해 쓸 기회를 준 것에 감사드리고, 『월드뷰』의 데이비드 아널드^{David Arnold}는 윌리엄 제퍼슨 포스터의 초기 프로필을 허가해주었다. 『내셔널지오그래픽』에서 다행스럽게도 올리버 페인^{Oliver Payne}과 함께 작업했으며, 그리고 버나드 오해니언^{Bernard Ohanian}은 선견지명이 있어 상商(그리고 내내 타이완까지)에 관한 우리 연구의 확장을 허락해주었다. 나는 특히 『뉴요커』에 쓸 기회를 준 데이비드 렘닉^{David Remnick}에게 고맙게 생각하는데, 덕분에 이 책에 실린 많은 주제를 다룰 수 있었다.

어느 누구도 '뉴저지 사람' 존 맥피^{John McPhee}만큼 창작의 분투와 보상을 이해하는 사람은 없을 것이다. 수년 동안 좋은 충고를 해준 데 대해 감사드린다. 나의 가장 훌륭한 편집자는 언제나 미주리주 컬럼비아에 사는 더그 헌트^{Doug Hunt}였다. 내가 중국에 관해 쓴 이래로 그는 아낌없이 시간을 내주고 논평해주었다. 이 책은 그의 사려 깊은 독서 덕분에 대단히 개선되었다.

나의 가족은 참을성 있게 나의 부재를 기다려주었다. 그리고 그들의 일—사회학자, 역사학자—은 멀리서 내게 영향을 끼쳤다. 에이미는 정돈을 도와주었고 앤절라는 멋진 지도를 그려주었으며 그리고 버지타는 초기의 초고를 복사해줬다. 게리Gary와 맷Matt, 앤드리아Andrea가 베이징을 방문하여 무척이나 유쾌했다. 미주리로 돌아와 코너Connor와 하이디Heidi를 만나면 언제나 즐거웠다. 할머니 도리아 헤슬러Doria Hessler는 시차 적응에 지친 나를 모국과 고향을 오가는 여행에 초대해주었다.

그리고 레슬리 T. 창Leslie T. Chang에게도 감사한다. 빠르게 변화하는 나라에서 과거와 현재를 추적하는 것이 어떤 일인지 아는 사람에게는 그 감사함이 어떤 말로도 충분치 않다.

컬럼비아 영화사의 알렉스 그라프Alex Graf는 내가 중국 영화를 연구하는 데 도움을 주었다. 나는 그가 칭하이성에서 비극적으로 죽었다는 소식을 듣고 슬펐다. 그에게 직접 감사의 말을 전하고픈 마음이다. 이 책을 위해 인터뷰해준 다른 사람들에게도 마찬가지다. 상하이박물관의 마청위안, 문자개혁위원회의 인빙융, 중앙연구원의 스장루. 완벽한 세상이라면 스장루는 더 장수하여 지하 도시의 발굴자 탕지건을 만날 수 있었을 것이다. 그러나 101세의 나이조차도 정치와 역사의 복잡함에는 버텨낼 수 없었다. 타이완을 방문하려는 탕지건의 첫 번째 신청은 거부당했다. 그가 허가를 받았을 때는 선배를 만나기엔 너무 늦어버렸다. 이 젊은 사람은 타이베이의 선배 무덤에 찾아가서 향을 태우며 머리를 조아렸다.

찾아보기

갑골문자

| ㅊ |

찾아보기

갑골문자
중국의 시간을 찾아서

초판인쇄 2023년 11월 15일
초판발행 2023년 11월 30일

지은이 피터 헤슬러
옮긴이 조성환 조재희
펴낸이 강성민
편집장 이은혜
기획 노승현
편집 신지영 박은아 김지수
마케팅 정민호 박치우 한민아 이민경 박진희 정경주 정유선 김수인
브랜딩 함유지 함근아 박민재 김희숙 고보미 정승민
제작 강신은 김동욱 이순호

펴낸곳 (주)글항아리 | 출판등록 2009년 1월 19일 제406-2009-000002호

주소 413-120 경기도 파주시 회동길 210
전자우편 bookpot@hanmail.net
전화번호 031-955-2696(마케팅) 031-941-5162(편집부)
팩스 031-941-5163

ISBN 979-11-6909-078-0 03300

www.geulhangari.com